Die Mankohaftung im Arbeitsverhältnis nach der Schuldrechtsmodernisierung

Schriften zum Recht der Arbeit

Herausgegeben von Olaf Deinert und Rüdiger Krause

Band 6

PL ACADEMIC RESEARCH

Jun Zhu

Die Mankohaftung im Arbeitsverhältnis nach der Schuldrechtsmodernisierung

PL ACADEMIC RESEARCH

Bibliografische Information der Deutschen Nationalbibliothek
Die Deutsche Nationalbibliothek verzeichnet diese Publikation in der Deutschen Nationalbibliografie; detaillierte bibliografische Daten sind im Internet über http://dnb.d-nb.de abrufbar.

Zugl.: Göttingen, Univ., Diss., 2013

Gedruckt mit finanzieller Unterstützung des
Deutschen Akademischen Austauschdienstes (DAAD).

D 7
ISSN 2191-4079
ISBN 978-3-631-64124-8 (Print)
E-ISBN 978-3-653-03066-2 (E-Book)
DOI 10.3726/978-3-653-03066-2

PL Academic Research ist ein Imprint der Peter Lang GmbH.

Peter Lang – Frankfurt am Main · Bern · Bruxelles · New York ·
Oxford · Warszawa · Wien

Dieses Buch erscheint in einer Herausgeberreihe bei PL Academic Research und wurde vor Erscheinen peer reviewed.

www.peterlang.de

Zum Andenken meines Vaters Deqian ZHU 朱德前

Vorwort

Die vorliegende Arbeit wurde im Wintersemester 2012/13 von der Juristischen Fakultät der Georg-August-Universität Göttingen als Dissertation angenommen. Der Text befindet sich im Wesentlichen auf dem Stand vom September 2012. Rechtsprechung und Literatur konnten bis Oktober 2012 berücksichtigt werden, vereinzelt wurde auch darüber hinaus nachgetragen.

Allen, ohne deren Hilfe und Unterstützung diese Arbeit nicht geschaffen worden wäre, möchte ich an dieser Stelle herzlich danken.

Zunächst gilt mein ganz herzlicher Dank meinem verehrten Doktorvater, Herrn Prof. Dr. *Rüdiger Krause*, der sich stets Zeit für meine Fragen und Probleme nahm und die Arbeit mit vielen wertvollen Anregungen gefördert hat. Wie der Begriff „Doktorvater" wörtlich zeigt, hat er mich während meines Studienaufenthalts am Institut für Arbeitsrecht fachlich und menschlich in vielfältiger Weise stets unterstützt, wie ein Vater. Dafür bedanke ich mich auch herzlich.

Weiter danke ich herzlich Herrn Prof. Dr. *Olaf Deinert*, der durch seine zügige Erstellung des Zweitgutachtens den raschen Abschluss meines Promotionsverfahrens ermöglichte. Herrn Prof. Dr. *Andreas Wiebe* danke ich für die Übernahme des Vorsitzes der mündlichen Doktorprüfung.

Danken möchte ich weiter den vielen Mitarbeiterinnen und Mitarbeitern des Instituts, allen voran unseren Sekretärinnen Frau *Annelie Keßler* und Frau *Ilona Sprott*, die zur angenehmen Atmosphäre am Institut für Arbeitsrecht beigetragen und mir beim Verständnis der deutschen Literatur geholfen haben.

Mein besonderer Dank gilt Frau *Ramona Griegel* für ihr umsichtiges und geduldiges Korrekturlesen. Dennoch: Für die Fehler, die der Korrektur entgangen sind, übernehme ich selbstverständlich alleinige Verantwortung. Ich bin meinem amerikanischen Freund, Herrn *Jeffrey Scott Miller*, zu Dank verpflichtet, der stets mit Interesse und Geduld mit mir die Rechtsfragen besprochen und geklärt hat.

Dem Deutschen Akademischen Austauschdienst bin ich sehr verbunden für die Gewährung meines Stipendiums und die teilweise Finanzierung der Veröffentlichung.

Mein allergrößter Dank aber gebührt meiner Familie, aus deren fürsorglichem Zuspruch ich stets Mut und Kraft schöpfte. Ohne ihren uneingeschränkten Rückhalt wäre diese Arbeit nicht entstanden.

Ich widme diese Arbeit dem Andenken meines Vaters Deqian ZHU 朱德前.

Jun ZHU

Nanjing, im Juli 2013

Inhaltsverzeichnis

Abkürzungen

Hinsichtlich der verwendeten Abkürzungen wird verwiesen auf:

Kirchner, Hildebert/Pannier, Dietrich: Abkürzungsverzeichnis der Rechtssprache, 6. Auflage, Berlin 2008

Einleitung

A. Problemaufriss

Trotz vieler rechtspolitischer Reformen zur Arbeitnehmerhaftung blieb der Gesetzgeber bislang in diesem Bereich untätig. Er hat die Lösung der daraus entstandenen Rechtprobleme vollständig der Rechtsprechung und Literatur überlassen. Die vom Richterrecht geregelte Arbeitnehmerhaftung gehört zu einem der meist diskutierten Themen des Individualarbeitsrechts. Die Mankohaftung, die der Arbeitnehmer für eine Fehlmenge in den ihm anvertrauten Geldbeträgen oder sonstigen Gegenständen übernimmt, hat sich in ständiger Rechtsprechung als eine klassische Fallgruppe der Arbeitnehmerhaftung herausgebildet. Die Diskussion über die Mankohaftung erreichte ihren ersten Höhepunkt in den 1950er und 1960er Jahren. In den 1990er Jahren ergingen nacheinander drei Grundsatzentscheidungen des 8. Senats des BAG[1] zur Mankohaftung. Sie lenkten die Aufmerksamkeit auf sich und lösten damit eine erneute intensive Diskussion aus. Unter Berücksichtigung der Rechtsprechung des BAG bis Oktober 2012, können diese drei grundlegenden Entscheidungen des BAG als die vorläufigen Endpunkte in der Diskussion zur Mankohaftung betrachtet werden. Diese drei Urteile haben eine wesentliche Grundlage sowohl für die allgemeine Mankohaftung, als auch für die besondere Mankohaftung geschaffen. Damit scheint für die Praxis eine gewisse Konsolidierung in diesem Teilbereich eingetreten zu sein.[2] Jedoch dürfen diese drei Urteile nicht darüber hinwegtäuschen, dass gerade in diesem Themenfeld nicht alle Einzelprobleme abschließend geklärt sind und weiterhin zahlreiche offene Fragen bestehen. Darüber hinaus hat das SMG viele neue Fragen in Bezug auf die Mankohaftung aufgeworfen. Deshalb sieht diese Arbeit ihr Anliegen darin, diese Fragen angesichts der Auswirkung des SMG auf die Mankohaftung zu erörtern.

I. Allgemeine Mankohaftung

Während des Entwicklungsprozesses der Arbeitnehmerhaftung wird die allgemeine Mankohaftung ohne vertragliche Mankoabrede lange Zeit abweichend

---

1 BAG (22.05.1997), AP Nr. 1 zu § 611 BGB Mankohaftung; BAG (17.09.1998), AP Nr. 2 zu § 611 BGB Mankohaftung; BAG (02.12.1999), AP Nr. 3 zu § 611 BGB Mankohaftung.

2 Krause, Anm. zu BAG (02.12.1999), AP Nr. 3 zu § 611 BGB Mankohaftung (am Anfang).

von den anderen Fällen der Arbeitnehmerhaftung behandelt. Dahinter verbirgt sich die Befürchtung, dass sich die Arbeitnehmer in den Mankofällen auf Kosten des Arbeitgebers „selbst bedienen“ können.[3] Um dieser Befürchtung vorzubeugen, reicht die besondere Beurteilung der allgemeinen Mankohaftung von der Anspruchsgrundlage über die Beweislastverteilung bis hin zur Anwendung der Grundsätze der privilegierten Arbeitnehmerhaftung.

1. Anspruchsgrundlage

Theoretisch können nicht nur vertragliche Anspruchsgrundlagen, sondern auch gesetzliche Anspruchsgrundlagen in Betracht kommen. Auf gesetzliche Anspruchsgrundlagen (z.B. § 823 BGB ff.) wird nicht eingegangen, weil sie keine arbeitsrechtlichen Besonderheiten aufweisen und in der Praxis wenig Bedeutung haben.[4] Ein wichtiger Grund dafür liegt darin, dass der Arbeitgeber bei der gesetzlichen Mankohaftung in beweisrechtlicher Hinsicht nicht besser gestellt wird, als bei der vertraglichen Mankohaftung, da er im Grundsatz sämtliche Tatbestandsmerkmale nachzuweisen hat.[5]

Im Gegensatz dazu herrschte bezüglich der vertraglichen Anspruchsgrundlage lange Zeit eine lebhafte Diskussion. Die Rechtsprechung und ein Teil der Literatur betrachtet von vornherein den Mankoeintritt im Arbeitsverhältnis nicht ausschließlich als Schlechtleistung oder Verletzung der Nebenpflicht, sondern sieht im Ausnahmefall die Nicht-Rückgabe der dem Arbeitnehmer anvertrauten Gelder oder anderer Waren als eine unmögliche Leistung i.S.v. § 280 I BGB a.F. an. Das BAG hat zunächst die Anwendung des Unmöglichkeitsrechts von dem „Grad der Selbstständigkeit[6] des Arbeitnehmers abhängig gemacht. In jüngerer Rechtsprechung hat der 8. Senat des BAG dieses zweiteilige Haftungskonzept fortgeführt und die Unmöglichkeit der vollständigen Herausgabe an den „unmittelbaren Alleinbesitz“[7] des Arbeitnehmers im Hinblick auf die überlassenen Sachen geknüpft. Obwohl das BAG den Anwendungsbereich des § 280 I BGB a.F. viel enger ausgelegt hat, ist dieses zweiteilige Haftungsmodell nach wie vor auf

3 Reinecke, ZfA 1976, S. 222; MünchArbR/Reichold, 3. Aufl. (2009), § 51 Rn. 75.

4 Reinecke, ZfA 1976, S. 217.

5 Reinecke, ZfA 1976, S. 217; Pauly, BB 1996, S. 2040; Otto/Schwarze, Rn. 276; Preis/Stoffels, 4. Aufl. (2011), II M 10 Rn 6.

6 Seit BAG (13.03.1964), AP Nr. 32 zu § 611 BGB Haftung des Arbeitnehmers.

7 BAG (17.09.1998), AP Nr. 2 zu § 611 BGB Mankohaftung; BAG (02.12.1999), AP Nr. 3 zu § 611 BGB Mankohaftung.

heftige Kritik gestoßen.[8] Leider findet es nach der Schuldrechtsreform im neuen Schrifttum weiter vereinzelt Erwähnung.[9] Es fragt sich, ob dieses zweiteilige Haftungskonzept nach der Schuldrechtsreform weiter aufrechterhalten werden soll und was die Anspruchsgrundlage für die Mankohaftung ist.

2. Beweislastverteilung

Im Mankofall kommt der Beweislastverteilung, die sich unmittelbar auf den Prozesssieg auswirkt, ausschlaggebende Bedeutung zu. Dies ist darauf zurückzuführen, dass die schon länger zurückliegenden Tatsachen für den Mankoeintritt sich in der Praxis häufig sehr schwer, teilweise gar nicht mehr, aufklären lassen. Dadurch kommt es zu großen Schwierigkeiten bei der Beweisführung. In der Rechtsprechung und Literatur besteht lediglich Einigkeit darüber, dass der Arbeitgeber den Schaden, nämlich Mankoeintritt, und die Schadenshöhe zu beweisen hat. Für andere Tatbestandsmerkmale, insbesondere für das Verschulden des Arbeitnehmers, herrscht aber ein lebhafter Meinungsstreit.

Die Beweislastverteilung bei der gesetzlichen Mankohaftung (z.B. aus §§ 823 ff. BGB) ist nicht problematisch, weil der Arbeitgeber hier im Grundsatz sämtliche Tatbestandsmerkmale nachzuweisen hat.[10] Im Gegensatz dazu ist das Problem der Beweislastverteilung bei der Mankohaftung aus der vertraglichen Grundlage bisher umstritten und nicht abschließend geklärt. Uneinigkeit besteht insbesondere bezüglich der, durch Heranziehung der Anspruchsgrundlage der pFV, heute des § 280 I BGB, entstandenen, Problematik, ob hier die Beweislastumkehr des § 282 BGB a.F. direkt oder entsprechend Anwendung findet.

Unter Verweis auf die Entscheidung des BAG vom 17.09.1998,[11] wollte der Gesetzgeber des SMG an der bisherigen differenzierten Anwendung der Beweislastregelung des § 282 BGB a.F. in der Rechtsprechung des BAG nichts ändern und fügte daher § 619 a BGB als spezielle Beweislastregelung für die Haftung des Arbeitnehmers zur Revidierung der Beweislastumkehr nach § 280 I 2 BGB in das BGB ein.[12] Die Schuldrechtsreform wirft folgende Fragen zur Beweislastverteilung im Mankofall auf: Ist eine differenzierte Beweislastverteilung weiter aufrechtzuerhalten? Wenn ja, nach welchem Kriterium richtet sich

---

8 Otto/Schwarze, Haftung des Arbeitnehmers, 3. Aufl. (1998), Rn. 274 ff.; Deinert, RdA 2000, 22 ff.; MünchArbR/Reichold, 3. Aufl. (2009), § 51 Rn. 70 f.; ErfK/Preis, 13. Aufl. (2013), § 619 a BGB Rn. 30.

9 Walker, JuS 2002, S. 740; HWK/Krause, 5. Aufl. (2012), § 619 a BGB Rn. 48; Preis/Stoffels, 4. Aufl. (2011), II M 10 Rn. 4.

10 Reinecke, ZfA 1976, S. 217; Pauly, BB 1996, S. 2040; Otto/Schwarze, Rn. 276.

11 BAG (17.09.1998), AP Nr. 2 zu § 611 BGB Mankohaftung.

12 BT-Drs. 14/7052, S. 204.

eine solche Differenzierung? Nach der Feststellung der Beweislastverteilung ist noch darauf einzugehen, welche innerprozessualen Möglichkeiten in Rechtsprechung und Literatur der die Beweislast tragenden Partei bei der Überwindung der Beweisschwierigkeiten zur Verfügung stehen.

3. Anwendung der Grundsätze über die Beschränkung der Arbeitnehmerhaftung

Die uneingeschränkte Arbeitnehmerhaftung für jedes Verschulden nach der Konzeption des BGB wird sowohl in der Rechtsprechung als auch in der Literatur als sozial unbillig angesehen. Leider enthält das BGB keine Spezialregelung zur Reduktion der Arbeitnehmerhaftung. Wegen der bisherigen Untätigkeit des Gesetzgebers in diesem Bereich, hat die Rechtsprechung im Lauf der Zeit die richterrechtlichen Grundsätze über die Beschränkung der Arbeitnehmerhaftung[13] entwickelt. Die Rechtsprechung hat aber solange den Mankofall vom Anwendungsbereich der privilegierten Arbeitnehmerhaftung ausgenommen, bis der 8. Senat des BAG im Urteil vom 17.09.1998 endgültig die Grundsätze zur beschränkten Arbeitnehmerhaftung auf die Mankohaftung für anwendbar erklärt hat.[14]

Mit der Schuldrechtsreform und der Ausdehnung der privilegierten Arbeitnehmerhaftung auf die Mankohaftung sind neue Fragen entstanden. Der Große Senat des BAG stützt die privilegierte Arbeitnehmerhaftung auf die analoge Anwendung des § 254 BGB.[15] Der Große Senat hat § 254 BGB über seinen Wortlaut hinaus entsprechend auf das Arbeitsverhältnis angewendet, indem er das dem Arbeitgeber zuzurechnende „Betriebsrisiko" und das Verschulden des Arbeitnehmers gegeneinander abwägt. Auf diese Weise wird die Schadensteilung bzw. Ausgleichsfunktion des § 254 BGB im Rahmen der privilegierten Arbeitnehmerhaftung erfüllt.[16] Der Gesetzgeber der Schuldrechtsreform indiziert allerdings mit den Gesetzesänderungen einen Wandel der Rechtsgrundlage für die privilegierte Arbeitnehmerhaftung, so dass sich die Reduktion der Arbeit-

13 Es ist darauf hinzuweisen, dass die Grundsätze über die Beschränkung der Arbeitnehmerhaftung sowohl in der Literatur, als auch in der Rechtsprechung terminologisch sehr unterschiedlich genannt werden, z.B. arbeitsvertragsrechtliches Schadensausgleichsprinzip, innerbetrieblicher Schadensausgleich, die privilegierte Arbeitnehmerhaftung u.s.w.

14 BAG (17.09.1998), AP Nr. 2 zu § 611 BGB Mankohaftung (unter B II 1 der Gründe).

15 BAG (GS) (27.09.1994), AP Nr. 103 zu § 611 BGB Haftung des Arbeitnehmers (unter C II der Gründe).

16 BAG (GS) (27.09.1994), AP Nr. 103 zu § 611 BGB Haftung des Arbeitnehmers (unter C II der Gründe).

nehmerhaftung aus dem neu gefassten § 276 I 1 BGB ergeben kann und die Rechtsprechung nicht mehr auf den nicht recht passenden § 254 BGB ausweichen muss.[17] Daher stellt sich die Frage, ob sich, statt § 254 BGB, § 276 I 1 BGB als neue Rechtsgrundlage für die privilegierte Arbeitnehmerhaftung eignet.

Die Ausdehnung der privilegierten Arbeitnehmerhaftung auf die Mankohaftung bringt bei mittlerer Fahrlässigkeit des Arbeitnehmers eine Gefahr der Doppelverwertung des Betriebsrisikos[18] mit sich. Das bereits im Rahmen der privilegierten Arbeitnehmerhaftung berücksichtigte Betriebsrisiko des Arbeitgebers in analoger Anwendung des § 254 BGB könnte noch einmal bei der direkten Anwendung des § 254 BGB hinsichtlich des „konkreten" Mitverschuldens" des Arbeitgebers in Rechnung gestellt werden. Daraus ergibt sich die Frage, wie die Gefahr der Doppelverwertung des Betriebsrisikos im Mankofall vermieden werden kann.

II. Besondere Mankohaftung

Die besondere Mankohaftung aufgrund vertraglicher Mankoabrede ist von praktischer Bedeutung, da der Arbeitgeber, mittels wirksamer Mankoabreden, die haftungs- bzw. beweisrechtliche Situation des Arbeitgebers im Vergleich zur allgemeinen Mankohaftung verbessern kann.

In der ständigen Rechtsprechung sind die Mankoabreden im Grundsatz zulässig, unterliegen jedoch einer Inhaltskontrolle. Nach der Ausdehnung der privilegierten Arbeitnehmerhaftung auf die Mankohaftung, scheint die bisherige Rechtsprechung zweifelhaft zu sein, weil der 8. Senat des BAG im Urteil vom 17.09.1998 die richterrechtlichen Grundsätze über die beschränkte Arbeitnehmerhaftung als einseitig zwingendes Arbeitnehmerschutzgesetz eingeordnet hat, von dem weder einzel- noch kollektivvertraglich zu Lasten der Arbeitnehmer abgewichen werden kann.[19] Diese Haltung wurde sogar nach der Schuldrechtsreform jüngst erneut ausdrücklich hervorgehoben.[20]

---

17 BT-Drs. 14/6857, S. 48.

18 In terminologischer Hinsicht ist „Betriebsrisiko" in dieser Arbeit nicht als das Entgeltrisiko des Arbeitgebers bei zufälliger Unmöglichkeit der Dienstleistung i.S. des § 615 BGB, sondern nur als das vom Arbeitgeber wegen seiner Organisationshoheit zuzurechnende Haftungsrisiko zu verstehen, vgl. BAG (GS) (27.09.1994), AP Nr. 103 zu § 611 BGB Haftung des Arbeitnehmers (unter C II 2 der Gründe).

19 BAG (17.09.1998), AP Nr. 2 zu § 611 BGB Mankohaftung (unter B IV 1 der Gründe).

20 BAG (05.02.2004), AP Nr. 126 zu § 611 BGB Haftung des Arbeitnehmers (unter II 2 c aa der Gründe).

Aus dem, vom 8. Senat eingeleiteten, Rechtsprechungswandel ergibt sich die zuvor zu klärende Kernfrage, ob die richterrechtlichen Grundsätze über die Beschränkung der Arbeitnehmerhaftung als einseitig zwingendes Arbeitnehmerschutzgesetz einzuordnen sind. Dann kommen erst die nachgelagerten Fragen in Betracht: Unter welchen Voraussetzungen und bis zu welchen Grenzen dürfen die individualvertraglichen Mankoabreden von den Grundsätzen über die Beschränkung der Arbeitnehmerhaftung abweichen? Wie wirkt sich die AGB-Kontrolle nach §§ 305 ff. BGB auf die vorformulierten Mankoabreden im Individualarbeitsvertrag aus? In diesem Zusammenhang ist auch der Frage nachzugehen, welcher Spielraum für kollektivrechtliche Mankovereinbarungen (Tarifverträge und Betriebsvereinbarungen) besteht.

B. Methode und Gang der Untersuchung

Mangels gesetzlicher Regelung zur Arbeitnehmerhaftung hat sich dieses Themenfeld im Wesentlichen durch den Gedankenaustausch zwischen Rechtsprechung und Literatur entwickelt. Damit stellen die Rechtsprechung und die Literatur die wichtigsten Erkenntnisquellen der Mankohaftung dar. Der Zeitpunkt des Inkrafttretens des BGB bildet den zeitlichen Ausgangspunkt der Auseinandersetzung mit der Rechtsprechung und der Literatur in dieser Arbeit, damit sich die untersuchten Urteile auf eine einheitliche gesetzliche Grundlage stützen. Hierzu eignet sich eine entwicklungsgeschichtliche Darstellung hervorragend als Untersuchungsmethode. Der Verfasser bedient sich dieser Methode nicht in einer chronologischen Form, sondern mit einer thematischen Differenzierung nach den relevanten Problemen der Mankohaftung. Daher wird zunächst die zum jeweiligen Problem einschlägige Rechtsprechung und Literatur dargestellt, bevor die eigene Auffassung vorgetragen wird. Auf diese Weise kann zum einen verdeutlicht werden wie sich die Rechtsprechung und die Literatur in der Problematik der Mankohaftung im Laufe der Zeit vorwärts getastet, wo und in welchem Maße sie diese Problematik fortgebildet und abgerundet haben, und zum anderen geklärt werden, wo Unvollkommenheiten bestehen.

Die vorliegende Arbeit bereitet das gesamte Feld der allgemeinen Mankohaftung und der besonderen Mankohaftung im Arbeitsverhältnis nach der Schuldrechtsmodernisierung auf.

Im ersten Teil wird ein kurzer Überblick über den Begriff und die Fallgruppen der Mankohaftung gegeben. Den zweiten Teil eröffnet eine Untersuchung zu der allgemeinen Mankohaftung, damit eine Grundlage für die folgende Untersuchung zur besonderen Mankohaftung geschaffen wird. Dieser Teil konzentriert sich auf drei, durch die arbeitsrechtliche Diskussion herausgefilterte,

Problemschwerpunkte: Die Anspruchsgrundlage stellt die Ausgangsfrage für die Auseinandersetzung mit der allgemeinen Mankohaftung dar. Wie bereits erwähnt, halten das BAG und ein Teil der Literatur bislang an dem zweiteiligen Haftungskonzept fest. Es wird untersucht, ob dieses zweiteilige Haftungskonzept weiter aufrechterhalten werden soll und was die zutreffende Anspruchsgrundlage für die Mankohaftung nach der Schuldrechtsreform ist. Nach der Feststellung der Anspruchsgrundlage wird sodann auf die Frage der Beweislastverteilung bei der Mankohaftung aus der vertraglichen Grundlage eingegangen. Dabei ist zunächst darzustellen, wie die Beweislastverteilung im Mankofall von der Rechtsprechung und der Literatur vorgenommen wird. Danach wird die Auswirkung des § 619 a BGB auf die Beweislastverteilung in der bisherigen Rechtsprechung erörtert. Im Anschluss daran ist zu untersuchen, wie die Beweislast nach der Schuldrechtsreform im Mankofall sachgerecht verteilt wird. Schließlich ist der Frage nachzugehen, welche innerprozessualen Möglichkeiten der die Beweislast tragenden Partei bei der Überwindung der Beweisschwierigkeiten zur Verfügung stehen. Steht die Beweislastverteilung fest, hat man sich schließlich mit der Frage auseinanderzusetzten, wie die Mankohaftung im Rahmen der privilegierten Arbeitnehmerhaftung, abweichend von den allgemeinen Haftungsvorschriften des BGB, neu behandelt wird.

Der dritte Teil ist der besonderen Mankohaftung gewidmet. Im Gegensatz zur bisherigen Rechtsprechung der anderen Senate des BAG, hat der 8. Senat des BAG nunmehr die Grundsätze über die beschränkte Arbeitnehmerhaftung als einseitig zwingendes Arbeitnehmerschutzgesetz eingeordnet, von dem weder einzel- noch kollektivvertraglich zu Lasten der Arbeitnehmer abgewichen werden kann.[21] Dabei ist zunächst die Grundfrage zu klären, ob diese richterrechtlichen Grundsätze als einseitig zwingendes Arbeitnehmerschutzgesetz einzuordnen sind. Danach wird gefragt, in welchen Grenzen die individualvertraglichen Mankoabreden von den Grundsätzen über die Beschränkung der Arbeitnehmerhaftung abweichen dürfen. Sodann stellt sich die Frage, ob sich die AGB-Kontrolle auf die vorformulierten Mankoabreden im Individualarbeitsvertrag auswirkt. Neben der Auseinandersetzung mit der einzelvertraglichen Mankovereinbarung, ist letztlich in diesem Teil auf die Frage einzugehen, welcher Spielraum für kollektivrechtliche Mankovereinbarungen (Tarifverträge und Betriebsvereinbarungen) besteht.

In dem vierten Teil wird ein Blick auf die aktuellen Entwürfe für ein Arbeitsvertragsgesetz in Deutschland geworfen, soweit sich ihnen für das Problem

21 BAG (17.09.1998), AP Nr. 2 zu § 611 BGB Mankohaftung (unter B IV 1 der Gründe); BAG (05.02.2004), AP Nr. 126 zu § 611 BGB Haftung des Arbeitnehmers (unter II 2 c aa der Gründe).

der Mankohaftung Aussagen entnehmen lassen. Die Arbeit schließt mit einer Zusammenfassung der wesentlichen Arbeitsergebnisse.

Erster Teil: Begriff und Fallgruppen der Mankohaftung

A. Begriff der Mankohaftung

Bevor man auf das Thema der Mankohaftung eingeht, ist zunächst kurz der Begriff der Mankohaftung zu klären. Nach dem Gespräch des Verfassers mit vielen deutschen Studenten aus der juristischen Fakultät, die nicht Arbeitsrecht als Schwerpunkt wählen, ist die Mankohaftung selbst für sie ein völlig fremdes Wort. Von dem Wortlaut her bedeutet die Mankohaftung die Haftung für ein Manko. Das Herkunftswörterbuch von Duden erklärt das Wort „Manko" wie folgt: „Manko »Fehlbetrag; Ausfall; Mangel«: Das seit dem 19.Jh. bezeugte, aus der Kaufmannssprache stammende Substantiv, das für das ältere Wort „Amanco" (18. Jh.) steht, geht auf it. manco »Mangel, Fehlbetrag« (bzw. älter it. a manco »im Ausfall, im Defizit«) zurück. Zugrunde liegt das lat. Adjektiv mancus »verstümmelt; unvollständig«."[22]

Die Mankohaftung, als eine besondere Form der Schadenshaftung des Arbeitnehmers, stellt eine klassische Untergruppe der Arbeitnehmerhaftung dar. In der arbeitsrechtlichen Literatur hat sich im Laufe der Zeit ein einheitlicher Begriff der Mankohaftung herausgebildet, unter dem man die Haftung für den Schaden versteht, den ein Arbeitgeber dadurch erleidet, dass ein seinem Arbeitnehmer anvertrauter Warenbestand eine Fehlmenge aufweist oder sich in einer von seinem Arbeitnehmer geführten Kasse ein Fehlbestand ergibt.[23]

---

22 Duden, Herkunftswörterbuch, Etymologie der deutschen Sprache, 3. Auflage, S. 506.

23 Langer, S. 11; Woltereck, RdA 1963, S. 314; Reinecke, ZfA 1976, S. 216; Jung, S. 7; Pauly, BB 1996, S. 2038; Otto/Schwarze, Rn. 271; Stoffels, AR-Blattei SD 870.2 Rn 2; Deinert, RdA 2000, S. 23; KassHdb/Künzl, Band 1, 2. Aufl. (2000), 2.1 Rn. 279; MünchArbR/Reichold, 3. Aufl. (2009), § 51 Rn. 69; HWK/Krause, 5. Aufl. (2012), § 619 a BGB Rn. 47; Preis/Stoffels, 4. Aufl. (2011), II M 10 Rn. 1; Schaub/Linck, 14. Aufl. (2011), § 59 Rn. 79; ErfK/Preis, 13. Aufl. (2013), § 619 a BGB Rn. 28; Staudinger/Richardi/Fischinger, BGB, Neubearb. (2011), § 619 a Rn. 94; MüKoBGB/Henssler, 6. Aufl. (2012), § 619 a Rn. 40.

B. Die üblichen Fallgruppen der Mankohaftung in der Praxis

In der Praxis wird die Mankohaftung üblicherweise in die vier folgenden Fallgruppen,[24] die sich oft in der Rechtsprechung abspiegeln, aufgeteilt:

(1) Die am häufigsten von der Rechtsprechung behandelte Fallgruppe bildet der „Kasse-Fall", in dem eine von dem Arbeitnehmer geführte Kasse einen tatsächlichen Fehlbetrag aufweist,[25]

(2) Die zweite Fallgruppe betrifft den „Warenbestand-Fall", in dem sich eine Fehlmenge aus einem dem Arbeitnehmer anvertrauten Warenbestand ergibt,[26]

(3) In einer weiteren Fallgruppe handelt es sich um den „Transport-Fall", in dem der Arbeitnehmer, die ihm zum Transport übergebenen, Geldbeträge oder anderen Gegenstände nicht abliefern kann,[27]

(4) Die vierte Fallgruppe bezieht sich auf den „dienstlichen Gegenstand-Fall", in dem der Arbeitnehmer die ihm zur Ausführung der Arbeit überlassenen Gegenstände nicht wieder herausgeben kann.[28]

---

24 Otto/Schwarze, Rn. 271; MünchArbR/Reichold, 3. Aufl. (2009), § 51 Rn. 69.

25 RAG (27.09.1930), ARS 10, S. 156; RG (08.11.1935), RGZ 149, S. 282; LAG Breslau (27.10.1936), ARS 28, S. 177; ArbG Neunkirchen (Saar) (01.04.1950), ARSt Bd IV, Nr. 509 S. 509; BAG (09.04.1957), AP Nr. 4 zu § 611 BGB Haftung des Arbeitnehmers; LAG Bayern (19.09.1958), WA 1961 Nr. 246, S. 154; BAG (12.08.1959), AP Nr. 1 zu § 305 BGB; BAG (30.06.1960), AP Nr. 20 zu § 611 BGB Haftung des Arbeitnehmers; BAG (11.11.1969), AP Nr. 49 zu § 611 BGB; BAG (27.02.1970), AP Nr. 54 zu § 611 BGB Haftung des Arbeitnehmers; BAG (26.01.1971), AP Nr. 64 zu § 611 BGB Haftung des Arbeitnehmers; BAG (03.08.1971), AP Nr. 67 zu § 611 BGB Haftung des Arbeitnehmers; BAG (08.02.1972), AP Nr. 7 zu § 630 BGB; BAG (17.09.1998), AP Nr. 2 zu § 611 BGB Mankohaftung; BAG (02.12.1999), AP Nr. 3 zu § 611 BGB Mankohaftung.

26 RAG (15.05.1935), ARS 24, S. 261.

27 RG (13.05.1919) RGZ 95, S. 344; ArbG Heidelberg (04.07.1967), ARST 1968 Nr. 1090 S. 47; LAG Baden-Württemberg, Außenkammern Mannheim, (03.04.1973) DB 1973, S. 1853; BAG (22.05.1997), AP Nr. 1 zu § 611 BGB Mankohaftung; Juris Datenbank, LAG Hessen 11.02.2000 – 2 Sa 979/98; Juris Datenbank, LAG Baden-Württemberg 19.09.2001 – 17 Sa 9/01; Juris Datenbank, LAG Baden-Württemberg 27.11.2002 – 12 Sa 118/01; Juris Datenbank, LAG Rheinland-Pfalz 12.02.2010 – 5 Sa 251/09.

28 LAG Stuttgart (06.07.1950), AP 51 Nr. 147; ArbG Heidelberg (05.09.1967), ARST 1968, Nr. 184 S. 156; Juris Datenbank, LAG Sachsen 26.11.2003 – 2 Sa 657/02.

C. Die allgemeine Mankohaftung und die besondere Mankohaftung

In der Literatur[29] und der Rechtsprechung[30] wird einheitlich zwischen der Mankohaftung ohne vertragliche Mankoabrede (im Folgenden als „allgemeine Mankohaftung" bezeichnet) und der Mankohaftung aufgrund vertraglicher Mankoabrede (im Folgenden als „besondere Mankohaftung" bezeichnet) unterschieden.

Treffen die Parteien keine besondere Vereinbarung über die Mankohaftung, steht der Arbeitnehmer für den Mankoschaden nach den allgemeinen Haftungsregeln ein.[31] Bei der allgemeinen Mankohaftung können, je nach Einzelfall, verschiedene Anspruchsgrundlagen in Betracht kommen.

Durch die besondere Mankoabrede übernimmt der Arbeitnehmer vertraglich die Haftung für den Mankoschaden[32] Diese Mankovereinbarung wird üblicherweise im Individualarbeitsvertrag getroffen, wobei es sich um eine einzelvertragliche Mankovereinbarung handelt. Jedoch findet sich die Mankoabrede auch mitunter im Kollektivarbeitsvertrag, wobei es um eine kollektivvertragliche Mankovereinbarung geht.[33]

Die Mankoabrede ist in der Praxis vielfältig ausgestaltet.[34] Drei typische Mankoabreden sind gebräuchlich, nämlich verschuldensunabhängige Mankohaftung, Beweislastvereinbarung und Haftung mehrerer Arbeitnehmer.[35]

---

29 Otto/Schwarze, Rn. 272, 296; Stoffels, AR-Blattei SD 870.2 Rn 11, 93; Deinert, RdA 2000, S. 23, 31; KassHdb/Künzl, Band 1, 2. Aufl. (2000), 2.1 Rn. 280, 293; MünchArbR/Reichold, 3. Aufl. (2009), § 51 Rn. 70, 73; HWK/Krause, 5. Aufl. (2012), § 619 a BGB Rn. 48, 51; Schaub/Linck, 14. Aufl. (2011), § 59 Rn. 80, 84; ErfK/Preis, 13. Aufl. (2013), § 619 a BGB Rn. 29, 35; Staudinger/Richardi/Fischinger, BGB, Neubearb. (2011), § 619 a Rn. 94, 97; MüKoBGB/Henssler, 6. Aufl. (2012), § 619 a Rn. 41 f.

30 BAG (17.09.1998), AP Nr. 2 zu § 611 BGB Mankohaftung; BAG (02.12.1999), AP Nr. 3 zu § 611 BGB Mankohaftung.

31 Deinert, RdA 2000, S. 23; MünchArbR/Reichold, 3. Aufl. (2009), § 51 Rn. 70; HWK/Krause, 5. Aufl. (2012), § 619 a BGB Rn. 48; ErfK/Preis, 13. Aufl. (2013), § 619 a BGB Rn. 29.

32 Deinert, RdA 2000, S. 31; MünchArbR/Reichold, 3. Aufl. (2009), § 51 Rn. 73; Schaub/Linck, 14. Aufl. (2011), § 59 Rn. 80; HWK/Krause, 5. Aufl. (2012), § 619 a BGB Rn. 51; ErfK/Preis, 13. Aufl. (2013), § 619 a BGB Rn. 35; MüKoBGB/Henssler, 6. Aufl. (2012), § 619 a Rn. 42.

33 BAG (12.08.1959), AP Nr. 1 zu § 305 BGB; BAG (22.11.1973), AP Nr. 67 zu § 626 BGB.

34 Vgl. Otto/Schwarze, Rn. 296 ff.; Preis/Stoffels, 4. Aufl. (2011), II M 10 Rn. 10 ff.

35 Vgl. ausführlich unten Dritter Teil A. IV. 4.

Zweiter Teil: Die allgemeine Mankohaftung

A. Die Anspruchsgrundlagen

I. Geschichtliche Entwicklung der Rechtsprechung zur Anspruchsgrundlage

1. Die Rechtsprechung von 1900 bis 1945

Die Heranziehung der Normen des Auftrags- und des Verwahrungsrechts durch die Rechtsprechung ist auf eine lange Geschichte zurückzuführen. Schon am Anfang des 20. Jahrhunderts hat sich die Tendenz gezeigt, die Elemente des Auftrags- und des Verwahrungsvertrags mit dem Arbeitsvertrag zu kombinieren.

In der Entscheidung zu einem Mankofall im öffentlichen Dienst vom 09.11.1910[36] hat zwar das RG nicht die Anspruchsgrundlage erörtert, jedoch hat seine Begründung zur Entlastungspflicht des Schuldners (hier der Beklagte, die Oberpostdirektion) schon die Ansätze zur Heranziehung der Normen des Verwahrungsrechts gezeigt. Die entsprechende Anwendung des § 282 BGB a.F. auf einen Beamten, der ihm übergebene Gelder oder sonstige Sachen nicht zurückgeben kann, sei nicht nur durch die Ähnlichkeit seiner Stellung mit dem eines Verwahrers im Sinne des Bürgerlichen Gesetzbuches gerechtfertigt, sondern werde auch durch die Verhältnisse des öffentlichen Dienstes notwendig geboten. [37] Nach dieser Ausführung ist das Reichsgericht der Auffassung, dass die Stellung des Arbeitnehmers im Mankofall gewissermaßen mit der eines Verwahrers vergleichbar ist.

Das LAG[38] München hat im Mankofall vom 09.04.1935,[39] in dem der Beklagte von der Klägerin in einer ihrer 24 Fleischabgabestellen als Filialleiter beschäftigt war, bereits eindeutig die Ansicht des gemischten Vertrags zum Aus-

36 RG (09.11.1910), RGZ 74, S. 342.

37 RG (09.11.1910), RGZ 74, S. 344.

38 ArbGG/Prütting, 7. Aufl. (2009), Einl. Rn. 14, 22. Das Arbeitsgerichtsgesetz 1926 erkannte zwar die Selbstständigkeit der Arbeitsgerichte an, jedoch enthält es wegen des Widerstandes der Vertreter der ordentlichen Gerichtsbarkeit und auch der Arbeitgeber einen Kompromiss insofern, als nur die erstinstanzlichen Arbeitsgerichte organisatorisch als selbstständige Arbeitsgerichte tätig waren, die Landesarbeitsgerichte bei den jeweiligen Landesgerichten errichtet wurden und das Reichsarbeitsgericht als besonders besetzter Senat des Reichsgerichts konzipiert war. Seit dem Erlass des Arbeitsgerichtsgesetzes 1953 sind die Landesarbeitsgerichte und das BAG erstmals selbstständige und organisatorisch von der ordentlichen Gerichtsbarkeit getrennte Gerichte geworden.

39 LAG München (09.04.1935), ARS 24, S. 153.

druck gebracht, wonach der Dienstvertrag des Beklagten eine Geschäftsbesorgung und eine entgeltliche Verwahrung einschließt, die den Beklagten gemäß §§ 675, 665 ff., 688, 695 BGB zur Rechenschaftslegung und zur Herausgabe der Geldeinnahmen und der nicht verkauften Waren verpflichtet.[40]

Nach Ansicht des RAG in seiner Entscheidung vom 15.05.1935[41] sollte das LAG Breslau anhand der Tatsache, dass der Beklagte (Arbeitnehmer) in Wirklichkeit das Lager mehrere Monate hindurch verwaltet hat und dass sowohl die Klägerin (Arbeitgeber) wie der Beklagte diese Verwaltung unzweifelhaft als eine auf Grund vertraglicher Beziehungen geführte Verwaltung gewollt und demgemäß behandelt haben, prüfen, ob nicht auf der Grundlage dieser tatsächlichen Übung in Verbindung mit der stillschweigenden Übereinstimmung beider Teile, ein Vertragsverhältnis mit dem regelmäßigen Inhalt eines Lagervertrags begründet wurde, sodass ihm oder seinen Gehilfen ein Verschulden zur Last fiel.[42] Zu beachten ist, dass das RAG im Fall des nichtigen Lagervertrags die Anspruchsgrundlage aus dem, von der Revision angeführten, Gesichtspunkt der Geschäftsführung ohne Auftrag herleiten will, wenn die Voraussetzungen des § 677 BGB vorliegen.[43] Obwohl der Wille zur Heranziehung der Normen des Auftrags- oder des Verwahrungsrechts in dieser Entscheidung nicht klar ist, neigt das RAG dazu, die Mankohaftung nicht auf den Arbeitsvertrag, sondern auf den anderen Vertragstyp zu stützen.

In einem Mankofall im öffentlichen Dienst vom 02.09.1941[44] hat das RAG, trotz der Nicht-Erwähnung des Verwahrungsrechts, deutlich gemacht, dass der Kläger (Arbeitnehmer als Kassierer der Sparkasse der beklagten Stadt) von der Beklagten (die Stadt als Arbeitgeber) nicht nach den Grundsätzen der Haftung als Verwahrer für den Ersatz des Fehlbestands in der Kasse in Anspruch genommen werden kann, wenn festgestellt wird, dass der Fehlbestand, während der unvermeidlichen Überlassung der Geldbestände an den Geldzähler, zur Ausführung seiner Aufgabe des Nachzählens, eingetreten ist.[45] Wie in dem Mankofall im öffentlichen Dienst vom 09.11.1910 des RG,[46] ist das RAG auch in diesem Fall von einer Ähnlichkeit des Kassierers mit der eines Verwahrers im Sinne des Bürgerlichen Gesetzbuches ausgegangen. Jedoch hat das RAG eine solche ähnliche Stellung abgelehnt, weil infolge der von der Beklagten zu vertretenden Organisation der Kasse, nicht der Kläger, sondern der Geldzähler Geld-

40 LAG München (09.04.1935), ARS 24, S. 155.
41 RAG (15.05.1935), ARS 24, S. 261.
42 RAG (15.05.1935), ARS 24, S. 265.
43 RAG (15.05.1935), ARS 24, S. 265.
44 RAG (02.09.1941), ARS 42, S. 429.
45 RAG (02.09.1941), ARS 42, S. 435.
46 RG (09.11.1910), RGZ 74, S. 342.

beträge unmittelbar entgegenzunehmen, auszuzahlen und den Kassenbestand zu verwahren hat.[47]

2. Die Rechtsprechung nach 1950 bis zum Urteil des 8. Senats des BAG vom 02.12.1999

a) Die Rechtsprechung der ArbG und LAG

Der Ansatz zur Heranziehung der Normen des Auftrags- und des Verwahrungsrechts in der Rechtsprechung bis 1945 hat die spätere Entwicklung der Rechtsprechung beeinflusst.

Bis etwa Ende der 1950er Jahre hat die Rechtsprechung überwiegend die Anspruchsgrundlage in den Vorschriften über die Unmöglichkeit einer nach Auftrags- und Verwahrungsrecht begründeten Herausgabepflicht gesehen.[48] Ein Teil davon hat ausdrücklich die Normen des Geschäftsbesorgungs- und Verwahrungsrechts in ein Arbeitsverhältnis einbezogen.[49]

Seit dem Anfang der 1960er Jahre hat sich jedoch ein bemerkenswerter Wandel in der Rechtsprechung dahingehend durchgesetzt, dass die Anspruchsgrundlage nunmehr überwiegend in der, durch die Rechtsfortbildung entwickelten, pFV erblickt wurde.[50] Gleichwohl hat das später vom BAG entwickelte

---

47 RAG (02.09.1941), ARS 42, S. 435.

48 LAG Stuttgart (06.07.1950), AP 51 Nr. 147, S. 539; LAG Hannover (10.02.1953), AP 53 Nr. 232; LAG Freiburg (19.11.1954), ARSt Bd. XIII Nr. 83, S. 31; LAG Bremen (05.01.1955), AP Nr. 3 zu § 611 BGB Haftung des Arbeitnehmers; LAG Bayern (25.01.1957),WA 1958 Nr. 119, S. 76; LAG Bremen (01.02.1957), DB 1957, S. 460; ArbG Bremen (26.02.1959), ARSt Bd. XXII Nr. 517, S. 186; ArbG Bremen (30.06.1960), ARSt Bd. XXV Nr. 442, S.147, in Fortführung seiner letzen Entscheidung vom 26.02.1959; LAG Bayern (05.07.1961), WA 1962 Nr. 214, S. 155, in Fortführung seiner Entscheidung vom 25.01.1957.

49 LAG Bremen (05.01.1955), AP Nr. 3 zu § 611 BGB Haftung des Arbeitnehmers, unter Hinweis auf die Ansicht von Bulla hat sich das LAG Bremen hier eindeutig der Theorie eines gemischten Vertrages angeschlossen; LAG Bayern (25.01.1957), WA 1958 Nr. 119, S. 76; LAG Bremen (01.02.1957), DB 1957, S. 460; ArbG Bremen (26.02.1959), ARSt Bd. XXII Nr. 517, S. 186; ArbG Bremen (30.06.1960), ARSt Bd. XXV Nr. 442, S.147, in Fortführung seiner letzen Entscheidung vom 26.02.1959.

50 LAG Baden-Württemberg Außenkammern Stuttgart (18.07.1959), WA 1960 Nr. 76, S. 43, das LAG betrachtet die Haftungsgrundlage direkt aus dem Arbeitsvertrag als die herrschende Meinung in der Literatur, wonach der Arbeitnehmer beim Eintritt eines Mankos durch schuldhafte Schlechtleistung wegen pFV in Anspruch genommen werden kann; LAG Baden-Württemberg Außenkammern Stuttgart (16.06.1961), WA 1962, Nr. 5, S. 4, in Fortführung seines letzten Urteils vom 18.07.1959; ArbG Heidelberg (11.02.1963), WA 1963 Nr. 165, S. 111; LAG Düsseldorf, Kam. Köln, (22.02.1963),

zweiteilige Haftungsmodell schon seinen Niederschlag in einem kleinen Teil der Rechtsprechung gefunden, d.h. die Anspruchsgrundlage wird neben pFV noch in der Unmöglichkeit gesehen.[51]

b) Die Rechtsprechung des BAG

aa) Die Entscheidung des 2. Senat vom 30.06.1960

Der 2. Senat hat zum ersten Mal in seiner Entscheidung vom 30.06.1960[52] das Problem der gesetzlichen Anspruchsgrundlage in Erwägung gezogen. Unter

---

DB 1963, S. 770; Juris Datenbank, LAG München 20.10.1965 – 6 Sa 135/65 N; LAG Berlin (31.01.1967), BB 1967, S. 879; LAG Baden-Württemberg/Stuttgart (29.02.1968), BB 1968, S. 505, in Fortführung seiner früheren Entscheidungen vom 18.07.1959 und 16.06.1961; ArbG Ulm (22.05.1968), BB 1968, S. 913, unter Verweis auf Moser (BB 1966, S. 373) hat das ArbG die Mankohaftung des Filialleiters auf die schuldhafte Forderungsverletzung gestützt; ArbG Köln (21.01.1969), BB 1969, S. 580, im Anschluss an Woltereck (AR-Blattei, D Haftung des Arbeitnehmers II Mankohaftung (1965), B. I. 1.) und die Entscheidung des LAG Baden-Württemberg vom 29.02.1968 hat das ArbG eindeutig die Haftung des Arbeitnehmers als Verkäuferin für den Waren-Fehlbestand aus schuldhafter Verletzung der allgemeinen Plicht zur ordentlichen Arbeitsleistung, also positiver Verletzung des Arbeitsvertrages hergeleitet; LAG Düsseldorf (14.05.1974), DB 1974, S. 2115; LAG Frankfurt am Main (22.09.1982), ARST 1983, Nr. 49, S. 74, es ist darauf hinzuweisen, dass dieses Urteil nicht rechtskräftig ist. Nachgehend hat der 3. Senat des BAG in seinem Urteil vom 29.01.1985 (AP Nr. 87 zu § 611 BGB Haftung des Arbeitnehmers) nach dem Kriterium der „wirtschaftlich selbstständigen Tätigkeit“ noch geprüft, ob der Arbeitgeber seinen Schadensersatzanspruch auf § 280 I BGB a.F. wegen Unmöglichkeit einer nach Auftrags– und Verwahrungsrecht begründeten Herausgabepflicht stützen könnte; ArbG Lübeck (05.11.1987), CR 1988, S. 566, das ArbG hat hier seine Bedenken an der Heranziehung des Auftragsrechts erhoben und ausgeführt, grundsätzlich seien Kassiererinnen an rechnergesteuerten Kassen nur verpflichtet den Ist-Bestand einer Kasse abzuliefern. Herausgabe des Soll-Bestandes werde geschuldet, wenn die Kassiererin die Stellung einer Beauftragten gemäß § 667 BGB hat, was die Übertragung einer gewissen Selbstständigkeit auf sie voraussetzt (Leitsatz 2 der Redaktion).

51 Juris Datenbank, LAG München 20.10.1965 – 6 Sa 135/65 N, im Orientierungssatz; LAG Düsseldorf (14.05.1974), DB 1974, S. 2115; Juris Datenbank, LAG Hessen 20.08.1980 – 10/7 Sa 909/78, Leitsatz 3, im Anschluss an die Entscheidung des BAG vom 26.01.1971 hat das LAG Hessen die Vorschriften über entgeltliche Geschäftsbesorgung und Verwahrung mit der Begründung herangezogen, dass einem weitgehend selbstständigen Verkaufsfahrer, dem ein Warenbestand zur alleinigen Obhut bzw. Verantwortung anvertraut wird, eine Geschäftsbesorgung im Sinne der §§ 675, 688 BGB und damit eine besondere Vertrauensstellung übertragen worden ist.

52 BAG (30.06.1960), AP Nr. 20 zu § 611 BGB Haftung des Arbeitnehmers.

Verweis auf *Bulla*[53] und *Hueck-Nipperdey*[54] wurde darauf hingewiesen, dass entweder die Unmöglichkeit nach §§ 280 ff. oder die positive Vertragsverletzung als Anspruchsgrundlage für die allgemeine Mankohaftung in Betracht kommt. Dies ist abhängig davon, ob man das Wesentliche eines Mankos darin sieht, dass der Filialleiter nicht mehr in der Lage ist, den Warenbestand und den Kassenbestand, mit denen er belastet ist, vorzuweisen und auf Verlangen herauszugeben, oder aber darin, dass sich diese Bestände durch schlechte Erfüllung seiner Vertragspflichten verringern.[55] Leider hat der 2. Senat zu dieser Frage keine abschließende Stellung genommen und ausdrücklich offengelassen, ob Unmöglichkeit oder positive Vertragsverletzung in diesem Fall eingreift.

bb) Die Entscheidungen des 1. Senats

Im Urteil vom 13.03.1964[56] war der 1. Senat des BAG der Ansicht, dass das LAG Hamm zu Unrecht, ohne Berücksichtigung der arbeitsrechtlichen Stellung des Beklagten (hier Arbeitnehmer), nur die Vorschriften über die positive Vertragsverletzung, über unerlaubte Handlungen und über die ungerechtfertigte Bereicherung als Anspruchsgrundlage des Klägers (hier der Arbeitgeber) geprüft hat.[57] In diesem Fall ging das BAG anhand der Verbringung von Firmenmitteln auf die Privatkonten des Arbeitnehmers, die der Stellung eines Geschäftsführers angenähert ist.[58] Ausgehend von dieser besonderen Vertrauensstellung, hat der 1. Senat des BAG die Anspruchsgrundlage in den Vorschriften des BGB innerhalb der Auskunfts- und Herausgabepflicht der entgeltlichen Geschäftsführung (§ 675 BGB) oder der Geschäftsführung ohne Auftrag[59] (§ 681 BGB) gesehen, je nachdem, ob die Überführung der Firmengelder auf die Privatkonten des Arbeitnehmers mit Wissen und Wollen des Arbeitgebers geschehen ist.[60] Das BAG hat in diesem Mankofall den Ersatzanspruch des Arbeitgebers nicht direkt aus dem Arbeitsvertrag, sondern aus den Vorschriften zu der entgeltlichen Geschäftsführung und der Geschäftsführung ohne Auftrag hergeleitet. Zu beachten

53 Bulla, DB 1952, S. 58, 82.

54 Hueck-Nipperdey, Lehrbuch des Arbeitsrechts, 6. Aufl. (1959), Bd. I, S. 211, Anm. 33.

55 BAG (30.06.1960), AP Nr. 20 zu § 611 BGB Haftung des Arbeitnehmers (unter II 2 der Gründe).

56 BAG (13.03.1964), AP Nr. 32 zu § 611 BGB Haftung des Arbeitnehmers.

57 BAG (13.03.1964), AP Nr. 32 zu § 611 BGB Haftung des Arbeitnehmers (unter I 2 a der Gründe).

58 BAG (13.03.1964), AP Nr. 32 zu § 611 BGB Haftung des Arbeitnehmers, Leitsatz 1.

59 Für GoA hat das BAG auf die Entscheidung des RAG vom 15.05.1935 (ARS 24, S. 265) verwiesen.

60 BAG (13.03.1964), AP Nr. 32 zu § 611 BGB Haftung des Arbeitnehmers (unter I 2 a der Gründe).

ist, dass das BAG bei der Beurteilung der besonderen Vertrauensstellung des Arbeitnehmers auf die Selbstständigkeit des Arbeitnehmers und die Überwachung des Arbeitgebers abstellt.[61]

In einem weiteren Mankofall im öffentlichen Dienst vom 21.06.1966[62] hat der 1. Senat des BAG zwar das Problem der Anspruchsgrundlage nicht erörtert, aber er hat seine Ansicht aus seiner letzten Entscheidung vom 13.03.1964 beibehalten und den Schadensersatzanspruch des Beklagten (Arbeitgeber als Landkreis) gegenüber der Klägerin (Arbeitnehmer als Amtskassenleiterin) aus den Vorschriften zu entgeltlicher Geschäftsbesorgung wegen der Unmöglichkeit der Herausgabe hergeleitet, weil die Klägerin als Kassenverwalter gemäß den §§ 675, 667 BGB zur Herausgabe des durch die Geschäftsführung Erlangten verpflichtet ist.

Der 1. Senat des BAG hat in seinem Urteil vom 27.02.1970[63] nicht klargestellt auf welche Anspruchsgrundlage dieser Mankofall gestützt ist und nur bei der Berücksichtigung eines Mitverschuldens des Arbeitgebers ausgeführt, dass ohne eine wirksame Mankoabrede der Kl. vielmehr auf einen Schadensersatzanspruch aus positiver Vertragsverletzung oder unerlaubter Handlung angewiesen wäre.[64] Hierbei könnte diese Ausführung den Ansatz zeigen, dass der 1. Senat die mögliche Anspruchsgrundlage aus den Vorschriften zu dem Auftrag und der Verwahrung nicht erwähnt. Ob das BAG die Ansicht des gemischten Vertrags aufgeben und den Arbeitsvertrag direkt als die einzige Anspruchsgrundlage heranziehen wird, lässt sich durch die weitere Entwicklung der Rechtsprechung aufzeigen.

Schon nach kurzer Zeit hat der 1. Senat des BAG in der Entscheidung vom 30.09.1970[65] bei der Erörterung der Frage der Haftung eines Kassierers darauf hingewiesen, dass das LAG Düsseldorf bei erneuter Verhandlung notfalls zu prüfen hat, inwiefern sich die Beklagte (hier Arbeitnehmer als Buchhalterin) auf die Vorschriften über die Geschäftsführung ohne Auftrag berufen kann.[66] Kurz danach hat der 1. Senat des BAG in einem weiteren Mankofall vom 26.01.1971[67] bei der Erörterung der Beweislastverteilung wieder darauf hingewiesen, dass ein Dienstvertrag im vorliegenden Fall eine Geschäftsbesorgung

61 BAG (13.03.1964), AP Nr. 32 zu § 611 BGB Haftung des Arbeitnehmers (unter I 1 der Gründe).

62 BAG (21.06.1966), AP Nr. 2 zu § 1 ErstattG.

63 BAG (27.02.1970), AP Nr. 54 zu § 611 BGB Haftung des Arbeitnehmers.

64 BAG (27.02.1970), AP Nr. 54 zu § 611 BGB Haftung des Arbeitnehmers (unter I 2 der Gründe).

65 BAG (30.09.1970), AP Nr. 3 zu § 56 ZPO.

66 BAG (30.09.1970), AP Nr. 3 zu § 56 ZPO (unter 3 der Gründe).

67 BAG (26.01.1971), AP Nr. 64 zu § 611 BGB Haftung des Arbeitnehmers.

zum Inhalt hat,[68] was eine Anspruchsgrundlage aus Geschäftsbesorgung indizieren kann. Ein halbes Jahr später hat der 1. Senat des BAG in einem weiteren „Kasse“ – Mankofall vom 03.08.1971[69] bei der Auseinandersetzung mit der Beweislastverteilung im Fall der Vertragshaftung die Anspruchsgrundlage nur am Rande gestreift. Dabei hat der 1. Senat sowohl die positive Vertragsverletzung,[70] als auch die entgeltliche Geschäftsbesorgung[71] als mögliche Anspruchsgrundlage erwähnt. Zur entgeltlichen Geschäftsbesorgung hat er ausgeführt, dass auf das Arbeitsverhältnis des angestellten Kassierers nicht nur das Arbeitsvertragsrecht, sondern auch das Auftragsrecht anzuwenden sei. Es gelte dann u.a. die Herausgabepflicht des Beauftragten gemäß § 667 BGB.[72] In dieser Ausführung findet die Ansicht des gemischten Vertrags eindeutig ihren Ausdruck. Diese drei nacheinander vom 1. Senat des BAG ergangenen Entscheidungen stellen klar, dass das BAG zu der Ansicht geneigt ist, dass der Arbeitsvertrag als weiteres Element einen Geschäftsbesorgungsvertrag mit enthält.

cc) Die weitere Entwicklung

In der späteren Rechtsprechung wird die Problematik zur Anspruchsgrundlage bei der Mankohaftung nach wie vor nicht vom BAG erörtert. Im Urteil vom 22.11.1973[73] hat der 2. Senat des BAG, ohne eigene Stellungnahme zur Anspruchsgrundlage, nur ausgeführt, dass nach der Revisionsbegründung die Beklagte (hier Arbeitgeber) eine Schadenspflicht der Klägerin (hier Arbeitnehmer als Verkäuferin) nicht mehr aus einer positiven Vertragsverletzung herleitet, für die sie nach den nicht angegriffenen und damit für den Senat bindenden Feststellungen des LAG keinen Beweis erbracht hat.[74] In einem „Kasse“ – Mankofall vom 13.02.1974[75] hat der 4. Senat des BAG lediglich aus der Sicht der Beweislast nach allen folgenden in Frage kommenden rechtlichen Anspruchsgrundlagen geprüft, ob sich die von der Beklagten (hier Arbeitgeber) gewollte Rechtsfolge aus den von ihr behaupteten Tatsachen ergibt, ohne dazu Stellung genom-

68 BAG (26.01.1971), AP Nr. 64 zu § 611 BGB Haftung des Arbeitnehmers (unter 1 a der Gründe).
69 BAG (03.08.1971), AP Nr. 67 zu § 611 BGB Haftung des Arbeitnehmers.
70 BAG (03.08.1971), AP Nr. 67 zu § 611 BGB Haftung des Arbeitnehmers (unter III 1 der Gründe).
71 BAG (03.08.1971), AP Nr. 67 zu § 611 BGB Haftung des Arbeitnehmers (unter III 2 der Gründe).
72 BAG (03.08.1971), AP Nr. 67 zu § 611 BGB Haftung des Arbeitnehmers (unter III 2 der Gründe).
73 BAG (22.11.1973), AP Nr. 67 zu § 626 BGB.
74 BAG (22.11.1973), AP Nr. 67 zu § 626 BGB (unter III 1 der Gründe).
75 BAG (13.02.1974), AP Nr. 77 zu § 611 BGB Haftung des Arbeitnehmers.

men zu haben: Ersatzanspruch nach positiver Verletzung des Arbeitsvertrags, Ersatzanspruch aus Delikt gemäß § 823 I BGB, Ersatzanspruch aus §§ 823 II BGB iVm strafrechtlichen Bestimmungen, nämlich § 246 StGB (Unterschlagung) oder § 266 StGB (Untreue). Wie der 4. Senat des BAG in der Entscheidung vom 13.02.1974, hat der 3. Senat des BAG in einem „Kasse" – Mankofall vom 13.02.1975[76] auch nur aus der Sicht der Beweislast die folgenden möglichen rechtlichen Anspruchsgrundlagen geprüft, ohne auf das Problem der Anspruchsgrundlage einzugehen: Ersatzanspruch gemäß § 823 II BGB iVm § 246 StGB (Unterschlagung)[77] und ein Anspruch aus positiver Vertragsverletzung.[78]

dd) Die Entscheidung des 8. Senats vom 29.01.1985

Wegen seiner teilweise, bis auf die drei grundlegenden nacheinander vom 8. Senat gefällten Entscheidungen zur Mankohaftung, bedeutsamen, grundsätzlichen Ausführungen zur Heranziehung des Auftrags- und Verwahrungsrechts ist hier die Entscheidung des BAG vom 29.01.1985[79] von herausragender ausführlich zu würdigender Bedeutung.

Der 3. Senat des BAG hat in diesem Mankofall gründlich geprüft, ob die Klägerin (hier Arbeitgeber) ihren Schadensersatzanspruch gegenüber der Beklagten (hier Arbeitnehmer als Fernsehtechniker im Außendienst) auf die Vorschriften über die Verwahrung und den Auftrag oder auf die positive Forderungsverletzung stützen kann. In diesem „Kundendienstmonteur"-Fall ereignete sich der Diebstahl eines Video-Recorders im Werte von 1.605,90 DM in dem vom Beklagten gesteuerten firmeneigenen VW-Bus, in dem sich noch andere Geräte (Werkzeuge, Ersatzteile) befanden, zu einem Zeitpunkt, als der zu Kundenbesuchen eingesetzte Beklagte mit einer Reparatur beschäftigt war. Nach wie vor hat das BAG an dem zweiteiligen Haftungskonzept festgehalten, nämlich der Schadensersatzanspruch einerseits aus Unmöglichkeit einer nach Auftrags – und Verwahrungsrecht begründeten Herausgabepflicht und andererseits aus pFV. Betrachtet man die einzelnen Aussagen dieser Entscheidung zur Anwendbarkeit des § 280 I BGB a.F. wegen Unmöglichkeit einer nach Auftrags – und Verwahrungsrecht begründeten Herausgabepflicht näher, so heißt es zunächst unter II. der Gründe, der Arbeitnehmer hafte für eingetretene Fehlbestände, wenn ihm ein Kassen- oder Warenbestand in der Weise übertragen wurde, dass er „allein Zugang" zu ihm hatte und „selbstständig darüber disponieren" konnte. Sei die Tätigkeit des Arbeitnehmers mit wirtschaftlichen Überlegungen und Ent-

---

76 BAG (13.02.1975), AP Nr. 2 zu § 308 ZPO.

77 BAG (13.02.1975), AP Nr. 2 zu § 308 ZPO (unter I der Gründe).

78 BAG (13.02.1975), AP Nr. 2 zu § 308 ZPO (unter II 3 der Gründe).

79 BAG (29.01.1985), AP Nr. 87 zu § 611 BGB Haftung des Arbeitnehmers.

scheidungen verbunden, so gelten, neben den arbeitsvertraglichen Bestimmungen, die Vorschriften über die Verwahrung (§ 688 BGB) und den Auftrag (§§ 675, 663, 665 bis 670, 672 bis 674 BGB). Gleich danach hat der 3. Senat des BAG, trotz der Nicht-Erwähnung des § 282 BGB a.F., konsequent die Beweislastumkehr aus Unmöglichkeit hergeleitet und wie folgt ausgeführt: Der Arbeitgeber habe darzulegen und zu beweisen, dass er dem Arbeitnehmer bestimmte Waren zur eigenen Verwaltung übertragen hat. Der Arbeitnehmer sei bei der Abrechnung zur Herausgabe der erhaltenen Gegenstände oder ihres wirtschaftlichen Surrogates (§ 667 BGB) verpflichtet. Ist er hierzu nicht in der Lage, sei ihm die Leistung also unmöglich (§ 280 BGB), so habe er sich zu entlasten. Er muss darlegen und beweisen, dass ihn an der Entstehung des Mankos kein Verschulden trifft (vgl. BAG AP Nr. 49 und Nr. 54 zu §611 BGB Haftung des Arbeitnehmers).[80] In diesem Kontext hat m.E. der 3. Senat bei der Heranziehung der Regelungen zum Auftrags- und Verwahrungsrecht zwei maßgebliche Kriterien aufgestellt, nämlich zum einen „alleinigen Zugang" des Arbeitnehmers zu bestimmten Waren und zum anderen „selbstständig über solche Waren disponieren", weil der 3. Senat nicht lediglich die Normen des Auftrags- und Verwahrungsrechts heranziehen, sondern vielmehr die Beweislastregel bei Unmöglichkeit gemäß § 282 BGB a.F. anwenden will. Deswegen können „wirtschaftliche Überlegungen und Entscheidungen" als Konkretisierung für „allein Zugang" und „selbstständig über solche Waren disponieren" verstanden werden.[81] Im Anschluss an die Entscheidung der 2. Instanz des LAG Frankfurt a. M. vom 22.09.1982[82] ist allerdings der 3. Senat des BAG von einer großzügigen Anwendung des § 280 I BGB a.F.[83] wegen Unmöglichkeit einer nach Auftrags– und Verwahrungsrecht begründeten Herausgabepflicht ausgegangen, indem er dabei, ohne Berücksichtigung des „alleinigen Zugangs" des Arbeitnehmers, nur auf ein

80 BAG (29.01.1985), AP Nr. 87 zu § 611 BGB Haftung des Arbeitnehmers (unter II der Gründe).

81 Der 8. Senat hat sich später die zwei vom 3. Senat aufgestellten Kriterien, nämlich zum einen „alleinigen Zugang" des Arbeitnehmers zu bestimmten Waren und zum anderen „selbstständig über solche Waren disponieren", zu eigen gemacht. Vgl. BAG (17.09.1998), AP Nr. 2 zu § 611 BGB Mankohaftung (unter B I 1 der Gründe): „Unmittelbarer Besitz des Arbeitnehmers setzt zumindest den alleinigen Zugang zu der Sache und deren selbstständige Verwaltung voraus. Dazu wird gehören, dass der Arbeitnehmer wirtschaftliche Überlegungen anzustellen und Entscheidungen über die Verwendung der Sache zu treffen hat(BAG Urteil vom 29.01.1985 – 3 AZR 570/82 – AP Nr. 87 zu § 611 BGB Haftung des Arbeitnehmers [II der Gründe]).".

82 LAG Frankfurt am Main (22.09.1982), ARST 1983, Nr. 49, S. 74.

83 In den Entscheidungsgründen (unter II der Gründe) hat der 3. Senat des BAG mit „Haftungsgrundsätzen der Mankohaftung" §280 I BGB a.F. einschließlich der Beweislastregel bei Unmöglichkeit gemäß § 282 BGB a.F. gemeint.

Kriterium, nämlich „die wirtschaftlich selbstständige Tätigkeit", abgestellt hat.[84] Entgegen der Auffassung des LAG Frankfurt a. M. hat der 3. Senat des BAG die Heranziehung des § 280 I BGB a.F. (einschließlich der Beweislastregel bei Unmöglichkeit gemäß § 282 BGB a.F.) mit der Begründung abgelehnt, dass der Beklagte als Bote, nicht aber als wirtschaftlich selbstständiger Verkaufsfahrer betrachtet wird, weil bezüglich der ihm anvertrauten Werkzeuge und Geräte keine wirtschaftlichen Überlegungen und Entscheidungen für ihn in Betracht kommen.[85]

ee) Drei grundlegende Entscheidungen zur Mankohaftung des 8. Senats

Der 8. Senat des BAG hat endlich in diesen drei grundlegenden Entscheidungen[86] die Problematik zur Anspruchsgrundlage bei der Mankohaftung umfassend aufbereitet und das zweiteilige Haftungskonzept gefestigt.

Mit dem Urteil vom 22.05.1997[87] hat der 8. Senat weiter an dem zweiteiligen Haftungskonzept festgehalten. Allerdings enthält diese Entscheidung hinsichtlich der Voraussetzung für die Heranziehung der Regelungen zum Auftrags- und Verwahrungsrecht eine bemerkenswerte Abweichung. Im Unterschied zu dem als Beleg zitierten Urteil des 3. Senats vom 29.01.1985[88] hat der 8. Senat nunmehr nicht auf „die wirtschaftlich selbstständige Tätigkeit", sondern darauf abgestellt, ob „der Arbeitgeber eine Tatsachenlage geschaffen hat, nach der er nicht Besitzer der Sache war, wobei es für die Frage der Darlegungs- und Beweislast zudem darauf ankommt, ob der Arbeitnehmer Alleinbesitzer war".[89] Hier hat der 8. Senat ein „Besitz"-Kriterium eingeführt. Abgesehen von dem dogmatischen Zweifel an diesem Kriterium, auf die später eingegangen wird, ist diese Ausführung in vielen Punkten unklar. In erster Linie steht man vor der Frage, was unter „nicht Besitzer der Sache" und „Alleinbesitzer" zu verstehen ist. Unklar bleibt auch, ob der 8. Senat damit ein neues Abgrenzungskriterium zwischen Anspruchsgrundlagen aus Verwahrungs-/Auftragsrecht und pFV unter Verzicht auf das Merkmal der selbstständigen wirtschaftlichen Entscheidungen

---

84 BAG (29.01.1985), AP Nr. 87 zu § 611 BGB Haftung des Arbeitnehmers (unter II der Gründe).

85 BAG (29.01.1985), AP Nr. 87 zu § 611 BGB Haftung des Arbeitnehmers (unter II der Gründe).

86 BAG (22.05.1997), AP Nr. 1 zu § 611 BGB Mankohaftung; BAG (17.09.1998), AP Nr. 2 zu § 611 BGB Mankohaftung; BAG (02.12.1999), AP Nr. 3 zu § 611 BGB Mankohaftung.

87 BAG (22.05.1997), AP Nr. 1 zu § 611 BGB Mankohaftung.

88 BAG (29.01.1985), AP Nr. 87 zu § 611 BGB Haftung des Arbeitnehmers.

89 BAG (22.05.1997), AP Nr. 1 zu § 611 BGB Mankohaftung (unter III 1 der Gründe).

aufstellen will[90] oder ob es sich lediglich um eine neue Bezeichnung für die herkömmliche Konstellation handelt.[91] Im Übrigen hat der 8. Senat mit der Formulierung „wobei es für die Frage der Darlegungs- und Beweislast zudem darauf ankommt“ die Unklarheit geschaffen, dass „nicht Besitzer der Sache“ und „Alleinbesitzer“ zwei unterschiedliche Kriterien sind, d.h. das erstere die Voraussetzung für die Heranziehung des Auftrags- und Verwahrungsrechts darstellt und das letztere das Kriterium für die Frage der Darlegungs- und Beweislast ist.

Mit der Folgeentscheidung vom 17.09.1998[92] hat der 8. Senat dieses „Besitz“-Kriterium beibehalten und mit gewisser Klarheit präzisiert. Als Reaktion auf die Kritik in der Literatur, dass er die Vertragsschuld des Arbeitnehmers als eine Erfolgsverbindlichkeit eingestuft habe,[93] hat der 8. Senat nunmehr deutlich anerkannt, dass der Arbeitnehmer die Leistung der versprochenen, nicht den Erfolg der Leistung schulde. Aufgrund dieser Erkenntnis hat der 8. Senat im Hinblick auf die Einbeziehung der Vorschriften über die Verwahrung und den Auftrag in einem Arbeitsverhältnis eine bemerkenswerte Abweichung von früherer Rechtsprechung vorgenommen. Unter B I 1 der Gründe heißt es nämlich, dass etwa anderes in den Ausnahmefällen gelte, in denen der Arbeitnehmer nach den Grundsätzen der Verwahrung oder des Auftrages zu behandeln ist. Vergleicht man diese Ausführung mit der Formulierung in den früheren Entscheidungen,[94] insbesondere in seiner letzten Entscheidung vom 22.05.1997, „Soweit im Rahmen eines Arbeitsverhältnisses die Vorschriften über die Verwahrung und den Auftrag Anwendung finden, ... setzt das voraus, dass..........“[95], kommt man zum Ergebnis, dass das BAG nicht mehr die Vorschriften über die Verwahrung und den Auftrag in einem Arbeitsverhältnis ohne Weiteres direkt einbeziehen, sondern die Arbeitnehmer nur ausnahmsweise nach den Grundsätzen der Verwahrung oder des Auftrages behandeln will. Mit dieser entsprechenden Anwendung scheint sich der 8. Senat von seiner früheren direkten Einbeziehung bzw. Anwendung der Vorschriften über die Verwahrung und den Auftrag

90 Preis/Kellermann, Anm. zu BAG (22.05.1997), SAE 1998, S. 134; Stoffels, ZfA 1999, S. 82.

91 Preis/Kellermann, Anm. zu BAG (22.05.1997), SAE 1998, S. 134; Deinert, RdA 2000, S. 24.

92 BAG (17.09.1998), AP Nr. 2 zu § 611 BGB Mankohaftung.

93 Krause, Anm. zu BAG (22.05.1997), AP Nr. 1 zu § 611 BGB Mankohaftung (unter II 2).

94 BAG (29.01.1985), AP Nr. 87 zu § 611 BGB Haftung des Arbeitnehmers (unter II der Gründe): „War seine Tätigkeit mit wirtschaftlichen Überlegungen und Entscheidungen verbunden, so gelten neben den arbeitsvertraglichen Bestimmungen die Vorschriften über die Verwahrung (§ 688 BGB) und den Auftrag (§§ 675, 663, 665 bis 670, 672 bis 674 BGB)“.

95 BAG (22.05.1997), AP Nr. 1 zu § 611 BGB Mankohaftung (unter III 1 der Gründe).

stillschweigend zu verabschieden und statt dessen auf die analoge Anwendung des Verwahrungs- und Auftragsrechts umgeschwenkt zu haben. An das Vorliegen eines solchen Ausnahmefalls hat der 8. Senat das „Besitz"-Kriterium in seiner letzten Entscheidung vom 22.05.1997[96] geknüpft, „wenn der Arbeitgeber eine Tatsachenlage geschaffen hat, nach der er nicht Besitzer der Sache ist".[97] Mit dem Hinweis, dass der Arbeitnehmer nach der ausdrücklichen gesetzlichen Wertung nicht Besitzer der ihm zur Erfüllung seiner Arbeitsleistung überlassenen Sachen, sondern nur Besitzdiener (§ 855 BGB) ist, kommt der Unbehagen des 8. Senat klar zum Ausdruck, als er bei der entsprechenden Anwendung der Grundsätze der Verwahrung oder des Auftrages auf sein „Besitz"-Kriterium abstellt. Trotz des Verstoßes gegen diese gesetzliche Wertung, hat der 8. Senat den unmittelbaren Besitz des Arbeitnehmers explizit zur Voraussetzung der entsprechenden Anwendung der Grundsätze der Verwahrung oder des Auftrages gemacht. Nach Ansicht des 8. Senats setzt unmittelbarer Besitz des Arbeitnehmers zumindest den alleinigen Zugang zu der Sache und deren selbstständige Verwaltung voraus. Dazu gehöre es, dass der Arbeitnehmer wirtschaftliche Überlegungen anzustellen und Entscheidungen über die Verwendung der Sache zu treffen hat.[98] Betrachtet man die Ausführungen der Entscheidung des 3. Senats vom 29.01.1985[99] zur Voraussetzung für Heranziehung des Verwahrungs- und Auftragsrechts genauer, so heißt es unter II der Gründe, der Arbeitnehmer hafte für eingetretene Fehlbestände, wenn ihm ein Kassen- oder Warenbestand in der Weise übertragen wurde, dass er allein Zugang zu ihm hatte und „selbstständig darüber disponieren" konnte. Ist die Tätigkeit des Arbeitnehmers mit wirtschaftlichen Überlegungen und Entscheidungen verbunden, so gälten neben den arbeitsvertraglichen Bestimmungen die Vorschriften über die Verwahrung und den Auftrag.[100] Insoweit ist unmittelbarer Besitz des Arbeitnehmers kein neues Abgrenzungskriterium zwischen Anspruchsgrundlagen aus Verwahrungs-/Auftragsrecht und pFV unter Verzicht auf das Merkmal der selbstständigen wirtschaftlichen Entscheidungen, sondern lediglich „neue Begrifflichkeit"[101] oder „begrifflicher Etikettenwandel".[102] Zwar hat das BAG in dieser Entscheidung kein neues Abgrenzungskriterium eingeführt, aber das BAG will nunmehr den Anwendungsbereich des Unmöglichkeitsrechts gemäß § 280 I BGB a.F. er-

96 BAG (22.05.1997), AP Nr. 1 zu § 611 BGB Mankohaftung (unter III 1 der Gründe).

97 BAG (17.09.1998), AP Nr. 2 zu § 611 BGB Mankohaftung (unter B I 1 der Gründe).

98 BAG (17.09.1998), AP Nr. 2 zu § 611 BGB Mankohaftung (unter B I 1 der Gründe).

99 BAG (29.01.1985), AP Nr. 87 zu § 611 BGB Haftung des Arbeitnehmers.

100 BAG (29.01.1985), AP Nr. 87 zu § 611 BGB Haftung des Arbeitnehmers (unter II der Gründe).

101 Preis/Kellermann, Anm. zu BAG (22.05.1997), SAE 1998, S. 134.

102 Deinert, RdA 2000, S. 24.

heblich strenger beschränken, indem er nicht mehr auf einen weitergehenden Begriff der selbstständigen Tätigkeit aus früherer Rechtsprechung,[103] sondern strikt auf das Kriterium des unmittelbaren Besitzes abstellt, wie der 8. Senat dies auch ausdrücklich hervorhebt.[104] Mit Recht hat *Krause* schon früh auf diesen stillschweigenden Kurswechsel in der Entscheidung des BAG vom 22.05.1997 hingewiesen,[105] den der 8. Senat in der Folgeentscheidung vom 17.09.1998 deutlich herausgestellt und bestätigt hat.

Mit dem Urteil vom 02.12.1999[106] hat der 8. Senat weiter an dem zweiteiligen Haftungskonzept festgehalten und einfach die Vorgaben zur Anwendung des § 280 I BGB a.F. wegen zu vertretender Unmöglichkeit der Herausgabe in der Entscheidung vom 17.09.1998 wiederholt. Das BAG hat den neuen Standpunkt gegenüber früherer Rechtsprechung beibehalten und bestätigt den Anwendungsbereich des Unmöglichkeitsrechts gemäß § 280 I BGB a.F. enger zu beschränken.[107]

3. Die Rechtsprechung seit dem Urteil des 8. Senats des BAG vom 02.12.1999

Nach 2000 gab es zwar nur einzelne Entscheidungen, die sich mit der Anspruchsgrundlage auseinandergesetzt haben, aber sie sind hier eine kurze Darstellung wert, weil sie die neueste Entwicklung in der Rechtsprechung, nach den durchbrechenden Entscheidungen des 8. Senats des BAG, widerspiegeln.

In einem Mankofall vom 11.02.2000[108] über abhanden gekommene „Safebags" beim Geldabtransport durch Kurierdienst hat das LAG Hessen den Schadensersatzanspruch der Beklagten (Arbeitgeber) gegenüber dem Kläger (der Arbeitnehmer) aus dem Gesichtspunkt der positiven Vertragsverletzung hergeleitet, ohne die Anwendung des Unmöglichkeitsrechts überhaupt zu erwähnen.[109]

---

103 Im Unterschied zu früheren Entscheidungen geht der 8. Senat nunmehr von einem enger gefassten Begriff einer wirtschaftlich selbstständigen Tätigkeit aus, die von kaufmännischen Aufgaben (Anhaltspunkte: eigene Vertriebsbemühungen oder eine selbstständige Preiskalkulation) geprägt ist (unter B I 1 der Gründe).

104 BAG (17.09.1998), AP Nr. 2 zu § 611 BGB Mankohaftung (unter B I 1 der Gründe).

105 Krause, Anm. zu BAG (22.05.1997), AP Nr. 1 zu § 611 BGB Mankohaftung (unter 7 b).

106 BAG (02.12.1999), AP Nr. 3 zu § 611 BGB Mankohaftung.

107 BAG (02.12.1999), AP Nr. 3 zu § 611 BGB Mankohaftung (unter II 1 der Gründe): „An dieser gegenüber der früheren Rechtsprechung engeren Sicht hält der Senat fest".

108 Juris Datenbank, LAG Hessen 11.02.2000 – 2 Sa 979/98.

109 Juris Datenbank, LAG Hessen 11.02.2000 – 2 Sa 979/98, Rn. 36.

In einem weiteren „Geldtransport"-Mankofall vom 19.09.2001[110] hat das LAG Baden-Württemberg der neuen Rechtsprechung des BAG zum zweiteiligen Haftungskonzept angeschlossen. Unter Verweis auf die Entscheidung des BAG vom 17.09.1998[111] und die vom 02.12.1999[112] hat das LAG in erster Linie geprüft, ob sich ein Schadensersatzanspruch der Beklagten (Arbeitgeber) gegenüber dem Kläger (Arbeitnehmer) aus Unmöglichkeitsrecht gemäß § 280 I BGB a.F. ergeben könnte, was voraussetzen würde, dass der Kläger nach den Grundsätzen der Verwahrung oder des Auftrags zu behandeln ist. Zu beachten ist, dass das LAG hier nicht mehr die Einbeziehung der Vorschriften über die Verwahrung und den Auftrag in einem Arbeitsverhältnis erwähnt, sondern die entsprechende Anwendung der Grundsätze der Verwahrung oder des Auftrags in Ausnahmefällen vom BAG übernommen wird. Gemessen an dem Kriterium des unmittelbaren Besitzes des Arbeitnehmers, was zumindest den Alleinzugang zu der Sache und deren selbstständige Verwaltung voraussetzt, hat das LAG eine Heranziehung des § 280 I BGB a.F. abgelehnt, weil im vorliegenden Fall nicht erkennbar ist, inwieweit der Kläger selbstständig Entscheidungen über die Verwendung des Reisegeldes hätte treffen dürfen[113] Stattdessen hat das LAG auf die Prüfung eines Schadensersatzanspruchs aus einer positiven Vertragsverletzung umgeschwenkt.[114]

Mit dem Urteil vom 26.11.2003[115] wird ein Fall vom LAG Sachsen entschieden, der teilweise einen Mankofall zum Gegenstand hat. In diesem Berufungsverfahren geht es lediglich noch um zwei Schadensersatzansprüche der Wiederklägerin (ArbG) gegen den Widerbeklagten (Arbeitnehmer als Hausmeister) für zwei, bei der Beendigung des Arbeitsverhältnisses nicht herausgegebenen, Arbeitsgeräte, nämlich einen Bohrhammer und eine Kettensäge. In diesem Fall hat das LAG auch an dem zweiteiligen Haftungskonzept des BAG festgehalten. Mit dem Zitat der Urteilsgründe I 1 des BAG vom 17.09.1998[116] hat das LAG einen Schadensersatzanspruch wegen einer vom Widerbeklagten zu vertretenden Unmöglichkeit der Herausgabe der Arbeitsgeräte (§ 280 Abs. 1 BGB in der hier noch anwendbaren a. F.) verneint, weil selbstständige Überlegungen wirtschaftlicher Art dem Widerbeklagten nicht übertragen waren und die Hausmeistertätigkeiten auch keine wirtschaftlichen Entscheidungen fordern.[117]

110 Juris Datenbank, LAG Baden-Württemberg 19.09.2001 – 17 Sa 9/01.
111 BAG (17.09.1998), AP Nr. 2 zu § 611 BGB Mankohaftung.
112 BAG (02.12.1999), AP Nr. 3 zu § 611 BGB Mankohaftung.
113 Juris Datenbank, LAG Baden-Württemberg 19.09.2001 – 17 Sa 9/01, Rn. 27.
114 Juris Datenbank, LAG Baden-Württemberg 19.09.2001 – 17 Sa 9/01, Rn. 28.
115 Juris Datenbank, LAG Sachsen 26.11.2003 – 2 Sa 657/02.
116 BAG (17.09.1998), AP Nr. 2 zu § 611 BGB Mankohaftung (unter B I 1 der Gründe).
117 Juris Datenbank, LAG Sachsen 26.11.2003 – 2 Sa 657/02, Rn. 36 ff.

Anschließend hat das LAG einen Schadensersatzanspruch aus einer positiven Vertragsverletzung geprüft.[118]

Diesen drei Entscheidungen ist zu entnehmen, dass die LAG die starke Tendenz gezeigt haben, die Anspruchsgrundlage bei der Mankohaftung in der pFV zu erblicken.

4. Zusammenfassender Überblick über die Entwicklung in der Rechtsprechung

a) Die Rechtsprechung bis 1945

Die Heranziehung der Normen des Auftrags- und des Verwahrungsrechts durch die Rechtsprechung kann auf eine lange Geschichte zurückblicken. Bei der Beurteilung der Anspruchsgrundlage hat schon die Rechtsprechung bis 1945 den Ansatz gezeigt, die Elemente des Auftrags- und des Verwahrungsvertrags mit dem Arbeitsvertrag zu kombinieren,[119] wonach sich ein Schadensersatzanspruch aus Unmöglichkeit einer nach Auftrags– und Verwahrungsrecht begründeten Herausgabepflicht ergibt.[120]

b) Die Rechtsprechung der ArbG und der LAG seit 1950 bis jetzt

Der Ansatz zur Heranziehung der Normen des Auftrags- und des Verwahrungsrechts in der Rechtsprechung bis 1945 hat die spätere Entwicklung der Rechtsprechung beeinflusst.

Bis etwa Ende der 1950er Jahre hat die Rechtsprechung überwiegend die Anspruchsgrundlage in den Vorschriften über die Unmöglichkeit einer nach Auftrags- und Verwahrungsrecht begründeten Herausgabepflicht gesehen.[121] Ein Teil davon hat ausdrücklich die Vorschriften zu dem Auftrag und der Verwahrung neben dem Arbeitsverhältnis herangezogen.[122]

---

118 Juris Datenbank, LAG Sachsen 26.11.2003 – 2 Sa 657/02, Rn. 39 ff.

119 RG (09.11.1910), RGZ 74, S. 344; LAG München (09.04.1935), ARS 24, S. 155; RAG (02.09.1941), ARS 42, S. 435.

120 RG (09.11.1910), RGZ 74, S. 344; LAG München (09.04.1935), ARS 24, S. 155.

121 LAG Freiburg (19.11.1954), ARSt Bd. XIII Nr. 83, S. 31; LAG Bremen (05.01.1955), AP Nr. 3 zu § 611 BGB Haftung des Arbeitnehmers; LAG Bayern (25.01.1957),WA 1958 Nr. 119, S. 76; LAG Bremen (01.02.1957), DB 1957, S. 460; ArbG Bremen (26.02.1959), ARSt Bd. XXII Nr. 517, S. 186; ArbG Bremen (30.06.1960), ARSt Bd. XXV Nr. 442, S.147; LAG Bayern (05.07.1961), WA 1962 Nr. 214, S. 155.

122 LAG Bremen (05.01.1955), AP Nr. 3 zu § 611 BGB Haftung des Arbeitnehmers; LAG Bayern (25.01.1957),WA 1958 Nr. 119, S. 76; LAG Bremen (01.02.1957), DB 1957, S. 460; ArbG Bremen (26.02.1959), ARSt Bd. XXII Nr. 517, S. 186; ArbG Bremen (30.06.1960), ARSt Bd. XXV Nr. 442, S.147.

Seit dem Anfang der 1960er Jahre hat sich jedoch ein bemerkenswerter Wandel in der Rechtsprechung dahingehend durchgesetzt, dass die Anspruchsgrundlage nunmehr überwiegend in der durch die Rechtsfortbildung entwickelten pFV erblickt wurde.[123] Gleichwohl hat ein kleiner Teil der Rechtsprechung die Anspruchsgrundlage neben pFV noch in der Unmöglichkeit gesehen.[124]

Nachdem das BAG in drei grundlegenden nacheinander vom 8. Senat gefällten Entscheidungen zur Mankohaftung das zweiteilige Haftungsmodell bestätigt und gefestigt hatte, hat sich die Rechtsprechung der ArbG und der LAG dem zweiteiligen Haftungsmodell angeschlossen.[125] Die Instanzgerichte tendierten dazu, die Anspruchsgrundlage bei der Mankohaftung in der pFV zu sehen.

c) Die Rechtsprechung des BAG

Von Anfang an ist das BAG in der Entscheidung des 2. Senats vom 30.06.1960[126] von dem sog. zweiteiligen Haftungskonzept ausgegangen. Diese Entscheidung hat die Entwicklungsrichtung der späteren Rechtsprechung in Bezug auf die Anspruchsgrundlage festgelegt. Wie oben ausgeführt, haben sich zwar die Entscheidungen, welche die Anspruchsgrundlage in der pFV gesehen haben,[127] seit Anfang der 1960er Jahre erheblich gemehrt, gleichwohl hat das

---

123 LAG Baden-Württemberg Außenkammern Stuttgart (18.07.1959), WA 1960 Nr. 76, S. 43; LAG Baden-Württemberg Außenkammern Stuttgart (16.06.1961), WA 1962, Nr. 5, S. 4; ArbG Heidelberg (11.02.1963), WA 1963 Nr. 165, S. 111; LAG Düsseldorf, Kam. Köln, (22.02.1963), DB 1963, S. 770; Juris Datenbank, LAG München 20.10.1965 – 6 Sa 135/65 N; LAG Berlin (31.01.1967), BB 1967, S. 879; LAG Baden-Württemberg/Stuttgart (29.02.1968), BB 1968, S. 505; ArbG Ulm (22.05.1968), BB 1968, S. 913; ArbG Köln (21.01.1969), BB 1969, S. 580; LAG Düsseldorf (14.05.1974), DB 1974, S. 2115; LAG Frankfurt am Main (22.09.1982), ARST 1983, Nr. 49, S. 74; ArbG Lübeck (05.11.1987), CR 1988, S. 566.

124 Juris Datenbank, LAG München 20.10.1965 – 6 Sa 135/65 N, im Orientierungssatz; LAG Düsseldorf (14.05.1974), DB 1974, S. 2115; Juris Datenbank, LAG Hessen 20.08.1980 – 10/7 Sa 909/78, Leitsatz 3.

125 Juris Datenbank, LAG Baden-Württemberg 19.09.2001 – 17 Sa 9/01, Rn. 27 f.; Juris Datenbank, LAG Sachsen 26.11.2003 – 2 Sa 657/02, Rn. 36 ff.

126 BAG (30.06.1960), AP Nr. 20 zu § 611 BGB Haftung des Arbeitnehmers.

127 LAG Baden-Württemberg Außenkammern Stuttgart (18.07.1959), WA 1960 Nr. 76, S. 43; ArbG Heidelberg (11.02.1963), WA 1963 Nr. 165, S. 111; LAG Düsseldorf, Kam. Köln, (22.02.1963), DB 1963, S. 770; Juris Datenbank, LAG München 20.10.1965 – 6 Sa 135/65 N; LAG Berlin (31.01.1967), BB 1967, S. 879; LAG Baden-Württemberg/Stuttgart (29.02.1968), BB 1968, S. 505; ArbG Ulm (22.05.1968), BB 1968, S. 913; ArbG Köln (21.01.1969), BB 1969, S. 580; LAG Düsseldorf (14.05.1974), DB 1974, S. 2115; LAG Frankfurt am Main (22.09.1982), ARST 1983, Nr. 49, S. 74; ArbG Lübeck (05.11.1987), CR 1988, S. 566.

BAG immer noch in konkreten Fällen auf das Unmöglichkeitsrecht wegen Unmöglichkeit einer nach Auftrags- und Verwahrungsrecht begründeten Herausgabepflicht zurückgegriffen.[128] Es darf aber nicht übersehen werden, dass nur einige Entscheidungen in den 1970er Jahren nicht das Unmöglichkeitsrecht wegen einer nach Auftrags- und Verwahrungsrecht begründeten unmöglichen Herausgabepflicht in Erwägung gezogen haben.[129]

Von den 1960er Jahren bis zu den 1970er Jahren hat das BAG weder eine klare Stellung zur Anspruchsgrundlage genommen, noch diese Problematik zur Anspruchsgrundlage bei der Mankohaftung erörtert. Erst in der Entscheidung vom 29.01.1985[130] hat der 3. Senat einen Meilenstein für das zweiteilige Haftungsmodell des BAG gelegt. Vor dem Hintergrund der Anwendung der Beweislastregel bei Unmöglichkeit gemäß § 282 BGB a.F. hat der 3. Senat bei der Heranziehung der Regelungen zum Auftrags- und Verwahrungsrecht zwei maßgebliche Kriterien aufgestellt, nämlich zum einen „alleinigen Zugang" des Arbeitnehmers zu bestimmten Waren und zum anderen „selbstständig über solche Waren disponieren". Zudem hat der 3. Senat das Kriterium „selbstständig über solche Waren" dahingehend konkretisiert, dass eine solche Art der Arbeitstätigkeit mit „wirtschaftlichen Überlegungen und Entscheidungen" verbunden sein muss. Jedoch ist der 3. Senat von einer großzügigen Anwendung des § 280 I BGB a.F. wegen Unmöglichkeit einer nach Auftrags- und Verwahrungsrecht begründeten Herausgabepflicht ausgegangen, indem er dabei unter Verzicht auf den „alleinigen Zugang" des Arbeitnehmers nur auf ein Kriterium, nämlich „die wirtschaftlich selbstständige Tätigkeit", abgestellt hat.

Aufgrund der Erkenntnisse des 3. Senats in der Entscheidung vom 29.01.1985 hat der 8. Senat endlich in drei grundlegenden Entscheidungen in den 1990er Jahren[131] die Problematik zur Anspruchsgrundlage bei der Mankohaftung umfassend aufbereitet und das zweiteilige Haftungskonzept gefestigt. Mit dem Urteil vom 22.05.1997 [132] hat der 8. Senat ein „Besitz"-

128 BAG (13.03.1964), AP Nr. 32 zu § 611 BGB Haftung des Arbeitnehmers; BAG (21.06.1966), AP Nr. 2 zu § 1 ErstattG; BAG (30.09.1970), AP Nr. 3 zu § 56 ZPO (unter 3 der Gründe); BAG (26.01.1971), AP Nr. 64 zu § 611 BGB Haftung des Arbeitnehmers; BAG (03.08.1971), AP Nr. 67 zu § 611 BGB Haftung des Arbeitnehmers.

129 BAG (27.02.1970), AP Nr. 54 zu § 611 BGB Haftung des Arbeitnehmers; BAG (22.11.1973), AP Nr. 67 zu § 626 BGB; BAG (13.02.1974), AP Nr. 77 zu § 611 BGB Haftung des Arbeitnehmers; BAG (13.02.1975), AP Nr. 2 zu § 308 ZPO.

130 BAG (29.01.1985), AP Nr. 87 zu § 611 BGB Haftung des Arbeitnehmers.

131 BAG (22.05.1997), AP Nr. 1 zu § 611 BGB Mankohaftung; BAG (17.09.1998), AP Nr. 2 zu § 611 BGB Mankohaftung; BAG (02.12.1999), AP Nr. 3 zu § 611 BGB Mankohaftung.

132 BAG (22.05.1997), AP Nr. 1 zu § 611 BGB Mankohaftung.

Abgrenzungskriterium zwischen Anspruchsgrundlagen aus Verwahrungs-/Auftragsrecht und pFV eingeführt, wonach der Arbeitgeber eine Tatsachenlage geschaffen hat, nach der er nicht Besitzer der Sache ist. Leider ist dieses „Besitz"-Abgrenzungskriterium in vielen Punkten unklar. Mit der Folgeentscheidung vom 17.09.1998[133] hat der 8. Senat dieses „Besitz"-Kriterium beibehalten und mit gewisser Klarheit präzisiert. Trotz der Einstufung der Vertragsschuld des Arbeitnehmers als eine leistungsbezogene Verbindlichkeit und trotz des Verstoßes gegen den Besitzdiener-Status iSv § 855 BGB, hat der 8. Senat den unmittelbaren Besitz des Arbeitnehmers explizit zur Voraussetzung gemacht, um die Arbeitnehmer nach den Grundsätzen der Verwahrung oder des Auftrages gleich zu behandeln. Nach Ansicht des 8. Senats setzt unmittelbarer Besitz des Arbeitnehmers zumindest den alleinigen Zugang zu der Sache und deren selbstständige Verwaltung voraus, wozu es gehöre, dass der Arbeitnehmer wirtschaftliche Überlegungen anzustellen und Entscheidungen über die Verwendung der Sache zu treffen hat.[134] Im Vergleich mit den Ausführungen der Entscheidung des 3. Senats vom 29.01.1985[135] zur Voraussetzung für Heranziehung des Verwahrungs- und Auftragsrechts, ist unmittelbarer Besitz des Arbeitnehmers durchaus kein neues Abgrenzungskriterium zwischen Anspruchsgrundlagen aus Verwahrungs-/Auftragsrecht und pFV, sondern lediglich eine Umschreibung, d.h. der Name ändert sich, der Inhalt aber nicht. Obwohl kein neues Abgrenzungskriterium eingeführt wird, besteht eine bemerkenswerte Abweichung von früherer Rechtsprechung darin, dass das BAG nunmehr den Anwendungsbereich des Unmöglichkeitsrechts gemäß § 280 I BGB a.F. erheblich enger beschränken will, indem er nicht mehr auf einen weitergehenden Begriff der selbstständigen Tätigkeit,[136] sondern strikt auf das Kriterium des unmittelbaren Besitzes abstellt, wie der 8. Senat dies auch ausdrücklich hervorhebt.[137] Mit dem Urteil vom 02.12.1999[138] hat der 8. Senat weiter an dem zweiteiligen Haftungskonzept fest-

133 BAG (17.09.1998), AP Nr. 2 zu § 611 BGB Mankohaftung.

134 BAG (17.09.1998), AP Nr. 2 zu § 611 BGB Mankohaftung (unter B I 1 der Gründe).

135 BAG (29.01.1985), AP Nr. 87 zu § 611 BGB Haftung des Arbeitnehmers (unter II der Gründe): „Der Arbeitnehmer haftet für eingetretene Fehlbestände, wenn ihm ein Kassen- oder Warenbestand in der Weise übertragen wurde, dass er allein Zugang zu ihm hatte und selbstständig darüber disponieren konnte. War seine Tätigkeit mit wirtschaftlichen Überlegungen und Entscheidungen verbunden, so gelten neben den arbeitsvertraglichen Bestimmungen die Vorschriften über die Verwahrung und den Auftrag".

136 Im Unterschied zu früheren Entscheidungen geht der 8. Senat nunmehr von einem enger gefassten Begriff (einem engen Verständnis) einer wirtschaftlich selbstständigen Tätigkeit aus, die von kaufmännischen Aufgaben (Anhaltspunkte: eigene Vertriebsbemühungen oder eine selbstständige Preiskalkulation) geprägt ist (unter B I 1 der Gründe).

137 BAG (17.09.1998), AP Nr. 2 zu § 611 BGB Mankohaftung (unter B I 1 der Gründe).

138 BAG (02.12.1999), AP Nr. 3 zu § 611 BGB Mankohaftung.

gehalten und einfach die Vorgaben zur Anwendung des § 280 I BGB a.F. wegen zu vertretender Unmöglichkeit der Herausgabe in der Entscheidung vom 17.09.1998 wiederholt. Das BAG hat den neuen Standpunkt gegenüber früherer Rechtsprechung beibehalten und bestätigt den Anwendungsbereich des Unmöglichkeitsrechts gemäß § 280 I BGB a.F. enger zu beschränken.[139]

II. Die Anspruchsgrundlagen in der Literatur

Wie in der Rechtsprechung herrscht auch lange Zeit keine Einigkeit in der Literatur darüber, worin die Anspruchsgrundlage für Mankohaftung zu sehen ist. Im Wesentlichen werden zwei Ansichten vertreten. Die eine Meinung sieht im Ausnahmefall die Anspruchsgrundlage in § 280 I BGB a.F. wegen Unmöglichkeit der Herausgabe für Fehlmengen. Demgegenüber leitet die andere Meinung, die den Arbeitsvertrag allein als Anspruchsgrundlage ansieht, einen Ersatzanspruch für Manko aus pFV, bis zu der Schuldrechtsreform, her.

1. Die Literatur vor dem SMG

a) Bejahende Stimmen für das zweiteilige Haftungskonzept

Das zweiteilige Haftungskonzept wird vor allem im alten Schrifttum angenommen. Schon frühzeitig sieht *Dersch* den Verlust eines dem Arbeitnehmer dienstlich zugewiesenen Motorrades infolge Diebstahls als Unmöglichkeit der Arbeitsleistung an.[140] Im Anschluss an die Entscheidung des LAG München vom 09.04.1935[141] vertritt *Bulla* vor allem die Ansicht eines gemischten Vertrages. Abstellend auf das Maß der Selbstständigkeit teilt *Bulla* die Arbeitnehmer in zwei Gruppen auf. Einerseits die Arbeitnehmer, die weitgehend selbstständig arbeiten und andererseits die Arbeitnehmer, die ihre Tätigkeit überwiegend unselbstständig ausüben.[142] Bei der ersten Gruppe enthält der Arbeitsvertrag zugleich als weitere Elemente einen Geschäftsbesorgungsvertrag und einen entgeltlichen Verwahrungsvertrag. Aufgrund dieser Doppelnatur des Arbeitsvertrages hält *Bulla* eine direkte oder entsprechende Anwendung der konkreten Bestimmungen des Auftrags- und Verwahrungsrechts für zulässig.[143] Bei der letzte-

139 BAG (02.12.1999), AP Nr. 3 zu § 611 BGB Mankohaftung (unter II 1 der Gründe): „An dieser gegenüber der früheren Rechtsprechung engeren Sicht hält der Senat fest".
140 Dersch, Anm. zu LAG Stuttgart (06.07.1950), AP 51 Nr. 147, S. 544.
141 LAG München (09.04.1935), ARS 24, S. 153.
142 Bulla, DB 1952, S. 58.
143 Bulla, DB 1952, S. 58.

ren Gruppe liegt nach *Bulla* grundsätzlich wohl nur ein Arbeitsvertrag vor.[144] Trotz der Annahme eines gemischten Arbeitsvertrages, weist *Bulla* selbst mit Recht darauf hin, dass es nicht zu verkennen ist, dass die auf ordnungsmäßige Lagerverwaltung, Warenveräußerung, Geldvereinnahmung usw. gerichteten Pflichtenkomplexe des Arbeitnehmers sämtlich auf der Basis und im Rahmen des Einzelarbeitsvertrages erbracht werden.[145] Leider hält er den Einzelarbeitsvertrag allein als Anspruchsgrundlage für nicht ausreichend und will die Mankohaftung aus den besonderen BGB-Bestimmungen des Auftrags- und Verwahrungsrechts ableiten. Die Ansicht von *Bulla* stieß gleich im alten Schrifttum auf ein geteiltes Echo. *Larenz*,[146] *Ruppert*,[147] *Sieg*[148] und *Canaris*[149] schließen sich der Ansicht eines gemischten Arbeitsvertrages an, der zugleich als weitere Elemente ein Geschäftsbesorgungs- bzw. Verwahrungsverhältnis mit enthält, und betrachten damit die Nicht-Rückgabe der anvertrauten Gelder oder anderen Waren als eine unmögliche Leistung i.S.v. § 280 I BGB a.F. G. *Hueck*.[150] *Nikisch*[151] und *Hueck-Nipperdey*[152] halten einfach einen Rückgriff auf das Unmöglichkeitsrecht auch für möglich, ohne aber Auftrags- oder Verwahrungsrecht zu erwähnen.

---

144 Bulla, DB 1952, S. 58. Seiner Ausführung zur letzteren Gruppe ist zu entnehmen, dass Bulla hier noch nicht das Arbeitsverhältnis als die einzige Anspruchsgrundlage für Mankohaftung ansieht, sondern die Elemente einer Geschäftsbesorgung in den Arbeitsvertrag einbeziehen will.

145 Bulla, DB 1952, S. 58.

146 Larenz, Anm. zu LAG Bremen (05.01.1955), AP Nr. 3 zu § 611 BGB Haftung des Arbeitnehmers. Hinzuweisen ist darauf, dass Larenz später die Ansicht eines gemischten Arbeitsvertrages in der Anmerkung zu BAG (30.06.1960) aufgegeben hat, aber eindeutig eine Ausnahme gemacht hat, dass die pFV im konkreten Fall der Sachlage der Unmöglichkeit ähneln könnte, vgl. Larenz, Anm. zu BAG (30.06.1960), SAE 1961, Nr. 74 S. 171.

147 Ruppert, S. 67.

148 Sieg, Anm. zu BAG (25.02.1967), AP Nr. 1 zu § 276 BGB Vertragsverletzung (unter 3).

149 Canaris, Anm. zu BAG (11.11.1969), AP Nr. 49 zu § 611 BGB Haftung des Arbeitnehmers (unter I 3).

150 G. Hueck, Anm. zu LAG Hannover (10.02.1953), AP 53 Nr. 232; G. Hueck, Anm. zu BAG (09.04.1957), AP Nr. 4 zu § 611 BGB Haftung des Arbeitnehmers. In seiner späteren Anm. zu BAG (27.02.1970), AP Nr. 54 zu § 611 BGB Haftung des Arbeitnehmers (unter 2a), schließt sich G. Hueck der Auffassung an, dass die Mankohaftung als Haftung für Schlechterfüllung, also pFV begründet wird.

151 Nikisch, Arbeitsrecht, Bd. I, 3. Aufl. (1961), § 20 IV 4b, S. 191.

152 Hueck-Nipperdey, Lehrbuch des Arbeitsrechts, 7. Aufl. (1963), Bd. I, § 35 II 3, S. 231, Fn. 33b.

Im jungen Schrifttum schließen sich einzelne Stimmen, unter Einfluss der Rechtsprechung des BAG, weiter dem zweiteiligen Haftungskonzept an. Sie machen den Anwendungsbereich des § 280 I BGB a.F. wegen Unmöglichkeit einer nach Auftrags- und Verwahrungsrecht begründeten Herausgabepflicht nicht mehr von dem weitergehenden Begriff der „selbstständigen Tätigkeit", sondern vom neuen engeren Begriff des „Alleinzugangs" bzw. des „unmittelbaren Besitzes" des Arbeitnehmers an den anvertrauten Sachen, abhängig. Dazu gehört es, dass der Arbeitnehmer wirtschaftliche Überlegungen anzustellen und Entscheidungen über die Verwendung der Sache zu treffen hat.[153]

Blomeyer[154] und *Krause*[155] knüpfen zwar die Unmöglichkeit der vollständigen Herausgabe an den „unmittelbaren Besitz" an, jedoch betrachten sie diesen vom BAG anhand des „unmittelbaren Besitzes" konzipierte Ausnahmefall nicht mehr als einen Mankofall im Rahmen des Arbeitsverhältnisses. *Blomeyer* sieht noch in der 1. Auflage des Münchener Handbuches zum Arbeitsrecht den durch Manko verursachten Vermögensschaden des Arbeitgebers als das Ergebnis einer typischen „Schlechtleistung" an, die den klassischen Anwendungsbereich der pFV bildet, weil die vertragliche Verpflichtung des Arbeitnehmers grundsätzlich nicht in einem Erfolg, sondern lediglich in einem Leistungs-Handeln besteht.[156] Aber *Blomeyer* folgt später in der 2. Auflage des Münchener Handbuches zum Arbeitsrecht dem zweiteiligen Haftungskonzept des BAG, weil er diese vom BAG anerkannte Sondersituation nicht als den Regelfall der Mankohaftung, sondern als ein selbstständiges Verwahrungs- oder Auftragsverhältnis neben dem Arbeitsverhältnis ansehen will.[157] Entgegen der Ansicht des BAG, erkennt *Krause* mit Recht streng nach dem Sachenrecht den „unmittelbaren Besitz" des Arbeitnehmers zu den anvertrauten Sachen nicht in den Fällen, in denen der Arbeitnehmer hinsichtlich der Sache wirtschaftliche Überlegungen anzustellen hat,[158] sondern nur in den Fällen an, in denen er im Hinblick auf die übertrage-

---

153 Mache, AiB 1995, S 700; Schaub, 9. Aufl. (2000), § 52, Rn. 105; Böckmann-Beeker/Schlüchtern, AuA 2001, S. 409.

154 MünchArbR/Blomeyer, 2. Aufl. (2000), § 59 Rn. 83.

155 Krause, Anm. zu BAG (22.05.1997), AP Nr. 1 zu § 611 BGB Mankohaftung (unter I 7 a); Krause, Anm. zu BAG (02.12.1999), AP Nr. 3 zu § 611 BGB Mankohaftung (unter II 1); Krause, RdA 2013, S. 133, in einem kürzlich veröffentlichten Aufsatz weist Krause ausdrücklich darauf hin, dass es sich bei diesem vom BAG konzipierten Ausnahmefall nicht um einen Mankohaftungsfall handelt und in allen Fällen der Mankohaftung innerhalb des Leistungsstörungsrechts nur auf § 280 I BGB zurückzugreifen ist.

156 MünchArbR/Blomeyer, 1. Aufl. (1992), § 57 Rn. 82.

157 MünchArbR/Blomeyer, 2. Aufl. (2000), § 59 Rn. 83.

158 Krause, Anm. zu BAG (02.12.1999), AP Nr. 3 zu § 611 BGB Mankohaftung (unter II 1), Krause weist zutreffend darauf hin, dass schwer einzusehen ist, welche Bedeutung die vom 8. Senat betonten eigenen Vertriebsbemühungen bzw. selbstständigen Überle-

nen Sachen keinem Weisungsrecht des Arbeitgebers mehr unterliegt. D.h., dass die Anstellung wirtschaftlicher Überlegungen aus der sachenrechtlichen Sicht noch nicht für die Annahme einer unmittelbaren besitzrechtlichen Stellung des Arbeitnehmers genügt, vielmehr wird der rechtswirksame Verzicht des Arbeitgebers auf die Ausübung seines Weisungsrechts im Hinblick auf die übertragenen Sachen benötigt. Ein solcher Fall liegt nach *Krause* dann vor, wenn der Arbeitnehmer einen überlassenen Gegenstand auch zu privaten Zwecken nutzen darf, z.B. bei einem Dienstwagen.[159] Eine solche Konstellation ist im Arbeitsverhältnis so ungewöhnlich, dass *Krause* sich selber fragt, ob insoweit überhaupt noch ein Arbeitsverhältnis vorliegt.[160] Zudem führt er noch aus, dass man als Grundlage der besitzrechtlichen Stellung des Arbeitnehmers allerdings schwerlich allein das Arbeitsverhältnis ansehen kann, wenn dem Arbeitgeber im Hinblick auf den Umgang mit einem anvertrauten Gegenstand kein Weisungsrecht zusteht.[161]

b) Verneinende Stimmen und Kritik an dem zweiteiligen Haftungskonzept

Die Vorstellung einer Doppelnatur des Arbeitsvertrages stößt von Anfang an in der Literatur auf eine weitgehende Ablehnung.[162] Gegen das zweiteilige Haf-

---

gungen hinsichtlich der Preiskalkulation für die Analyse der besitzrechtlichen Stellung des Arbeitnehmers spielen sollen.

159 Krause, Anm. zu BAG (22.05.1997), AP Nr. 1 zu § 611 BGB Mankohaftung (unter I 7 a); Krause, Anm. zu BAG (02.12.1999), AP Nr. 3 zu § 611 BGB Mankohaftung (unter II 1).

160 Krause, Anm. zu BAG (02.12.1999), AP Nr. 3 zu § 611 BGB Mankohaftung (unter II 1).

161 Krause, Anm. zu BAG (22.05.1997), AP Nr. 1 zu § 611 BGB Mankohaftung (unter I 7 a).

162 Endemann, AuR 1953, S. 298, 300; Langer, S. 12 f.; Barton, S. 28, 31; Larenz, Anm. zu BAG (30.06.1960), SAE 1961, Nr. 74 S. 171; Woltereck, AuR 1963, S. 273 f.; Palme, BlStSozArbR 1964, S. 155; Moser, BB 1966, S. 372 f.; Hansen, AuR 1968, S. 297 f.; Trinkner, Anm. zu LAG (27.02.1970), BB 1968, S.503; G. Hueck, Anm. zu BAG (27.02.1970), AP Nr. 54 zu § 611 BGB Haftung des Arbeitnehmers; Bleistein, DB 1971, S. 2214; Reinecke, ZfA 1976, S. 218 f.; Lüke, JuS 1981, S.282; Jung, BlStSozArbR 1985, S. 293 f.; MünchArbR/Blomeyer, 1. Aufl. (1992), § 57 Rn. 82; Hort, AiB 1994, S. 279; Pauly, BB 1996, S. 2041; Preis/Kellermann, Anm. zu BAG (22.05.1997), SAE 1998, S. 134 f.; Stoffels, AR-Blattei SD 870.2 Rn 18; Otto/Schwarze, Rn. 274; Boemke/Müller, Anm. zu BAG (17.09.1998), SAE 2000, S.7 f.; Pallasch, Anm. zu BAG (17.09.1998), EzA § 611 BGB Arbeitnehmerhaftung Nr. 64, S. 16 f.; Pallasch, Anm. zu BAG (02.12.1999), EzA § 611 BGB Arbeitnehmerhaftung Nr. 67, S. 12 f.; Groeger, FA 1999, S. 39; Deinert, RdA 2000, S. 26; Schwab, AiB 2000, S. 566.

tungskonzept in der Rechtsprechung lassen sich im Wesentlichen folgende Argumentationslinien zusammenfassen:

aa) Kein Bedürfnis für eine Einbeziehung des Auftrags- und Verwahrungsrechts in den Arbeitsvertrag

Schon früh vertritt *Endemann* die Ansicht, dass man dem Arbeitnehmer die Pflicht zur Rechenschaftslegung und Herausgabe der Geldeinnahmen und der nicht verkauften Waren nicht durch Heranziehung des Auftrags- und Verwahrungsrechts aufzuerlegen braucht, weil sich die beiden Pflichten aus dem Wesensinhalt der arbeitsvertraglichen Bindung ergibt.[163] Die Ansicht von *Endemann* trifft später überwiegend auf ein geteiltes Echo in der Literatur. *Langer*,[164] *Barton*[165] *Woltereck*,[166] *Reinecke*,[167] *Jung*,[168] *Lüke* [169] und *Pauly*[170] halten alle eine Einbeziehung des Auftrags- und Verwahrungsrechts in den Arbeitsvertrag für unzulässig und unnötig, weil sich sämtliche von den Anhängern der Theorie des gemischten Vertrages geforderten Leistungspflichten allein aus dem Arbeitsvertrag ergeben können.

bb) Unzutreffende Qualifizierung der Pflichten der Arbeitnehmer

Ausgehend von einer unmöglichen Herausgabe der dem Arbeitnehmer anvertrauten Gegenstände, wendet die Einbeziehung des Auftrags- und Verwahrungsrechts in den Arbeitsvertrag das Unmöglichkeitsrecht des BGB auf die Mankohaftung an. Deswegen wird die Arbeitsleistung im Mankofall von dem zweiteiligen Haftungskonzept als eine erfolgsbezogene Leistung qualifiziert, wenn die Stellung des Arbeitnehmers mit dem eines Verwahrers oder eines Beauftragten im Sinne des BGB vergleichbar ist. Diese Erfolgsverbindlichkeit ist dem deutschen Arbeitsrecht fremd. Nach dem deutschen Arbeitsrecht besteht die Schuld des Arbeitsvertrags nicht in einem bestimmten Arbeitsergebnis bzw. einem Arbeitserfolg, sondern stets in der Erbringung einer zeitbestimmten Leistung.[171]

Bereits in früherer Zeit bringt *Endemann* die Bedenken gegen die Anwendung des Unmöglichkeitsrechts auf den Mankofall vor. Mit Recht weist er da-

---

163 Endemann, AuR 1953, S. 298.

164 Langer, S. 12.

165 Barton, S. 28, 31, 79, 80.

166 Woltereck, AuR 1963, S. 273 f.

167 Reinecke, ZfA 1976, S. 218 f.

168 Jung, BlStSozArbR 1985, S. 293, 294.

169 Lüke, JuS 1981, S. 282.

170 Pauly, BB 1996, S. 2041.

171 MünchArbR/Richardi, 3. Aufl. (2009), § 3 Rn. 7; ErfK/Preis, 13. Aufl. (2013), § 611 BGB Rn. 12.

rauf hin, dass sich der Arbeitnehmer verpflichtet, nicht nur zu der vom Arbeitgeber bestimmten Zeit ein vollständiges Warenverzeichnis vorzulegen bzw. eine mankofreie Kasse abzuliefern, sondern vielmehr eine Fülle sich von Minute zu Minute ständig erneuernder Leistungspflichten zu erfüllen.[172] Mit der Annahme der Vertragsschuld des Arbeitnehmers als eine tätigkeitsbezogene Schuld, stellt der Eintritt eines Mankofalls im Laufe dieser Dienstverrichtungen nicht die unmögliche Leistung des Arbeitnehmers, sondern eine Fehl- oder Schlechtleistung dar.[173] Die Kritik von *Endemann* findet später weitgehende Zustimmung im Schrifttum. *Langer*,[174] *Woltereck*,[175] *Palme*,[176] *Moser*,[177] *Mainz*,[178] *Jung*,[179] *Preis*[180] und *Deinert*[181] sehen auch ein durch unsachgemäße Arbeit verursachtes Manko als keine Unmöglichkeit der Leistung, sondern als schlechte Arbeitsleistung an und erblicken daher die Haftungsgrundlage für den Mankofall in pFV.

cc) Untaugliches und unglückliches von der Rechtsprechung aufgestelltes Abgrenzungskriterium „gewisse Selbstständigkeit" bzw. „unmittelbarer Besitz"

Das BAG sieht die Anspruchsgrundlage bei der Mankohaftung in § 280 BGB a.F. wegen Unmöglichkeit einer nach Auftrags- und Verwahrungsrecht begründeten Herausgabepflicht oder in pFV wegen einer schlecht geleisteten Arbeitspflicht, je nachdem, ob die Tätigkeit des Arbeitnehmers eine „gewisse Selbstständigkeit" aufweist. Zur Klärung und Verengung des weitergehenden Begriffs der „selbstständigen Tätigkeit" aus früheren Entscheidungen, hat der 8. Senat des BAG diese „gewisse Selbstständigkeit" an eine „besitzrechtliche Situation" geknüpft und damit nunmehr den „unmittelbaren Besitz" des Arbeitnehmers explizit zur Voraussetzung eines Schadensersatzanspruchs gemäß § 280 BGB a.F. wegen Unmöglichkeit einer nach Auftrags- und Verwahrungsrecht begründeten Herausgabepflicht gemacht. Diesen „unmittelbaren Besitz" hat der 8. Senat dahingehend ausgelegt, dass hierfür zumindest der alleinige Zugang zu der

172 Endemann, AuR 1953, S. 300.

173 Endemann, AuR 1953, S. 298, 300.

174 Langer, S. 13.

175 Woltereck, AuR 1963, S. 274.

176 Palme, BlStSozArbR 1964, S. 155. Palme nimmt zwar keine abschließende Stellung zur Haftungsgrundlage im Mankofall, jedoch tendiert er dazu, unter Verweis auf Woltereck, den Haftungsanspruch des Arbeitnehmers im Mankofall wegen Schlechterfüllung einer der Teilpflichten aus dem Arbeitsverhältnis aus pFV herzuleiten.

177 Moser, BB 1966, S. 372 f.

178 Hansen, AuR 1968, S. 297 f.

179 Jung, BlStSozArbR 1985, S. 294.

180 ErfK/Preis, 2. Aufl. (2001), § 611 BGB Rn. 1058, 1059.

181 Deinert, RdA 2000, S. 25; Deinert, Anm. zu BAG (02.12.1999), AuR 2001, S. 27.

Sache und deren selbstständige Verwaltung vorausgesetzt werden, wozu es gehören wird, dass der Arbeitnehmer wirtschaftliche Überlegungen anzustellen und Entscheidungen über die Verwendung der Sache zu treffen hat.[182]

Schon früh hat *Barton* Bedenken gegen das Abgrenzungskriterium einer gewissen „Selbstständigkeit" geäußert und damit zutreffend darauf hingewiesen, dass die auf Selbstständigkeit zugeschnittenen Auftragsvorschriften im Widerspruch zur Unselbstständigkeit des Arbeitnehmers stehen.[183] Die Ansicht von *Barton* stößt später auf eine weitgehende Zustimmung in der Literatur.[184]

Sieht man von diesem Wertungswiderspruch einmal ab, gerät das BAG durch Einführung eines unmittelbaren Alleinbesitzes in einen weiteren Wertungswiderspruch. Wieder *Barton* hat schon frühzeitig den Unterschied hinsichtlich der besitzrechtlichen Stellung zwischen dem Verwahrer als eigenständigen Besitzer und dem Arbeitnehmer als Besitzdiener bemerkt.[185] *Hansen* hat auch früh zu Recht darauf hingewiesen, dass der Arbeitnehmer persönlich weder das Eigentum noch auch nur den Besitz an den für seinen Arbeitgeber in Empfang genommenen und verwalteten Waren und Geldern erwirbt. Der Arbeitnehmer begründet vielmehr als Vertreter seines Arbeitgebers unmittelbar dessen Eigentum und ist lediglich Besitzdiener nach § 855 BGB.[186] Dieser vom 8. Senat konzipierte Ausnahmefall, in dem der Arbeitnehmer den alleinigen Zugang zu der Sache und deren selbstständige Verwaltung innehat, stößt gleich auf heftige Kritik in der Literatur. Zum einen ist zu bemängeln, dass dieser sog. „unmittelbare Besitz" in einem Widerspruch zu der ausdrücklichen gesetzlichen Wertung bezüglich der besitzrechtlichen Situation des Arbeitnehmers in § 855 BGB steht,[187] wonach der Arbeitnehmer die tatsächliche Sachgewalt nur weisungsgebunden ausübt und per se Besitzdiener der ihm zur Erfüllung seiner Arbeitsleistung überlassenen Sachen ist.[188] Zum anderen besteht kein Bedarf für einen Herausgabeanspruch durch Heranziehung des Verwahrungs- und Auftragsrechts, weil sich ein solches Herausgabeverlangen dogmatisch aus dem arbeitsvertraglichen

---

182 BAG (17.09.1998), AP Nr. 2 zu § 611 BGB Mankohaftung (unter B I 1 der Gründe).

183 Barton, S. 32.

184 Jung, S. 58; Preis/Kellermann, Anm. zu BAG (22.05.1997), SAE 1998, S. 134; Otto/Schwarze, Rn. 274; Stoffels, AR-Blattei SD 870.2 Rn. 18; Deinert, RdA 2000, S. 26; Schwab, AiB 2000, S. 566; ders., NZA-RR 2006, S. 454 f.; ders., AiB 2007, S. 90 f.

185 Barton, S. 32.

186 Hansen, AuR 1968, S. 297.

187 Baur/Stürner, 18.Aufl. (2009), § 7 Rn. 61, 62; Wolf/Wellenhofer, 27. Aufl. (2012), § 4 Rn. 33.

188 Preis/Kellermann, Anm. zu BAG (22.05.1997), SAE 1998, S. 134; Groeger, FA 1999, S. 39; Deinert, RdA 2000, S. 24.

Weisungsrecht des Arbeitgebers herleiten lässt[189] oder es möglich wäre, einen Eigentumsherausgabeanspruch aus § 985 BGB zuzulassen.[190]

2. Die Literatur nach SMG

Das zweiteilige Haftungskonzept wird heute überwiegend im Schrifttum abgelehnt.[191] Jedoch findet das zweiteilige Haftungskonzept noch in der Literatur[192] und den Lehrbüchern[193] vereinzelt Erwähnung. Insbesondere in den praxisorientierten Kommentaren zum Arbeitsrecht schließen sich *Dörner*, *Eisenbeis*, *Brors*, *Lakies*, *Stoffels* und *Steinau-Steinrück* dem zweiteiligen Haftungskonzept des BAG an[194] und beschränken konsequent die Anwendung des Unmöglichkeitsrechts mit dem Kriterium des „Alleinbesitzes" auf einen sehr engen Anwendungsbereich, wie das BAG.[195]

---

189 Woltereck, Mankohaftung im Arbeitsverhältnis, 1966, S. 36; Jung, S. 63 f.; Jung, BlSt-SozArbR 1985, S. 293 f.

190 Deinert, RdA 2000, S. 24.

191 Schwab, NZA-RR 2006, S. 454 f.; ders., AiB 2007, S. 90 f.; Gotthardt, 2. Aufl. (2003), Rn. 205; Krause, RdA 2013, S. 133; Schumacher, S. 39 ff.; MüKoBGB/Henssler, 4 Aufl. (2005), § 619 a Rn. 33; Staudinger/Richardi, BGB, Neubearb. (2005), § 611 Rn. 559; RGKU/Hesse, § 619 a BGB Rn. 23, 34; MüKoBGB/Henssler, 6 Aufl. (2012), § 619 a Rn. 41; Staudinger/Otto, BGB, Neubearb. (2009), § 280 Rn. F 39; MünchArbR/Reichold, 3. Aufl. (2009), § 51 Rn. 70 f.; HK-ArbR/Waas/Palonka, 2. Aufl. (2010), § 619 a BGB Rn. 21; Küttner/Griese, 18. Aufl. (2011), Fehlgeldentschädigung 187, Rn. 10; DFL/Kamanabrou, 4. Aufl. (2011), § 611 BGB Rn.439; Staudinger/Richardi/Fischinger, BGB, Neubearb. (2011), § 611 Rn. 722; Staudinger/Richardi/Fischinger, BGB, Neubearb. (2011), § 619 a Rn.18, 94; ErfK/Preis, 13. Aufl. (2013), § 619 a BGB Rn.30; Sandmann, S. 567 ff.; Grobys/Panzer/Schwab, SWK ArbR 2012, 18. Arbeitnehmerhaftung Rn. 26; Löwisch, 8. Aufl. (2007), Rn. 1197; Zöllner/Loritz/Hergenröder, 6. Aufl. (2008), S. 241; Waltermann, 16. Aufl. (2012), Rn. 251 f.

192 Walker, JuS 2002, S. 740; HWK/Krause, 5. Aufl. (2012), § 619 a BGB Rn. 48.

193 Dütz/Thüsing, 17. Aufl. (2012), Rn. 205; Hromadka/Maschmann, Arbeitsrecht Band 1, 5. Aufl. (2012), § 9 Rn. 61 f.

194 DLW/Dörner, 8. Aufl. (2009), Kap. 3, Rn. 671 ff.; MünchAnwH-ArbR/Eisenbeis, 2. Aufl. (2009), § 15, Rn. 85; HBD/Brors, 2.Auf.(2010), § 611 BGB Rn. 911; KZD/Lakies, 6. Aufl. (2011), § 62, Rn. 59; Preis/Stoffels, 4. Aufl. (2011), II M 10 Rn. 4, Stoffels lehnt aber in AR-Blattei SD 870.2 Rn 18 f. ein zweiteiliges Haftungskonzept ab; Tschöpe/Steinau-Steinrück, 7. Aul.(2011), 2 I, Rn. 49, 61.

195 DLW/Dörner, 8. Aufl. (2009), Kap. 3, Rn. 674; MünchAnwH-ArbR/Eisenbeis, 2. Aufl. (2009), § 15, Rn. 85; HBD/Brors, 2. Auf.(2010), § 611 BGB Rn. 919; Preis/Stoffels, 4. Aufl. (2011), II M 10 Rn. 4; Tschöpe/Steinau-Steinrück, 7. Aul.(2011), S. 1210, Rn. 61, 62.

3. Zusammenfassender Überblick über die Entwicklung in der Literatur

Parallel zu der Rechtsprechung herrschte auch lange Zeit keine Einigkeit in der Literatur darüber, worin die Anspruchsgrundlage für Mankohaftung zu sehen ist. Im Wesentlichen werden zwei Ansichten vertreten. Die eine Meinung schließt sich dem, bislang noch vom BAG[196] vertretenen, zweiteiligen Haftungskonzept an. Demgegenüber leitet die andere Ansicht, die den Arbeitsvertrag allein als Anspruchsgrundlage ansieht, einen Ersatzanspruch für Manko ausschließlich aus pFV her.

Das zweiteilige Haftungskonzept wird vor allem im älteren Schrifttum angenommen.[197] Abgesehen davon, dass das zweiteilige Haftungskonzept heute noch in der Literatur vereinzelt Erwähnung findet,[198] wird es jedoch überwiegend im Schrifttum abgelehnt.[199] Gegen das zweiteilige Haftungskonzept lassen

196 BAG (02.12.1999), AP Nr. 3 zu § 611 BGB Mankohaftung.

197 Bulla, DB 1952, S. 58; Ruppert, S. 41 f.; G. Hueck, Anm. zu BAG (09.04.1957), AP Nr. 4 zu § 611 BGB Haftung des Arbeitnehmers; Nikisch, Arbeitsrecht, Bd. I, 3. Aufl. (1961), § 20 IV 4b, S. 191; Hueck-Nipperdey, Lehrbuch des Arbeitsrechts, 7. Aufl. (1963), Bd. I, § 35 II 3, S. 231, Fn. 33b; Canaris, Anm. zu BAG (11.11.1969), AP Nr. 49 zu § 611 BGB Haftung des Arbeitnehmers (unter I 3).

198 Mache, AiB 1995, S 700; Böckmann-Beeker/Schlüchtern, AuA 2001, S. 409; Walker, JuS 2002, S. 740; Schaub, 9. Aufl. (2000), § 52, Rn. 105; MünchAnwH-ArbR/Eisenbeis, 2. Aufl. (2009), § 15, Rn. 85; DLW/Dörner, 8. Aufl. (2009), Kap. 3, Rn. 671 ff.; HWK/Krause, 5. Aufl. (2012), § 619 a BGB Rn. 48; HBD/Brors, 2.Auf.(2010), § 611 BGB Rn. 911; KZD/Lakies, 6. Aufl. (2011), § 62, Rn. 59; Preis/Stoffels, 4. Aufl. (2011), II M 10 Rn. 4; Lakies, 2. Aufl. (2011), 5. Kap, Rn. 299; Tschöpe/Steinau-Steinrück, 7. Aul.(2011), 2 I, Rn. 49, 61;Dütz/Thüsing, 17. Aufl. (2012), Rn. 205; Hromadka/Maschmann, Arbeitsrecht Band 1, 5. Aufl. (2012), § 9 Rn. 61 f.

199 Endemann, AuR 1953, S. 298, 300; Langer, S. 12 f.; Barton, S. 28, 31; Larenz, Anm. zu BAG (30.06.1960), SAE 1961, Nr. 74 S. 171; Woltereck, AuR 1963, S. 273 f.; Palme, BlStSozArbR 1964, S. 155; Moser, BB 1966, S. 372 f.; Hansen, AuR 1968, S. 297 f.; Trinkner, Anm. zu LAG (27.02.1970), BB 1968, S.503; G. Hueck, Anm. zu BAG (27.02.1970), AP Nr. 54 zu § 611 BGB Haftung des Arbeitnehmers; Bleistein, DB 1971, S. 2214; Reinecke, ZfA 1976, S. 218 f.; Lüke, JuS 1981, S.282; Jung, BlStSoz-ArbR 1985, S. 293, 294; MünchArbR/Blomeyer, 1. Aufl. (1992), § 57 Rn. 82; Hjort, AiB 1994, S. 279; Pauly, BB 1996, S. 2041; Preis/Kellermann, Anm. zu BAG (22.05.1997), SAE 1998, S. 134 f.; Stoffels, AR-Blattei SD 870.2 Rn 18 f.; Otto/Schwarze, Rn. 274; Boemke/Müller, Anm. zu BAG (17.09.1998), SAE 2000, S.7 f.; Pallasch, Anm. zu BAG (17.09.1998), EzA § 611 BGB Arbeitnehmerhaftung Nr. 64, S. 16 f.; Pallasch, Anm. zu BAG (02.12.1999), EzA § 611 BGB Arbeitnehmerhaftung Nr. 67, S. 12 f.; Groeger, FA 1999, S. 39; Deinert, RdA 2000, S. 26; Schwab, AiB 2000, S. 566; ders., NZA-RR 2006, S. 454 f.; ders., AiB 2007, S. 90 f.; Gotthardt, 2. Aufl.

sich die folgenden wesentlichen Einwände knapp zusammenfassen. Zum ersten besteht kein Bedürfnis für eine Einbeziehung des Auftrags- und Verwahrungsrechts in den Arbeitsvertrag, weil sich sämtliche von den Anhängern der Theorie des gemischten Vertrages geforderten Leistungspflichten bereits unmittelbar aus dem Arbeitsvertrag herleiten lassen.[200] Zum zweiten ist zu bemängeln, dass die Annahme eines Mankos als Unmöglichkeit einer nach Auftrags- und Verwahrungsrecht begründeten Herausgabepflicht insoweit eine erfolgsbezogene Leistungspflicht darstellt und mithin im Widerspruch zur herkömmlichen Rechtsauffassung über die Eigenschaft der Arbeitsleistung, nämlich der handlungsbezogenen Leistungspflicht, steht.[201] Der dritte Kritikpunkt bezieht sich auf das von der Rechtsprechung aufgestellte Abgrenzungskriterium einer „gewissen Selbstständigkeit" und den zur Klärung und Verengung des weitergehenden Begriffs der „selbstständigen Tätigkeit" vom 8. Senat des BAG eingeführten „unmittelbaren Besitz". Ersteres steht im Widerspruch zur h.M. über die Arbeitnehmereigenschaft im deutschen Arbeitsrecht, nämlich der Unselbstständigkeit,[202] und Letzteres steht in einem Spannungsverhältnis zu der ausdrücklichen gesetzlichen

---

(2003), Rn. 205; Krause, RdA 2013, S. 132 f.; Schumacher, S. 39 ff.; MüKoBGB/Henssler, 4 Aufl. (2005), § 619 a Rn. 33; Staudinger/Richardi, BGB, Neubearb. (2005), § 611 Rn. 559; RGKU/Hesse, § 619 a BGB Rn. 23, 34; MüKoBGB/Henssler, 6 Aufl. (2012), § 619 a Rn. 41; Staudinger/Otto, BGB, Neubearb. (2009), § 280 Rn. F 39; MünchArbR/Reichold, 3. Aufl. (2009), § 51 Rn. 70 f.; HK-ArbR/Waas/Palonka, 2. Aufl. (2010), § 619 a BGB Rn. 21; Küttner/Griese, 18. Aufl. (2011), Fehlgeldentschädigung 187, Rn. 10; DFL/Kamanabrou, 4. Aufl. (2011), § 611 BGB Rn. 439; Staudinger/Richardi/Fischinger, BGB, Neubearb. (2011), § 611 Rn. 722; Staudinger/Richardi/Fischinger, BGB, Neubearb. (2011), § 619 a Rn.18, 94; ErfK/Preis, 13. Aufl. (2013), § 619 a BGB Rn. 30; Sandmann, S. 567 ff.; Grobys/Panzer/Schwab, SWK ArbR 2012, 18. Arbeitnehmerhaftung Rn. 26; Löwisch, 8. Aufl. (2007), Rn. 1197; Zöllner/Loritz/Hergenröder, 6. Aufl. (2008), S. 241; Waltermann, 16. Aufl. (2012), Rn. 251 f.

200 Endemann, AuR 1953, S. 298; Langer, S. 12; Barton, S. 28, 31; Woltereck, AuR 1963, S. 273 f.; Reinecke, ZfA 1976, S. 218 f.; Jung, BlStSozArbR 1985, S. 293 f.; Lüke, JuS 1981, S. 282; Pauly, BB 1996, S. 2041.

201 Endemann, AuR 1953, S. 298, 300; Langer, S. 13; Barton, S. 80; Woltereck, AuR 1963, S. 274; Palme, BlStSozArbR 1964, S. 155; Moser, BB 1966, S. 372 f.; Hanser, AuR 1968, S. 297 f.; Jung, BlStSozArbR 1985, S. 294; Preis/Kellermann, Anm. zu BAG (22.05.1997), SAE 1998, S. 134 f.; Stoffels, AR-Blattei SD 870.2 Rn 18; Otto/Schwarze, Rn. 274; Deinert, RdA 2000, S. 25; Krause, RdA 2013, S. 133; Schumacher, S. 40.

202 Barton, S. 32; Jung, S. 58; Preis/Kellermann, Anm. zu BAG (22.05.1997), SAE 1998, S. 134; Otto/Schwarze, Rn. 274; Stoffels, AR-Blattei SD 870.2 Rn 18; Deinert, RdA 2000, S. 26; Schwab, AiB 2000, S. 566; ders., AiB 2007, S. 90 f.; Krause, RdA 2013, S. 133; Schumacher, S. 40.

Wertung zur besitzrechtlichen Situation des Arbeitnehmers in § 855 BGB, wonach der Arbeitnehmer die tatsächliche Sachgewalt nur weisungsgebunden ausübt und per se Besitzdiener der ihm zur Erfüllung seiner Arbeitsleistung überlassenen Sachen ist.[203]

Aus der obigen Darstellung des Meinungsüberblicks ist zu entnehmen, dass sich die Auffassung, die den Arbeitsvertrag allein als Anspruchsgrundlage ansieht und mithin einen Ersatzanspruch für Manko ausschließlich aus pFV herleitet, aus überzeugenden Gründen im Laufe der Zeit immer mehr durchsetzt, so dass man sie heute als die vorherrschende Meinung bezeichnen kann.[204]

III. Eigene Stellungnahme

Wie bereits dargelegt, wird heute das zweiteilige Haftungskonzept des BAG überwiegend im Schrifttum abgelehnt, während ein ganz kleiner Teil der Literatur die Anwendung des Unmöglichkeitsrechts mit dem vom BAG eingeführten Kriterium des „Alleinbesitzes" auf einen sehr engen Anwendungsbereich beschränken will. Im Ergebnis liegen die zwei verschiedenen Positionen allerdings weniger weit auseinander, als es zunächst den Anschein hat. Ausgehend vom herkömmlichen Arbeitnehmerbegriff sieht die h.M. den Mankoeintritt im Rahmen des Arbeitsverhältnisses nicht als Unmöglichkeit, sondern ausschließlich als Schlechtleistung oder Verletzung der Nebenpflicht an. In der Sache entspricht dies der Mindermeinung, die sich zwar dem zweiteiligen Haftungskonzept des BAG anschließt, eine wegen Unmöglichkeit ausgeschlossenen Herausgabepflicht aber dann doch an einen „unmittelbaren Besitz" binden will. Dieser ist der „Besitzdiener"-Stellung des Arbeitnehmers im deutschen Arbeitsrecht jedoch so fremd, dass der Arbeitnehmer in diesem ungewöhnlichen Ausnahmefall nicht mehr in seiner Eigenschaft als der Arbeitnehmer im Arbeitsverhältnis tätig ist. Nicht nur Stimmen in der h.M. weisen ausdrücklich daraufhin, dass es sich bei diesem ungewöhnlichen Sonderfall nicht mehr um eine Mankohaftung im Arbeitsverhältnis handelt.[205] Auch die Gegenstimmen erheben selbst große

203 Barton, S. 32; Hansen, AuR 1968, S. 297; Preis/Kellermann, Anm. zu BAG (22.05.1997), SAE 1998, S. 134; Groeger, FA 1999, S. 39; Deinert, RdA 2000, S. 24; Krause, RdA 2013, S. 133.

204 Zust. wie etwa Pauly, BB 1996, S. 2041;Otto/Schwarze, Rn. 273; Boemke/Müller, Anm. zu BAG (17.09.1998), SAE 2000, S.7; MünchArbR/Reichold, 3. Aufl. (2009), § 51 Rn. 71.

205 Groeger, FA 1999, S. 39, nach Groeger ist die vom 8. Senat gebildete Fallgruppe schon „begrifflich aber auch in der betrieblichen Wirklichkeit kaum vorstellbar"; Gotthardt, 2. Aufl. (2003), Rn. 205, es handele sich hier nicht mehr um Pflichten aus dem

Zweifel an dieser, vom BAG anerkannten. Sondersituation. *Blomeyer* führt eindeutig aus, dass diese Sondersituation nicht den Regelfall der Mankohaftung betrifft und das Verwahrungs- oder Auftragsverhältnis selbstständigen Charakter hat.[206] *Krause* meint auch, dass man als Grundlage der besitzrechtlichen Stellung des Arbeitnehmers allerdings schwerlich allein das Arbeitsverhältnis ansehen kann, wenn dem Arbeitgeber im Hinblick auf den Umgang mit einem anvertrauten Gegenstand kein Weisungsrecht zusteht.[207] *Walker* geht eindeutig davon aus, dass der Arbeitnehmer wegen Unmöglichkeit nicht in seiner Eigenschaft als Arbeitnehmer, sondern als selbstständiger Beauftragter oder Verwahrer haftet.[208] Nach *Steinau-Steinrück* beruht die Haftung des Arbeitnehmers wegen Unmöglichkeit einer Rückgabe überlassener Sachen nicht auf der Verletzung einer Pflicht aus dem Arbeitsverhältnis, sondern einer Pflicht aus dem Auftrags- oder Verwahrungsverhältnis.[209]

Deswegen sehen beide Positionen den Arbeitsvertrag allein als die Anspruchsgrundlage für die Mankohaftung im Rahmen des Arbeitsverhältnisses an und leiten einen Ersatzanspruch für Manko ausschließlich aus Schlechtleistung oder Verletzung der Nebenpflichten her.

Darüber hinaus sollte nicht außer Acht gelassen werden, dass das BAG das zweiteilige Haftungskonzept entwickelt und fortführt, um durch die Heranziehung des Auftrags- und Verwahrungsrechts den grundsätzlich im Rahmen der Arbeitnehmerhaftung abgelehnten § 282 BGB a.F. zur Beweiserleichterung des Arbeitgebers anzuwenden.[210] Das zweiteilige Haftungskonzept lässt sich nicht mit dem Ziel einer Beweislastverteilung rechtfertigen, weil ein Teil der Literatur

---

Arbeitsverhältnis, als insoweit keine arbeitsvertragliche Pflicht mehr vorliege, sondern eine davon völlig getrennt zu beurteilende, eigenständige Vertragspflicht; MünchArbR/Reichold, 3. Aufl. (2009), § 51 Rn. 71, Reichold weist selbst sogar darauf hin, dass der Ausnahmefall bei der Nutzung eines Dienstwagens zu privaten Zwecken gerade gar kein Fall der Mankohaftung sei; Tschöpe/Steinau-Steinrück, 7. Aul.(2011), 2 I, Rn. 61 f.

206 MünchArbR/Blomeyer, 2. Aufl. (2000), § 59 Rn. 83.

207 Krause, Anm. zu BAG (22.05.1997), AP Nr. 1 zu § 611 BGB Mankohaftung (unter I 7 a); Krause, RdA 2013, S. 133, in einem kürzlich veröffentlichten Aufsatz weist Krause ausdrücklich darauf hin, dass es sich bei diesem vom BAG konzipierten Ausnahmefall nicht um einen Mankohaftungsfall handelt und in allen Fällen der Mankohaftung innerhalb des Leistungsstörungsrechts nur auf § 280 I BGB zurückzugreifen ist.

208 Walker, JuS 2002, S. 740.

209 Tschöpe/Steinau-Steinrück, 7. Aul.(2011), 2 I, Rn. 61.

210 Barton, S. 80; Reinecke, ZfA 1976, S. 218; Krause, Anm. zu BAG (22.05.1997), AP Nr. 1 zu § 611 BGB Mankohaftung (unter II 1); Boemke/Müller, Anm. zu BAG (17.09.1998), SAE 2000, S. 8; Krause, RdA 2013, S. 132, 134; ErfK/Preis, 13. Aufl. (2013), § 619 a BGB Rn. 29.

mit Recht hinweist, dass die Kontroverse um die zutreffende Anspruchsgrundlage nicht die Beweislastverteilung determiniert und das Beweislastproblem getrennt diskutiert werden soll.[211] Wie unten eingehend dargelegt, wird das Beweislastproblem dadurch gelöst, dass man bei einer differenzierten Beweislastverteilung nicht auf das untaugliche und unglückliche „Alleinbesitz" – Kriterium, sondern auf „betrieblich veranlasste Tätigkeit" abstellen soll.[212]

Aber m.E. ist das zweiteilige Haftungskonzept nicht zulässig und nötig. Einerseits steht die Annahme eines Mankos als Unmöglichkeit einer nach Auftrags- und Verwahrungsrecht begründeten Herausgabepflicht im Widerspruch zum herkömmlichen Arbeitnehmerbegriff im deutschen Arbeitsrecht, da der Arbeitnehmer in diesem „Alleinbesitz"-Ausnahmefall nicht mehr in seiner Eigenschaft als der Arbeitnehmer im Arbeitsverhältnis tätig ist. Andererseits lässt sich das zweiteilige Haftungskonzept nicht durch die sich hinter ihm versteckende differenzierte Beweislastverteilung rechtfertigen, weil die differenzierte Beweislastverteilung nicht durch die Heranziehung des Unmöglichkeitsrechts, sondern mit der Abstellung auf die „betrieblich veranlasste Tätigkeit" erfolgt.

Mit dem Arbeitnehmerbegriff im deutschen Arbeitsrecht wird man m.E. nach dem neuen Schuldrecht die Mankohaftung im Rahmen des Arbeitsverhältnisses einheitlich auf die Anspruchsgrundlage aus § 280 I BGB stellen müssen. Die überzeugenden Argumente gegen das zweiteilige Haftungskonzept sind schon oben ausführlich dargestellt worden und brauchen somit nicht erneut referiert zu werden. Im „Kasse-Fall," „Warenbestand-Fall" und „Transport-Fall" verpflichtet sich der Arbeitnehmer nicht eine mankofreie Kasse,[213] einen mankofreien Warenbestand oder einen mankofreien Warenbestand mit Ortsveränderung als Arbeitserfolg abzuliefern, den der Arbeitgeber mittels entsprechender Organisation und Ausübung seines Weisungsrechts nach § 106 GewO sicherzustellen hat,[214] weil sich der Arbeitnehmer nicht dazu verpflichtet, wie im Werkvertrag durch die Arbeitsleistung einen bestimmten Erfolg herbeizuführen, sondern nur seine Dienste dem Arbeitgeber, dem er sie versprochen hat, für eine

---

211 Reinecke, ZfA 1976, S. 218 f.; Krause, Anm. zu BAG (22.05.1997), AP Nr. 1 zu § 611 BGB Mankohaftung (unter II 6); Deinert, RdA 2000, S. 26.

212 Vgl. ausführlich unten Zweiter Teil B. IV. 3. a).

213 Juris Datenbank, Landesarbeitsgericht Sachsen-Anhalt 14.04.2010 – 5 Sa 277/09, Rn. 48. Im einem Fall über leistungsbedingte verhaltensbedingte Kündigung einer SupermarktKassiererin hat das LAG Sachsen-Anhalt klargestellt, dass der Arbeitnehmer an sich keinen verschuldensunabhängigen Erfolg schuldet, also etwa eine objektiv fehlerfreie Kassenführung.

214 MünchArbR/Reichold, 3. Aufl. (2009), § 39 Rn. 27.

Zeit zur Disposition stellt.[215] Deswegen kann eine Fehlmenge aus der Sicht der tätigkeitsbezogenen Schuld lediglich als eine Folge der Schlechtleistung der Arbeit angesehen werden, wenn es feststeht, dass der Arbeitnehmer nicht an der, nach dem vertraglichen Versprechen objektiv zu erwartenden, d.h. an berufsüblichen Standards zu messenden, Ausschöpfung seiner persönlichen Leistungsfähigkeit arbeitet.[216] Mit anderen Worten führt diese Schlechtleistung der Arbeit zu einem Mankoschaden, nämlich einem zusätzlichen, über das Interesse an der Leistung selbst hinausgehenden, Schaden, den man als Begleitschaden[217] oder Mangelfolgeschaden[218] bezeichnet. Vor der Schuldrechtsmodernisierung stützte sich der Ersatzanspruch für Begleitschäden infolge der Schlechtleistung auf das von der Rechtsprechung entwickelte Rechtsinstitut der pFV. Nach dem neuen Schuldrecht ergibt sich der Anspruch auf Ersatz des Begleitschadens als „einfacher" Schadensersatz „neben" der Leistung aus § 280 I BGB.[219] Im „dienstlichen Gegenstand-Fall" kann der Verlust der dem Arbeitnehmer zur Ausführung der Arbeit überlassenen Gegenstände entweder auf die Schlechtleistung oder auf eine andere, von der Schlechtleistung abzugrenzende, wichtige Erscheinungsform der pFV, nämlich die Verletzung von Schutz- und Rücksichtnahmepflichten (nichtleistungsbezogenen Nebenpflichten) i.S. des § 241 II BGB zurückzuführen sein, weil die ordnungsgemäße Verwahrung der überlassenen Dienstwerkzeuge aus verschiedener Sicht entweder die Nebenleistungspflicht, die die Hauptleistung unterstützt und ergänzt[220] oder die (nicht leistungsbezogene) Nebenpflicht, die dem Integritätsinteresse dient,[221] darstellen kann. Hinsichtlich des Anspruchs auf Ersatz des Mankoschadens ist allerdings die Differenzierung

---

215 MünchArbR/Richardi, 3. Aufl. (2009), § 3 Rn. 7; MünchArbR/Reichold, 3. Aufl. (2009), § 36 Rn. 3.

216 MünchArbR/Reichold, 3. Aufl. (2009), § 36 Rn. 42; MünchArbR/Reichold, 3. Aufl. (2009), § 39 Rn. 27. Vgl. Juris Datenbank, LAG Sachsen-Anhalt 14.04.2010 – 5 Sa 77/09, Rn. 39, 48, das LAG Sachsen-Anhalt eindeutig hat darauf hingewiesen, dass nach der Rechtsprechung des BAG ein Arbeitnehmer - mangels anderer Vereinbarungen - seiner Vertragspflicht genügt, wenn er unter angemessener Ausschöpfung seiner persönlichen Leistungsfähigkeit arbeitet.

217 Larenz, Lehrbuch des Schuldrechts, Band I, 13. Aufl. (1982), § 24, S. 335.

218 Brox/Walker, Allgemeines Schuldrecht, 36. Aufl. (2012), § 24, Rn. 22.

219 HWK/Krause, 5. Aufl. (2012), § 619 a BGB Rn. 48; MünchArbR/Reichold, 3. Aufl. (2009), § 39 Rn. 65; Brox/Walker, Allgemeines Schuldrecht, 36. Aufl. (2012), § 24, Rn. 22; Medicus/Lorenz, Schuldrecht I, 20 Aufl. (2012), § 41, Rn. 504.

220 Medicus/Lorenz, Schuldrecht I, 20 Aufl. (2012), § 15, Rn. 119; Brox/Walker, Allgemeines Schuldrecht, 36. Aufl. (2012), § 2, Rn. 8.

221 Krause, AR-Blattei SD 220.2.1 Rn. 111; Medicus/Lorenz, Schuldrecht I, 20 Aufl. (2012), § 15, Rn. 123; Brox/Walker, Allgemeines Schuldrecht, 36. Aufl. (2012), § 2, Rn. 12.

zwischen dem Mankoeintritt infolge der Schlechtleistung und dem Mankoeintritt infolge der Verletzung der Nebenpflichten iSd. § 241 II BGB nur eine theoretische Frage und in der Praxis kaum interessant, weil sich der Anspruch auf „einfachen" Schadensersatz „neben" der Leistung einheitlich aus § 280 I BGB herleiten lässt,[222] gleichgültig ob der Mankoschaden auf Schlechtleistung[223] oder auf Verletzung der Nebenpflichten iSd. § 241 II[224] beruht. Jedoch kann diese Differenzierung für den Anspruch auf Schadensersatz „statt" der Leistung noch eine Bedeutung haben, d.h. es ergibt sich einerseits ein Anspruch auf Schadensersatz „statt" der Leistung wegen der Schlechtleistung aus §§ 280 I, III iVm. § 283 BGB, weil eine Nacherfüllung wegen der Besonderheiten des Arbeitsrechts nicht möglich ist;[225] andererseits ergibt sich ein Anspruch auf Schadensersatz „statt" der Leistung wegen der Verletzung der Nebenpflichten iSd. § 241 II aus §§ 280 I, III iVm. § 282 BGB a.F., obwohl für einen solchen Anspruch praktisch kein Raum bleibt, weil der Arbeitgeber zur außerordentlichen Kündigung greifen kann, so dass § 628 II zur Anwendung gelangt, wenn dem Arbeitgeber die Leistung durch den Arbeitnehmer nicht mehr zuzumuten ist.[226]

Ergänzend ist darauf hinzuweisen, dass der jüngste Entwurf eines Arbeitsvertragsgesetzes von *Henssler* und *Preis* (2007) mit § 89 unter der Überschrift „Arbeitnehmerhaftung bei Schlechtleistung und Verletzung von Nebenpflichten" zu Recht einen durch betrieblich veranlasste Arbeit entstandenen Schaden nicht als die Folge einer unmöglichen Leistung, sondern als die einer Schlechtleistung oder einer Nebenpflichtverletzung annimmt.[227] Bei Mankohaftung würde das Gleiche gelten (Verfasser).

Auch soweit man, entgegen hier vertretener Ansicht, mit der bisherigen Rechtsprechung des BAG dem zweiteiligen Haftungskonzept folgt, ist das entscheidende Kriterium dafür auch in der „betrieblich veranlassten Tätigkeit" zu suchen. Mit dem Kriterium der „betrieblich veranlassten Tätigkeit" kann der wegen des „Alleinbesitzes" entstandene Wertungswiderspruch zu den Wesensmerkmalen des Arbeitnehmerbegriffs vermieden werden. Die Abstellung auf die „betrieblich veranlasste Tätigkeit" hat zudem den entscheidenden Vorteil, dass für die Wertungsfragen über die Anspruchsgrundlage, die Beweislastverteilung

---

222 MünchArbR/Reichold, 3. Aufl. (2009), § 39 Rn. 65.

223 HWK/Krause, 5. Aufl. (2012), § 619 a BGB Rn. 48; Brox/Walker, Allgemeines Schuldrecht, 36. Aufl. (2012), § 24, Rn. 22.

224 HWK/Krause, 5. Aufl. (2012), § 619 a BGB Rn. 10; Brox/Walker, Allgemeines Schuldrecht, 36. Aufl. (2012), § 25, Rn. 3.

225 HWK/Krause, 5. Aufl. (2012), § 619 a BGB Rn. 8; MünchArbR/Reichold, 3. Aufl. (2009), § 39 Rn. 61.

226 HWK/Krause, 5. Aufl. (2012), § 619 a BGB Rn. 10.

227 Vgl. ausführlich unten Vierter Teil A.

und die Anwendung der Grundsätze über die Einschränkung der Arbeitnehmerhaftung im Wesentlichen derselbe Maßstab gilt.

IV. Ergebnis

Zwar beschränkt das BAG nunmehr mit dem Kriterium des „ unmittelbaren Alleinbesitzes“ den Anwendungsbereich des § 280 I BGB a.F. wegen Unmöglichkeit einer nach Auftrags- und Verwahrungsrecht begründeten Herausgabepflicht erheblich, jedoch ist das zweiteilige Haftungskonzept für die Mankohaftung im Rahmen des Arbeitsverhältnisses abzulehnen, weil einerseits die in dem „Alleinbesitz“-Ausnahmefall angenommene Unmöglichkeit einer nach Auftrags- und Verwahrungsrecht begründeten Herausgabepflicht im Widerspruch zum herkömmlichen Arbeitnehmerbegriff im deutschen Arbeitsrecht steht und andererseits das hinter dem zweiteiligen Haftungskonzept versteckte Beweislastproblem nicht durch die Wahl der Anspruchsgrundlage gelöst werden soll.

Will man sich nicht in einen Widerspruch zum Arbeitnehmerbegriff im deutschen Arbeitsrecht setzen, wird man nach dem neuen Schuldrecht die Mankohaftung im Rahmen des Arbeitsverhältnisses einheitlich auf die Anspruchsgrundlage aus § 280 I BGB stellen müssen. Die Wesensmerkmale des Arbeitnehmerbegriffs, insbesondere die Abhängigkeit des Arbeitnehmers und die tätigkeitsbezogene Arbeitsleistung, sind ausschlaggebend dafür, den Mankoeintritt als eine Folge der Schlechtleistung oder der Verletzung der Nebenpflichten anzunehmen und somit die Anspruchsgrundlage für Mankohaftung ausschließlich in dem Arbeitsvertrag zu erblicken, damit der einheitliche Charakter des Arbeitnehmerbegriffs aufrechterhalten bleiben kann.

Nach dem neuen Schuldrecht ergibt sich der Anspruch auf Mankoschaden als „einfacher“ Schadensersatz „neben“ der Leistung einheitlich aus § 280 I BGB, gleichgültig ob der Mankoeintritt auf Schlechtleistung oder auf Verletzung der Nebenpflichten iSd. § 241 II beruht.

Selbst wenn man dem zweiteiligen Haftungskonzept des BAG folgen würde, ist das entscheidende Kriterium dafür in der „betrieblich veranlassten Tätigkeit“ zu suchen. Mit dem Kriterium der „betrieblich veranlassten Tätigkeit“ kann der wegen des „Alleinbesitzes“ entstandene Wertungswiderspruch zum Arbeitnehmerbegriff vermieden werden. Die Abstellung auf die „betrieblich veranlasste Tätigkeit“ hat zudem den entscheidenden Vorteil, dass für die Wertungsfragen über die Anspruchsgrundlage, die Beweislastverteilung und die Anwendung der Grundsätze über die Einschränkung der Arbeitnehmerhaftung im Wesentlichen derselbe Maßstab gilt.

B. Beweislastverteilung

I. Geschichtliche Entwicklung der Rechtsprechung zur Beweislastverteilung

1. Die Rechtsprechung von 1900 bis 1945

a) Die Entscheidung des RG vom 09.11.1910

Die Entscheidung des RG vom 09.11.1919[228] ist von herausragender Bedeutung, weil sie grundlegende Ausführungen enthält, die sich bis heute noch gewissermaßen auf die spätere Rechtsprechung zur Mankohaftung auswirkt. Deswegen ist sie hier eine ausführliche Darstellung wert.

Mit Urteil vom 09.11.1910 entschied das RG in einem Mankofall im öffentlichen Dienst, dass der Kläger, hier ein Oberpostassistent, durch Erstattungsbeschluss des Beklagten, für einen verloren gegangenen Einschreibebrief auf Entschädigung in Wert von 42 M in Anspruch genommen wird. Der Betrag des Defektenverfahrens wurde vom Gehalt des Klägers abgezogen. Er bestritt, dass er den Verlust des Briefes verschuldet habe, und forderte die Nachzahlung des einbehaltenen Betrags.

In dieser Entscheidung vertrat das RG eine ganz andere Meinung zur Beweislast für das Verschulden des Arbeitnehmers, als die Berufungsinstanz, nämlich das Oberlandesgericht Dresden. Das Berufungsgericht war hier der Auffassung, der Bekl. (hier der Arbeitgeber) habe den Beweis zu führen, dass der Verlust auf ein Versehen des Klägers (hier der Arbeitnehmer) zurückzuführen ist. Ein solcher Beweis sei nur dann begründet, wenn ein Verlust ohne ein solches Versehen überhaupt ausgeschlossen wäre. Er sei aber nicht erbracht, wenn zwei vom Arbeitnehmer behauptete Möglichkeiten eines von ihm nicht verschuldeten Verlustes nicht ausgeschlossen werden könnten. Der Arbeitnehmer behauptete, dass der Brief mit einem anderen zusammengeklebt habe oder dass er von einem Dritten entwendet worden sei.[229]

Das RG hielt diese vom Berufungsgericht angenommene Beweislastverteilung für nicht haltbar und meinte dagegen, dass nicht der Arbeitgeber, sondern der Arbeitnehmer die Beweislast dafür trage, dass der Verlust ohne sein Verschulden eingetreten ist. Das RG stützte diese Beweislastumkehr auf die entsprechende Anwendung des § 282 BGB a.F. Dafür werden zwei Rechtfertigungsgründe genannt: Zum einen ist die entsprechende Anwendung des § 282 BGB a.F. auf einen Beamten, der ihm übergebene Gelder oder sonstige Sachen

228 RG (09.11.1910), RGZ 74, S. 342.
229 RG (09.11.1910), RGZ 74, S. 343.

nicht zurückgeben kann, durch die Ähnlichkeit seiner Stellung mit dem eines Verwahrers im Sinne des Bürgerlichen Gesetzbuches gerechtfertigt.[230] Hierin ist zu sehen, dass das RG die Nicht-Rückgabe der Gelder oder sonstiger Sachen als eine Unmöglichkeit einer nach Verwahrungsrecht begründeten Herausgabepflicht betrachtete und mithin § 282 BGB a.F. entsprechend auf diesen Fall anwendete. Zum anderen steht der Gedanke eines „Näher-daran-Seins" des Arbeitnehmers hinter dieser Beweislastumkehr: „Der Beamte, dessen Obhut die Sache anvertraut ist, der amtlich verpflichtet ist, ihren Verlust und ihre Beschädigung zu verhüten, ist regelmäßig auch am besten in der Lage, einen dennoch eingetretenen Verlust oder die Ursache einer Beschädigung aufzuklären. Er ist deshalb auch verpflichtet, diese Aufklärung zu geben und mindestens die Möglichkeit nachzuweisen, dass der Verlust oder die Beschädigung der Sache ohne sein Verschulden eingetreten sei."[231]

Trotz der Annahme der Beweislastumkehr, übersah das RG nicht die Schwierigkeiten, denen der Arbeitnehmer bei der Beweislastführung begegnet, und sprach sich damit unter Verweis auf den Entlastungsbeweis nach § 282 BGB a.F. und die Motive zu § 239 Entwurf I BGB für eine Beweismaßsenkung aus, d.h., dass das RG keine hohen Anforderungen an das Maß des von dem Beamten zu führenden Entlastungsbeweises stellt: „Auch für das bürgerliche Recht wird durch § 282 BGB a.F. nur die grundsätzliche Entlastungspflicht des Schuldners, der die Unmöglichkeit der Vertragserfüllung behauptet, begründet, nicht ein zwingender Beweis seiner Nichtschuld gefordert. Die Motive zu § 239 Entwurf I BGB, Bd. 2 S. 47, erklären eine Auslegung der Bestimmung dahin, dass der Schuldner immer speziell den Umstand beweisen müsse, welcher die unverschuldete Unmöglichkeit herbeiführte, für ausgeschlossen. Sie sagen ferner, dass, wenn der Schuldner auch beweispflichtig sei, doch nach den Umständen des Falles dieser Beweis schon dann als erbracht angesehen werden könne, wenn entgegenstehende Umstände nicht bekannt seien oder nicht bewiesen würden. Eine solche Beurteilung wird regelmäßig Platz greifen müssen, wenn der Beamte die Möglichkeit nachgewiesen hat, dass die Sache auf die eine oder andere Weise abhanden gekommen sein könne, ohne dass er die ihm obliegende Sorgfalt außer Acht gelassen habe. Der Nachweis, dass die Sache tatsächlich auf diese Weise abhanden gekommen ist, wird in den meisten Fällen nicht zu führen und darum auch nicht zu fordern sein."[232] Diesen Ausführungen ist zu entnehmen, dass das RG geringere Anforderungen an den Entlastungsbeweis stellt, dadurch dass es ihn als geführt betrachtet, wenn der Arbeitnehmer die bloße

230 RG (09.11.1910), RGZ 74, S. 344.
231 RG (09.11.1910), RGZ 74, S. 344.
232 RG (09.11.1910), RGZ 74, S. 344.

Möglichkeit nachweist, dass die Sache auf die eine oder andere Weise abhanden gekommen sein könnte. Das RG betonte und bestätigte diese rechtsfortbildende Beweismaßsenkung mit nachfolgender Ausführung: „Unbillig aber wäre es, einen Beamten, gegen dessen Amtsführung seine Einwendungen erhoben sind, für den Verlust einer Sache, die ohne sein Verschulden eingetreten sein kann, verantwortlich zu machen, weil er den positiven Beweis, wie der Verlust eingetreten ist, nicht zu führen vermag."

Zusammenfassend hat das RG in dieser Entscheidung eine solche Beweislastregel aufgestellt, nämlich die Beweislastumkehr gemäß § 282 BGB a.F. bezüglich des Verschuldens des Arbeitnehmers in notwendiger Verbindung mit der Beweiserleichterung in Form der Beweismaßreduzierung für den Entlastungsbeweis, d.h. der Arbeitnehmer muss sich bezüglich des Verschuldens in analoger Anwendung des § 282 BGB a.F. entlasten, jedoch stellt das RG an diesen Entlastungsbeweis geringere Anforderungen und lässt damit einen Nachweis einer bloßen Möglichkeit des nicht vom Arbeitnehmer vertretenden Verlustes einer Sache für diesen Entlastungsbeweis ausreichen.

b) Die weitere Entwicklung

Unter Verweis auf die Entscheidung des RG vom 09.11.1910 führte das RG die vorgenannte Beweislastregel in einem weiteren Mankofall im öffentlichen Dienst vom 27.01.1928 fort und führte konsequent aus, dass es die Sache des Klägers (hier der in Anspruch genommene Fahrpostbeamter) ist, den eingetretenen Verlust aufzuklären und mindestens die Möglichkeit nachzuweisen, dass ein Abhandenkommen des Briefes ohne sein Verschulden eingetreten sei.[233]

Das RG bestätigte diese Beweislastregel wieder in einer weiteren Entscheidung vom 26.11.1929. Ausgehend von der Übertragung des Grundsatzes des § 282 BGB a.F. auf das öffentlich rechtliche Beamtenverhältnis, legte das RG dem Beamten, der ihm zur amtlichen Behandlung übergebene Gelder oder sonstige Sachen nicht zurückgeben konnte, die Beweislast dafür auf, dass die Gegenstände ohne sein Verschulden abhanden gekommen sind. Jedoch stellte das RG niedrigere Anforderungen an diesen Entlastungsbeweis und betrachtete ihn als geführt, wenn der Beamte andere für den Eintritt des Verlustes Ursachen nachweist, die sich nicht mit einem Außerachtlassen der von dem Beamten zu beachtenden Sorgfalt in Verbindung bringen lassen.[234]

Nach Ansicht des LAG Nürnberg im Urteil vom 27.07.1928 haftet der Filialleiter, der in einer Filiale allein tätig ist und sie unter seinem alleinigen Verschluss hat, für ein bewiesenes Manko, soweit er nicht den Beweis erbringt, dass

233 RG (27.01.1928), RGZ 120, S. 69.
234 RG (26.11.1929), HRR 1930, Nr. 344.

ihn keine Schuld hieran trifft, d.h. der Arbeitnehmer trägt die Beweislast dafür, dass das Manko ohne sein Verschulden aufgetreten ist. Zudem vermag das LAG hier diese Entlastungspflicht des Arbeitnehmers davon abhängig zu machen, dass der Arbeitnehmer alleinige Verwalterin ist und alleinigen Zugang zur Filiale hat.[235]

c) Die Entscheidung des RG vom 16.09.1932

Unter Hinweis auf die Entscheidungen des RG vom 09.11.1919[236] und vom 27.01.1928[237] schien das RG in einem weiteren Mankofall vom 16.09.1932[238] auf den ersten Blick, die oben genannte Beweislastregel weiter zu führen. Betrachtet man aber die Ausführungen zur Beweislast genauer, enthält diese Entscheidung hinsichtlich der Anforderungen an den Entlastungsbeweis eine bemerkenswerte Abweichung. Zwar führte das RG am Anfang noch aus, dass der Kläger (hier der Beamte), der einen Verlust in der Kasse zu verhindern hat, gehalten war, eine Aufklärung über den Verlust zu geben oder mindestens die Möglichkeit nachzuweisen, dass der Verlust ohne sein Verschulden eingetreten war, jedoch stellte das RG in diesem Urteil nicht mehr geringere Anforderungen an den Entlastungsbeweis in Form der Darlegung einer bloßen Möglichkeit des unverschuldeten Verlustes, wie in der bisherigen Rechtsprechung,[239] sondern verlangte nunmehr, dass der Beamte aufklärt, wie es zu dem Manko ohne seine Schuld kommen konnte.[240] Dieser positive Beweis ohne Beweismaßsenkung ist gerade wegen seiner Schwierigkeiten bei der Beweisführung nach der Auffassung des RG in der Entscheidung vom 09.11.1910 nicht zu führen und auch nicht zu fordern.[241] Deswegen bediente sich das RG einer abweichenden Beweislastregel, nämlich die Beweislastumkehr bezüglich des Verschuldens des Arbeitnehmers ohne Beweiserleichterung in Form der Beweismaßreduzierung für den Entlastungsbeweis, d.h. der Arbeitnehmer kann sich erst dann entlasten, wenn er nachweist, wie das Manko tatsächlich ohne sein Verschulden eingetreten ist.

235 LAG Nürnberg (27.07.1928), JW 1928, S. 2651.
236 RG (09.11.1910), RGZ 74, S. 342.
237 RG (27.01.1928), RGZ 120, S. 67.
238 RG (16.09.1932), HRR 1933, Nr. 670.
239 RG (09.11.1910), RGZ 74, S. 342; RG (27.01.1928), RGZ 120, S. 67; RG (26.11.1929), HRR 1930, Nr. 344.
240 RG (16.09.1932), HRR 1933, Nr. 670.
241 RG (09.11.1910), RGZ 74, S. 344.

d) Die weitere Entwicklung

Das LAG München ging im Mankofall vom 09.04.1935 davon aus, dass der Dienstvertrag des Beklagten (hier der Arbeitnehmer) eine Geschäftsbesorgung und eine entgeltliche Verwahrung einschließt, die den Beklagten gemäß §§ 675, 665 ff., 688, 695 BGB zur Rechenschaftslegung und zur Herausgabe der Geldeinnahmen und der nicht verkauften Waren verpflichtet.[242] Ausgehend von dieser Ansicht des gemischten Vertrags erklärte das LAG, ohne Verweis auf die bisherige Rechtsprechung des RG, konsequent, dass den Arbeitnehmer bei unstreitigem Vorliegen eines Fehlbetrags gemäß § 282 BGB a.F. die Beweislast für seine etwaige Schuldlosigkeit trifft. Jedoch nahm das LAG keine Beweismaßsenkung für den Entlastungsbeweis vor und verlangt vom Arbeitnehmer für seine Entlastung, dass er nachweist, wie die Fehlbeträge entstanden sind und dass der Schaden bei pflichtgemäßem Verhalten nicht zu vermeiden gewesen wäre.[243]

In einem Mankofall vom 15.05.1935 streifte das RAG erstmals das Problem der Beweislastverteilung am Rande und legte dem Bekl. (hier Arbeitnehmer), ohne Verweis auf die frühere Rechtsprechung des RG, die Entlastungslast auf, die der Ausführung zu entnehmen ist, dass der, der für einen anderen vertraglich die Verwaltung eines solchen Lagers übernimmt, dann, wenn sich Fehlbeträge zeigen, dafür einstehen muss, solange er sich deswegen nicht entlastet. [244] Beachtenswert ist allerdings, dass das RAG in dieser Entscheidung schien die Beweislastumkehr auf die Heranziehung der Normen des Auftrags- oder des Verwahrungsrechts zu stützen.

Nach drei Jahren entschied das RG wiederum einen Mankofall im öffentlichen Dienst vom 08.11.1935. [245] Unter Hinweis auf seine gesamte bisherige Rechtsprechung zum Kassen-Mankofall[246] legte das RG nach wie vor dem Arbeitnehmer die Beweislast für sein Nicht-Verschulden auf und führte konsequent aus, dass der Beamte, dem Gelder anvertraut waren, hier also der Kl., dem eine Kasse anvertraut war, deren Eingänge feststehen, falls ein Fehlbetrag festgestellt wird, in entsprechender Anwendung des für das bürgerliche Recht im § 282 BGB a.F. ausgesprochenen Grundsatzes seinerseits zu beweisen hat, dass die Fehlbestände infolge eines von ihm nicht zu vertretenden Umstandes ent-

242 LAG München (09.04.1935), ARS 24, S. 155.

243 LAG München (09.04.1935), ARS 24, S. 155.

244 RAG (15.05.1935), ARS 24, S. 261.

245 RG (08.11.1935), RGZ 149, S. 282.

246 RG (09.11.1910), RGZ 74, S. 342; RG (27.01.1928), RGZ 120, S. 67; RG (26.11.1929), HRR 1930, Nr. 344; RG (16.09.1932), HRR 1933, Nr. 670.

standen sind.[247] Mit Verweis auf seine Entscheidung vom 09.11.1910 stellte das RG allerdings in diesem Urteil höhere Anforderungen an den Entlastungsbeweis für Verschulden des Arbeitnehmers, indem es mögliche Leistung der nicht belegten, vom Kläger (hier Arbeitnehmer) behaupteten, Ausgaben aus der Kasse, nicht als ausreichend für den Entlastungsbeweis betrachtet und vielmehr die Frage der Glaubhaftigkeit solcher Behauptungen des Klägers und dessen Persönlichkeit und die allgemeine Glaubwürdigkeit berücksichtigen will,[248] d.h. das RG nahm hier keine so großzügige Beweismaßsenkung für den Entlastungsbeweis in Form der Darlegung einer bloßen Möglichkeit schuldlosen Abhandenkommens vor, wie früher, sondern berücksichtigte bei der Beweiswürdigung zusätzliche Umstände, nämlich die Persönlichkeit und allgemeine Glaubwürdigkeit des Arbeitnehmers.

In dem Mankofall vom 27.10.1936 legte das LAG Breslau auch dem Arbeitnehmer die Beweislast dafür auf, dass das Manko ohne sein Verschulden eingetreten ist.[249] Beachtenswert war, dass das LAG hier zwei Begründungsaspekte für diese Entlastungspflicht des Arbeitnehmers anführte: zum einen rechtfertigte das LAG diese Entlastungspflicht damit, dass, nachdem das LAG alle anderen Zugangsmöglichkeiten eines Dritten ausgeschlossen hatte, nur der Arbeitnehmer (hier Klägerin), der Arbeitgeber, und der Lehrling M einen Schlüssel oder einen Nachschlüssel zu dem Laden hatten. Zum anderen erwähnte das LAG die feststehende Rechtsprechung, dass ein angemessen bezahlter Filialleiter, der die Filiale allein verwaltet und unter Alleinverschluss hat, ein vorhandenes Manko zu vertreten hat, sofern er nicht seine Unschuld an dessen Entstehen darlegen kann.[250] Leider wies das LAG nicht genau daraufhin, in welchen früheren Entscheidungen diese/er alleinige Verantwortung oder Verschluss schon Niederschlag findet, die der Autor in der Fußnote zusammenfasst.[251] Deswegen ist hier beachtenswert, dass erstmals das LAG Breslau eindeutig die Beweislastumkehr an die notwendige Voraussetzung knüpft, dass der Arbeitnehmer (hier Klägerin) die Filiale allein verwaltet und unter Alleinverschluss hat.

Mit Urteil vom 02.09.1941 wird vom RAG ein Mankofall im öffentlichen Dienst entschieden.[252] Unter Berufung auf die Entscheidung des RG vom 08.11.1935[253] schloss sich das RAG der Auffassung des RG in ständiger Recht-

247 RG (08.11.1935), RGZ 149, S. 284 f.

248 RG (08.11.1935), RGZ 149, S. 286.

249 LAG Breslau (27.10.1936), ARS 28, S. 177.

250 LAG Breslau (27.10.1936), ARS 28, S. 178.

251 LAG Nürnberg (27.07.1928), JW 1928, S. 2651; RG (16.09.1932), HRR 1933, Nr. 670; LAG München (09.04.1935), ARS 24, S. 155.

252 RAG (02.09.1941), ARS 42, S. 429.

253 RG (08.11.1935), RGZ 149, S. 282.

sprechung hinsichtlich der Beweislast für die schuldhafte Verursachung von Kassendefekten an, dass der Beamte, dem Gelder anvertraut sind, in entsprechender Anwendung des § 282 BGB a.F. zu beweisen hat, dass der Fehlbestand infolge eines von ihm nicht zu vertretenden Umstandes entstanden ist.[254] Erwähnenswert ist, dass die Anwendung der Beweislastumkehr auf diesen vorliegenden Fall vom RAG abgelehnt wird, weil der Kläger (hier der Arbeitnehmer) die Funktion des Kassierers insofern gar nicht zu erfüllen hatte, als nicht er, sondern der Geldzähler Geldbeträge unmittelbar entgegenzunehmen und auszuzahlen und den Kassenbestand zu verwahren hatte.[255]

In einem weiteren Mankofall vom 12.06.1942[256] übernahm und bestätigte der 1. Strafsenat des RG, unter Verweis auf die gesamte bisherige Rechtsprechung des Zivilsenats des RG zum „Kasse-Mankofall", die Auffassung, dass die Herausgabe des Fehlbetrags dem Arbeitnehmer unmöglich ist und er daher nach dem § 282 BGB a.F. nachzuweisen hat, dass die Unmöglichkeit nicht die Folge eines von ihm zu vertretenden Umstandes ist.[257]

e) Zusammenfassender Überblick über die Entwicklung in der Rechtsprechung bis 1945

Das RG hat in allen Mankofällen im öffentlichen Dienst[258] ausnahmslos dem Beamten, dem Gelder oder sonstige Sachen anvertraut sind, die Beweislast auferlegt, sein fehlendes Verschulden an dem Mankoeintritt zu beweisen. Diese Beweislastumkehr hinsichtlich des Verschuldens hat der 1. Strafsenat des RG, unter Verweis auf die gesamte bisherige Rechtsprechung des Zivilsenats des RG zum Mankofall im öffentlichen Dienst, in einem privatrechtlichen Mankofall vom 12.06.1942[259] bestätigt. Das RG hat die Rückgabe des Fehlbestandes für unmöglich erachtet und mithin diese Beweislastumkehr auf die entsprechende Anwendung des § 282 BGB a.F. gestützt.[260]

Angesichts der Entlastungspflicht des Arbeitnehmers in allen oben genannten Entscheidungen verkennt das RG nicht die Schwierigkeiten des Arbeitneh-

---

254 RAG (02.09.1941), ARS 42, S. 432.

255 RAG (02.09.1941), ARS 42, S. 435.

256 RG (12.06.1942), DR 1942, S. 1467.

257 RG (12.06.1942), DR 1942, S. 1468.

258 RG (09.11.1910), RGZ 74, S. 342; RG (27.01.1928), RGZ 120, S. 67; RG (26.11.1929), HRR 1930, Nr. 344; RG (16.09.1932), HRR 1933, Nr. 670; RG (08.11.1935), RGZ 149, S. 282.

259 RG (12.06.1942), DR 1942, S. 1467.

260 In folgenden Entscheidungen hat das RG ausdrücklich § 282 BGB a.F. herangezogen: RG (09.11.1910), RGZ 74, S. 342; RG (26.11.1929), HRR 1930, Nr. 344; RG (08.11.1935), RGZ 149, S. 282; RG (12.06.1942), DR 1942, S. 1467.

mers bei der Beweisführung. Am Anfang lässt das RG in den ersten drei Entscheidungen[261] den Nachweis einer bloßen Möglichkeit des nicht vom Arbeitnehmer zu vertretenden Verlustes einer Sache für diesen Entlastungsbeweis ausreichen. Später zeigt das RG jedoch eine Tendenz höhere Anforderungen an den Entlastungsbeweis des Arbeitnehmers zu stellen, indem es in drei nachfolgenden Entscheidungen[262] die Beweiserleichterung für den Entlastungsbeweis in Form der Darlegung einer bloßen Möglichkeit des unverschuldeten Verlustes nicht mehr vornimmt und auch nicht einmal erwähnt.

Unter Einfluss der Rechtsprechung des RG legen das LAG[263] und das RAG[264] ausnahmslos dem Arbeitnehmer die Beweislast auf, dass das Manko ohne sein Verschulden eingetreten ist. Am Anfang nehmen das LAG und das RAG einfach die Beweislastumkehr in entsprechender Anwendung von § 282 BGB a.F. vor, ohne auf die bisherige Rechtsprechung des RG zu verweisen,[265] bis das RAG endlich in einem Mankohaftungsfall im öffentlichen Dienst vom 02.09.1941 auf die ständige Rechtsprechung des RG hinweist.[266]

Die Anknüpfung der Beweislastumkehr zu Lasten des Arbeitnehmers an den „Alleinzugang" findet sich schon in der Rechtsprechung der alten Zeit wieder.[267] In diesen Gedanken zu „Alleinzugang" vermag sich die Gefahrenbereichslehre verbergen.

2. Die Rechtsprechung von 1950 bis zum Urteil des 8. Senats des BAG vom 02.12.1999

a) Die Rechtsprechung des ArbG und des LAG

Das LAG Stuttgart hat sich im Urteil vom 06.07.1950[268] mit der Frage der Beweislast in Verbindung mit der Anspruchsgrundlage auseinandergesetzt. Das

261 RG (09.11.1910), RGZ 74, S. 342; RG (27.01.1928), RGZ 120, S. 67; RG (26.11.1929), HRR 1930, Nr. 344.

262 RG (16.09.1932), HRR 1933, Nr. 670; RG (08.11.1935), RGZ 149, S. 282; RG (12.06.1942), DR 1942, S. 1467.

263 LAG München (09.04.1935), ARS 24, S. 153; LAG Breslau (27.10.1936), ARS 28, S. 177.

264 RAG (15.05.1935), ARS 24, S. 261; RAG (02.09.1941), ARS 42, S. 429.

265 LAG München (09.04.1935), ARS 24, S. 153; LAG Breslau (27.10.1936), ARS 28, S. 177; RAG (15.05.1935), ARS 24, S. 261.

266 RAG (02.09.1941), ARS 42, S. 429.

267 LAG Nürnberg (27.07.1928), JW 1928, S. 2651; RG (16.09.1932), HRR 1933, Nr. 670; LAG München (09.04.1935), ARS 24, S. 153; LAG Breslau (27.10.1936), ARS 28, S. 177.

268 LAG Stuttgart (06.07.1950), AP 51 Nr. 147, S. 539, 540.

Arbeitsgericht Stuttgart war noch der Meinung, dass der Arbeitgeber das schuldhafte Verhalten des Arbeitnehmers und den ursächlichen Zusammenhang zwischen diesem Verhalten und dem Schaden zu beweisen hat.[269] Jedoch hat das LAG den Verlust eines dem Arbeitnehmer dienstlich zugewiesenen Motorrades infolge Diebstahl als Unmöglichkeit der Leistung iSv. § 280 BGB a.F. gesehen und konsequent daraus die Beweislastumkehr nach § 282 BGB a.F. hergeleitet.[270]

Die nachfolgenden Entscheidungen auf der Ebene der LAG haben alle dem Arbeitnehmer die Beweislast auferlegt, dass der Fehlbestand infolge eines von ihm nicht zu vertretenden Umstandes entstanden ist.[271]

aa) Die Entscheidung des LAG Groß-Berlin vom 27.05.1955

Das LAG Groß-Berlin trifft in der Entscheidung vom 27.05.1955[272] eine ganz andere Beweislastregel bezüglich des Verschuldens des Arbeitnehmers zur bisherigen Rechtsprechung. Das Arbeitsgericht war noch der damals überwiegenden Meinung in der Rechtsprechung, dass der Filialleiter (hier der Bekl.) für jedes entstandene Manko aus §§ 280, 282 BGB a.F. haftet, wenn er keinen Entlastungsbeweis führen kann. Entgegen dieser Beweislastumkehr zulasten des Arbeitnehmers, vertritt das LAG unter Verweis auf den Aufsatz von *Endemann*[273] die Ansicht, dass der Arbeitgeber (hier die Kl.) zur Begründung seines Anspruchs auf Ersatz eines Mankos nicht nur den Schaden und seine Höhe zu beweisen, sondern auch dessen Verursachung und Verschuldung durch den Arbeitnehmer darzutun hat. Begründet wird diese Beweislastregelung zu Lasten des Arbeitgebers mit dem folgenden Gedanken: Die in Rechtsprechung und Schrifttum vielfach vertretene Meinung, der Arbeitnehmer habe sich grundsätz-

---

269 LAG Stuttgart (06.07.1950), AP 51 Nr. 147, S. 539.

270 LAG Stuttgart (06.07.1950), AP 51 Nr. 147, S. 540.

271 LAG Berlin (06.06.1952), ARSt Bd. IX Nr. 101, S. 28; LAG Thüringen (22.09.1952), ARSt Bd. X Nr. 451, S.152; ArbG Würzburg (30.09.1952), ARSt Bd. X, Nr. 679 S. 228, trotz der Annahme der Beweispflicht des Arbeitgebers für das Verschulden des Arbeitnehmers plädiert das ArbG Würzburg hier mit einer erfolgsbezogenen Sicht für eine Beweislastumkehr und führt aus, dass eine sich bei der Abrechnung der Lieferungen an die Zweigniederlassung ergebene Differenz den Schluss auf eine schuldhafte Pflichtverletzung des Filialleiters zulässt; LAG Erfurt, Datum unbek.–Ber LA 119/51, ARSt Bd. IX Nr. 693, S. 230; LAG Hannover (10.02.1953), AP 53 Nr. 232 = BB 1953, S. 531; LAG Hamm (17.06.1953), BB 1953, S. 947; LAG Freiburg (19.11.1954), ARSt Bd. XIII Nr. 83, S. 31; LAG Bremen (05.01.1955), AP Nr. 3 zu § 611 BGB Haftung des Arbeitnehmers.

272 LAG Groß-Berlin (27.05.1955), AR-Blattei (68) Handbuch für die Praxis (D) Haftung des Arbeitnehmers Entscheidung mit Nr. 7.

273 Endemann, AuR 1953, S. 300 f.

lich zu exkulpieren, werde weder der Eigenart des Arbeitsvertrages, noch der verschiedenartigen sozialen Stellung der Parteien gerecht. Sie würde bedeuten, dass das Unternehmerrisiko unzulässigerweise auf den Arbeitnehmer übertragen werden würde. Jedoch verkennt das LAG nicht die Schwierigkeiten, denen der Arbeitgeber bei der Beweislastführung begegnet, und lässt deshalb ihm die Beweiserleichterung in Form des Anscheinsbeweises zukommen.

bb) Die weitere Rechtsprechung

Leider stößt die Entscheidung des LAG Groß-Berlin vom 27.05.1955 nicht auf ein positives geteiltes Echo in der Rechtsprechung. Das ArbG und das LAG haben überwiegend dem Arbeitnehmer nach wie vor die Beweislast auferlegt, dass der Fehlbestand infolge eines von ihm nicht zu vertretenden Umstandes eingetreten ist.[274] Zur Begründung dieser Beweislastumkehr hat die Rechtsprechung entweder auf § 282 a.F. BGB[275] oder auf das Geschäftsbesorgungs- und Verwahrungsrecht zurückgegriffen.[276] Nur das LAG Baden-Württemberg hat im Urteil vom 30.11.1956 die Mankohaftung außergewöhnlicher Weise als eine Erfolgshaftung für Fehlbestände an Waren oder Geld angesehen und deshalb dem Arbeitnehmer die Entlastungspflicht auferlegt.[277]

cc) Die weitere Rechtsprechung seit dem Anfang der 1960er Jahren

In dieser Periode haben sich die Entscheidungen, die eine Beweislastumkehr zu Lasten des Arbeitnehmers ablehnen, besonders vermehrt. Jedoch macht die eine Beweislastumkehr befürwortende Rechtsprechung weiter einen großen Teil aus.

(1) Die eine Beweislastumkehr befürwortende Rechtsprechung

Zwar bilden die Entscheidungen, die eine Beweislastumkehr hinsichtlich des Verschuldens zulasten des Arbeitnehmers befürworten, einen großen Anteil, wie

274 LAG Frankfurt a.M. (15.06.1955), BB 1956, S. 961; ArbG Bremen (16.06.1955), AP Nr. 1 zu § 254 BGB; LAG Düsseldorf, 2. Kammer Köln, (27.01.1956), BB 1956, S. 400; LAG Bremen (01.02.1956), BB 1957, S. 1037 = WA 1957 Nr. 249, S. 124 = DB 1957 S. 460; LAG Baden-Württemberg, V. Kammer in Stuttgart, (30.11.1956), BB 1957, S.1037 = WA 1957 Nr. 248, S. 123; LAG Bayern (25.01.1957), WA 1958 Nr. 119, S. 76; ArbG Bremen (26.02.1959), ARSt Bd. XXII Nr. 517, S. 186.

275 LAG Frankfurt a.M. (15.06.1955), BB 1956, S. 961; ArbG Bremen (16.06.1955), AP Nr. 1 zu § 254 BGB; LAG Düsseldorf, 2. Kammer Köln, (27.01.1956), BB 1956 S. 400.

276 LAG Bayern (25.01.1957), WA 1958 Nr. 119, S. 76; ArbG Bremen (26.02.1959), ARSt Bd. XXII Nr. 517, S. 186.

277 LAG Baden-Württemberg, V. Kammer in Stuttgart, (30.11. 1956), BB 1957, S.1037 = WA 1957 Nr. 248, S. 123.

früher,[278] jedoch begründen seit dem Anfang der 1960er Jahre immer mehr Entscheidungen die Beweislastumkehr zulasten des Arbeitnehmers nicht einfach mit dem Unmöglichkeitsrecht,[279] sondern ziehen die Gefahrenbereichsgedanken heran.[280] Ein nicht unerheblicher Teil der Rechtsprechung macht die Beweislastumkehr von einer ausschließlichen Beherrschung des Gefahren- und Verantwortungsbereichs durch den Arbeitnehmer abhängig.[281]

---

278 LAG Baden-Württemberg, Außenkammern Stuttgart, (20.03.1961), WA 1961, Nr. 195, S. 124; LAG Bayern (05.07.1961), WA 1962, Nr. 214, S. 155; LAG Bremen (27.08.1963), WA 1964, Nr. 180, S.82; LAG Düsseldorf/Köln (23.06.1966), BB 1966, S. 1145; LAG Baden-Württemberg/Stuttgart (29.02.1968), BB 1968, S. 505; LAG Bayern (13.03.1968), ARST 1970, Nr. 1030 S.31; LAG Baden-Württemberg/Stuttgart (27.09.1968), BB 1968, S. 1289; LAG Frankfurt (29.10.1968), BB 1969, S. 1135; ArbG Köln (21.01.1969), BB 1969, S. 580; LAG Baden-Württemberg, Kamm. Stuttgart, (30.04.1970), DB 1970, S. 1034; Juris Datenbank, LAG München 26.04.1973 – 3 Sa 891/72; LAG Düsseldorf (14.05.1974), DB 1974, S. 2115; LAG München (29.01.1975), ARSt 1977 Nr. 59, S. 61; LAG Frankfurt am Main (27.08.1980), ARST 1981 Nr. 57, S. 69; LAG Frankfurt a.M. (22.09.1982), ARST 1983, Nr. 49, S. 74, es ist darauf hinzuweisen, dass dieses Urteil nicht rechtskräftig ist, nachgehend BAG (29.01.1985), AP Nr. 87 zu § 611 BGB Haftung des Arbeitnehmers.

279 LAG Düsseldorf/Köln (23.06.1966), BB 1966, S. 1145, das LAG Düsseldorf/Köln stützt sich hier noch auf das Unmöglichkeitsrecht und führt aus, dass es dabei ausreicht, dass der Arbeitnehmer die Ursache der Unmöglichkeit seiner Leistung wahrscheinlich macht und nachweist, dass er diese Ursache nicht verschuldet hat.

280 LAG Bayern (05.07.1961), WA 1962 Nr. 214, S. 155; LAG Bremen (27.08.1963), WA 1964, Nr. 180, S.82, wegen der Beweisvereitelung des Arbeitgebers kehrt sich die Beweislast zu Lasten des Arbeitnehmers aufgrund der Gefahrenbereichsgedanken wieder um und der Arbeitgeber muss beweisen, dass durch Verschulden der Bekl. das Manko entstanden ist; ArbG Ulm (22.05.1968), BB 1968 S. 913, wegen Fehlens eines allein vom Arbeitnehmer beherrschten Gefahrenbereichs lehnt das ArbG hier letztendlich die Beweislastumkehr zu Lasten des Arbeitnehmers ab; LAG Baden-Württemberg/Stuttgart (27.09.1968), BB 1968, S. 1289, das LAG Baden-Württemberg/Stuttgart gibt hier die erfolgsbezogene Sicht in seiner letzten Entscheidung vom 29.02.1968 (BB 1968, S. 505) auf und stützt die Beweislastumkehr bei der pFV lediglich auf die Gefahrenbereichsgedanken; ArbG Köln (21.01.1969), BB 1969, S. 580; LAG Baden-Württemberg, Kamm. Stuttgart, (30.04.1970), DB 1970, S. 1034; Juris Datenbank, LAG München 26.04.1973– 3 Sa 891/72; LAG München (29.01.1975), ARSt 1977 Nr. 59, S. 61; LAG Frankfurt a.M. (22.09.1982), ARST 1983, Nr. 49, S. 74 nicht eindeutig.

281 ArbG Ulm (22.05.1968), BB 1968 S. 913; ArbG Köln (21.01.1969), BB 1969, S. 580, das ArbG Ulm begründet die Beweislastumkehr mit der Ausführung, dass der Arbeitnehmer „fast“ ausschließlich allein in der Filiale arbeitet. M.E. ist das Wort „fast“ hier unscharf, da es streng genommen keinen allein vom Arbeitnehmer beherrschten Gefahrenbereich bedeutet; LAG Baden-Württemberg, Kamm. Stuttgart, (30.04.1970), DB 1970, S. 1034 nicht eindeutig; Juris Datenbank, LAG München 26.04.1973– 3 Sa

Es gibt eine kleine Anzahl von Entscheidungen, die einfach für eine Beweislastumkehr zulasten des Arbeitnehmers plädieren, aber weder das Auftrags- und Verwahrungsrecht, noch die Unmöglichkeit zur Begründung heranziehen.[282]

Zudem gibt es noch einige Entscheidungen, die mit einer im Arbeitsrecht ungewöhnlich erfolgsbezogenen Sicht für eine Beweislastumkehr zulasten des Arbeitnehmers plädieren,[283] d.h. der Schluss von der Tatsache eines Mankos auf eine objektive Pflichtverletzung und das Verschulden des Arbeitnehmers rechtfertigt eine Umkehrung der Beweislast.

(2) Die eine Beweislastumkehr ablehnende Rechtsprechung

Trotz der überwiegenden Rechtsprechung vertritt ein ganz kleiner Teil der Rechtsprechung eine gegenteilige Ansicht, dass den Arbeitgeber die Beweislast für das Verschulden des Arbeitnehmers trifft. Unter Berücksichtigung der Schwierigkeiten bei der Beweisführung durch den Arbeitgeber lassen das ArbG und das LAG im Wesentlichen ihm die Beweiserleichterung in Form des Anscheinsbeweises zukommen.[284] Dafür haben das ArbG und das LAG leider keine eigene, weitergehende Begründung dargetan.

891/72; LAG München (29.01.1975), ARSt 1977 Nr. 59, S. 61; LAG Frankfurt a.M. (22.09.1982), ARST 1983, Nr. 49, S. 74 nicht eindeutig.

282 LAG Baden-Württemberg, Außenkammern Stuttgart, (20.03.1961), WA 1961, Nr. 195, S. 124.

283 LAG Baden-Württemberg/Stuttgart (29.02.1968), BB 1968, S. 505, trotz der Annahme der Beweispflicht des Arbeitgebers bei der Mankohaftung aus pFV, plädiert das LAG Baden-Württemberg/Stuttgart hier mit einer erfolgsbezogenen Sicht für eine Beweislastumkehr zulasten des Arbeitnehmers und führt aus, dass die Tatsache des vorhandenen Mankos einen Beweis schon dafür bildet, dass der Geschäftsleiter seine Pflichten versäumt und so das Manko verschuldet haben müsse, und dieser Schluss letztlich eine Umkehrung der Beweislast rechtfertigt. Diese erfolgsbezogene Sicht findet schon früh in seinem Urteil vom 30.11. 1956 (BB 1957, S.1037 = WA 1957 Nr. 248, S. 12[illegible]) ihren Niederschlag; LAG Bayern (13.03.1968), ARST 1970, Nr. 1030 S.31, Obwohl das LAG Bayern gleich in seinem Urteil vom 13.03.1968 die vom LAG Baden-Württemberg in der Entscheidung vom 29.02.1968 vertretende erfolgsbezogene Sicht für zweifelhaft hält, führt es dann aus, ein nur allgemeines Bestreiten für den Fehlbestand zu haften, ohne auch nur andeutungsweise darzutun, wie das Manko entstanden sei, auf jeden Fall auf eine schuldhafte Herbeiführung des Mankos schließen lasse, und teilt so die vorher noch bezweifelte Meinung.

284 LAG Baden-Württemberg, Außenkammern Stuttgart, (18.07.1959), WA 1960 Nr. 76, S. 43; LAG Düsseldorf, 2. Kammer Köln, (18.08.1960), BB 1960, S.1170; ArbG Karlsruhe (28.11.1960), ARSt Bd. XXV Nr. 444, S.148; ArbG Wilhelmshaven (01.12.1960), ARSt Bd. XXV Nr. 445, S.148; LAG Düsseldorf, Kam. Köln, (22.02.1963), DB 1963,

b) Die Rechtsprechung des BAG

aa) Die Entscheidungen des 2. Senats

In der Entscheidung vom 17.04.1956[285] über eine außerordentliche Kündigung wegen der Fehlbeträge hat der 2. Senat die Anwendung der Beweislastumkehr gemäß § 282 BGB a.F. auf die Frage nach einem wichtigen Grund zur fristlosen Entlastung abgelehnt. Mit dieser Verneinung scheint der 2. Senat die Meinung des LAG der Vorinstanz zu teilen, dass nach § 282 BGB a.F. die Frau (hier Arbeitnehmer als Klägerin) ihr Nichtverschulden für die Fehlbeträge und nicht der Beklagte (hier der Arbeitgeber) das Verschulden der Frau zu beweisen habe.[286]

In einer weiteren Entscheidung vom 09.04.1957 hat der 2. Senat zur Beweislast hinsichtlich des Schadens lapidar erklärt, dass für die Abrechnung zwischen Geschäftsherrn und Geschäftsführer der Geschäftsherr für die Einnahmen und der Geschäftsführer für die Geschäftsausgaben beweispflichtig ist.[287]

In einem weiteren Mankofall vom 30.06.1960[288] hat der 2. Senat Unmöglichkeit und positive Vertragsverletzung als mögliche Anspruchsgrundlage im Mankofall betrachtet und mit Absicht die zum Zeitpunkt dieses Urteils noch sehr umstrittene Frage offengelassen, ob die Beweislastregel des § 282 BGB a.F. auf die pFV übertragen werden kann. In der Berufungsinstanz ist das LAG Hannover noch der Ansicht, dass es Sache der Bekl. (hier der Arbeitgeber) sei, ein Verschulden des Kl. (hier der Arbeitnehmer als Verkaufsstellenleiter) an dem Manko zu beweisen, und ein solcher Beweis nach den Regeln des Anscheinsbeweises vom Arbeitgeber geführt werde. Im Gegensatz dazu hat der 2. Senat eine Beweislastumkehr zugunsten des Arbeitgebers ohne Heranziehung des § 282 BGB a.F. unterstellt, weil dieser Entlastungsbeweis nach dem festgestellten Sachverhalt ausreichend erbracht ist. Unter Verweis auf zwei frühere Entscheidungen des RG[289] hat der 2. Senat diese Beweislastumkehr zu Lasten des Arbeitnehmers auf eine Beweiserleichterung in Form der Beweismaßreduzierung für den vom Arbeitnehmer zu führenden Entlastungsbeweis gestützt. Im Unterschied zu diesen beiden Entscheidungen des RG hat der 2. Senat aber nicht einen Nachweis einer „bloßen Möglichkeit“, sondern einen Nachweis einer „hinreichenden Wahrscheinlichkeit“ für die Nichtschuld ausreichen lassen. Nach

---

S. 770; LAG Baden-Württemberg (20.06.1963), Außenkammern Mannheim, WA1963 Nr. 238, S. 153; LAG Frankfurt am Main (27.08.1980), ARST 1981 Nr. 57, S. 69.

285 BAG (17.04.1956), AP Nr. 8 zu § 626 BGB.

286 BAG (17.04.1956), AP Nr. 8 zu § 626 BGB (unter I 6 der Gründe).

287 BAG (09.04.1957), AP Nr. 4 zu § 611 BGB Haftung des Arbeitnehmers (unter 1 a der Gründe).

288 BAG (30.06.1960), AP Nr. 20 zu § 611 BGB Haftung des Arbeitnehmers.

289 RG (09.11.1910), RGZ 74, S. 342; RG (27.01.1928), RGZ 120, S. 67.

Auffassung des 2. Senats richtet sich die Annahme einer hinreichenden Wahrscheinlichkeit einer Nichtschuld weitgehend nach den Umständen des Einzelfalls. Z.B. hat der 2. Senat hinsichtlich der Gefahrenbereichsgedanken hinter § 282 BGB a.F. sogar die Anforderungen an den Entlastungsbeweis noch weiter herabgesetzt, indem er einen geringeren Grad der Wahrscheinlichkeit einer Nichtschuld des Arbeitnehmers als hinreichend angesehen hat, wenn die Ursache der Leistungsstörung in dem Arbeitgeber zuzurechnenden Gefahrenbereich liegt.[290] Deswegen wählt m.E. der 2. Senat ein Beweismaß nach den konkreten Umständen des Einzelfalls.

bb) Die Entscheidungen des 1. Senats

Mit Urteil vom 13.03.1964[291] hat der 1. Senat die vom 2. Senat in seiner Entscheidung vom 09.04.1957[292] entwickelte Beweislastregel bezüglich des Schadens bestätigt und ausgeführt, dass der Kl. (hier der Arbeitgeber) für die Höhe der dem Beklagten (hier der Arbeitnehmer) aus dem Firmenvermögen zugeflossenen Beträge beweispflichtig ist und dagegen der Beklagte die Beweislast dafür trägt, welche Beträge er im Interesse des Betriebes des Klägers aufgewendet hat.[293]

Der 1. Senat hat in einem weiteren Mankofall im öffentlichen Dienst vom 21.06.1966[294] diese vom 2. Senat entwickelte Beweislastregel noch einmal bestätigt und sie aber mit einer weiteren wichtigen Beweislastregel angereichert, nämlich, dass ein mit der buchmäßigen Kassenführung beauftragter Arbeitnehmer die von ihm selbst vorgenommenen Buchungen, bis zu dem (von ihm zu führenden) Beweis der Unrichtigkeit dieser Buchungen, gegen sich gelten lassen muss. Durch diese weitere Beweislastregel erleichtert der 1. Senat die Beweislast des Arbeitgebers für die Einnahmen um einiges, indem er die Beweislastpflicht durch die Bezugnahme auf die von dem Arbeitnehmer selbst geführten Bücher genügen lässt.[295]

Diese angereicherte Beweislastregel bezüglich des Schadens hat der 1. Senat in einem nachfolgenden Urteil vom 11.11.1969[296] bestätigt und ausgeführt: „Der Arbeitnehmer (hier Bekl.) müsse sich im Rahmen der Vertragshaftung bis zum

290 BAG (30.06.1960), AP Nr. 20 zu § 611 BGB Haftung des Arbeitnehmers (unter I 2 der Gründe).

291 BAG (13.03.1964), AP Nr. 32 zu § 611 BGB Haftung des Arbeitnehmers.

292 BAG (09.04.1957), AP Nr. 4 zu § 611 BGB Haftung des Arbeitnehmers.

293 BAG (13.03.1964), AP Nr. 32 zu § 611 BGB Haftung des Arbeitnehmers (unter I 2 b der Gründe).

294 BAG (21.06.1966), AP Nr. 2 zu § 1 ErstattG.

295 BAG (21.06.1966), AP Nr. 2 zu § 1 ErstattG (unter III 2 der Gründe).

296 BAG (11.11.1969), AP Nr. 49 zu § 611 BGB Haftung des Arbeitnehmers.

Beweis des Gegenteils einen buchmäßigen Fehlbestand entgegenhalten lassen; denn ein buchmäßiger Fehlbestand sei so lange als tatsächlicher Fehlbestand zu behandeln, wie dem Kassenverwalter nicht der Nachweis gelingt, dass ein tatsächlicher Fehlbestand nicht vorliegt. Er müsse sich insoweit entlasten." [297] Hier ist zu beachten, dass der 1. Senat deutlich diese Beweislastregel bzw. die Entlastungspflicht des Arbeitnehmers davon abhängig gemacht hat, dass der Arbeitnehmer alleinige Kassenverwalterin ist und alleinigen Zugang zur Kasse hat.[298]

Seine im letzten Urteil vom 11.11.1969 vertretende Rechtsauffassung wird vom 1. Senat in einem weiteren Mankofall vom 27.02.1970[299] beibehalten: Die Grundsätze über die Mankohaftung sind nur anwendbar, wenn der Arbeitnehmer die alleinige Verfügungsmacht über die Kasse und den alleinigen Zugang zu ihr hat, was der Arbeitgeber beweisen muss.[300]

Unter Verweis auf seine bisherige ständige Rechtsprechung[301] hat der 1. Senat im Urteil vom 30.09.1970[302] seine in der Entscheidung vom 21.06.1966[303] fortentwickelte Beweislastregel bezüglich des Schadens fortgesetzt und ausgeführt, dass der Arbeitgeber bei Kassenfehlbeständen für die der Kasse zugeflossenen Einnahmen, der Arbeitnehmer als Kassenverwalter für die aus der Kasse geleisteten Ausgaben beweispflichtig ist, wobei der Arbeitnehmer die von ihm vorgenommenen Buchungen gegen sich gelten lassen muss.[304] Diese Beweislastregel bezüglich des Schadens wurde vom 1. Senat des BAG in einer weiteren Entscheidung vom 26.01.1971[305] noch einmal bestätigt und gefestigt.[306]

In einem weiteren Mankofall vom 03.08.1971[307] hat der 1. Senat zunächst zwei bisherige vom BAG entwickelte Beweislastregeln hinsichtlich des Schadens bestätigt. Zum einen ist der 1. Senat unter Verweis auf die Entscheidung

---

297 BAG (11.11.1969), AP Nr. 49 zu § 611 BGB Haftung des Arbeitnehmers (unter III der Gründe).

298 BAG (11.11.1969), AP Nr. 49 zu § 611 BGB Haftung des Arbeitnehmers (unter II u. III der Gründe).

299 BAG (27.02.1970), AP Nr. 54 zu § 611 BGB Haftung des Arbeitnehmers.

300 BAG (27.02.1970), AP Nr. 54 zu § 611 BGB Haftung des Arbeitnehmers (unter I 1 a der Gründe).

301 BAG (21.06.1966), AP Nr. 2 zu § 1 ErstattG; BAG (11.11.1969), AP Nr. 49 zu § 611 BGB Haftung des Arbeitnehmers.

302 BAG (30.09.1970), AP Nr. 3 zu § 56 ZPO.

303 BAG (21.06.1966), AP Nr. 2 zu § 1 ErstattG.

304 BAG (30.09.1970), AP Nr. 3 zu § 56 ZPO (unter 3 der Gründe).

305 BAG (26.01.1971), AP Nr. 64 zu § 611 BGB Haftung des Arbeitnehmers.

306 BAG (26.01.1971), AP Nr. 64 zu § 611 BGB Haftung des Arbeitnehmers (unter 1 a der Gründe).

307 BAG (03.08.1971), AP Nr. 67 zu § 611 BGB Haftung des Arbeitnehmers.

des BAG vom 09.04.1957[308] davon ausgegangen, dass grundsätzlich der Arbeitgeber die Einnahmen und der Arbeitnehmer die Ordnungsmäßigkeit der Ausgaben dartun muss. Zum anderen hat der 1. Senat unter Hinweis auf die Entscheidung des BAG vom 21.06.1966[309] angenommen, dass der Arbeitnehmer, dem die Ausführung der Verbuchungen übertragen ist, diese gegen sich gelten lassen muss.[310]

Dann hat sich der 1. Senat erstmals mit der umstrittenen Frage auseinandergesetzt, ob sich die Entlastungspflicht des Arbeitnehmers aus § 282 BGB a.F. ergibt. Im Gegensatz zum 4. Senat in der Entscheidung vom 02.04.1958,[311] vertrat der 1. Senat hier eine gegenteilige Auffassung: § 282 BGB a.F. habe auch im Arbeitsrecht Geltung. Zur Begründung hat der 1. Senat nicht die Gefahrenbereichsgedanken herangezogen, sondern sich darauf berufen, dass die Entlastungspflicht des Arbeitnehmers wegen der aus § 667 BGB erwachsenen Herausgabepflicht besteht, auch wenn man die Ansicht des 4. Senats, § 282 BGB a.F. sei auf das Arbeitsverhältnis nicht anzuwenden, teilt. Der 1. Senat begründete noch diese Entlastungspflicht des Arbeitnehmers mit den Gefahrenbereichsgedanken in seinen Entscheidungen vom 11.11.1969[312] und vom 27.02.1970[313] und machte dort diese Entlastungspflicht davon abhängig, dass der Arbeitnehmer die alleinige Verfügungsmacht über die Kasse und den alleinigen Zugang zu ihr hat. Jedoch sah der 1. Senat hier einen allein vom Arbeitnehmer beherrschten Gefahrenbereich nicht mehr als eine Voraussetzung für die Entlastungspflicht des Arbeitnehmers, sondern als eine Beweiserleichterungsmöglichkeit für den stets beweisbelasteten Arbeitnehmer an, indem der 1. Senat ausführte: „Ist der Arbeitnehmer in der Lage darzutun, der Kassenbestand, den er zu verwalten hat, sei nicht nur ihm selbst, sondern auch dritten Personen zugänglich gewesen, so ist im allgemeinen anzunehmen, dass er seiner Beweispflicht vorerst einmal genügt hat.........“. Dieser Ausführung ist zu entnehmen, dass der 1. Senat im vorliegenden Fall dem Arbeitnehmer stets die Entlastungspflicht hinsichtlich des Verschuldens auferlegt, gleichgültig ob er eine ausschließliche Beherrschung

308 BAG (09.04.1957), AP Nr. 4 zu § 611 BGB Haftung des Arbeitnehmers.

309 BAG (21.06.1966), AP Nr. 2 zu § 1 ErstattG.

310 BAG (03.08.1971), AP Nr. 67 zu § 611 BGB Haftung des Arbeitnehmers (unter III 1 der Gründe).

311 BAG (02.04.1958), AP Nr. 5 zu § 549 ZPO. In diesem Fall, der keinen Mankofall betrifft, erklärt der 4. Senat ausdrücklich die Bestimmungen der §§ 282, 285 BGB auf das Arbeitsverhältnis für nicht anwendbar und erlegt dem Arbeitgeber die Beweislast für eine schuldhafte Vertragsverletzung der Pflichten des Arbeitnehmers aus dem Arbeitsvertrag auf.

312 BAG (11.11.1969), AP Nr. 49 zu § 611 BGB Haftung des Arbeitnehmers.

313 BAG (27.02.1970), AP Nr. 54 zu § 611 BGB Haftung des Arbeitnehmers.

des Gefahrenbereichs hat; jedoch nahm der 1. Senat hier eine Beweiserleichterung vor, indem er sich mit einem Nachweis des nicht allein vom Arbeitnehmer beherrschten Gefahrenbereichs für seinen Entlastungsbeweis begnügt.[314]

Der 1. Senat hat in einem weiteren Mankofall vom 08.02.1972 die umstrittene Frage der Beweislastverteilung offengelassen, weil er meint, dass die Kl. (hier Arbeitgeber) den Kausalzusammenhang zwischen der von ihr behaupteten Pflichtverletzung des Bekl. (hier Arbeitnehmer) und dem geltend gemachten Schaden nicht nachgewiesen hat.[315]

cc) Die Entscheidungen des 3. Senats

Der 3. Senat des BAG hat im Urteil vom 13.02.1975[316] lediglich die Beweislastverteilung hinsichtlich des Schadens erörtert. Unter Berufung auf die bisherige Rechtsprechung des BAG hat der 3. Senat wieder die wichtigen Beweislastregeln in Mankofällen bestätigt: Der Arbeitgeber muss die Einnahmen, der Arbeitnehmer die Ordnungsmäßigkeit der Ausgaben dartun und der Arbeitnehmer, dem die Ausführung der Verbuchungen übertragen ist, muss diese gegen sich gelten lassen. Zutreffend hat der 3. Senat in Bezug auf die Voraussetzung für die Geltung dieser Beweisregeln in der Entscheidung mehrfach hervorgehoben, dass der Kassen – und Kontenführer, dem zugleich die Buchführung obliegt, für einen buchmäßigen Fehlbestand nur dann haftet, wenn er für den Bestand der Kasse verantwortlich gemacht werden kann und er dazu allein Zugang zu der Kasse hatte.[317]

In einem weiteren Fall über die Mankohaftung des Verkaufsfahrers vom 15.01.1976[318] hat der 3. Senat offensichtlich den Alleinzugang des Arbeitnehmers zu dem Geld oder der Ware als Voraussetzung für seine Entlastungspflicht bezüglich des Schadens und des Verschuldens aufgestellt, indem er ausführt: „Wenn die Zuleitung von Warenbeständen oder Geld an den Arbeitnehmer bewiesen ist und im übrigen feststeht, dass dieser allein den Gewahrsam im bürgerlichrechtlichen Sinne, den Besitz, an den zugeleiteten Beständen hatte, kann man in der Tat annehmen, dass er den Verbleib der übergebenen Bestände beweisen und sich im Falle eines entstandenen Mankos entlasten muss." Hierin ist zu sehen, dass der 3. Senat eine besitzrechtliche Anknüpfung im bürgerlichrechtlichen Sinne gewählt hat.

---

314 BAG (03.08.1971), AP Nr. 67 zu § 611 BGB Haftung des Arbeitnehmers (unter III 2 der Gründe).

315 BAG (08.02.1972), AP Nr. 7 zu § 630 BGB.

316 BAG (13.02.1975), AP Nr. 2 zu § 308 ZPO.

317 BAG (13.02.1975), AP Nr. 2 zu § 308 ZPO (unter II 2 a der Gründe).

318 BAG (15.01.1976), AuR 1976, S. 88.

Der 3. Senat des BAG hat in der Entscheidung vom 29.01.1985[319] eine differenzierte Anwendung der Beweislastverteilung nach der Anspruchsgrundlage vorgenommen. Zum einen hat der 3. Senat es für möglich gehalten, dass die Vorschriften über die Verwahrung und den Auftrag neben den arbeitsvertraglichen Bestimmungen gelten, wenn die Tätigkeit des Arbeitnehmers mit wirtschaftlichen Überlegungen und Entscheidungen verbunden ist. Damit hat er die Nicht-Rückgabe der Gelder oder sonstiger Sachen als eine Unmöglichkeit einer nach Verwahrungsrecht begründeten Herausgabepflicht i.S.v. § 280 BGB a.F. betrachtet und mithin dem Arbeitnehmer die Entlastungspflicht auferlegt darzulegen und zu beweisen, dass ihn an der Entstehung des Mankos kein Verschulden trifft.[320] Zum anderen hat der 3. Senat die pFV für mögliche Anspruchsgrundlage gehalten. Im Ansatz ist der 3. Senat davon ausgegangen, dass der Arbeitgeber nach allgemeinen Beweislastgrundsätzen eine Pflichtverletzung des Arbeitnehmers nachzuweisen hat, wenn er ihn auf Schadensersatz wegen Schlechterfüllung in Anspruch nehmen will. Im Unterschied zur bisherigen Rechtsprechung nimmt der 3. Senat eine klare Differenzierung zwischen der objektiven Pflichtverletzung und der subjektiven Pflichtverletzung vor. Nach seiner Ansicht gilt die auf die Gefahrenbereichsgedanken gestützte Beweislastumkehr allein für das Verschulden, aber nicht für den objektiven Tatbestand der Vertragspflichtverletzung.[321]

dd) Die Entscheidungen des 8. Senats

Der mittlerweile für Arbeitnehmerhaftung zuständige 8. Senat des BAG hat sich endlich in den 90er Jahren des letzten Jahrhunderts mit der sehr umstrittenen Problematik zur Beweislastverteilung bei der Mankohaftung aus pFV auseinandergesetzt und eine gewisse Konsolidierung herbeigeführt.

Mit dem Urteil vom 22.05.1997[322] hat der 8. Senat eine differenzierte Anwendung der Beweislastregelung des § 282 BGB a.F. nach dem zweiteiligen Haftungskonzept herausgearbeitet. Im Unterschied zu dem als Beleg zitierten Urteil des 3. Senats vom 29.01.1985[323] hat der 8. Senat hinsichtlich der Voraussetzung für einen Schadensersatz gemäß § 280 I BGB a.F. nunmehr nicht auf „die wirtschaftlich selbstständige Tätigkeit", sondern darauf abgestellt, ob „der Arbeitgeber eine Tatsachenlage geschaffen hat, nach der er nicht Besitzer der

319 BAG (29.01.1985), AP Nr. 87 zu § 611 BGB Haftung des Arbeitnehmers.

320 BAG (29.01.1985), AP Nr. 87 zu § 611 BGB Haftung des Arbeitnehmers (unter II der Gründe).

321 BAG (29.01.1985), AP Nr. 87 zu § 611 BGB Haftung des Arbeitnehmers (unter III 3 der Gründe).

322 BAG (22.05.1997), AP Nr. 1 zu § 611 BGB Mankohaftung.

323 BAG (29.01.1985), AP Nr. 87 zu § 611 BGB Haftung des Arbeitnehmers.

Sache war, wobei es für die Frage der Darlegungs- und Beweislast zudem darauf ankommt, ob der Arbeitnehmer Alleinbesitzer war".[324] Hier hat der 8. Senat ein unglückliches „Besitz"-Kriterium eingeführt.

Unter Hinweis auf die Entscheidung des 3. Senats vom 29.01.1985 vertrat der 8. Senat auch die Ansicht, dass der Arbeitgeber eine schuldhafte Pflichtverletzung des Arbeitnehmers nachzuweisen hat, wenn der Arbeitnehmer vom Arbeitgeber für einen Fehlbestand wegen pFV verantwortlich gemacht wird.[325] Zwar machte der 8. Senat eine Differenzierung zwischen der objektiven Pflichtverletzung und der subjektiven Pflichtverletzung nicht deutlich, jedoch erblickte er mit einer erfolgsbezogenen Sicht der objektiven Pflichtwidrigkeit in der Nichtabgabe der Geldkasse eine objektive arbeitsvertragliche Pflichtverletzung des Arbeitnehmers.[326] Leider hat der 8. Senat in der vorstehenden Entscheidung die umstrittene Frage offengelassen, ob eine Beweislastumkehr analog § 282 BGB a.F. für die Mankohaftung aus pFV gilt.

Ein Jahr später hat der 8. Senat in der Folgeentscheidung vom 17.09.1998[327] die differenzierte Anwendung der Beweislastregelung des § 282 BGB a.F. nach dem zweiteiligen Haftungskonzept fortgeführt.

Als Reaktion auf die Kritik in der Literatur hat der 8. Senat zu Recht darauf hingewiesen, dass der Arbeitnehmer nach der ausdrücklichen gesetzlichen Wertung nicht Besitzer der ihm zur Erfüllung seiner Arbeitsleistung überlassenen Sachen, sondern nur Besitzdiener ist. Trotzdem hat der 8. Senat das „Besitz"-Kriterium als Voraussetzung für einen Schadensersatz gemäß § 280 I BGB a.F. beibehalten und explizit den unmittelbaren Besitz des Arbeitnehmers zur Voraussetzung der entsprechenden Anwendung der Grundsätze der Verwahrung oder des Auftrages gemacht. Im Vergleich zum „Alleinbesitz" ist dieser unmittelbare Besitz gar kein neues Abgrenzungskriterium, sondern stellt lediglich einen „begrifflichen Etikettenwandel" dar.[328] Der 8. Senat hat den unmittelbarer Besitz mit gewisser Klarheit dahingehend präzisiert, dass er zumindest den alleinigen Zugang zu der Sache und deren selbstständige Verwaltung voraussetzt, wozu es gehört, dass der Arbeitnehmer wirtschaftliche Überlegungen anzustellen und Entscheidungen über die Verwendung der Sache zu treffen hat.[329]

Es verdient Beifall, dass der 8. Senat eine eindeutige Stellungnahme zu der umstrittenen Frage nach der Anwendung des § 282 BGB a.F. auf die Mankohaf-

---

324 BAG (22.05.1997), AP Nr. 1 zu § 611 BGB Mankohaftung (unter III 1 der Gründe).

325 BAG (22.05.1997), AP Nr. 1 zu § 611 BGB Mankohaftung (unter III 2 der Gründe).

326 BAG (22.05.1997), AP Nr. 1 zu § 611 BGB Mankohaftung (unter III 2 c der Gründe).

327 BAG (17.09.1998), AP Nr. 2 zu § 611 BGB Mankohaftung.

328 Vgl. ausführlich oben Zweiter Teil A. I. 2. b). ee).

329 BAG (17.09.1998), AP Nr. 2 zu § 611 BGB Mankohaftung (unter B I 1 der Gründe).

tung aus pFV genommen hat, wonach § 282 BGB a.F. im Rahmen der Arbeitnehmerhaftung nicht angewendet werden darf und der Arbeitgeber nach den allgemeinen Regeln über die Beweislastverteilung die Darlegungs- und Beweislast für den Verschuldensgrad des Arbeitnehmers trägt. Dies wird damit begründet: „§ 282 BGB a.F. soll demjenigen, der beweisnäher ist und deshalb über ein Verschulden eher Auskunft geben kann, die Beweislast auferlegen. Diesem Grundgedanken der Vorschrift steht jedoch ein weiterer Gedanke gleichwertig zur Seite: Die Bestimmung ist Ausdruck des vom Schuldner übernommenen Leistungsrisikos. Dieser Gedanke trifft auf die Arbeitnehmerhaftung nicht zu. Die Einschränkung der Arbeitnehmerhaftung beruht gerade auf der Überlegung, dass der Arbeitgeber wegen seiner Organisationsmöglichkeiten ein erhöhtes Risiko trägt. Dem wiederspräche es, würde man über die Anwendung einer Beweislastregel einen Teil des Risikos wieder zurück auf den Arbeitnehmer verschieben.“ Angesichts der Ablehnung der Anwendung des § 282 a.F. auf die Arbeitnehmerhaftung, hat der 8. Senat jedoch nicht die Schwierigkeiten bei der Beweisführung durch den Arbeitgeber hinsichtlich der objektiven Pflichtverletzung und des Verschuldens des Arbeitnehmers verkannt, wenn das schädigende Ereignis näher am Arbeitnehmer als am Arbeitgeber gelegen ist und deshalb zum einen keine zu hohen Anforderungen an diesen Beweis gestellt und zum anderen eine gestufte Darlegungslast des Arbeitnehmers entworfen: „Allerdings dürfen keine zu hohen Anforderungen gestellt werden, wenn das schädigende Ereignis näher am Arbeitnehmer als am Arbeitgeber gelegen hat. Der Arbeitnehmer hat sich i.S. einer gestuften Darlegungslast substantiiert zu äußern. Vom Arbeitgeber vorgetragene Indizien, die auf ein haftungsbegründendes Verschulden des Arbeitnehmers hinweisen, sind sorgfältig zu würdigen. Auch die Tatsache, dass der Arbeitnehmer die alleinige Kontrolle über bestimmte Bereiche hatte, ist ein solches Indiz. Unterlässt es der Arbeitnehmer, sich zu den konkreten Umständen des Schadensfalls zu erklären, können daraus entsprechende Schlüsse gezogen werden. Bleibt streitig, ob bestimmte Indiztatsachen vorliegen oder nicht geht dies zu Lasten des Arbeitgebers. Gleiches gilt für eventuelle Unklarheiten nach Abschluss der Würdigung aller Indizien und gegebenfalls der erhobenen Beweise.“[330] Nennenswert ist noch, dass der 8. Senat eindeutig in diesem Urteil seine erfolgsbezogene Sicht der objektiven Pflichtwidrigkeit in der Vorgängerentscheidung vom 22.05.1997[331] aufgegeben hat, indem er ausgeführt hat, dass der Arbeitnehmer die Leistung der versprochenen Dienste, nicht den Erfolg der

330 BAG (17.09.1998), AP Nr. 2 zu § 611 BGB Mankohaftung (unter B II 2 c aa der Gründe).

331 BAG (22.05.1997), AP Nr. 1 zu § 611 BGB Mankohaftung (unter III 2 c der Gründe).

Leistung schuldet.[332] Dies wurde vom 8. Senat in der vorliegenden Entscheidung noch einmal durch die Aussage bestätigt, dass sich die Pflichtverletzung daraus ergibt, dass durch das Verhalten des Arbeitnehmers dem Arbeitgeber ein Schaden entstanden ist[333] und aus dem alleinigen Zugriff des Arbeitnehmers auf einen Waren- oder Kassenbestand auf eine objektive Pflichtverletzung des Arbeitnehmers geschlossen werden kann.[334]

Mit dem weiteren Urteil vom 02.12.1999[335] hat der 8. Senat einfach die differenzierte Anwendung der Beweislastregelung des § 282 BGB a.F. nach dem zweiteiligen Haftungskonzept bestätigt und die Ausführungen zur Anwendung des § 282 BGB a.F. auf die Mankohaftung aus pFV in der Vorgängerentscheidung vom 17.09.1998 wiederholt.[336] Der 8. Senat hat den neuen Standpunkt gegenüber früherer Rechtsprechung beibehalten, nämlich, dass § 282 BGB a.F. auf die Haftung des Arbeitnehmers aus positiver Forderungsverletzung keine entsprechende Anwendung findet.[337] Zusätzlich ist erwähnenswert, dass der 8. Senat in diesem Urteil deutlich zwischen objektiver Pflichtverletzung und Verschulden unterscheidet und dem Arbeitgeber auch die Beweislast für die objektive Pflichtverletzung des Arbeitnehmers auferlegt.[338]

ee) Die Entscheidungen anderer Senate

Im Urteil vom 25.02.1967 über einen Schadensersatzanspruch wegen eines Fehlbestandes an Waren gegenüber einem Verkaufsfahrer hat sich der 5. Senat der Ansicht des 4. Senats in der Entscheidung vom 02.04.1958,[339] in der es sich um keinen Mankofall handelte, angeschlossen und ohne eine eigene Begründung einfach ausgeführt, dass der Arbeitgeber grundsätzlich die Beweisführungspflicht und Beweislast für eine schuldhafte Verletzung der Pflichten aus dem Arbeitsvertrag durch den Arbeitnehmer trägt und die Bestimmungen der §§ 282, 285 BGB nicht anwendbar sind.[340]

Nach ca. 20 Jahren hat sich der mittlerweile zuständige 4. Senat im Urteil vom 13.02.1974[341] mit der in Rechtsprechung und Lehre umstrittenen Frage

---

332 BAG (17.09.1998), AP Nr. 2 zu § 611 BGB Mankohaftung (unter B I 1 der Gründe).

333 BAG (17.09.1998), AP Nr. 2 zu § 611 BGB Mankohaftung (unter B II 2 a der Gründe).

334 BAG (17.09.1998), AP Nr. 2 zu § 611 BGB Mankohaftung (unter B II 2 b aa der Gründe).

335 BAG (02.12.1999), AP Nr. 3 zu § 611 BGB Mankohaftung.

336 BAG (02.12.1999), AP Nr. 3 zu § 611 BGB Mankohaftung (unter II u. III der Gründe).

337 BAG (02.12.1999), AP Nr. 3 zu § 611 BGB Mankohaftung (unter III 2 b der Gründe).

338 BAG (02.12.1999), AP Nr. 3 zu § 611 BGB Mankohaftung (unter III 2 b der Gründe).

339 BAG (02.04.1958), AP Nr. 5 zu § 549 ZPO.

340 BAG (25.02.1967), AP Nr. 1 zu § 276 BGB Vertragsverletzung.

341 BAG (13.02.1974), AP Nr. 77 zu § 611 BGB Haftung des Arbeitnehmers.

nicht auseinandergesetzt, ob sich der in Anspruch genommene Arbeitnehmer in den Fällen der Mankohaftung seinerseits nach § 282 BGB a.F. exkulpieren muss. Jedoch hat der 4. Senat in den Urteilsgründen mehrmals betont, dass in Mankoprozessen der Arbeitgeber nicht nur den Schaden, sondern auch den eingeklagten Schaden im Sinne adäquater Kausalität von dem Arbeitnehmer darzulegen und zu beweisen hat.

Im Urteil vom 06.06.1984[342] hat der 7. Senat einen Mankofall im öffentlichen Dienst über die Schadensersatzpflicht eines Postangestellten für Kassenmanko entschieden. Im Anschluss an die damalige überwiegende Rechtsprechung des BAG hat der 7. Senat mit den Gefahrenbereichsgedanken eine Beweislastumkehr zulasten des Arbeitnehmers gemäß § 282 BGB a.F. befürwortet, wenn der Arbeitgeber unter Beweis gestellt hat, dass der Kassenführer die Gefahr eines Kassenfehlbestands allein beherrscht.[343]

c) Zusammenfassender Überblick über die Entwicklung in der Rechtsprechung von 1945 bis zum Urteil des BAG vom 22.05.1997

aa) Die Rechtsprechung der ArbG und der LAG

Unter Einfluss der Rechtsprechung bis 1945, nach der die Entlastungspflicht ausnahmslos den Arbeitnehmer trifft, erlegt die Rechtsprechung des ArbG und des LAG bis zu den 1980er Jahren überwiegend dem Arbeitnehmer die Beweislast auf, dass das Manko ohne sein Verschulden eingetreten ist.[344]

---

342 BAG (06.06.1984), NZA 1985, S. 183 = AP Nr. 1 zu § 11 a TV Ang. Bundespost.

343 BAG (06.06.1984), NZA 1985, S. 183 f (unter II 4 a der Gründe).

344 LAG Stuttgart (06.07.1950), AP 51 Nr. 147, S. 539; LAG Berlin (06.06.1952), ARSt Bd. IX Nr. 101, S. 28; LAG Thüringen (22.09.1952), ARSt Bd. X Nr. 451, S.152; ArbG Würzburg (30.09.1952), ARSt Bd. X, Nr. 679 S. 228; LAG Erfurt, Datum unbek.–Ber LA 119/51, ARSt Bd. IX Nr. 693, S. 230; LAG Hannover (10.02.1953), AP 53 Nr. 232 = BB 1953, S. 531; LAG Hamm (17.06.1953), BB 1953, S. 947; LAG Freiburg (19.11.1954), ARSt Bd. XIII Nr. 83, S. 31; LAG Bremen (05.01.1955), AP Nr. 3 zu § 611 BGB Haftung des Arbeitnehmers; LAG Frankfurt a.M. (15.06.1955), BB 1956, S. 961; ArbG Bremen (16.06.1955), AP Nr. 1 zu § 254 BGB; LAG Düsseldorf, 2. Kammer Köln, (27.01.1956), BB 1956, S. 400; LAG Bremen (01.02.1956), BB 1957, S. 1037 = DB 1957 S. 460; LAG Baden-Württemberg, V. Kammer in Stuttgart, (30.11. 1956), BB 1957, S.1037 = WA 1957 Nr. 248, S. 123; LAG Bayern (25.01.1957), WA 1958 Nr. 119, S. 76; ArbG Bremen (26.02.1959), ARSt Bd. XXII Nr. 517, S. 186; LAG Baden-Württemberg, Außenkammern Stuttgart, (20.03.1961), WA 1961, Nr. 195, S. 124; LAG Bayern (05.07.1961), WA 1962 Nr. 214, S. 155; LAG Bremen (27.08.1963), WA 1964, Nr. 180, S.82; LAG Düsseldorf/Köln (23.06.1966), BB 1966, S. 1045; LAG Bayern (13.03.1968), ARST 1970, Nr. 1030 S.31; ArbG Ulm (22.05.1968), BB 1968 S. 913; LAG Baden-Württemberg/Stuttgart (27.09.1968), BB 1968, S. 1289; ArbG Köln (21.01.1969), BB 1969, S. 580; LAG Baden-Württemberg, Kamm. Stuttgart,

Am Anfang, insbesondere in den 1950er Jahren, stützen die Entscheidungen[345] die Beweislastumkehr einfach auf das Unmöglichkeitsrecht, das automatisch eine direkte oder analoge Anwendung des § 282 BGB a.F. zur Folge hat, weil das ArbG und das LAG üblicherweise die Nicht-Rückgabe des Fehlbestandes als Unmöglichkeit der Erfüllung der Arbeitspflicht ansehen. [346]

Seit dem Anfang der 1960er Jahren geht die dogmatische Begründung für die Beweislastumkehr in der Rechtsprechung allmählich von dem Unmöglichkeitsrecht zu den Gefahrenbereichsgedanken vor dem Hintergrund über,[347] dass sich inzwischen parallel ein Wandel hinsichtlich der Anspruchsgrundlage in der Rechtsprechung dahingehend vollzog, dass die Anspruchsgrundlage nunmehr überwiegend in der durch die Rechtsfortbildung entwickelten pFV erblickt wurde.[348] Die Rechtsprechung macht überwiegend diese Beweislastumkehr von einer ausschließlichen Beherrschung des Gefahren- /Verantwortungsbereichs durch den Arbeitnehmer abhängig.[349]

Jedoch besteht eine Anzahl von Entscheidungen, die einfach für eine Beweislastumkehr zulasten des Arbeitnehmers plädieren, aber weder das Auftrags-

---

(30.04.1970), DB 1970, S. 1034; Juris Datenbank, LAG München 26.04.1973– 3 Sa 891/72; LAG München (29.01.1975), ARSt 1977 Nr. 59, S. 61; LAG Frankfurt a.M. (22.09.1982), ARST 1983, Nr. 49, S. 74.

345 LAG Stuttgart (06.07.1950), AP 51 Nr. 147, S. 539; LAG Hannover (10.02.1953), AP 53 Nr. 232 = BB 1953, S. 531; LAG Hamm (17.06.1953), BB 1953, S. 947; LAG Freiburg (19.11.1954), ARSt Bd. XIII Nr. 83, S. 31; LAG Bremen (05.01.1955), AP Nr. 3 zu § 611 BGB Haftung des Arbeitnehmers; LAG Frankfurt a.M. (15.06.1955), BB 1956, S. 961; ArbG Bremen (16.06.1955), AP Nr. 1 zu § 254 BGB; LAG Düsseldorf, 2. Kammer Köln, (27.01.1956), BB 1956, S. 400; LAG Bayern (25.01.1957), WA 1958 Nr. 119, S. 76; ArbG Bremen (26.02.1959), ARSt Bd. XXII Nr. 517, S. 186; LAG Bayern (05.07.1961), WA 1962 Nr. 214, S. 155; LAG Düsseldorf/Köln (23.06.1966), BB 1966, S. 1145.

346 Vgl. ausführlich oben Zweiter Teil A. I. 2. a).

347 LAG Bayern (05.07.1961), WA 1962 Nr. 214, S. 155; LAG Bremen (27.08.1963), WA 1964, Nr. 180, S. 82; ArbG Ulm (22.05.1968), BB 1968 S. 913; LAG Baden-Württemberg/Stuttgart (27.09.1968), BB 1968, S. 1289; ArbG Köln (21.01.1969), BB 1969, S. 580; LAG Baden-Württemberg, Kamm. Stuttgart, (30.04.1970), DB 1970, S. 1034; Juris Datenbank, LAG München 26.04.1973– 3 Sa 891/72; LAG München (29.01.1975), ARSt 1977 Nr. 59, S. 61; LAG Frankfurt a.M. (22.09.1982), ARST 1983, Nr. 49, S. 74.

348 Vgl. ausführlich oben Zweiter Teil A. I. 2. a).

349 ArbG Ulm (22.05.1968), BB 1968 S. 913; ArbG Köln (21.01.1969), BB 1969, S. 580; LAG Baden-Württemberg, Kamm. Stuttgart, (30.04.1970), DB 1970, S. 1034 nicht eindeutig; Juris Datenbank, LAG München 26.04.1973– 3 Sa 891/72; LAG München (29.01.1975), ARSt 1977 Nr. 59, S. 61; LAG Frankfurt a.M. (22.09.1982), ARST 1983, Nr. 49, S. 74 nicht eindeutig.

und Verwahrungsrecht, noch die Unmöglichkeit zur Begründung heranziehen.[350] Zudem sprechen sich noch einige Entscheidungen mit einer im Arbeitsrecht ungewöhnlich erfolgsbezogenen Sicht für eine Beweislastumkehr aus.[351]

Angesichts der Schwierigkeiten des Arbeitnehmers bei der Beweisführung werden, in manchen Entscheidungen des LAG, keine höheren Anforderungen an seinen Entlastungsbeweis gestellt. Diese sehen den Beweis schon dann als erbracht an, wenn der Arbeitnehmer nur wahrscheinlich macht, dass er die Ursache des Fehlbestands nicht verschuldet hat.[352]

Es gibt eine so große Anzahl von Entscheidungen, die für eine Beweislastumkehr bezüglich des Verschuldens plädieren, dass man sie als die damalige vorherrschende Meinung bezeichnen kann. Trotzdem vertritt ein kleiner Teil der Rechtsprechung die völlig gegensätzliche Ansicht, dass den Arbeitgeber die Beweispflicht für das Verschulden des Arbeitnehmers trifft. Abgesehen von der Entscheidung des LAG Groß-Berlin vom 27.05.1955, stellen leider alle anderen Entscheidungen keine eigene, weitergehende Begründung dafür dar. Unter Berücksichtigung der Schwierigkeiten bei der Beweisführung durch den Arbeitgeber, lassen ArbG und das LAG im Wesentlichen ihm die Beweiserleichterung in Form des Anscheinsbeweises zukommen.[353]

350 LAG Berlin (06.06.1952), ARSt Bd. IX Nr. 101, S. 28; LAG Thüringen (22.09.1952), ARSt Bd. X Nr. 451, S.152; LAG Erfurt, Datum unbek.–Ber LA 119/51, ARSt Bd. IX Nr. 693, S. 230; LAG Baden-Württemberg, V. Kammer in Stuttgart, (30.11. 1956), BB 1957, S.1037 = WA 1957 Nr. 248, S. 123; LAG Baden-Württemberg, Außenkammern Stuttgart, (20.03.1961), WA 1961, Nr. 195, S. 124.

351 ArbG Würzburg (30.09.1952), ARSt Bd. X, Nr. 679 S. 228; LAG Baden-Württemberg, V. Kammer in Stuttgart, (30.11. 1956), BB 1957, S.1037 = WA 1957 Nr. 248, S. 123; LAG Baden-Württemberg/Stuttgart (29.02.1968), BB 1968, S. 505; LAG Bayern (13.03.1968), ARST 1970, Nr. 1030 S. 31.

352 LAG Düsseldorf, 2. Kammer Köln, (27.01.1956), BB 1956, S. 400; LAG Bayern (25.01.1957), WA 1958 Nr. 119, S. 76; LAG Bayern (05.07.1961), WA 1962 Nr. 214, S. 155; LAG Düsseldorf/Köln (23.06.1966), BB 1966, S. 1145.

353 LAG Groß-Berlin (27.05.1955), AR-Blattei (68) Handbuch für die Praxis D) Haftung des Arbeitnehmers Entscheidung mit Nr. 7; LAG Baden-Württemberg, Außenkammern Stuttgart, (18.07.1959), WA 1960 Nr. 76, S. 43; LAG Düsseldorf, 2. Kammer Köln, (18.08.1960), BB 1960, S. 1170; ArbG Karlsruhe (28.11.1960), ARSt Bd. XX V Nr. 444, S.148; ArbG Wilhelmshaven (01.12.1960), ARSt Bd. XX V Nr. 445, S. 148; LAG Düsseldorf, Kam. Köln, (22.02.1963), DB 1963, S. 770; LAG Baden-Württemberg (20.06.1963), Außenkammern Mannheim, WA1963 Nr. 238, S. 153; LAG Frankfurt am Main (27.08.1980), ARST 1981 Nr. 57, S. 69.

bb) Die Rechtsprechung des BAG

Die Rechtsprechung des BAG zur Beweislast hinsichtlich des Schadens ist konsequent in der Entwicklung.[354] Nach einheitlicher Ansicht des BAG muss der Arbeitgeber grundsätzlich das Vorliegen eines „effektiven“ Fehlbestands beweisen.[355]

Dazu bildeten sich zwei feste Beweislastregeln in der Entwicklung der Rechtsprechung heraus. Zum einen ist der Arbeitgeber für die Einnahmen, der Arbeitnehmer für die Ausgaben beweispflichtig. Der 2. Senat des BAG bringt erstmals in der Entscheidung vom 09.04.1957[356] diese Beweisregel lapidar zum Ausdruck, die später von der Rechtsprechung des BAG bestätigt und fortgeführt wird.[357] Zum anderen muss ein mit Buchführung betrauter Arbeitnehmer die von ihm selbst vorgenommenen Buchungen, bis zu dem (von ihm zu führenden) Beweis der Unrichtigkeit dieser Buchungen, gegen sich gelten lassen. Der 1. Senat des BAG legt zum ersten Mal im Urteil vom 21.06.1966[358] diese zweite Beweisregel fest, die von der späteren Rechtsprechung des BAG übernommen

---

354 BAG (09.04.1957), AP Nr. 4 zu § 611 BGB Haftung des Arbeitnehmers; BAG (13.03.1964), AP Nr. 32 zu § 611 BGB Haftung des Arbeitnehmers; BAG (21.06.1966), AP Nr. 2 zu § 1 ErstattG; BAG (11.11.1969), AP Nr. 49 zu § 611 BGB Haftung des Arbeitnehmers; BAG (27.02.1970), AP Nr. 54 zu § 611 BGB Haftung des Arbeitnehmers; BAG (30.09.1970), AP Nr. 3 zu § 56 ZPO; BAG (26.01.1971), AP Nr. 64 zu § 611 BGB Haftung des Arbeitnehmers; BAG (03.08.1971), AP Nr. 67 zu § 611 BGB Haftung des Arbeitnehmers; BAG (13.02.1975), AP Nr. 2 zu § 308 ZPO.

355 Es ist darauf hinzuweisen, dass ein effektiver Fehlbestand in der Rechtsprechung terminologisch unterschiedlich genannt wird, z.B. echter Fehlbestand in BAG (21.06.1966), AP Nr. 2 zu § 1 ErstattG (unter III 2 der Gründe) und BAG (03.08.1971), AP Nr. 67 zu § 611 BGB Haftung des Arbeitnehmers (unter III 1 der Gründe); tatsächlicher und effektiver Fehlbestand in BAG (11.11.1969), AP Nr. 49 zu § 611 BGB Haftung des Arbeitnehmers (unter III der Gründe); tatsächlicher Fehlbestand in BAG (13.02.1975), AP Nr. 2 zu § 308 ZPO (unter II 2 a der Gründe).

356 BAG (09.04.1957), AP Nr. 4 zu § 611 BGB Haftung des Arbeitnehmers (unter 1 a der Gründe).

357 BAG (13.03.1964), AP Nr. 32 zu § 611 BGB Haftung des Arbeitnehmers (unter I 2 b der Gründe); BAG (21.06.1966), AP Nr. 2 zu § 1 ErstattG (unter III 1 der Gründe); BAG (27.02.1970), AP Nr. 54 zu § 611 BGB Haftung des Arbeitnehmers (unter I 1 a der Gründe); BAG (30.09.1970), AP Nr. 3 zu § 56 ZPO (unter 3 der Gründe); BAG (26.01.1971), AP Nr. 64 zu § 611 BGB Haftung des Arbeitnehmers (unter 1 a der Gründe); BAG (03.08.1971), AP Nr. 67 zu § 611 BGB Haftung des Arbeitnehmers (unter III 1 der Gründe); BAG (13.02.1975), AP Nr. 2 zu § 308 ZPO (unter II 2 a der Gründe).

358 BAG (21.06.1966), AP Nr. 2 zu § 1 ErstattG (unter III 2 der Gründe).

und fortgesetzt wird.[359] Der 1. Senat und der 3. Senat des BAG machen diese Beweislastregel davon abhängig, dass der Arbeitnehmer alleinige Kassenverwalterin ist und alleinigen Zugang zur Kasse hat.[360]

Abgesehen von der Anwendung des § 282 BGB a.F. auf den Ausnahmefall (mit der Heranziehung der entsprechenden Vorschriften über den entgeltlichen Auftrag und die Verwahrung) aus Unmöglichkeitsrecht,[361] ist die Rechtsprechung des BAG zur Beweislast hinsichtlich der schuldhaften Pflichtverletzung im Mankofall aus pFV weder konsequent in der Entwicklung, noch einheitlich unter den verschiedenen Senaten des BAG.

Von den 1950er Jahren bis zu den 1980er Jahren nimmt das BAG lange Zeit keine oder vermeidet eine klare bzw. abschließende Stellungnahme zu der umstrittenen Frage der Beweislastverteilung, insbesondere zu der durch Heranziehung der Anspruchsgrundlage der pFV entstandenen Problematik, ob die Beweislastumkehr des § 282 BGB a.F. entsprechend auf die pFV Anwendung findet, wird nicht Stellung genommen

Wie die Rechtsprechung des ArbG und des LAG, erlegt die Rechtsprechung des BAG bis zu den 1980er Jahren auch überwiegend dem Arbeitnehmer im Mankofall die Entlastungspflicht auf, wie etwa der 2. Senat,[362] der 1. Senat,[363] der 3. Senat[364] und der 7. Senat.[365] Auch das BVerwG plädiert im Mankofall im

359 BAG (11.11.1969), AP Nr. 49 zu § 611 BGB Haftung des Arbeitnehmers (unter III der Gründe); BAG (27.02.1970), AP Nr. 54 zu § 611 BGB Haftung des Arbeitnehmers (unter I 1 a der Gründe); BAG (30.09.1970), AP Nr. 3 zu § 56 ZPO (unter 3 der Gründe); BAG (03.08.1971), AP Nr. 67 zu § 611 BGB Haftung des Arbeitnehmers (unter III 1 der Gründe); BAG (13.02.1975), AP Nr. 2 zu § 308 ZPO (unter II 2 a der Gründe).

360 BAG (11.11.1969), AP Nr. 49 zu § 611 BGB Haftung des Arbeitnehmers (unter II, III der Gründe); BAG (27.02.1970), AP Nr. 54 zu § 611 BGB Haftung des Arbeitnehmers (unter I 1 a der Gründe); BAG (13.02.1975), AP Nr. 2 zu § 308 ZPO (unter II 2 a der Gründe).

361 BAG (29.01.1985), AP Nr. 87 zu § 611 BGB Haftung des Arbeitnehmers (unter II der Gründe), BAG (22.05.1997), AP Nr. 1 zu § 611 BGB Mankohaftung (unter I 1 1 der Gründe); BAG (17.09.1998), AP Nr. 2 zu § 611 BGB Mankohaftung (unter B I 1 der Gründe); BAG (02.12.1999), AP Nr. 3 zu § 611 BGB Mankohaftung (unter I 1 der Gründe).

362 BAG (17.04.1956), AP Nr. 8 zu § 626 BGB (unter I 6 der Gründe); BAG (30.0[illegible].1960), AP Nr. 20 zu § 611 BGB Haftung des Arbeitnehmers (unter II 2 der Gründe).

363 BAG (11.11.1969), AP Nr. 49 zu § 611 BGB Haftung des Arbeitnehmers (unter II u. III der Gründe); BAG (27.02.1970), AP Nr. 54 zu § 611 BGB Haftung des Arbeitnehmers (unter I 1 a der Gründe); BAG (03.08.1971), AP Nr. 67 zu § 611 BGB Haftung des Arbeitnehmers (unter III 2 der Gründe).

364 BAG (15.01.1976), AuR 1976, S. 88; BAG (29.01.1985), AP Nr. 87 zu § 611 BGB Haftung des Arbeitnehmers (unter III 3 der Gründe).

365 BAG (06.06.1984), NZA 1985, S. 183 f (unter II 4 der Gründe).

öffentlichen Dienst für eine Beweislastumkehr zulasten des Arbeitnehmers.[366] Fast alle Entscheidungen begründen diese Beweislastumkehr zulasten des Arbeitnehmers mit den Gefahrenbereichsgedanken, deren Geltung eine ausschließliche Beherrschung des Gefahren- und Verantwortungsbereichs durch den Arbeitnehmer voraussetzt.[367] Angesichts der Schwierigkeiten des entlastungspflichtigen Arbeitnehmers will das BAG in manchen Entscheidungen keine höhere Anforderung an seinen Entlastungsbeweis stellen, indem es die Beweiserleichterung in Form der Beweismaßreduzierung vornimmt.[368]

In dieser Periode vertreten der 5. Senat[369] und der 4. Senat[370] des BAG ausnahmsweise die gegenteilige Ansicht, dass der Arbeitgeber die Beweislast für eine schuldhafte Pflichtverletzung aus dem Arbeitsvertrag durch den Arbeitnehmer trägt und die Bestimmungen der §§ 282, 285 BGB nicht anwendbar sind.

Ende der 1990er Jahre bereitet der 8. Senat endlich in drei grundlegenden Entscheidungen[371] die Problematik zur Beweislastverteilung bei der Mankohaftung aus pFV umfassend auf und bringt eine gewisse Konsolidierung mit. Nach Auffassung des 8. Senats darf § 282 BGB a.F. im Rahmen der Arbeitnehmerhaftung nicht angewendet werden und der Arbeitgeber hat nach den allgemeinen Regeln über die Beweislastverteilung die Darlegungs- und Beweislast für den Verschuldensgrad des Arbeitnehmers zu tragen. Wenn das schädigende Ereignis näher am Arbeitnehmer als am Arbeitgeber gelegen ist, stellt der 8. Senat zur Erleichterung der Beweislast des Arbeitgebers einerseits keine zu hohen Anforderungen an diesen Beweis, andererseits entwirft er eine gestufte Darlegungslast des Arbeitnehmers. Der Arbeitnehmer verpflichtet sich danach die konkreten Umstände des Schadensfalls zu erklären. Wenn dies unterbleibt, können ent-

---

366 BverwG (12.02.1971), AP Nr. 4 zu § 78 BBG.

367 BAG (11.11.1969), AP Nr. 49 zu § 611 BGB Haftung des Arbeitnehmers (unter II u. III der Gründe); BAG (27.02.1970), AP Nr. 54 zu § 611 BGB Haftung des Arbeitnehmers (unter I 1 a der Gründe); BverwG (12.02.1971), AP Nr. 4 zu § 78 BBG; BAG (15.01.1976), AuR 1976, S. 88; BAG (29.01.1985), AP Nr. 87 zu § 611 BGB Haftung des Arbeitnehmers (unter III 3 der Gründe).

368 BAG (30.06.1960), AP Nr. 20 zu § 611 BGB Haftung des Arbeitnehmers (unter II 2 der Gründe); BAG (03.08.1971), AP Nr. 67 zu § 611 BGB Haftung des Arbeitnehmers (unter III 2 der Gründe).

369 BAG (25.02.1967), AP Nr. 1 zu § 276 BGB Vertragsverletzung.

370 BAG (02.04.1958), AP Nr. 5 zu § 549 ZPO; BAG (13.02.1974), AP Nr. 77 zu § 611 BGB Haftung des Arbeitnehmers.

371 BAG (22.05.1997), AP Nr. 1 zu § 611 BGB Mankohaftung; BAG (17.09.1998), AP Nr. 2 zu § 611 BGB Mankohaftung; BAG (02.12.1999), AP Nr. 3 zu § 611 BGB Mankohaftung.

sprechende Schlüsse aus der Verletzung dieser Erklärungspflicht gezogen werden.[372]

3. Die Rechtsprechung seit dem Urteil des 8. Senats des BAG vom 02.12.1999

Im Anschluss an die Rechtsprechungsänderung des 8. Senats des BAG haben die LAG überwiegend eine Beweislastumkehr gemäß § 282 BGB a.F. zu Lasten des Arbeitnehmers im Rahmen der Arbeitnehmerhaftung abgelehnt und dem Arbeitgeber die Darlegungs- und Beweislast nach den allgemeinen Beweislastregeln bzw. § 619 a BGB auferlegt.[373]

Zwei Entscheidungen des LAG sind von herausragender, ausführlich zu würdigender Bedeutung, weil sie das Zusammenspiel zwischen der vom 8. Senat des BAG entworfenen gestuften Darlegungslast und der von der ständigen Rechtsprechung des BGH entwickelten sekundären Behauptungslast erörtert haben.

a) Die Entscheidung des LAG Baden-Württemberg vom 27.11.2002

Das LAG Baden-Württemberg hat über einen Mankofall vom 27.11.2002[374] entschieden, dass die Parteien um Schadensersatz wegen eines ungeklärten Verlustes der Geldbörse eines Auslieferungsfahrers streiten. Zwar ist das LAG davon ausgegangen, dass letztendlich der Arbeitgeber die Darlegungs- und Beweislast

---

372 BAG (17.09.1998), AP Nr. 2 zu § 611 BGB Mankohaftung (unter B II 2 c aa der Gründe); BAG (02.12.1999), AP Nr. 3 zu § 611 BGB Mankohaftung (unter III 2 b der Gründe).

373 Juris Datenbank, LAG Hessen 11.02.2000 – 2 Sa 979/98, Rn. 37; Juris Datenbank, LAG Baden-Württemberg 19.09.2001 – 17 Sa 9/01, Rn. 30; Juris Datenbank, LAG Baden-Württemberg 27.11.2002 – 12 Sa 118/01, Rn. 25; LAG Niedersachsen (05.09.2005), MDR 2006, S. 592; Juris Datenbank, LAG Berlin-Brandenburg 13.07.2007 – 6 Sa 808/07 u. 6 Sa 1152/07, Rn. 29, in diesem Fall ergibt sich die grobe Fahrlässigkeit des Arbeitnehmers aus den Feststellungen des Gerichts und die Grundsätze über den innerbetrieblichen Risikoausgleich finden keine Anwendung, weil der Verdienst des Arbeitnehmers in keinem deutlichen Missverhältnis zum verwirklichten Schadensrisiko der Tätigkeit steht; Juris Datenbank, wohl auch LAG Rheinland-Pfalz 01.10.2007 – 5 Sa 358/07, Rn. 23; Juris Datenbank, LAG Rheinland-Pfalz 12.02.2010 – 6 Sa 251/09, Rn. 25, in diesem Fall ergibt sich die grobe Fahrlässigkeit des Arbeitnehmers aus den Feststellungen des Gerichts und die Grundsätze über den innerbetrieblichen Risikoausgleich finden keine Anwendung, weil der Verdienst des Arbeitnehmers in keinem deutlichen Missverhältnis zum verwirklichten Schadensrisiko der Tätigkeit steht; Juris Datenbank, LAG Sachsen-Anhalt 14.04.2010 – 5 Sa 277/09, Rn. 48.

374 Juris Datenbank, LAG Baden-Württemberg 27.11.2002 – 12 Sa 118/01.

für den Grad des Verschuldens des Arbeitnehmers im Rahmen der Arbeitnehmerhaftung für betrieblich veranlasste Tätigkeit hat, jedoch hat es zur Beweiserleichterung des Arbeitgebers eine sekundäre Behauptungslast des Arbeitnehmers aus § 138 I ZPO hergeleitet, wenn allein der Arbeitnehmer das ausschließlich in seiner Wahrnehmungssphäre liegende Geschehen kennt und der Arbeitgeber praktisch keine Chance hat einen Schadensersatzprozess zu gewinnen.[375]

b) Die Entscheidung des LAG Niedersachsen vom 05.09.2005

Das LAG Niedersachsen hat im Urteil vom 05.09.2005[376] umfassend die gestufte Darlegungslast im Mankofall unter dem Dach des neuen Schuldrechts aufbereitet. Dort wurde über den Erlass eines dinglichen Arrests in das Vermögen der Arrestbeklagten (der Arbeitnehmer) gestritten. Der Arbeitnehmer nahm unstreitig als Verkäuferin eines Autohauses beim Arbeitgeber (Arrestkläger), im Zusammenhang mit dem Verkauf von sechs Fahrzeugen an den Autohändler A, insgesamt 43.400 € in bar ein und erhielt ferner unstreitig von dem Arbeitgeber einen Betrag von etwas mehr als 8.000 € zum Zwecke der Aushändigung an die Herren J... und G.... Die Parteien stritten später darüber, ob der Arbeitnehmer die durch den Verkauf der Fahrzeuge erzielten Erlöse an den Arbeitgeber abgeführt und 8.000 € an den Zeugen G... ausgezahlt hat. Die Summe von 43.400 € und 8.000 € ergibt den Schadensersatzanspruch von insgesamt 51.400 €, der Grundlage des Arrests ist.

Verletzt der Arbeitnehmer eine Pflicht aus dem Arbeitsvertrag, so kann der Arbeitgeber Ersatz des hierdurch entstehenden Schadens verlangen (§ 280 I 1 BGB). Das LAG ist hier zutreffend davon ausgegangen, dass der Arbeitgeber nach § 619 a BGB in Abweichung von § 280 I BGB eine schuldhafte Pflichtverletzung zu beweisen hat. Wie in jedem typischen Mankofall, ist hier auch sehr schwierig über den Mankoeintritt aufzuklären. Das LAG wollte dem Beweisnot-Zustand des Arbeitgebers durch die vom 8. Senat des BAG aufgestellte gestufte Darlegungslast abhelfen und hat sich in diesem Zusammenhang die Begründung des 8. Senats des BAG über die sekundäre Behauptungslast[377] zu Eigen gemacht.[378]

„Nach § 138 Abs. 2 ZPO hat sich jede Partei über die von dem Gegner behaupteten Tatsachen zu erklären. Eine allgemeine Auskunftspflicht auch über die gegnerischen Behauptungen hinaus kennt das materielle Recht nicht, und es

375 Juris Datenbank, LAG Baden-Württemberg 27.11.2002 – 12 Sa 118/01, Rn. 25.

376 LAG Niedersachsen (05.09.2005), MDR 2006, S. 592.

377 BAG (20.11.2003), NZA 2004, S. 491 (unter II 3 b aa der Gründe), vgl. ausführlich unten Zweiter Teil B. IV. 4. b). bb). (1).

378 Juris Datenbank, LAG Niedersachsen 05.09.2005 – 11 Sa 189/05, Rn. 51 f.

ist nicht Sache des Prozessrechts, sie einzuführen. Keine Partei ist gehalten, dem Gegner für seinen Prozesssieg das Material zu verschaffen, über das er nicht schon von sich aus verfügt. Daher genügt einfaches Bestreiten eines nur pauschalen Vorbringens des Arrestklägers. Dagegen obliegt es dem Beklagten, zu den einzelnen Behauptungen gezielt Stellung zu nehmen, soweit sich der Kläger substantiiert geäußert hat; pauschales Bestreiten genügt dann nicht, sondern hat die Geständnisfiktion des § 138 Abs. 3 ZPO zur Folge. Ist substantiiertes Bestreiten erforderlich, muss der Beklagte eine Gegendarstellung des Sachverhaltes geben, soweit er dazu in der Lage ist.

Aus Gründen der Sachnähe konnte vorliegend zur Frage des Verbleibs des von den Autokäufern erhaltenen Bargeldes in Höhe von 43.400 € nur die Beklagte substantiiert vortragen. Es entspricht der ständigen Rechtsprechung des Bundesgerichtshofs, dass die Darlegungslast des Pflichtigen, wenn es um Geschehnisse aus dem Bereich der anderen Partei geht, durch eine sich aus § 138 Abs. 1 und 2 ZPO ergebende Mitwirkungspflicht des Gegners gemindert wird. Darüber hinaus erlegt die Rechtsprechung dem Gegner der primär behauptungs- und beweisbelasteten Partei dann eine gewisse (sekundäre) Behauptungslast auf, wenn eine darlegungspflichtige Partei außerhalb des von ihr darzulegenden Geschehensablaufes steht und keine näheren Kenntnisse der maßgebenden Tatsachen besitzt, während der Prozessgegner sie hat und ihm nähere Angaben zumutbar sind."

Mit Nachdruck ist auf die in diesem Urteil außerordentlich bedeutsame Stelle hingewiesen, dass das LAG die Beweislastführung des Arbeitgebers mit Hilfe der vom BGH entwickelten (sekundären) Behauptungslast des Prozessgegners erleichtern will, indem es hier im Anschluss an die ständige Rechtsprechung des BGH mit dieser ausführlichen Begründung die gestufte Darlegungslast inhaltlich dahingehend konkretisiert, dass eine gewisse (sekundäre) Behauptungslast die nicht behauptungsbelastete Partei dann trifft, wenn die behauptungspflichtige Partei außerhalb des von ihr darzulegenden Geschehensablaufes steht und keine näheren Kenntnisse der maßgebenden Tatsachen besitzt, während der Prozessgegner nähere Kenntnisse hat und ihm nähere Angaben zumutbar sind. Diese (sekundäre) Behauptungslast wird als Mitwirkungspflicht der nicht behauptungspflichtigen Partei bei der Sachverhaltsklärung aus § 138 I, II ZPO hergeleitet.[379]

379 Diese Mitwirkungspflicht in Form der sekundären Behauptungslast wird unten eingehend erörtert, vgl. ausführlich unten Zweiter Teil B. IV. 4. b).

II. Die Literatur zur Beweislastverteilung bei der Mankohaftung

Parallel zu der Rechtsprechung herrscht auch lange Zeit eine heftige Diskussion in der Literatur darüber, wie die Beweislast bei der allgemeinen Mankohaftung verteilt werden soll. In der Literatur besteht lediglich Einigkeit darüber, dass der Arbeitgeber den Schaden, nämlich Mankoeintritt, und die Schadenshöhe[380] zu beweisen hat. Für andere Tatbestandsmerkmale, insbesondere für das Verschulden herrscht aber ein lebhafter Meinungsstreit, der sich auf die Frage konzentriert, ob die Beweisnorm des § 282 BGB a.F. auf den Mankofall direkt oder analog anwendbar ist. Im Folgenden werden die Meinungen im Schrifttum zu dieser Problematik vor dem Hintergrund der Rechtsprechung dargestellt und erörtert.

1. Meinungsstand in Schrifttum vor SMG

a) Entlastungspflicht des Arbeitnehmers

Soweit es sich um direkte oder analoge Anwendung der Beweislastvorschrift des § 282 BGB a.F. über die Unmöglichkeit der Leistung auf einen Mankofall handelt, kann auf eine lange Tradition im Schrifttum zurückgeblickt werden. Unter den Vertretern, welche die Anwendung des § 282 BGB a.F. auf einen Mankofall für möglich halten, lassen sich im Wesentlichen zwei Auffassung unterscheiden:

aa) Generelle Anwendung des § 282 BGB a.F.

Einige Autoren im alten Schrifttum plädieren für eine generelle Anwendung des § 282 BGB a.F., d.h. § 282 BGB a.F. kann auf jeden Fall bezüglich der Mankohaftung angewendet werden.[381]

Zur Begründung stützen *Bulla,*[382] *Larenz,*[383] *Ruppert*[384] und *Sieg*[385] auf die Ansicht eines gemischten Arbeitsvertrages, der zugleich als weitere Elemente

380 So z.B. ausdrücklich Bulla, DB 1952, S. 82; Larenz, Anm. zu LAG Bremen (05.01.1955), AP Nr. 3 zu § 611 BGB Haftung des Arbeitnehmers; Langer, S. 31.

381 Dersch, Anm. zu LAG Stuttgart (06.07.1950), AP 51 Nr. 147, S. 544; Bulla, DB 1952, S. 82; Larenz, Anm. zu LAG Bremen (05.01.1955), AP Nr. 3 zu § 611 BGB Haftung des Arbeitnehmers; G. Hueck, Anm. zu LAG Hannover (10.02.1953), AP 53 Nr. 232; Hefermehl, Anm. zu BAG (30.06.1960), AP Nr. 20 zu § 611 BGB Haftung des Arbeitnehmers; Ruppert, S. 67; Woltereck, AuR 1964, S. 333; Sieg, Anm. zu BAG (25.02.1967), AP Nr. 1 zu § 276 BGB Vertragsverletzung.

382 Bulla, DB 1952, S. 82.

383 Larenz, Anm. zu LAG Bremen (05.01.1955), AP Nr. 3 zu § 611 BGB Haftung des Arbeitnehmers. Im Anschluss an Bulla befürwortet Larenz hier auch eine Anwendung des

ein Geschäftsbesorgungs- bzw. Verwahrungsverhältnis mitenthält. Damit betrachten sie die Nicht-Rückgabe der anvertrauten Gelder oder anderen Waren als eine unmögliche Leistung i.S.v. § 280 BGB a.F. und erlegen mithin nach § 282 BGB a.F. dem Arbeitnehmer die Beweislast hinsichtlich des Verschuldens auf. *Dersch*,[386] Götz *Hueck*[387] und *Hefermehl*[388] begründen auch diese Beweislastumkehr mit einer Sicht aus dem Unmöglichkeitsrecht, ohne aber Bezug auf die Theorie eines gemischten Arbeitsvertrages zu nehmen.

Woltereck stützt sich aber auf die Gefahrenbereichsgedanken eines „Näher-daran-Seins“ des Arbeitnehmers und plädiert für eine grundsätzliche analoge Anwendung der §§ 282, 285 BGB a.F. auf die pFV im Arbeitsverhältnis.[389] Aufgrund dieser Analogie hält *Woltereck* allerdings diese Vorschriften für jedenfalls stets entsprechend anwendbar auf die Mankohaftung, weil die pFV gerade in den von der Mankohaftung erfassten Fällen auf nahezu der gleichen Sach- und Interessenlage beruht, wie sie typischerweise der nachträglichen Unmöglichkeit zugrundeliegt.[390]

Trotz der Erwähnung der Gefahrenbereichsgedanken will *Reinecke*[391] eine Beweislastumkehr zulasten des Arbeitnehmers bevorzugt mit den Wahrscheinlichkeitsüberlegungen und präventiven Gedanken begründen, weil einerseits sich die meisten effektiven Fehlbestände auf ein irgendwie geartetes Verschul-

---

§ 282 BGB a.F. auf die Mankohaftung und erlegt dem Kassenfürer die Entlastungspflicht auf.

384 Ruppert, S. 67.

385 Sieg, Anm. zu BAG (25.02.1967), AP Nr. 1 zu § 276 BGB Vertragsverletzung.

386 Dersch, Anm. zu LAG Stuttgart (06.07.1950), AP 51 Nr. 147, S. 544.

387 G. Hueck, Anm. zu LAG Hannover (10.02.1953), AP 53 Nr. 232; G. Hueck, Anm. zu BAG (27.02.1970), AP Nr. 54 zu § 611 BGB Haftung des Arbeitnehmers (unter 3a).

388 Hefermehl, Anm. zu BAG (30.06.1960), AP Nr. 20 zu § 611 BGB Haftung des Arbeitnehmers.

389 Woltereck, AuR 1964, S. 332 f.

390 Woltereck, AuR 1964, S. 333. Hinzuweisen ist hier, dass Woltereck noch in seinem Aufsatz (AuR 1963, S. 273, 274) ein durch unsachgemäße Arbeit verursachtes Manko als keine Unmöglichkeit der Leistung, sondern als schlechte Arbeitsleistung i.S.v. der pFV ansieht und daher die Haftungsgrundlage allein in dem Arbeitsverhältnis erblickt.

391 Hier ist darauf hinzuweisen, dass zwar Reinecke selber für eine generelle Anwendung des § 282 BGB a.F. plädiert, jedoch er unter Verweis auf das Urteil des BAG vom 11.11.1969 (AP Nr. 49 zu § 611 BGB Haftung des Arbeitnehmers) die differenzierte Anwendung der Beweislastregelung des § 282 BGB a.F. nach dem Alleinzugang auf den Seiten 224 und 240 erwähnt.

den des Arbeitnehmers zurückführen lassen[392] und andererseits eine vorsätzliche Schädigung des Arbeitgebers wirksam verhindert werden kann.[393]

bb) Modifizierte Anwendung des § 282 BGB a.F.

Ein Teil der Literatur lehnt allerdings eine generelle Anwendung des § 282 BGB a.F. ab und macht die direkte oder analoge Anwendung des § 282 BGB a.F. von bestimmten Voraussetzungen abhängig.

Zwar gehen *Nikisch*, *Hueck-Nipperdey* und *Larenz* davon aus, dass der Arbeitgeber grundsätzlich bei der Schlechtleistung des Arbeitnehmers für sein Verschulden beweispflichtig ist, [394] jedoch machen *Nikisch*, [395] *Hueck-Nipperdey*[396] und *Larenz*[397] eine Ausnahme für den Mankofall, indem sie die Anwendung des § 282 BGB a.F. in besonders gelagerten Ausnahmefällen, die der Lage von Unmöglichkeit oder Verzug ähneln, für möglich halten.

Vom Ende der 1960er Jahre an vertreten *Trinkner*,[398] *Hansen*,[399] *Stehl*,[400] Götz *Hueck*[401], *Reuß*,[402] *Beuthien*,[403] *Peterek*,[404] *Kniffka*,[405] *Blomeyer*,[406] *Baumgär-*

392 Reinecke, ZfA 1976, S. 231.

393 Reinecke, ZfA 1976, S. 232 f.

394 Nikisch, Arbeitsrecht, Bd. I, 3. Aufl. (1961), § 27, S. 308; Hueck-Nipperdey, Lehrbuch des Arbeitsrechts, 7. Aufl. (1963), Bd. I, § 35 II 3, S. 230 f.; Larenz, Anm. zu BAG (30.06.1960), SAE 1961, Nr. 74 S. 171.

395 Nikisch, Arbeitsrecht, Bd. I, 3. Aufl. (1961), § 20, S. 191. Hier ist sein Unbehagen an dieser Anwendung insoweit deutlich, als er ausdrücklich darauf hinweist, dass bei der Beweislastverteilung nach § 282 BGB a.F. zu berücksichtigen ist, dass das Manko auch auf Umstände zurückgehen kann, die im Einflussbereich des Arbeitgebers liegen.

396 Hueck-Nipperdey, Lehrbuch des Arbeitsrechts, 7. Aufl. (1963), Bd. I, § 35 II 3, S. 230 Fn. 33b.

397 Larenz, Anm. zu BAG (30.06.1960), SAE 1961, Nr. 74 S. 171. Hier hat Larenz seine Ansicht in der Anmerkung zu LAG Bremen (05.01.1955) geändert und eindeutig gemacht, dass die pFV im konkreten Fall der Sachlage der Unmöglichkeit ähneln und daher eine analoge Anwendung des § 282 BGB a.F. auf den Mankofall in Betracht kommen könnte.

398 Trinkner, Anm. zu LAG Baden-Württemberg/Stuttgart (29.02.1968), BB 1968, S. 506.

399 Hansen, AuR 1968, S. 299, 301.

400 Stehl, AuR 1970, S.265, 267.

401 G. Hueck, Anm. zu BAG (27.02.1970), AP Nr. 54 zu § 611 BGB Haftung des Arbeitnehmers (unter 3a). Hier hat Götz Hueck seine Ansicht der generellen Anwendung des § 282 BGB a.F. in der Anm. zu LAG Hannover (10.02.1953), AP 53 Nr. 232 aufgegeben.

402 Reuß, Anm. zu BverwG (12.02.1971), AP Nr. 4 zu § 78 BBG.

403 Beuthien, Anm. zu BAG (03.08.1971), AP Nr. 67 zu § 611 BGB Haftung des Arbeitnehmers (unter I 2 c).

404 Peterek, Anm. zu BAG (13.02.1974), SAE 1975, S. 235.

tel[407] und *Pauly*,[408] und *Preis/Kellermann*[409] anhand der Gefahrenbereichsgedanken die grundsätzlich andere Meinung, dass eine Beweislast in Analogie zu § 282 BGB a.F. dem Arbeitnehmer nur dann obliegt, wenn die Schadensursache aus einem vom Arbeitnehmer allein beherrschbaren Gefahren-/Verantwortungsbereichs kommt. Diese Auffassung entsteht vor dem Hintergrund, dass seit dem Anfang der 1960er Jahre die dogmatische Begründung für die Beweislastumkehr in der Rechtsprechung allmählich von dem Unmöglichkeitsrecht zu den Gefahrenbereichsgedanken übergeht.[410]

Canaris stützt die Beweislastumkehr für Verschulden zuungunsten des Arbeitnehmers auf eine differenzierte Theorie, je nach der Anspruchsgrundlage, d.h. einerseits auf die Ansicht eines gemischten Arbeitsvertrages bei einer unmittelbaren Anwendung des § 282 BGB a.F. im Fall der Unmöglichkeit und andererseits auf die Gefahrenbereichsgedanken bei einer analogen Anwendung des § 282 BGB a.F. im Fall der pFV.[411]

b) Die Beweislastpflicht des Arbeitgebers

Die Anwendung der Beweislastumkehr gemäß § 282 BGB a.F. zu Lasten des Arbeitnehmers ist im alten Schrifttum auf eine so weite Zustimmung gestoßen, dass sie damals wohl als herrschende Meinung bezeichnet werden kann. Jedoch lehnt ein Teil der Literatur eine direkte oder analoge Anwendung des § 282 BGB a.F. ab und steht auf dem völlig gegenteiligen Standpunkt, dass die Beweislast den Arbeitgeber trifft. Gegen die Beweislastumkehr zu Lasten des Arbeitnehmers sprechen im Wesentlichen folgende Überlegungen:

---

405 Kniffka, BB 1976, S. 276.

406 MünchArbR/Blomeyer, 1. Aufl. (1992), § 57 Rn. 14, 91.

407 Baumgärtel, Anm. zu BAG (29.01.1985), AP Nr. 87 zu § 611 BGB Haftung des Arbeitnehmers; Baumgärtel, FS Pleyer, S. 261, 262; Baumgärtel, 2. Aul.(1991), § 611 BGB, Rn. 30-32. Hier ist zu beachten, dass m.E. Baumgärtel diese Beweislastumkehr trotz der Erwähnung des Risiko- und Verantwortungsbereichs nicht auf die dahinter stehenden Gedanken, dass der Arbeitnehmer aufgrund der größeren Sachnähe bessere Aufklärungsmöglichkeiten als der Arbeitgeber hat, sondern auf die in § 282 BGB a.F. steckenden Gedanken der Erfüllungsgarantie stützt, weil er eine weitgehende Beweislastumkehr analog § 282 BGB a.F. damit begründet, dass der Arbeitnehmer mit dem selbstständigen Risiko- und Verantwortungsbereich auch die Verantwortung dafür übernommen hat, es nicht zu einem Manko kommen zu lassen, und das dennoch eingetretene Manko eine Nichterfüllung iSd § 282 BGB a.F. darstellt.

408 Pauly, BB 1996, S. 2041.

409 Preis/Kellermann, Anm. zu BAG (22.05.1997), SAE 1998, S. 139 f.

410 Vgl. ausführlich oben Zweiter Teil B. I. 2. a). cc). (1).

411 Canaris, Anm. zu BAG (11.11.1969), AP Nr. 49 zu § 611 BGB Haftung des Arbeitnehmers (unter I 3).

aa) Kein gemischtes Arbeitsverhältnis

Zum Ersten ist zu bemängeln, dass die Einbeziehung des Auftrags- und Verwahrungsverhältnisses in den Arbeitsvertrag weder zutreffend, noch nötig ist, weil sich sämtliche von den Anhängern der Theorie des gemischten Arbeitsverhältnisses geforderten Pflichten aus dem Arbeitsvertrag herleiten lassen.[412] Die Heranziehung des Auftrags- und Verwahrungsrechts dient nur dazu, den grundsätzlich im Rahmen der Arbeitnehmerhaftung abgelehnten § 282 BGB a.F. zur Beweiserleichterung des Arbeitgebers anzuwenden.[413]

bb) Keine Unmöglichkeit der Leistung

Zum Zweiten wird heftige Kritik auf die unzutreffende Qualifizierung der Arbeitsleistung ausgeübt, wonach die Herbeiführung eines Mankos eine Unmöglichkeit der Erfüllung der arbeitsvertraglichen Verpflichtungen darstellt. Gegen die Anwendung des Unmöglichkeitsrechts des § 282 BGB a.F. auf die Mankohaftung wird in der Literatur mehrfach der Einwand erhoben, dass der Arbeitnehmer keine erfolgsbezogene Leistungspflicht, sondern immer eine tätigkeitsbezogene Leistungspflicht schuldet, die in Übereinstimmung mit der herkömmlichen Rechtsauffassung über die Eigenschaft der Arbeitsleistung im deutschen Arbeitsrecht steht.[414]

cc) Soziale Schutzgedanken des Arbeitnehmers

Einige Autoren verneinen die Beweislastumkehr mit den abstrakten sozialen Schutzgedanken des Arbeitnehmers. In früherer Zeit machte sich *Langer* die Entscheidungsgründe des LAG Groß-Berlin zur Beweislastverteilung im Urteil vom 27.05.1955[415] zu Eigen: „Die in Rechtsprechung und Schrifttum vielfach vertretene Meinung, der Arbeitnehmer habe sich grundsätzlich zu exkulpieren, wird weder der Eigenart des Arbeitsvertrages, noch der verschiedenenartigen sozialen Stellung der Parteien gerecht. Sie würde bedeuten, dass das Unterneh-

412 Endemann, AuR 1953, S. 298; Langer, S. 12; Barton, S. 80; Jung, BlStSozArbR, 1985, S. 293, 294. Vgl. ausführlich oben Zweiter Teil A. II. 1. b). aa).

413 Barton, S. 80; Reinecke, ZfA 1976, S. 218; Krause, Anm. zu BAG (22.05.1997), AP Nr. 1 zu § 611 BGB Mankohaftung (unter II 1); Boemke/Müller, Anm. zu BAG (17.09.1998), SAE 2000, S. 8.

414 Endemann, AuR 1953, S. 298, 300; Langer, S. 13, 32; Barton, S. 80; Jung, BlStSozArbR, 1985, S. 294; Krause, Anm. zu BAG (22.05.1997), AP Nr. 1 zu § 611 BGB Mankohaftung; Otto/Schwarze, Rn. 274; Deinert, RdA 2000, S. 25. Vgl. ausführlich oben Zweiter Teil A. II. 1. b). bb).

415 LAG Groß-Berlin (27.05.1955), AR-Blattei (68) Handbuch für die Praxis (D) Haftung des Arbeitnehmers Entscheidung mit Nr. 7.

merrisiko unzulässigerweise auf den Arbeitnehmer übertragen würde."[416] *Jung* stellt auch auf die arbeitsrechtliche Besonderheit ab und führt aus, dass das Fehlen des tragenden Prinzips des § 282 BGB a.F., der „Erfüllungsgarantie" sowie der speziellen arbeitsrechtlichen Besonderheit der Ungleichheit eine Analogie nicht zulassen und es erheblichen, spezifisch aus der besonderen Natur des Arbeitsverhältnisses resultierenden Bedenken begegnet, wenn die Beweispflicht des Arbeitnehmers lediglich mit den allgemeinen zivilrechtlichen Prinzipien der Beweislastverteilung begründet werden soll.[417]

dd) Unzutreffende Wahrscheinlichkeitsüberlegungen

Zum Teil wird die Auffassung vertreten, dass die Wahrscheinlichkeitsüberlegungen für eine Beweislastumkehr zu Lasten des Arbeitnehmers sprechen, weil sich die meisten effektiven Fehlbestände auf ein irgendwie geartetes Verschulden des Arbeitnehmers zurückführen lassen.[418] Dieser Ansicht wird zu Recht entgegengehalten, dass die Wahrscheinlichkeitsüberlegungen keine für die Beweislastverteilung ausschlaggebende Erwägung sind, vielmehr ihrer Natur nach mit dem Anscheinsbeweis eng zusammenhängen.[419] Nach h.M. fallen die Wahrscheinlichkeitsüberlegungen im Prozessrecht unter den Bereich der freien Beweiswürdigung.[420] Begründet man eine Beweislastumkehr allein mit Wahrscheinlichkeitsüberlegungen, so verwechselt man unzulässigerweise Beweiswürdigung mit Beweislastentscheidung.[421]

ee) Unzutreffende präventive Gründe

Präventiven Gedanken, wonach eine vorsätzliche Schädigung des Arbeitgebers durch die Beweislastumkehr zu Lasten des Arbeitnehmers wirksam verhindert werden kann,[422] wird zu Recht entgegengehalten, dass einerseits hohe Bedenken an einer generellen Unterstellung vorsätzlicher oder sogar strafbarer Schädigung der Arbeitgeber durch ihre Arbeitnehmer im Mankofall bestehen[423] und es ande-

416 Langer, S. 33.

417 Jung, BlStSozArbR, 1985, S. 294.

418 Reinecke, ZfA 1976, S. 231.

419 Krause, Anm. zu BAG (22.05.1997), AP Nr. 1 zu § 611 BGB Mankohaftung (unter II 7 a); Deinert, RdA 2000, S. 29.

420 MüKoZPO/Prütting, 3. Aufl. (2008), § 286 Rn. 28 ff.; Rosenberg/Schwab/Gottwald, 17. Aufl. (2010), § 113 Rn. 1 ff.; Musielak, 10. Aufl. (2010), § 6 Rn. 458 ff.

421 Rosenberg/Schwab/Gottwald, 17. Aufl. (2010), § 115 Rn. 18.

422 Reinecke, ZfA 1976, S. 232 f.

423 Krause, Anm. zu BAG (22.05.1997), AP Nr. 1 zu § 611 BGB Mankohaftung (unter II 7 b); Otto/Schwarze, Rn. 285; Deinert, RdA 2000, S. 29.

rerseits lebensfremd und unzumutbar ist, die Abschreckungswirkung des Strafrechts durch Beweislastregeln im Prozessrecht zu erreichen.[424]

ff) Unüberzeugende Gefahrenbereichsgedanken

Im Vergleich zu den obengenannten Anhaltspunkten stellen die Gefahrenbereichsgedanken eine ausschließlich mit dem Beweisrecht eng verwobene Erwägung dar, die für die Beweislastverteilung ausschlaggebend ist.

Diesem Gedanken hat *Barton* erstmals zu Recht eine ausführliche Begründung aus arbeitsrechtlichen Erwägungen entgegengehalten. Nach *Barton* fehlt es gerade in dem Arbeitsverhältnis an einer reinen, Schuldverhältnisse kennzeichnenden, Gläubiger-Schuldner-Stellung mit eindeutig abgegrenzten Herrschafts- und Einwirkungsbereichen der Vertragspartner, wo der persönlich abhängige, weisungsunterworfene Arbeitnehmer in einen vorgegebenen, der Disposition des Arbeitgebers unterworfenen, betrieblichen Organisationszusammenhang eingebettet ist. Dies führt dazu, dass der Arbeitnehmer den gesamten Betrieb und die einzelnen Geschäftsvorgänge derart vollkommen beherrschen kann, dass er ständig in der Lage wäre, die vielfachen Schadensmöglichkeiten lückenlos zu kontrollieren. Daher sei er bei Schadenseintritt auch nicht imstande, die zahlreichen Entstehungsursachen allein aufzuklären, um nötigenfalls sich auf diese Weise zu exkulpieren.[425]

Krause und *Otto/Schwarze* haben sich mit Gefahrenbereichsgedanken bei der Mankohaftung intensiv befasst. Sie untergliedern das Kriterium des Gefahrenbereichs in einen Gefahrenbereich in einem weiten Verständnis und einen Gefahrenbereich in einem engen Verständnis. Der Gefahrenbereich im weiten Sinne bedeutet, dass ein Schadenseintritt im (räumlichen) Herrschaftsbereich des Schuldners ausreicht und damit zunächst auch potentielle Drittursachen erfasst werden, dem Schuldner aber die Möglichkeit eingeräumt wird, sich durch ihren Nachweis zu entlasten. In diesem Sinne führt die Gefahrenbereichslehre dazu, dass unternehmerische Risiken allgemein zum Gefahrenbereich des Arbeitnehmers gerechnet werden, weil die alleinige Obhut eines Arbeitnehmers über eine Kasse oder ein Warenlager es nicht rechtfertigt, dass sämtliche möglichen Ursachen eines Fehlbestandes zum Verantwortungsbereich des Arbeitnehmers mit der Folge zählen, dass er „näher dran" sei das Risiko der Unaufklärbarkeit zu tragen, wenn ein Kassenbediensteter oder ein Filialleiter in eine vom Arbeitgeber geschaffene betriebliche Organisation eingebunden ist, die eine Vielzahl von Fehlerquellen in sich birgt, die vom Arbeitnehmer nicht voll-

424 Deinert, RdA 2000, S. 29.
425 Barton, S. 82 ff.

ständig beherrscht werden können.[426] Wenn man den Gefahrenbereich im engeren Sinne versteht, bedeutet dies folgerichtig, dass der Arbeitgeber sämtliche möglichen vom Arbeitgeber nicht zu verantwortenden Drittursachen auszuschließen hätte. Stellt man an diesen Nachweis hohe Anforderungen, könnte dem Arbeitgeber dies letztlich nur gelingen, wenn er diejenige konkrete Handlung des Arbeitnehmers darlegt und beweist, die zum Manko geführt hat oder zumindest geführt haben könnte. In einem solchen Falle müsste indes auf der Ebene des objektiven Tatbestandes lediglich noch geprüft werden, ob das Verhalten des Arbeitnehmers als pflichtwidrig zu bewerten ist. Einer Darlegung weiterer Umstände, für die dem Arbeitnehmer die Beweislast aufzuerlegen wäre, bedürfte es dann nicht. Die Gefahrenkreislehre hätte somit jedenfalls im Hinblick auf die objektive Pflichtwidrigkeit einen tautologischen Charakter.[427]

Mit Ablehnung der Beweislastumkehr haben *Boemke/Müller* auch bei der Kritik an der Gefahrenbereichslehre zutreffend darauf hingewiesen, dass auch ein sog. „abgrenzbarer oder abgeschlossener“ Gefahrenbereich des Arbeitnehmers im „Alleinzugang“-Fall stetig als Bestandteil des betrieblichen Herrschaftsbereichs des Arbeitgebers erscheint und mithin dem Gefahrenbereich des Arbeitgebers zuzurechnen ist, weil dieser kraft seiner Organisationshoheit hierauf gestaltend einwirken kann.[428]

2. Meinungsstand in Schrifttum nach SMG

Wie schon oben erwähnt, nimmt der 8. Senat des BAG bisher noch eine differenzierte Anwendung der Beweislastregelung des § 282 BGB a.F. getreu seines zweiteiligen Haftungskonzepts vor. Wann der Arbeitnehmer nach den Grundsätzen der Verwahrung oder des Auftrages zu behandeln ist und er somit nach § 282 BGB a.F. die Darlegungs- und Beweislast für fehlendes Verschulden an der Unmöglichkeit der Herausgabe trägt, macht der 8. Senat nunmehr von dem „Alleinbesitz“ abhängig, wo der Arbeitnehmer den alleinigen Zugang zu den ihm anvertrauten Gegenständen und deren selbstständige Verwaltung hat.[429] Auf die anderen Mankofälle aus pFV darf § 282 BGB a.F. im Rahmen der Arbeitnehmerhaftung nicht angewendet werden und der Arbeitgeber hat nach den allge-

---

426 Zu einer ähnlichen Auffassung kam bereits früher Barton, S. 82 ff.; vgl. auch Stehl, AuR 1970, S. 266 f.

427 Krause, Anm. zu BAG (22.05.1997), AP Nr. 1 zu § 611 BGB Mankohaftung (unter II 7 d); Otto/Schwarze, Rn. 289.

428 Boemke/Müller, Anm. zu BAG (17.09.1998), SAE 2000, S.11.

429 BAG (17.09.1998), AP Nr. 2 zu § 611 BGB Mankohaftung (unter B I 1 der Gründe).

meinen Beweislastregeln die Darlegungs- und Beweislast zu tragen.[430] Diese vom BAG vorgenommene differenzierte Beweislastverteilung will der Gesetzgeber des SMG durch den neu eingefügten § 619 a BGB nicht verändern, sondern aufrechterhalten.[431] Vor diesem justiziellen und gesetzlichen Hintergrund wird im Folgenden der Meinungsstand in führenden Kommentaren und praxisorientierten Kommentaren zum Arbeitsrecht nach SMG dargestellt. Es werden nun im Wesentlichen zwei Auffassungen vertreten.

a) Differenzierte Beweislastverteilung nach dem Kriterium des „Alleinbesitzes"

In den führenden Kommentaren zum Arbeitsrecht nehmen *Henssler*,[432] *Reichold*[433] und *Richardi/Fischinger*,[434] trotz der Ablehnung des zweiteiligen Haftungskonzepts und der Kritik an dem damit verbundenen vom BAG eingeführten unglücklichen Abgrenzungskriterium des „Alleinbesitzes"[435], eine Differenzierung der Beweislastverteilung wieder nach „Alleinbesitz" bzw. „unmittelbaren Besitz" vor. Einerseits befürworten *Henssler*, *Reichold* und *Richardi/Fischinger* eine grundsätzliche Anwendung des § 619 a BGB, wonach der Arbeitgeber die Darlegungs- und Beweislast für das Verschulden des Arbeitnehmers trägt. Andererseits machen sie davon aber die Ausnahme, dass der Arbeitnehmer bei Alleinbesitz sein fehlendes Verschulden an dem Mankoeintritt darzulegen und zu beweisen hat. Bei der Begründung dieser Beweislastumkehr stützen sich *Henssler*, *Reichold* und *Richardi/Fischinger* alle auf die Gefahrenbereichsgedanken eines „Näher-daran-Seins" des Arbeitnehmers.[436]

In den praxisorientierten Kommentaren zum Arbeitsrecht finden sich auch die Anhänger einer Differenzierung der Beweislastverteilung nach dem „Alleinbesitz". Im Unterschied zu *Henssler*, *Reichold* und *Richardi/Fischinger* schließen sich *Dörner*, *Eisenbeis*, *Brors*, *Stoffels* und *Steinau-Steinrück* einfach dem

430 BAG (17.09.1998), AP Nr. 2 zu § 611 BGB Mankohaftung (unter B II 2 c aa der Gründe); BAG (02.12.1999), AP Nr. 3 zu § 611 BGB Mankohaftung (unter III 2 b der Gründe).

431 BT-Drs. 14/7052, S. 204. Vgl. ausführlich unten Zweiter Teil B. III.

432 Henssler, RdA 2002, S. 132; MüKoBGB/Henssler, 4 Aufl. (2005), § 619 a Rn. 42; MüKoBGB/Henssler, 6 Aufl. (2012), § 619 a Rn. 51.

433 MünchArbR/Reichold, 3. Aufl. (2009), § 51 Rn. 82.

434 Staudinger/Richardi/Fischinger, BGB, Neubearb. (2011), § 619 a Rn. 18, 96.

435 MüKoBGB/Henssler, 4 Aufl. (2005), § 619 a Rn. 33; MüKoBGB/Henssler, 6 Aufl. (2012), § 619 a Rn. 41; MünchArbR/Reichold, 3. Aufl. (2009), § 51 Rn. 70 f.; Staudinger/Richardi/Fischinger, BGB, Neubearb. (2011), § 611 Rn. 722; Staudinger/Richardi/Fischinger, BGB, Neubearb. (2011), § 619 a Rn. 18, 94.

436 MüKoBGB/Henssler, 4 Aufl. (2005), § 619 a Rn. 42; MüKoBGB/Henssler, 6 Aufl. (2012), § 619 a Rn. 51; MünchArbR/Reichold, 3. Aufl. (2009), § 51 Rn. 82; Staudinger/Richardi/Fischinger, BGB, Neubearb. (2011), § 619 a Rn. 18, 96.

zweiteiligen Haftungskonzept des BAG an[437] und beschränken konsequent die Beweislastumkehr zu Lasten des Arbeitnehmers mit dem Kriterium des „Alleinbesitzes“ auf einen sehr engen Anwendungsbereich, wie das BAG.[438]

b) Beweislastverteilung nach § 619a BGB ohne Differenzierung nach dem „Alleinbesitz“

Eine grundsätzlich andere Auffassung ist demgegenüber in den führenden Kommentaren zum Arbeitsrecht anzutreffen. *Hesse*,[439] *Waas/Palonka*,[440] *Krause*,[441] *Otto*[442] und *Preis*[443] lehnen die Beweislastumkehr zulasten des Arbeitnehmers generell ab und plädieren mit Ablehnung des zweiteiligen Haftungskonzepts[444] für eine einheitliche Anwendung des § 619 a BGB auf alle Mankofälle, aber mit Beweiserleichterungen in Form der abgestuften Darlegungs- und Beweislast zugunsten des Arbeitgebers. Diese Ansicht vertritt *Linck* wohl auch, der seit der 10. Auflage (2002) des Arbeitsrechts-Handbuchs bei der Bearbeitung der Arbeitnehmerhaftung mitwirkt,[445] weil er hier den Eindruck erweckt, dass er eine Beweislastumkehr zu Lasten des Arbeitnehmers in einem Ausnahmefall befürwortet, indem er die §§ 675, 688 ff. BGB als Anspruchsgrundlage bei dem

---

437 DLW/Dörner, 8. Aufl. (2009), Kap. 3, Rn. 671 ff.; MünchAnwH-ArbR/Eisenbeis, 2. Aufl. (2009), § 15, Rn. 85; HBD/Brors, 2.Auf.(2010), § 611 BGB Rn. 911; Preis/Stoffels, 4. Aufl. (2011), II M 10 Rn. 4; Tschöpe/Steinau-Steinrück, 7. Aul.(2011), 2 I, Rn. 49, 61.

438 DLW/Dörner, 8. Aufl. (2009), Kap. 3, Rn. 674; MünchAnwH-ArbR/Eisenbeis, 2. Aufl. (2009), § 15, Rn. 85; HBD/Brors, 2.Auf.(2010), § 611 BGB Rn. 919; Preis/Stoffels, 4. Aufl. (2011), II M 10 Rn. 4; Tschöpe/Steinau-Steinrück, 7. Aul.(2011), S. 1210, Rn. 61 f.

439 RGKU/Hesse, § 619 a BGB Rn. 33 f.

440 HK-ArbR/Waas/Palonka, 2. Aufl. (2010), § 619 a BGB Rn. 23.

441 HWK/Krause, 5. Aufl. (2012), § 619 a BGB Rn. 50.

442 Staudinger/Otto, BGB, Neubearb. (2009), § 280 Rn. F 39.

443 ErfK/Preis, 13. Aufl. (2013), § 619 a BGB Rn. 2, 30.

444 Staudinger/Otto, BGB, Neubearb. (2009), § 280 Rn. F 39; RGKU/Hesse, § 619 a BGB Rn. 23; HK-ArbR/Waas/Palonka, 2. Aufl. (2010), § 619 a BGB Rn. 21; HWK/Krause, 5. Aufl. (2012), § 619 a BGB Rn. 48; ErfK/Preis, 13. Aufl. (2013), § 619 a BGB Rn. 30.

445 Schaub/Linck, 10. Aufl. (2002), § 52, Rn. 41, 104 f.; Schaub/Linck, 14. Aufl. (2011), § 59, Rn. 31, 84 f.

Arbeitnehmer mit einer besonderen Vertrauensstellung erwähnt,[446] wie *Schaub* bis zur 9. Auflage (2000) des Arbeitsrechts-Handbuchs.[447]

In den praxisorientierten Kommentaren zum Arbeitsrecht befürworten nur *Greise*, *Kamanabrou* und *Schwab* mit Ablehnung des zweiteiligen Haftungskonzepts[448] eine generelle Anwendung des § 619a.[449] Trotz der Erwähnung des zweiteiligen Haftungskonzepts[450] vertritt *Lakies* wohl auch diese Ansicht und meint, dass sich keine entsprechende Anwendung des § 280 I 2 BGB aus § 619 a BGB ergibt und der Arbeitnehmer aufgrund der abgestuften Darlegungs- und Beweislast in der Regel gehalten ist, zu den schadensverursachenden Umständen etwas vorzutragen, wenn er über die konkreten Umstände informiert ist.[451]

III. Die Auswirkung von § 619 a BGB auf die Beweislastverteilung bei der Mankohaftung

1. Vorbemerkung

Das Schuldrechtsmodernisierungsgesetz hat mit seinem Inkrafttreten am 01.01.2002 eine spezielle Beweislastregelung für die Haftung des Arbeitnehmers gegenüber dem Arbeitgeber, nämlich § 619 a BGB, in das BGB eingefügt. Abweichend von der Beweislastumkehr nach § 280 I 2 BGB im allgemeinen Schuldrecht, erlegt diese Sondervorschrift dem Arbeitgeber die Beweislast auf, das Verschulden des Arbeitnehmers an seiner objektiven Pflichtverletzung zu beweisen. Hier stellt sich darum die Frage, ob die bisherige in der Rechtsprechung des BAG vorgenommene Beweislastverteilung im Mankofall durch § 619 a BGB geändert wird. Zur Beantwortung dieser Frage ist vorher ein kurzer Rückblick auf die Entstehungsgeschichte des § 619 a BGB notwendig und unentbehrlich.

---

446 Schaub/Linck, 10. Aufl. (2002), § 52, Rn. 100; Schaub/Linck, 14. Aufl. (2011), § 59, Rn. 79.

447 Schaub, 9. Aufl. (2000), § 52, Rn. 100. Hier ist darauf hinzuweisen, dass Schaub ständig eine Differenzierung der Beweislastverteilung nach dem vom BAG eingeführten unglücklichen Kriterium des „Alleinbesitzes“ vornimmt.

448 Küttner/Griese, 18. Aufl. (2011), Fehlgeldentschädigung 187, Rn. 10; DFL/Kamanabrou, 4. Aufl. (2011), § 611 BGB Rn.439; Grobys/Panzer/Schwab, SWK ArbR 2012, 18. Arbeitnehmerhaftung Rn. 26.

449 Küttner/Griese, 18. Aufl. (2011), Fehlgeldentschädigung 187, Rn. 18; DFL/Kamanabrou, 4. Aufl. (2011), § 611 BGB Rn.439; Grobys/Panzer/Schwab, SWK ArbR 2012, 18. Arbeitnehmerhaftung Rn. 31.

450 KZD/Lakies, 6. Aufl. (2011), § 62, Rn. 59.

451 KZD/Lakies, 6. Aufl. (2011), § 62, Rn. 62.

2. Entstehungsgeschichte des § 619 a BGB

Vor der Schuldrechtsreform sahen die §§ 282, 285 BGB a.F. für Unmöglichkeit und Verzug eine Beweislastumkehr vor, nach der der Schuldner aufgrund einer Art typisierter Sphärenabgrenzung und Risikozuteilung[452] die Beweislast für sein fehlendes Verschulden an dem Schadenseintritt zu tragen hat. Diese dem Schuldner nachteilige Beweislastumkehr hat der Entwurf eines Gesetzes zur Modernisierung des Schuldrechts in der Bundestagsdrucksache 14/6040 vom 14.05.2001 über eine allgemeine Vorschrift des § 280 I 2 BGB RE für alle Formen der Leistungsstörungen, auch für die bisherigen von der Rechtsprechung entwickelten Rechtsinstitute c.i.c und pFV, übernommen.[453]

Gleich danach hat der Bundesrat in seiner 766. Sitzung am 13.07.2001 gemäß Artikel 76 II GG bei der Stellungnahme zum Gesetzesentwurf beantragt, im weiteren Gesetzgebungsverfahren zu prüfen, ob im Hinblick auf das allgemeine Leistungsstörungsrecht des Entwurfs die Besonderheiten des Arbeitsrechts durch ergänzende arbeitsrechtliche Bestimmungen abgesichert werden sollten und unter Verweis auf die Bedenken von *Löwisch*[454] zur Begründung ausgeführt: „Der Entwurf hat dieser Gefahr zwar schon durch § 275 II 2 BGB-E Rechnung getragen. Da die angesprochenen Grundsätze aber zum Kernbestand des Arbeitsrechts gehören, sollte hier dafür Sorge getragen werden, dass die gesicherten Grundsätze des Arbeitsrechts durch die Neuregelung keinen Schaden nehmen.“[455]

Die Anregung des Bundesrats zur Prüfbitte wurde später von der Bundesregierung im Rahmen ihrer Gegenäußerung aufgegriffen. Im Anschluss an den vom Bundesrat angesprochenen Bedenken, die *Löwisch* erhoben hat, hat die Bundesregierung neben der Aufrechterhaltung der Grundsätze der Arbeitnehmerhaftung noch mit Betonung auf eine weitere Zielsetzung darauf hingewiesen, dass die bisherige differenzierte Anwendung der Beweislastregelung des § 282 BGB a.F. durch die Rechtsprechung des BAG auch nach der Erstreckung der Vorschrift auf die Schlechterfüllung (vgl. § 280 I 2 BGB-RE) fort zu führen ist.

---

452 MüKoBGB/Henssler, 6 Aufl. (2012), § 619 a Rn. 2.

453 BT-Drs. 14/6040, S. 7, 136.

454 Löwisch, NZA 2001, S. 466. Nach seiner Ansicht könnte § 280 I 2 BGB-RE ohne Sonderregelung bei der Arbeitnehmerhaftung, insbesondere der Mankohaftung, die differenzierte Rechtsprechung des BAG zur Beweislastverteilung bei positiver Verletzung des Arbeitsvertrags verändern, weil aus der Sicht des Arbeitsrechts sich die generelle Erstreckung der bislang in § 282 BGB a.F. ausdrücklich nur für die Unmöglichkeit vorgesehenen Beweislastregelung auf alle Fälle der pFV als soziale Verschiebung zu Lasten der Arbeitnehmer darstellt.

455 BT-Drs. 14/6857, S. 11.

Sie wird gegebenenfalls Ergänzungen des Entwurfstextes vorschlagen, um sicherzustellen, dass der arbeitsrechtliche Besitzstand ungeschmälert erhalten bleibt.[456]

Dieses Ziel hat der Rechtsausschuss des Bundestages letztlich mit seiner Beschlussempfehlung vom 25.09.2001 dadurch erreicht, dass er § 619 a BGB-BE als Sonderregelung für die Beweislast bei Haftung des Arbeitnehmers eingefügt hat.[457] So wurde die derzeitige Formulierung des § 619 a BGB im BGB nach dem Inkrafttreten des Gesetzes zur Modernisierung des Schuldrechts verankert.

3. Keine Änderung an der derzeitigen vom BAG vorgenommenen Beweislastverteilung im Mankofall

Die obige Entstehungsgeschichte zeigt ganz eindeutig, dass der Gesetzgeber § 619 a BGB als spezielle Beweislastregelung hinsichtlich des Verschuldens zur Revidierung der Beweislastumkehr nach § 280 I 2 BGB im allgemeinen Schuldrecht konzipiert hat, um die bisherige differenzierte Anwendung der Beweislastregelung des § 282 BGB a.F. in der Rechtsprechung des BAG aufrecht zu erhalten. Dies hat der Rechtsausschuss des Bundestages selber unter Verweis auf die durchbrechende Entscheidung des BAG vom 17.09.1998[458] über einen Mankofall eindeutig mit der Ausführung bestätigt, dass der Regierungsentwurf an der Beweislast bei Haftung des Arbeitnehmers in der derzeitigen Rechtsprechung des BAG, wie überhaupt an den arbeitsrechtlichen Grundsätzen über die Haftung des Arbeitnehmers nichts ändern will.[459] Deswegen ist der Entstehungsgeschichte zu entnehmen, dass § 619 a BGB zwar an der Beweislastverteilung bei der Mankohaftung in der Rechtsprechung des BAG nichts ändert, aber sie prozessual im Gesetz verankert.

IV. Eigene Stellungnahme

1. Begriff

Um von vorneherein eine Begriffsverwirrung zu vermeiden und auch die nachfolgende Untersuchung ohne Missverständnisse darzustellen, erscheint es vor

456 BT-Drs. 14/6857, S. 48.
457 BT-Drs. 14/7052, S. 64, 204.
458 BAG (17.09.1998), AP Nr. 2 zu § 611 BGB Mankohaftung.
459 BT-Drs. 14/7052, S. 204.

allem hier angebracht, einige wichtige Grundbegriffe bezüglich der Beweislast zu erklären.

a) Objektive und subjektive Beweislast

Wer im Alltagsleben von einer „Beweislast" spricht, denkt meistens gleich daran, dass eine Partei im Rechtsstreit durch aktive Tätigkeiten eine entscheidungserhebliche Tatsache zu beweisen hat. In diesem Sinne handelt es sich um die subjektive Beweislast[460] (auch Beweisführungslast oder formelle Beweislast genannt), die den Parteien eine echte Last (nicht Pflicht) auferlegt, durch eigenes Tätigwerden den Beweis der streitigen Tatsache zu führen, um den Prozessverlust zu vermeiden. Die beweisbelastete Partei kommt dem dadurch nach, dass sie Beweisanträge stellt und konkrete Beweismittel für ihre Behauptungen benennt.[461]

Im Gegensatz dazu erlegt die objektive Beweislast (auch Feststellungslast oder materielle Beweislast genannt) eigentlich der Partei keine Last im technischen Sinne auf, also eine streitige Tatsache durch eigene aktive Handlungen zu beweisen, sondern gibt dem Richter Antwort auf die Frage, zu wessen Nachteil im Falle eines *non liquet* die Entscheidung zu fallen ist.[462] Der Eingriff der objektiven Beweislast ist deshalb unabhängig von jeglichem Handeln der Parteien, sondern davon abhängig, ob eine entscheidungserhebliche Tatsache trotz aller erdenklichen Parteibemühungen am Ende des Prozesses endgültig unaufklärbar bleibt.

Die an sich besser passenden Bezeichnungen „Feststellungslast" und „Beweisführungslast", die eher geeignet sind, die Trennung zwischen objektiver Beweislast und subjektiver Beweislast begrifflich zu gewährleisten, haben sich leider nicht durchgesetzt.[463] Im Folgenden wird deshalb der übliche Gebrauch

---

460 Hier ist mit Betonung darauf hinzuweisen, dass manche Autoren die subjektive Beweislast mit der abstrakten Beweisführungslast gleichstellen, weil sie die subjektive Beweislast im Sinne der abstrakten Beweisführungslast verwenden (vgl. Gottwald, Jura 1980, S. 226; Baumgärtel, Beweislastpraxis, S. 10; Adolphsen, 3. Aufl. (2012), § 23, Rn. 58; in diesem Sinne auch Prütting, MüKoZPO/Prütting, 3. Aufl. (2008), § 286 Rn. 99). Im Folgenden wird die subjektive Beweislast (die Beweisführungslast) nur als Oberbegriff verwendet, um die strikte begriffliche Differenzierung zwischen abstrakter und konkreter Beweisführungslast hervorzuheben.

461 MüKoZPO/Prütting, 3. Aufl. (2008), § 286 Rn. 98; Baumgärtel/Laumen/Prütting/Laumen, HdB. Grundlagen, 2. Aufl. (2009), § 3 Rn. 32.

462 MüKoZPO/Prütting, 3. Aufl. (2008), § 286 Rn. 100; Baumgärtel/Laumen/Prütting/Laumen, HdB. Grundlagen, 2. Aufl. (2009), § 3 Rn. 33.

463 Baumgärtel/Laumen/Prütting/Laumen, HdB. Grundlagen, 2. Aufl. (2009), § 3 Rn. 10.

entsprechend weiter verwendet. Trotz der begrifflichen Trennung folgt nach h.M. die subjektive Beweislast den Regeln der objektiven Beweislast.[464]

b) Abstrakte und konkrete Beweisführungslast

Die Literatur untergliedert weiter die subjektive Beweislast (die Beweisführungslast) als Oberbegriff in abstrakte Beweisführungslast und konkrete Beweisführungslast, je nachdem, ob sich die Beweisführungslast aufgrund der konkreten Prozess/Beweissituation ändert.[465]

Die abstrakte Beweisführungslast betrifft die Frage, welcher Partei vor und zu Beginn des Prozesses die Beweisführungslast obliegt.[466] Weil die abstrakte Beweisführungslast abstrakt und normativ festgelegt ist, sowie im Laufe des Streites unverändert bleibt,[467] richtet sich ihre Verteilung nach der Verteilung der objektiven Beweislast.[468]

Von der in abstrakt-genereller Form und normativ festgelegten abstrakten Beweisführungslast ist die konkrete Beweisführungslast streng zu trennen, die die Frage betrifft, welche Partei in einer bestimmten Prozesssituation, in der das Gericht bereits eine vorläufige Überzeugung vom Vorliegen einer beweisbedürftigen Tatsache gewonnen hat, einen Beweis antreten muss, um den Prozess zu gewinnen.[469] Im Unterschied zur abstrakten Beweisführungslast entwickelt sie sich im Laufe des Verfahrens unabhängig von der Verteilung der objektiven Beweislast, die die Verteilung der abstrakten Beweisführungslast bestimmt, und kann allein entsprechend der konkreten Prozess/Beweissituation und richterlichen Beweiswürdigung im Einzelfall im Laufe eines Rechtsstreits mehrfach zwischen den Parteien hin und her pendeln.[470] Deswegen deckt sich die konkrete

---

464 MüKoZPO/Prütting, 3. Aufl. (2008), § 286 Rn. 99, 101; Baumgärtel/Laumen/Prütting/Laumen, HdB. Grundlagen, 2. Aufl. (2009), § 3 Rn. 10; Rosenberg/Schwab/Gottwald, 17. Aufl. (2010), § 115 Rn. 4; Hansen, JuS 1991, S. 588; Gottwald, Jura 1980, S. 226.

465 Baumgärtel/Laumen/Prütting/Laumen, HdB. Grundlagen, 2. Aufl. (2009), § 3 Rn. 37 ff.

466 Baumgärtel/Laumen/Prütting/Laumen, HdB. Grundlagen, 2. Aufl. (2009), § 3 Rn. 37.

467 Baumgärtel/Laumen/Prütting/Laumen, HdB. Grundlagen, 2. Aufl. (2009), § 3 Rn. 39, 43.

468 Gottwald, Jura 1980, S. 226; Hansen, JuS 1991, S. 588; Baumgärtel, Beweislastpraxis, S. 13, Rn 18; MüKoZPO/Prütting, 3. Aufl. (2008), § 286 Rn. 99; Baumgärtel/Laumen/Prütting/Laumen, HdB. Grundlagen, 2. Aufl. (2009), § 3 Rn. 37.

469 Prütting, S. 7 f.; Baumgärtel, Beweislastpraxis, S. 15, Rn 21; MüKoZPO/Prütting, 3. Aufl. (2008), § 286 Rn. 103; Baumgärtel/Laumen/Prütting/Laumen, HdB. Grundlagen, 2. Aufl. (2009), § 3 Rn. 41.

470 Gottwald, Jura 1980, S. 227; Prütting, S. 8, 29; Baumgärtel, Beweislastpraxis, S. 15, Rn 21; MüKoZPO/Prütting, 3. Aufl. (2008), § 286 Rn. 103; Baumgärtel/Laumen/Prütt-

Beweisführungslast nur zu Beginn des Prozesses mit der abstrakten Beweisführungslast.[471]

c) Objektive und subjektive Behauptungslast

Die Behauptungslast (auch Darlegungslast, Substantiierungslast oder Substantiierungspflicht genannt) ist eine der Beweislast zeitlich und sachlich vorgelagerte Last, die in verschiedenen Formen erscheinen kann. Parallel zu der Beweislast kann man zunächst die Behauptungslast aus der Sicht des Tätigwerdens der Parteien in objektive Behauptungslast und subjektive Behauptungslast[472] untergliedern. Die objektive Behauptungslast, die in keinem Zusammenhang mit dem Tätigwerden der Parteien steht, beantwortet die Frage, wie der Richter zu entscheiden hat, wenn ihm keine oder nicht genügende Tatsachenbehauptungen vorliegen, während mit der subjektiven Behauptungslast danach gefragt wird, welche Behauptungen eine Partei mit der Klage oder der Einrede aufstellen muss, um im Prozess Erfolg zu haben bzw. um keine Nachteile zu erleiden.[473] Hieraus ist abzulesen, dass mit der objektiven und subjektiven Beweislast die objektive und subjektive Behauptungslast korrespondieren.[474]

d) Abstrakte und konkrete Behauptungslast

Wie bei der subjektiven Beweislast (Beweisführungslast) untergliedert die Literatur weiter die subjektive Behauptungslast als Oberbegriff in abstrakte Behaup-

ing/Laumen, HdB. Grundlagen, 2. Aufl. (2009), § 3 Rn. 41; Rosenberg/Schwab/Gottwald, 17. Aufl. (2010), § 115 Rn. 6.

471 Gottwald, Jura 1980, S. 227; MüKoZPO/Prütting, 3. Aufl. (2008), § 286 Rn. 103; Baumgärtel/Laumen/Prütting/Laumen, HdB. Grundlagen, 2. Aufl. (2009), § 3 Rn. 41.

472 Wie bei der subjektiven Beweislast (Beweisführungslast) wird im Folgenden die subjektive Behauptungslast nur als Oberbegriff verwendet, um die strikte begriffliche Differenzierung zwischen abstrakter und konkreter Behauptungslast hervorzuheben.

473 Rosenberg, S. 47 f.; Hansen, JuS 1991, S. 588, Fn. 9; Baumgärtel/Laumen/Prütting/Laumen, HdB. Grundlagen, 2. Aufl. (2009), § 3 Rn. 57; Rosenberg/Schwab/Gottwald, 17. Aufl. (2010), § 115 Rn. 40.

474 Baumgärtel, Beweislastpraxis, S. 22, Rn 29.

tungslast und konkrete Behauptungslast,[475] je nachdem, ob sich die Behauptungslast aufgrund der konkreten Prozesssituation ändert.[476]

Die abstrakte Behauptungslast betrifft die Frage, welche Tatsachenbehauptungen eine Partei unabhängig von der konkreten Prozesssituation aufzustellen hat, um ihr Prozessziel zu erreichen.[477] Weil die abstrakte Behauptungslast im Laufe des Streites immer bei einer Partei verbleibt,[478] stimmt sie hinsichtlich des Gegenstandes und des Umfangs mit der objektiven Beweislast überein.[479]

Von der abstrakten Behauptungslast ist die konkrete Behauptungslast streng zu trennen, die die Frage beantwortet, wie konkret und detailliert eine Partei unter Reaktion auf die konkrete Prozesssituation und die Einlassung der Gegenpartei ihre Tatsachenbehauptungen darlegen muss, um vom Gericht berücksichtigt werden zu können.[480] Im Unterschied zur abstrakten Behauptungslast entwickelt sie sich im Laufe des Verfahrens unabhängig von der Verteilung der objektiven Beweislast, die für die Verteilung der abstrakten Behauptungslast maßgebend ist, und kann allein entsprechend der konkreten Prozesssituation im Einzelfall im Laufe eines Rechtsstreits mehrfach zwischen den Parteien hin und her wechseln.[481] Deswegen deckt sich die konkrete Behauptungslast nur zu Beginn des

475 Hier ist zu beachten, dass manche Autoren die konkrete Behauptungslast auch als „Substantiierungslast" bezeichnen (Hansen, JuS 1991, S. 589; MüKoZPO/Prütting, 3. Aufl. (2008), § 286 Rn. 136; Baumgärtel/Laumen/Prütting/Laumen, HdB. Grundlagen, 2. Aufl. (2009), § 3 Rn. 59). Zur Vermeidung einer Begriffsverwirrung wird im Folgenden die „Substantiierungslast" nur im Sinne der Behauptungslast als Oberbegriff verwendet, um die strikte begriffliche Differenzierung zwischen abstrakter und konkreter Behauptungslast hervorzuheben.

476 Hansen, JuS 1991, S. 588 f.; Baumgärtel/Laumen/Prütting/Laumen, HdB. Grundlagen, 2. Aufl. (2009), § 3 Rn. 58 ff.

477 Hansen, JuS 1991, S. 588; Prütting, S. 44; Baumgärtel/Laumen/Prütting/Laumen, HdB. Grundlagen, 2. Aufl. (2009), § 3 Rn. 58.

478 Baumgärtel/Laumen/Prütting/Laumen, HdB. Grundlagen, 2. Aufl. (2009), § 3 Rn. 59.

479 Baumgärtel/Laumen/Prütting/Laumen, HdB. Grundlagen, 2. Aufl. (2009), § 3 Rn. 66; Rosenberg/Schwab/Gottwald, 17. Aufl. (2010), § 115 Rn. 41.

480 Prütting, S. 44.; Hansen, JuS 1991, S. 589; MüKoZPO/Prütting, 3. Aufl. (2008), § 286 Rn. 136; Baumgärtel/Laumen/Prütting/Laumen, HdB. Grundlagen, 2. Aufl. (2009), § 3 Rn. 59; Rosenberg/Schwab/Gottwald, 17. Aufl. (2010), § 115 Rn.41.

481 Baumgärtel, Beweislastpraxis, S. 22, Rn 30; MüKoZPO/Prütting, 3. Aufl. (2008), § 286 Rn. 136; Baumgärtel/Laumen/Prütting/Laumen, HdB. Grundlagen, 2. Aufl. (2009), § 3 Rn. 59, 66.

Prozesses mit der abstrakten Behauptungslast und korrespondiert allerdings mit der konkreten Beweisführungslast.[482]

e) Übersicht: Das Verhältnis von Behauptungslast und Beweislast

Über das Verhältnis von Behauptungslast und Beweislast unterrichtet zusammenfassend das folgende Bild:

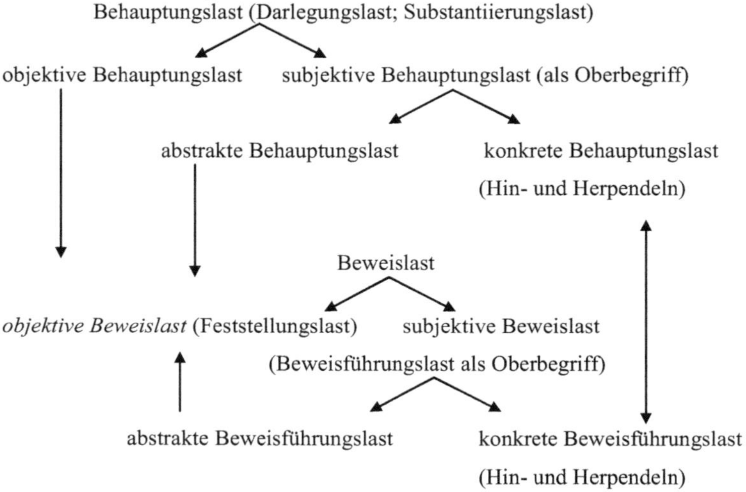

Für das Verhältnis von Behauptungslast und Beweislast lassen sich folgende Aussagen zusammenfassen:

Nach der Abhängigkeit von der konkreten Prozesssituation kann man die oben genannten Begriffe in zwei Gruppen untergliedern.

Die erste Gruppe bilden die objektive Behauptungslast, die abstrakte Behauptungslast, die abstrakte Beweisführungslast und die objektive Beweislast (Feststellungslast). Diese vier Arten der Lasten bleiben im Laufe des Streites unabhängig von der konkreten Prozesssituation unverändert. Die Verteilung der objektiven Beweislast als „das Rückgrat des Zivilprozesses“[483] bestimmt zugleich die mit ihr einhergehende objektive Behauptungslast, die abstrakte Behauptungslast und die abstrakte Beweisführungslast.

---

482 Baumgärtel, Beweislastpraxis, S. 22, Rn 30; Baumgärtel/Laumen/Prütting/Laumen, HdB. Grundlagen, 2. Aufl. (2009), § 3 Rn. 66; Rosenberg/Schwab/Gottwald, 17. Aufl. (2010), § 115 Rn. 41.

483 Baumgärtel/Laumen/Prütting/Laumen, HdB. Grundlagen, 2. Aufl. (2009), § 3 Rn. 4; Rosenberg/Schwab/Gottwald, 17. Aufl. (2010), § 115 Rn. 42; Gottwald, Jura 1980, S. 225.

Die zweite Gruppe erfasst die konkrete Behauptungslast und die konkrete Beweisführungslast. Sie entwickeln sich im Laufe des Verfahrens unabhängig von der Verteilung der objektiven Beweislast und können allein entsprechend der konkreten Prozesssituation im Einzelfall im Laufe eines Rechtsstreits mehrfach die Parteien hin und her abwechselnd treffen.

2. Ausgangspunkt für die Verteilung der objektiven Beweislast

Ohne eine ausdrückliche gesetzliche Beweislastnorm oder eine Beweislastvereinbarung bildet immer die im geltenden Gesetzesrecht ungeschriebene, aber allgemein anerkannte, Grundregel der Beweislastverteilung den Ausgangspunkt für die Problemlösung: Der Anspruchsteller trägt die Beweislast für die rechtsbegründenden Tatbestandsmerkmale, der Anspruchsgegner für die rechtshindernden, rechtsvernichtenden und rechtshemmenden Merkmale.[484] Oder kurz formuliert: Jede Partei trägt die Beweislast für die ihr günstigen Normen.[485] Nach dieser Beweislastgrundregel hat der Arbeitgeber als Anspruchsteller die Beweislast für alle rechtsbegründenden Tatbestandsmerkmale bei der allgemeinen Mankohaftung, nämlich für den Schaden, die objektive Pflichtverletzung (eine objektiv pflichtwidrige Handlung des Arbeitnehmers), die Kausalität zwischen Handlung und Schaden sowie schließlich für die subjektive Pflichtverletzung (Verschulden des Arbeitnehmers), zu tragen.

In Literatur und Rechtsprechung wird leider das Tatbestandsmerkmal der objektiven Pflichtverletzung häufig weder eigens hervorgehoben, noch einheitlich verstanden, sondern lediglich allgemein danach gefragt, ob sich der Arbeitnehmer entlasten kann oder er sein fehlendes Vertreten an dem Manko nachweisen kann.[486] Hinsichtlich dieser Aspekte hat *Krause* sehr zutreffend darauf hingewiesen, dass tatsächlich die Frage, welcher Stufe des Haftungstatbestandes der pFV man das konkrete Arbeitnehmerverhalten zuordnet, für die Beweislastverteilung letztlich nur eine geringe Rolle spiele. Vielmehr sei die Kardinalfrage nach der Beweislast für das konkrete (Fehl-)Verhalten des Arbeitnehmers von entscheidender Bedeutung.[487]

---

484 Prütting/Gehrlein/Laumen, 3 Aufl. (2011), § 286 Rn. 59; ArbGG/Prütting, 7. Aufl. (2009), § 58 Rn. 77; MüKoZPO/Prütting, 3. Aufl. (2008), § 286 Rn. 110 ff; Rosenberg/Schwab/Gottwald, 17. Aufl. (2010), § 115 Rn. 9.

485 Baumbach/Lauterbach/Albers/Hartmann, 70. Aufl. (2012), Anh. § 286 Rn. 3; Rosenberg/Schwab/Gottwald, 17. Aufl. (2010), § 115 Rn. 9.

486 Otto/Schwarze, Rn. 279.

487 Krause, Anm. zu BAG (22.05.1997), AP Nr. 1 zu § 611 BGB Mankohaftung (unter II 6).

Im Anschluss an die Ansicht von *Krause* stellt sich m.E. nach der Feststellung eines Mankos zuerst die Kernfrage, ob eine objektive Pflichtverletzung, nämlich ein konkretes pflichtwidriges Arbeitnehmerverhalten vorliegt. Alsdann kommt die Frage in Betracht, ob dieses konkrete pflichtwidrige Arbeitnehmerverhalten kausal für den Mankoeintritt ist. Schließlich kann erst dann sinnvoll danach gefragt werden, ob der Arbeitnehmer das konkrete pflichtwidrige Verhalten zu vertreten hat. Zur Klärung der Beweislastverteilung im Mankofall bedarf es mithin zunächst einer Erörterung der Beweislast bezüglich der objektiven Pflichtverletzung und die Beweislast bezüglich des pflichtwidrigen Arbeitnehmerverhaltens, die im Grundsatz zugleich die Beweislast hinsichtlich der Kausalität und des Verschuldens festlegt.[488]

3. Differenzierte Verteilung der objektiven Beweislast nach der „betrieblich veranlassten Tätigkeit"

a) Von dem „Alleinbesitz" zur „betrieblich veranlassten Tätigkeit" als Voraussetzung der Beweislastumkehr

Das BAG beharrt bisher noch auf einer differenzierten Anwendung der Beweislastregelung des § 282 BGB a.F. nach seinem zweiteiligen Haftungskonzept. Es machte zunächst die Heranziehung des Auftrags- und Verwahrungsrechts mit der automatischen Folge der Beweislastumkehr gemäß § 282 BGB a.F. von dem Grad der Selbstständigkeit des Arbeitnehmers abhängig.[489] In der neuen Entscheidung des 8. Senats stellte das BAG nunmehr auf sein neu eingeführtes Kriterium des „Alleinbesitzes" ab, wonach der Arbeitnehmer den alleinigen Zugang zu den ihm anvertrauten Gegenständen und deren selbstständige Verwaltung hat.[490]

Obwohl das zweiteilige Haftungskonzept heute überwiegend im Schrifttum abgelehnt wird[491] und die Anspruchsgrundlage nicht als eine für die Beweislastverteilung maßgebende Erwägung eingestuft werden soll, ist nicht zu übersehen,

488 Medicus/Lorenz, Schuldrecht I, 20 Aufl. (2012), § 29, Rn. 338, Medicus/Lorenz sind der Meinung, dass der Nachweis von Vertretenmüssen in der Regel zugleich auch vorliegt, wenn die Verletzung einer tätigkeitsbezogen Pflicht nachgewiesen ist, so dass eine Entlastung des Schuldners nach § 280 I 2 nur in seltenen Fällen in Betracht kommt, weil sich das geschuldete Verhalten, nach dem sich die objektive Pflichtverletzung ausrichtet, nach dem Maß verkehrserforderlicher Sorgfalt bestimmt, welches zugleich Maßstab des Verschuldens in § 276 II BGB ist.

489 BAG (13.03.1964), AP Nr. 32 zu § 611 BGB Haftung des Arbeitnehmers (unter II 1 der Gründe).

490 BAG (17.09.1998), AP Nr. 2 zu § 611 BGB Mankohaftung (unter B I 1 der Gründe).

491 Vgl. ausführlich oben Zweiter Teil A. II. 2.

dass die Beweislastumkehr zugunsten des Arbeitgebers in den vom zweiteiligen Haftungskonzept angenommenen Ausnahmefällen sachgerecht und nachvollziehbar ist.[492] Der Meinung, die eine Beweislastumkehr generell ablehnt und ohne Berücksichtigung auf die besonders gelagerten Fälle eine Anwendung des § 619 a BGB auf alle Mankofälle plädiert,[493] möchte ich mich nicht anschließen. Dagegen stimme ich im Ergebnis mit dem 8. Senat des BAG und dem erheblichen Teil der Literatur, der eine Beweislastumkehr in besonders gelagerten Ausnahmefällen befürwortet, im Wesentlichen überein. Aber ich unterscheide mich von diesen darin, dass ich nicht den „Alleinbesitz", sondern die „betrieblich veranlasste Tätigkeit" als Abgrenzungskriterium für eine differenzierte Beweislastverteilung annehmen möchte.

aa) Folge der teleologischen Reduktion des § 619 a BGB

Wie die Entstehungsgeschichte ganz eindeutig zeigt, verfolgt § 619 a BGB das Ziel, dass die privilegierte Arbeitnehmerhaftung nicht durch die Beweislastumkehr gemäß § 280 I 2 BGB im allgemeinen Schuldrecht ausgehöhlt wird. Deswegen richtet sich der Anwendungsbereich des § 619 a BGB nach dem der privilegierten Arbeitnehmerhaftung. Nachdem der große Senat des BAG im Beschluss vom 27.09.1994 die „gefahrgeneigte Arbeit" als Voraussetzung der privilegierten Arbeitnehmerhaftung aufgegeben hatte,[494] einigte man sich nun im Schrifttum darauf, dass die Grundsätze über die Beschränkung der Arbeitnehmerhaftung auf alle Arbeiten angewendet werden, die durch den Betrieb veranlasst sind und auf Grund des Arbeitsverhältnisses geleistet werden.[495] Konsequent befürwortet die Literatur überwiegend eine teleologische Reduktion des §

492 MüKoBGB/Henssler, 6 Aufl. (2012), § 619 a Rn. 51; Staudinger/Richardi/Fischinger, BGB, Neubearb. (2011), § 619 a Rn. 18.

493 Z.B. RGKU/Hesse, § 619 a BGB Rn. 33, 34; HK-ArbR/Waas/Palonka, 2. Aufl. (2010), § 619 a BGB Rn. 23; ErfK/Preis, 13. Aufl. (2013), § 619 a BGB Rn. 2, 30.

494 BAG (GS) (27.09.1994), NZA 1994, S. 1083; BAG (18.04.2002), NZA 2003, S. 37.

495 Staudinger/Richardi/Fischinger, BGB, Neubearb. (2011), § 619 a Rn. 41 ff.; MüKoBGB/Henssler, 6 Aufl. (2012), § 619 a Rn. 8 f., 22 f.; KassHdb/Künzl, Band 1, 2. Aufl. (2000), 2.1 Rn. 245; RGKU/Hesse, § 619 a BGB Rn. 7; MünchArbR/Reichold, 3. Aufl. (2009), § 51 Rn. 31 ff.; HK-ArbR/Waas/Palonka, 2. Aufl. (2010), § 619 a BGB Rn. 9; Schaub/Linck, 14. Aufl. (2011), § 59, Rn. 42 ff.; HWK/Krause, 5. Aufl. (2012), § 619 a BGB Rn. 21 ff.; ErfK/Preis, 13. Aufl. (2013), § 619 a BGB Rn. 12; DLW/Dörner, 8. Aufl. (2009), Kap. 3, Rn. 637 ff.; MünchAnwH-ArbR/Eisenbeis, 2. Aufl. (2009), § 15, Rn. 71; HBD/Brors, 2.Auf.(2010), § 611 BGB Rn. 892; DFL/Kamanabrou, 4. Aufl. (2011), § 611 BGB Rn.423 ff.; Tschöpe/Steinau-Steinrück, 7. Aul.(2011), 2 I, Rn. 21; Küttner/Griese, 18. Aufl. (2011), Arbeitnehmerhaftung 33, Rn. 11;Walker, JuS 2002, S. 737 f.; Waltermann, RdA 2005, S. 103 f.; Staudinger/Löwisch/Caspers, BGB, Neubearb. (2009), § 276 Rn. 139; Staudinger/Otto, BGB, Neubearb. (2009), § 280 Rn. F 38.

619 a BGB nach dem Kriterium der „betrieblich veranlassten Tätigkeit“, d.h. der Arbeitgeber hat die Beweislast in Abweichung von § 280 I 2 BGB nur dann zu tragen, wenn die Schäden dem Arbeitgeber aufgrund einer betrieblich veranlassten Tätigkeit entstanden sind.[496]

Aus dieser teleologischen Reduktion des § 619 a BGB ist folgerichtig dass man die Beweislastumkehr zu Lasten des Arbeitnehmers an die betrieblich veranlasste Tätigkeit knüpft.

Bei einem nicht betrieblich veranlassten Mankoschaden besteht kein Anlass für eine Heranziehung von § 619a BGB zum Schutz des Arbeitnehmers, weil die Einschränkung seiner Haftung hier wegen Fehlens einer betrieblichen Tätigkeit nicht die Anwendung der privilegierten Arbeitnehmerhaftung rechtfertigt.

bb) Keine Gefährdung der privilegierten Arbeitnehmerhaftung

Von einer Gefährdung der privilegierten Arbeitnehmerhaftung kann keine Rede sein, wenn man dem Arbeitnehmer im außerbetrieblich veranlassten Mankofall die Beweislast auferlegt, weil hier der Kerngedanke der Rechtsprechung zur eingeschränkten Haftung des Arbeitnehmers fehlt, dass der Arbeitnehmer bei der Arbeitsleistung in die objektiv vom Arbeitgeber geschaffene und gesteuerte Arbeitsumgebung eingegliedert wird, der der Arbeitnehmer weder tatsächlich noch rechtlich ausweichen kann, so dass die vom Arbeitgeber gesetzte Organisation des Betriebs das Haftungsrisiko für den Arbeitnehmer prägt.[497] Durch die hier befürwortete Beweislastumkehr wird der Arbeitnehmer nicht benachteiligt, da bei außerbetrieblichen Tätigkeiten der Betriebsrisikogedanke wegfällt.

cc) Kein Durchbruch des Gleichlaufs zwischen der privilegierten Arbeitnehmerhaftung und Beweislastverteilung

Zwar stellen *Henssler*, *Reichold* und *Richardi/Fischinger* bei der Bestimmung des sachlichen Anwendungsbereichs von der privilegierten Arbeitnehmerhaf-

---

496 Henssler, RdA 2002, S. 132; Lindemann, AuR 2002, S. 85; Wedde, AiB 2002, S. 271; Gotthardt, 2. Aufl. (2003), Rn. 157, 197; Preis, FS 50 Jahre BAG(2004), S. 149; MüKoBGB/Henssler, 4 Aufl. (2005), § 619 a Rn. 40 f; MüKoBGB/Henssler, 6 Aufl. (2012), § 619 a Rn. 49 f; Staudinger/Richardi/Fischinger, BGB, Neubearb. (2011), § 619 a Rn. 14; RGKU/Hesse, § 619 a BGB Rn. 2, 32; MünchArbR/Reichold, 3. Aufl. (2009), § 51 Rn. 13, 60; HK-ArbR/Waas/Palonka, 2. Aufl. (2010), § 619 a BGB Rn. 2; DBD/Däubler, 3. Aufl. (2010), Einl. Rn. 105; HWK/Krause, 5. Aufl. (2012), § 619 a BGB Rn. 43; ErfK/Preis, 13. Aufl. (2013), § 619 a BGB Rn. 4; DFL/Kamanabrou, 4. Aufl. (2011), § 619 a BGB Rn. 2 f.

497 BAG (GS) (27.09.1994), AP Nr. 103 zu § 611 BGB Haftung des Arbeitnehmers (unter C II 2 der Gründe); MünchArbR/Richardi, 3. Aufl. (2009), § 3 Rn. 8, 12, 32.

tung[498] und des § 619 a BGB[499] ausnahmslos auf das Kriterium der „betrieblich veranlassten Tätigkeit“ ab, jedoch wählen sie wieder den vom 8. Senat des BAG eingeführten missglückten Begriff des „Alleinbesitzes“ als Anknüpfungspunkt für die Beweislastverteilung im Mankofall.[500] Aber ihr Unbehagen bezüglich des Kriteriums des „Alleinbesitzes“ wird insoweit deutlich, als sie ausdrücklich zugestehen müssen, dass ausnahmsweise der Gleichlauf zwischen der materiellen privilegierten Arbeitnehmerhaftung und der prozessualen Beweislastverteilung nach § 619 a BGB durchbrochen werden sollte.[501]

M.E. soll und kann ein Gleichlauf zwischen der privilegierten Arbeitnehmerhaftung und der Beweislastverteilung weiterbehalten werden, indem man im Mankofall den „Alleinbesitz“ als Kriterium aufgibt und sich einheitlich nach der „betrieblich veranlassten Tätigkeit“ orientiert. Dafür gibt es folgende Gründe:

Erstens besteht kein Anlass bei der Beweislastverteilung einen anderen Maßstab als bei der Anwendung der privilegierten Arbeitnehmerhaftung anzulegen. Nach Ansicht des 8. Senats des BAG werden die Grundsätze über die Beschränkung der Arbeitnehmerhaftung schon unabhängig von einer gefahrgeneigten Tätigkeit auch auf die betrieblich veranlasste Mankohaftung angewendet.[502] Deswegen ist nicht naheliegend und gerechtfertigt, dass die Mankohaftung letztlich eine Sonderstellung bezüglich der Beweislastverteilung mit der Abstellung auf „Alleinbesitz“ einnimmt, was die einheitliche Anwendung der privilegierten Arbeitnehmerhaftung gefährdet. Mit der Abstellung auf „betrieblich veranlasste Tätigkeit“ wird die letzte der privilegierten Arbeitnehmerhaftung widrige Sonderstellung der Mankohaftung im Bereich der Arbeitnehmerhaftung abgeschafft, nachdem eine andere Sonderstellung, nämlich die Herausnahme der Mankohaftung aus dem Anwendungsbereich der privilegierten Arbeitnehmerhaftung, mit

---

498 MüKoBGB/Henssler, 4 Aufl. (2005), § 619 a Rn. 8 f; MüKoBGB/Henssler, 6 Aufl. (2012), § 619 a Rn. 8 f.; MünchArbR/Reichold, 3. Aufl. (2009), § 51 Rn. 31 f., 62 f.; Staudinger/Richardi, BGB, Neubearb. (2005), § 611 Rn. 581; Staudinger/Richardi/Fischinger, BGB, Neubearb. (2011), § 619 a Rn. 41 f.

499 MüKoBGB/Henssler, 4 Aufl. (2005), § 619 a Rn. 40 f.; MüKoBGB/Henssler, 6 Aufl. (2012), § 619 a Rn. 49 f.; MünchArbR/Reichold, 3. Aufl. (2009), § 51 Rn. 13, 60; Staudinger/Richardi/Fischinger, BGB, Neubearb. (2011), § 619 a Rn. 14.

500 Henssler, RdA 2002, S. 132; MüKoBGB/Henssler, 4 Aufl. (2005), § 619 a Rn. 42; MüKoBGB/Henssler, 6 Aufl. (2012), § 619 a Rn. 51; MünchArbR/Reichold, 3. Aufl. (2009), § 51 Rn. 82; Staudinger/Richardi/Fischinger, BGB, Neubearb. (2011), § 619 a Rn. 18, 96.

501 MüKoBGB/Henssler, 6 Aufl. (2012), § 619 a Rn. 51; MünchArbR/Reichold, 3. Aufl. (2009), § 51 Rn. 82; Staudinger/Richardi/Fischinger, BGB, Neubearb. (2011), § 619 a Rn. 18.

502 BAG (17.09.1998), AP Nr. 2 zu § 611 BGB Mankohaftung (unter B II 1 der Gründe); BAG (02.12.1999), AP Nr. 3 zu § 611 BGB Mankohaftung (unter III 1 der Gründe).

der Ersetzung der untauglichen Einstiegsvoraussetzung „gefahrgeneigter Arbeit“ für die privilegierte Arbeitnehmerhaftung durch „betrieblich veranlasste Tätigkeit“ obsolet geworden ist.

Zweitens ist das Kriterium der „betrieblich veranlassten Tätigkeit“ schon einhellig von der Literatur angenommen worden, weil sowohl die Autoren [503] die eine Beweislastumkehr nach dem „Alleinbesitz“ vornehmen, als auch die Schriftsteller,[504] die eine Beweislastumkehr ablehnen, einheitlich die Anwendung der privilegierten Arbeitnehmerhaftung von einer „betrieblich veranlassten Tätigkeit“ abhängig machen.

Schließlich sprechen selbst die von *Richardi/Fischinger* genannten Entscheidungen dafür, dass bei der Anwendung des § 619 a BGB allein darauf abzustellen ist, ob der Schaden des Arbeitgebers durch die „betrieblich veranlasste Tätigkeit“ ausgelöst wird. *Richardi/Fischinger* halten § 280 I 1 S. 2 BGB auf Grundlage des Urteils des LAG Düsseldorf vom 04.07.1975 für anwendbar,[505] wenn der Arbeitgeber dem Arbeitnehmer den Pkw nicht nur zu geschäftlichen, sondern auch zu privaten Fahrten überlässt,[506] denn der Arbeitnehmer kann hier als Alleinbesitzer anzusehen sein.[507] Auf die anderen zwei von ihnen genannten Mankofällen[508] ist nach *Richardi/Fischinger* § 619a BGB aber wiederum anwendbar, weil der Arbeitnehmer hier kein Alleinbesitzer ist.[509] In einem Urteil des LAG Berlin-Brandenburg vom 13.07.2007 [510] geht es darum, dass ein Ar-

---

503 MüKoBGB/Henssler, 4 Aufl. (2005), § 619 a Rn. 8 f.; MüKoBGB/Henssler, 6 Aufl. (2012), § 619 a Rn. 8 f.; MünchArbR/Reichold, 3. Aufl. (2009), § 51 Rn. 31 f., 62 f.; Staudinger/Richardi, BGB, Neubearb. (2005), § 611 Rn. 581; Staudinger/Richardi/Fischinger, BGB, Neubearb. (2011), § 619 a Rn. 41 f.; DLW/Dörner, 8. Aufl. (2009), Kap. 3, Rn. 641; MünchAnwH-ArbR/Eisenbeis, 2. Aufl. (2009), § 15 Rn. 71; HBD/Brors, 2.Auf.(2010), § 611 BGB Rn. 892; Preis/Stoffels, 4. Aufl. (2011), II H 20 Rn. 9; Tschöpe/Steinau-Steinrück, 7. Aul.(2011), S. 1200, Rn. 21.

504 Gotthardt, 2. Aufl. (2003), Rn. 157, 197; RGKU/Hesse, § 619 a BGB Rn. 7; HK-ArbR/Waas/Palonka, 2. Aufl. (2010), § 619 a BGB Rn. 9; HWK/Krause, 5. Aufl. (2012), § 619 a BGB Rn 21; ErfK/Preis, 13. Aufl. (2013), § 619 a BGB Rn. 12; Küttner/Griese, 18. Aufl. (2011), Arbeitnehmerhaftung 33, Rn. 11; KZD/Lakies, 6. Aufl. (2011), § 62, Rn. 31 ff.; DFL/Kamanabrou, 4. Aufl. (2011), § 611 BGB Rn. 423.

505 LAG Düsseldorf (04.07.1975), DB 1975, S. 1849.

506 In diesem Sinne „zu privaten Zwecken“ schon früh Krause, Anm. zu BAG (22.05.1997), AP Nr. 1 zu § 611 BGB Mankohaftung (unter I 7 a); Krause, Anm. zu BAG (02.12.1999), AP Nr. 3 zu § 611 BGB Mankohaftung (unter II 1).

507 Staudinger/Richardi/Fischinger, BGB, Neubearb. (2011), § 619 a Rn. 19.

508 Juris Datenbank, LAG Berlin-Brandenburg, 13.07.2007 – 6 Sa 808/07 u. 6 Sa 1152/07, Rn. 29; Juris Datenbank, LAG Rheinland-Pfalz 12.02.2010 – 6 Sa 251/09, Rn. 25.

509 Staudinger/Richardi/Fischinger, BGB, Neubearb. (2011), § 619 a Rn. 19.

510 Juris Datenbank, LAG Berlin-Brandenburg, 13.07.2007 – 6 Sa 808/07 u. 6 Sa 1152/07.

beitnehmer, der den vollen Betrag bei einer Bank eingezahlt hat, deren Schalterangestellte jedoch den Überweisungsträger falsch ausgefüllt hat, nur ein Zehntel des vom Kunden vereinnahmten Geldbetrags an seinen Arbeitgeber überwiesen hat und der Arbeitgeber den Arbeitnehmer auf Herausgabe der restlichen 90 % des vereinnahmten Geldes in Anspruch nimmt. In einem anderen Urteil des LAG Rheinland-Pfalz vom 12.02.2010[511] geht es um einen Fall, in dem einem Arbeitnehmer der in einem Auswärtstermin vereinnahmte Versteigerungserlös auf dem Rückweg zur Betriebsstätte gestohlen wird.

Bei der näheren Betrachtung, der von *Richardi/Fischinger* genannten Entscheidungen, kommt man zum Ergebnis, dass es bei der Anwendbarkeit des § 619a BGB weniger auf den „Alleinbesitz“, sondern vielmehr auf die „betrieblich veranlasste Tätigkeit“ ankommt. Der unglückliche „Alleinbesitz“ darf freilich nicht den Blick darauf verstellen, dass erst die „betrieblich veranlasste Tätigkeit“ für die Beweislastumkehr zu Lasten des Arbeitnehmers ausschlaggebend ist.

dd) Vermeidung eines Wertungswiderspruchs

Die Wahl des „Alleinbesitzes“ als Abgrenzungskriterium führt zwangsläufig zu einem Widerspruch zu der herkömmlichen gesetzlichen Wertung zur besitzrechtlichen Situation des Arbeitnehmers in § 855 BGB,[512] wonach der Arbeitnehmer die tatsächliche Sachgewalt nur weisungsgebunden ausübt und per se Besitzdiener der ihm zur Erfüllung seiner Arbeitsleistung überlassenen Sachen ist.[513] Dieser anhand des „Alleinbesitzes“ konzipierte Ausnahmefall steht in einem Wertungswiderspruch zu den Wesensmerkmalen des Arbeitnehmerbegriffs, nämlich der „Unselbstständigkeit“ sowie der „Besitzdiener“-Stellung und ist deshalb so ungewöhnlich, dass viele Autoren schon erhebliche Bedenken diesbezüglich geäußert haben.[514] Dieser Wertungswiderspruch kann vermieden oder

---

511 Juris Datenbank, LAG Rheinland-Pfalz 12.02.2010 – 6 Sa 251/09.

512 Baur/Stürner, 18.Aufl. (2009), § 7 Rn. 61, 62; Wolf/Wellenhofer, 27. Aufl. (2012), § 4 Rn. 33.

513 Preis/Kellermann, Anm. zu BAG (22.05.1997), SAE 1998, S. 134; Krause, Anm. zu BAG (22.05.1997), AP Nr. 1 zu § 611 BGB Mankohaftung; Krause, Anm. zu BAG (02.12.1999), AP Nr. 3 zu § 611 BGB Mankohaftung; Groeger, FA 1999, S. 39; Deinert, RdA 2000, S. 24.

514 MünchArbR/Blomeyer, 2. Aufl. (2000), § 59 Rn. 83, nach Blomeyer betrifft diese Sondersituation nicht den Regelfall der Mankohaftung; Gotthardt, 2. Aufl. (2003), Rn. 205, es handele sich hier nicht mehr um Pflichten aus dem Arbeitsverhältnis als insoweit keine arbeitsvertragliche Pflicht mehr vorliege, sondern eine davon völlig getrennt zu beurteilende, eigenständige Vertragspflicht; MünchArbR/Reichold, 3. Aufl. (2009), § 51 Rn. 71, Reichold weist selbst sogar darauf hin, dass der Ausnahmefall bei der Nut-

zumindestens umgegangen werden, wenn man die „betrieblich veranlasste Tätigkeit" als Anknüpfungspunkt wählt.

ee) Die hinter „betrieblich veranlasste Tätigkeit" stehende Wertung mit Rücksicht auf die Tätigkeitsbezogenheit der Leistungspflicht des Arbeitnehmers

Larenz hat schon früh zutreffend darauf hingewiesen, dass die gesetzliche Vermutung einer objektiven Pflichtverletzung bei einer vom Gläubiger bewiesenen Unmöglichkeit gemäß § 282 a.F. BGB nur bei einer erfolgsbezogenen gedachten Leistungspflicht passt, weil nach der Konzeption des Gesetzes der Schuldner das Risiko der nachträglichen Unmöglichkeit der Leistung („das Leistungsrisiko") zu tragen hat und ein Stück Erfüllungsgarantie in dieser Konzeption steckt. Bei einer verhaltensbezogenen Pflicht hat derjenige, der Schadensersatz verlangt, grundsätzlich zu beweisen, dass ein bestimmtes pflichtwidriges Verhalten des Beklagten vorliegt.[515] Mit diesen Gedanken stimmt die Begründung des 8. Senats des BAG für keine Anwendung auf die Mankohaftung aus p.F.V. überein, weil ein weiterer Grundgedanke des § 282 BGB a.F., der das vom Schuldner übernommene Leistungsrisiko zum Ausdruck bringt, nicht auf die Arbeitnehmerhaftung zutrifft und gleichwertig dem anderen Grundgedanken einer Beweisbelastung des beweisnäheren Schuldners zur Seite steht.[516]

Hinter „betrieblich veranlasste Tätigkeit" steht gerade die Wertung mit Rücksicht auf die Tätigkeitsbezogenheit der Leistungspflicht des Arbeitnehmers. Bei betrieblich veranlasster Mankohaftung ist die Leistungspflicht des Arbeitnehmers in aller Regel tätigkeitsbezogen. *Krause* und *Deinert* haben zu Recht darauf hingewiesen, dass der Arbeitgeber nicht durch eine schlichte organisatorische Anordnung die tätigkeitsbezogene Leistungspflicht des Arbeitnehmers in eine Erfolgspflicht verwandeln darf und hierdurch die Beweislast generell auf den Arbeitnehmer verlagern.[517] Bei außerbetrieblich veranlasster Mankohaftung hat der Arbeitnehmer das Leistungsrisiko zu übernehmen.

---

zung eines Dienstwagens zu privaten Zwecken gerade gar kein Fall der Mankohaftung ist; Tschöpe/Steinau-Steinrück, 7. Aul.(2011), 2 I, Rn. 61, 62, Steinau-Steinrück führt eindeutig aus: Die Beweislastumkehr des § 619 a BGB könne für diesen Fall nicht gelten. Denn die Haftung des Arbeitnehmers beruhe hier nicht auf der Verletzung einer Pflicht aus dem Arbeitsverhältnis, sondern einer Pflicht aus dem Auftrags- oder Verwahrungsverhältnis. Es bleibe deshalb bei der Regel des § 280 I 2 BGB.

515 Larenz, Lehrbuch des Schuldrechts, Band I, 14. Aufl. (1987), § 24, S. 371 ff.

516 BAG (17.09.1998), AP Nr. 2 zu § 611 BGB Mankohaftung (unter B II 2 c aa der Gründe).

517 Krause, Anm. zu BAG (22.05.1997), AP Nr. 1 zu § 611 BGB Mankohaftung (unter 7 c); Deinert, RdA 2000, S. 30, 35; Krause, RdA 2013, S. 136.

ff) Bestimmtes und konturiertes Abgrenzungskriterium

Abgesehen von dem Wertungswiderspruch ist das vom BAG gewählte Abgrenzungskriterium des „Alleinbesitzes“ zu unbestimmt. Daran ändert die Konkretisierung des 8. Senats nichts, dass unmittelbarer Besitz des Arbeitnehmers zumindest den alleinigen Zugang zu der Sache und deren selbstständige Verwaltung voraussetzt, wozu es gehören werde, dass der Arbeitnehmer wirtschaftliche Überlegungen anzustellen und Entscheidungen über die Verwendung der Sache zu treffen hat.[518]

Im Gegensatz zum „Alleinbesitz“ stellt „betrieblich veranlasste Tätigkeit“ ein bestimmtes und konturiertes Abgrenzungskriterium dar, unter dem die ständige Rechtsprechung des BAG versteht, dass als betrieblich veranlasst solche Tätigkeiten gelten, die arbeitsvertraglich übertragen worden sind oder die der Arbeitnehmer im Interesse des Arbeitgebers für den Betrieb ausführt.[519]

gg) Stillschweigende Ansicht vom 8. Senat des BAG

In der Entscheidung vom 17.09.1998 hat der 8. Senat des BAG zur Begründung keiner entsprechenden Anwendung des § 282 BGB a.F. ausgeführt: „Die Bestimmung ist Ausdruck des vom Schuldner übernommenen Leistungsrisikos. Dieser Gedanke trifft auf die Arbeitnehmerhaftung nicht zu. Die Einschränkung der Arbeitnehmerhaftung beruht gerade auf der Überlegung, dass der Arbeitgeber wegen seiner Organisationsmöglichkeiten ein erhöhtes Risiko trägt. Dem widerspräche es, würde man über die Anwendung einer Beweislastregel einen Teil des Risikos wieder zurück auf den Arbeitnehmer verschieben. Deshalb darf § 282 BGB a.F. im Rahmen der Arbeitnehmerhaftung nicht an(*ge*)wendet werden. Die in einzelnen früheren Entscheidungen vertretene gegenteilige Ansicht wird aufgegeben (Klarstellung zum Senatsurteil vom 22. Mai 1997 - 8 AZR 562/95 - AP Nr. 1 zu § 611 BGB Mankohaftung). Es verbleibt deshalb bei den allgemeinen Regeln über die Verteilung der Beweislast, wenn es um die Geltendmachung von Ansprüchen aus positiver Vertragsverletzung geht: Der Arbeitgeber trägt die Darlegungs- und Beweislast für den Verschuldensgrad des Arbeitnehmers.“[520]

Mit dieser Begründung hat der 8. Senat klar die Anwendung des § 282 BGB a.F. davon abhängig gemacht, ob man über eine Beweislastregel das vom Ar-

518 BAG (17.09.1998), AP Nr. 2 zu § 611 BGB Mankohaftung (unter B I 1 der Gründe).

519 BAG (28.10.2010), AP Nr. 136 zu § 611 BGB Haftung des Arbeitnehmers (unter B II 1 der Gründe). Zum Begriff „betrieblich veranlasste Tätigkeit“, vgl. ausführlich unten Zweiter Teil C. I. 4. Einschub.

520 BAG (17.09.1998), AP Nr. 2 zu § 611 BGB Mankohaftung (Unter B II 2 c aa der Gründe).

beitgeber tragende Betriebsrisiko wegen seiner Organisationshoheit wieder auf den Arbeitnehmer zurückwälzt, was zur Gefährdung der privilegierten Arbeitnehmerhaftung führt. Deswegen könnte sich der 8. Senat entscheiden, in der Zukunft „betrieblich veranlasste Tätigkeit“ als Abgrenzungskriterium für eine Beweislastumkehr zu wählen. Das BAG sollte m.E. sich nicht mit der erheblichen Verengung des Anwendungsbereichs des§ 282 BGB a.F. begnügen, sondern auf dem eingeschlagenen Weg konsequent genug voranschreiten, indem es das unglückliche Abgrenzungskriterium des „Alleinbesitzes“ aufgibt.

Daher gilt: Nicht „Alleinbesitz“, sondern „betrieblich veranlasste Tätigkeit“ stellt das Abgrenzungskriterium für eine differenzierte Beweislastverteilung im Mankofall dar. Der „Alleinbesitz“ sinkt daher nunmehr auf die Ebene der vom Arbeitgeber vorgetragenen Indizien, von denen nach dem Institut des Anscheinsbeweises auf die objektive Pflichtverletzung, die Kausalität und das Verschulden geschlossen werden kann.

b) Beweislastverteilung bei „keiner betrieblich veranlassten Tätigkeit“

Wie bei der Erörterung der Anspruchsgrundlage schon ausgeführt,[521] handelt es sich m.E. bei „keiner betrieblich veranlassten Tätigkeit“ streng genommen um keine Arbeitgeber-Arbeitnehmer-Beziehung, weil der „Arbeitnehmer“ den Schaden bei einer Tätigkeit verursacht, die außerhalb des Arbeitsverhältnisses liegt. Zu denken ist hier etwa an einen solchen Fall, dass ein Außendienstmitarbeiter einen Dienstwagen zum privaten Zweck nutzte, etwa für einen Wochenendeinkauf für die Familie, und der Dienstwagen während seines Kaufs im Supermarkt gestohlen wurde. Hier trifft den „Arbeitnehmer“ nicht eine tätigkeitsbezogene Pflicht, sondern eine erfolgsbezogene Pflicht. In diesem Fall greift eine von § 619 a BGB abweichende Beweislastumkehr zulasten des Arbeitnehmers nach § 280 I 2 BGB ein. D.h. der „Arbeitnehmer“ muss sich bezüglich der subjektiven Pflichtverletzung, nämlich des Verschuldens, entlasten. Der Arbeitgeber hat die Beweislast für den Schaden, die objektive Pflichtverletzung (eine objektiv pflichtwidrige Handlung) und die Kausalität zwischen Handlung und Schaden zu tragen. Für eine Beweislastumkehr hier können die Gefahrenbereichsgedanken sprechen, weil anders als im Rahmen des echten Arbeitsverhältnisses der „Arbeitnehmer“ hier nicht in einer ausschließlich vom Arbeitgeber durch seine Organisationshoheit geschaffenen Arbeitsumgebung arbeitet, sondern er bewegt sich in einem allein von ihm beherrschten Bereich des Lebensrisikos. Deswegen wird die privilegierte Arbeitnehmerhaftung nicht unterlaufen, da der „Arbeitnehmer“ hier kein betriebliches Risiko, sondern das Lebensrisiko trägt.

521 Vgl. ausführlich oben Zweiter Teil A. III.

Zudem ist erwähnenswert, dass das neue Leistungsstörungsrecht bei einer auf den Erfüllungserfolg ausgerichteten Leistungspflicht bereits den Nichteintritt des Leistungserfolges als Pflichtverletzung bezeichnet, d.h. jedes Leistungsdefizit gemessen am positiven Leistungsinteresse des Gläubigers erfüllt den Tatbestand der Pflichtverletzung, ohne eine objektive Sorgfaltswidrigkeit festzustellen.[522] Ein derartiges Verständnis der objektiven Pflichtverletzung unter Verzicht auf eine objektive Pflichtwidrigkeit bei einer erfolgsbezogenen Leistungspflicht ist nicht fremd und findet seinen Ausdruck schon in § 282 BGB a.F. Wie oben erwähnt, hat *Larenz* schon früh zutreffend darauf hingewiesen, dass die gesetzliche Vermutung einer objektiven Pflichtverletzung nur bei einer erfolgsbezogenen gedachten Leistungspflicht passt, weil nach der Konzeption des Gesetzes der Schuldner „das Leistungsrisiko" zu tragen hat und ein Stück Erfüllungsgarantie in dieser Konzeption steckt.[523] Aufgrund dieses Verständnisses der objektiven Pflichtverletzung bei erfolgsbezogener Pflicht stellt der Umstand der Nichtrückgabe des Dienstwagens nach einer privaten Nutzung bereits eine objektive Pflichtverletzung dar.

c) Beweislastverteilung bei der „betrieblich veranlassten Tätigkeit"

Soweit das Manko bei der „betrieblich veranlassten Tätigkeit" eingetreten ist, handelt es sich um einen echten Mankohaftungsfall im Rahmen des Arbeitsverhältnisses. Hier trifft den Arbeitnehmer keine erfolgsbezogene Pflicht, sondern eine tätigkeitsbezogene Pflicht. Im echten Mankohaftungsfall kommt § 619 a BGB als spezielle Beweislastregelung hinsichtlich des Verschuldens zur Revidierung der Beweislastumkehr nach § 280 I 2 BGB. Der Arbeitgeber hat die subjektive Pflichtverletzung (Verschulden) darzulegen und zu beweisen. Im Übrigen verbleibt die objektive Beweislast für alle anderen rechtsbegründenden Tatbestandsmerkmale der allgemeinen Mankohaftung, nämlich für den Schaden, die objektive Pflichtverletzung (eine objektiv pflichtwidrige Handlung) und die Kausalität zwischen Handlung und Schaden beim Arbeitgeber. Die Beweislast hinsichtlich der „betrieblich veranlassten Tätigkeit" als Voraussetzung der Anwendung des § 619 a BGB trifft allerdings den Arbeitnehmer, wie im Fall der Anwendung der privilegierten Arbeitnehmerhaftung.[524]

---

522 MüKoBGB/Ernst, 6 Aufl. (2012), § 280 Rn. 12, 17 f.

523 Larenz, Lehrbuch des Schuldrechts, Band I, 14. Aufl. (1987), § 24, S. 371 ff., vgl. ausführlich oben Zweiter Teil B. IV. 3 a). ee).

524 Preis/Kellermann, Anm. zu BAG (22.05.1997), SAE 1998, S. 139; BAG (18.04.2002), NZA 2003, S. 37; RGKU/Hesse, § 619 a BGB Rn. 27; MünchArbR/Reichold, 3. Aufl. (2009), § 51 Rn. 59; HWK/Krause, 5. Aufl. (2012), § 619 a BGB Rn. 43; Schaub/Linck, 14. Aufl. (2011), § 59, Rn. 46; ErfK/Preis, 13. Aufl. (2013), § 619 a BGB Rn. 21; KZD/Lakies, 6. Aufl. (2011), § 62, Rn. 53.

Zu beachten ist, dass ein Verständnis der objektiven Pflichtverletzung unter Verzicht auf eine objektive Pflichtwidrigkeit bei verhaltensbezogener Pflicht abzulehnen ist. Vielmehr muss der Arbeitgeber beweisen, dass ein bestimmtes pflichtwidriges Verhalten des Arbeitnehmers vorliegt.[525] Danach liegt die objektive Pflichtverletzung im echten Mankohaftungsfall nicht bereits im Umstand eines Fehlbestandes an Geld oder Waren, vielmehr bedarf es der weitergehenden Feststellung, dass der Eintritt dieses Umstands auf einem konkreten pflichtwidrigen Arbeitnehmerverhalten beruhte, weil der Arbeitnehmer -wie schon bei der Frage nach der Anspruchsgrundlage näher ausgeführt- das über das Interesse an der Leistung selbst hinausgehende Integritätsinteresse des Arbeitgebers wegen der Verletzung von Schutz- und Rücksichtnahmepflicht beeinträchtigt.[526]

Die im Laufe der Zeit vertretenen Pro und Contra-Argumente zur Beweislastumkehr sind schon oben dargestellt worden und brauchen somit nicht erneut referiert zu werden.[527] Aber hinsichtlich der Gefahrenbereichslehre als der einzigen für die Beweislastverteilung maßgebenden Erwägung unter den Argumenten ist hier mit Nachdruck darauf hingewiesen, dass bei der „betrieblich veranlassten Tätigkeit“ die Gefahrenbereichslehre versagt, weil ein solcher Gefahren-/Verantwortungsbereich gar nicht existiert, der allein/ausschließlich vom Arbeitnehmer beherrscht wird und sich eindeutig vom Gefahren-/Verantwortungsbereich des Arbeitgebers abgrenzt, wenn man die Gefahrenbereichslehre und die Besonderheiten des Arbeitsrechts, nämlich die Gedanken zum Betriebsrisiko und den Sozialschutz des Arbeitnehmers, ernst nimmt. Zu einer ähnlichen Auffassung kamen bereits früher *Barton*, *Stehl*, *Krause*, *Otto/Schwarze* und *Boemke/Müller*.[528] Im Übrigen darf der Arbeitgeber nicht mittels seiner Organisationshoheit die Beweislast auf den Arbeitnehmer verlagern, indem er durch die Schaffung eines sog. „abgeschlossenen“ Gefahrenbereichs des Arbeitnehmers die verhaltensbezogene Leistungspflicht des Arbeitnehmer in die erfolgsbezogene Leistungspflicht umwandelt, weil das vom Arbeitgeber zu tragende Unternehmensrisiko durch eine ungünstige Beweislastregel wieder unzulässigerweise auf den Arbeitnehmer abgewälzt wird.[529]

---

525 Larenz, Lehrbuch des Schuldrechts, Band I, 14. Aufl. (1987), § 24, S. 371 ff.; MüKoBGB/Ernst, 6 Aufl. (2012), § 280 Rn. 13, 17 f.

526 Vgl. ausführlich oben Zweiter Teil A. III, zutreffend Krause, RdA 2013, S. 130 f.

527 Vgl. ausführlich oben Zweiter Teil B. II.

528 Barton, S. 82 ff.; Stehl, AuR 1970, S. 265; Krause, Anm. zu BAG (22.05.1997), AP Nr. 1 zu § 611 BGB Mankohaftung (unter II 7 d); Otto/Schwarze, Rn. 289; Boemke/Müller, Anm. zu BAG (17.09.1998), SAE 2000, S.11.

529 Deinert, RdA 2000, S. 30; Krause, RdA 2013, S. 136.

4. Innerprozessuale Möglichkeiten zur Beweislasterleichterung des Arbeitgebers bei der betrieblich veranlassten Mankohaftung

Nach dem bisherigen Gesagten bleibt die objektive Beweislast für alle rechtsbegründenden Tatbestandsmerkmale der allgemeinen Mankohaftung stetig beim Arbeitgeber, soweit der Mankoeintritt betrieblich veranlasst worden ist. Obwohl sich diese stetige Beweislast des Arbeitgebers im Wesentlichen durch die Grundgedanken zum Betriebsrisiko und Sozialschutz des Arbeitnehmers rechtfertigt, darf nicht übersehen werden, dass der Arbeitgeber häufig in einen Beweisnotstand gerät, weil er nicht alle Vorgänge im Arbeitsbereich des Arbeitnehmers vollkommen beherrschen kann und den Arbeitnehmer grundsätzlich keine dahingehende Auskunftspflicht trifft. Daraus ergibt sich naturgemäß folgendes Problem: Welche Möglichkeiten stehen dem Arbeitgeber bei der Überwindung der Beweisschwierigkeiten zur Verfügung, wenn die Lösung nicht mehr in der Verteilung der objektiven Beweislast zu suchen sein darf?

Ohne Anspruch auf Vollständigkeit wird im Folgenden das Augenmerk auf die wichtigsten innerprozessualen Möglichkeiten in Rechtsprechung und Literatur gerichtet. Die Suche nach diesen Möglichkeiten erfolgt nach der zeitlichen Reihenfolge im Prozessverlauf:

a) Eine allgemeine prozessuale Aufklärungspflicht des nicht mit der objektiven Beweislast beschwerten Arbeitnehmers ?

In der Literatur wird die Auffassung vertreten, dass sich aus einer Rechtsanalogie zu den zivilprozessrechtlichen Vorschriften eine allgemeine prozessuale Aufklärungspflicht der nicht beweisbelasteten Partei ableiten lässt,[530] die dazu dient, die nicht beweisbelastete Partei zur Sachverhaltsaufklärung anzuhalten.

Diese Auffassung ist auf weitgehende Kritik in der Literatur gestoßen und hat sich wegen des Verstoßes gegen das Wesen des deutschen Zivilprozessrechts nicht durchgesetzt, wonach die nicht beweisbelastete Partei oder Dritte keine allgemeine prozessuale Aufklärungspflicht trifft, einer Partei der anderen alle relevanten Informationen zu vermitteln, die diese nicht hat.[531] Der BGH hat diese ablehnende Meinung geteilt und ebenfalls den Standpunkt vertreten, es könne nicht Aufgabe des Prozessrechts sein, eine allgemeine Auskunftspflicht, die das materielle Recht nicht kenne, einzuführen. Vielmehr müsse es bei dem Grund-

---

530 Stürner, S. 85 ff.; vgl. Baumgärtel/Laumen/Prütting/Laumen, HdB. Grundlagen, 2. Aufl. (2009), § 16, S. 363 Fn. 6 m.w.N.

531 Adolphsen, 3. Aufl. (2012), § 21, Rn. 3; Rosenberg/Schwab/Gottwald, 17. Aufl. (2010), § 109, Rn. 8; Musielak, 10. Aufl. (2010), § 6 Rn. 403; Lüke, 10. Aufl. (2011), § 2 Rn. 23; vgl. Baumgärtel/Laumen/Prütting/Laumen, HdB. Grundlagen, 2. Aufl. (2009), § 16, S. 364 Fn. 14 m.w.N.

satz bleiben, dass keine Partei gehalten sei, dem Gegner für seinen Prozesssieg das Material zu verschaffen, über das er nicht schon von sich aus verfüge.[532] Deswegen wird der Weg einer allgemeinen prozessualen Aufklärungspflicht des Arbeitnehmers zur Beweiserleichterung des Arbeitgebers abgelehnt.

b) Sekundäre Behauptungslast des nicht beweisbelasteten Arbeitnehmers

aa) Zivilrechtliche Rechtsprechung und Lehre zur Sekundären Behauptungslast

(1) Die Rechtsprechung des BGH

Schon früh ist das RG im Urteil vom 10.03.1941 davon ausgegangen, dass keine grundsätzliche Pflicht des Beklagten zum substantiierten Bestreiten nicht ausschließt, eine Darlegungslast des Beklagten anzunehmen, wenn dem außerhalb des Geschehensablaufs stehenden Kläger eine genaue Kenntnis der Tatsachen fehlt, der Beklagte dagegen diese hat und leicht die erforderliche Aufklärung beibringen kann.[533] Diese Gedanken hat der BGH aufgegriffen und trotz der Ablehnung einer allgemeinen prozessualen Aufklärungspflicht eine Mitwirkungspflicht der nicht beweislasteten Partei an der Sachverhaltsklärung entwickelt. Diese Mitwirkungspflicht ist auf eine lange Rechtsprechungstradition des BGH zurückzuführen und wird erst dann vom BGH angenommen, wenn eine darlegungspflichtige Partei außerhalb des von ihr darzulegenden Geschehensablaufes steht und keine nähere Kenntnis der maßgebenden Tatsachen besitzt, während der Prozessgegner diese hat und ihm nähere Angaben zumutbar sind.[534] Kommt

532 BGH (11.06.1990), NJW 1990, S. 3151 (unter III 1 der Gründe); BGH (12.11.1991), NJW 1992, S. 1819; BGH (26.10.2006), NJW 2007, S. 156 (unter II 2 c der Gründe).

533 RG (10.03.1941), RGZ 166, S. 242.

534 BGH (05.06.2003), NJW 2003, S. 3627 (unter II 2 b cc der Gründe); BGH (13.06.2002), NJW-RR 2002, S. 1310 (unter II 2 b aa der Gründe); BGH (21.11.2001), NJW 2002, S. 1125 (unter II 3 c der Gründe); BGH (21.09.2000), NJW-RR 2001, S. 399 (unter II 1 b bb der Gründe); BGH (29.03.2000), NJW 2000, S. 2274 f.; BGH (18.05.1999), NJW 1999, S. 2888 (unter 2 c der Gründe); BGH (19.04.1999), NJW-RR 1999, S. 1152 (unter II 1 der Gründe); BGH (03.02.1999), NJW 1999, S. 1405 f. (unter II 2 b aa der Gründe); BGH (07.12.1998), NJW 1998, S. 580 (unter I 2 der Gründe); BGH (24.11.1998), NJW 1999, S. 715 (unter II der Gründe); BGH (11.06.1990), NJW 1990, S. 3151 f. (unter III 2 der Gründe); BGH (17.03.1987), NJW 1987, S. 2009 (unter II 2 a der Gründe); BGH (15.10.1986), NJW 1987, S. 1201 (unter A I 1 der Gründe); BGH (10.03.1986), NJW 1986, S. 3194 (unter II 2 a der Gründe); BGH (01.12.1982), NJW 1983, S. 688 (unter III 2 b der Gründe); BGH (28.06.1974), NJW 1974, S. 1822 f. (unter II 2 der Gründe); BGH (20.01.1961), NJW 1961, S. 828 (unter B 3 c der Gründe).

der sekundär Darlegungspflichtige in einer solchen Prozesslage seiner Vortragslast nicht nach, greift die Geständnisfiktion des § 138 III ZPO ein.[535]

Das BAG bezeichnet diese dem Gegner der primär behauptungsbelasteten Partei obliegende Mitwirkungspflicht häufig als „sekundäre Behauptungs-/Darlegungslast“,[536] manchmal auch als eine darüber hinausgehende Substantiierungslast[537] oder ein substantiiertes Bestreiten.[538] In der früheren Zeit hat das BAG diese Mitwirkungspflicht auf eine allgemeine Pflicht zu redlicher, mit den Geboten von Treu und Glauben zu vereinbarender Prozessführung gestützt.[539] In der neuen Rechtsprechung hat der BGH die Tendenz gezeigt, diese Mitwirkungspflicht aus § 138 ZPO herzuleiten.[540]

(2) Die zivilprozessrechtliche Lehre

Diese vom BAG entwickelte „sekundäre Behauptungslast“ der nicht beweisbelasteten Partei wird in der Literatur als eine Form der oben dargestellten konkreten Behauptungslast angesehen[541] und hat schon im Schrifttum weitgehende Zustimmung gefunden.[542] Über die dogmatische Begründung besteht jedoch keine

---

535 BGH (10.03.1986), NJW 1986, S. 3194 (unter II 2 a der Gründe).

536 BGH (05.06.2003), NJW 2003, S. 3627 (unter II 2 b cc der Gründe); BGH (13.06.2002), NJW-RR 2002, S. 1310 (unter II 2 b aa der Gründe); BGH (21.11.2001), NJW 2002, S. 1125 (unter II 3 c der Gründe); BGH (21.09.2000), NJW-RR 2001, S. 399 (unter II 1 b bb der Gründe); BGH (24.11.1998), NJW 1999, S. 715 (unter II der Gründe); BGH (11.06.1990), NJW 1990, S. 3151 f. (unter III 2 der Gründe).

537 BGH (29.03.2000), NJW 2000, S. 2274 f.; BGH (03.02.1999), NJW 1999, S. 1405 f. (unter II 2 b aa der Gründe).

538 BGH (19.04.1999), NJW-RR 1999, S. 1152 (unter II 1 der Gründe); BGH (07.12.1998), NJW 1998, S. 580 (unter I 2 der Gründe).

539 BGH (20.01.1961), NJW 1961, S. 828 (unter B 3 c der Gründe).

540 BGH (17.03.1987), NJW 1987, S. 2009 (unter II 2 a der Gründe); BGH (24.11.1998), NJW 1999, S. 715 (unter II der Gründe); BGH (13.06.2002), NJW-RR 2002, S. 1310 (unter II 2 b aa der Gründe).

541 Baumgärtel, Beweislastpraxis, S. 22, Rn 30; MüKoZPO/Prütting, 3. Aufl. (2008), § 286 Rn. 103; Baumgärtel/Laumen/Prütting/Laumen, HdB. Grundlagen, 2. Aufl. (2009), § 3 Rn. 59, 66.

542 Stein/Jonas/Leipold, 22 Aufl. (2005), § 138 Rn. 37 ff.; MüKoZPO/Prütting, 3. Aufl. (2008), § 286 Rn. 103, 131; Zöller/Greger, 28. Aufl. (2010), § 138 Rn. 8 b und Vor § 284 Rn. 34; Musielak/Stadler, 8. Aufl. (2011), § 138 Rn. 10; Prütting/Gehrlein/Laumen, , 3 Aufl. (2011), § 286 Rn. 81; Thomas/Putzo/Reichold, 33 Aufl. (2012), Vor § 284 Rn. 18, 37; Baumbach/Lauterbach/Albers/Hartmann, 70. Aufl. (2012), § 138 Rn. 29 f.; Rosenberg/Schwab/Gottwald, 17. Aufl. (2010), § 109 Rn. 15; Schilken, 6. Aufl. (2010), § 11 Rn. 499; Musielak, 10. Aufl. (2010), § 6 Rn. 403; vgl. Baumgärtel/Laumen/Prütting/Laumen, HdB. Grundlagen, 2. Aufl. (2009), § 3, S. 60 Fn. 274 m.w.N.

Einigkeit. Manche Stimmen begründen diese Mitwirkungspflicht mit dem Gedanken einer redlichen, das Gebot von Treu und Glauben beachtenden Prozessführung,[543] während ein Teil der Literatur ihre Rechtfertigung in 138 ZPO sehen will.[544]

bb) Arbeitsrechtliche Rechtsprechung und Lehre zur Sekundären Behauptungslast

(1) Die arbeitsrechtliche Rechtsprechung

Die in der ständigen Rechtsprechung des BGH entwickelte sekundäre Behauptungslast hat die Aufmerksamkeit des BAG erweckt. Der 8. Senat des BAG hat sich zunächst dieser Rechtsprechung des BGH im Urteil vom 20.11.2003 angeschlossen und die sekundäre Behauptungslast eines Arbeitnehmers als eine Mitwirkungspflicht des nicht beweisbelasteten Prozessgegners aus § 138 I, II ZPO anerkannt, wenn eine darlegungspflichtige Partei außerhalb des von ihr darzulegenden Geschehensablaufes steht und keine nähere Kenntnis der maßgebenden Tatsachen besitzt, während der Prozessgegner diese hat und ihm nähere Angaben zumutbar sind.[545]

Der 2. Senat des BAG ist auch dieser Rechtsprechung des BGH in einer Serie von Entscheidungen über betriebsbedingte Kündigungen gefolgt und mithin dem Arbeitgeber trotz eines wirksamen Interessenausgleichs mit Namensliste im Normalfall nach § 1 V KSchG eine sekundäre Behauptungslast hinsichtlich der dringenden betrieblichen Erfordernisse auferlegt.[546] Diese Lehre zur sekundären Behauptungslast hat der 2. Senat des BAG in einem Urteil vom 18.09.2008 über die außerordentliche Kündigung bestätigt.[547] Wie der 8. Senat, hat auch der 2. Senat diese Mitwirkungspflicht des Prozessgegners in Form der sekundären Behauptungslast aus § 138 I, II ZPO hergeleitet.

Diese Lehre zur Mitwirkungspflicht des Prozessgegners hat auch in der Rechtsprechung der ArbG und der LAG über betriebsbedingte Kündigungen

543 Thomas/Putzo/Reichold, 33 Aufl. (2012), Vor § 284 Rn. 18, 37; Hansen, JuS 1991, S. 588 f.; Musielak, 10. Aufl. (2010), § 6 Rn. 403; Rosenberg/Schwab/Gottwald, 17. Aufl. (2010), § 109 Rn. 15.

544 MüKoZPO/Wagner, 3. Aufl. (2008), § 138 Rn. 22.

545 BAG (20.11.2003), NZA 2004, S. 491 (unter II 3 b aa der Gründe), im Urteil vom 05.09.2005 hat sich das LAG Niedersachsen in diesem Zusammenhang diese Begründung des 8. Senats vom BAG zu Eigen gemacht, vgl. ausführlich oben Zweiter Teil B. I. 3 b).

546 BAG (06.09.2007), NZA 2008, S. 636 (unter II 3 h der Gründe); Juris Datenbank BAG 23.10.2008 – 2 AZR 163/07, Rn. 38 = BB 2009, S. 1758; BAG (12.03.2009), NZA 2009, S. 1024 f (unter B I 2 c aa der Gründe).

547 BAG (18.09.2008), DB 2009, S. 965 (unter B I 6 b aa der Gründe).

weitgehend Zustimmung gefunden.[548] Diese Lehre hat das LAG Hessen in einem Urteil vom 23.04.2010 über einen Einstellungsanspruch des Bewerbers übernommen.[549] Das ArbG und das LAG sehen auch ihre Rechtfertigung in § 138 ZPO.

In allen Entscheidungen über betriebsbedingte Kündigungen geht es um die Beweiserleichterung zugunsten des Arbeitnehmers in Form der sekundären Behauptungslast. Jedoch wird die sekundäre Behauptungslast auch als Beweiserleichterungsmöglichkeit für Arbeitgeber in vier obengenannten Entscheidungen herangezogen und anerkannt.[550] Von diesen beziehen sich drei sogar auf die Arbeitnehmerhaftung.[551]

Der arbeitsrechtlichen Rechtsprechung ist zu entnehmen, dass die ArbG, die LAG und das BAG, nunmehr ersichtlich die vom BGH bereits seit langem entwickelte und von der Literatur gebilligte Lehre zur sekundären Behauptungslast, entsprechend der zivilrechtlichen Rechtsprechung, übernommen haben, wobei die Rechtsprechung zur Mankohaftung[552] auch einen besonders exemplarischen Fall darstellt. Deswegen kann m.E. die sekundäre Behauptungslast nach seiner Grundkonzeption auch auf die Mankohaftung übertragen werden.

(2) Die arbeitsrechtliche Lehre

Nicht wie die arbeitsrechtliche Rechtsprechung, hat leider die arbeitsrechtliche Lehre bezüglich der Mankohaftung der bereits vom BGH seit langem entwickelten und von der zivilprozessrechtlichen Literatur gebilligten Lehre zur sekundä-

---

548 ArbG Bonn (05.02.1997), EzA KSchG § 1 Interessenausgleich Nr. 1 (unter I 3 a der Gründe); Juris Datenbank, ArbG Berlin 11.08.2004 – 7 Ca 6272/04, Rn. 183 ff.; Juris Datenbank, LAG Brandenburg 13.10.2005 – 9 Sa 205/05, Rn. 45= LAG Brandenburg (13.10.2005), NZA-RR 2006, S. 72; Juris Datenbank, LAG Rheinland-Pfalz 02.02.2006 – 1 Sa 676/05, Rn. 55; Juris Datenbank, ArbG Duisburg 02.02.2009 - 3 Ca 1986/08, Rn. 131; Juris Datenbank, LAG Rheinland-Pfalz 18.02.2010 – 10 Sa 407/09, Rn. 31 (unter II 3.1 der Gründe); Juris Datenbank, LAG Hamm 03.02.2011- 8 Sa 1373/10, Rn. 14 (unter I 1 a der Gründe); Juris Datenbank, LAG Hamm (01. 06.2011), LAGE § 1 KSchG Interessenausgleich Nr. 20, Rn. 80.

549 Juris Datenbank, LAG Hessen 23.04.2010 – 19/3 Sa 47/09, Rn. 49.

550 BAG (20.11.2003), NZA 2004, S. 491 (unter II 3 b aa der Gründe); Juris Datenbank, LAG Baden-Württemberg 27.11.2002 – 12 Sa 118/01, Rn. 25; Juris Datenbank, LAG Niedersachsen 05.09.2005 – 11 Sa 189/05, Rn. 51 f.; BAG (18.09.2008), DB 2009, S. 965 (unter B I 6 b aa der Gründe).

551 BAG (20.11.2003), NZA 2004, S. 491 (unter II 3 b aa der Gründe); Juris Datenbank, LAG Baden-Württemberg 27.11.2002 – 12 Sa 118/01, Rn. 25; Juris Datenbank, LAG Niedersachsen 05.09.2005 – 11 Sa 189/05, Rn. 51 f.

552 Juris Datenbank, LAG Baden-Württemberg 27.11.2002 – 12 Sa 118/01, Rn. 25; Juris Datenbank, LAG Niedersachsen 05.09.2005 – 11 Sa 189/05, Rn. 51 f.

ren Behauptungslast nicht die wünschenswerte Aufmerksamkeit geschenkt.[553] Jedoch hat sich die vom 8. Senat des BAG entwickelte gestufte Darlegungslast weitgehend in den führenden Kommentaren zum Arbeitsrecht[554] und den praxisorientierten Kommentaren zum Arbeitsrecht[555] durchgesetzt, wonach sich der Arbeitnehmer substantiiert zu äußern hat, wenn das schädigende Ereignis näher am Arbeitnehmer als am Arbeitgeber gelegen hat. Wie oben dargestellt, hat der 8. Senat des BAG zunächst auf der Ebene des Bundesgerichts im Urteil vom 20.11.2003 über die Arbeitnehmerhaftung die in der ständigen Rechtsprechung des BGH entwickelte sekundäre Behauptungslast als eine Mitwirkungspflicht des nicht beweisbelasteten Prozessgegners zur Beweiserleichterung des Arbeitgebers übernommen.[556] Deswegen lässt sich vermuten, dass die sekundäre Behauptungslast, deren Gedanken sich in der gestuften Darlegungslast finden können,[557] zukünftig weitgehende Zustimmung in solchen Kommentaren finden kann.

c) Konkrete Beweisführungslast des nicht beweisbelasteten Arbeitnehmers

Stehen sich schlüssige Behauptungen der Partei und erhebliche Einwendungen der Gegenpartei gegenüber, stellt sich dann die Frage nach der subjektiven Beweislast (Beweisführungslast), die im Verfahrensablauf später angesiedelt ist, soweit eine behauptete Tatsache beweiserheblich und beweisbedürftig ist. Weil die abstrakte Beweisführungslast ausgerichtet nach der Verteilung der objektiven Beweislast unverändert bleibt, ist hier nur die konkrete Beweisführungslast für die Beweiserleichterung des Arbeitgebers von Bedeutung. Nach der h.M. entwickelt sich die konkrete Beweisführungslast im Prozessverlauf unabhängig von der Verteilung der objektiven Beweislast und kann allein entsprechend der konkreten Beweissituation und vorläufigen richterlichen Überzeugung im Ein-

553 Staudinger/Otto, BGB, Neubearb. (2009), § 280 Rn. F 6, 38, 39.

554 MüKoBGB/Henssler, 6 Aufl. (2012), § 619 a Rn. 52 f.; RGKU/Hesse, § 619 a BGB Rn. 33, 34; MünchArbR/Reichold, 3. Aufl. (2009), § 51 Rn. 83; HK-ArbR/Waas/Palonka, 2. Aufl. (2010), § 619 a BGB Rn. 23; HWK/Krause, 5. Aufl. (2012), § 619 a BGB Rn. 50; ErfK/Preis, 13. Aufl. (2013), § 619 a BGB Rn. 30.

555 MünchAnwH-ArbR/Eisenbeis, 2. Aufl. (2009), § 15, Rn. 85, 89; HBD/Brors, 2.Auf.(2010), § 611 BGB Rn. 912; Preis/Stoffels, 4. Aufl. (2011), II M 10 Rn. 5; Tschöpe/Steinau-Steinrück, 7. Aufl. (2011), 2 I, Rn. 58; KZD/Lakies, 6. Aufl. (2011), § 62, Rn. 62.

556 BAG (20.11.2003), NZA 2004, S. 491 (unter II 3 b aa der Gründe), im Urteil vom 05.09.2005 hat sich das LAG Niedersachsen in diesem Zusammenhang diese Begründung des 8. Senats vom BAG zu Eigen gemacht, vgl. ausführlich oben Zweiter Teil B. I. 3. b).

557 Vgl. ausführlich unten Zweiter Teil B. IV. 4. e).

zelfall im Laufe eines Rechtsstreits mehrfach zwischen den Parteien hin und her wechseln.[558]

d) Anscheinsbeweis im Rahmen der Beweiswürdigung

Auf der Suche nach einer Beweiserleichterung für den Arbeitgeber drängt sich nun schließlich der Rückgriff auf den von der Rechtsprechung entwickelten Anscheinsbeweis (auch als prima-facie-Beweis bezeichnet) auf. Beim Anscheinsbeweis handelt es sich nicht um ein besonderes Beweismittel, sondern um die Berücksichtigung der Sätze der allgemeinen Lebenserfahrung durch den Richter bei der Überzeugungsbildung im Rahmen der freien Beweiswürdigung.[559] Der Anscheinsbeweis kennzeichnet sich dadurch, dass der Richter bei der Anwendung der Erfahrungssätze von einer feststehenden Tatsache auf eine bestimmte Ursache oder einen bestimmten Geschehensablauf schließt, je nach dem was nach der Lebenserfahrung regelmäßig damit verbunden ist. Die Anwendung des Anscheinsbeweises kommt nur dann in Betracht, wenn sich der angewandte Erfahrungssatz aus einem sich häufig wiederholenden typischen Geschehensablauf ergibt.[560] Die vom Richter angewandten Erfahrungssätze müssen sich selbständlich an den neuesten Stand der Lebenserfahrung orientieren.[561]

Der Anscheinsbeweis ist von großer praktischer Bedeutung, weil er grundsätzlich eine Erleichterung der Beweisführung für entscheidungserhebliche Tatbestandsmerkmale bewirkt, indem er der beweisbelasteten Partei aufgrund der Typizität eines sich auf der Lebenserfahrung bestätigenden gleichförmigen Vorgangs erspart alle tatsächlichen Einzelheiten eines konkreten Tatgeschehens nachzuweisen.[562] Deswegen wird der Anscheinsbeweis schon längst als eine Beweiserleichterungsmöglichkeit des Arbeitgebers im Mankofall von der Rechtsprechung[563] und dem Schrifttum[564] herangezogen. Mit Hilfe des Anscheinsbe-

558 Gottwald, Jura 1980, S. 227; Prütting, S. 8, 29; Baumgärtel, Beweislastpraxis, S. 15, Rn 21; MüKoZPO/Prütting, 3. Aufl. (2008), § 286 Rn. 103; Baumgärtel/Laumen/Prütting/Laumen, HdB. Grundlagen, 2. Aufl. (2009), § 3 Rn. 41; Rosenberg/Schwab/Gottwald, 17. Aufl. (2010), § 115 Rn. 6.

559 MüKoZPO/Prütting, 3. Aufl. (2008), § 286 Rn. 48; Rosenberg/Schwab/Gottwald, 17. Aufl. (2010), § 113 Rn. 16; Schilken, 6. Aufl. (2010), § 11 Rn. 494.

560 MüKoZPO/Prütting, 3. Aufl. (2008), § 286 Rn. 48; Rosenberg/Schwab/Gottwald, 17. Aufl. (2010), § 113 Rn. 17 f.; Schilken, 6. Aufl. (2010), § 11 Rn. 495; Musielak, 10. Aufl. (2010), § 6 Rn. 463 ff.; Lüke, 10. Aufl. (2011), § 24 Rn. 279.

561 Rosenberg/Schwab/Gottwald, 17. Aufl. (2010), § 113 Rn. 17; Schilken, 6. Aufl. (2010), § 11 Rn. 495.

562 MüKoZPO/Prütting, 3. Aufl. (2008), § 286 Rn. 48, 64.

563 LAG Groß-Berlin (27.05.1955), AR-Blattei (68) Handbuch für die Praxis (D) Haftung des Arbeitnehmers Entscheidung mit Nr. 7; LAG Baden-Württemberg, Außenkammern Stuttgart, (18.07.1959), WA 1960 Nr. 76, S. 43; LAG Düsseldorf, 2. Kammer Köln,

weises braucht der Arbeitgeber zunächst nicht alle Einzelumstände, sondern nur die für einen typischen Geschehensablauf sprechenden Umstände nachzuweisen aus denen auf die rechtserheblichen Tatbestandsmerkmale, wie etwa die Kausalität und das Verschulden des Arbeitnehmers, geschlossen werden kann. Ist dem Arbeitgeber der Anscheinsbeweis gelungen, kann ihn der nicht beweisbelastete Arbeitnehmer durch einen einfachen Gegenbeweis erschüttern. Dieser Gegenbeweis wird regelmäßig dadurch geführt, dass der Arbeitnehmer konkrete Tatsachen behauptet und zur Überzeugung des Gerichts nachweist, aus denen sich die ernsthafte Möglichkeit eines abweichenden Geschehensablaufs im konkreten Fall ergibt.[565] Schließlich ist zu beachten, dass der dem Bereich der Beweiswürdigung zuzurechnende Anscheinsbeweis lediglich die Beweisführung der beweisbelasteten Partei erleichtert, aber die Verteilung der objektiven Beweislast nicht verändert.[566] Diese strenge Trennung zwischen der Beweislast und dem Anscheinsbeweis wird schon längst in der Literatur über die Mankohaftung hervorgehoben.[567]

e) Neue Konzeption zur gestuften Darlegungslast

Der 8. Senat des BAG hat die gestufte Darlegungslast als Beweiserleichterung des Arbeitgebers in prägnanter Weise herausgearbeitet. Er führt Folgendes dazu aus:

> „Allerdings dürfen keine zu hohen Anforderungen gestellt werden, wenn das schädigende Ereignis näher am Arbeitnehmer als am Arbeitgeber gelegen hat. Der Arbeitnehmer hat sich i.S. einer gestuften Darlegungslast substantiiert zu äußern. Vom Arbeitgeber vorgetragene Indizien, die auf ein haftungsbegründendes Verschulden des Arbeitnehmers hinweisen, sind sorgfältig zu würdigen. Auch die Tatsache, dass

---

(18.08.1960), BB 1960, S.1170; ArbG Karlsruhe (28.11.1960), ARSt Bd. XX V Nr. 444, S.148; ArbG Wilhelmshaven (01.12.1960), ARSt Bd. XX V Nr. 445, S.148; LAG Düsseldorf, Kam. Köln, (22.02.1963), DB 1963, S. 770; LAG Baden-Württemberg (20.06.1963), Außenkammern Mannheim, WA1963 Nr. 238, S. 153; LAG Frankfurt am Main (27.08.1980), ARST 1981 Nr. 57, S. 69.

564 Langer, S. 34 ff.; Hueck-Nipperdey, Lehrbuch des Arbeitsrechts, 7. Aufl. (1963), Bd. I, § 35 II 3, S. 230 Fn. 33b; Barton, S. 90 ff.; Jung, BlStSozArbR, 1985, S. 294 f.

565 MüKoZPO/Prütting, 3. Aufl. (2008), § 286 Rn. 65; Rosenberg/Schwab/Gottwald, 17. Aufl. (2010), § 113 Rn. 36.

566 MüKoZPO/Prütting, 3. Aufl. (2008), § 286 Rn. 51; Rosenberg/Schwab/Gottwald, 17. Aufl. (2010), § 113 Rn. 36; Schilken, 6. Aufl. (2010), § 11 Rn. 494.

567 Langer, S. 35 ff.; Barton, S.90 f.; Trinkner, Anm. zu LAG Baden-Württemberg/Stuttgart (29.02.1968), BB 1968, S. 505; Hansen, AuR 1968, S. 297; Beuthien, Anm. zu BAG (03.08.1971), AP Nr. 67 zu § 611 BGB Haftung des Arbeitnehmers; MünchArbR/Blomeyer, 1. Aufl. (1992), § 57 Rn. 91; MünchArbR/Blomeyer, 2. Aufl. (2000), § 59 Rn. 94.

> der Arbeitnehmer die alleinige Kontrolle über bestimmte Bereiche hatte, ist ein solches Indiz. Unterlässt es der Arbeitnehmer, sich zu den konkreten Umständen des Schadensfalls zu erklären, können daraus entsprechende Schlüsse gezogen werden. Bleibt streitig, ob bestimmte Indiztatsachen vorliegen oder nicht, geht dies zu Lasten des Arbeitgebers. Gleiches gilt für eventuelle Unklarheiten nach Abschluss der Würdigung aller Indizien und gegebenfalls der erhobenen Beweise."[568]

Bei genauer Betrachtung finden schon ähnliche Gedanken zu der konkreten Behauptungslast, der konkreten Beweisführungslast und dem Anscheinsbeweis ihren Niederschlag in dieser Ausführung. Der Gesetzgeber hat in der Begründung klargestellt, dass die Sonderregelung des § 619a BGB ihrerseits nichts an der vom BAG entwickelten sog. gestuften Darlegungslast des Arbeitnehmers ändern soll.[569] Aufgrund der oben gewonnenen Erkenntnisse zur Beweislasterleichterung kann m.E. das System der gestuften Darlegungslast entsprechend der neuen Rechtsprechung des BAG erneut konzipiert und dahingehend konkretisiert werden, dass die konkrete Behauptungslast, die konkrete Beweisführungslast und der Anscheinsbeweis zur Beweislasterleichterung des Arbeitgebers zusammenwirken, ohne die von der objektiven Beweislastregelung des § 619 a BGB geschaffene Risikoverteilung für die *non-aliquot* Situation zu stören.

Das Zusammenspiel dieser drei Beweislasterleichterungsmöglichkeiten wirken unter dem Dach der gestuften Darlegungslast so: Mit der Möglichkeit des „Hin und Her Pendelns" zwingt die konkrete Behauptungslast jede Arbeitsvertragspartei den ihr zumutbaren Beitrag zur Sachverhaltsaufklärung zu leisten, d.h. je nach der Tatsachenbehauptung der Gegenpartei dem Gericht detaillierte oder neue Tatsachen beizubringen. Die konkrete Beweisführungslast trägt mit der Möglichkeit des „Hin und Her Pendelns" weiter zu einer Sachverhaltsaufklärung bei. Schließlich kann der Anscheinsbeweis im Rahmen der Beweiswürdigung die Erleichterung der Beweisführung für entscheidungserhebliche Tatbestandsmerkmale bewirken.

V. Ergebnis

Bei der vertraglichen Mankohaftung nimmt der 8. Senat des BAG bislang mit dem Kriterium des „Alleinbesitzes" eine differenzierte Anwendung der Beweis-

---

568 BAG (17.09.1998), AP Nr. 2 zu § 611 BGB Mankohaftung (unter B II 2 c aa der Gründe).

569 BT-Drs. 14/7052, S. 204; Dieser Ansicht schließt sich die Literatur an, z.B. Staudinger/Oetker, BGB, Neubearb. (2002), § 619 a, Rn. 9; Gotthardt, 2. Aufl. (2003), Rn. 199; MünchArbR/Reichold, 3. Aufl. (2009), § 51 Rn. 60; HWK/Krause, 5. Aufl. (2012), § 619 a BGB Rn. 44; Oetker, BB 2002, S. 44; Krause, RdA 2013, S. 136.

lastregelung des § 282 BGB a.F. getreu seines zweiteiligen Haftungskonzepts vor.

Trotz der Ablehnung des zweiteiligen Haftungskonzepts nimmt die Literatur nach der Schuldrechtsreform überwiegend eine differenzierte Anwendung der speziellen Beweislastregelung des § 619 a BGB für die Arbeitnehmerhaftung nach dem vom BAG für sein zweiteiliges Haftungskonzept eingeführten unglücklichen Abgrenzungskriterium des „Alleinbesitzes" vor.

§ 619 a BGB will zwar hinsichtlich seiner Entstehungsgeschichte an der vom BAG vorgenommenen Anwendung der Beweislastregelung des § 282 BGB a.F. im Mankofall nichts ändern, jedoch soll die differenzierte Anwendung der Beweislastregelung des § 619 a BGB nicht auf „Alleinbesitz", sondern auf „betrieblich veranlasste Tätigkeit" abgestellt werden, weil die Mankohaftung in das bestehende System der privilegierten Arbeitnehmerhaftung eingepasst worden ist und § 619 a BGB hinsichtlich des persönlichen und sachlichen Anwendungsbereichs mit der privilegierten Arbeitnehmerhaftung übereinstimmt. Die Abstellung auf „betrieblich veranlasste Tätigkeit" kann das dem Arbeitnehmerbegriff widrige Abgrenzungskriterium des „Alleinbesitzes" in das Fach der Rechtsgeschichte verbannen und die zweite Sonderstellung der Mankohaftung bezüglich der Beweislastverteilung abschaffen. Zwar stellt „Alleinbesitz" nicht mehr das Abgrenzungskriterium für eine differenzierte Beweislastverteilung im Mankofall dar, jedoch sinkt er nunmehr auf die Ebene der vom Arbeitgeber vorgetragenen Indizien, von denen nach dem Institut des Anscheinsbeweises auf die objektive Pflichtverletzung, die Kausalität und das Verschulden geschlossen werden kann.

Bei außerbetrieblich veranlasster Mankohaftung greift eine von § 619 a BGB abweichende Beweislastumkehr zu Lasten des „Arbeitnehmers" nach § 280 I 2 BGB ein. Der „Arbeitnehmer" muss sich bezüglich der subjektiven Pflichtverletzung, nämlich des Verschuldens entlasten. Der Arbeitgeber hat die Beweislast für einen Schaden, die objektive Pflichtverletzung (eine objektiv pflichtwidrige Handlung) und die Kausalität zwischen Handlung und Schaden zu tragen. Den Arbeitgeber trifft allerdings die Beweislast für keine „betrieblich veranlasste Tätigkeit" als Voraussetzung der Abweichung von § 619 a BGB. Mit der Beweislastpflicht des „Arbeitnehmers" bei außerbetrieblicher Tätigkeit ist eine unbillige Benachteiligung der Interessen des „Arbeitnehmers" nicht verbunden.

Bei einer betrieblich veranlassten Mankohaftung verbleibt die objektive Beweislast für alle rechtsbegründenden Tatbestandsmerkmale der allgemeinen Mankohaftung stetig beim Arbeitgeber. Die Beweislast hinsichtlich der „betrieblich veranlassten Tätigkeit" als Voraussetzung der Anwendung des § 619 a BGB trifft allerdings den Arbeitnehmer, wie im Fall der Anwendung der privilegierten Arbeitnehmerhaftung. Bezüglich des Mankoschadens bilden sich zwei feste

Beweislastregeln in der Rechtsprechung heraus. Zum einen ist der Arbeitgeber für die Einnahmen, der Arbeitnehmer für die Ausgaben beweispflichtig. Zum anderen muss ein mit Buchführung betrauter Arbeitnehmer die von ihm selbst vorgenommenen Buchungen bis zu dem (von ihm zu führenden) Beweis der Unrichtigkeit dieser Buchungen gegen sich gelten lassen. Die Beweisführungslast des Arbeitgebers bei einer betrieblich veranlassten Mankohaftung kann durch ein Zusammenspiel von der konkreten Behauptungslast, der Beweisführungslast und dem Anscheinsbeweis erleichtert werden. Wenn man effektiv verhindern will, dass das vom Arbeitgeber tragende Unternehmensrisiko wegen seiner Organisationshoheit nicht durch eine ungünstige Beweislastregel wieder unzulässigerweise auf den Arbeitnehmer abgewälzt wird, muss man in Kauf nehmen, dass die Beweiserleichterung des Arbeitgebers bei betrieblich veranlasster Mankohaftung auch durch dieses Zusammenspiel nicht als ausreichend erscheint.

C. Anwendung der privilegierten Arbeitnehmerhaftung auf Mankofälle

I. Geschichtliche Entwicklung der Rechtsprechung zur Anwendbarkeit der privilegierten Arbeitnehmerhaftung

1. Die Rechtsprechung von 1900 bis 1945

a) Die Entscheidung des RG vom 13.05.1919

Das RG hat sich in der Entscheidung vom 13.05.1919[570] über einen Mankofall im öffentlichen Dienst mit der Haftung des Geschädigten für Dritte auseinandergesetzt. Dort wurde der Kläger, hier ein Zollziehungsbeamter, von der Zollverwaltung für den Fehlbetrag von 13 000 M in Anspruch genommen, weil er als Begleiter den von dem ersten Kassenbeamten mit der Überbringung des Geldes beauftragten Th. bei der Beförderung des Geldes nicht ausreichend beaufsichtigt und diesem so die Möglichkeit zur Veruntreuung des Geldes verschafft hat. Dagegen hat der Kläger Klage erhoben mit dem Antrag, den Defektenbeschluss aufzuheben und festzustellen, dass er nicht verpflichtet sei, dem Beklagten den Schaden zu ersetzen.

Aufgrund der Tatsache, dass diejenigen Beamten, welche den Th. mit der Überbringung des Geldes beauftragten, versäumt hatten über seine Persönlichkeit bei der Polizeibehörde Auskunft einzuholen und sie so in Unkenntnis dar-

570 RG (13.05.1919), RGZ 95, S. 344.

über geblieben waren, dass Th. bereits wegen Diebstahls vorbestraft war, hat der III. Zivilsenat des RG zwar angenommen, dass solche Beamten ein Verschulden an der Bestellung eines vertrauensunwürdigen Menschen zum Kassenboten trifft, aber er hat dennoch die Befreiung des Klägers von seiner Verantwortung wegen des Verschuldens anderer Beamter mit der Begründung abgelehnt, dass die anderen nach § 31 BGB als verfassungsmäßig berufene Vertreter des Staates angesehene Beamte auch bei der Auswahl und Beaufsichtigung der ihnen unterstellten Beamten in Erfüllung ihrer Pflicht gegenüber dem Staate, nicht gegenüber dem Mitbeamten, die an der sorgfältigen Auswahl der anderen Beamten ein Interesse haben könnten, und deshalb die Voraussetzungen einer entsprechenden Anwendung des § 254 II 2 iVm. § 278 BGB nicht gegeben sind.[571] Hieraus ist es zu erschließen, dass das RG hier die Verweisung durch § 254 II 2 streng als Rechtsgrundverweisung verstanden und deshalb die Haftung des Geschädigten, hier des Staates, für Dritte, hier die anderen Beamten, verneint hat, weil die „Sonderverbindung" zwischen den anderen Beamten und dem Kläger im vorliegenden Fall fehlt. Das RG führt aus, dass die anderen Beamten ihrer Pflicht nicht gegenüber den Mitbeamten, sondern gegenüber dem Staat erfüllen. Im Übrigen hat das RG die Ansicht vertreten, dass die Beamten dem Staate nebeneinander als Gesamtschuldner haften, wenn ein Verlust öffentlicher Gelder durch das Verschulden verschiedener Beamter entsteht.[572]

b) Die weitere Entwicklung

Mit Urteil vom 27.01.1928[573] wird wiederum vom RG ein Mankofall im öffentlichen Dienst entschieden, in dem es sich um einen Verlust eines Wertbriefes in einem Postwagen handelt. Die Bekl., die Oberpostdirektion Berlin, hat durch Defektenbeschluss den Kläger, einen Fahrpostbeamten, für schuldig erklärt, diesen Betrag der Oberpostkasse zu erstatten, da er den Postschaffner K. nicht in genügender Weise beaufsichtigt und ihm dadurch ermöglicht habe, den Geldbrief gegen einen von ihm im Voraus hergestellten, sich äußerlich als Wertbrief darstellenden Brief auszutauschen. Der Kläger erhob gegen diesen Defektenbeschluss eine Klage und stellte ein Verschulden in Abrede. Obwohl der III. Zivilsenat bei der Prüfung, ob den Kläger ein Verschulden trifft, nicht ausdrücklich das Mitverschulden der Beklagten iSv. § 254 berücksichtigt hat, hat er klargestellt, der Einwand des Klägers könne von Belang sein: „Die Postverwaltung habe davon Kenntnis gehabt, dass das Verschließen des für die Wertsendungen bestimmten Fächerwerks in den Bahnpostwagen wegen seiner Umständlichkeit

571 RG (13.05.1919), RGZ 95, S. 347.
572 RG (13.05.1919), RGZ 95, S. 347.
573 RG (27.01.1928), RGZ 120, S. 67.

und wegen des damit verbundenen Zeitverlustes völlig außer Gebrauch gekommen sei."[574] M.E. ist in dieser Ausführung ein Indiz für die Obliegenheitsverletzung iSv. § 254 II 1 zu erblicken, weil die Beklagte zwar das verschließbare Fächerwerk zur Sicherheit eingerichtet, jedoch es tatsächlich nicht in Gebrauch genommen hat. Diese Tatsache kann für eine Obliegenheitsverletzung sprechen.

Der III. Zivilsenat des RG entschied wiederum über einen Mankofall im öffentlichen Dienst vom 16.09.1932[575] und behält seine Ansicht unter Verweis auf seine vorherige Entscheidung vom 13.05.1919, eine entsprechende Anwendung der privatrechtlichen Vorschriften in § 254 BGB verbunden mit § 278 BGB sei hier nicht anzuwenden, sondern es sei eine Gesamtschuld unter den Beamten anzunehmen, bei und erklärt konsequent: „Mitwirkendes Verschulden von Aufsichtsbeamten oder Vorgesetzten (Nichtabhilfe gegen Überbelastung des Kassenbeamten) könne nicht zu einer Entlastung des Beamten gegenüber der öffentlichen Kasse, höchstens zur gesamtschuldnerischen Haftung führen".

c) Die Entscheidung des RAG vom 07.11.1934

Das RAG hat sich im Urteil vom 07.11.1934[576] zum ersten Mal[577] mit dem Problem des Mitverschuldens des Arbeitgebers in einem typischen Mankofall auseinandergesetzt. Diese Entscheidung ist für die spätere Entwicklung in der Rechtsprechung bezüglich des Mitverschuldens des Arbeitgebers von großer Bedeutung. In diesem Fall sind die Beklagten (der Beklagte und seine Frau, beide Beklagte) im Juli 1927 vom Kläger als Geschäftsführer einer Zweigniederlassung des klägerischen Drogerie- und Farbeneinzelhandelsgeschäfts angenommen worden. Vom Januar 1928 bis zum Anfang 1932 wurden insgesamt drei Inventuren vom Kläger gemacht aus denen sich ein Fehlbetrag von über 14 000 RM ergab. Der Kläger machte die beiden Beklagten als Gesamtschuldner für diesen Betrag haftbar.

Das RAG hat in diesem Fall über zwei Fragen des § 254 entschieden. Die eine betrifft den Anwendungsbereich des § 254. Das RAG hat zunächst unter Hinweis auf die Entscheidung des RAG vom 19.10.1929 betont, dass § 254 nur beim Schadensersatzanspruch, nicht aber beim Erfüllungsanspruch Anwendung findet.[578] Danach hat das RAG mit ausführlicher Begründung den Klagean-

---

574 RG (27.01.1928), RGZ 120, S. 70.

575 RG (16.09.1932), HRR 1933, Nr. 670.

576 RAG (07.11.1934), ARS 22, S. 128.

577 Jung, S.16. Jung hat die Entscheidung des RAG vom 15.05.1935 als die erste Entscheidung angesehen, in der erstmals das RAG im Mankohaftungsfall ein mögliches Mitverschulden des Arbeitgebers in Erwägung zieht. Nach meiner Recherche stellt diese Entscheidung vom 15.05.1935 nicht die erste dar, sondern die vom 07.11.1934.

578 RAG (07.11.1934), ARS 22, S. 130.

spruch des Klägers als Schadensersatzanspruch wegen Verletzung des Anstellungsvertrags anerkannt. Ferner hat das RAG das Mitverschulden des Arbeitgebers wegen durch nichts gerechtfertigtem Vertrauen und Vernachlässigung seiner eigenen Belange aufgrund des Sachverhalts bejaht, dass der Kläger als Kaufmann vom Fach die Unordnung und Fehler der im Kaufmännischen völlig unerfahrenen Beklagten begünstigt und gefördert hat, indem er, statt laufender Überwachung, Jahre hindurch auf Bestandsaufnahmen und Abrechnungen verzichtet hat.[579] Nach dem Leitsatz 1[580] dieser Entscheidung hat das RAG mangelhafte Kontrolle als mitwirkendes Verschulden des Arbeitgebers iSv. § 254 angesehen. Im Anschluss an die Ansicht der zweiten Instanz des LAG Darmstadt hat das RAG den Schaden hälftig zwischen dem Kläger und dem Beklagten geteilt. Es ist zu beachten, dass das RAG hier die Ansicht vertritt, im Rahmen des § 254 BGB könne auch bloße fahrlässige Mitverursachung durch den Beschädigten neben vorsätzlichem Verhalten des Schädigers berücksichtigt werden.[581] Trotz dieser sehr großzügigen Anwendung des § 254 verkennt das RAG jedoch nicht, dass grundsätzlich vorsätzliche Verursachung schwerer zu bewerten sein wird als bloße fahrlässige Mitverursachung. Aber nach der Auffassung des RAG kann die Berücksichtigung der bloßen fahrlässigen Mitverursachung durch den Geschädigten, neben vorsätzlichem Verhalten des Schädigers, durch die besondere Lage des vorliegenden Falles gerechtfertigt werden, „wenn es die außerordentliche große durch nichts gerechtfertigte Vertrauensseligkeit und Lässigkeit des Klägers, der als Kaufmann vom Fach den in kaufmännischen Dingen völlig unerfahrenen Beklagten nicht nur durch Rat, sondern auch durch laufende Überwachung, z.B. durch mindestens einmal im Jahr vorzunehmende Abrechnung, eine Stütze hätte sein müssen, ebenso hoch anschlägt, wie das Verhalten der Beklagten, das, übrigens mindestens zum Teil, ebenfalls nur in Unerfahrenheit und Leichtsinn seinen Grund hatte.“[582]

d) Die weitere Entwicklung

Unter Berufung auf das Urteil des RAG vom 07.11.1934 hat das LAG München in seinem Urteil vom 09.04.1935[583] ([Unter I der Gründe]) bestätigt, dass der Beklagte (Arbeitnehmer) ein Mitverschulden der Klägerin (Arbeitgeber) zur Abmilderung seiner Haftung dartun kann.[584] Am Ende der Gründe hat das LAG

579 RAG (07.11.1934), ARS 22, S. 129, 132.
580 RAG (07.11.1934), ARS 22, S. 128, Leitsatz 1.
581 RAG (07.11.1934), ARS 22, S. 128, Leitsatz 2.
582 RAG (07.11.1934), ARS 22, S. 132.
583 LAG München (09.04.1935), ARS 24, S. 153.
584 LAG München (09.04.1935), ARS 24, S. 155 (unter I der Gründe).

München das Mitverschulden des Arbeitgebers abgelehnt und dazu ausgeführt: „Es kann auch keine Rede davon sein, dass die Kl. etwa den Schaden mitverschuldet hätte, indem sie vielleicht dem kaufmännisch ungewandten Beklagten nicht genügend durch rechtzeitige Hinweise an die Hand gegangen wäre oder sonst die Dinge hätte schlendern lassen.“[585]

Mit Urteil vom 15.05.1935[586] wird wiederum vom RAG ein Mankofall bezüglich des mitwirkenden Verschuldens des Arbeitgebers entschieden, in dem die Klägerin (Arbeitgeber) den Beklagten (Arbeitnehmer) für den Fehlbestand im Lager für Kraftstoff in Anspruch genommen hat. Nach der Auffassung des RAG ([Unter 2 der Gründe]) kann ein Mitverschulden des Arbeitgebers darin gefunden werden, dass die Klägerin durch ihre Maßnahmen, mit denen hier die von der Klägerin angeordnete Reisetätigkeit des Beklagten gemeint ist, dem Bekl. die Überwachung des Lagers unmöglich machte oder doch in besonderem Maße erschwerte und dadurch ihr Eigentum selbst einer erhöhten Gefahr aussetzte. Denn das eigene Verschulden des Beschädigten im Sinne des § 254 BGB besteht gerade darin, dass er die Aufmerksamkeit und Sorgfalt außer Acht lässt, die er verständigerweise beobachten muss, um eigenen Schaden zu vermeiden. Jedoch ist ein solches Verschulden der Klägerin in diesem Fall nicht ausreichend nachgewiesen.[587]

e) Zusammenfassender Überblick über die Entwicklung in der Rechtsprechung bis 1945

Obwohl sich die Lehre zur privilegierten Arbeitnehmerhaftung in dieser Periode noch nicht in der Rechtsprechung herausgebildet hat, hat die ältere Rechtsprechung schon längst die Grundgedanken zum Mitverschulden des Arbeitgebers i.S.v. § 254 zur Einschränkung der Arbeitnehmerhaftung sowohl in den Mankofällen im öffentlichen Dienst[588] als auch in den privatrechtlichen Mankofällen[589] herangezogen. Neben dem eigenen Mitverschulden des Geschädigten nach § 254 I hat das RG auch die Verantwortung des Geschädigten für Dritte nach § 254 II 2 i.V.m. § 278 zur Reduktion der Arbeitnehmerhaftung berücksichtigt. Nach der Rechtsprechung hat das RG die Verweisung in § 254 II 2 streng als Rechtsgrundverweisung genommen und konsequentweise die analoge Anwen-

585 LAG München (09.04.1935), ARS 24, S. 158.
586 RAG (15.05.1935), ARS 24, S. 261.
587 RAG (15.05.1935), ARS 24, S. 266.
588 RG (13.05.1919), RGZ 95, S. 344; RG (27.01.1928), RGZ 120, S. 67; RG (16.09.1932), HRR 1933, Nr. 670.
589 RAG (07.11.1934), ARS 22, S. 128; LAG München (09.04.1935), ARS 24, S. 153; RAG (15.05.1935), ARS 24, S. 261.

dung des § 254 II 2 i.V.m. § 278 in zwei Mankofällen im öffentlichen Dienst[590] abgelehnt.

2. Die Rechtsprechung von 1950 bis zum Urteil des Großen Senats des BAG vom 25.09.1957

a) Die Entwicklung der allgemeinen Arbeitnehmerhaftung seit dem Urteil des ArbG Plauen vom 04.11.1936 bis 1945

Nachdem sich das ArbG Plauen in seinem Urteil vom 04.11.1936 für einen Haftungsausschluss bei leichter Fahrlässigkeit entschieden und dies mit der hohen Schadensgeneigtheit der Tätigkeit eines Kraftfahrers einerseits und der fehlenden Abgeltung des Haftungsrisikos andererseits begründet hatte, hat sich das RAG dem angeschlossen. Aber angesichts der Regelungslücke im BGB hat das RAG in der rechtsdogmatischen Begründung der Haftungsbeschränkung des Arbeitnehmers geschwankt. Die verschiedenen Begründungsversuche reichen von der Annahme eines stillschweigenden Haftungsausschlusses[591] über die Einrede der unzulässigen Rechtsausübung[592] bis hin zur Treue- und Fürsorgepflicht[593] oder dem Gedanken der Betriebsgemeinschaft.[594] Nach der Haftungskonzeption im BGB hat das RAG die Haftungseinschränkung vom Verschuldensgrad des Arbeitnehmers dadurch abhängig gemacht, dass es zwischen einfacher Fahrlässigkeit und grober Fahrlässigkeit unterscheidet. Obwohl sich keine einheitliche Rechtsprechung in der Frage der Zuordnung der Schuldstufen zur Reichweite der Enthaftung herausgebildet hat,[595] hat das RAG im Wesentlichen bei einem geringen Maß an Fahrlässigkeit des Arbeitnehmers eine Schadensverteilung zwischen beiden Arbeitsvertragsparteien unter Berücksichtigung des Verschuldensgrades und der wirtschaftlichen Leistungsfähigkeit des Arbeitnehmers zugelassen.

Unter den zeitlich späteren Entscheidungen des RAG über die Begrenzung der Arbeitnehmerhaftung ist die Entscheidung des RAG vom 18.12.1940 hier hervor zu heben. Hier hat das RAG für die Einschränkung des Grundsatzes der Totalreparation bei jedem Verschulden ausdrücklich auf „eine Art von typischem Betriebsrisiko" abgestellt und ausgeführt:

---

590 RG (13.05.1919), RGZ 95, S. 344; RG (16.09.1932), HRR 1933, Nr. 670.
591 RAG (12.06.1937), ARS 30, S. 7.
592 RAG (23.11.1938), ARS 34, S. 360.
593 RAG (18.12.1940), ARS 41, S. 60.
594 RAG (14.01.1941), ARS 41, S. 264.
595 Otto/Schwarze, Rn. 13.

> „Eine Einschränkung dieses Grundsatzes könne sich ergeben, wenn die Eigenart der zu leitenden Dienste es mit sich bringt, dass auch einem gewissenhaften Gefolgsmann Fehlbegriffe unterlaufen, die zwar für sich allein betrachtet jedesmal vermeidbar sind, mit denen aber angesichts der menschlichen Unzulänglichkeit als mit einem Abirren der Dienstleistung erfahrungsgemäß gerechnet wird“.[596]

Diese klassische, die Gefahrgeneigtheit der Tätigkeit umschreibende, Formulierung hat die weitere Rechtsentwicklung geprägt und wird von der späteren Rechtsprechung als Formel für die gefahrgeneigte Arbeit[597] mehrfach zitiert. Bemerkenswert ist für die Problematik der Mankohaftung, dass das RAG als Beispiel für ein solches typisches Abirren einen Mankofall angeführt hat in dem große Umsätze in Gestalt zahlloser kleiner Einzelbeträge erfolgen und hinzugefügt: „Hier pflegt die sogenannte Mankohaftung besonders geregelt zu werden, um die Haftung der Kassierer in angemessenen Grenzen zu halten“.[598] Anhand dieser Entscheidungen lässt sich vermuten, dass der Mankofall von der „gefahrgeneigten Arbeit“ erfasst werden und deshalb die Anwendung der privilegierten Arbeitnehmerhaftung rechtfertigen kann. Wie sich die Rechtsprechung des ArbG, LAG und BAG nach dem zweiten Weltkrieg tatsächlich entwickelt hat, wird im Folgenden dargestellt.

b) Die Entwicklung der Mankohaftung

aa) Die Entscheidung des LAG Stuttgart vom 06.07.1950

Die Entscheidung des LAG Stuttgart vom 06.07.1950[599] ist der Achtung wert, weil sie sich mit der Möglichkeit einer Haftungsbeschränkung nach den von der Rechtsprechung entwickelten Grundsätzen über die gefahrgeneigte Tätigkeit auseinandersetzt. In diesem Mankofall im öffentlichen Dienst wird der Beklagte als Angestellter von dem Kläger, hier einem staatlichen Gesundheitsamt, zur Haftung für das Abhandenkommen eines ihm zur Verfügung gestellten dienstlichen Motorrads gezogen.

Unter Verweis auf viele Fälle der Haftung des Kraftfahrers hat das LAG zunächst auf die Voraussetzungen für die Anwendung des von der Rechtsprechung für die Kraftfahrzeugführer allmählich nach Treu und Glauben entwickelten Grundsatzes bei leichter Fahrlässigkeit hingewiesen: Einerseits sind kleine Versehen bei solchen Arbeitstätigkeiten zuweilen nur schwer zu vermeiden; andererseits richten solche kleinen Unachtsamkeiten oft einen – im Verhältnis zum Arbeitslohn – überaus hohen Schaden an. Danach hat das LAG ausgesprochen,

---

596 RAG (18.12.1940), ARS 41, S. 55, Leitsatz 2 und 3.

597 In der Literatur findet sich auch der Ausdruck „schadensgeneigte Arbeit“.

598 RAG (18.12.1940), ARS 41, S. 58.

599 LAG Stuttgart (06.07.1950), AP 51 Nr. 147, S. 538.

dass die hiergenannten Voraussetzungen freilich auch bei anderen Arbeitnehmern als bei Kraftfahrern vorliegen können[600] und der Grundsatz nicht bloß auf Personen- oder Sachschäden, sondern beim Verlust von Sachen ebenfalls anwendbar sein kann. Angesichts dieser Erweiterung der Anwendung hat das LAG betont, dass man bei der Anwendung dieses Grundsatzes im Bereich des Erstattungsgesetzes stets vorsichtig sein muss und der Grundsatz hier immer nur eine Ausnahme von der gesetzlichen Regel sein kann. Es ist zu beachten, dass das LAG meint, der in der Rechtsprechung vielfach übliche Ausdruck „Arbeiten mit besonderer Schadensneigung" treffe nicht ganz den Kern der Sache und führt konsequent aus, es komme also nicht darauf an, ob wegen der Eigenart der Arbeiten ein Schaden schwer zu vermeiden ist, sondern vielmehr, ob bei Arbeiten dieser Art mitunter kleine Unachtsamkeiten des Arbeitnehmers schwer zu vermeiden sind und dadurch dann erheblicher Schaden entsteht. Meiner Meinung nach erscheint die Kritik an dem Kriterium der „gefahrgeneigten Arbeit" nicht so überzeugend, weil die Entstehung des hohen Schadens aufgrund schwerer Vermeidbarkeit einer kleinen Unachtsamkeit gerade für die Gefahrgeneigtheit der Arbeit spricht.[601]

Gemäß seiner Vorstellung hat das LAG die Anwendung des Grundsatzes auf diesen Mankofall mit der Begründung abgelehnt, dass die Aufbewahrung eines Motorrades zweifellos nicht zu derartigen Tätigkeiten gehört, bei denen kleine Unachtsamkeiten schwer zu vermeiden sind und dadurch erheblicher Schaden entsteht, wenn der Beklagte nur wenige Sicherheitsmaßnahmen gegen Diebstahl getroffen hätte, die sehr leicht fehlerfrei auszuführen sind.

Ferner ist es nennenswert, dass das LAG meint, dass die Anwendung des Grundsatzes auch auf die Arbeit, bei der Unachtsamkeiten leicht zu vermeiden sind, fast gleichbedeutend mit einer Ermunterung zur Schlamperei ist.[602] Allerdings hat das LAG einen Ausnahmefall anerkannt, wenn der Schaden bei ganz leichtem Verschulden des Arbeitnehmers ungeheuer hoch ist. Hinter diesem Ausnahmefall steht wahrscheinlich bereits der Gedanke zum Sozialschutz des Arbeitnehmers wegen unangemessenen Verhältnisses zwischen dem Arbeitslohn und dem großen Schaden. Jedoch hat das LAG zu dieser heiklen Frage nicht abschließend Stellung genommen.

bb) Die weitere Entwicklung

Die nachfolgenden Entscheidungen der ArbG und der LAG haben alle versucht, die Haftung des Arbeitnehmers im Mankofall einzuschränken. Zur Enthaftung

600 LAG Stuttgart (06.07.1950), AP 51 Nr. 147, S. 543 (unter 3 der Gründe).
601 Zutr. Dersch, Anm. zu LAG Stuttgart (06.07.1950), AP 51 Nr. 147, S. 545.
602 LAG Stuttgart (06.07.1950), AP 51 Nr. 147, S. 544.

des Arbeitnehmers hat die Rechtsprechung größtenteils lediglich das Mitverschulden des Arbeitgebers i.S.v. § 254 direkt oder indirekt in Erwägung gezogen.[603]

In einem kleinen Teil der Rechtsprechung[604] wird die Anwendbarkeit der vom BAG entwickelten privilegierten Arbeitnehmerhaftung auf den Mankofall zur Reduktion der Arbeitnehmerhaftung in die Diskussion gebracht. Dabei wird ihre Anwendbarkeit im Wesentlichen von dem Kriterium der „gefahrgeneigten oder schadensgeneigten Arbeit" abhängig gemacht.[605] Die oben schon erwähnte klassische, die Gefahrgeneigtheit der Tätigkeit umschreibende Formulierung sowie der als „gefahrgeneigte Arbeit" angeführte Mankofall im Urteil des RAG vom 18.12.1940[606] werden häufig von der Rechtsprechung[607] zur Beurteilung zitiert, ob der entsprechende Mankofall die Gefahrgeneigtheit aufweist. Jedoch wird die Anwendung der privilegierten Arbeitnehmerhaftung überwiegend von der Rechtsprechung mit der Begründung abgelehnt, dass der Mankofall keine gefahrgeneigte oder schadensgeneigte Arbeit darstellt.[608] Manche Entscheidungen haben befürchtet, dass die Anwendung der privilegierten Arbeitnehmerhaftung zu einer Abschwächung des allgemeinen Haftungsgrundsatzes des Arbeitsvertragsrechts und damit zugleich zu einer die Rechtsgleichheit außer Acht lassenden Zurücksetzung der berechtigten Interessen des Arbeitgebers führen müsste.[609]

---

603 LAG Saarbrücken (10.02.1951), ARSt Bd. VI Nr. 86, S. 28; LAG Sachsen – Anhalt (03.01.1952), ARSt Bd. VIII Nr. 235, S. 69; LAG Frankfurt a.M. (07.02.1952), WA 1953 Nr. 103, S. 50; LAG Freiburg (19.11.1954), ARSt Bd. XIII Nr. 83, S. 31; LAG Groß-Berlin (27.05.1955), Arbeitsrecht-Blattei (68) Handbuch für die Praxis (D) Haftung des Arbeitnehmers Entscheidung mit Nr. 7; ArbG Bremen (16.06.1955), AP Nr. 1 zu § 254 BGB; ArbG Wilhelmshaven (08.08.1955), BB 1956, S. 401; LAG Düsseldorf, 2. Kammer Köln, (27.01.1956), BB 1956, S. 400.

604 LAG Hannover (10.02.1953), AP 53 Nr. 232, S. 390; ArbG Mannheim (10.03.1954), ARSt Bd. XII Nr. 637, S. 228; LAG Bremen (05.01.1955), AP Nr. 3 zu § 611 BGB Haftung des Arbeitnehmers; LAG Bremen (01.02.1957), WA 1957 Nr. 249, S. 124.

605 LAG Hannover (10.02.1953), AP 53 Nr. 232, S. 390; ArbG Mannheim (10.03.1954), ARSt Bd. XII Nr. 637, S. 228; LAG Bremen (05.01.1955), AP Nr. 3 zu § 611 BGB Haftung des Arbeitnehmers; LAG Frankfurt a.M. (15.06.1955), BB 1956, S. 961.

606 RAG (18.12.1940), ARS 41, S. 58, vgl. ausführlich oben Zweiter Teil C. I. 2. a).

607 ArbG Mannheim (10.03.1954), ARSt Bd. XII Nr. 637, S. 228; LAG Bremen (05.01.1955), AP Nr. 3 zu § 611 BGB Haftung des Arbeitnehmers=DB 1956, S.552= BB 1956, S. 817.

608 LAG Hannover (10.02.1953), AP 53 Nr. 232, S. 390; ArbG Mannheim (10.03.1954), ARSt Bd. XII Nr. 637, S. 228; LAG Bremen (05.01.1955), AP Nr. 3 zu § 611 BGB Haftung des Arbeitnehmers; LAG Frankfurt a.M. (15.06.1955), BB 1956, S. 961.

609 LAG Hannover (10.02.1953), AP 53 Nr. 232, S. 392 f.; LAG Bremen (05.01.1955), AP Nr. 3 zu § 611 BGB Haftung des Arbeitnehmers, unter Verweis auf das Urteil des LAG

Das LAG Bremen hat aber in einem „Warenbestand-Mankofall" vom 01.02.1957[610] nicht klar zu erkennen gegeben, ob die privilegierte Arbeitnehmerhaftung auf den Mankofall Anwendung findet. Dazu hat es wie folgt ausgeführt, dass eine Beschränkung der Mankohaftung nicht schon aus allgemeinen arbeitsrechtlichen Schutzgedanken (Haftungsausgleich bei schadensgeneigter Arbeit oder typischem Abirren aus allgemeiner menschlicher Unzulänglichkeit) eintritt, sondern sich nur dann rechtfertigen lässt, wenn im Einzelfall nur leichte Fahrlässigkeit des Arbeitnehmers festgestellt werden kann und bei Berücksichtigung aller Begleitumstände seine Inanspruchnahme nicht gerechtfertigt erscheint. Dieser Ausführung ist zu entnehmen, dass das LAG im Grundsatz nicht der Anwendung der privilegierten Arbeitnehmerhaftung auf den Mankofall entgegensteht, jedoch ihre Anwendbarkeit auf die konkrete Situation im Einzelfall abstellt und dabei an zwei weitere Voraussetzungen anknüpft: Einerseits leichte Fahrlässigkeit des Arbeitnehmers, anderseits ungerechtfertigte Inanspruchnahme bei Berücksichtigung aller Begleitumstände.

Einige Entscheidungen[611] haben sowohl das Mitverschulden des Arbeitgebers, als auch den Grundsatz der privilegierten Arbeitnehmerhaftung zur Einschränkung der Arbeitnehmerhaftung herangezogen. Bemerkenswert ist, dass zwei Entscheidungen[612] eine „Zwei-Schritt" Prüfung vorgenommen haben, d.h. im ersten Schritt wird geprüft, ob ein Mitverschulden des Arbeitgebers vorliegt, erst dann kommt es in Betracht, ob die privilegierte Arbeitnehmerhaftung auf den Mankofall anwendbar ist.

Die anderen Entscheidungen[613] beschränken sich nur auf die Erörterung der Anwendbarkeit der privilegierten Arbeitnehmerhaftung.

cc) Zusammenfassender Überblick über die Entwicklung in der Rechtsprechung von 1950 bis zum Urteil des Großen Senats des BAG vom 25.09.1957

Mangels einer klaren Stellungnahme des RAG zur Anwendbarkeit der privilegierten Arbeitnehmerhaftung auf den Mankofall haben sich das ArbG und das LAG in dieser Frage auch zurückhaltend verhalten und überwiegend unter Fort-

---

Hannover vom 10.02.1953 schließt sich das LAG Bremen der dort vertretenen Ansicht an.

610 LAG Bremen (01.02.1957), DB 1957, S. 460=WA 1957 Nr. 249, S. 124.

611 LAG Hannover (10.02.1953), AP 53 Nr. 232, S. 390; LAG Bremen (05.01.1955), AP Nr. 3 zu § 611 BGB Haftung des Arbeitnehmers; LAG Bremen (01.02.1957), WA 1957 Nr. 249, S. 124.

612 LAG Hannover (10.02.1953), AP 53 Nr. 232, S. 390; LAG Bremen (05.01.1955), AP Nr. 3 zu § 611 BGB Haftung des Arbeitnehmers.

613 LAG Stuttgart (06.07.1950), AP 51 Nr. 147, S. 538; ArbG Mannheim (10.03.1954), ARSt Bd. XII Nr. 637, S. 228.

führung der älteren Rechtsprechung das Mitverschulden des Arbeitgebers in direkter oder analoger Anwendung des § 254 BGB zur Einschränkung der Arbeitnehmerhaftung geprüft.[614]

Ein kleiner Teil der Rechtsprechung[615] hat die Anwendbarkeit der vom BAG entwickelten privilegierten Arbeitnehmerhaftung auf den Mankofall zur Reduktion der Arbeitnehmerhaftung in die Diskussion gebracht. Dabei wird ihre Anwendbarkeit im Wesentlichen von dem Kriterium der „gefahrgeneigten oder schadensgeneigten Arbeit" abhängig gemacht und leider überwiegend von der Rechtsprechung aufgrund fehlender gefahrgeneigter oder schadensgeneigter Arbeit abgelehnt.[616]

3. Die spätere Rechtsprechung vom Urteil des Großen Senats des BAG vom 25.09.1957 bis zum Urteil des Großen Senats des BAG vom 27.09.1994

a) Die Entwicklung der allgemeinen Arbeitnehmerhaftung

aa) Die Festlegung der privilegierten Arbeitnehmerhaftung durch die Entscheidung des Großen Senats des BAG vom 25.09.1957

Der Große Senat des BAG schließt sich in seinem Beschluss vom 25.09.1957[617] der vom RAG entwickelten, von der arbeitsgerichtlichen Rechtsprechung und auch vom BGH übernommenen Lehre der Haftungsbeschränkung des Arbeitnehmers gegenüber dem Arbeitgeber bei gefahrengeneigter Arbeit an. Diese Beschränkung der Haftpflicht des Arbeitnehmers begründet er mit der das Arbeitsverhältnis beherrschenden Treue – und Fürsorgepflicht.[618] Nach dem Leitsatz dieses Beschlusses geht der Große Senat für eine Haftungsbeschränkung des

---

614 LAG Saarbrücken (10.02.1951), ARSt Bd. VI Nr. 86, S. 28; LAG Sachsen – Anhalt (03.01.1952), ARSt Bd. VIII Nr. 235, S. 69; LAG Frankfurt a.M. (07.02.1952), WA 1953 Nr. 103, S. 50; LAG Freiburg (19.11.1954), ARSt Bd. XIII Nr. 83, S. 31; LAG Groß-Berlin (27.05.1955), Arbeitsrecht-Blattei (68) Handbuch für die Praxis (D) Haftung des Arbeitnehmers Entscheidung mit Nr. 7; ArbG Bremen (16.06.1955), AP Nr. 1 zu § 254 BGB; ArbG Wilhelmshaven (08.08.1955), BB 1956, S. 401; LAG Düsseldorf, 2. Kammer Köln, (27.01.1956), BB 1956, S. 400.

615 LAG Hannover (10.02.1953), AP 53 Nr. 232, S. 390; ArbG Mannheim (10.03.1954), ARSt Bd. XII Nr. 637, S. 228; LAG Bremen (05.01.1955), AP Nr. 3 zu § 611 BGB Haftung des Arbeitnehmers; LAG Bremen (01.02.1957), WA 1957 Nr. 249, S. 124.

616 LAG Hannover (10.02.1953), AP 53 Nr. 232, S. 390; ArbG Mannheim (10.03.1954), ARSt Bd. XII Nr. 637, S. 228; LAG Bremen (05.01.1955), AP Nr. 3 zu § 611 BGB Haftung des Arbeitnehmers; LAG Frankfurt a.M. (15.06.1955), BB 1956, S. 961.

617 BAG (GS) (25.09.1957), AP Nr. 4 zu §§ 898, 899 RVO = NJW 1958, S. 235.

618 BAG (GS) (25.09.1957), AP Nr. 4 zu §§ 898, 899 RVO (unter III 1 der Gründe).

Arbeitnehmers von zwei Voraussetzungen aus. Auf der einen Seite muss die dem Arbeitnehmer übertragene Arbeit besondere Gefahr aufweisen. Er greift zu deren Abgrenzung die klassische vom RAG im Urteil vom 18.12.1940 entwickelte Formel auf, dass „wenn die Eigenart der vom Arbeitnehmer zu leistenden Dienste es mit großer Wahrscheinlichkeit mit sich bringt, dass auch dem sorgfältigen Arbeitnehmer gelegentlich Fehler unterlaufen, die – für sich nicht allein betrachtet – zwar jedesmal vermeidbar waren, also fahrlässig herbeigeführt worden sind, mit denen aber angesichts der menschlichen Unzulänglichkeit mit einem typischen Abirren der Dienstleistung erfahrungsgemäß zu rechnen ist" (nachfolgend als „die klassische Formel für die gefahrgeneigte Arbeit" bezeichnet). Auf der anderen Seite ist die Schuld des Arbeitnehmers nicht schwer. Trotz der Akzeptanz der Bedeutung des Verschuldensgrades für die Haftungsbeschränkung des Arbeitnehmers nimmt der Große Senat des BAG keine Differenzierung zwischen einfacher Fahrlässigkeit und grober Fahrlässigkeit vor. Anders als das RAG in seiner Rechtsprechung beschränkt der Große Senat des BAG den Haftungsausschluss eines fahrlässig handelnden Arbeitnehmers ausdrücklich auf die Fälle, in denen seine Schuld im Hinblick auf die besondere Gefahr der ihm übertragenen Arbeit nach den Umständen des Falles nicht schwer wiegt.[619] Mit Nachdruck sei auf zwei wichtige Gründe dafür hingewiesen, dass sich der Große Senat für den unverbrauchten und den Rechtsgenossen verständlichen, subjektiv getönten Ausdruck der „nicht schweren Schuld" entschieden hat: Erstens wollte der Große Senat mit dem Ausdruck der „nicht schweren Schuld" nicht etwa einen neuen Verschuldensbegriff prägen und die arbeitsgerichtliche Rechtsprechung nicht zu sehr bei der Rechtsfindung einengen, d.h. der künftigen Rechtsprechung auf diesem Gebiet möglichst viel Spielraum lassen, indem er bewusst davon Abstand genommen hat hier die Begriffe von leichter und grober Fahrlässigkeit zu gebrauchen. Zweitens hat er ausdrücklich vermieden, für die Abgrenzung zwischen Haftung und Haftungsausschluss die Begriffe der leichten und groben Fahrlässigkeit zu gebrauchen, weil es nicht undenkbar ist, dass sich das von der Rechtsprechung bei der Lehre vom Ausschluss und der Minderung der Arbeitnehmerhaftung betonte, aus der menschlichen Unzulänglichkeit erklärbare typische Abirren der Arbeitsleistung auch einmal als ein grober Fehler darstellt,[620] mit anderen Worten: Der Große Senat wollte eine Beschränkung der Arbeitnehmerhaftung bei grober Fahrlässigkeit nicht von vornherein ausschließen.[621]

---

619 BAG (GS) (25.09.1957), AP Nr. 4 zu §§ 898, 899 RVO, Leitsatz 1 = NJW 1958, S. 235.

620 BAG (GS) (25.09.1957), AP Nr. 4 zu §§ 898, 899 RVO (unter III 3 c der Gründe).

621 Otto/Schwarze, Rn. 15.

bb) Die weitere Entwicklung

Die spätere Rechtsprechung konzentriert sich auf zwei Hauptprobleme, nämlich die Suche nach der geeigneten Voraussetzung für die Haftungsbeschränkung des Arbeitnehmers einerseits und die Ausdifferenzierung der Verschuldensgrade des Arbeitnehmers für die Haftungsreduktion andererseits. Nachdem der Große Senat des BAG im Beschluss vom 25.09.1957 offensichtlich die Gefahrgeneigtheit der Arbeit als die Voraussetzung für die Haftungseinschränkung des Arbeitnehmers anerkannt hatte, hat das BAG in den folgenden Jahrzehnten grundsätzlich an diesem Kriterium der gefahrgeneigten Arbeit festgehalten. Das BAG hat ursprünglich in einer typisierenden, berufsorientierten Betrachtungsweise geprüft, ob eine gefahrgeneigte Arbeit in dem zu entscheidenden Fall vorliegt.[622] Im Laufe der Zeit ging diese typisierende, berufsorientierte Betrachtungsweise allmählich in eine einzelfallbezogene Betrachtungsweise, d.h. das BAG entscheidet nach den Umständen des Einzelfalls, ob eine konkrete Gefahrenlage für den Arbeitnehmer zum Zeitpunkt des Schadenseintritts besteht, über.[623] Im Schrifttum wurden Bedenken gegen die Geeignetheit des Kriteriums der gefahrgeneigten Arbeit geäußert. Das Kriterium war nicht praktikabel, weil es allein auf die Umstände des Einzelfalls ankommt. Die von der Rechtsprechung entwickelte Fallgruppe erschien willkürlich.[624] Nicht nur das Schrifttum, sondern auch die Rechtsprechung hegte selbst Bedenken dagegen. Der 7. Senat des BAG hat sich in seinem Urteil vom 21.10.1983[625] mit der Frage auseinandergesetzt, ob die Haftung des Arbeitnehmers nicht unabhängig von den Fällen der gefahrgeneigten Arbeit allgemein eingeschränkt werden muss. Der mittlerweile zuständige 3.

---

622 BAG (19.03.1959), AP Nr. 8 zu § 611 BGB Haftung des Arbeitnehmers; BAG (21.11.1959), AP Nr. 14 zu § 611 BGB Haftung des Arbeitnehmers; BAG (12.05.1960), AP Nr. 16 zu § 611 BGB Haftung des Arbeitnehmers; BAG (10.03.1961), AP Nr. 23 zu § 611 BGB Haftung des Arbeitnehmers; BAG (13.03.1968), AP Nr. 42 zu § 611 BGB Haftung des Arbeitnehmers; BAG (26.11.1969), AP Nr. 50 zu § 611 BGB Haftung des Arbeitnehmers; BAG (03.02.1970), AP Nr. 53 zu § 611 BGB Haftung des Arbeitnehmers; BAG (13.05.1970), AP Nr. 56 zu § 611 BGB Haftung des Arbeitnehmers; BAG (24.11.1987), AP Nr. 93 zu § 611 BGB Haftung des Arbeitnehmers.

623 BAG (03.03.1960), AP Nr. 22 zu § 611 BGB Haftung des Arbeitnehmers; BAG (29.09.1961), AP Nr. 26 zu § 611 BGB Haftung des Arbeitnehmers; BAG (10.06.1969), AP Nr. 47 zu § 611 BGB Haftung des Arbeitnehmers; BAG (03.02.1970), AP Nr. 53 zu § 611 BGB Haftung des Arbeitnehmers; BAG (13.05.1970), AP Nr. 56 zu § 611 BGB Haftung des Arbeitnehmers; BAG (07.07.1970), AP Nr. 58 zu § 611 BGB Haftung des Arbeitnehmers; BAG (11.09.1975), AP Nr. 78 zu § 611 BGB Haftung des Arbeitnehmers; BAG (11.11.1976), AP Nr. 80 zu § 611 BGB Haftung des Arbeitnehmers.

624 MünchArbR/Reichold, 3. Aufl. (2009), § 51 Rn. 26.

625 BAG (21.10.1983), AP Nr. 84 zu § 611 BGB Haftung des Arbeitnehmers.

Senat des BAG hat im Beschluss vom 12.02.1985[626] auf die Rechtsunsicherheit hingewiesen und den Großen Senat des BAG zur Klärung der im Bereich der Arbeitnehmerhaftung bestehenden Zweifelsfragen mit der Frage angerufen, ob und in welchem Umfang die Haftung des Arbeitnehmers einzuschränken sein soll. Aufgrund eines Anerkenntnisses durch den Beklagten erübrigte sich allerdings eine Entscheidung durch den Großen Senat in dieser Frage.[627] Deshalb wurden die Zweifel an dem fragwürdigen Abgrenzungskriterium der gefahrgeneigten Arbeit nicht behoben. Im Jahre 1989 hat der inzwischen für Haftungsprozesse zuständige 8. Senat im Beschluss vom 12.10.1989[628] unter Bezugnahme auf seine Entscheidung vom 24.11.1987[629] erneut dem Großen Senat die Frage vorgelegt, ob die Haftungsgrundsätze über die Beschränkung der Arbeitnehmerhaftung auch für nicht gefahrgeneigte Arbeiten gelten, die durch den Betrieb veranlasst sind und auf Grund des Arbeitsverhältnisses geleistet werden. Im Vorlagebeschluss vom 12.06.1992[630] hat der Große Senat zwar klar ausgedrückt, dass er die Ansicht vertreten möchte, dass die Grundsätze über die Beschränkung der Arbeitnehmerhaftung für alle Arbeiten gelten, die durch den Betrieb veranlasst sind und aufgrund eines Arbeitsverhältnisses geleistet werden, auch wenn diese Arbeiten nicht gefahrgeneigt sind.[631] Er hat jedoch keine abschließende Stellungnahme zu dieser Frage genommen und den Gemeinsamen Senat der obersten Gerichtshöfe des Bundes nach § 2 Rechtsprechungseinheitsgesetz angerufen, weil sich der BGH inzwischen der Rechtsprechung des BAG zur Haftungsbeschränkung des Arbeitnehmers bei der gefahrgeneigten Arbeit angeschlossen hat und diese neue Rechtsauffassung von der Rechtsprechung des BGH abweicht.[632] Zu einer Entscheidung des Gemeinsamen Senats ist es in dieser Sache aufgrund der Einstellung des Verfahrens durch Verfügung des Vorsitzenden des Gemeinsamen Senats vom 16.12.1993 nach § 14 Rechtsprechungseinheitsgesetz nicht gekommen,[633] da sich der 6. Zivilsenat nach einem Jahr im Beschluss vom 21.09.1993[634] der Rechtsauffassung des Großen Senats des BAG im Vorlagebeschluss vom 12.06.1992 im Ergebnis anschließt. Insoweit haben

626 BAG (12.02.1985), AP Nr. 86 zu § 611 BGB Haftung des Arbeitnehmers.
627 AP Nr. 86 a und Nr. 86 b zu § 611 BGB Haftung des Arbeitnehmers.
628 BAG (12.10.1989), AP Nr. 98 zu § 611 BGB Haftung des Arbeitnehmers.
629 BAG (24.11.1987), AP Nr. 93 zu § 611 BGB Haftung des Arbeitnehmers.
630 BAG (GS) (12.06.1992), AP Nr. 101 zu § 611 BGB Haftung des Arbeitnehmers.
631 BAG (GS) (12.06.1992), AP Nr. 101 zu § 611 BGB Haftung des Arbeitnehmers, Leitsatz 1.
632 BAG (GS) (12.06.1992), AP Nr. 101 zu § 611 BGB Haftung des Arbeitnehmers, Leitsatz 2.
633 GmS – OGB (16.12.1993), AuR1994, S. 72.
634 BGH (21.09.1993), AP Nr. 102 zu § 611 BGB Haftung des Arbeitnehmers.

sich der BGH und das BAG dahingehend geeinigt, dass die Grundsätze über die Beschränkung der Arbeitnehmerhaftung auf alle betrieblichen Tätigkeiten ausgedehnt werden können.

Was die Ausdifferenzierung der Verschuldensgrade betrifft, hat der 2. Senat des BAG kurz nach der Entscheidung des Großen Senats vom 25.09.1957 die Dreistufung des Verschuldens in seinem Urteil vom 19.03.1959[635] zum Ausdruck gebracht: „Schäden, die ein Arbeitnehmer bei gefahrengeneigter Arbeit grobfahrlässig verursacht, muss in aller Regel der Arbeitnehmer allein tragen; Schäden, die ein Arbeitnehmer bei gefahrengeneigter Arbeit nicht grobfahrlässig verursacht, sind bei normaler Schuld in aller Regel zwischen Arbeitgeber und Arbeitnehmer quotal zu verteilen, wobei die Gesamtumstände von Schadensanlass und Schadensfolgen nach Billigkeitsgrundsätzen und Zumutbarkeitsgesichtspunkten gegeneinander abzuwägen sind; Bei geringer Schuld des Arbeitnehmers wird in aller Regel der Arbeitgeber solche Schäden allein zu tragen haben“.[636] Die spätere Rechtsprechung des BAG ist im Grundsatz bei der Dreiteilung des Verschuldens zur Bestimmung des Schadensumfangs verblieben. Im Jahre 1983 ist ein Zwischenspiel eingetreten. Mit dem Urteil vom 23.03.1983[637] ist der 7. Senat des BAG von dem dreistufigen Haftungsmodell in ein zweistufiges Modell, d.h. einen Haftungsausschluss des Arbeitnehmers bei leichter und mittlerer Fahrlässigkeit, nicht bei Vorsatz oder grober Fahrlässigkeit, übergegangen. In Anknüpfung an die Entscheidung des Großen Senats des BAG vom 25.09.1957 vertritt der 7. Senat mit folgenden drei wichtigen Argumenten den Standpunkt, dass das Betriebsrisiko des Arbeitgebers in den Fällen einer „nicht schweren Schuld“ des Arbeitnehmers seine Verschuldenshaftung in entsprechender Anwendung des § 254 BGB ausschließt: Erstens zieht er aus dem vom Großen Senat gewählten Ausdruck der „nicht schweren Schuld“ die Schlussfolgerung, dass „nicht schwere Schuld“ begrifflich sowohl die sog. leichteste als auch die normale oder mittlere Fahrlässigkeit erfasst. Zweitens stellt eine fallbezogene Betriebsrisikozurechnung, wie sie bislang in ständiger Rechtsprechung des BAG bei normaler Fahrlässigkeit des Arbeitnehmers vorgenommen worden ist, nach Ansicht des 7. Senats angesichts der mit der technologischen Entwicklung verbundenen Vergrößerung der Haftungsrisiken keine sachgerechte Ausge-

635 BAG (19.03.1959), AP Nr. 8 zu § 611 BGB Haftung des Arbeitnehmers = NJW 1959, S. 1796.

636 BAG (19.03.1959), AP Nr. 8 zu § 611 BGB Haftung des Arbeitnehmers, Leitsatz 2 und 3.

637 BAG (23.03.1983), AP Nr. 82 zu § 611 BGB Haftung des Arbeitnehmers = NJW 1983, S. 1693.

staltung der Arbeitnehmerhaftung mehr dar.[638] Drittens trägt die generalisierende Bewertung des vom Arbeitgeber zu tragenden Betriebsrisikos den Geboten der Rechtssicherheit und der Rechtsklarheit eher Rechnung als die einzelfallbezogene Zurechnung des Betriebsrisikos bei normaler (oder mittlerer) Fahrlässigkeit.[639] Deshalb gelangt der 7. Senat schließlich zum Ergebnis, ein Schaden, den ein Arbeitnehmer in Ausübung gefahrgeneigter Arbeit weder vorsätzlich noch grob fahrlässig verursacht, gehöre zu dem Betriebsrisiko des Arbeitgebers und sei von ihm allein zu tragen.[640] Mit der Entscheidung vom 24.11.1987[641] ist der mittlerweile zuständige 8. Senat dann wieder zur dreistufigen Haftung zurückgekehrt. Dabei hat der 8. Senat ausdrücklich dem Standpunkt des 7. Senats bezüglich eines generellen Haftungsausschlusses des Arbeitnehmers für normale Fahrlässigkeit die folgende Begründung entgegengestellt: Erstens ist die Schlussfolgerung des 7. Senats, dass „nicht schwere Schuld" im Sinne der Entscheidung des Großen Senats des BAG vom 25.09.1957 schon begrifflich auch die normale Fahrlässigkeit miterfasst, nicht gerechtfertigt, weil er ausdrücklich vermieden hat, für die Abgrenzung zwischen Haftung und Haftungsausschluss die Begriffe der leichten und groben Fahrlässigkeit zu gebrauchen, um der Rechtsprechung „möglichst viel Spielraum zu lassen".[642] Zweitens lässt die allgemeine Risikozurechnung, die nach Auffassung des 7. Senats künftig an die Stelle der bisher üblichen konkreten Risikozurechnung treten soll, sich aus der entsprechenden Anwendung des § 254 BGB nicht herleiten.[643] Schließlich rechtfertigt der Hinweis darauf, dass eine generalisierende Risikozurechnung zu mehr Rechtssicherheit und Rechtsklarheit führe, das Ergebnis des 7. Senats nicht, weil abgesehen davon, dass die Differenzierungsunsicherheiten, die bisher bei der dreigeteilten Fahrlässigkeit aufgetreten sind, auf die dann alles entscheidende Abgrenzung zwischen grober und normaler Fahrlässigkeit verlagert werden, der Gedanke der Rechtssicherheit im vorliegenden Zusammenhang keine größere Bedeutung beanspruchen kann als bei unmittelbarer Anwendung des § 254

---

638 BAG (23.03.1983), AP Nr. 82 zu § 611 BGB Haftung des Arbeitnehmers (unter II 3 c der Gründe).

639 BAG (23.03.1983), AP Nr. 82 zu § 611 BGB Haftung des Arbeitnehmers (unter II 3 d der Gründe).

640 BAG (23.03.1983), AP Nr. 82 zu § 611 BGB Haftung des Arbeitnehmers, Leitsatz 1.

641 BAG (24.11.1987), AP Nr. 93 zu § 611 BGB Haftung des Arbeitnehmers.

642 BAG (24.11.1987), AP Nr. 93 zu § 611 BGB Haftung des Arbeitnehmers (unter II 1 b bb der Gründe).

643 BAG (24.11.1987), AP Nr. 93 zu § 611 BGB Haftung des Arbeitnehmers (unter II 1 b aa der Gründe).

BGB.[644] Deshalb lässt sich der Ausschluss der Haftung des Arbeitnehmers für normale Fahrlässigkeit nach geltendem Recht nicht auf die Erwägungen des 7. Senats stützen. Der 8. Senat hat im Leitsatz 1 klargestellt, Schäden, die ein Arbeitnehmer bei gefahrgeneigter Arbeit nicht grob fahrlässig verursacht, seien bei normaler Schuld (auch normale, leichte, mittlere Fahrlässigkeit oder mittleres Verschulden genannt) in aller Regel zwischen Arbeitgeber und Arbeitnehmer zu teilen, wobei die Gesamtumstände von Schadensanlass und Schadensfolgen nach Billigkeitsgrundsätzen und Zumutbarkeitsgesichtspunkten gegeneinander abzuwägen sind. Seit der Große Senat des BAG dieses dreistufige Haftungsmodell in seinem Beschluss vom 27.09.1994 bestätigt hat, wird es in der späteren Rechtsprechung eingehalten.

b) Die Entwicklung der Mankohaftung nach der Festlegung der privilegierten Arbeitnehmerhaftung durch den Großen Senat des BAG

aa) Die Rechtsprechung des ArbG und des LAG

Die Annahme der vom RAG entwickelten Lehre zur privilegierten Arbeitnehmerhaftung durch den Großen Senat des BAG in seinem Beschluss vom 25.09.1957 hat veranlasst, dass immer mehr ArbG und LAG in dieser Periode diese Lehre zur Einschränkung der Arbeitnehmerhaftung in Betracht gezogen haben.[645] Nur einige Gerichte haben ausnahmsweise weiter lediglich das Mitverschulden des Arbeitgebers i.S.v. § 254 BGB mittelbar oder unmittelbar zur Enthaftung des Arbeitnehmers herangezogen.[646]

---

644 BAG (24.11.1987), AP Nr. 93 zu § 611 BGB Haftung des Arbeitnehmers (unter III 1 b cc der Gründe).

645 LAG Düsseldorf, 2. Kammer Köln (09.01.1958), BB 1958, S. 775; ArbG Kiel (09.04.1959), ARST XXIII Nr. 76, S. 26; LAG Baden-Württemberg Außenkammern Stuttgart (18.07.1959), WA 1960 Nr. 76, S. 43; ArbG Augusburg (04.03.1960), ARST Bd. XXV Nr. 66, S. 21; ArbG Kiel (29.04.1960), ARST Bd. XXV Nr. 173, S. 52; LAG Düsseldorf, Kam. Köln, (17.07.1962), DB 1962, S. 1378; ArbG Heidelberg (11.02.1963), WA 1963 Nr. 165, S. 111; ArbG Ludwigshafen (16.02.1966), ARST 1966, Nr. 141, S. 84; LAG Berlin (31.01.1967), BB 1967, S. 879; LAG Frankfurt a.M. (07.03.1967), BB 1967, S. 1293; ArbG Heidelberg (04.07.1967), ARST 1968, Nr. 1090, S. 47; ArbG Heidelberg (05.09.1967), ARST 1968, Nr. 184, S. 156; ArbG Stade (27.10.1967), ARST 1968, Nr. 1092, S. 48.

646 LAG Bayern (19.09.1958), WA 1961 Nr. 246, S. 154; ArbG Kiel (09.04.1959), ARST XXIII Nr. 76, S. 26; LAG Baden-Württemberg Außenkammern Stuttgart (01.08.1960), WA 1960, Nr. 339, S. 188; LAG Baden-Württemberg (16.06.1961), DB 1961, S. 1199; LAG Bayern (05.07.1961), WA 1962, Nr. 214, S. 155; ArbG Hamburg (01.02.1965), BB 1965, S. 1356.

Abgesehen von zwei Entscheidungen, die die privilegierte Arbeitnehmerhaftung für anwendbar auf den Mankofall gehalten haben,[647] haben leider die Gerichte, welche die privilegierte Arbeitnehmerhaftung berücksichtigten, überwiegend eine zurückhaltende Haltung zu ihrer Anwendbarkeit auf den Mankofall eingenommen und damit abstellend auf das Kriterium der „gefahrgeneigten oder schadensgeneigten Arbeit" ihre Anwendung mit der Begründung abgelehnt, dass die Mankohaftung in der Regel nicht als „gefahrgeneigte Arbeit" angesehen werden kann.[648] Die klassische Formulierung, die die Gefahrgeneigtheit der Tätigkeit umschreibt, sowie der als „gefahrgeneigte Arbeit" angeführte Mankofall im Urteil des RAG vom 18.12.1940 [649] und des BAG im Beschluss vom 25.09.1957[650] werden weiter häufig von der Rechtsprechung[651] zur Beurteilung zitiert, ob der entsprechende Mankofall die Gefahrgeneigtheit aufweist. Einige Gerichte haben sogar trotz der Annahme der Gefahrgeneigtheit eine Haftungsmilderung des Arbeitnehmers aus dem Mitverschulden des Arbeitgebers[652] oder

---

647 LAG Baden-Württemberg Außenkammern Stuttgart (18.07.1959), WA 1960 Nr. 76, S. 43. Nach der Ansicht des LAG Baden-Württemberg weist dieser vorliegende Mankofall eine schadensgeneigte Arbeit auf, weil der Arbeitgeber nicht alle möglichen Vorkehrungsmaßnahmen gegen einen Verlust getroffen hat. Deswegen muss ein innerer Schadensausgleich zwischen Arbeitgeber und Arbeitnehmer stattfinden, so dass die Klage nur in Höhe von 3/5 begründet erscheint. LAG Frankfurt a.M. (07.03.1967), BB 1967, S. 1293. Das LAG Frankfurt a.M. hat angenommen, dass sich die Mitnahme und Aufbewahrung von dem Arbeitgeber gehörenden größeren Geldbeträgen durch einen Fernfahrer in diesem Sinn als eine gefahrgeneigte Tätigkeit darstellt. Aufgrund der Tatsache, dass der Arbeitnehmer trotz mehrfacher Ermahnung des Arbeitgebers noch wertvolle Gegenstände im parkenden Fahrzeug zurücklässt, hat das Gericht somit normale Fahrlässigkeit des Arbeitnehmers angenommen und ihn zum Ersatz von drei Vierteln des entstandenen Schadens verurteilt.

648 LAG Düsseldorf, 2. Kammer Köln (09.01.1958), BB 1958, S. 775; ArbG Kiel (29.04.1960), ARST Bd. XXV Nr. 173, S. 52; ArbG Heidelberg (11.02.1963), WA 1963 Nr. 165, S. 111; LAG Berlin (31.01.1967), BB 1967, S. 879; ArbG Heidelberg (04.07.1967), ARST 1968, Nr. 1090, S. 47; ArbG Heidelberg (05.09.1967), ARST 1968, Nr. 184, S. 156; ArbG Stade (27.10.1967), ARST 1968, Nr. 1092, S. 48; LAG Baden-Württemberg, Kamm. Mannheim (03.04.1973), DB 1973, S. 1853.

649 RAG (18.12.1940), ARS 41, S. 58, vgl. ausführlich oben Zweiter Teil C. I. 2. a).

650 BAG (GS) (25.09.1957), AP Nr. 4 zu §§ 898, 899 RVO.

651 ArbG Kiel (29.04.1960), ARST Bd. XXV Nr. 173, S. 52; LAG Frankfurt a.M. (07.03.1967), BB 1967, S. 1293; LAG Baden-Württemberg, Kamm. Mannheim (03.04.1973), DB 1973, S. 1853.

652 ArbG Augusburg (04.03.1960), ARST Bd. XXV Nr. 66, S. 21. Im Gegensatz zu teilweise anderen Auffassungen der Gerichte hat das ArbG Augusburg hier eindeutig gesagt, dass die Tätigkeit einer Filialleiterin schadensgeneigt ist, weil diese Art der Tätigkeit erfahrungsgemäß die Gefahr von Waren- und Geldverlusten durch Verwiegen,

des Mitarbeiters[653] hergeleitet. Mit Ablehnung der Anwendung der privilegierten Arbeitnehmerhaftung haben die Gerichte letztendlich weiter die Enthaftung des Arbeitnehmers auf das Mitverschulden des Arbeitgebers i.S.v. § 254 gestützt.[654]

Die nachfolgenden Entscheidungen der ArbG und der LAG haben alle versucht, die Haftung des Arbeitnehmers im Mankofall einzuschränken. Zur Enthaftung des Arbeitnehmers hat die Rechtsprechung größtenteils lediglich das Mitverschulden des Arbeitgebers i.S.v. § 254 direkt oder indirekt in Erwägung gezogen.[655]

bb) Die Rechtsprechung des BAG

(1) Die Entscheidungen des 1. Senats

Der 1. Senat des BAG ist seit der Entscheidung des Großen Senats vom 25.09.1957 zum ersten Mal in seinem Urteil vom 21.06.1966[656] über einen „Kasse-Mankofall" im öffentlichen Dienst kurz auf das Mitverschulden des Arbeit-

---

Vergreifen, Verzählen, Schwund und unberechtigte Wegnahme durch anderes Verkaufspersonal oder Dritte mit sich bringt. Leider hat das ArbG den innerbetrieblichen Schadensausgleich nicht in die Diskussion gebracht, sondern das Mitverschulden des Arbeitgebers zur Haftungsbeschränkung des Arbeitnehmers herangezogen. LAG Düsseldorf, Kam. Köln, (17.07.1962), DB 1962, S. 1378. Zwar hat das LAG Düsseldorf hier dazu tendiert, den Transport und die Abholung von Geld als schadensgeneigte Arbeit anzusehen, aber das Gericht hat die Haftung des Arbeitnehmers aufgrund des Mitverschuldens des Arbeitgebers beschränkt.

653 ArbG Ludwigshafen (16.02.1966), ARST 1966, Nr. 141, S. 84.

654 LAG Düsseldorf, 2. Kammer Köln (09.01.1958), BB 1958, S. 775; LAG Bayern (19.09.1958), WA 1961 Nr. 246, S. 154; ArbG Kiel (09.04.1959), ARST XXIII Nr. 76, S. 26; ArbG Augusburg (04.03.1960), ARST Bd. XXV Nr. 66, S. 21; LAG Baden-Württemberg Außenkammern Stuttgart (01.08.1960), WA 1960, Nr. 339, S. 188; LAG Baden-Württemberg (16.06.1961), DB 1961, S. 1199; LAG Bayern (05.07.1961), WA 1962, Nr. 214, S. 155; ArbG Hamburg (01.02.1965), BB 1965, S. 1356; LAG Baden-Württemberg (30.04.1970), DB 1970, S. 1034; LAG Frankfurt am Main (22.09.1982), ARST 1983, Nr. 49, S. 74.

655 LAG Düsseldorf, 2. Kammer Köln (09.01.1958), BB 1958, S. 775; LAG Bayern (19.09.1958), WA 1961 Nr. 246, S. 154; ArbG Kiel (09.04.1959), ARST XXIII Nr. 76, S. 26; ArbG Augusburg (04.03.1960), ARST Bd. XXV Nr. 66, S. 21; LAG Baden-Württemberg (16.06.1961), DB 1961, S. 1199; LAG Bayern (05.07.1961), WA 1962, Nr. 214, S. 155; LAG Düsseldorf, Kam. Köln, (17.07.1962), DB 1962, S. 1378; ArbG Heidelberg (11.02.1963), WA 1963 Nr. 165, S. 111; ArbG Hamburg (01.02.1965), BB 1965, S. 1356; ArbG Heidelberg (05.09.1967), ARST 1968, Nr. 184, S. 156; ArbG Stade (27.10.1967), ARST 1968, Nr. 1092, S. 48; LAG Baden-Württemberg (30.04.1970), DB 1970, S. 1034; LAG Baden-Württemberg, Kamm. Mannheim (03.04.1973), DB 1973, S. 1853; LAG Frankfurt a.M. (22.09.1982), ARST 1983, Nr. 49, S. 74.

656 BAG (21.06.1966), AP Nr. 2 zu § 1 ErstattG.

gebers eingegangen. Nach der Auffassung des 1. Senat ist ein mitwirkendes Verschulden des Beklagten (Landkreis) nicht anzunehmen, wenn der Klägerin als Kassenleiterin des Amtes Bad B eine vorsätzliche Entnahme von Geldern zur Last fällt, d.h. das BAG schließt die Anwendung des § 254 bei der vorsätzlichen Schädigung durch den Arbeitnehmer aus. Liegt die vorsätzliche Schädigung nicht vor, ist zu prüfen, ob eine mangelnde Beaufsichtigung das Mitverschulden des Arbeitgebers begründet. [657]

Der 1. Senat hat seine Ansicht zum Anwendungsbereich des § 254, dass § 254 auf den Schadensersatzanspruch anwendbar und im Fall der vorsätzlichen unerlaubten Handlung des Arbeitnehmers die Berücksichtigung eines Mitverschuldens des Arbeitgebers ausgeschlossen ist, in seiner nächsten Entscheidung vom 27.02.1970[658] klargestellt und ferner betont, dass außer in den Ausnahmefällen die Frage des mitwirkenden Verschuldens des Arbeitgebers stets von Amts wegen zu prüfen ist.[659] Darüber hinaus hat der 1. Senat darauf hingewiesen, dass sich der Kläger (Arbeitgeber) „nicht ausreichende Kontrolle" über den Beklagten (Arbeitnehmer) und „Organisationsfehler" als Mitverschulden zu seinen Lasten anrechnen lassen müsste. Nennenswert ist die Begründung des BAG für „Organisationsfehler" als Mitverschulden und zwar, dass es grundsätzlich Sache des Arbeitgebers ist, nicht des Arbeitnehmers, die organisatorischen Voraussetzungen für einen reibungslosen Ablauf des Arbeitsverhältnisses zu schaffen.

Ungefähr ein Jahr nach seinem Urteil vom 27.02.1970 hat sich der 1. Senat in einer weiteren Entscheidung vom 26.01.1971[660] wiederum mit dem § 254 BGB befasst. Der 1. Senat hat zunächst ausführlich die Frage der Anwendbarkeit des § 254 erörtert. Es ist bemerkenswert, dass der Senat anerkannt hat, dass § 254 über den Schadensersatzanspruch hinaus auch entsprechend auf den Erfüllungsanspruch anwendbar ist,[661] weil die Unterscheidung zwischen Erfüllungs- und Schadensersatzrecht in diesen Mankofällen, in denen es um Geldsummenschulden geht, fast nur konstruktiv und ohne materiellen Erkenntniswert ist.[662] Dann hat der 1. Senat die Anwendbarkeit des § 254 mit der Begründung bejaht, dass die Fürsorgepflicht des Arbeitgebers, das Seinige dazu beizutragen dass eine Beeinträchtigung auch des eigenen Vermögens des Arbeitgebers durch den

657 BAG (21.06.1966), AP Nr. 2 zu § 1 ErstattG (unter IV der Gründe).

658 BAG (27.02.1970), AP Nr. 54 zu § 611 BGB Haftung des Arbeitnehmers.

659 BAG (27.02.1970), AP Nr. 54 zu § 611 BGB Haftung des Arbeitnehmers, Leitsatz 4.

660 BAG (26.01.1971), AP Nr. 64 zu § 611 BGB Haftung des Arbeitnehmers.

661 BAG (26.01.1971), AP Nr. 64 zu § 611 BGB Haftung des Arbeitnehmers (unter 2 a der Gründe).

662 Otto/Schwarze, Rn. 256; zust. Gerhardt Anm. zu BAG (26.01.1971), AP Nr. 64 zu § 611 BGB Haftung des Arbeitnehmers (unter II 1 der Gründe).

Arbeitnehmer, die eine Regreßforderung des Arbeitgebers gegen den Arbeitnehmer zur Folge haben kann, nach Möglichkeit vermieden oder doch so gering wie möglich gehalten werden soll, im Ergebnis auf eine gleiche Verpflichtung hinaus läuft, wie sie § 254 für Schadensersatzfälle begründet. Danach hat der 1. Senat eine Anzahl von Anhaltspunkten für das Vorliegen eines Mitverschuldens des Arbeitgebers angeführt: die Verletzung einer Kontrollpflicht, die Nichtabwendung der mit Entstehung von Rückständen verbundenen Gefahr und die erst lange Zeit später vorgenommene Feststellung der Rückstände.[663] Im letzten Abschnitt 2 b) der Gründe des Urteils hat der 1. Senat, wie in früherer Entscheidung, noch einmal hervorgehoben, dass die Voraussetzungen des § 254 BGB von Amts wegen zu berücksichtigen seien, es sei denn, dass sich der Arbeitnehmer einer vorsätzlichen strafbaren Handlung gegen den Arbeitgeber schuldig gemacht oder ihn absichtlich geschädigt hat.

Kurz nach einem Halbjahr hat der 1. Senat in einer neuen Entscheidung vom 03.08.1971 [im letzten Abschnitt der Gründe] unter Verweis auf seine letzten zwei Entscheidungen vom 27.02.1970 und 26.01.1971 wiederum betont, dass an die Anwendbarkeit des § 254 BGB in den Fällen der Mankohaftung stets zu denken sei.[664]

(2) Die Entscheidung des 4. Senats

Der 4. Senat des BAG hat zwar in seinem Urteil vom 13.02.1974[665] nicht die Anwendbarkeit der privilegierten Arbeitnehmerhaftung auf den Mankofall erörtert, jedoch hat er klargestellt, da nach einhelliger und zutreffender Auffassung die Tätigkeit einer Filialleiterin in aller Regel keine „gefahrengeneigte Arbeit“ darstelle, dass die Klägerin (hier der Arbeitnehmer als Verkaufsstellenverwalterin der Filiale 299 der Beklagten) daher nach dem Arbeitsvertrag der Parteien gemäß § 276 BGB ohnehin für Vorsatz und jede Fahrlässigkeit hafte. In dieser Ausführung findet seine Ansicht gegen die Anwendung der privilegierten Arbeitnehmerhaftung auf den Mankofall klaren Niederschlag. Um seine Ansicht, dass grundsätzlich jede schuldhafte Pflichtverletzung den Arbeitnehmer voll zum Schadensersatz verpflichtet, zu rechtfertigen, hat der 4. Senat die Meinungen im Schrifttum herangezogen, wie etwa *Hueck-Nipperdey*, Lehrbuch des Arbeitsrechts, 7. Aufl., Bd. I, S. 228; *Woltereck*, Mankohaftung im Arbeitsverhältnis, S. 39 ff.; *Langer*, Die Mankohaftung, S. 13 ff. Es ist zu beachten, dass diese Autoren eigentlich nicht generell eine Ablehnung der Anwendung der privile-

663 BAG (26.01.1971), AP Nr. 64 zu § 611 BGB Haftung des Arbeitnehmers (unter 2 b der Gründe).

664 BAG (03.08.1971), AP Nr. 67 zu § 611 BGB Haftung des Arbeitnehmers.

665 BAG (13.02.1974), AP Nr. 77 zu § 611 BGB Haftung des Arbeitnehmers.

gierten Arbeitnehmerhaftung auf den Mankofall befürworteten, insbesondere *Langer* und *Woltereck* wollen mit ausführlicher Begründung ihre Anwendung auf die Mankohaftung rechtfertigen.[666] Leider hat der 4. Senat diesen Gegenmeinungen keine Aufmerksamkeit gewidmet und damit die Gelegenheit verpasst, Stellung zu dieser Problematik zu nehmen.

cc) Zusammenfassender Überblick über die Entwicklung in der Rechtsprechung vom Urteil des Großen Senats des BAG vom 25.09.1957 bis zum Urteil des Großen Senats des BAG vom 27.09.1994

In dieser Periode haben zwar die ArbG und die LAG größtenteils unter Einfluss des Beschlusses des Großen Senats des BAG vom 25.09.1957 die Lehre zur privilegierten Arbeitnehmerhaftung zur Einschränkung der Arbeitnehmerhaftung in Erwägung gezogen, jedoch haben sie leider überwiegend eine zurückhaltende Einstellung zu ihrer Anwendbarkeit auf den Mankofall eingenommen und damit abstellend auf das Kriterium der „gefahrgeneigten Arbeit" ihre Anwendung abgelehnt. Letztendlich wird die Einschränkung der Arbeitnehmerhaftung weiter zumeist auf das Mitverschulden des Arbeitgebers gestützt.

Im Vergleich zur Rechtsprechung des ArbG und LAG hat das BAG eine viel zurückhaltendere Einstellung zur Frage der Anwendbarkeit der privilegierten Arbeitnehmerhaftung auf den Mankofall eingenommen. Der 1. Senat des BAG hat in allen Entscheidungen diese Frage nicht erörtert und die Einschränkung der Arbeitnehmerhaftung ausnahmslos auf das Mitverschulden des Arbeitgebers iSv. § 254 BGB gestützt.[667] Der 4. Senat des BAG hat sich nur einfach mit Ablehnung der Gefahrgeneigtheit bei der Tätigkeit einer Filialleiterin dafür entschieden, die privilegierte Arbeitnehmerhaftung auf den Mankofall nicht anzuwenden.[668]

---

666 Hueck-Nipperdey, Lehrbuch des Arbeitsrechts, 7. Aufl. (1963), Bd. I, § 35 II 3, S. 231, Fn. 33b; Langer, S. 19 ff.; Woltereck, Mankohaftung im Arbeitsverhältnis, 1966, S. 43 ff.

667 BAG (21.06.1966), AP Nr. 2 zu § 1 ErstattG; BAG (27.02.1970), AP Nr. 54 zu § 611 BGB Haftung des Arbeitnehmers; BAG (26.01.1971), AP Nr. 64 zu § 611 BGB Haftung des Arbeitnehmers; BAG (03.08.1971), AP Nr. 67 zu § 611 BGB Haftung des Arbeitnehmers.

668 BAG (13.02.1974), AP Nr. 77 zu § 611 BGB Haftung des Arbeitnehmers.

4. Die Rechtsprechung seit dem Urteil des BAG vom 27.09.1994

a) Die Wende der allgemeinen Arbeitnehmerhaftung durch den Beschluss des Großen Senats des BAG vom 27.09.1994

Zu einer entscheidenden Wende der Rechtsprechung in der allgemeinen Arbeitnehmerhaftung führt der Beschluss des Großen Senats des BAG vom 27.09.1994.[669]

Wie oben schon erwähnt, weicht die in dem Beschluss vom 12.06.1992[670] zur Vorlagefrage vertretene Rechtsauffassung des Großen Senats nicht mehr von der Rechtsprechung des BGH ab, nachdem sich der BGH dieser Rechtsauffassung und ihrer Hauptbegründung in seinem Beschluss vom 21.09.1993[671] nach § 14 Rechtsprechungseinheitsgesetz angeschlossen hat. Damit ist die Divergenz iSv. § 2 I Rechtsprechungseinheitsgesetz weggefallen. Der Große Senat des BAG kann endlich die Vorlagefrage des 8. Senats, ob die Haftungsgrundsätze über die Beschränkung der Arbeitnehmerhaftung auch für nicht gefahrgeneigte Arbeiten gelten, die durch den Betrieb veranlasst sind und auf Grund des Arbeitsverhältnisses geleistet werden, im Beschluss vom 12.10.1989[672] in der angekündigten Weise beantworten.

Mit ausdrücklicher Zustimmung zu der Rechtsauffassung des 8. Senats hat der Große Senat des BAG endlich Abschied von dem untauglichen Tatbestandsmerkmal der „gefahrgeneigten Arbeit" genommen und ist einer schon längst im Schrifttum[673] erhobenen Forderung gefolgt, indem er nunmehr die Anwendung der Grundsätze über die Beschränkung der Arbeitnehmerhaftung auf alle Arbeiten, die durch den Betrieb veranlasst sind und auf Grund des Arbeitsverhältnisses geleistet werden, auch wenn diese Arbeiten nicht gefahrgeneigt sind, ausgedehnt hat. Der Große Senat des BAG stützt sich auf eine entsprechende Anwendung von § 254, die er in zwei Schritten begründet hat: Ausgangspunkt ist § 254, der über seinen Wortlaut hinaus auch dann angewandt wird, wenn den Geschädigten zwar kein Verschulden trifft, er für den entstandenen Schaden aber aufgrund einer von ihm zu vertretenden Sach- oder Betriebsgefahr mitverantwortlich ist, wenn er also bei der Entstehung des Schadens in

---

669 BAG (GS) (27.09.1994), AP Nr. 103 zu § 611 BGB Haftung des Arbeitnehmers.

670 BAG (GS) (12.06.1992), AP Nr. 101 zu § 611 BGB Haftung des Arbeitnehmers = NZA 1993, S. 547.

671 BGH (21.09.1993), AP Nr. 102 zu § 611 BGB Haftung des Arbeitnehmers = NJW 1994, S. 856.

672 BAG (12.10.1989), AP Nr. 98 zu § 611 BGB Haftung des Arbeitnehmers = NZA 1990, S. 95.

673 Brox/Walker, DB 1985, S. 1473; Mayer-Maly, FS Hilger/Stumpf (1983), S. 469 ff.; Otto in Gutachten 56. DJT (1986), S. E 52 ff.

zurechenbarer Weise mitgewirkt hat.[674] In einem zweiten Begründungsschritt erkennt der Große Senat neben der zuzurechnenden Gefährlichkeit, z.B. der Produktionsanlagen, der Produktion selbst oder die der hergestellten Produkte, das Betriebsrisiko, nämlich die Verantwortung des Arbeitgebers für die Organisation des Betriebs und die Gestaltung der Arbeitsbedingungen, als einen weiteren Zurechnungsgrund, der im Rahmen des § 254 BGB bei allen betrieblich veranlassten Tätigkeiten zu berücksichtigen ist, an, weil der Arbeitgeber eigenverantwortlich die Arbeitsbedingungen, denen der Arbeitnehmer in der Regel weder tatsächlich noch rechtlich ausweichen kann, vorgibt, so dass die vom Arbeitgeber gesetzte Organisation des Betriebs das Haftungsrisiko für den Arbeitnehmer prägt. Weil die Verantwortung für die Organisation des Betriebs und die Gestaltung der Arbeitsbedingungen gleichermaßen bei gefahrgeneigten Arbeiten im Sinne der bisherigen Rechtsprechung und nicht gefahrgeneigten Tätigkeiten beim Arbeitgeber liegt, ist sie dem Arbeitgeber deshalb bei allen Arbeiten zuzurechnen, die durch den Betrieb veranlasst sind. Dies führt im Rahmen des § 254 BGB dazu, dass der Arbeitnehmer einen von ihm bei einer betrieblich veranlassten Tätigkeit verursachten Schaden nicht nach §§ 276, 249 BGB stets in vollem Umfang ersetzen muss, wenn ihn ein Verschulden an der Schadensverursachung trifft.[675]

Darüber hinaus ist erwähnenswert, dass der Große Senat das dreistufige Haftungsmodell bestätigt hat,[676] obwohl sich die Vorlagefrage des 8. Senats darauf nicht bezieht.

Einschub: Begriff der „betrieblich veranlassten Tätigkeit" in der gegenwärtigen Rechtsprechung des BAG

Im jüngsten Urteil vom 28.10.2010[677] hat der 8. Senat des BAG die neue Einstiegsvoraussetzung für die privilegierte Arbeitnehmerhaftung, nämlich „betrieblich veranlasste Tätigkeit" wie folgt zusammengefasst: „Der Begriff der betrieblich veranlassten Tätigkeit ist der gesetzlichen Regelung des § 105 Abs. 1 SGB VII entlehnt und wird von der Rechtsprechung in diesem Sinne ausgelegt. Als betrieblich veranlasst gelten solche Tätigkeiten, die arbeitsvertraglich übertragen worden sind oder die der Arbeitnehmer im Interesse des Arbeitgebers für den Betrieb ausführt. Das Handeln braucht dabei nicht zum eigentlichen Aufga-

674 BAG (GS) (27.09.1994), AP Nr. 103 zu § 611 BGB Haftung des Arbeitnehmers (unter C II 1 der Gründe).

675 BAG (GS) (27.09.1994), AP Nr. 103 zu § 611 BGB Haftung des Arbeitnehmers (unter C II 2 der Gründe).

676 BAG (GS) (27.09.1994), AP Nr. 103 zu § 611 BGB Haftung des Arbeitnehmers (unter C I 1 der Gründe).

677 BAG (28.10.2010), AP Nr. 136 zu § 611 BGB Haftung des Arbeitnehmers.

bengebiet des Beschäftigten gehören, ausreichend ist, wenn er im wohl verstandenen Interesse des Arbeitgebers tätig wird. Das Handeln ist betrieblich veranlasst, wenn bei objektiver Betrachtungsweise aus der Sicht des Schädigers im Betriebsinteresse zu handeln war, sein Verhalten unter Berücksichtigung der Verkehrsüblichkeit nicht untypisch war und keinen Exzess darstellte. Der betriebliche Charakter der Tätigkeit geht nicht dadurch verloren, dass der Arbeitnehmer bei der Durchführung der Tätigkeit grob fahrlässig oder vorsätzlich seine Verhaltenspflichten verletzt, auch wenn ein solches Verhalten grundsätzlich nicht im Interesse des Arbeitgebers liegt."[678]

b) Die Entwicklung in der Rechtsprechung der Mankohaftung nach der Ausdehnung der privilegierten Arbeitnehmerhaftung auf alle betrieblich veranlassten Arbeitstätigkeiten

Mit dem Beschluss vom 27.09.1994 hat der Große Senat die zwei wichtigsten Zweifelfragen im Bereich der Arbeitnehmerhaftung, nämlich den Anwendungsbereich der Grundsätze über die Beschränkung der Arbeitnehmerhaftung und das Haftungsmodell, geklärt. Wie sich dieser Beschluss auf die spätere Rechtsprechung zur Mankohaftung auswirken wird, lässt sich durch die folgende Darstellung aufzeigen.

aa) Die Rechtsprechung des 8. Senats des BAG

Der 8. Senat des BAG hat über einen „Geldtransportfahrer" – Mankofall in der Entscheidung vom 22.05.1997[679] entschieden. Unter Verweis auf den Beschluss des Großen Senats des BAG vom 27.09.1994 hat der 8. Senat ausgeführt, dass sich die Arbeitnehmerhaftung für die Schäden, die er in Ausübung einer betrieblichen Tätigkeit seinem Arbeitgeber schuldhaft verursacht hat, allein nach den Grundsätzen über die Beschränkung der Arbeitnehmerhaftung richtet und dabei die Verantwortung des Arbeitgebers für die Organisation des Betriebs und die Gestaltung der Arbeitsbedingungen sowie das darin vorliegende Betriebsrisiko des Arbeitgebers berücksichtigt sind.[680] Diese Ausführung indiziert, dass sich der 8. Senat der Ansicht des Großen Senats angeschlossen hat, dass die privilegierte Arbeitnehmerhaftung Anwendung auf alle Arbeiten findet, die durch den Betrieb veranlasst sind. Leider hat der 8. Senat keine eindeutige Stellung zur der Frage genommen, ob sich diese privilegierte Arbeitnehmerhaftung auch auf alle Mankofälle erstreckt. Unter III 2 c der Gründe hat der 8. Senat auf eine mögli-

---

678 BAG (28.10.2010), AP Nr. 136 zu § 611 BGB Haftung des Arbeitnehmers (unter B II 1 der Gründe).

679 BAG (22.05.1997), AP Nr. 1 zu § 611 BGB Mankohaftung.

680 BAG (22.05.1997), AP Nr. 1 zu § 611 BGB Mankohaftung (unter II der Gründe).

che Berücksichtigung des Mitverschuldens des Arbeitgebers hingewiesen wenn er nicht die notwendigen Vorkehrungen zur Sicherung des Geldtransports trifft. Der 8. Senat hat sich aber nicht mit dem Verhältnis der Grundsätze der Arbeitnehmerhaftung zu dem Mitverschulden iSv. § 254 BGB auseinandergesetzt.

Mit Urteil vom 17.09.1998[681] wird wiederum von dem 8. Senat ein klassischer „Kasse" – Mankofall entschieden. Im Gegensatz zu seiner unklaren Stellungnahme zu der Anwendbarkeit der privilegierten Arbeitnehmerhaftung auf den Mankofall hat der 8. Senat nunmehr unter Berufung auf den Beschluss des Großen Senats des BAG vom 27.09.1994 seinen Standpunkt, dass diese vom Großen Senat aus einer entsprechenden Anwendung des § 254 BGB hergeleiteten Haftungsbeschränkungsgrundsätze auch für die Mankohaftung gelten, ohne eigene Begründung deutlich zum Ausdruck gebracht.[682] Dieser deutlichen Wende in der Rechtsprechung ist vorbehaltlos beizupflichten. Das Mitverschulden des Arbeitgebers nach § 254 BGB hat der 8. Senat in diesem Fall nicht in die Diskussion miteinbezogen.

Nach einem Jahr hat der 8. Senat über einen weiteren Mankofall in der Entscheidung vom 02.12.1999[683] entschieden. Unter Bezugnahme auf sein Urteil vom 17.09.1998 hat der 8. Senat den dort vertretenen Standpunkt bestätigt, dass die Grundsätze über die Beschränkung der Arbeitnehmerhaftung analog § 254 BGB unabhängig von einer gefahrgeneigten Tätigkeit auch auf die Mankohaftungsfälle angewendet werden können, die durch den Betrieb veranlasst sind und auf Grund des Arbeitsverhältnisses geleistet werden.[684]

bb) Die Rechtsprechung des ArbG und LAG

Bevor der 8. Senat des BAG im Urteil vom 17.09.1998[685] eindeutig die Anwendbarkeit der privilegierten Arbeitnehmerhaftung auf den Mankofall anerkannt hat, hat das ArbG Nürnberg in der Entscheidung vom 11.06.1997 aufgrund der durch den Großen Senat des BAG in seinem Beschluss vom 27.09.1994 vollzogenen Abkehr vom Merkmal der Gefahrneigung klar festgestellt, dass die Fälle der Mankohaftung tatbestandsmäßig vom innerbetrieblichen Schadensausgleich erfasst werden.[686] Neben einer Abmilderung der Haftung der Beklagten (hier Arbeitnehmer) durch die privilegierte Arbeitnehmerhaftung[687] hat das ArbG die Haftung des Arbeitnehmers weiter aufgrund eines Mitver-

681 BAG (17.09.1998), AP Nr. 2 zu § 611 BGB Mankohaftung.
682 BAG (17.09.1998), AP Nr. 2 zu § 611 BGB Mankohaftung (unter B II 1 der Gründe).
683 BAG (02.12.1999), AP Nr. 3 zu § 611 BGB Mankohaftung.
684 BAG (02.12.1999), AP Nr. 3 zu § 611 BGB Mankohaftung (unter III 1 der Gründe).
685 BAG (17.09.1998), AP Nr. 2 zu § 611 BGB Mankohaftung.
686 ArbG Nürnberg (11.06.1997), ARST 1998, S. 9 (unter 2 c aa bb der Gründe).
687 ArbG Nürnberg (11.06.1997), ARST 1998, S. 9 (unter 2 c cc da der Gründe).

schuldens des Arbeitgebers nach § 254 BGB eingeschränkt, das in dem Sachverhalt darin bestand, dass der Vorgesetzte, Frau X, trotz der teilweisen Beobachtung des ungewöhnlichen Vorgangs bei der Kasse[688] die beiden Trickdiebe weggejagt hat, statt sie festzuhalten und einen Kassensturz vorzunehmen.[689]

Die nachfolgenden Entscheidungen auf der Ebene des LAG haben sich alle der Ansicht des 8. Senats des BAG im Urteil vom 17.09.1998[690] angeschlossen, dass die vom Großen Senat aus einer entsprechenden Anwendung des § 254 BGB hergeleiteten Haftungsbeschränkungsgrundsätze auch für die Mankohaftung gelten.[691]

Manche Entscheidungen haben neben der privilegierten Arbeitnehmerhaftung auch das Mitverschulden des Arbeitgebers als eine weitere Haftungsminderung des Arbeitnehmers in Betracht gezogen.[692] Im Unterschied zur älteren Rechtsprechung,[693] die sowohl das Mitverschulden des Arbeitgebers, als auch die privilegierte Arbeitnehmerhaftung zur Einschränkung der Arbeitnehmerhaftung herangezogen hat, hat die neue Rechtsprechung hier eine umgekehrte „Zwei-Schritt" Prüfung vorgenommen, d.h. im ersten Schritt wird geprüft, ob die privilegierte Arbeitnehmerhaftung auf den Mankofall anwendbar ist, erst dann wird betrachtet, ob ein Mitverschulden des Arbeitgebers vorliegt.

cc) Zusammenfassender Überblick über die Entwicklung in der Rechtsprechung seit dem Beschluss des BAG vom 27.09.1994

Im Beschluss vom 27.09.1994 hat der Große Senat des BAG mit neuen Überlegungen zum Betriebsrisiko und analoger Anwendung des § 254 BGB die An-

---

688 Der Täter kam unstreitig nicht mit Ware an die Kasse, sondern von außen; der Täter wollte nicht – wie üblich – etwa das große Geld in kleines Geld wechseln, sondern fünf 200-Mark-Scheine in einen Tausend-Mark-Schein wechseln.

689 ArbG Nürnberg (11.06.1997), ARST 1998, S. 9 (unter 2 c ee der Gründe).

690 BAG (17.09.1998), AP Nr. 2 zu § 611 BGB Mankohaftung (unter B II 1 der Gründe).

691 Juris Datenbank, LAG Hessen 11.02.2000 – 2 Sa 979/98, Rn. 37; Juris Datenbank, LAG Baden-Württemberg 19.09.2001 – 17 Sa 9/01, Rn. 29; LAG Thüringen (25.04.2002), BKR 2003, S. 309; Juris Datenbank, LAG Baden-Württemberg 27.11.2002 – 12 Sa 118/01, Rn. 29 ff.; Juris Datenbank, LAG Sachsen 26.11.2003 – 2 Sa 657/02, Rn. 40 ff.; Juris Datenbank, LAG Sachsen-Anhalt 09.06.2011 – 3 Sa 95/10, Rn. 59.

692 Juris Datenbank, LAG Hessen 11.02.2000 – 2 Sa 979/98, Rn. 39, 50; Juris Datenbank, LAG Sachsen-Anhalt 09.06.2011 – 3 Sa 95/10, Rn. 60. Das LAG Sachsen-Anhalt hat eindeutig ausgeführt, dass ein Mitverschulden des Arbeitgebers (z. B. fehlerhafte Anweisung, Organisationsmängel, Überforderung des Arbeitnehmers) unabhängig der Abdingbarkeit der Haftungsgrundsätze nach § 254 BGB zu berücksichtigen ist.

693 LAG Hannover (10.02.1953), AP 53 Nr. 232, S. 390; LAG Bremen (05.01.1955), AP Nr. 3 zu § 611 BGB Haftung des Arbeitnehmers; LAG Bremen (01.02.1957), WA 1957 Nr. 249, S. 124.

wendung der privilegierten Arbeitnehmerhaftung auf alle „betrieblich veranlassten Tätigkeiten“ ausgedehnt, die dem Arbeitnehmer arbeitsvertraglich übertragen worden sind oder die er im Interesse des Arbeitgebers für den Betrieb ausführt,[694] auch wenn diese Tätigkeiten nicht gefahrgeneigt sind.

Der 8. Senat des BAG hat sich gleich in seiner Entscheidung vom 22.05.1997 über einen „Geldtransportfahrer“ – Mankofall diesem Beschluss des Großen Senats vom 27.09.1994 angeschlossen und bedauerlicherweise nicht klargestellt, ob sich die Grundsätze über die Einschränkung der Arbeitnehmerhaftung nunmehr auf alle Mankohaftungsfälle ausdehnen. In einer weiteren Entscheidung vom 17.09.1998 zur Mankohaftung hat der 8. Senat durch diesen Kurswechsel eindeutig zum Ausdruck gebracht, dass diese Grundsätze auch für die sog. Mankohaftung gelten.[695] Mit seinem kurz nachfolgenden Urteil vom 02.12.1999 zur Mankohaftung hat der 8. Senat diesen neuen Standpunkt bestätigt.[696]

Die ArbG und die LAG haben alle an diese neue Rechtsprechungsänderung des BAG angeknüpft.[697] Die Erstreckung der privilegierten Arbeitnehmerhaftung auf die Mankohaftung hat sich in der Rechtsprechung durchgesetzt.

II. Die Literatur

Die Auffassung über die Anwendbarkeit der Grundsätze über die privilegierte Arbeitnehmerhaftung auf Mankohaftung hat eine lange Entwicklung parallel zur Rechtsprechung durchlaufen. Die unklare Stellungnahme des RAG zu dieser Frage hat den Boden für die spätere heftige Diskussion in der Literatur bereitet, indem es in seiner grundlegenden Entscheidung vom 18.12.1940[698] als Beispiel für gefahrgeneigte Arbeit ausdrücklich einen Mankofall angeführt hat, in dem große Umsätze in Gestalt zahlloser kleiner Einzelbeträge erfolgten und indem es betont hat, dass hier die sogenannte Mankohaftung besonders geregelt werden soll, um die Haftung der Kassierer in angemessenen Grenzen zu halten. Im Fol-

694 BAG (GS) (27.09.1994), NZA 1994, S. 1083; BAG (18.04.2002), NZA 2003, S. 37.

695 BAG (17.09.1998), AP Nr. 2 zu § 611 BGB Mankohaftung (unter B II 1 der Gründe).

696 BAG (02.12.1999), AP Nr. 3 zu § 611 BGB Mankohaftung (unter III 1 der Gründe).

697 ArbG Nürnberg (11.06.1997), ARST 1998, S. 9 = NZA-RR 1998, S. 59; Juris Datenbank, LAG Hessen 11.02.2000 – 2 Sa 979/98; Juris Datenbank, LAG Baden-Württemberg 19.09.2001 – 17 Sa 9/01; LAG Thüringen (25.04.2002), BKR 2003, S. 309; Juris Datenbank, LAG Baden-Württemberg 27.11.2002 – 12 Sa 118/01, Rn. 29 ff.; Juris Datenbank, LAG Sachsen 26.11.2003 – 2 Sa 657/02, Rn. 40 f.; Juris Datenbank, LAG Sachsen-Anhalt 09.06.2011 – 3 Sa 95/10, Rn. 59.

698 RAG (18.12.1940), ARS 41, S. 58.

genden werden die Meinungen im Schrifttum zu dieser Problematik vor dem Hintergrund der Rechtsprechung dargestellt und erörtert.

1. Meinungsstand in Schrifttum vor SMG

a) Verneinende Stimmen

Wie oben schon aufgezeigt, nimmt ein großer Teil der Rechtsprechung, insbesondere das BAG trotz eines vom RAG in einem *obiter dictum* beschriebenen Mankofall[699] sehr lange Zeit eine zurückhaltende Stellung zur Anwendbarkeit der privilegierten Arbeitnehmerhaftung auf Mankohaftung ein, auch wenn ein anderes *obiter dictum* im Urteil des BAG vom 13.05.1970[700] die Erinnerung an diesen beschriebenen Mankofall erweckt.

Parallel zu dieser Rechtsprechung lehnt auch ein Teil des Schrifttums grundsätzlich eine Anwendung der privilegierten Arbeitnehmerhaftung auf Mankohaftung ab, bevor der Große Senat des BAG im durchbrechenden Beschluss vom 27.09.1994 die Anwendung der privilegierten Arbeitnehmerhaftung auf alle betrieblich veranlassten Fälle ausgedehnt hat.[701] Gegen die Anwendung bestehen folgende Hauptargumente:

aa) Keine gefahrgeneigte Arbeit

Ein Teil der Literatur sieht im Grundsatz den Mankofall nicht als gefahrgeneigte Arbeit an und lehnt mithin die Anwendung der privilegierten Arbeitnehmerhaftung auf die Mankohaftung ab.[702] Zu beachten ist, dass dieser Teil des Schrifttums aber die Anwendung nicht schlechthin ablehnt. Vielmehr zieht er den Anwendungsbereich der privilegierten Arbeitnehmerhaftung bei der Mankohaftung

---

699 RAG (18.12.1940), ARS 41, S. 58. Es weist dort auf „die Geschäfte von Zahlkassen, bei denen große Umsätze in Gestalt zahlloser kleiner Einzelbeträge erfolgen", hin.

700 BAG (13.05.1970), AP Nr. 56 zu § 611 BGB Haftung des Arbeitnehmers (unter 2 a der Gründe). Der 1. Senat führt dort aus, in einem anderen Fall könne die gleiche Arbeit gefahrgeneigt sein, wenn z.B. ein Bankkassierer an einem Schalter mit lebhaftem Publikumsverkehr laufend kleine und kleinste Beträge anzunehmen und auszuzahlen hat.

701 BAG (GS) (27.09.1994), AP Nr. 103 zu § 611 BGB Haftung des Arbeitnehmers (unter C II der Gründe).

702 Bulla, DB 1952, S. 59; Larenz, Anm. zu LAG Bremen (05.01.1955), AP Nr. 3 zu § 611 BGB Haftung des Arbeitnehmers; Galperin, Arb. – R, Haftung des Arbeitnehmers, III Positive Vertragsverletzung (1956), C III 2; Palme, BlStSozArbR 1964, S. 157; Moser, BB 1966, S. 374; ähnlich auch Endemann, AuR 1953, S. 299; Bleistein, DB 1971, S. 2214.

sehr vorsichtig und eng,[703] indem er in der Regel höhere Anforderungen an das Maß der Gefahrgeneigtheit im Mankofall, als in anderen Fällen der Arbeitnehmerhaftung stellt.[704] Dadurch wird der Anwendungsbereich auf die besonders gelagerten Ausnahmefälle beschränkt. Als Hauptbeispiel wird in diesem Zusammenhang immer wieder der vom RAG im Urteil vom 18.12.1940 angeführte Mankofall genannt, in dem große Umsätze in Gestalt zahlloser kleiner Einzelbeträge erfolgten.[705]

bb) Gesteigerte Sorgfalt

Darüber hinaus nehmen manche Autoren die Mankohaftung aus der privilegierten Arbeitnehmerhaftung mit der Begründung heraus, dass das mit der Anvertrauung der Waren oder anderen Wertgegenständen dem Arbeitnehmer entgegengebrachte erhebliche Vertrauen ihn zu einer gesteigerten Sorgfalt verpflichtet.[706]

cc) Abschwächung der allgemeinen Haftungsgrundsätze im Interesse des Arbeitgebers

Schließlich würde die Anwendung der privilegierten Arbeitnehmerhaftung zwangsläufig zu einer unbilligen Abschwächung des allgemeinen Haftungsgrundsatzes im Arbeitsvertragsrecht und damit zugleich zu einer die Rechtsgleichheit außer Acht lassenden Zurücksetzung der berechtigten Interessen des Arbeitgebers führen.[707]

---

703 Bulla, DB 1952, S. 59; Larenz, Anm. zu LAG Bremen (05.01.1955), AP Nr. 3 zu § 611 BGB Haftung des Arbeitnehmers; Palme, BlStSozArbR 1964, S. 157; Moser, BB 1966, S. 374; ähnlich auch Endemann, AuR 1953, S. 299; Bleistein, DB 1971, S. 2214.

704 In diese Richtung Bulla, DB 1952, S. 59; Larenz, Anm. zu LAG Bremen (05.01.1955), AP Nr. 3 zu § 611 BGB Haftung des Arbeitnehmers; Palme, BlStSozArbR 1964, S. 157; Moser, BB1966, S. 374.

705 Palme, BlStSozArbR 1964, S. 157; Moser, BB 1966, S. 374.

706 Bulla, DB 1952, S. 59; Galperin, Arb. – R, Haftung des Arbeitnehmers, III Positive Vertragsverletzung (1956), C III 2; Palme, BlStSozArbR 1964, S. 157; Schaub, 9. Aufl. (2000), § 52, Rn. 107; ähnlich auch Larenz, Anm. zu LAG Bremen (05.01.1955), AP Nr. 3 zu § 611 BGB Haftung des Arbeitnehmers.

707 Bulla, DB 1952, S. 59; Galperin, Arb. – R, Haftung des Arbeitnehmers, III Positive Vertragsverletzung (1956), C III 2; Palme, BlStSozArbR 1964, S. 157, nach der Ansicht von Galperin kann eine über das Mitverschulden des Arbeitgebers hinaus gehende weitere Haftungsbeschränkung eines nachlässigen Kassierers oder Lagerverwalters der Verantwortungslosigkeit Tür und Tor öffnen; ähnlich auch Larenz, Anm. zu LAG Bremen (05.01.1955), AP Nr. 3 zu § 611 BGB Haftung des Arbeitnehmers.

b) Bejahende Stimmen

Während das Kriterium der „gefahrgeneigten Arbeit“ jahrzehntelang nach früherer Rechtsprechung des BAG als die Voraussetzung für die privilegierte Arbeitnehmerhaftung galt, befürwortet ein Teil der Literatur trotzdem die Anwendung der privilegierten Arbeitnehmerhaftung auf den Mankofall.

Mit Abstellung auf das Kriterium der „gefahrgeneigten Arbeit“ wenden viele Autoren die privilegierte Arbeitnehmerhaftung auf die Mankohaftung an, indem sie den Mankofall auch als „gefahrgeneigte Arbeit“ ansehen.[708] Im Gegensatz dazu fordern manche Autoren den Verzicht auf das untaugliche Kriterium der „gefahrgeneigten Arbeit“[709] und versuchen mit anderen Gedanken, z.B. mit der weitgehenden Beherrschungs- und Absorptionsfähigkeit beim Arbeitgeber, [710] dem sozialen Schutzprinzips[711] dem allgemeinen Schadensrisiko[712] oder dem

---

708 Langer, S. 20 Langer hält die mankogeneigte Tätigkeit generell für schadensgeneigt und konsequent die Ansicht nicht für richtig, dass die mankogeneigte Tätigkeiten die Schadensgeneigtheit nur in besonderen Ausnahmefällen, z.B. in Zeiten besonderen Ansturms und Andranges, aufweisen, weil einerseits die Fehlgriffe bei allen mankogeneigten Tätigkeiten sehr leicht durch Verwiegen, Vergreifen oder Verzählen geschehen können und andererseits es innerhalb jeder Abrechnungsperiode Zeiten des Andrangs gibt; Staudinger/Nipperdey-Neumann, BGB, 11. neubearb. (1958), § 611, S. 1300 Rn. 148; Frey, BB 1960, S. 414; wohl Beuthien, Anm. zu BAG (03.08.1971), AP Nr. 67 zu § 611 BGB Haftung des Arbeitnehmers (unter I 2 c); Reinecke, ZfA 1976, S. 221; Lüke, JuS 1981, S. 282.

709 Jung, BlStSozArbR 1985, S. 291 f.; Däubler, NJW 1986, S. 871; MünchArbR/Blomeyer, 1. Aufl. (1992), § 57 Rn. 85.

710 Jung, BlStSozArbR 1985, S. 291 f.. Jung zieht die weitgehend mit den Ansichten in der Literatur übereinstimmende Wertung des BAG im Urteil vom 23.03.1983 (AP Nr. 82 zu § 611 BGB Haftung des Arbeitnehmers) heran, dass eine Haftungseinschränkung unabhängig von der Art der ausgeübten Tätigkeiten eingreift, weil einerseits die Beherrschungs- und Absorptionsfähigkeit weitgehend beim Arbeitgeber liegen und es sich um einen typischen aus der Art der konkreten Tätigkeit resultierenden Schaden handelt, wie er auch dem sorgfältigen Arbeitnehmer gelegentlich unterlaufen könnte und den der Arbeitgeber bei nicht vorhandener Arbeitsteilung selbst tragen müsste; andererseits der Arbeitgeber den durch den Arbeitsteilungsprozess erzeugten Mehrgewinn erlangt.

711 Däubler, NJW 1986, S. 873. Däubler impliziert die Anwendung der Grundsätze über die Haftung bei gefahrgeneigter Arbeit auf Mankohaftung. Zutreffend weist er darauf hin, dass einerseits „Dezentralisierung“ und „Autonomisierung“ einzelner Aufgaben sowohl das Verlustrisiko voll auf den Arbeitnehmer abwälzen, als auch gegen das hinter der Haftungsbeschränkung stehende Schutzprinzip verstoßen würde, andererseits der von der Rechtsprechung häufig gewählte Ausweg, über das mitwirkende Verschulden des Arbeitgebers nach § 254 BGB unbillige Ergebnisse zu korrigieren, wenig konsequent und auch nicht in allen Fällen gangbar sind.

712 MünchArbR/Blomeyer, 1. Aufl. (1992), § 57 Rn. 85.

Betriebsrisiko,[713] zur Anwendung der privilegierten Arbeitnehmerhaftung auf den Mankofall zu gelangen.

Nachdem der Große Senat des BAG endlich im Beschluss vom 27.09.1994 die untaugliche Einstiegsvoraussetzung „gefahrgeneigter Arbeit“ durch „betrieblich veranlasste Tätigkeit“ abgelöst hat,[714] nimmt die Literatur diese Rechtsprechungsänderung als den Anlass, erneute Überlegungen zur Anwendbarkeit der privilegierten Arbeitnehmerhaftung auf Mankohaftung anzustellen. In der Literatur plädieren immer mehr Autoren mit dem neuen Abgrenzungsmerkmal der „betrieblich veranlassten Tätigkeit“ verbundenen Betriebsrisikogedanken für die Anwendung der privilegierten Arbeitnehmerhaftung auf den Mankofall.[715]

Die drei Hauptargumente verneinender Stimmen bleiben von Anfang an nicht ohne Kritik und halten der Rechtsprechungsänderung bezüglich des innerbetrieblichen Schadensausgleichs nicht mehr stand.

aa) Obsolete gefahrgeneigte Arbeit

Das Abstellen auf die Gefahrgeneigtheit ist wegen der vom Großen Senat neu aufgestellten Voraussetzung der „betrieblich veranlassten Tätigkeit“ für die Anwendung der privilegierten Arbeitnehmerhaftung obsolet geworden. Die Gefahrgeneigtheit der Arbeit gilt nicht mehr als die Voraussetzung für die Reduktion der Arbeitnehmerhaftung. Vielmehr rechtfertigt nunmehr der Große Senat des BAG die privilegierte Arbeitnehmerhaftung mit neuen Betriebsrisikogedanken, nämlich der Verantwortung des Arbeitgebers für die Organisation des Betriebs und die Gestaltung der Arbeitsbedingungen, die bei allen betrieblich veranlassten Tätigkeiten zu berücksichtigen sind, weil der Arbeitgeber eigenverantwortlich die Arbeitsbedingungen vorgibt denen der Arbeitnehmer in der Regel weder tatsächlich noch rechtlich ausweichen kann, so dass die vom Arbeit-

713 Großmann/Schneider, 7. Aufl. (1986), S. 114, Rn. 135; dies., 8. Aufl. (1990), S. 8[illegible], Rn. 135; dies., 9. Aufl. (1995), S. 100, Rn. 135.

714 BAG (GS) (27.09.1994), AP Nr. 103 zu § 611 BGB Haftung des Arbeitnehmers (unter C II der Gründe).

715 Pauly, BB 1996, S. 2040; Krause, Anm. zu BAG (22.05.1997), AP Nr. 1 zu § 611 BGB Mankohaftung (unter III); Stoffels, AR-Blattei SD 870.2 Rn. 74; Boemke/Müller, Anm. zu BAG (17.09.1998), SAE 2000, S.10 f.; Pallasch, Anm. zu BAG (17.09.1998), EzA § 611 BGB Arbeitnehmerhaftung Nr. 64 (unter 2 a); ders., Anm. zu BAG (02.12.1999), EzA § 611 BGB Arbeitnehmerhaftung Nr. 67 (unter 2 b); Lansnicker/Schwirtzek, BB 1999, S. 260; Staudinger/Richardi, BGB, 13. Bearb. (1999), § 611, Rn. 478; Deinert, RdA 2000, S. 26; ders., Anm. zu BAG (02.12.1999), AuR 2001, S. 26; MünchArbR/Blomeyer, 2. Aufl. (2000), § 59 Rn. 86; Schwab, AiB 2000, S. 567.

geber gesetzte Organisation des Betriebs das Haftungsrisiko für den Arbeitnehmer prägt.[716]

bb) Unzutreffende gesteigerte Sorgfalt

Der Hinweis auf eine aus erheblichem Vertrauen resultierende gesteigerte Sorgfalt ist in zwei Aspekten verfehlt: Einerseits verpflichtet sich der Arbeitnehmer bei der Mankohaftung wie jeder andere Arbeitnehmer lediglich zu einer allgemeinen Sorgfaltspflicht, ordentlich Arbeit zu leisten,[717] und eine gesteigerte Sorgfaltspflicht lässt sich nicht aus der Natur der Arbeitsvertrages oder der ausgeübten Arbeitstätigkeit herleiten, sondern nur aus einer ausdrücklichen Vertragsvereinbarung.[718] Andererseits ist das in den Arbeitnehmer gesetzte Vertrauen beim Umgang mit Geld- oder Warenbeständen nicht unbedingt größer als in vielen anderen Einzelfällen gefahrgeneigter Arbeit, etwa beim Piloten, Lokomotivführer oder Facharbeiter am Steuerstand einer automatischen Fabrikationsanlage.[719]

cc) Nicht überzeugende Abschwächung der allgemeinen Haftungsgrundsätze im Interesse des Arbeitgebers

Auch die Behauptung einer unbilligen Abschwächung der allgemeinen Haftungsgrundsätze im Interesse des Arbeitgebers ist als eine durch nichts bewiesene allgemeine Redewendung anzusehen.[720] Mit *Reinecke*[721] lässt sich vermuten, dass hinter dieser Behauptung die Befürchtung steht, dass die Anwendung der Grundsätze bei der Mankohaftung vorsätzlichen Schädigungen des Arbeitgebers Tür und Tor öffnen[722] und damit das Schadensersatzrecht in diesem Bereich sei-

---

716 BAG (GS) (27.09.1994), AP Nr. 103 zu § 611 BGB Haftung des Arbeitnehmers (unter C II 2 der Gründe).

717 Langer, S. 19; Woltereck, RdA 1963, S. 315; Woltereck/Thiel, AR-Blattei, D Haftung des Arbeitnehmers II Mankohaftung (1974), B (B) III. 1; Reinecke, ZfA 1976, S. 222; Lüke, JuS 1981, S. 282; Pauly, JR 1995, S. 230; Krause, Anm. zu BAG (22.05.1997), AP Nr. 1 zu § 611 BGB Mankohaftung.

718 Langer, S. 19 f.; Pauly, JR 1995, S. 230.

719 Woltereck, Ersatzansprüche des Arbeitgebers gegen den Arbeitnehmer bei Mankoschäden, Diss. 1963, S. 46; zustimmend Reinecke, ZfA 1976, S. 222; Pauly, JR 1995, S. 230; Krause, Anm. zu BAG (22.05.1997), AP Nr. 1 zu § 611 BGB Mankohaftung; Preis/Kellermann, Anm. zu BAG (22.05.1997), SAE 1998, S. 137; Stoffels, AR-Blattei SD 870.2 Rn. 74.

720 Woltereck, RdA 1963, S. 315; Pauly, JR 1995, S. 230; Pauly, BB 1996, S. 2040.

721 Reinecke, ZfA 1976, S. 222.

722 Ähnlich schon Galperin, Arb. – R, Haftung des Arbeitnehmers, III Positive Vertragsverletzung (1956), C III 2.

ne präventive Funktion verlieren würde. Diese Befürchtung ist jedoch nicht berechtigt, denn bei einer vorsätzlichen Schädigung haftet der Arbeitnehmer ohne Anwendung der privilegierten Arbeitnehmerhaftung in vollem Umfang, so dass die präventive Funktion des Schadensersatzrechts nicht ins Leere geht.[723]

2. Meinungsstand in Schrifttum nach SMG

Nachdem der Große Senat des BAG endlich im Beschluss vom 27.09.1994 die untaugliche Einstiegsvoraussetzung „gefahrgeneigte Arbeit" durch „betrieblich veranlasste Tätigkeit" abgelöst hat,[724] einigt man sich nunmehr in der Literatur darin, dass die privilegierte Arbeitnehmerhaftung bei allen Mankohaftungsfällen in Betracht kommt, wenn der Fehlbestand bei der Ausübung „betrieblich veranlasster Tätigkeit" eingetreten ist.[725]

III. Zusammenfassung

1. Zusammenfassender Überblick über die Entwicklung in der Rechtsprechung

a) Die Entwicklung in der Rechtsprechung bis 1935

Bevor die privilegierte Arbeitnehmerhaftung durch die richterliche Rechtsfortbildung als ein Rechtsinstitut zur Abmilderung des harten „Alles – oder – Nichts

---

723 Reinecke, ZfA 1976, S. 223; Pauly, JR 1995, S. 230.

724 BAG (GS) (27.09.1994), AP Nr. 103 zu § 611 BGB Haftung des Arbeitnehmers (unter C II der Gründe).

725 Walker, JuS 2002, S. 740; Schwirtzek, AuA 2003, S. 20; Schwab, NZA-RR 2006, S. 455; Schwab, AiB 2007, S. 91; Krause, RdA 2013, S. 133; Schumacher, S. 42 ff.; MüKoBGB/Henssler, 4 Aufl. (2005), § 619 a Rn. 32; Staudinger/Richardi, BGB, Neubearb. (2005), § 611 Rn. 560; MüKoBGB/Henssler, 6. Aufl. (2012), § 619 a Rn. 40; Staudinger/Otto, BGB, Neubearb. (2009), § 280 Rn. F 39; MünchArbR/Reichold, 3. Aufl. (2009), § 51 Rn. 7; HK-ArbR/Waas/Palonka, 2. Aufl. (2010), § 619 a BGB Rn. 21; Küttner/Griese, 18. Aufl. (2011), Fehlgeldentschädigung 187, Rn. 2 ff.; HBD/Brors, 2.Auf.(2010), § 611 BGB Rn.913; HWK/Krause, 5. Aufl. (2012), § 619 a BGB Rn. 49; Staudinger/Richardi/Fischinger, BGB, Neubearb. (2011), § 619 a Rn. 94; ErfK/Preis, 13. Aufl. (2013), § 619 a BGB Rn. 32; Preis/Stoffels, 4. Aufl. (2011 , II M 10 Rn. 7; Tschöpe/Steinau-Steinrück, 7. Aul.(2011), 2 I, Rn. 60; Lieb/Jacobs, 9 Aufl. (2006), Rn. 211; Löwisch, 8. Aufl. (2007), Rn. 1198; Löwisch/Caspers/Klumpp, 9. Aufl. (2012), Rn. 542; Reichold, 4. Aufl. (2012), § 9 Rn. 37; Waltermann, 16 Aufl. (2012), Rn. 251; Brox/Rüthers/Henssler, 18. Aufl. (2010), Rn. 257; Dütz/Thüsing, 17. Aufl. (2012), Rn. 205; Hromadka/Maschmann, Arbeitsrecht Band 1, 5. Aufl. (2012), § 9 Rn. 63; Junker, 11. Aufl. (2012), Rn. 307 b; Krause, 2. Aufl. (2011), § 16 Rn. 12.

– Haftungsprinzips“ des § 276 I BGB a.F. ins Leben gerufen wurde, haben RG, RAG und LAG schon in direkter Anwendung von § 254 BGB die Arbeitnehmerhaftung sowohl in den Mankofällen im öffentlichen Dienst, [726] als auch in den privatrechtlichen Mankofällen[727] eingeschränkt.

b) Die Entwicklung in der Rechtsprechung von 1936 bis zum Beschluss des Großen Senats des BAG vom 25.09.1957

Nachdem das ArbG Plauen mit seinem Urteil vom 04.11.1936[728] den Anfang einer arbeitsrechtlichen Abweichung vom starren Haftungsrecht des BGB genommen hatte, hat sich das RAG dem angeschlossen. Die Rechtsprechung des RAG wurde später von den ArbG, den LAG, dem BGH und dem BAG fortgeführt. Dabei hat sich das Rechtsinstitut der privilegierten Arbeitnehmerhaftung allmählich herausgebildet. Von Anfang an knüpfte das RAG die Anwendung der privilegierten Arbeitnehmerhaftung an die Gefahr der Arbeit an.[729] In der Entscheidung vom 18.12.1940 hat das RAG die Gefahrgeneigtheit der Arbeit in einer allgemeinen Formulierung umgeschrieben.[730] Zur Verdeutlichung einer gefahrgeneigten Arbeit hat das RAG sogar ausdrücklich einen Mankofall als Beispiel angeführt und dabei eine Haftungsbeschränkung der Kassierer in angemessenen Grenzen durch eine Sonderregelung der Mankohaftung gefordert.[731] Wertet man die Entscheidungsgründe verständig aus, kann der Mankofall unter den Anwendungsbereich der privilegierten Arbeitnehmerhaftung fallen.

Die ArbG und die LAG haben an die Rechtsprechung des RAG angeknüpft und versucht in der Regel die Haftung des Arbeitnehmers bei leicht fahrlässigem Handeln einzuschränken. Dabei stehen ihnen zwei Instrumente zur Verfügung, nämlich die privilegierte Arbeitnehmerhaftung oder das Mitverschulden des Arbeitgebers.

---

726 RG (13.05.1919), RGZ 95, S. 344; RG (27.01.1928), RGZ 120, S. 67; RG (16.09.1932), HRR 1933, Nr. 670.

727 RAG (07.11.1934), ARS 22, S. 128; LAG München (09.04.1935), ARS 24, S. 153; RAG (15.05.1935), ARS 24, S. 261.

728 ArbG Plauen (04.11.1936), ARS 29, S. 62.

729 RAG (12.06.1937), ARS 30, S. 1, Leitsatz 1 „die Größe der dadurch begründeten Gefahr“.

730 RAG (18.12.1940), ARS 41, S. 55, Leitsatz 2: „Wenn die Eigenart der zu leitenden Dienste es mit sich bringt, dass auch einem gewissenhaften Gefolgsmann Fehlbegriffe unterlaufen, die zwar für sich allein betrachtet jedesmal vermeidbar sind, mit denen aber angesichts der menschlichen Unzulänglichkeit als mit einem Abirren der Dienstleistung erfahrungsgemäß gerechnet wird“.

731 RAG (18.12.1940), ARS 41, S. 58. Es weist auf „die Geschäfte von Zahlkassen, bei denen große Umsätze in Gestalt zahlloser kleiner Einzelbeträge erfolgen“ hin.

Nach der Recherche über die dem Verfasser zugänglichen und vorhandenen Fälle kommt er zum überraschenden Ergebnis, dass sich die Enthaftung des Arbeitnehmers in allen Urteilen ausnahmslos auf die Gedanken des Mitverschuldens des Arbeitgebers nach § 254 BGB stützt. Die Rechtsprechung hat überwiegend lediglich das Mitverschulden des Arbeitgebers iSv. § 254 direkt oder analog als Ansatzpunkt zur Einschränkung der Arbeitnehmerhaftung in Erwägung gezogen.[732] Zwar hat ein kleiner Teil der Rechtsprechung die privilegierte Arbeitnehmerhaftung zur Beschränkung der Arbeitnehmerhaftung herangezogen, jedoch wurde in allen diesen Urteilen die Anwendung der privilegierten Arbeitnehmerhaftung auf den Mankofall abgelehnt.[733] Ein Hauptgrund liegt darin, dass der Mankofall keine gefahrgeneigte oder schadensgeneigte Arbeit darstellt Zudem befürchteten manche Gerichte, dass die Anwendung der privilegierten Arbeitnehmerhaftung zu einer Ermunterung zur Schlamperei,[734] einer Abschwächung des allgemeinen Haftungsgrundsatzes des Arbeitsvertragsrechts[735] oder zur Zurücksetzung der berechtigten Interessen des Arbeitgebers[736] führen würde. Diese Gerichte, die der Anwendung der privilegierten Arbeitnehmerhaftung auf den Mankofall entgegenstehen, haben die Tendenz gezeigt, den Anwendungsbereich bei der Mankohaftung auf besonders gelagerte Ausnahmefälle zu beschränken, wie typischerweise auf den vom RAG in seinem Urteil vom 18.09.1940 angeführten Mankofall, in dem sehr umfangreiche Kassengeschäfte und große Umsätze in Gestalt zahlloser kleiner Einzelbeträge bei der Arbeit erfolgen,[737] auf den Fall, wo der Schaden bei ganz leichtem Verschulden des Ar-

---

732 LAG Saarbrücken (10.02.1951), ARSt Bd. VI Nr. 86, S. 28; LAG Sachsen – Anhalt (03.01.1952), ARSt Bd.VIII Nr. 235, S. 69; LAG Frankfurt a.M. (07.02.1952), WA 1953 Nr. 103, S. 50; LAG Freiburg (19.11.1954), ARSt Bd. XIII Nr. 83, S. 31; LAG Groß-Berlin (27.05.1955), Arbeitsrecht-Blattei (68) Handbuch für die Praxis (D) Haftung des Arbeitnehmers Entscheidung mit Nr. 7; ArbG Bremen (16.06.1955), AP Nr. 1 zu § 254 BGB; ArbG Wilhelmshaven (08.08.1955), BB 1956, S. 401; LAG Düsseldorf, 2. Kammer Köln, (27.01.1956), BB 1956, S. 400.

733 LAG Stuttgart (06.07.1950), AP 51 Nr. 147, S. 538; LAG Hannover (10.02.1953), AP 53 Nr. 232, S. 390; ArbG Mannheim (10.03.1954), ARSt Bd. XII Nr. 637, S. 228; LAG Bremen (05.01.1955), AP Nr. 3 zu § 611 BGB Haftung des Arbeitnehmers; LAG Bremen (01.02.1957), DB 1957, S. 460.

734 LAG Stuttgart (06.07.1950), AP 51 Nr. 147, S. 538.

735 LAG Hannover (10.02.1953), AP 53 Nr. 232, S. 390; LAG Bremen (05.01.1955), AP Nr. 3 zu § 611 BGB Haftung des Arbeitnehmers.

736 LAG Hannover (10.02.1953), AP 53 Nr. 232, S. 390; LAG Bremen (05.01.1955), AP Nr. 3 zu § 611 BGB Haftung des Arbeitnehmers.

737 ArbG Mannheim (10.03.1954), ARSt Bd. XII Nr. 637, S. 228; LAG Bremen (05.01.1955), AP Nr. 3 zu § 611 BGB Haftung des Arbeitnehmers.

beitnehmers ungeheuer hoch ist[738] oder auf den Fall bei schadensgeneigter Arbeit, wo leichte Fahrlässigkeit des Arbeitnehmers festgestellt werden kann und bei Berücksichtigung aller Begleitumstände seine Inanspruchnahme nicht gerechtfertigt erscheint.[739]

c) Die Entwicklung in der Rechtsprechung vom Beschluss des Großen Senats des BAG vom 25.09.1957 bis zum Beschluss des Großen Senats des BAG vom 27.09.1994

Der Große Senat des BAG ist in seinem Beschluss vom 25.09.1957 ausdrücklich der vom RAG entwickelten Lehre von der Haftungsbeschränkung des Arbeitnehmers bei gefahrengeneigter Arbeit beigetreten und hat die Formel für die gefahrgeneigte Arbeit in der Entscheidung des RAG vom 18.12.1940 ohne große Änderung im Wortlaut übernommen.[740] Dieser eindeutige Anschluss hat veranlasst, dass immer mehr ArbG und LAG neue Überlegungen zur Einschränkung der Arbeitnehmerhaftung durch die privilegierte Arbeitnehmerhaftung anstellen.[741] Bedauerlicherweise haben diese Gerichte überwiegend eine zurückhaltende Einstellung zu der privilegierten Arbeitnehmerhaftung eingenommen und damit ihre Anwendung auf den Mankofall abgelehnt. Dies wird deutlich dadurch gezeigt, dass viele Gerichte die Mankohaftung in der Regel nicht als „gefahrge-

738 LAG Stuttgart (06.07.1950), AP 51 Nr. 147, S. 538.

739 LAG Bremen (01.02.1957), DB 1957, S. 460.

740 BAG (GS) (25.09.1957), AP Nr. 4 zu §§ 898, 899 RVO (unter III 1 der Gründe). „Wenn die Eigenart der vom Arbeitnehmer zu leistenden Dienste es mit großer Wahrscheinlichkeit mit sich bringt, dass auch dem sorgfältigen Arbeitnehmer gelegentlich Fehler unterlaufen, die – für sich nicht allein betrachtet – zwar jedes Mal vermeidbar waren, also fahrlässig herbeigeführt worden sind, mit denen aber angesichts der menschlichen Unzulänglichkeit als mit einem typischen Abirren der Dienstleistung erfahrungsgemäß zu rechnen ist".

741 LAG Düsseldorf, 2. Kammer Köln (09.01.1958), BB 1958, S. 775; LAG Baden-Württemberg Außenkammern Stuttgart (18.07.1959), WA 1960 Nr. 76, S. 43; ArbG Augusburg (04.03.1960), ARST Bd. XXV Nr. 66, S. 21; ArbG Kiel (29.04.1960), ARST Bd. XXV Nr. 173, S. 52; LAG Düsseldorf, Kam. Köln, (17.07.1962), DB 1962, S. 1378; ArbG Heidelberg (11.02.1963), WA 1963 Nr. 165, S. 111; ArbG Ludwigshafen (16.02.1966), ARST 1966, Nr. 141, S. 84; LAG Berlin (31.01.1967), BB 1967, S. 879; LAG Frankfurt a.M. (07.03.1967), BB 1967, S. 1293; ArbG Heidelberg (04.07.1967), ARST 1968, Nr. 1090, S. 47; ArbG Heidelberg (05.09.1967), ARST 1968, Nr. 184, S. 156; ArbG Stade (27.10.1967), ARST 1968, Nr. 1092, S. 48; LAG Baden-Württemberg, Kamm. Mannheim (03.04.1973), DB 1973, S. 1853; ArbG Lübeck (05.11.1987), CR 1988, S. 566, Leitsatz 3 der Redaktion.

neigte Arbeit" angesehen haben[742] und einige Gerichte sogar trotz der Annahme der Gefahrgeneigtheit aus dem Mitverschulden des Arbeitgebers[743] oder des Mitarbeiters[744] zu einer Haftungsmilderung des Arbeitnehmers kommen. Ohne Berücksichtigung der privilegierten Arbeitnehmerhaftung haben manche Gerichte weiter lediglich das Mitverschulden des Arbeitgebers iSv. § 254 mittelbar oder unmittelbar zur Enthaftung des Arbeitnehmers herangezogen.[745]

Im Vergleich zu dem ArbG und LAG hat sich das BAG viel zurückhaltender verhalten. Abgesehen von einem vom 1. Senat erwähnten *obiter dictum*[746] bleibt die Anwendbarkeit der privilegierten Arbeitnehmerhaftung auf den Mankofall ausnahmslos von dem BAG weder berücksichtigt noch erörtert. Auch der Übergang von der typisierenden, berufsorientierten Betrachtungsweise in eine einzelfallbezogene Betrachtungsweise bei der Beurteilung der gefahrgeneigten Arbeit und der neue Begründungsversuch aus dem Betriebsrisikogedanken heraus, haben seit den 1970er Jahren keine Änderungen in der Rechtsprechung des BAG zur Mankohaftung in diesem Zusammenhang gebracht. Vier Entscheidungen,[747] die nacheinander vom 1. Senat gefällt wurden, stützen alle die Einschränkung der Arbeitnehmerhaftung auf das Mitverschulden des Arbeitgebers iSv. § 254 BGB. Die strenge Bewertung des Mitverschuldens des Arbeitgebers wird vom

---

742 LAG Düsseldorf, 2. Kammer Köln (09.01.1958), BB 1958, S. 775; ArbG Kiel (29.04.1960), ARST Bd. XXV Nr. 173, S. 52; ArbG Heidelberg (11.02.1963), WA 1963 Nr. 165, S. 111; LAG Berlin (31.01.1967), BB 1967, S. 879; ArbG Heidelberg (04.07.1967), ARST 1968, Nr. 1090, S. 47; ArbG Heidelberg (05.09.1967), ARST 1968, Nr. 184, S. 156; ArbG Stade (27.10.1967), ARST 1968, Nr. 1092, S. 48; LAG Baden-Württemberg, Kamm. Mannheim (03.04.1973), DB 1973, S. 1853.

743 ArbG Augusburg (04.03.1960), ARST Bd. XXV Nr. 66, S. 21; LAG Düsseldorf, Kam. Köln, (17.07.1962), DB 1962, S. 1378.

744 ArbG Ludwigshafen (16.02.1966), ARST 1966, Nr. 141, S. 84.

745 LAG Bayern (19.09.1958), WA 1961 Nr. 246, S. 154; LAG Baden-Württemberg Außenkammern Stuttgart (01.08.1960), WA 1960, Nr. 339, S. 188; LAG Baden-Württemberg (16.06.1961), DB 1961, S. 1199; LAG Bayern (05.07.1961), WA 1962, Nr. 214, S. 155; ArbG Hamburg (01.02.1965), BB 1965, S. 1356; LAG Baden-Württemberg (30.04.1970), DB 1970, S. 1034; LAG Frankfurt am Main (22.09.1982), ARST 1983, Nr. 49, S. 74.

746 BAG (13.05.1970), AP Nr. 56 zu § 611 BGB Haftung des Arbeitnehmers (unter 2 a der Gründe). Der 1. Senat führt dort aus, dass in einem anderen Fall die gleiche Arbeit gefahrgeneigt sein könne, wenn z.B. ein Bankkassierer an einem Schalter mit lebhaftem Publikumsverkehr laufend kleine und kleinste Beträge anzunehmen und auszuzahlen hat.

747 BAG (21.06.1966), AP Nr. 2 zu § 1 ErstattG; BAG (27.02.1970), AP Nr. 54 zu § 611 BGB Haftung des Arbeitnehmers; BAG (26.01.1971), AP Nr. 64 zu § 611 BGB Haftung des Arbeitnehmers; BAG (03.08.1971), AP Nr. 67 zu § 611 BGB Haftung des Arbeitnehmers.

BAG verfestigt, indem die rigide Regel vom 1. Senat aufgestellt wird, dass die Frage des mitwirkenden Verschuldens des Arbeitgebers iSv. § 254 BGB stets von Amts wegen zu prüfen ist, es sei denn, dass die vorsätzliche unerlaubte Handlung des Arbeitnehmers die Berücksichtigung eines Mitverschuldens des Arbeitgebers ausschließt.

d) Die Entwicklung in der Rechtsprechung seit dem Beschluss des BAG vom 27.09.1994

Der 8. Senat des BAG hat alsbald an die neue Voraussetzung der „betrieblich veranlassten Tätigkeit" für die Anwendung der privilegierten Arbeitnehmerhaftung und die neuen Überlegungen zum Betriebsrisiko im Beschluss des Großen Senats des BAG vom 27.09.1994 angeknüpft. In drei Entscheidungen[748] zur Mankohaftung, die nacheinander vom 8. Senat gefällt wurden, hat sich der Kurswechsel allmählich in der Form herauskristallisiert, dass die privilegierte Arbeitnehmerhaftung nunmehr für alle Mankofälle gilt, die durch den Betrieb veranlasst sind und auf Grund des Arbeitsverhältnisses geleistet werden, auch wenn diese Arbeiten nicht gefahrgeneigt sind.

Die ArbG und die LAG haben sich einhellig an diesen Kurswechsel angeschlossen.[749]

2. Zusammenfassender Überblick über die Entwicklung in der Literatur

Wie oben schon aufgezeigt, nimmt ein großer Teil der Rechtsprechung, insbesondere das BAG, trotz eines vom RAG in einem *obiter dictum* beschriebenen Mankofall[750] sehr lange Zeit eine zurückhaltende Stellung zur Anwendbarkeit der privilegierten Arbeitnehmerhaftung auf Mankofall an, auch wenn ein ande-

748 BAG (22.05.1997), AP Nr. 1 zu § 611 BGB Mankohaftung; BAG (17.09.1998), AP Nr. 2 zu § 611 BGB Mankohaftung; BAG (02.12.1999), AP Nr. 3 zu § 611 BGB Mankohaftung.

749 ArbG Nürnberg (11.06.1997), ARST 1998, S. 9 = NZA-RR 1998, S. 59; Juris Datenbank, LAG Hessen 11.02.2000 – 2 Sa 979/98, Rn. 37; Juris Datenbank, LAG Baden-Württemberg 19.09.2001 – 17 Sa 9/01, Rn. 29; LAG Thüringen (25.04.2002), BKR 2003, S. 309; Juris Datenbank, LAG Baden-Württemberg 27.11.2002 – 12 Sa 118/01, Rn. 29 ff.; Juris Datenbank, LAG Sachsen 26.11.2003 – 2 Sa 657/02, Rn. 40 ff.; Juris Datenbank, LAG Sachsen-Anhalt 09.06.2011 – 3 Sa 95/10, Rn. 59.

750 RAG (18.12.1940), ARS 41, S. 58. Es weist dort auf „die Geschäfte von Zahlkassen, bei denen große Umsätze in Gestalt zahlloser kleiner Einzelbeträge erfolgen" hin.

res *obiter dictum* im Urteil des BAG vom 13.05.1970[751] die Erinnerung an diesen beschriebenen Mankofall erweckt.

Parallel zu dieser Rechtsprechung lehnt auch ein Teil des Schrifttums grundsätzlich eine Anwendung der privilegierten Arbeitnehmerhaftung auf Mankofall ab. Zu beachten ist, dass dieser Teil des Schrifttums aber keine völlige Ablehnung der Anwendung befürwortet. Vielmehr zieht er den Anwendungsbereich der privilegierten Arbeitnehmerhaftung bei der Mankohaftung sehr vorsichtig und eng,[752] indem er in der Regel höhere Anforderungen an das Maß der Gefahrgeneigtheit im Mankofall, als in anderen Fällen der Arbeitnehmerhaftung stellt.[753] Dadurch wird der Anwendungsbereich auf die besonders gelagerten Ausnahmefälle beschränkt. Als Hauptbeispiel wird in diesem Zusammenhang immer wieder der vom RAG im Urteil vom 18.12.1940 angeführte Mankofall genannt, in dem große Umsätze in Gestalt zahlloser kleiner Einzelbeträge erfolgen.[754] Diese Abstellung auf die Gefahrgeneigtheit ist wegen der vom Großen Senat neu aufgestellten Voraussetzung der „betrieblich veranlassten Tätigkeit" für die Anwendung der privilegierten Arbeitnehmerhaftung obsolet geworden.

Darüber hinaus stützt sich die Ansicht, die Mankohaftung aus der privilegierten Arbeitnehmerhaftung herauszunehmen, auf zwei weitere Hauptargumente: Zum einen verpflichtet den Arbeitnehmer das ihm mit der Anvertrauung der Waren oder anderen Wertgegenstände entgegengebrachte erhebliche Vertrauen zu einer gesteigerten Sorgfalt.[755] Zum anderen würde die Anwendung der privilegierten Arbeitnehmerhaftung zu einer unbilligen Abschwächung der allgemei-

---

751 BAG (13.05.1970), AP Nr. 56 zu § 611 BGB Haftung des Arbeitnehmers (unter 2 a der Gründe). Der 1. Senat führt dort aus, dass in einem anderen Fall die gleiche Arbeit gefahrgeneigt sein könne, wenn z.B. ein Bankkassierer an einem Schalter mit lebhaftem Publikumsverkehr laufend kleine und kleinste Beträge anzunehmen und auszuzahlen hat.

752 Bulla, DB 1952, S. 59; Larenz, Anm. zu LAG Bremen (05.01.1955), AP Nr. 3 zu § 611 BGB Haftung des Arbeitnehmers; Galperin, Arb. – R, Haftung des Arbeitnehmers, III Positive Vertragsverletzung (1956), C III 2; Palme, BlStSozArbR 1964, S. 157; Moser, BB 1966, S. 374; ähnlich auch Endemann, AuR 1953, S. 299; Bleistein, DB 1971, S. 2214.

753 In diese Richtung Bulla, DB 1952, S. 59; Larenz, Anm. zu LAG Bremen (05.01.1955), AP Nr. 3 zu § 611 BGB Haftung des Arbeitnehmers; Palme, BlStSozArbR 1964, S. 157; Moser, BB 1966, S. 374.

754 Palme, BlStSozArbR 1964, S. 157; Moser, BB 1966, S. 374.

755 Bulla, DB 1952, S. 59; Galperin, Arb. – R, Haftung des Arbeitnehmers, III Positive Vertragsverletzung (1956), C III 2; Palme, BlStSozArbR 1964, S. 157; ähnlich auch Larenz, Anm. zu LAG Bremen (05.01.1955), AP Nr. 3 zu § 611 BGB Haftung des Arbeitnehmers.

nen Haftungsgrundsätze im Interesse des Arbeitgebers führen.[756] Von Anfang an bleiben diese zwei Argumente nicht ohne Kritik. Der Hinweis auf eine aus erheblichem Vertrauen resultierende gesteigerte Sorgfalt ist in zwei Aspekten verfehlt: Einerseits verpflichtet sich der Arbeitnehmer bei der Mankohaftung wie jeder andere Arbeitnehmer lediglich zu einer allgemeinen Sorgfaltspflicht, ordentlich Arbeit zu leisten,[757] und eine gesteigerte Sorgfaltspflicht lässt sich nicht aus der Natur der Arbeitsvertrages oder der ausgeübten Arbeitstätigkeit herleiten, sondern nur aus einer ausdrücklichen Vertragsvereinbarung.[758] Andererseits ist das in den Arbeitnehmer gesetzte Vertrauen beim Umgang mit Geld- oder Warenbeständen nicht unbedingt größer als in vielen anderen Einzelfällen gefahrgeneigter Arbeit, etwa beim Piloten, Lokomotivführer oder Facharbeiter am Steuerstand einer automatischen Fabrikationsanlage.[759] Auch die Behauptung einer unbilligen Abschwächung der allgemeinen Haftungsgrundsätze im Interesse des Arbeitgebers ist als eine durch nichts bewiesene allgemeine Redewendung anzusehen.[760] Mit *Reinecke*[761] lässt sich vermuten, dass hinter dieser Behauptung die Befürchtung steht, dass die Anwendung der Grundsätze bei der Mankohaftung vorsätzlichen Schädigungen des Arbeitgebers Tür und Tor öffnen[762] und damit das Schadensersatzrecht in diesem Bereich seine präventive Funktion verlieren würde. Diese Befürchtung ist jedoch nicht berechtigt, denn bei einer vorsätzlichen Schädigung haftet der Arbeitnehmer ohne Anwendung der privilegierten Arbeitnehmerhaftung in vollem Umfang, so dass die präventive Funktion des Schadensersatzrechts nicht ins Leere geht.[763]

---

756 Bulla, DB 1952, S. 59; Galperin, Arb. – R, Haftung des Arbeitnehmers, III Positive Vertragsverletzung (1956), C III 2; Palme, BlStSozArbR 1964, S. 157; ähnlich auch Larenz, Anm. zu LAG Bremen (05.01.1955), AP Nr. 3 zu § 611 BGB Haftung des Arbeitnehmers.

757 Langer, S. 19; Woltereck, RdA 1963, S. 315; Woltereck/Thiel, AR-Blattei, D Haftung des Arbeitnehmers II Mankohaftung (1974), B (B) III. 1; Reinecke, ZfA 1976, S. 222; Lüke, JuS 1981, S. 282; Pauly, JR 1995, S. 230; Krause, Anm. zu BAG (22.05.1997), AP Nr. 1 zu § 611 BGB Mankohaftung.

758 Langer, Die Mankohaftung; Pauly, JR 1995, S. 230.

759 Woltereck, Ersatzansprüche des Arbeitgebers gegen den Arbeitnehmer bei Mankoschäden, Diss. 1963, S. 46; zustimmend Reinecke, ZfA 1976, S. 222; Pauly, JR 1995, S. 230; Krause, Anm. zu BAG (22.05.1997), AP Nr. 1 zu § 611 BGB Mankohaftung; Preis/Kellermann, Anm. zu BAG (22.05.1997), SAE 1998, S. 137; Stoffels, AR-Blattei SD 870.2 Rn. 74.

760 Woltereck, RdA 1963, S.315; Pauly, JR 1995, S. 230.

761 Reinecke, ZfA 1976, S. 222.

762 Ähnlich schon Galperin, Arb. – R, Haftung des Arbeitnehmers, III Positive Vertragsverletzung (1956), C III 2.

763 Reinecke, ZfA 1976, S. 223; Pauly, JR 1995, S. 230.

Im Anschluss an den Beschluss des Großen Senats vom 27.09.1994 hat der 8. Senat aufgrund neuer Überlegungen zum Betriebsrisiko und analoger Anwendung des § 254 BGB auch die Anwendung der privilegierten Arbeitnehmerhaftung auf alle betrieblich veranlassten Mankohaftungsfälle ausgedehnt und diesen Wandel in drei nacheinander ergangenen Entscheidungen[764] klargestellt und gefestigt. Im Anschluss an diese Rechtsprechungsänderung überdachte die Literatur mit neuen Betriebsrisikogedanken erneut das Problem der Haftungseinschränkung bei der Mankohaftung. In der Literatur einigt man sich nunmehr darin, dass die privilegierte Arbeitnehmerhaftung unabhängig von der Anspruchsgrundlage nach dem neuen Tatbestandsmerkmal einer „betrieblich veranlassten Tätigkeit" auf alle Mankohaftungsfälle Anwendung findet.[765]

---

764 BAG (22.05.1997), AP Nr. 1 zu § 611 BGB Mankohaftung; BAG (17.09.1998), AP Nr. 2 zu § 611 BGB Mankohaftung; BAG (02.12.1999), AP Nr. 3 zu § 611 BGB Mankohaftung.

765 Otto/Schwarze, Rn. 294; Stoffels, AR-Blattei SD 870.2 Rn. 74; Boemke/Müller, Anm. zu BAG (17.09.1998), SAE 2000, S.10 f.; Pallasch, Anm. zu BAG (17.09.1998), Ezat § 611 BGB Arbeitnehmerhaftung Nr. 64 (unter 2 a der Gründe); ders., Anm. zu BAG (02.12.1999), Ezat § 611 BGB Arbeitnehmerhaftung Nr. 67 (unter 2 b der Gründe); Lansnicker/Schwirtzek, BB 1999, S. 260; Staudinger/Richardi, BGB, 13. Bearb. (1999), § 611, Rn. 478; Deinert, RdA 2000, S. 26; ders., Anm. zu BAG (02.12.1999), AuR 2001, S. 26; MünchArbR/Blomeyer, 2. Aufl. (2000), § 59 Rn. 86; Schwab, AiB 2000, S. 567; ders., NZA-RR 2006, S. 455; ders., AiB 2007, S. 91; Walker, JuS 2002, S. 740; Schwirtzek, AuA 2003, S. 20; MüKoBGB/Henssler, 4 Aufl. (2005), § 619 a Rn. 32; Staudinger/Richardi, BGB, Neubearb. (2005), § 611 Rn. 560; MüKoBGB/Henssler, 6 Aufl. (2012), § 619 a Rn. 40; Staudinger/Otto, BGB, Neubearb. (2009), § 280 Rn. F 39; MünchArbR/Reichold, 3. Aufl. (2009), § 51 Rn. 7; HK-ArbR/Waas/Palonka, 2. Aufl. (2010), § 619 a BGB Rn. 21; Küttner/Griese, 18. Aufl. (2011), Fehlgeldentschädigung 187, Rn. 12 ff.; HBD/Brors, 2.Auf.(2010), § 611 BGB Rn. 913; HWK/Krause, 5. Aufl. (2012), § 619 a BGB Rn. 48; Staudinger/Richardi/Fischinger, BGB, Neubearb. (2011), § 619 a Rn. 94; ErfK/Preis, 13. Aufl. (2013), § 619 a BGB Rn. 32; Preis/Stoffels, 4. Aufl. (2011), II M 10 Rn. 7; Tschöpe/Steinau-Steinrück, 7. Aul.(2011), 2 I, Rn. 60; Schaub/Linck, 14. Aufl. (2011), § 59, Rn. 85; Lieb/Jacobs, 9. Aufl. (2006), Rn. 211; Löwisch, 8. Aufl. (2007), Rn. 1198; Löwisch/Caspers/Klumpp, 9. Aufl. (2012), Rn. 542; Reichold, 4. Aufl. (2012), § 9 Rn. 37; Waltermann, 16. Aufl. (2012), Rn. 251; Brox/Rüthers/Henssler, 18. Aufl. (2010), Rn. 257; Dütz/Thüsing, 17. Aufl. (2012), Rn. 205; Hromadkova/Maschmann, Arbeitsrecht Band 1, 5. Aufl. (2012), § 9 Rn. 63; Junker, 11. Aufl. (2012), Rn. 307 b.

IV. Auswirkung des § 276 I 1 BGB auf die Umsetzung der privilegierten Arbeitnehmerhaftung

1. Herleitung der privilegierten Arbeitnehmerhaftung aus § 276 I 1 BGB nach dem Gesetzgeber der Schuldrechtsmodernisierung

Die ständige Rechtsprechung des BAG stützt die von ihr entwickelte privilegierte Arbeitnehmerhaftung auf § 254 BGB. Schon seit dem Anfang der 1970er Jahren hat das BAG § 254 BGB zur Enthaftung des Arbeitnehmers herangezogen.[766] Der Große Senat hat im Beschluss vom 27.09.1994 klargestellt, dass die Beschränkung der Arbeitnehmerhaftung bei allen betrieblich veranlassten Arbeiten aus einer entsprechenden Anwendung von § 254 BGB folgt.[767] Zwar hat die Bundesregierung eindeutig in der Gesetzesbegründung darauf hingewiesen, dass die neuen Vorschriften zu den Folgen von Pflichtverletzungen in der Schuldrechtsreform die von der Rechtsprechung entwickelten Grundsätze der Arbeitnehmerhaftung nicht nur nicht in Frage stellen, sondern sie vielmehr bestätigen und dafür künftig eine tragfähige Grundlage schaffen.[768] Jedoch hat sie eine bessere Absicherung dieser Grundsätze in § 276 I 1 BGB gesehen. Danach kann sich nämlich eine mildere Haftung des Arbeitnehmers aus dem Inhalt des Schuldverhältnisses ergeben, so dass die Rechtsprechung nicht mehr auf den an sich nicht recht passenden § 254 BGB ausweichen muss.[769]

2. § 254 BGB verbleibt als dogmatische Umsetzung statt § 276 I 1 BGB

Diese Ansicht der Bundesregierung löst eine Diskussion um die Frage in der Literatur aus, ob die Neufassung des § 276 I BGB als neue dogmatische Umsetzung statt § 254 BGB angesehen wird. Leider findet diese Ansicht im Schrifttum überwiegend Ablehnung.[770] Abgesehen davon, dass § 276 I BGB den Haftungs-

---

766 BAG (28.04.1970), AP Nr. 55 zu § 611 BGB Haftung des Arbeitnehmers; BAG (07.07.1970), AP Nr. 58 zu § 611 BGB Haftung des Arbeitnehmers; BAG (03.11.1971), AP Nr. 61 zu § 611 BGB Haftung des Arbeitnehmers.

767 BAG (GS) (27.09.1994), AP Nr. 103 zu § 611 BGB Haftung des Arbeitnehmers (unter C II der Gründe).

768 BT-Drs. 14/6857, S. 48; BT-Drs. 14/7052, S. 204.

769 BT-Drs. 14/6857, S. 48.

770 Henssler, RdA 2002, S. 133; Gotthardt, 2. Aufl. (2003), Rn. 195; Waltermann, RdA 2005, S. 99; Waltermann, JuS 2009, S. 195, 197; Brose, RdA 2011, S. 215 f.; RGKU/Hesse, § 619 a BGB Rn. 4; HWK/Krause, 5. Aufl. (2012), § 619 a BGB Rn. 18; Staudinger/Richardi/Fischinger, BGB, Neubearb. (2011), § 611 Rn. 735; MüKoBGB/Henssler, 6 Aufl. (2012), § 619 a Rn. 12; Zöller/Loritz/Hergenröder, 6.

ausschluss bei leichter Fahrlässigkeit rechtfertigen könnte,[771] lässt sich allerdings eine Schadensteilung bei mittlerer Fahrlässigkeit und gegebenenfalls auch bei grober Fahrlässigkeit mit § 276 I BGB nicht begründen. Einerseits hat der Schuldrechtsreformgesetzgeber übersehen, dass die vom BAG konzipierten Grundsätze der Arbeitnehmerhaftung nicht an den Haftungsgrund, sondern an die Haftungsfolgen anknüpfen.[772] Die Rechtsprechung will die Arbeitnehmerhaftung bei Verschulden, auch bei leichter Fahrlässigkeit, nicht von Anfang an ausschließen, sondern die sozial unbillige Rechtsfolge, nämlich die Vollhaftung des Arbeitnehmers bei jedem Verschulden, aus den Gedanken des betrieblichen Risikopotenzials und des Sozialschutzes abmildern. Deswegen hat das BAG seit langem die Ausgleichsfunktion des § 254 BGB durch analoge Anwendung bei der Schadensteilung nach der privilegierten Arbeitnehmerhaftung entfalten lassen, indem sie im Rahmen des § 254 das Verschulden des Arbeitnehmers und das dem Arbeitgeber zugewiesene Risiko gegeneinander abwägt.[773] Im Gegensatz zu § 254 I erlaubt § 276 I BGB eine Schadensteilung nicht, sondern nur eine Alles-oder-Nichts-Lösung.[774] Indes würde die Anwendung des § 276 I BGB zu einem allgemeinen Haftungsausschluss des Arbeitnehmers bei mittlerer Fahrlässigkeit führen, was dem Arbeitgeber entgegen der Konzeption der privilegierten Arbeitnehmerhaftung unbillig sein könnte. Ohne Rücksicht auf die unmögliche Schadensteilung ist andererseits eine mildere Haftung des Arbeitnehmers aus dem Inhalt des Schuldverhältnisses gemäß § 276 I BGB nach der Ansicht des Schuldrechtsreformgebers nicht bedenkenlos. Wie *Gotthardt* zutreffend sagt, meint der Schuldrechtsreformgesetzgeber mit dem Inhalt des Schuldverhältnisses gerade eine vertragliche Haftungsvereinbarung.[775] Diese vertragliche Haftungsvereinbarung ist jedoch schon seit langem zu Recht von der Literatur abgelehnt worden, weil sie einen stillschweigenden Haftungsausschluss fingiert.[776]

Aufl. (2008), S. 237; Junker, 11. Aufl. (2012), Rn. 295 a; DFL/Kamanabrou, 4. Aufl. (2011), § 611 BGB Rn.419; Schumacher, S. 151 ff.; Zust. aber Palandt/Grüneberg, BGB, 69. Aufl. (2010), § 276, Rn. 44: Haftungsbeschränkungen durch den Inhalt des Schuldverhältnisses; Staudinger/Löwisch/Caspers, BGB, Neubearb. (2009), § 276 Rn. 139: Modifikationen nach dem sonstigen Inhalt des Schuldverhältnisses.

771 MünchArbR/Reichold, 3. Aufl. (2009), § 51 Rn. 30; HWK/Krause, 5. Aufl. (2012), § 619 a BGB Rn. 18.

772 Krause, NZA 2003, S. 581; Wank, FS Schwerdtner (2003), S. 260; Waltermann, RdA 2005, S. 99; HWK/Krause, 5. Aufl. (2012), § 619 a BGB Rn. 18.

773 BAG (03.11.1971), AP Nr. 61 zu § 611 BGB Haftung des Arbeitnehmers, Leitsatz 1.

774 HWK/Krause, 5. Aufl. (2012), § 619 a BGB Rn. 18; Schumacher, S. 156 f.; Waltermann, RdA 2005, S. 99; Krause, NZA 2003, S. 581; Gotthardt, 2. Aufl. (2003), Rn. 195; Henssler, RdA 2002, S. 133.

775 Gotthardt, 2. Aufl. (2003), Rn. 195.

776 Otto/Schwarze, Rn. 76; Preis, AuR1986, S. 363; Brox/Walker, DB 1985, S. 1469.

Ferner handelt es sich bei der privilegierten Arbeitnehmerhaftung nicht um eine vertragliche Haftungsvereinbarung, sondern um generell anwendbares Richterrecht.[777]

Die Neufassung des § 276 I BGB findet auch kein Echo bei der neuen Rechtsprechung des BAG. Das BAG stellt nach wie vor auf die analoge Anwendung des § 254 BGB im Rahmen der privilegierten Arbeitnehmerhaftung ab, ohne überhaupt die Überlegungen des Schuldrechtsreformgesetzgebers in Erwägung zu ziehen.[778]

Die Gesetzesbegründung verdeutlicht den Versuch des Schuldrechtsreformgesetzgebers, die privilegierte Arbeitnehmerhaftung auf eine neue Rechtsgrundlage zu stellen. Leider scheitert dieser Versuch durch die Neufassung des § 276 I BGB an mangelhafter Dogmatik. Deswegen verbleibt die dogmatische Umsetzung der privilegierten Arbeitnehmerhaftung weiterhin bei analoger Anwendung des § 254 BGB, der als Medium die erforderliche Schadensteilung aufgrund der Interessenabwägung ermöglicht.

V. Vermeidung einer Doppelverwertung des Betriebsrisikos bei mittlerer Fahrlässigkeit des Arbeitnehmers im Mankofall

1. Entstehung der Gefahr einer Doppelverwertung des Betriebsrisikos

a) In der allgemeinen Arbeitnehmerhaftung

Richtet der Arbeitnehmer dem Arbeitgeber einen Schaden mit mittlerer Fahrlässigkeit an, hat das BAG schon früh bei der Schadensaufteilung die Anwendung des § 254 BGB in einem doppelten Sinne erfordert.[779] D.h., dass in einem ersten Schritt das Verschulden des Arbeitnehmers und - in analoger Anwendung des § 254 BGB - das Betriebsrisiko des Arbeitgebers im Rahmen der privilegierten Arbeitnehmerhaftung gegeneinander abzuwägen sind. In einem zweiten Schritt könnte eine direkte Anwendung des § 254 BGB hinsichtlich des „echten“ Mit-

777 Krause, NZA 2003, S. 581; Otto, Jura 2002, S. 8.

778 BAG (18.01.2007), AP Nr. 15 zu § 254 BGB; BAG (05.02.2004), AP Nr. 126 zu § 611 BGB Haftung des Arbeitnehmers; BAG (18.04.2002), AP Nr. 122 zu § 611 BGB Haftung des Arbeitnehmers.

779 BAG (03.02.1970), AP Nr. 53 zu § 611 BGB Haftung des Arbeitnehmers (unter 2 b der Gründe); BAG (03.11.1971), AP Nr. 61 zu § 611 BGB Haftung des Arbeitnehmers (unter II 2 a cc der Gründe); BAG (18.12.1970), AP Nr. 63 zu § 611 BGB Haftung des Arbeitnehmers (unter III 2 der Gründe).

verschuldens[780] des Arbeitgebers in Betracht kommen. Wenn man diese doppelsinnige Anwendung genau betrachtet, verbirgt sie eine Gefahr der Doppelverwertung des Betriebsrisikos,[781] so dass das bereits im Rahmen der privilegierten Arbeitnehmerhaftung berücksichtigte Betriebsrisiko noch einmal bei der direkten Anwendung des § 254 BGB in Rechnung gestellt werden könnte.[782]

Der Große Senat des BAG hat im Beschluss vom 27.09.1994 diese Gefahr nicht beseitigt, sondern gewissermaßen verschärft, indem er neben der Gefährlichkeit der Arbeitstätigkeit aus der Organisation des Betriebs und der Gestaltung der Arbeitsbedingungen durch den Arbeitgeber auf einen weiteren Zurechnungsgrund als Bestandteil des Betriebsrisikos schließt und dieses Organisationsrisiko als einen verschuldensunabhängigen Zurechnungsfaktor entsprechend § 254 BGB gegenüber dem Verschulden des Arbeitnehmers abwägt, so dass die Schadensteilung im Rahmen der privilegierten Arbeitnehmerhaftung bei mittlerer Fahrlässigkeit des Arbeitnehmers in Erfüllung geht.[783]

b) In der Mankohaftung

Vor der Erstreckung der privilegierten Arbeitnehmerhaftung auf die Mankohaftung hat das Gericht lange Zeit die Arbeitnehmerhaftung im Mankofall mit einer strengen Bewertung des Mitverschuldens des Arbeitgebers in direkter Anwen-

780 Das „echte“ Mitverschulden wird nicht in der Literatur erklärt, sondern nur einfach im Arbeitsrecht gebraucht. Diese Terminologie erweckt den falschen Eindruck, dass noch ein Gegenbegriff „falsches“ Mitverschulden besteht. M.E. kann man diese Terminologie nur vor dem Hintergrund der privilegierten Arbeitnehmerhaftung benutzen und verstehen, sonst würde es zum Missverständnis des Mitverschuldens iSv. § 254 BGB führen. Im Rahmen der privilegierten Arbeitnehmerhaftung wird § 254 BGB analog angewendet, indem das Betriebsrisiko als eine verschuldensunabhängige Mitwirkung bei der Schadensentstehung dem Arbeitgeber zuzurechnen ist. Im Vergleich zu dieser verschuldensunabhängigen Mitwirkung wird die verschuldensabhängige Mitwirkung iSv. § 254 als „echtes“ Mitverschulden bezeichnet.

781 Krause, NZA 2003, S. 584; Krause, RdA 2013, S. 134; Tschöpe/Westhoff, 7. Aul.(2011), Rn. 44; MünchAnwH-ArbR/Eisenbeis, 2. Aufl. (2009), § 15, Rn. 88; MünchArbR/Reichold, 3. Aufl. (2009), § 51 Rn. 55; HWK/Krause, 5. Aufl. (2012), § 619 a BGB Rn. 41; in diesem Sinne auch Marhold, JZ 1993, S. 912.

782 Nach dem in ständiger Rechtsprechung des BAG vertretenen dreistufigen Haftungsmodell kommt die privilegierte Arbeitnehmerhaftung bei Vorsatz und grober Fahrlässigkeit nicht in Betracht. Deswegen konzentriert sich die Problematik zur Doppelverwertung des Betriebsrisikos im Fall der mittleren Fahrlässigkeit, die auch den größten Teil in den veröffentlichen Entscheidungen ausmacht. So zutr.: Ahrens, Anm. zu BAG (12.11.1998), AP Nr. 117 zu § 611 BGB Haftung des Arbeitnehmers (unter I).

783 BAG (GS) (27.09.1994), AP Nr. 103 zu § 611 BGB Haftung des Arbeitnehmers (unter C II der Gründe).

dung des § 254 BGB eingeschränkt, als ob die privilegierte Arbeitnehmerhaftung auf den Mankofall Anwendung fände.[784] Das Spannungsverhältnis zwischen der privilegierten Arbeitnehmerhaftung und der direkten Anwendung von § 254 BGB zeigt der Leitsatz 1 der Entscheidung des BAG vom 27.02.1970[785] zur Mankohaftung eindeutig auf, der wie folgt lautet:

> „Einrichtung und Organisation des Betriebes sind grundsätzlich Sache des Arbeitgebers. Er ist verpflichtet, die Voraussetzungen für den reibungslosen Ablauf des Arbeitsverhältnisses zu schaffen. Organisationsfehler gehen im Zweifel zu seinen Lasten. Er trägt das Betriebsrisiko, das er nicht ohne Weiteres auf den Arbeitnehmer abwälzen kann."

Aus dem Vergleich dieses Leitsatzes 1 mit dem vom Großen Senat konzipierten Organisationsrisiko als Bestandteil des Betriebsrisikos lässt sich folgern, dass die Prüfung des Mitverschuldens des Arbeitgebers in der Rechtsprechung zur Mankohaftung bereits den Betriebsrisikogedanken, der auf die Organisation des Betriebs und die Gestaltung der Arbeitsbedingungen zurückzuführen ist, in sich birgt.[786]Deswegen kann diese Gefahr der Doppelverwertung des Betriebsrisikos insbesondere im Mankofall leichter herausgefordert werden, als in der allgemeinen Arbeitnehmerhaftung, wenn nun die privilegierte Arbeitnehmerhaftung auf alle betrieblich veranlassten Mankoschäden Anwendung findet.

2. Die Rechtsprechung zur Frage der Doppelverwertung des Betriebsrisikos

Wie bereits erwähnt, hat der Große Senat des BAG im Beschluss vom 27.09.1994 mit der Herausarbeitung eines weiteren Zurechnungsgrundes, nämlich des Organisationsrisikos als Bestandteil des Betriebsrisikos aus dem Rechtsgedanken des § 254 BGB, die Abgrenzungsschwierigkeiten in jenen Fällen verkompliziert, in denen echtes Mitverschulden des Arbeitgebers vorliegt. Zunächst richtet sich das Hauptaugenmerk zunächst darauf, ob bzw. wie sich die Rechtsprechung nach diesem Beschluss auf die verbogene Gefahr der Doppelverwertung des Betriebsrisikos reagiert hat.

a) In der allgemeinen Arbeitnehmerhaftung

Gleich nach dem Beschluss des Großen Senats vom 27.09.1994 hat der 8. Senat des BAG in einem solchen Fall am 16.02.1995 entschieden, dass eine Flugbegleiterin, die entgegen einschlägiger Dienstvorschriften bei einem Flug keinen

784 Vgl. ausführlich unten Zweiter Teil C. V. 4. c).
785 BAG (27.02.1970), AP Nr. 54 zu § 611 BGB Haftung des Arbeitnehmers.
786 Zutr. Pauly, JR 1995, S. 229.

Reisepass mit sich führt und damit eine von der Einreisebehörde gegen das Luftfahrtunternehmen verhängte Einreisestrafe von 3.000 US-Dollar verursacht, von ihrem Arbeitgeber wegen schuldhafter Verletzung des Arbeitsvertrages auf Schadensersatz in Anspruch genommen wird.[787] In diesem Fall wird die Arbeitnehmerhaftung vom BAG zweimal eingeschränkt. Das BAG hat die Haftung der Flugbegleiterin zunächst einfach nach den Grundsätzen der Haftungsbeschränkung des Arbeitnehmers bei betrieblicher Tätigkeit wegen normaler Fahrlässigkeit abgemildert, ohne die Verantwortung des Arbeitgebers für die Organisation des Betriebs und die Gestaltung der Arbeitsbedingungen zu erwähnen.[788] Dann hat das BAG die Arbeitnehmerhaftung in direkter Anwendung von § 254 BGB wegen des arbeitgeberseitigen Organisationsmitverschuldens reduziert. Das Organisationsmitverschulden bestand darin, dass das Luftfahrtunternehmen keinerlei Kontrolle zur Überprüfung der Einreisedokumente der Flugbegleiterin vorgenommen hatte.[789] Nach meiner Meinung liegt hier eine Doppelverwertung des Betriebsrisikos vor, weil das Fehlen eines Kontrollsystems zur Überprüfung der Einreisedokumente der Flugbegleiter schon als Organisationsfehler bei der Festlegung des Verschuldensgrades des Arbeitnehmers im Rahmen einer Abwägung der Gesamtumstände nach der privilegierten Arbeitnehmerhaftung berücksichtigt wird.

Danach hatte das BAG leider noch keine Gelegenheit, Stellung zur Doppelverwertung des Betriebsrisikos bei einer mittleren Fahrlässigkeit des Arbeitnehmers zu nehmen. Erwähnenswert ist, dass das BAG in einigen Fällen bezüglich der Arbeitnehmerhaftung bei grober Fahrlässigkeit eine andere Tendenz zur umstrittenen Frage gezeigt hat, ob das Mitverschulden des Arbeitgebers bereits nach der Feststellung einer schuldhaften Pflichtverletzung des Arbeitnehmers oder erst nach der Schadensverteilung nach der privilegierten Arbeitnehmerhaftung zu prüfen ist.[790] Im Unterschied zur Entscheidung des BAG vom 03.11.1970[791] zur Arbeitnehmerhaftung bei mittlerer Fahrlässigkeit wird in allen solchen Fällen zunächst eine Reduktion der Arbeitnehmerhaftung in direkter Anwendung von § 254 BGB hinsichtlich des arbeitgeberseitigen Mitverschuldens in Erwägung gezogen und dann eine Haftungsabmilderung nach der privi-

787 BAG (16.02.1995), AP Nr. 106 zu § 611 BGB Haftung des Arbeitnehmers.

788 BAG (16.02.1995), NZA 1995, S. 566 (unter B II 3 der Gründe).

789 BAG (16.02.1995), NZA 1995, S. 566 (unter B II 4 der Gründe).

790 BAG (23.01.1997), NZA 1998, S. 140 ; BAG (12.11.1998), AP Nr. 117 zu § 611 BGB Haftung des Arbeitnehmers; BAG (15.11.2001), AP Nr. 121 zu § 611 BGB Haftung des Arbeitnehmers; BAG (18.01.2007), AP Nr. 15 zu § 254 BGB.

791 BAG (03.11.1970), AP Nr. 61 zu § 611 BGB Haftung des Arbeitnehmers.

legierten Arbeitnehmerhaftung analog § 254 BGB geprüft.[792] Eine doppelte Haftungsabmilderung ist in allen solchen Fällen daran gescheitert, dass das arbeitgeberseitige Mitverschulden nicht vorliegt.[793] Ergänzend ist darauf hinzuweisen, dass diese Fälle der Arbeitnehmerhaftung bei grober Fahrlässigkeit für die Vermeidung einer Gefahr der Doppelverwertung des Betriebsrisikos bei mittlerer Fahrlässigkeit des Arbeitnehmers nur von geringem Gewicht sind. Denn man muss sich allerdings darüber im Klaren sein, dass sich eine Haftungsreduktion bei grober Fahrlässigkeit weniger durch das Betriebsrisiko i.S. der Verantwortung des Arbeitgebers für die Organisation des Betriebs und die Gestaltung der Arbeitsbedingungen, sondern vielmehr durch die Sozialschutzbedürftigkeit des Arbeitnehmers rechtfertigt,[794] wie das BAG selber in der Rechtsprechung betont hat, dass zur Begründung der Haftungserleichterungen bei grober Fahrlässigkeit im Wesentlichen auf das Missverhältnis zwischen Schadensrisiko und Arbeitslohn abgestellt wird.[795]

Es bleibt aber spannend abzuwarten, ob der 8. Senat des BAG sein Urteil vom 16.02.1995, in dem sich eine Doppelverwertung des Betriebsrisikos verbirgt, weiter fortführt. Wird diese Rechtsprechung nicht weiter fortgeführt, ist zu beobachten wie er das „echte“ Mitverschulden des Arbeitgebers von der „Mitverantwortung“ des Arbeitgebers hinsichtlich des Betriebsrisikos im Rahmen der privilegierten Arbeitnehmerhaftung abgrenzt und wie er gegebenenfalls die Doppelverwertung des Betriebsrisikos vermeidet.

b) In der Mankohaftung

Bevor der 8. Senat des BAG im Urteil vom 17.09.1998 die Anwendung der Grundsätze über die Beschränkung der Arbeitnehmerhaftung auf die Mankohaftung klar bestätigt hat,[796] hat das ArbG Nürnberg in der Entscheidung vom 11.06.1997[797] unter Berücksichtigung der Grundsätze des innerbetrieblichen Schadensausgleichs und eines Mitverschuldens des Arbeitgebers die Haftung

---

792 BAG (23.01.1997), NZA 1998, S. 140 (unter I 2 u. 3 der Gründe); BAG (12.11.1998), NZA 1999, S. 264 (unter II der Gründe); BAG (15.11.2001), NZA 2002, S. 614 (unter II 3 u. 4 der Gründe); BAG (18.01.2007), NZA 2007, S. 1232 ff. (unter B II 2 der Gründe).

793 BAG (23.01.1997), NZA 1998, S. 140 (unter II 2 der Gründe); BAG (12.11.1998), NZA 1999, S. 264 (unter II 1 u 2 der Gründe); NZA 2002, S. 614 (unter II 3 der Gründe); BAG (18.01.2007), NZA 2007, S. 1233 f. (unter B II 2 a u. b der Gründe).

794 HWK/Krause, 5. Aufl. (2012), § 619 a BGB Rn. 32.

795 BAG (12.10.1989), NZA 1990, S. 98 f. (unter II 2 b der Gründe); BAG (23.01.1997), NZA 1998, S. 140 (unter I 3 c der Gründe).

796 BAG (17.09.1998), AP Nr. 2 zu § 611 BGB Mankohaftung (unter B II 1 der Gründe).

797 ArbG Nürnberg (11.06.1997), ARST 1998, S. 9.

einer Kassiererin zweimal eingeschränkt. In einem ersten Schritt wurde eine Haftungsquote von 2/5 wegen normaler Fahrlässigkeit des Arbeitnehmers nach der privilegierten Arbeitnehmerhaftung gewählt.[798] In einem zweiten Schritt hat das Gericht in direkter Anwendung von § 254 BGB die Haftungsquote nochmals um die Hälfte, nämlich von 2/5 auf 1/5 gemindert, weil das Fehlverhalten des Vorgesetzten ein arbeitgeberseitiges Mitverschulden begründete.[799]

Das LAG Rheinland-Pfalz hat einen Fall vom 12.02.2010[800] über die Arbeitnehmerhaftung bei grober Fahrlässigkeit wegen Verlustes eines erheblichen Geldbetrags entschieden. Wie das BAG, hat das LAG Rheinland-Pfalz zunächst eine Reduktion der Arbeitnehmerhaftung in direkter Anwendung von § 254 BGB hinsichtlich des arbeitgeberseitigen Mitverschuldens in Erwägung gezogen und dann eine Haftungsabmilderung nach der privilegierten Arbeitnehmerhaftung analog § 254 BGB geprüft. Das LAG Rheinland-Pfalz schränkt die Arbeitnehmerhaftung in direkter Anwendung von § 254 BGB ein, weil hier ein Mitverschulden des Arbeitgebers wegen Abbestellung einer Sicherheitsfirma zum Geldtransport vorliegt.[801] Aber das LAG Rheinland-Pfalz hat eine Haftungserleichterung bei grober Fahrlässigkeit nach den Grundsätzen über die Beschränkung der Arbeitnehmerhaftung abgelehnt, weil das Gehalt der Klägerin im Jahr 39.000,00 EUR brutto nicht in einem deutlichen Missverhältnis zum Schadensrisiko der Tätigkeit steht.[802]

In den drei Grundsatzentscheidungen zur Mankohaftung braucht das BAG keine Stellung zur Frage einer Doppelverwertung des Betriebsrisikos bei mittlerer Fahrlässigkeit des Arbeitnehmers zu nehmen, weil die Voraussetzungen einer Haftung des Klägers nach diesen richterrechtlichen Grundsätzen wegen der gescheiterten Beweislastführung nicht festgestellt werden können.[803] Ob der 8. Senat des BAG weiterhin eine großzügige Interpretation des Mitverschuldens des Arbeitgebers vornehmen wird, bleibt aber abzuwarten.

3. Meinungsstand in der Literatur

Im Schrifttum wird das Problem über die Vermeidung einer Doppelverwertung des Betriebsrisikos entweder in der allgemeinen Arbeitnehmerhaftung oder in

798 ArbG Nürnberg (11.06.1997), ARST 1998, S. 9 (unter 2 c cc da der Gründe).
799 ArbG Nürnberg (11.06.1997), ARST 1998, S. 9 (unter 2 c ee der Gründe).
800 Juris Datenbank, LAG Rheinland-Pfalz 12.02.2010 – 6 Sa 251/09.
801 Juris Datenbank, LAG Rheinland-Pfalz 12.02.2010 – 6 Sa 251/09, Rn. 27.
802 Juris Datenbank, LAG Rheinland-Pfalz 12.02.2010 – 6 Sa 251/09, Rn. 33.
803 BAG (22.05.1997), AP Nr. 1 zu § 611 BGB Mankohaftung (unter III der Gründe); BAG (17.09.1998), AP Nr. 2 zu § 611 BGB Mankohaftung (unter B II 2 der Gründe); BAG (02.12.1999), AP Nr. 3 zu § 611 BGB Mankohaftung (unter III 2 der Gründe).

der Mankohaftung bislang überwiegend nicht erwähnt und nur sporadisch erörtert.

a) In der allgemeinen Arbeitnehmerhaftung

In Bezug auf die Gefahr einer Doppelverwertung des Betriebsrisikos in der allgemeinen Arbeitnehmerhaftung werden zwei Auffassungen in der Literatur vertreten.

aa) Verneinung einer Doppelverwertung des Betriebsrisikos

(1) Die Ansicht von Gamillscheg/Hanau

Gamillscheg/Hanau wollen das Betriebsrisiko aus dem Sphärengedanken ohne Anlehnung an eine Norm des BGB als eine eigenständige und für sich selbst genügende Begründung der Haftungserleichterung ansehen, wobei sie wie folgt begründen: „Tatsächlich sei auch § 254 BGB nur ein Fall der Zurechnung des Schadens aus dem Gesichtspunkt der Sphäre, unser Problem sei nicht ihn zu subsumieren, sondern den gemeinsamen Grundgedanken: § 254 BGB sei nicht die Mutter und die neue Lehre (hier „das Betriebsrisiko") die Tochter, sondern beide seien Geschwister".[804] Deswegen ist es nicht überraschend, dass *Gamillscheg/Hanau* dem Problem der Doppelverwertung des Betriebsrisikos ausweichen, weil sie, nicht wie der Große Senat des BAG, die Arbeitnehmerhaftung nicht mittels § 254 BGB, sondern mittels des Betriebsrisikos als einer eigenständigen und für sich selbst genügenden Begründung einschränken.

(2) Die Ansicht von Otto/Schwarze

Otto/Schwarze haben sich, soweit ich sehe, mit der Gefahr einer Doppelverwertung des Betriebsrisikos in der allgemeinen Arbeitnehmerhaftung bisher am intensivsten befasst. Sie verneinen eine Doppelverwertung des Betriebsrisikos mit dem folgenden Gedankengang: In Anlehnung an die Beschlüsse des Großen Senats des BAG spalten *Otto/Schwarze* das Betriebsrisiko in erhöhte Gefahren[805] (vom Großen Senat als „Gefährlichkeit" bezeichnet[806]) als erstes Zurechnungsprinzip und in allgemeine Tätigkeitsrisiken[807] (vom Großen Senat als „Organisa-

804 Gamillscheg/Hanau, 2. Aufl. (1974), S. 49, 50.

805 Otto/Schwarze, Rn. 29.

806 BAG (GS) (12.06.1992), AP Nr. 101 zu § 611 BGB Haftung des Arbeitnehmers (unter B II 2 der Gründe); BAG (GS) (27.09.1994), AP Nr. 103 zu § 611 BGB Haftung des Arbeitnehmers (unter C II 2 der Gründe).

807 Otto/Schwarze, Rn. 36.

tionsrisiko“ bezeichnet[808]) als zweites Zurechnungsprinzip auf. Der Große Senat des BAG hat die beiden Zurechnungsgründe einheitlich in entsprechender Anwendung des § 254 BGB aus dem Betriebsrisiko hergeleitet,[809] während *Otto/Schwarze* eine differenzierte dogmatische Umsetzung für die beiden Zurechnungsprinzipien vornehmen wollen: Die Verantwortlichkeit des Arbeitgebers für die aus erhöhten Gefahren resultierende Gefährlichkeit kann über eine entsprechende Anwendung des § 254 BGB bei der Enthaftung des Arbeitnehmers legitimiert werden,[810] weil diese Gefährlichkeit mit dem betrieblichen Geschehen verbunden ist und somit diejenigen Bedingungen der Arbeitsumwelt des Arbeitnehmers betrifft, die zwar „unterhalb der Schwelle des echten Mitverschuldens“ des Arbeitgebers i.S. des § 254 I BGB bleiben, aber dennoch eine „erhöhte Schadensanfälligkeit“ in sich bergen und die sich im Falle eines schuldhaften Fehlverhaltens des Arbeitnehmers als „Kausalfaktor“ im konkreten Schaden niederschlagen.[811] Demgegenüber kann die Verantwortung des Arbeitgebers für allgemeine Tätigkeitsrisiken nicht mittels § 254 BGB, sondern nur durch eine aus dem Prinzip der Haftungsreduktion bei fremdnütziger und fremdbestimmter Tätigkeit abzuleitenden ungeschriebenen Sozialschutzbedürftigkeit des Arbeitnehmers herangezogen werden, die die allgemeinen Vorschriften über die Haftungsfolgen einer zum Schadensersatz verpflichtenden Handlung überlagert,[812] weil die in den ungefährlichen Arbeitsbedingungen liegenden allgemeinen Tätigkeitsrisiken im Hinblick auf die Wahrscheinlichkeit des Schadenseintritts nur ein Haftungspotential erhöhen, aber keinen Verursachungsbeitrag zu einem späteren Schaden leisten.[813] Aufgrund dieser differenzierten dogmatischen Umsetzung kommen *Otto/Schwarze* zum Ergebnis, dass keine fragwürdige Doppelverwertung vorliegt, weil es um zwei verschiedene Umstände geht: Beim echten Mitverschulden i.S. des § 254 BGB handelt es sich um die Beherrschbarkeit beispielsweise des Personaleinsatzes oder des Zustandes der Arbeitsgerätschaften, bei der Gefährlichkeit geht es um das vorwerfbare Versagen beim Personaleinsatz oder bei der Materialbeschaffung (das andere Zurechnungsprinzip, nämlich

808 BAG (GS) (12.06.1992), AP Nr. 101 zu § 611 BGB Haftung des Arbeitnehmers (unter B II 3 der Gründe); BAG (GS) (27.09.1994), AP Nr. 103 zu § 611 BGB Haftung des Arbeitnehmers (unter C II 2 der Gründe).

809 BAG (GS) (12.06.1992), AP Nr. 101 zu § 611 BGB Haftung des Arbeitnehmers (unter B II 2 u. 3 der Gründe); BAG (GS) (27.09.1994), AP Nr. 103 zu § 611 BGB Haftung des Arbeitnehmers (unter C II 2 der Gründe), vgl. ausführlich unten Zweiter Teil C. V. 4. a). cc).

810 Otto/Schwarze, Rn. 84.

811 Otto/Schwarze, Rn. 29, 37.

812 Otto/Schwarze, Rn. 37 f., 84.

813 Otto/Schwarze, Rn. 36, 38.

das Organisationsrisiko, wird von *Otto/Schwarze* nicht als ein Faktor, der zur Doppelverwertung des Betriebsrisikos führen könnte, angesehen, weil sie das Organisationsrisiko nicht als einen im Rahmen des § 254 BGB zu berücksichtigenden Abwägungsgesichtspunkt und damit als einen Verursachungsbeitrag einstufen wollen[814]).[815]

Die Ansicht von *Otto/Schwarze* ist m.E. nicht überzeugend. Nach *Otto/Schwarze* bleiben die Arbeitsbedingungen, die die Gefährlichkeit der Arbeitstätigkeit bestimmen und sich im Falle eines schuldhaften Fehlverhaltens des Arbeitnehmers als „Kausalfaktor" im konkreten Schaden niederschlagen, „unterhalb der Schwelle des echten Mitverschuldens" des Arbeitgebers i.S. des § 254 I BGB.[816] Es ist fragwürdig, dass man einfach mit „unterhalb der Schwelle des echten Mitverschuldens" des Arbeitgebers die Gefahr einer Doppelverwertung des Betriebsrisikos ausblenden bzw. beseitigen will. M.E. muss man die Berücksichtigung dieser die Gefährlichkeit bestimmenden Arbeitsbedingungen als eine Verwertung des Betriebsrisikos ansehen, weil sich solche Arbeitsbedingungen tatsächlich in dem späteren Schaden i.S. des § 254 I BGB realisieren. Außerdem haben *Otto/Schwarze* zwar zutreffend darauf hingewiesen, dass die schlichte Verantwortung des Arbeitgebers für die Organisation des Betriebs und die Gestaltung der Arbeitsbedingungen nicht als ein den Arbeitgeber im Rahmen des § 254 BGB belastenden Zurechnungsfaktor einzuordnen ist, weil ein haftungsrechtlich relevanter Verursachungsbeitrag hier fehlt. Jedoch haben sie außer Acht gelassen, dass die vom Arbeitgeber durch eigenverantwortliche Ausgestaltung der Arbeitsbedingungen geschaffene Arbeitsumgebung solche an sich ungefährlichen Arbeitsbedingungen enthalten, die ein Haftungspotential für Arbeitnehmer erhöhen und im Fall eines schuldhaften Fehlverhaltens des Arbeitnehmers bei der späteren Schadensentstehung mitwirken. M.E. stellt die Berücksichtigung des in solchen ungefährlichen bei der Schadensentstehung mitwirkenden Arbeitsbedingungen liegenden Betriebsrisikos auch eine Verwertung des Betriebsrisikos dar. Als Beispiel ist hier etwa an den eben genannten „Flugbegleiterin"-Fall des BAG vom 16.02.1995 zu denken.[817] Es ist nicht überzeugend, dass das fehlende Kontrollsystem zur Überprüfung der Einreisedokumente der Flugbegleiter ein vom Arbeitgeber durch seine Organisationshoheit geschaffenes erhöhtes Risiko darstellt und sich bei einem schuldhaften Fehlverhalten des Arbeitnehmers, nämlich Vergessen der Kontrolle nach Vollständigkeit der Papiere, im Schaden niederschlägt, nicht schon als ein den Arbeitgeber belastendes

814 Otto/Schwarze, Rn. 38, 83 f.
815 Otto/Schwarze, Rn. 253 f.
816 Otto/Schwarze, Rn. 29, 37.
817 BAG (16.02.1995), AP Nr. 106 zu § 611 BGB Haftung des Arbeitnehmers.

Organisationsrisiko im Rahmen der privilegierten Arbeitnehmerhaftung analog § 254 BGB, sondern erst nach der privilegierten Arbeitnehmerhaftung als konkretes Mitverschulden in direkter Anwendung von § 254 BGB berücksichtigt wird. Eine dadurch verursachte zweifache Haftungsabmilderung des Arbeitnehmers ist weniger überzeugend als zweifelhaft.

(3) Andere Ansichten

Ahrens[818] sieht die Grundsätze über die beschränke Arbeitnehmerhaftung als eine eigenständige allgemeine Risikoregel und dagegen das konkrete Mitverschulden des Arbeitgebers, das die konkrete betriebliche Gestaltung, insbesondere das Organisationsrisiko, begründet, als eine besondere Risikozuweisung an. Aufgrund dieses allgemein-besonderen Verhältnisses plädiert *Ahrens* dafür, dass die privilegierte Arbeitnehmerhaftung vor dem konkreten Mitverschulden des Arbeitgebers zu prüfen ist. Seiner Ausführung ist zu entnehmen, dass *Ahrens* wohl dahin tendiert, die privilegierte Arbeitnehmerhaftung ohne Weiteres als eine generelle und (mit)verschuldensunabhängige Risikoregel zu betrachten, was zwangsläufig zum Übersehen oder zur Verneinung einer Doppelverwertung des Betriebsrisikos führen könnte. Im Anschluss an die Ansicht von *Otto/Schwarze* verneint *Bengelsdorf* auch eine Doppelverwertung des Betriebsrisikos.[819] *Peifer* nimmt keine Rücksicht auf die Gefahr einer Doppelverwertung des Betriebsrisikos und plädiert ohne Weiteres für eine zweifache Entlastung des Arbeitnehmers in einer doppelsinnigen Anwendung des § 254 BGB.[820]

bb) Gefahr einer Doppelverwertung des Betriebsrisikos

Medicus hat schon früh mit Recht die potenzielle Gefahr der Doppelverwertung der Verursachungskomponente sowohl im Rahmen der privilegierten Arbeitnehmerhaftung als auch in direkter Anwendung von § 254 BGB erkannt und zutreffend darauf hingewiesen, dass die Verursachungskomponente des § 254 BGB bei der Prüfung, welche (ggf. weitere) Schadensquote der Arbeitgeber wegen seines Mitverschuldens nach § 254 BGB selbst zu tragen hat, außer Betracht bleiben muss, soweit die Mitverursachung durch den Arbeitgeber schon für den Verschuldensgrad[821] beim Arbeitnehmer berücksichtigt worden ist.[822]

818 Ahrens, Anm. zu BAG (12.11.1998), AP Nr. 117 zu § 611 BGB Haftung des Arbeitnehmers (unter I der Gründe).

819 Bengelsdorf, Anm. zu BAG (15.11.2001), EzA Nr. 68 zu § 611 BGB Arbeitnehmerhaftung (unter III 3 b ff der Gründe).

820 Peifer, AR-Blattei SD 870.1 Rn. 73 ff.

821 Der Große Senat des BAG hat den Verschuldensgrad stets als einen für die Schadensteilung im Rahmen der privilegierten Arbeitnehmerhaftung maßgeblichen Umstand aner-

Im neuen Schrifttum erkennt ein kleiner Teil der Literatur zwar zutreffend eine potenzielle Gefahr der Doppelverwertung des Betriebsrisikos bei einer doppelsinnigen Anwendung des § 254 BGB an, jedoch liefern diese Autoren leider keine befriedigende Lösung und weisen lediglich darauf hin, dass allgemeine betriebliche Risiken bereits im Rahmen des innerbetrieblichen Schadensausgleichs berücksichtigt sind und deshalb dem Arbeitgeber nicht noch einmal als echtes Mitverschulden wegen Verstoßes gegen konkrete Obliegenheiten zugerechnet werden.[823] Die schweren Abgrenzungsschwierigkeiten zwischen allgemeinen betrieblichen Risiken und echtem Mitverschulden infolge von Obliegenheitsverletzungen bleiben bestehen. Diese Autoren begnügen sich allerdings damit, dass sie in Anlehnung an die bisherige Rechtsprechung eine Kasuistik für das echte Mitverschulden des Arbeitgebers aufgestellt haben: z.B. Organisationsfehler, mangelhafte Anweisungen, unzureichende Überwachung, die fehlende Kontrolle zur Eindämmung besonderer Gefahrenquellen, die fehlende Aufklärung und Einweisung des Arbeitnehmers, eine unterlassene Kontrolle des Arbeitnehmers, die Überlassung von schadhaften Geräten und Material, die vom Verhalten des Arbeitgebers verursachte Überforderung oder Übermüdung des Arbeitnehmers.[824]

b) In der Mankohaftung

Obwohl vor der Erstreckung der privilegierten Arbeitnehmerhaftung auf die Mankohaftung das Gericht lange Zeit die Arbeitnehmerhaftung im Mankofall mit einer strengen Bewertung des Mitverschuldens des Arbeitgebers in direkter Anwendung des § 254 BGB eingeschränkt hat, hat leider die arbeitsrechtliche Lehre der größeren Gefahr einer Doppelverwertung des Betriebsrisikos im Mankofall nicht die wünschenswerte Aufmerksamkeit geschenkt.

Viele Stimmen, die die Gefahr einer Doppelverwertung des Betriebsrisikos nicht in Erwägung ziehen, befürworten ohne Weiteres eine weitere Entlastung

---

kannt. Vgl. BAG (GS) (25.09.1957), AP Nr. 4 zu §§ 898, 899 RVO (unter III 1 der Gründe); BAG (GS) (27.09.1994), AP Nr. 103 zu § 611 BGB Haftung des Arbeitnehmers (unter C IV 1 der Gründe).

822 Medicus, Anm. zu BAG (07.07.1970), AP Nr. 59 zu § 611 BGB Haftung des Arbeitnehmers (unter III der Gründe).

823 Krause, NZA 2003, S. 584; Tschöpe/Westhoff, 7. Aul.(2011), Rn. 44; MünchAnwH-ArbR/Eisenbeis, 2. Aufl. (2009), § 15, Rn. 88; MünchArbR/Reichold, 3. Aufl. (2009), § 51 Rn. 55; HWK/Krause, 5. Aufl. (2012), § 619 a BGB Rn. 41; in diesem Sinne schon früh Marhold, JZ 1993, S. 912.

824 MünchAnwH-ArbR/Eisenbeis, 2. Aufl. (2009), § 15, Rn. 86; Tschöpe/Westhoff, 7. Aul.(2011), Rn. 40; MünchArbR/Reichold, 3. Aufl. (2009), § 51 Rn. 56; HWK/Krause, 5. Aufl. (2012), § 619 a BGB Rn. 42.

des Arbeitnehmers in direkter Anwendung des § 254 BGB in jenen Mankofällen, in denen ein echtes Mitverschulden des Arbeitgebers von der bisherigen Rechtsprechung angenommen wird.[825] Dies zeigt sich am deutlichsten an den von *Linck*[826] genannten Beispielen für das echte Mitverschulden des Arbeitgebers, die alle unter die unten vom Verfasser zusammengefasste Kasuistik für das echte Mitverschulden des Arbeitgebers in der bisherigen Rechtsprechung zur Mankohaftung fallen.[827] Auch manche Stimmen, die die Gefahr einer Doppelverwertung des Betriebsrisikos anerkennen, plädieren für eine weitere Reduktion der Arbeitnehmerhaftung in direkter Anwendung des § 254 BGB in jenen Mankofällen, in denen ein echtes Mitverschulden des Arbeitgebers von der bisherigen Rechtsprechung zur Mankohaftung angenommen wird.[828]

Deinert lässt zwar zur Gefahr einer Doppelverwertung des Betriebsrisikos im Mankofall keine klare Position erkennen, jedoch ist er zu Recht mit der Annahme eines echten arbeitgeberseitigen Mitverschuldens für eine weitere Reduktion der Arbeitnehmerhaftung in direkter Anwendung des § 254 BGB zurückhaltend, indem er fordert, dass das von der Rechtsprechung von jeher genau geprüfte Mitverschulden seitens des Arbeitgebers bei der Schadensteilung entsprechend den Grundsätzen der Rechtsprechung in analoger Anwendung von § 254 BGB zu berücksichtigen ist. *Deinert* will konsequent die unten vom Verfasser zusammengefasste Kasuistik für das echte Mitverschulden des Arbeitgebers[829] in der bisherigen Rechtsprechung zur Mankohaftung, insbesondere das aus Organisationsfehlern resultierende Mitverschulden, im Rahmen der privilegierten Arbeitnehmerhaftung berücksichtigen.[830]

4. Eigene Stellungnahme

Die neuen Überlegungen zum Betriebsrisikogedanken vom Großen Senat und die Ausdehnung der privilegierten Arbeitnehmerhaftung auf die Mankohaftung

825 Stoffels, AR-Blattei SD 870.2 Rn. 80 ff.; MünchArbR/Blomeyer, 2. Aufl. (2000), § 59 Rn. 87; KassHdb/Künzl, Band 1, 2. Aufl. (2000), 2.1 Rn. 292; DLW/Dörner, 8. Aufl. (2009), Kap. 3, Rn. 670; Küttner/Griese, 18. Aufl. (2011), Fehlgeldentschädigung 187, Rn. 11; Staudinger/Richardi/Fischinger, BGB, Neubearb. (2011), § 619 a Rn. 95; ErfK/Preis, 13. Aufl. (2013), § 619 a BGB Rn. 33; Schaub/Linck, 14. Aufl. (2011), § 59, Rn. 86.

826 Schaub/Linck, 14. Aufl. (2011), § 59, Rn. 86.

827 Vgl. ausführlich unten Zweiter Teil C. V. 4. c).

828 MünchArbR/Reichold, 3. Aufl. (2009), § 51 Rn. 72; Tschöpe/Steinau-Steinrück, 7. Aul.(2011), 2 I, Rn. 63.

829 Vgl. ausführlich unten Zweiter Teil C. V. 4. c).

830 Deinert, RdA 2000, S. 27.

zwingen zumindest dazu, neu zu überdenken, wie die Anwendung der privilegierten Arbeitnehmerhaftung ohne eine Doppelverwertung des Betriebsrisikos auf die Mankohaftung praktiziert werden kann. Im Folgenden wird versucht, dieses Problem zu erörtern. Zunächst ist auf den Sinngehalt des Betriebsrisikos einzugehen. Dann wird aufgrund dieses Sinngehaltes des Betriebsrisikos aufgezeigt, wie das Betriebsrisiko bei der Schadensverteilung im Rahmen der privilegierten Arbeitnehmerhaftung analog § 254 BGB vom BAG berücksichtigt wird. Anschließend werden die schon in Rechtsprechung zur Mankohaftung genannten Beispiele für das „Mitverschulden" des Arbeitgebers dargestellt. Schließlich wird durch einen Vergleich zwischen der Berücksichtigung des Betriebsrisikos bei der Schadensverteilung im Rahmen der privilegierten Arbeitnehmerhaftung vom BAG und der Berücksichtigung des Mitverschuldens des Arbeitgebers in der Rechtsprechung zur Mankohaftung untersucht, worin der Grund für eine Doppelverwertung des Betriebsrisikos liegt und wie diese Doppelverwertung des Betriebsrisikos bei der Mankohaftung vermieden werden kann.

a) Betriebsrisiko

aa) Allgemeines

Das Betriebsrisiko findet sich schon längst sowohl in der Rechtsprechung[831] als auch im Schrifttum.[832] Leider ist der Begriff des Betriebsrisikos aus vielen Aspekten problematisch: Zunächst ist dieser Begriff hier in terminologischer Hinsicht leicht mit dem Risiko für Entgeltfortzahlung des Arbeitgebers bei zufälliger Unmöglichkeit der Dienstleistung zu verwechseln. Deswegen hat der Große Senat selbst mit Betonung darauf hingewiesen, dass der Begriff des Betriebsrisikos im Rahmen der privilegierten Arbeitnehmerhaftung verwendet wird, um ein Abwägungsmerkmal bei der Verteilung des Haftungsrisikos zu kennzeichnen, nicht aber als Lohnzahlungsrisiko des Arbeitgebers bei zufälliger Unmöglichkeit der Dienstleistung.[833] Des Weiteren liegt das größte Problem darin, dass aus dem Begriff schwerlich ein genauer Inhalt zu erschließen ist. Deswegen hat sich we-

---

831 RAG (18.12.1940), ARS 41, S. 58; RAG (30.09.1941), ARS 43, S. 108; BAG (27.02.1970), AP Nr. 54 zu § 611 BGB Haftung des Arbeitnehmers; BAG (28.04.1970), AP Nr. 55 zu § 611 BGB Haftung des Arbeitnehmers; BAG (07.07.1970), AP Nr. 58 zu § 611 BGB Haftung des Arbeitnehmers; BAG (03.11.1971), AP Nr. 61 zu § 611 BGB Haftung des Arbeitnehmers; BAG (23.03.1983), AP Nr. 82 zu § 611 BGB Haftung des Arbeitnehmers; BAG (24.11.1987), AP Nr. 93 zu § 611 BGB Haftung des Arbeitnehmers.

832 Medicus, Anm. zu BAG (07.07.1970), AP Nr. 59 zu § 611 BGB Haftung des Arbeitnehmers (unter II); Gamillscheg/Hanau, 2. Aufl. (1974), S. 46; Preis, AuR 1986, S. 365.

833 BAG (GS) (27.09.1994), AP Nr. 103 zu § 611 BGB Haftung des Arbeitnehmers (unter C II 2 der Gründe).

der in der Rechtsprechung noch in der Literatur ein einheitlicher Begriff herausgebildet. Dies führt weiter dazu, dass die Rechtsprechung und die Literatur zuweilen denselben Begriff mit unterschiedlichem Inhalt verwenden. Trotz dieses unscharfen Rechtsbegriffs des Betriebsrisikos bedeutet es nicht zwingend, dass der Weg zur Forschung in dieser Problematik schlechthin blockiert ist. Weil die Arbeitnehmerhaftung von der ständigen Rechtsprechung entwickelt wird, soll die Forschung von dem Sinngehalt des Betriebsrisikos in der Rechtsprechung ausgehen. Im Folgenden wird versucht, den Sinngehalt des Betriebsrisikos aus der Rechtsprechung zu ermitteln.

bb) Ein Übergang vom subjektivierten Betriebsrisiko zum objektivierten Betriebsrisiko in der Rechtsprechung

Krause hat schon frühzeitig zutreffend einen grundlegenden Wandel in der Rechtsprechung zum Betriebsrisiko darin erblickt, dass das Verständnis des Betriebsrisikos im Laufe der Zeit von einer Subjektivierung zu einer Objektivierung übergeht.[834] Anhand der Erkenntnis von *Krause* wird im Folgenden dieser allmähliche Übergang dargestellt.

(1) Subjektiviertes Betriebsrisiko in der alten Rechtsprechung bis 1945

Bei der Rechtfertigung der Enthaftung des Arbeitnehmers im Falle gefahrgeneigter Arbeit hat das RAG schon beiläufig den Betriebsrisikogedanken herangezogen.[835] Dabei werden auch andere Bezeichnungen verwendet, z.B. „Unternehmerwagnis"[836] oder „Betriebs- und Beschäftigungsrisiko".[837] Diesen Entscheidungen ist der klare Inhalt des Betriebsrisikos noch nicht zu entnehmen, vielmehr wird es nur als eine Formel zur Schadensteilung verwendet.

Zu beachten ist, dass das RAG im Urteil vom 18.12.1940 das Versehen des Arbeitnehmers selbst bis zu einem gewissen Grade dem vom Arbeitgeber zu tragenden Betriebsrisiko zugerechnet und im Leitsatz 3 ausgeführt hat, dass demgemäß im Kraftfahrzeugverkehr „leichte Versehen" des angestellten Kraftwagenfahrers „bis zu einer gewissen Grenze" vom typischen Betriebsrisiko in Kauf genommen werden müssen.[838] Eigentlich hat das Versehen nichts zu tun mit dem Betriebsrisiko, weil nicht das Versehen, sondern das von den Arbeitsbedingungen prägende Betriebsrisiko die Wahrscheinlichkeit eines Schadensein-

834 Krause, NZA 2003, S. 579.
835 RAG (18.12.1940), ARS 41, S. 58.
836 RAG (14.01.1941), ARS 41, S. 265; RAG (26.03.1943), ARS 46, S. 136.
837 RAG (30.09.1941), ARS 43, S. 112.
838 RAG (18.12.1940), ARS 41, S. 55, Leitsatz 3.

tritts erhöht.[839] Es lässt sich vermuten, dass sich das Versehen als ein subjektives Element deshalb in das vom Arbeitgeber zu tragende Betriebsrisiko einschleicht, weil bei der die gefahrgeneigte Tätigkeit umschreibenden Formulierung des RAG[840] objektive („Eigenart der Arbeit") und subjektive Elemente („menschliche Unzulänglichkeit") verschmolzen sind.[841]

(2) Tendenz zu einem objektivierten Betriebsrisiko im Urteil des Großen Senats des BAG vom 25.09.1957

Obwohl der Große Senat ausdrücklich in seinem Beschluss vom 25.09.1957 der vom RAG entwickelten privilegierten Arbeitnehmerhaftung beigetreten ist und auch die klassische, die gefahrgeneigte Tätigkeit umschreibende, Formulierung mit kleiner Änderung im Wortlaut übernommen hat,[842] hat er unter Verweis auf die Meinung im Schrifttum klargestellt, dass die sich aus der besonderen Gefahr und Eigenart der ihm übertragenden Arbeit ergebenden Schäden und Ersatzansprüche als solche zum typischen vom Arbeitgeber zu tragenden Betriebsrisiko gehören.[843] Aus diesem Beschluss zieht *Krause* zutreffend die Folgerung, dass die Nuance bezüglich des Betriebsrisikos zwischen RAG und BAG darin besteht, dass das BAG einen anderen Weg eingeschlagen und den Begriff des Betriebsrisikos in einen Zusammenhang mit den Gefahren der dem Arbeitnehmer übertragenen Aufgaben gestellt hat.[844] Was für einen anderen Weg das BAG eingeschlagen hat, lässt sich hier nicht klar erkennen und wird durch die spätere Entwicklung der Rechtsprechung aufgezeigt.

---

839 Otto/Schwarze, Rn. 29.

840 RAG (18.12.1940), ARS 41, S. 55, Leitsatz 2: „Wenn die Eigenart der zu leitenden Dienste es mit sich bringt, dass auch einem gewissenhaften Gefolgsmann Fehlgriffe unterlaufen, die zwar für sich allein betrachtet jedesmal vermeidbar sind, mit denen aber angesichts der menschlichen Unzulänglichkeit als mit einem Abirren der Dienstleistung erfahrungsgemäß gerechnet wird".

841 Otto/Schwarze, Rn. 29; Krause, NZA 2003, S. 579.

842 BAG (GS) (25.09.1957), AP Nr. 4 zu §§ 898, 899 RVO (unter III 1 der Gründe). „Wenn die Eigenart der vom Arbeitnehmer zu leistenden Dienste es mit großer Wahrscheinlichkeit mit sich bringt, dass auch dem sorgfältigen Arbeitnehmer gelegentlich Fehler unterlaufen, die – für sich nicht allein betrachtet – zwar jedes Mal vermeidbar waren, also fahrlässig herbeigeführt worden sind, mit denen aber angesichts der menschlichen Unzulänglichkeit als mit einem typischen Abirren der Dienstleistung erfahrungsgemäß zu rechnen ist".

843 BAG (GS) (25.09.1957), AP Nr. 4 zu §§ 898, 899 RVO (unter III 1 der Gründe) = NJW 1958, S. 235.

844 Krause, NZA 2003, S. 579.

(3) Etablierung eines objektivierten Betriebsrisikos im Urteil des Großen Senats des BAG vom 27.09.1994

Während sich die Einschränkung der Arbeitnehmerhaftung entsprechend den Aussagen des Großen Senats im Beschluss vom 25.09.1957[845] lange Zeit auf die Fürsorgepflichtengedanken stützt,[846] stellt die Rechtsprechung erst seit dem Anfang der 1970er Jahre in zunehmendem Maße darauf ab, dass das Betriebsrisiko als ein verschuldensunabhängiger Zurechnungsfaktor analog § 254 BGB eingestuft wird.[847] Leider haben die in der Fußnote aufgezählten Entscheidungen[848] nicht den Inhalt des Betriebsrisikos erörtert, vielmehr wird das Betriebsrisiko lediglich als eine Formel[849] zur Enthaftung des Arbeitnehmers in den Entscheidungsgründen wiederholt herangezogen und bestätigt.[850] Diese Entscheidungen haben jedoch, wie *Krause* mit Recht sagt, „ein von der Person des Arbeitnehmers losgelöstes Verständnis des Betriebsrisikos" zumindest nahegelegt,[851] d.h. das BAG hat im Vergleich zur alten Rechtsprechung einen Weg der Objektivie-

845 BAG (GS) (25.09.1957), AP Nr. 4 zu §§ 898, 899 RVO (unter III 1 der Gründe).

846 Otto/Schwarze, Rn. 78, m.w.N.

847 BAG (27.02.1970), AP Nr. 54 zu § 611 BGB Haftung des Arbeitnehmers; BAG (28.04.1970), AP Nr. 55 zu § 611 BGB Haftung des Arbeitnehmers; BAG (07.07.1970), AP Nr. 58 zu § 611 BGB Haftung des Arbeitnehmers; BAG (03.11.1971), AP Nr. 61 zu § 611 BGB Haftung des Arbeitnehmers; BAG (23.03.1983), AP Nr. 82 zu § 611 BGB Haftung des Arbeitnehmers; BAG (24.11.1987), AP Nr. 93 zu § 611 BGB Haftung des Arbeitnehmers.

848 BAG (27.02.1970), AP Nr. 54 zu § 611 BGB Haftung des Arbeitnehmers; BAG (28.04.1970), AP Nr. 55 zu § 611 BGB Haftung des Arbeitnehmers; BAG (07.07.1970), AP Nr. 58 zu § 611 BGB Haftung des Arbeitnehmers; BAG (03.11.1971), AP Nr. 61 zu § 611 BGB Haftung des Arbeitnehmers; BAG (23.03.1983), AP Nr. 82 zu § 611 BGB Haftung des Arbeitnehmers; BAG (24.11.1987), AP Nr. 93 zu § 611 BGB Haftung des Arbeitnehmers.

849 Mit dem Urteil vom 03.11.1971 (AP Nr. 61 zu § 611 BGB Haftung des Arbeitnehmers) hat das BAG im Leitsatz 1 wie folgt zusammengefasst: „Handelt der eine gefahrgeneigte Arbeit verrichtende Arbeitnehmer mit mittlerer Schuld, so ist der von ihn angerichtete Schaden unter Berücksichtigung aller in Betracht kommenden Umstände zwischen den Arbeitsvertragsparteien aufzuteilen. Dabei sind das Verschulden des Arbeitnehmers und – in analoger Anwendung des § 254 BGB – das Betriebsrisiko des Arbeitgebers gegeneinander abzuwägen."

850 BAG (28.04.1970), AP Nr. 55 zu § 611 BGB Haftung des Arbeitnehmers (unter A II 1 der Gründe); BAG (07.07.1970), AP Nr. 58 zu § 611 BGB Haftung des Arbeitnehmers (unter 3 a der Gründe); BAG (03.11.1971), AP Nr. 61 zu § 611 BGB Haftung des Arbeitnehmers (unter II 2 a cc der Gründe); BAG (23.03.1983), AP Nr. 82 zu § 611 BGB Haftung des Arbeitnehmers (unter II 3 b der Gründe); BAG (24.11.1987), AP Nr. 93 zu § 611 BGB Haftung des Arbeitnehmers (unter B III 4 der Gründe).

851 Krause, NZA 2003, S. 579.

rung des Betriebsrisikos beschritten und das Betriebsrisiko aus der objektiven Sicht begriffen.

Der Große Senat des BAG ist endlich im Beschluss vom 12.06.1992 bei der Auseinandersetzung mit der vom 8. Senat des BAG[852] vorgelegten Frage, ob die Grundsätze über die Beschränkung der Arbeitnehmerhaftung auch auf nicht gefahrgeneigte, aber betrieblich veranlasste Arbeiten gelten, auf dem eingeschlagenen Weg zur Objektivierung des Betriebsrisikos konsequent genug vorangeschnitten. Er hat bei der umfassenden Aufbereitung des Betriebsrisikos nur die in der Definition der gefahrgeneigten Tätigkeit enthaltenen objektiven Elemente („gefährliche Eigenart der Arbeit“) beibehalten, aber die in ihr eingeschlichenen subjektiven Elemente (etwa „das Versehen, menschliche Unzulänglichkeit“) unberücksichtigt gelassen.[853] Dieses Verständnis des Betriebsrisikos im Sinne einer Objektivierung hat der Große Senat des BAG in seinem kurz nachfolgenden Beschluss vom 27.09.1994 bestätigt und gefestigt.[854]

cc) Das vom Großen Senat des BAG konzipierte Betriebsrisiko im objektiven Sinne

Wie bereits erwähnt, hat der Große Senat des BAG in den letzten Beschlüssen eingehend das Betriebsrisiko im Sinne einer Objektivierung aufbereitet. Nach der Konzeption des Großen Senats lassen sich die zwei folgenden Zurechnungsgründe im Rahmen der Abwägung nach § 254 BGB aus dem Betriebsrisiko herleiten:

(1) Gefährlichkeit der Arbeitstätigkeit

In Fortführung der bisherigen ständigen Rechtsprechung des BAG, die unter der Voraussetzung des Vorliegens einer gefahrgeneigten Tätigkeit die Abmilderung der Arbeitnehmerhaftung auf die Berücksichtigung des Betriebsrisikos auf Seiten des Arbeitgebers stützt, stuft der Große Senat des BAG vor allem die Gefährlichkeit z.B. der Produktionsanlagen, der Produktion selbst oder der hergestellten Produkte als ersten Zurechnungsgrund ein, der bei der Abwägung nach § 254 BGB zu einer Haftungsminderung des Arbeitnehmers führt.[855]

---

852 BAG (12.10.1989), AP Nr. 98 zu § 611 BGB Haftung des Arbeitnehmers.

853 BAG (GS) (12.06.1992), AP Nr. 101 zu § 611 BGB Haftung des Arbeitnehmers (unter B II 2 u. 3 der Gründe).

854 BAG (GS) (27.09.1994), AP Nr. 103 zu § 611 BGB Haftung des Arbeitnehmers (unter C II 2 der Gründe).

855 BAG (GS) (12.06.1992), AP Nr. 101 zu § 611 BGB Haftung des Arbeitnehmers (unter B II 2 der Gründe); BAG (GS) (27.09.1994), AP Nr. 103 zu § 611 BGB Haftung des Arbeitnehmers (unter C II 2 der Gründe).

(2) Organisationsrisiko

Der Große Senat des BAG hat zu Recht anerkannt, dass die Gefährlichkeit der Arbeitstätigkeit aber nur die Berücksichtigung risikobehafteter Faktoren bei der Abwägung zulässt und damit nur einen Teilbereich betrieblicher Tätigkeiten erfasst.[856] Deswegen hat er neben der Gefährlichkeit der Arbeitstätigkeit aus der Verantwortung des Arbeitgebers für die Organisation des Betriebs und die Gestaltung der Arbeitsbedingungen auf einen weiteren Zurechnungsgrund als Bestandteil des Betriebsrisikos geschlossen.[857] Dahinter steht der Kerngedanke, dass der Arbeitnehmer bei der Arbeitsleistung in die objektiv vom Arbeitgeber durch eigenverantwortliche Ausgestaltung der Arbeitsbedingungen geschaffene und gesteuerte Arbeitsumgebung eingegliedert wird, der der Arbeitnehmer weder tatsächlich noch rechtlich ausweichen kann, so dass die vom Arbeitgeber gesetzte Organisation des Betriebs das Haftungsrisiko für den Arbeitnehmer prägt.[858] Mit diesem Organisationsrisiko hat der Große Senat zutreffend die Beschränkung der Arbeitnehmerhaftung nicht mehr nur auf gefahrgeneigte Arbeiten i.S. der bisherigen Rechtsprechung beschränkt, sondern sie auf alle betrieblich veranlassten Tätigkeiten ausgedehnt, auch wenn ein Teil davon keine gefahrgeneigte Arbeit aufweist.[859]

dd) Das in den vom Arbeitgeber gestalteten Arbeitsbedingungen liegende Betriebsrisiko

M.E. lässt sich der Sinngehalt des Betriebsrisikos nunmehr aus dem eben erwähnten Kerngedanken ermitteln, dass der Arbeitnehmer bei der Arbeitsleistung in die objektiv vom Arbeitgeber durch eigenverantwortliche Ausgestaltung der Arbeitsbedingungen geschaffene und gesteuerte Arbeitsumgebung eingegliedert wird, der der Arbeitnehmer weder tatsächlich noch rechtlich ausweichen kann, so dass die vom Arbeitgeber gesetzte Organisation des Betriebs das Haftungsrisiko für den Arbeitnehmer prägt.[860]

---

856 BAG (GS) (12.06.1992), AP Nr. 101 zu § 611 BGB Haftung des Arbeitnehmers (unter B II 2 der Gründe); BAG (GS) (27.09.1994), AP Nr. 103 zu § 611 BGB Haftung des Arbeitnehmers (unter C II 2 der Gründe).

857 BAG (GS) (12.06.1992), AP Nr. 101 zu § 611 BGB Haftung des Arbeitnehmers (unter B II 3 der Gründe); BAG (GS) (27.09.1994), AP Nr. 103 zu § 611 BGB Haftung des Arbeitnehmers (unter C II 2 der Gründe).

858 BAG (GS) (27.09.1994), AP Nr. 103 zu § 611 BGB Haftung des Arbeitnehmers (unter C II 2 der Gründe); MünchArbR/Richardi, 3. Aufl. (2009), § 3 Rn. 8, 12, 32.

859 BAG (GS) (27.09.1994), AP Nr. 103 zu § 611 BGB Haftung des Arbeitnehmers (unter C II 2 der Gründe).

860 BAG (GS) (27.09.1994), AP Nr. 103 zu § 611 BGB Haftung des Arbeitnehmers (unter C II 2 der Gründe); MünchArbR/Richardi, 3. Aufl. (2009), § 3 Rn. 8, 12, 32.

Der 8. Senat des BAG hat im Anschluss an den Großen Senat zutreffend ausgeführt, dass das Betriebsrisiko in der Verantwortung des Arbeitgebers für die Organisation des Betriebs und die Gestaltung der Arbeitsbedingungen liegt.[861] Mit Recht weist *Krause* darauf hin, dass die besonderen Gefahren der übertragenden Tätigkeit nur noch eine untergeordnete Rolle spielen und das neue Modell des Betriebsrisikos maßgeblich auf die objektiven Rahmenbedingungen abstellt, unter denen der Arbeitnehmer seine Tätigkeit auszuüben hat.[862] M.E. findet die mit der Arbeitstätigkeit behaftete Gefährlichkeit, die vom Großen Senat im Sinne des Betriebsrisikos als erster Zurechnungsgrund in Erwägung gezogen wird, auch ihren Niederschlag in diesen Arbeitsbedingungen, weil die Gefährlichkeit diejenigen Bedingungen der Arbeitsumwelt des Arbeitnehmers betrifft, die eine „erhöhte Schadensanfälligkeit" in sich bergen.[863]

Deswegen hat m.E. der Große Senat nunmehr die zwei Zurechnungsgründe, nämlich die Gefährlichkeit der Arbeitstätigkeit und die Verantwortung des Arbeitgebers für die Organisation des Betriebs und die Gestaltung der Arbeitsbedingungen, in einem objektiv konzipierten Betriebsrisiko vereinheitlicht, das maßgeblich auf die objektiven vom Arbeitgeber gestalteten Arbeitsbedingungen abstellt.

b) Schadensverteilung hinsichtlich des Betriebsrisikos im Rahmen der privilegierten Arbeitnehmerhaftung analog § 254 BGB

Der Große Senat des BAG[864] hat § 254 BGB analog über seinen Wortlaut hinaus auf das Arbeitsverhältnis angewendet, indem er das Betriebsrisiko des Arbeitgebers als einen verschuldensunabhängigen Zurechnungsfaktor und das Verschulden des Arbeitnehmers gegeneinander abwägt, so dass die Schadensteilung bzw. Ausgleichsfunktion des § 254 BGB im Rahmen der privilegierten Arbeitnehmerhaftung bei mittlerer Fahrlässigkeit des Arbeitnehmers in Erfüllung geht. Zur Rechtfertigung einer entsprechenden Anwendung von § 254 BGB auf das Arbeitsverhältnis hat der Große Senat des BAG die analoge Anwendung des § 254 BGB im Fall der Gefährdungshaftung herangezogen, wo den Geschädigten zwar kein Verschulden trifft, er für den entstandenen Schaden aber aufgrund einer von ihm zu vertretenden Sach- oder Betriebsgefahr mitverantwortlich ist,

861 BAG (23.01.1997), NZA 1998, S. 140 (unter I 3 c der Gründe); BAG (22.05.1997), AP Nr. 1 zu § 611 BGB Mankohaftung (unter II der Gründe).

862 Krause, NZA 2003, S. 579.

863 Otto/Schwarze, Rn. 29.

864 BAG (GS) (27.09.1994), AP Nr. 103 zu § 611 BGB Haftung des Arbeitnehmers (unter C II der Gründe).

wenn er also bei der Entstehung des Schadens in zurechenbarer Weise mitgewirkt hat.[865]

Larenz/Canaris nennen die Ausdehnung des § 254 BGB auf die Gefährdungshaftung als Beispiel für eine gerechtfertigte Verallgemeinerung und gelangen zum Ergebnis, die Rechtsprechung entnehme heute dem § 254 I BGB den allgemeinen Rechtsgrundsatz, dass eine Schadensverteilung gemäß dieser Bestimmung immer dann stattzufinden hat, wenn auf der Seite des Geschädigten ein Umstand zu der Entstehung des Schadens mitgewirkt hat, der ihn nach den Regeln unseres Schadensersatzrechts für einen von ihm verursachten Schaden verantwortlich macht.[866] Wenn man die analoge Anwendung des § 254 I BGB im Fall der Gefährdungshaftung auf die privilegierte Arbeitnehmerhaftung ernst nimmt, so muss man an der Mitwirkung eines Umstandes bei der Schadensentstehung festhalten.[867]

Wie erwähnt, findet das vom Großen Senat des BAG objektiv konzipierte Betriebsrisiko, das aus beiden Zurechnungsgründen, nämlich der Gefährlichkeit der Arbeitstätigkeit und dem Organisationsrisiko, besteht, seinen Niederschlag einheitlich in den eigenverantwortlich vom Arbeitgeber ausgestalteten Arbeitsbedingungen. Die Arbeitsbedingungen bilden mithin den Ausgangspunkt für die Schadensverteilung hinsichtlich des Betriebsrisikos in analoger Anwendung des § 254 BGB. Deswegen muss man m.E. bei der Schadensverteilung hinsichtlich des Betriebsrisikos in analoger Anwendung des § 254 BGB auf die Mitwirkung der Arbeitsbedingungen bei der Schadensentstehung abstellen. Folglich können lediglich die bei der Schadensentstehung mitwirkenden Arbeitsbedingungen über eine analoge Anwendung des § 254 in die Bemessung der Entlastung des Arbeitnehmers einfließen. Mit anderen Worten kann nur das in den bei der Schadensentstehung mitwirkenden Arbeitsbedingungen liegende Betriebsrisiko als ein in analoger Anwendung des § 254 BGB zu berücksichtigender Abwägungspunkt dem Arbeitgeber zur Last gelegt werden und deshalb zur Entlastung des Arbeitnehmers führen.

Ergänzend ist hier darauf hingewiesen, dass die Verantwortung des Arbeitgebers für das in den nicht bei der Schadensentstehung mitwirkenden Arbeitsbe-

865 BAG (GS) (27.09.1994), AP Nr. 103 zu § 611 BGB Haftung des Arbeitnehmers (unter C II 1 der Gründe).

866 Larenz/Canaris, Methodenlehre der Rechtswissenschaft, 3. Aufl. (1995), S. 208.

867 In diesem Sinne Otto/Schwarze, Rn 29, 38, 84, aufgrund der Grundgedanken der Gefährdungshaftung möchten Otto/Schwarze solche Arbeitsbedingungen, die eine erhöhte Schadensanfälligkeit in sich bergen und die sich im Falle eines schuldhaften Fehlverhaltens des Arbeitnehmers als Kausalfaktor im konkreten Schaden niederschlagen, dem Arbeitgeber über eine analoge Anwendung des § 254 BGB zur Last legen; auch HWK/Krause, 5. Aufl. (2012) § 619 a BGB Rn. 13.

dingungen liegende Betriebsrisiko nicht mittels § 254 BGB, sondern durch andere Gesichtspunkte wie z.B. der Fremdnützigkeit und der Fremdbestimmtheit der Arbeitsleistung gerechtfertigt werden kann.[868]

c) Das „Mitverschulden" des Arbeitgebers in der Rechtsprechung zur Mankohaftung

Bevor die privilegierte Arbeitnehmerhaftung auf die Mankohaftung erstreckt wurde, milderte sowohl die Rechtsprechung, als auch die Literatur die strenge Haftung des Arbeitnehmers im Mankofall dadurch ab, dass ein Mitverschulden des Arbeitgebers mit einer großzügigen Interpretation des § 254 BGB berücksichtigt wird. Im Folgenden wird die Kasuistik in der bisherigen Rechtsprechung für das „Mitverschulden" des Arbeitgebers im Mankofall zusammengefasst. Die Fallgruppen sind hier einfach nach dem von der Rechtsprechung genannten Grund zusammengestellt. Innerhalb dieser Fallgruppen sind manchmal die Grenzen fließend.[869]

aa) Organisationsfehler

- Das verschließbare Fächerwerk für die Wertsendungen völlig außer Gebrauch kommen zu lassen.[870]
- Keine Mitteilung über den Verlust eines von 3 Schlüsseln zu dem Sicherheitsschloss.[871]
- Missstände in der Organisation und dem Lieferungsverfahren, die geeignet sind, Fehlbeträge zu verursachen.[872]
- Mängel der Organisation des Einzugsverfahrens.[873]
- Keine geeigneten Vorkehrungsmaßnahmen gegen ein weiteres Ansteigen.[874]

868 Otto/Schwarze, Rn. 37 f., 83 f.; HWK/Krause, 5. Aufl. (2012) § 619 a BGB Rn. 13.

869 Der Verfasser möchte hier mit Betonung darauf hinweisen, dass manche genannten Beispiele für das „Mitverschulden" des Arbeitgebers aus anderen Gründen, wie etwa erfolgloser Beweisleistung, nicht vom Gericht angenommen werden. Jedoch veranschaulichen zumindest diese Beispiele als Indiz ein Verständnis des „Mitverschuldens" des Arbeitgebers in der Rechtsprechung zur Mankohaftung.

870 RG (27.01.1928), RGZ 120, S. 70.

871 LAG Frankfurt a.M. (07.02.1952), WA 1953 Nr. 103, S. 50.

872 LAG Hannover (10.02.1953), AP 53 Nr. 232, S. 390.

873 LAG Freiburg (19.11.1954), ARSt Bd. XIII Nr. 83, S. 31

- Unzweckmäßige Organisation des Betriebes, wie etwa Aufbewahrung des Leerguts in einem jedermann zugängigen Schuppen, die Pflicht des Lagerverwalters, den Schlüssel nach Geschäftsschluss zurückzulassen und keine ausreichenden Vorkehrungen gegen ein unredliches Verhalten anderer Arbeitnehmer zu treffen.[875]
- Primitive Einrichtung und Sicherung.[876]
- Unverschlossener und für Dritte zugänglicher Warenaufbewahrungskeller.[877]
- Organisationsmängeln, wie z.B. keine Sicherheitsvorkehrungen gegen Diebstahl （hier keine passende Aktentasche für Geldtransport）.[878]
- Organisationsfehler zu Lasten des Arbeitgebers.[879]

bb) Einstellung ungeeigneter Arbeitnehmer

- Der Arbeitgeber hat den Arbeitnehmer in Kenntnis seiner fachlichen Ungeeignetheit beschäftigt.[880]
- Der Arbeitgeber hat den Arbeitnehmer trotz der auffälligen Fehlbeträge noch längere Monate weiter in der Leitung der Filiale belassen.[881]
- Bei fehlender Vorkenntnis des Arbeitnehmers bezüglich der Arbeitsfähigkeit hätte der Arbeitgeber die Gefahr erkennen müssen, in die er den Arbeitnehmer durch Übertragung einer von ihm gar nicht zu bewältigenden

874 LAG Düsseldorf, 2. Kammer Köln, (27.01.1956), BB 1956, S. 400.
875 LAG Bremen (01.02.1957), WA 1957 Nr. 249, S. 124.
876 LAG Düsseldorf, 2. Kammer Köln (09.01.1958), BB 1958, S. 775.
877 ArbG Augusburg (04.03.1960), ARST Bd. XXV Nr. 66, S. 21.
878 LAG Baden-Württemberg, Kamm. Mannheim (03.04.1973), DB 1973, S. 1853.
879 BAG (27.02.1970), AP Nr. 54 zu § 611 BGB Haftung des Arbeitnehmers (unter I 3 der Gründe): Das BAG hat in den „Organisationsfehlern" ein Mitverschulden des Arbeitgebers mit der Begründung gesehen, dass es grundsätzlich Sache des Arbeitgebers ist, nicht des Arbeitnehmers, die organisatorischen Voraussetzungen für einen reibungslosen Ablauf des Arbeitsverhältnisses zu schaffen.
880 LAG Bremen (05.01.1955), AP Nr. 3 zu § 611 BGB Haftung des Arbeitnehmers.
881 LAG Saarbrücken (10.02.1951), ARSt Bd. VI Nr. 86, S. 28.

Aufgabe bringt, und den Arbeitnehmer auf diese Gefahr aufmerksam machen und ihn von ihr abwenden müssen.[882]

- Bestellung eines ungeeigneten Filialleiters.[883]
- Der Arbeitgeber hat einen branchenfremden Arbeitnehmer als Filialleiter eines Lesemappenunternehmens eingestellt.[884]
- Der Arbeitgeber hat eine minderjährige Filialleiterin, die noch nicht lange die Lehre beendet hat, trotz eines hohen Fehlbetrages weiterhin als Filialleiterin tätig sein gelassen.[885]
- Beschäftigung eines Kohlenarbeiters als Filialleiter.[886]
- Bestellung eines ungeeigneten Arbeitnehmers zur Kassenführerin.[887]
- Erkennbarer Mangel der Unerfahrenheit des Arbeitnehmers.[888]

cc) Überforderung des Arbeitnehmers

- Der Arbeitgeber hat dem Arbeitnehmer die Überwachung des Lagers unmöglich gemacht oder doch in besonderem Maße erschwert und dadurch sein Eigentum selbst einer erhöhten Gefahr ausgesetzt, indem er dem Arbeitnehmer die Reisetätigkeit angeordnet hat.[889]
- Der Arbeitgeber hat dem Arbeitnehmer die Möglichkeit zu ordnungsmäßiger Verwahrung des Geldes nicht geboten, indem er dem Arbeitnehmer anordnet, andere Aufgaben zu erledigen.[890]

---

882 LAG Sachsen – Anhalt (03.01.1952), ARSt Bd.VIII Nr. 235, S. 69.

883 LAG Groß-Berlin (27.05.1955), AR-Blattei (68) Handbuch für die Praxis (D) Haftung des Arbeitnehmers Entscheidung mit Nr. 7.

884 ArbG Bremen (16.06.1955), AP Nr. 1 zu § 254 BGB.

885 ArbG Wilhelmshaven (08.08.1955), BB 1956, S. 401.

886 ArbG Kiel (09.04.1959), ARST XXIII Nr. 76, S. 26.

887 ArbG Heidelberg (11.02.1963), WA 1963 Nr. 165, S. 111.

888 LAG Frankfurt am Main (22.09.1982), ARST 1983, Nr. 49, S. 74. Es ist darauf hinzuweisen, dass dieses Urteil nicht rechtskräftig ist. Nachgehend hat der 3. Senat des BAG diesen Fall in seinem Urteil vom 29.01.1985 (AP Nr. 87 zu § 611 BGB Haftung des Arbeitnehmers) entschieden, aber die Problematik der Anwendung der privilegierten Arbeitnehmerhaftung sowie eines Mitverschuldens des Arbeitgebers wurde nicht erörtert.

889 RAG (15.05.1935), ARS 24, S. 261 (unter 2 der Gründe).

890 LAG Frankfurt a.M. (07.02.1952), WA 1953 Nr. 103, S. 50.

- Durch Übertragung zusätzlicher Arbeiten, die ordnungsgemäße Erfüllung seiner Aufsichts- und Obhutspflichten erschwert, sogar verunmöglicht.[891]

dd) Bereitstellung ungeeigneter Arbeitsmittel

- Keine Bereitstellung einer Kassette trotz mehrfacher Bitte des Arbeitnehmers.[892]
- Keine Bereitstellung der zur Kontrolle des Warenverkehrs erforderlichen Hilfsmittel.[893]
- Keine Bereitstellung einer Kassette trotz mehrfacher Bitte des Arbeitnehmers.[894]
- Keine Bereitstellung einer Waage zum Nachwiegen größerer Warenbehältnisse.[895]
- Keine Bereitstellung einer Registerkasse.[896]
- Keine Bereitstellung einwandfreier Gerätschaften für den Geldtransport.[897]
- Keine Bereitstellung des zur Ausführung der Arbeiten erforderlichen Geräts.[898]
- Keine Bereitstellung einer Umhängetasche für Verkaufsfahrer.[899]
- Keine Bereitstellung einer passenden Aktentasche für Geldtransport.[900]

ee) Fehlende Aufsicht und Kontrolle

- Der Arbeitgeber hat seine Aufsichtspflicht über die Filiale mangelhaft ausgeübt.[901]

---

891 LAG Baden-Württemberg (16.06.1961), DB 1961, S. 1199.
892 LAG Frankfurt a.M. (07.02.1952), WA 1953 Nr. 103, S. 50.
893 LAG Bremen (05.01.1955), AP Nr. 3 zu § 611 BGB Haftung des Arbeitnehmers.
894 LAG Frankfurt a.M. (07.02.1952), WA 1953 Nr. 103, S. 50.
895 ArbG Augusburg (04.03.1960), ARST Bd. XXV Nr. 66, S. 21.
896 LAG Bayern (05.07.1961), WA 1962, Nr. 214, S. 155.
897 LAG Düsseldorf, Kam. Köln, (17.07.1962), DB 1962, S. 1378.
898 ArbG Heidelberg (05.09.1967), ARST 1968, Nr. 184, S. 156.
899 ArbG Stade (27.10.1967), ARST 1968, Nr. 1092, S. 48.
900 LAG Baden-Württemberg, Kamm. Mannheim (03.04.1973), DB 1973, S. 1853.
901 LAG Groß-Berlin (27.05.1955), AR-Blattei (68) Handbuch für die Praxis (D) Haftung des Arbeitnehmers Entscheidung mit Nr. 7.

- Der Arbeitgeber hat den branchenfremden Arbeitnehmer als Filialleiter über 4 Monate unkontrolliert arbeiten gelassen.[902]
- Der Arbeitgeber hätte zumindest die Kontrollen in kürzeren Abständen durchführen und den Warenbestand verringern müssen.[903]
- Keine Vornahme regelmäßiger Abrechnung und Kontrolle des Arbeitgebers.[904]
- Unterlassung einer Inventur des Arbeitgebers.[905]
- keine ausreichende Kontrolle über den Arbeitnehmer.[906]
- Vernachlässigung der Kontrollpflicht.[907]
- Lange Zeit später vorgenommene Feststellung der Rückstände.[908]

d) Eigener Lösungsansatz

Der Große Senat des BAG hat in den gesamten vom Arbeitgeber gestalteten Arbeitsbedingungen unabhängig von ihrer Mitwirkung bei der Schadensentstehung ein „allgemeines Betriebsrisiko" gesehen, das den Arbeitgeber in analoger Anwendung des § 254 BGB belastet.[909] Das in den bei der Schadensentstehung mitwirkenden Arbeitsbedingungen liegende Betriebsrisiko ist nämlich bereits bei der privilegierten Arbeitnehmerhaftung berücksichtigt. Es darf dem Arbeitgeber nicht noch einmal als konkrete Obliegenheitsverletzung in direkter Anwendung des § 254 BGB zur Last gelegt werden. Insoweit besteht eine Doppelverwertung des Betriebsrisikos. Dies zwingt zu einer Unterscheidung zwischen dem in den bei der Schadensentstehung mitwirkenden Arbeitsbedingungen liegenden Betriebsrisiko und dem in den nicht bei der Schadensentstehung mitwir-

---

902 ArbG Bremen (16.06.1955), AP Nr. 1 zu § 254 BGB.

903 LAG Düsseldorf, 2. Kammer Köln, (27.01.1956), BB 1956, S. 400.

904 ArbG Hamburg (01.02.1965), BB 1965, S. 1356.

905 LAG Baden-Württemberg (30.04.1970), DB 1970, S. 1034.

906 BAG (27.02.1970), AP Nr. 54 zu § 611 BGB Haftung des Arbeitnehmers (unter I 3 der Gründe).

907 BAG (26.01.1971), AP Nr. 64 zu § 611 BGB Haftung des Arbeitnehmers (unter 2 b der Gründe).

908 BAG (26.01.1971), AP Nr. 64 zu § 611 BGB Haftung des Arbeitnehmers (unter 2 b der Gründe).

909 BAG (GS) (12.06.1992), AP Nr. 101 zu § 611 BGB Haftung des Arbeitnehmers (unter B II 3 der Gründe); BAG (GS) (27.09.1994), AP Nr. 103 zu § 611 BGB Haftung des Arbeitnehmers (unter C II 2 der Gründe).

kenden Arbeitsbedingungen liegenden Betriebsrisiko. Deswegen soll man gemessen an der Mitwirkung bei der Schadensentstehung die gesamten Arbeitsbedingungen in die bei der Schadensentstehung mitwirkenden Arbeitsbedingungen und die nicht bei der Schadensentstehung mitwirkenden Arbeitsbedingungen aufspalten. Soweit die bei der Schadensentstehung mitwirkenden Arbeitsbedingungen schon bei der Schadensverteilung hinsichtlich des Betriebsrisikos im Rahmen der privilegierten Arbeitnehmerhaftung in analoger Anwendung des § 254 BGB berücksichtigt worden sind, darf das darin liegende Betriebsrisiko deshalb dem Arbeitgeber nicht noch einmal als echtes Mitverschulden wegen Verstoßes gegen konkrete Obliegenheiten in direkter Anwendung des § 254 BGB in Rechnung gestellt werden.

Dieser Lösungsansatz gilt auch für den Mankofall. Betrachtet man die von der Rechtsprechung als „Mitverschulden" des Arbeitgebers angenommenen Umstände, kommt man zum Schluss, dass solche Umstände, die beim Mankoeintritt mitwirken, entweder als das objektive vom Großen Senat konzipierte Betriebsrisiko bei der Schadensverteilung im Rahmen der privilegierten Arbeitnehmerhaftung analog § 254 BGB oder als das echte Mitverschulden des Arbeitgebers in direkter Anwendung des § 254 BGB berücksichtigt werden können.

Zur Vermeidung der Doppelverwertung des Betriebsrisikos im Mankofall müssen m.E. solche Umstände nur einmal berücksichtigt werden. Wie dargestellt, will ein Teil der Literatur trotz der Erstreckung der privilegierten Arbeitnehmerhaftung auf die Mankohaftung eine strenge Bewertung des Mitverschuldens des Arbeitgebers gemäß § 254 BGB weiter vornehmen.[910] Diese Ansicht soll wegen folgender Gründe nicht mehr aufrechterhalten werden: Die Prüfung des Mitverschuldens des Arbeitgebers wurde von der bisherigen Rechtsprechung im wesentlichen auf die Organisationsfehler ausgerichtet, die von dem objektiv konzipierten Betriebsrisiko des Großen Senats erfasst werden können, wie der Leitsatz 1 der Entscheidung des BAG vom 27.02.1970[911] zur Mankohaftung eindeutig zeigt, der wie folgt lautet: „Einrichtung und Organisation des Betriebes sind grundsätzlich Sache des Arbeitgebers. Er ist verpflichtet, die Voraussetzungen für den reibungslosen Ablauf des Arbeitsverhältnisses zu schaffen. Organisationsfehler gehen im Zweifel zu seinen Lasten. Er trägt das Betriebsrisiko, das

910 Stoffels, AR-Blattei SD 870.2 Rn. 80 ff.; MünchArbR/Blomeyer, 2. Aufl. (2000) § 59 Rn. 87; DLW/Dörner, 8. Aufl. (2009), Kap. 3, Rn. 670; MünchArbR/Reichold, 3. Aufl. (2009), § 51 Rn. 72; Küttner/Griese, 18. Aufl. (2011), Fehlgeldentschädigung 18", Rn. 11; Staudinger/Richardi/Fischinger, BGB, Neubearb. (2011), § 619 a Rn. 95; Tschöpe/Steinau-Steinrück, 7. Aul.(2011), 2 I, Rn. 63; Schaub/Linck, 14. Aufl. (2011), § 59, Rn. 86; ErfK/Preis, 13. Aufl. (2013), § 619 a BGB Rn. 33.

911 BAG (27.02.1970), AP Nr. 54 zu § 611 BGB Haftung des Arbeitnehmers.

er nicht ohne Weiteres auf den Arbeitnehmer abwälzen kann." Deswegen ist es nicht mehr nötig, diese Umstände gesondert in direkter Anwendung des § 254 BGB zu berücksichtigen. Im Übrigen würde die strenge Bewertung des arbeitgeberseitigen Mitverschuldens, wie die bisherige Rechtsprechung zeigt, leichter zu einer zweifachen Reduktion der Arbeitnehmerhaftung im Mankofall führen, als in anderen Fällen der allgemeinen Arbeitnehmerhaftung.[912] Dadurch können die Arbeitnehmer im Mankofall bessergestellt werden, als die Arbeitnehmer in den anderen Fällen der Arbeitnehmerhaftung. Dies ist weniger überzeugend als zweifelhaft. Weiter gebietet die einheitliche Beurteilung der Arbeitnehmerhaftung auch, die früher in Rechtsprechung als „Mitverschulden" des Arbeitgebers angenommenen Umstände im Rahmen der privilegierten Arbeitnehmerhaftung zu berücksichtigen. Schließlich sollte man, wie *Krause* zutreffend sagt, nach dem Abschluss der Haftungsverteilung im Rahmen der privilegierten Arbeitnehmerhaftung mit der Annahme besonderer Organisationsrisiken infolge von Obliegenheitsverletzungen zurückhaltend sein, um das ebenfalls auf Organisationsrisiken gestützte Gebäude der privilegierten Arbeitnehmerhaftung nicht zu unterminieren.[913]

VI. Ergebnis

Die Rechtsprechung und ein Teil des Schrifttums haben lange Zeit eine grundsätzliche Anwendung der privilegierten Arbeitnehmerhaftung auf den Mankofall mit dem Grund der fehlenden Gefahrgeneigtheit abgelehnt und die Mankohaftung des Arbeitnehmers durch eine strenge Bewertung des arbeitgeberseitigen Mitverschuldens in direkter Anwendung des § 254 BGB eingeschränkt.

Nachdem der Große Senat des BAG im Beschluss vom 27.09.1994 endlich die untaugliche Einstiegsvoraussetzung „gefahrgeneigte Arbeit" für die privilegierte Arbeitnehmerhaftung durch „betrieblich veranlasste Tätigkeit" ersetzt hat, stellt die Anwendbarkeit der privilegierten Arbeitnehmerhaftung auf alle betrieblich veranlassten Mankofälle kein Problem mehr dar.

Zwar hat der Schuldrechtsreformgesetzgeber in der Gesetzesbegründung die Ansicht geäußert, die privilegierte Arbeitnehmerhaftung auf eine neue Rechtsgrundlage, nämlich die Neufassung des § 276 I BGB, zu stellen, jedoch wird diese Ansicht wegen mangelhafter Dogmatik weder in der Rechtsprechung noch in der Literatur akzeptiert. Deswegen verbleibt die dogmatische Umsetzung der privilegierten Arbeitnehmerhaftung weiterhin bei der analogen Anwendung des

912 ArbG Nürnberg (11.06.1997), ARST 1998, S. 9.
913 Krause, NZA 2003, S. 584.

§ 254 BGB, der als Medium die erforderliche Schadensteilung aufgrund der Interessenabwägung ermöglicht.

Der Große Senat des BAG hat nunmehr die zwei Zurechnungsgründe, nämlich die Gefährlichkeit der Arbeitstätigkeit und die Verantwortung des Arbeitgebers für die Organisation des Betriebs und die Gestaltung der Arbeitsbedingungen, in einem objektiv konzipierten Betriebsrisiko vereinheitlicht, das maßgeblich auf die objektiven vom Arbeitgeber gestalteten Arbeitsbedingungen abstellt.

Angesichts der Gefahr einer Doppelverwertung des Betriebsrisikos bei mittlerer Fahrlässigkeit des Arbeitnehmers ist eine strenge Bewertung des arbeitgeberseitigen Mitverschuldens gemäß § 254 BGB in der bisherigen Rechtsprechung nicht mehr aufrechtzuerhalten.

Soweit die bei der Schadensentstehung mitwirkenden Arbeitsbedingungen schon bei der Schadensverteilung hinsichtlich des Betriebsrisikos im Rahmen der privilegierten Arbeitnehmerhaftung in analoger Anwendung des § 254 BGB berücksichtigt worden sind, darf das darin liegende Betriebsrisiko deshalb dem Arbeitgeber nicht noch einmal als echtes Mitverschulden wegen Verstoßes gegen konkrete Obliegenheiten in direkter Anwendung des § 254 BGB in Rechnung gestellt werden. Dementsprechend sollte man nunmehr die früher in der Rechtsprechung als „Mitverschulden" des Arbeitgebers angenommenen Umstände im Mankofall nur einmal im Rahmen der privilegierten Arbeitnehmerhaftung berücksichtigen und mit der Annahme des „echten" Mitverschuldens des Arbeitgebers im Mankofall zurückhaltend sein, um einerseits die allgemeine Arbeitnehmerhaftung und die Mankohaftung einheitlich zu behandeln und andererseits um die Arbeitnehmer im Mankofall nicht durch die unbillige zweifache Haftungserleichterung besserzustellen.

Dritter Teil: Die besondere Mankohaftung

A. Die Entwicklung der Rechtsprechung zur Zulässigkeit der besonderen Mankohaftung

I. Die Rechtsprechung von 1900 bis 1945

Das LAG Duisburg hat in einem Mankofall vom 23.02.1928[914] entschieden, dass der Anstellungsvertrag eine beweisrechtliche Regelung trifft, wonach die Mankohaftung fortfallen sollte, wenn der Kläger (hier Arbeitnehmer als Filialleiter) der Beklagten (hier Arbeitgeber) den Schuldigen zweifelsfrei nachweisen würde oder wenn er nachweist, dass der Schaden auf Umständen beruht, die durch die Sorgfalt eines ordentlichen Filialleiters nicht abgewendet werden konnten. Nach Ansicht des LAG ist eine solche Abmachung, die dem Arbeitnehmer die Entlastungspflicht auflegt, im Allgemeinen nicht unzulässig. Das LAG hat hier diese Abmachung aber einer Wirksamkeitskontrolle anhand des allgemeinen Begriffs der guten Sitten unterzogen, indem es ausführt, dass eine solche Abmachung gegen die guten Sitten verstoßen und somit nichtig sein könnte, wenn die Höhe der übernommenen Haftung in keinem Verhältnis zu seinem Gehalt stehen würde.[915]

Das RAG hat sich erstmals in der Entscheidung vom 27.09.1930[916] mit der Mankoabrede auseinandergesetzt. Diese Entscheidung handelt von einer Vereinbarung für eine verschuldensunabhängige Mankohaftung und lautet folgendermaßen: „Für jeden in der Abrechnung festgestellten Fehlbetrag haften Fräulein H und die Mitverkäuferinnen mit ihrer Kaution, und zwar jede für die Hälfte des festgestellten Fehlbetrags. Es wird ausführlich festgelegt, dass die Firma nicht verpflichtet ist, ein Verschulden der Verkäuferin nachzuweisen. Die Firma ist berechtigt, den zu deckenden Anteil am Fehlbetrage von der zurückzuzahlenden Kaution einzubehalten." Ausgehend davon, dass eine Vereinbarung über die Fehlbetragshaftung durchaus zulässig ist, hat das RAG die konkrete Mankoabrede einer allgemeinen Inhaltskontrolle anhand des Maßstabes des § 138 I BGB unterzogen.[917] Dies wird im Leitsatz 2 bestätigt. Vereinbarungen über eine Fehlbetragshaftung seien grundsätzlich zulässig, könnten aber im einzelnen Fall ge-

---

914 LAG Duisburg (23.02.1928), ARS 3, S. 13.

915 LAG Duisburg (23.02.1928), ARS 3, S. 15. Nach Ansicht des LAG hat die Mankoabrede im vorliegenden Fall nicht gegen die guten Sitten verstoßen, da der Kläger, der eine Umsatzprovision von 3.5% bezog, monatlich durchschnittlich 400 RM verdiente.

916 RAG (27.09.1930), ARS 10, S. 156.

917 RAG (27.09.1930), ARS 10, S. 159.

gen die guten Sitten verstoßen, insbesondere wenn die Höhe des Gehalts mit der Größe des übernommenen Risikos nicht im Einklang stehe.[918] Nach Ansicht des RAG muss dem Arbeitnehmer mindestens ein Gehalt bewilligt werden, das die Übernahme eines solchen Risikos, nämlich einer so weit reichenden Haftung einigermaßen ausgleicht, damit eine diesbezügliche Mankoabrede mit den guten Sitten in Einklang zu bringen ist.[919] Erwähnenswert ist, dass die Haftung der Kl. nach Ansicht des RG durch den besonderen Umstand weiter erhöht wird, dass die Bekl., mindestens im Widerspruch zu dem Sinn des Vertrages, von ihr beliebig bestimmte Vertreter aushilfsweise in dem Verkaufsstande tätig werden ließ, ohne hierzu die Kl. irgendwie zu hören.[920]

Das LAG München hat im Urteil vom 09.04.1935[921] die Wirksamkeit einer Mankoabrede auch anhand der guten Sitten überprüft. Die Mankoabrede im § 6 des Vertrages lautet folgendermaßen: „Für evtl. Verluste, die durch Einwiegen, Schwinden u. dgl. entstehen, können bis zu 0.75% des Umsatzes gutgeschrieben werden. Einen über diese 0.75% hinausgehenden Verlust hat Herr Z in der vom Vorstand zu bestimmenden Frist zu ersetzen."(verschuldensunabhängige Mankohaftung) Nach Ansicht des LAG verstößt diese Vertragsbestimmung nicht gegen die guten Sitten und ist mithin voll rechtsgültig, weil sie dem Schuldner die verschiedenen Rechtfertigungsmöglichkeiten offen lässt und sie nicht zuletzt dem Beklagten (hier Arbeitnehmer als Leiter in einer Fleischabgabestelle der Klägerin) ein Einkommen garantiert, das durchaus im entsprechenden Verhältnis zu der Leistung des Beklagten steht.[922] Zu beachten ist, dass der Arbeitnehmer nach Ansicht des LAG auch für die Schwund-, Hau- und Einwiegeverluste einzustehen hat, weil nach der Überzeugung des Berufungsgerichts der Beklagte...............einschließlich der verschiedenen Gutschriften und sonstigen Vorteile einen ausreichenden Ausgleich dafür erhalten hat.[923]

Im Urteil vom 15.05.1935[924] hat das RAG die Mankovereinbarung über eine verschuldensunabhängige Einstandspflicht des Arbeitnehmers auf ihre Wirksamkeit anhand der guten Sitten überprüft. Nach dieser Vereinbarung im Vertrag vom 3. Juli 1933 hatte der Beklagte (hier Arbeitnehmer) u.a. für jeden Fehlbestand des Lagers zu haften. Das RAG hat seine Ansicht zur Wirksamkeitsvoraussetzung, dass einem derart erhöhten Risiko gegenüber ein Ausgleich durch die Bewilligung eines entsprechend erhöhten Gehaltes geschaffen werden muss

918 RAG (27.09.1930), ARS 10, S. 156, Leitsatz 2.
919 RAG (27.09.1930), ARS 10, S. 159.
920 RAG (27.09.1930), ARS 10, S. 159.
921 LAG München (09.04.1935), ARS 24, S. 153.
922 LAG München (09.04.1935), ARS 24, S. 155.
923 LAG München (09.04.1935), ARS 24, S. 157.
924 RAG (15.05.1935), ARS 24, S. 261.

und dass andernfalls die Klausel, die einem Angestellten das Risiko ohne diesen Ausgleich aufbürdet, als sittenwidrig angesehen werden kann, in der letzten Entscheidung vom 27.09.1930[925] bestätigt.[926]

II. Die Rechtsprechung von 1950 bis zum Urteil des 8. Senats des BAG vom 02.12.1999

1. Die Rechtsprechung des ArbG und LAG

Die ArbG und die LAG erheben auch keine Bedenken gegen die Zulässigkeit der Mankoabrede.[927] Sie haben die ältere Rechtsprechung und die Rechtsprechung des BAG fortgeführt, indem sie einerseits die Mankovereinbarung einer allgemeinen Inhaltskontrolle anhand der guten Sitten unterzogen[928] und andererseits zur Gültigkeit der Mankovereinbarung verlangt haben, dass die Höhe der Vergütung des Arbeitnehmers zu seinem erhöhten Risiko in einem angemessenen Verhältnis stehen muss. Mit anderen Worten: Diesem vom Arbeitnehmer in der Mankoabrede übernommenen erhöhten Risiko muss ein angemessener wirtschaftlicher Ausgleich gegenüberstehen.[929] Zur Sicherung eines zusätzlichen fi-

---

925 RAG (27.09.1930), ARS 10, S. 159.

926 RAG (15.05.1935), ARS 24, S. 264.

927 ArbG Neunkirchen (Saar) (01.04.1950), ARSt Bd. IV Nr. 509, S. 509; LAG Brandenburg (01.12.1950), ARSt Bd. VI, Nr. 340, S. 110; LAG Hannover (10.02.1953), AP 53 Nr. 232 = DB 1953 Nr. 26, S. 555; LAG Hamm (17.06.1953), BB 1953, S. 947; LAG Frankfurt a.M. (15.06.1955), BB 1956, S. 961; LAG Düsseldorf, 3. Kammer Köln (13.04.1960), BB 1960 S. 1097; LAG Düsseldorf/Köln (20.07.1966), BB 1966, 1145.

928 ArbG Neunkirchen (Saar) (01.04.1950), ARSt Bd. IV Nr. 509, S. 509; ArbG Duisburg (04.09.1952), ARSt Bd. IX Nr. 333, S. 105; LAG Hannover (10.02.1953), AP 53 Nr. 232 = BB 1953, S. 531; LAG Frankfurt a.M. (15.06.1955), BB 1956, S. 961; LAG Düsseldorf, 2. Kammer Köln, (27.01.1956), BB 1956, S. 400; LAG Bayern (25.01.1957),WA 1958 Nr. 119, S. 76; LAG Bremen (27.08.1963), WA 1964, Nr. 180, S.82.

929 ArbG Neunkirchen (Saar) (01.04.1950), ARSt Bd. IV Nr. 509, S. 509; ArbG Duisburg (04.09.1952), ARSt Bd. IX Nr. 333, S. 105; LAG Frankfurt a.M. (15.06.1955), BB 1956, S. 961; LAG Düsseldorf, 2. Kammer Köln, (27.01.1956), BB 1956, S. 400; LAG Bayern (25.01.1957),WA 1958 Nr. 119, S. 76; LAG Bremen (27.08.1963), WA 1964, Nr. 180, S.82; LAG Düsseldorf/Köln (20.07.1966), BB 1966, 1145; Juris Datenbank, LAG München, 26.04.1973 – 3 Sa 891/72; LAG Düsseldorf (14.05.1974), DB 1974, S. 2116; LAG München (29.01.1975), ARSt 1977 Nr. 59, S. 61.

nanziellen Ausgleichs haben manche Entscheidungen zutreffend eine Tarifunterschreitung für unzulässig gehalten.[930]

Weil sich einerseits die Lehre über die Einschränkung der Arbeitnehmerhaftung am Anfang noch nicht in der Rechtsprechung herausgebildet hat und andererseits ihre Anwendbarkeit auf die Mankohaftung erst im Urteil des BAG vom 17.09.1998 ausdrücklich anerkannt worden ist,[931] liegt es nahe, dass das ArbG und das LAG lange Zeit bei der Kontrolle von Mankoabreden primär auf die Generalklausel, nämlich § 138 I BGB abgestellt haben. Erwähnenswert ist, dass das LAG Frankfurt a.M. ausnahmsweise im Urteil vom 15.06.1955[932] neben dem § 138 BGB noch die Grundsätze über die Haftungsbeschränkung des Arbeitnehmers bei schadensgeneigter Arbeit als Maßstab bei der Wirksamkeitskontrolle der Mankoabrede in Erwägung gezogen hat.[933] Im Unterschied zur bisherigen Rechtsprechung hat das LAG Baden-Württemberg, Kamm. Stuttgart im Urteil vom 26.02.1970[934] aus arbeitsrechtlichen Grundgedanken heraus, etwa tätigkeitsbezogener Leistung, der vom Arbeitgeber eingeführten Betriebs- und Verkaufsorganisation und der Fürsorgepflicht des Arbeitgebers, die Rechtswirksamkeit der kollektiven Mankoabrede im vorliegenden Fall verneint.[935]

Aus der Sicht der Klauseltypen stellen das ArbG und das LAG bei der Inhaltskontrolle entweder auf die Mankoabrede über die Beweislastverteilung zu-

930 ArbG Neunkirchen (Saar) (01.04.1950), ARSt Bd. IV Nr. 509, S. 509; ArbG Duisburg (04.09.1952), ARSt Bd. IX Nr. 333, S. 105; LAG Frankfurt a.M. (15.06.1955), BB 1956, S. 961; LAG Bremen (27.08.1963), WA 1964, Nr. 180, S.82.

931 BAG (17.09.1998), AP Nr. 2 zu § 611 BGB Mankohaftung (unter B II 1 der Gründe).

932 LAG Frankfurt a.M. (15.06.1955), BB 1956, S. 961.

933 Das LAG Frankfurt a.M. meint, dass eine Mankovereinbarung zumindestens kein Verstoß gegen diese Grundsätze ist, wenn der Arbeitnehmer keine besonders schadensgeneigte Arbeit ausübt oder wenn dies zwar der Fall ist, das Berufsrisiko aber bei Feststellung der tariflichen Lohnhöhe bereits berücksichtigt worden ist. Leider hat das Gericht es im Übrigen offen gelassen, ob es Fälle gibt, in denen die Grundsätze über die beschränkte Regreßhaftung des Arbeitnehmers eine Mankoabrede verbieten.

934 LAG Baden-Württemberg, Kamm. Stuttgart (26.02.1970), ARST 1970, Nr. 173 S. 167. Es ist darauf hinzuweisen, dass eine Revision gegen dieses Berufungsurteil des 2. Senats des BAG (BAG 22.11.1973, AP Nr. 67 zu § 626 BGB) eingelegt wird, vgl. ausführlich unten Dritter Teil A. II. 2. a).

935 LAG Baden-Württemberg, Kamm. Stuttgart (26.02.1970), ARST 1970, Nr. 173 S. 168. Das LAG Baden-Württemberg, Kamm. Stuttgart hat sich hier mit einer sehr harten kollektiven Mankoabrede auseinandergesetzt, die wörtlich lautet: „Die Mitarbeiter einer Verkaufsstelle haften gemeinsam im Verhältnis des Lohnes für alle Fehlbeträge in der Geschäftskasse oder im Warenbestand, solange der Schuldige nicht zweifelsfrei ermittelt ist.“

lasten des Arbeitnehmers[936] oder auf die Mankoabrede über eine verschuldensunabhängige Einstandspflicht des Arbeitnehmers[937] primär auf gute Sitten gemäß 138 I BGB ab und verlangen zu ihrer Gültigkeit, dass diesem vom Arbeitnehmer in der Mankoabrede übernommenen erhöhten Risiko ein angemessener wirtschaftlicher Ausgleich gegenüberstehen muss.

2. Die Rechtsprechung des BAG

a) Die Entscheidungen des 2. Senats

Der 2. Senat des BAG hat in einer außerordentlichen Kündigungsklage wegen der Fehlmengen vom 17.04.1956[938] erstmals die Problematik zur besonderen Mankohaftung am Rand gestreift. Unter Verweis auf die Entscheidung des RAG vom 15.05.1935[939] kann nach Ansicht des 2. Senats die Haftung eines Angestellten für unverschuldete Mankos des von ihm verwalteten Warenlagers grundsätzlich vom Recht nur dann anerkannt werden, wenn diesem erhöhten Risiko auch ein wirtschaftlicher Ausgleich, etwa durch ein angemessen erhöhtes Gehalt, gegenübersteht. Andernfalls ist die Haftungsklausel sittenwidrig. [940]

Diesen Standpunkt hat der 2. Senat des BAG in seiner nächsten Entscheidung vom 09.04.1957[941] beibehalten, indem er ausführt, dass eine Vereinbarung für verschuldensunabhängige Mankohaftung vom Recht nur dann anerkannt werden kann, wenn dem erhöhten Risiko auch ein wirtschaftlicher Ausgleich, etwa durch ein angemessen erhöhtes Gehalt, gegenübersteht,[942] weil grundsätzlich den Unternehmer und nicht den Angestellten das Risiko des Unternehmens trifft. [943]

---

936 LAG Hannover (10.02.1953), AP 53 Nr. 232 = BB 1953, S. 531; LAG Frankfurt a.M. (15.06.1955), BB 1956, S. 961; LAG München (29.01.1975), ARSt 1977 Nr. 59, S. 61.

937 LAG Frankfurt a.M. (15.06.1955), BB 1956, S. 961; LAG Düsseldorf, 2. Kammer Köln, (27.01.1956), BB 1956, S. 400; LAG Bayern (25.01.1957),WA 1958 Nr. 119, S. 76; LAG Bremen (27.08.1963), WA 1964, Nr. 180, S.82; LAG Düsseldorf/Köln (20.07.1966), BB 1966, 1145; LAG Düsseldorf (14.05.1974), DB 1974, S. 2115.

938 BAG (17.04.1956), AP Nr. 8 zu § 626 BGB.

939 RAG (15.05.1935), ARS 24, S. 261.

940 BAG (17.04.1956), AP Nr. 8 zu § 626 BGB (unter III 3 der Gründe).

941 BAG (09.04.1957), AP Nr. 4 zu § 611 BGB Haftung des Arbeitnehmers.

942 BAG (09.04.1957), AP Nr. 4 zu § 611 BGB Haftung des Arbeitnehmers (unter 1 c der Gründe).

943 BAG (09.04.1957), AP Nr. 4 zu § 611 BGB Haftung des Arbeitnehmers (unter 1 b der Gründe).

Diese Ansicht wird vom 2. Senat des BAG in einer weiteren Entscheidung vom 12.08.1959[944] in Bezug auf eine kollektive Mankoabrede bestätigt. Das LAG war noch der Auffassung, dass die Mankoabrede den Angestellten das volle Risiko für Verluste aller Art ohne Rücksicht auf eigenes Verschulden oder das Verschulden der Hilfskräfte, ja auch das Risiko für Zufall und Betriebsgefahren, überträgt. Im Gegensatz dazu bedeutet vielmehr das Tragen der vollen Verantwortung nach Ansicht des 2. Senats, dass der Betreffende gerade auch in der Lage sein muss, auf das Geschehen irgendwie in bestimmender Weise Einfluss zu nehmen, d.h., dass er überhaupt die Möglichkeit haben muss, den Eintritt eines Schadens zu verhindern. Deswegen hat der 2. Senat diese Mankoabrede mit Rücksicht auf die Verkehrssitte dahin ausgelegt, dass der Angestellte immer nur für Verschulden, allerdings auch für den geringsten Grad des Verschuldens, aber nicht für Verschulden in außerhalb seiner Einflusssphäre liegenden Fällen haftet.[945] Dieser Auslegung ist zu entnehmen, dass der 2. Senat die vom Arbeitnehmer in der Mankoabrede übernommenen Betriebsrisiken auf solche Risiken beschränkt, welche nicht völlig seiner Einflusssphäre entzogen sein dürfen. Der 2. Senat hat eine derartige Mankoregelung in Form der Verschärfung des Sorgfaltsmaßstabes grundsätzlich für rechtlich möglich und zulässig gehalten, wenn sie eine den besonderen Verhältnissen des Betriebs in einem Filialgeschäft sinnvoll angepasste Beweislastverteilung zwischen Arbeitnehmer und Arbeitgeber enthält.[946] Eine Vereinbarung für verschuldensunabhängige Mankohaftung verstößt laut dieser Entscheidung nicht gegen die guten Sitten, wenn der Klägerin (hier Arbeitnehmer als Leiterin einer Filiale der Beklagten) ein angemessener wirtschaftlicher Ausgleich für das von ihr in der Mankoregelung übernommene Risiko gewährt wird.[947] Mit Recht hat der 2. Senat unter Berücksichtigung aller Umstände im vorliegenden Fall überprüft, ob ein angemessener wirtschaftlicher Ausgleich vorliegt, der einen dem Arbeitgeber nach den allgemeinen Regeln der Rechtsordnung nicht zustehenden Vorteil zu Lasten des Angestellten rechtfertigt.

Nach 15 Jahren hat der 2. Senat einen Fall vom 22.11.1973[948] über Mankoabrede entschieden. In dieser Entscheidung macht der 2. Senat einen Unterschied zwischen typischen Mankoabreden und untypischen Mankoabreden. Unter den ersteren werden die Mankoregelung, die eine sinnvolle, den Eigenarten des Betriebs und der Beschäftigung angepasste Beweislastverteilung zu Ungunsten des Arbeitnehmers enthält und die Mankoregelung für eine vom Verschul-

944 BAG (12.08.1959), AP Nr. 1 zu § 305 BGB.
945 BAG (12.08.1959), AP Nr. 1 zu § 305 BGB (unter IV der Gründe).
946 BAG (12.08.1959), AP Nr. 1 zu § 305 BGB (unter IV der Gründe).
947 BAG (12.08.1959), AP Nr. 1 zu § 305 BGB (unter IV der Gründe).
948 BAG (22.11.1973), AP Nr. 67 zu § 626 BGB.

den des Arbeitnehmers unabhängige Haftung für Fehlbeträge, die ausschließlich in seinem Arbeits- und Kontrollbereich entstanden sind, verstanden. Nach Auffassung des 2. Senats sind solche typischen Mankoabreden grundsätzlich zulässig und nur dann unwirksam, wenn dem vom Arbeitnehmer übernommenen erhöhten Risiko kein angemessener wirtschaftlicher Ausgleich gegenübersteht.[949] Im Gegensatz dazu handelt es sich im vorliegenden Fall um eine untypische Mankoregelung, die wörtlich lautet: „Die Mitarbeiter einer Verkaufsstelle haften gemeinsam im Verhältnis des Lohnes für alle Fehlbeträge in der Geschäftskasse oder im Warenbestand, solange der Schuldige nicht zweifelsfrei ermittelt ist." Zu einer ungewöhnlichen Verlagerung des Unternehmerrisikos auf den Arbeitnehmer führen nach Ansicht des 2. Senats die diese Mankoregelung kennzeichnenden Besonderheiten, nach denen einerseits die Kl. (hier Arbeitnehmer als 1. Verkäuferin) solange für alle Fehlbeträge einzustehen hat, gleichgültig ob die Fehlbeträge von ihr verursacht und verschuldet worden sind oder nicht, bis der schuldige Arbeitnehmer zweifelsfrei ermittelt ist und andererseits die Kl. für die Fehlbestände der anderen Verkäufer-innen/n, auf deren Einstellung und Auswahl die Kl. keinen Einfluss nehmen kann, was eine weitere Erhöhung des ihr angelasteten Risikos bedeutet,[950] anteilig zu haften hat, gleichgültig, ob die Kl. zusammen mit ihnen in einer Schicht tätig ist.[951] Der 2. Senat hat die Abwälzung des Betriebsrisikos in einem so weitgehenden Umfang auf den Arbeitnehmer nicht allein dadurch für zulässig gehalten, dass der Arbeitnehmer in irgendeinem Umfang einen wirtschaftlichen Ausgleich erhält. Ferner muss sichergestellt sein, dass der Arbeitnehmer zumutbare Kontrollbefugnisse hat, die er auch tatsächlich ausüben kann.[952] D.h., dass der 2. Senat hier offenbar neben einem angemessenen wirtschaftlichen Ausgleich eine weitere Voraussetzung für eine wirksame Mankoabrede, die das Betriebsrisiko vom Arbeitgeber auf den Arbeitnehmer abwälzt, aufgestellt hat, nämlich eine tatsächliche Ausübung des Einflusses auf die übernommenen Risiken. Dies entspricht seiner Ansicht in der letzten Entscheidung vom 12.08.1959,[953] dass die durch Mankoabrede auf den Arbeitnehmer abgewälzten Betriebsrisiken nicht völlig seiner Einflusssphäre entzogen

---

949 BAG (22.11.1973), AP Nr. 67 zu § 626 BGB (unter III 2 a der Gründe).

950 Ähliche Gedanken finden sich schon in der Entscheidung des RAG vom 27.09.1930 (ARS 10, S. 159). Dort hat das RAG ausgeführt: „Im vorliegenden Falle kommt als besonderer Umstand, der die Haftung der Kl. noch erhöhte, hinzu, dass die Bekl. mindestens im Widerspruch zu dem Sinn des Vertrages von ihr beliebig bestimmte Vertreter aushilfsweise in dem Verkaufsstande tätig werden ließ, ohne hierzu die Kl. irgendwie zu hören."

951 BAG (22.11.1973), AP Nr. 67 zu § 626 BGB (unter III 2 b u. c der Gründe).

952 BAG (22.11.1973), AP Nr. 67 zu § 626 BGB (unter III 2 c der Gründe).

953 BAG (12.08.1959), AP Nr. 1 zu § 305 BGB (unter IV der Gründe).

sein dürfen. Deswegen ist der 2. Senat zum Ergebnis gelangt, dass diese Mankoregelung bei Berücksichtigung aller Umstände wegen ihrer Besonderheiten sowohl gegen Treue und Glauben, als auch gegen die guten Sitten verstößt.[954]

b) Die Entscheidungen anderer Senate

Mit Urteil vom 27.02.1970[955] hat sich der mittlerweile zuständige 1. Senat des BAG der vom 2. Senat vertretenen Ansicht in der Entscheidung vom 17.04.1956 angeschlossen, dass die Wirksamkeit einer Abrede für verschuldensunabhängige Mankohaftung davon abhängt, ob dem erhöhten Risiko des Arbeitnehmers ein angemessener wirtschaftlicher Ausgleich gegenübersteht.[956]

Der mittlerweile zuständige 4. Senat des BAG hat sich in der Entscheidung vom 13.02.1974[957] mit einer vorformulierten Mankoabrede in § 3 des Modellarbeitsvertrags auseinandergesetzt, die wörtlich lautet: „*Das Verkaufspersonal erhält ein vom Umsatz abhängiges Mankogeld, das mit den Gehaltsbezügen für den Folgemonat auszuzahlen ist. Von dem auf die jeweilige Filiale entfallenden Betrag erhält die Angestellte als Verkaufsstellenverwalterin die Hälfte; die andere Hälfte wird auf die Verkäuferinnen zu gleichen Teilen aufgeteilt. Für etwa entstehende Kassen- und Warenfehlbestände haftet die Verkaufsstellenverwalterin mit 50 v. H. Für die restl. 50 v. H. haften die Verkäuferinnen zu gleichen Teilen.*“ Der 4. Senat ist auch davon ausgegangen, dass eine vereinbarte Haftungsverschärfung, nämlich eine darauf gerichtete Mankoabrede, die den Arbeitnehmer mit vom Gesetz grundsätzlich nicht vorgesehenen, erheblichen zusätzlichen Risiken belastet, wegen Verstoßes gegen die guten Sitten nach § 138 BGB nichtig sei, wenn für die von der Kl. (hier Arbeitnehmer als Verkaufsstellenverwalterin) übernommenen Risiken ein angemessener wirtschaftlicher Ausgleich nicht gezahlt worden ist. Nach Ansicht des 4. Senats muss eine solche Mankoabrede in aller Klarheit und Eindeutigkeit getroffen werden. Obwohl sich das nicht unmittelbar aus dem Wortlaut der Mankovereinbarung ergibt, hat der 4. Senat der vorstehenden Mankoklausel mit Rücksicht auf den Gesamtzusammenhang sowie den Sinn und Zweck der Vereinbarung lediglich eine vertragliche Beweislastverteilung zukommen gelassen: „Grundsätzl. ist die Kl. als Filialleiterin neben dem sonstigen Verkaufspersonal der Filiale im Rahmen des § 276 BGB schadensersatzpflichtig, soweit dort eingetretene Fehlbestände im Einfluss- und Einwirkungsbereich des Verkaufspersonals liegen; sind solche Fehlbestände

954 BAG (22.11.1973), AP Nr. 67 zu § 626 BGB (unter III 2 d der Gründe).

955 BAG (27.02.1970), AP Nr. 54 zu § 611 BGB Haftung des Arbeitnehmers.

956 BAG (27.02.1970), AP Nr. 54 zu § 611 BGB Haftung des Arbeitnehmers (unter I 1 a der Gründe).

957 BAG (13.02.1974), AP Nr. 77 zu § 611 BGB Haftung des Arbeitnehmers.

(Geld- und Warenmanki) nicht aufklärbar, so hat sich die Kl. nach § 282 BGB a.F. zu entlasten." Im Verhältnis zu dieser vereinbarten Beweislastverteilung zu Lasten der Kl., nämlich diesem übernommenen hohen Risiko, hat die Kl. jedoch nur ein recht niedriges Mankogeld und auch keinen sonstigen geldwerten Ausgleich erhalten. Dieser gewichtige Umstand spricht für die Sittenwidrigkeit der Mankoklausel. In dieser Entscheidung hat der 4. Senat auch das vom Arbeitnehmer übernommene Risiko auf die in seinem Einfluss- und Einwirkungsbereich eingetretenen Fehlbestände beschränkt.

Mit Urteil vom 29.01.1985[958] hat der 3. Senat des BAG die bisherige Rechtsprechung zur Mankoabrede kurz in wichtigen Aussagen zusammenfasst: Wegen der auch im Arbeitsrecht herrschenden Vertragsfreiheit (§§ 241, 305 BGB) hält der 3. Senat eine Mankoabrede grundsätzlich für zulässig, wenn sie eine sinnvolle, den Eigenschaften des Betriebs und der Beschäftigung angepasste Beweislastverteilung enthält[959] oder eine vom Verschulden des Arbeitnehmers unabhängige Haftung für Fehlbeträge darstellt, die in seinem Arbeits- und Kontrollbereich aufkommen.[960] Die Wirksamkeit einer Mankoabrede setzt voraus, dass dem erhöhten Risiko des Arbeitnehmers ein angemessener wirtschaftlicher Ausgleich gegenübersteht. Zu beachten ist, dass eine solche Mankoabrede entweder ausdrücklich oder stillschweigend getroffen werden kann.[961]

c) Die Entscheidungen des 8. Senats

Mit Urteil vom 17.09.1998[962] hat der 8. Senat des BAG zur Problematik der besonderen Mankohaftung in mehrfacher Hinsicht Feststellungen von grundlegender Bedeutung getroffen:

Der 8. Senat hat unter Berufung auf den Beschluss des Großen Senats des BAG vom 27.09.1994 die vom Großen Senat aus einer entsprechenden Anwendung des § 254 BGB hergeleiteten Haftungsbeschränkungsgrundsätze auf die

958 BAG (29.01.1985), AP Nr. 87 zu § 611 BGB Haftung des Arbeitnehmers.

959 Der 3. Senat hält zuerst eine sinnvolle, den Eigenschaften des Betriebs und der Beschäftigung angepasste Mankoabrede zur Beweislastverteilung für zulässig. Vgl. BAG (12.08.1959), AP Nr. 1 zu § 305 BGB (unter IV der Gründe).

960 Der 3. Senat des BAG hat hier dieses in der Rechtsprechung entwickelte Kriterium einer Einflussnahme auf die von den übernommenen Risiken übernommen und fortgeführt. Vgl. BAG (12.08.1959), AP Nr. 1 zu § 305 BGB (unter IV der Gründe); BAG (22.11.1973), AP Nr. 67 zu § 626 BGB (unter III 2 c der Gründe); BAG (13.02.1974), AP Nr. 77 zu § 611 BGB Haftung des Arbeitnehmers.

961 BAG (29.01.1985), AP Nr. 87 zu § 611 BGB Haftung des Arbeitnehmers (unter I der Gründe).

962 BAG (17.09.1998), AP Nr. 2 zu § 611 BGB Mankohaftung.

Mankohaftung erstreckt.[963] Vor dem Hintergrund dieser Erstreckung hat der 8. Senat völlig kontrovers zur bisherigen Rechtsprechung die Grundsätze über die Beschränkung der Arbeitnehmerhaftung als den neuen Maßstab für die Inhaltskontrolle der Mankoabreden eingeleitet, indem er Folgendes ausgeführt hat: „In allen Fällen wäre die Vereinbarung unwirksam, weil sie die Haftung entgegen allgemeinen Grundsätzen zu Lasten des Kl. als Arbeitnehmer, zu verschieben versuchte." Darüber hinaus hat der 8. Senat sogar diese von der Rechtsprechung entwickelten Grundsätze als einseitig zwingendes Arbeitnehmerschutzgesetze eingeordnet, von denen weder einzel- noch kollektivvertraglich zu Lasten der Arbeitnehmer abgewichen werden kann.[964]

Unter Berufung auf die bisherige Rechtsprechung des BAG[965] hat der 8. Senat die Zulässigkeit der Mankoabreden an zwei Kriterien geknüpft: Zum einen sehen diese Mankoabreden eine angemessene Gegenleistung z.B. in Form eines Mankogeldes oder eines angemessen erhöhten Gehaltes vor; zum anderen sind sie nur für Bereiche zulässig, die der Arbeitnehmer kontrollieren kann.[966] Nach Ansicht des 8. Senats können derartige Mankoabreden interessengerecht und wirksam sein, wenn sie mit den Grundsätzen der privilegierten Arbeitnehmerhaftung vereinbar sind, was weiter voraussetzt, dass sie berechtigte Rechtspositionen der Arbeitgeberseite sichern müssen und nicht zu einer ungerechtfertigten Verlagerung des dem Arbeitgeber zuzurechnenden Risikos führen dürfen. Ein berechtigtes Interesse des Arbeitgebers sei in den Bereichen anzuerkennen, wo der Arbeitnehmer unbeobachteten Zugriff auf Geld oder andere Wertgegenstände des Arbeitgebers hat. Eine unzulässige Verlagerung des Arbeitgeberrisikos liege aber vor, wenn entweder eine Mankovereinbarung für Bereiche getroffen werde, auf die neben dem Arbeitnehmer noch andere Personen Zugriff hätten, oder keine angemessene Ausgleichzahlung gewährleistet werde.[967]

Die frühere Rechtsprechung des BAG hat eine unscharfe Formulierung eines angemessenen wirtschaftlichen Ausgleichs als Formel für die Wirksamkeitsvoraussetzung der Mankoabrede mehrfach verwandt.[968] Dieser unscharfen

963 BAG (17.09.1998), AP Nr. 2 zu § 611 BGB Mankohaftung (unter B II 1 der Gründe).

964 BAG (17.09.1998), AP Nr. 2 zu § 611 BGB Mankohaftung (unter B IV 1 der Gründe).

965 BAG (09.04.1957), AP Nr. 4 zu § 611 BGB Haftung des Arbeitnehmers (unter 1c der Gründe); BAG (27.02.1970), AP Nr. 54 zu § 611 BGB Haftung des Arbeitnehmers (unter I 1a der Gründe); BAG (22.11.1973), AP Nr. 67 zu § 626 BGB (unter III 2a der Gründe); BAG (29.01.1985), AP Nr. 87 zu § 611 BGB Haftung des Arbeitnehmers (unter I der Gründe).

966 BAG (17.09.1998), AP Nr. 2 zu § 611 BGB Mankohaftung (unter B IV 2 der Gründe).

967 BAG (17.09.1998), AP Nr. 2 zu § 611 BGB Mankohaftung (unter B IV 2 der Gründe).

968 BAG (17.04.1956), AP Nr. 8 zu § 626 BGB (unter III 3 der Gründe); BAG (09.04.1957), AP Nr. 4 zu § 611 BGB Haftung des Arbeitnehmers (unter 1 c der Grün-

Formulierung ist nicht zu entnehmen, wann die Angemessenheit für das vom Arbeitnehmer übernommene erhöhte Risiko vorliegt. Deswegen muss sich die Beurteilung der Angemessenheit nach den konkreten Umständen des Einzelfalls ausrichten. Statt einer abschließenden Stellungnahme zu dieser Frage der Angemessenheit hat der 8. Senat eine einschneidende Änderung in Form einer Haftungshöchstgrenze für die Arbeitnehmerhaftung aufgrund der Mankoabrede, welche die Haftung entgegen den allgemeinen Haftungsgrundsätzen im Arbeitsverhältnis zulasten des Arbeitnehmers verschärft, vorgenommen, indem er ausführt: „Da eine Mankoabrede notwendigerweise auch Sachverhalte erfasst, in denen der Arbeitnehmer nach allgemeinen Grundsätzen gar nicht (kein Verschulden oder leichte Fahrlässigkeit) oder nur anteilig (mittlere Fahrlässigkeit) haften würde, darf eine Haftung aufgrund besonderer vertraglicher Abrede die Summe der gezahlten Mankogelder nicht übersteigen.“ [969] Mit anderen Worten hat der 8. Senat die vereinbarte Mankohaftung auf die gesamte Summe der im Ausgleichungszeitraum gewährten Mankogelder begrenzt. Jedoch hat der 8. Senat mit dieser Haftungshöchstsumme den Eindruck erweckt, als würde er die Angemessenheit des Mankogeldes nicht mehr als Zulässigkeitsvoraussetzung einer Mankoabrede betrachten, weil es auf eine angemessene Höhe nicht ankommt, wenn die vereinbarte Mankohaftung ohnehin von vornherein auf die Summe der im Ausgleichungszeitraum gewährten Mankozuschläge beschränkt ist. Neben dieser Haftungshöchstsumme hält der 8. Senat bezüglich der Dauer des Ausgleichszeitraums die Vereinbarung mittel- oder langfristiger Ausgleichungszeiträume von z.B. einem Kalenderjahr für zulässig.[970] Ob der 8. Senat damit eine zeitliche Höchstgrenze festgelegt hat, lässt sich dieser Entscheidung nicht entnehmen. Jedoch besteht eine bemerkenswerte Abweichung von früherer Rechtsprechung darin, dass der 8. Senat nunmehr die Mankogeldvereinbarung nur unter engeren Voraussetzungen zulassen will, indem er dies ausdrücklich mit der Aussage hervorhebt, dass, soweit in früheren Entscheidungen Mankogeldvereinbarungen auch unter erweiterten Voraussetzungen zugelassen worden seien, hieran nicht festgehalten werde.[971] Ob der 8. Senat die Haftungshöchstgrenze und die zeitliche Höchstgrenze als zwei enge Zulässigkeitsvoraussetzun-

---

de); BAG (12.08.1959), AP Nr. 1 zu § 305 BGB (unter IV der Gründe); BAG (27.02.1970), AP Nr. 54 zu § 611 BGB Haftung des Arbeitnehmers (unter I 1 a der Gründe); BAG (22.11.1973), AP Nr. 67 zu § 626 BGB (unter III 2 der Gründe); BAG (13.02.1974), AP Nr. 77 zu § 611 BGB Haftung des Arbeitnehmers; BAG (29.01.1985), AP Nr. 87 zu § 611 BGB Haftung des Arbeitnehmers (unter I der Gründe).

969 BAG (17.09.1998), AP Nr. 2 zu § 611 BGB Mankohaftung (unter B IV 2 der Gründe).

970 BAG (17.09.1998), AP Nr. 2 zu § 611 BGB Mankohaftung (unter B IV 2 der Gründe).

971 BAG (17.09.1998), AP Nr. 2 zu § 611 BGB Mankohaftung (unter B IV 2 der Gründe).

gen für Mankogeldvereinbarung einführen will, lässt sich in der Entwicklung weiterer Rechtsprechung abwarten.

In einer weiteren Entscheidung vom 02.12.1999[972] hat der 8. Senat seine im Urteil vom 17.09.1998 grundlegenden Ausführungen zur besonderen Mankohaftung bestätigt und in einigen Punkten konkretisiert.

Bezüglich des Maßstabes für die Inhaltskontrolle der Mankoabrede hat der 8. Senat im vorliegenden Fall auch die Grundsätze über die Beschränkung der Arbeitnehmerhaftung herangezogen und diese Haftungsgrundsätze im Arbeitsverhältnis als einseitig zwingendes Arbeitnehmerschutzrecht betrachtet.[973]

Der 8. Senat hat die Begründung einer Erfolgshaftung durch Mankoabrede auch dann für zulässig gehalten, wenn der Arbeitnehmer hiernach nur bis zur Höhe einer vereinbarten Mankovergütung haften soll und daher im Ergebnis allein die Chance einer zusätzlichen Vergütung für die erfolgreiche Verwaltung eines Waren- oder Kassenbestandes erhält, weil damit eine Verschärfung der auf Gesetz beruhenden beschränkten Arbeitnehmerhaftung dann nicht eintritt.[974]

Im Vergleich zu seinem Urteil vom 17.09.1998 hat der 8. Senat in folgenden Aspekten Neuerungen und Konkretisierungen vorgenommen.

In Bezug auf die Zulässigkeit für die Begründung einer Erfolgshaftung durch Mankoabrede hat der 8. Senat im Urteil vom 17.09.1998 noch zwei Voraussetzungen genannt, nämlich ein angemessenes Mankogeld für das vom Arbeitnehmer übernommene erhöhte Risiko und die Einflussnahmemöglichkeit auf die übernommenen Risiken.[975] Jedoch hat der 8. Senat hier lediglich eine Haftungshöchstsumme verlangt,[976] wie der 8. Senat dies auch ausdrücklich im Leitsatz 1 hervorhebt. Die Angemessenheit des Mankogeldes hat er nicht einmal als Zulässigkeitsvoraussetzung erwähnt. Dies ist auch folgerichtig, weil es auf eine angemessene Höhe nicht mehr ankommt, wenn die vereinbarte Mankohaftung ohnehin von vornherein auf die Summe der im Ausgleichungszeitraum gewährten Mankogelder beschränkt ist. Die Einflussnahmemöglichkeit auf die übernommenen Risiken hat der 8. Senat sogar in einer jeden Zweifel ausschließenden Weise insoweit gelockert, als die Mankoabrede auch nicht voll beherrschbare Umstände und Risiken wie die Beaufsichtigung von Mitarbeitern und Hilfskräften einschließen kann, weil der Arbeitnehmer keiner gesetzlich nicht vorgesehenen Haftung ausgesetzt wird, sondern allenfalls die „Erfolgsprämie“ der Mankovergütung verliert.[977] Der 8. Senat bestätigte diese Lockerung mit der

972 BAG (02.12.1999), AP Nr. 3 zu § 611 BGB Mankohaftung.
973 BAG (02.12.1999), AP Nr. 3 zu § 611 BGB Mankohaftung (unter I 2 der Gründe).
974 BAG (02.12.1999), AP Nr. 3 zu § 611 BGB Mankohaftung (unter I 2 b der Gründe).
975 BAG (17.09.1998), AP Nr. 2 zu § 611 BGB Mankohaftung (unter B IV 2 der Gründe).
976 BAG (02.12.1999), AP Nr. 3 zu § 611 BGB Mankohaftung (unter I 2 b der Gründe).
977 BAG (02.12.1999), AP Nr. 3 zu § 611 BGB Mankohaftung (unter I 2 b der Gründe).

nachfolgenden Ausführung: „Andererseits mag bei entsprechender Mankovergütung eine Haftung auch bei Zugriff Dritter begründet werden.“[978] Ob der 8. Senat sich von diesen zwei Zulässigkeitsvoraussetzungen stillschweigend verabschieden will, bleibt abzuwarten.

Zu Recht hat der 8. Senat bezüglich der Haftungshöchstsumme eines Arbeitnehmers darauf hingewiesen, dass sie sich auf die Summe der ihm selbst gezahlten Mankogelder, nicht aber auf die Mankogeldzahlungen in dem gesamten Unternehmen abstellt. Zur Begründung hat der 8. Senat ausgeführt, dass sich die Haftung nach dem konkreten von einer bestimmten Person verursachten Schadensfall unter Berücksichtigung des jeweiligen Einzelrisikos richte. Sie treffe den verantwortlichen Arbeitnehmer und könne deshalb selbst bei gleichartigen Risiken in einem Betrieb nicht pauschal an dessen Verhältnisse und die Summe der hier gezahlten Mankogelder anknüpfen.[979]

Ausgehend von der Zulässigkeit der Vereinbarung eines längeren Ausgleichungszeitraums von z.B. einem Jahr[980] hat der 8. Senat auch dann keine Bedenken gegen eine Haftung aufgrund der Mankoabrede bis zur Höhe des für den bestimmten Zeitraum geleisteten oder noch zu leistenden Mankogeldes erhoben, wenn der Schaden in dem betreffenden Zeitraum das Mankogeld übersteigt. Die Mankoabrede werde regelmäßig in diesem Sinne auszulegen sein, denn es sei kaum anzunehmen, dass die Vertragsparteien für geringe Schäden eine volle Haftung, für hohe Schäden dagegen keine Haftung begründen wollen.[981] Vom Wortlaut der Urteilsgründe aus bedeutet dies, dass der Arbeitnehmer die Möglichkeit hat, eine erhöhte Mankohaftung mit schon gezahlten Mankogeldern und zukünftigen Mankogeldern auszugleichen.

III. Die Rechtsprechung seit dem Urteil des 8. Senats des BAG vom 02.12.1999

Seit dem Urteil des 8. Senats des BAG vom 02.12.1999 ist keine Entscheidung zur Mankoabrede von dem ArbG, LAG und BAG ergangen.

978 BAG (02.12.1999), AP Nr. 3 zu § 611 BGB Mankohaftung (Unter I 4 der Gründe).
979 BAG (02.12.1999), AP Nr. 3 zu § 611 BGB Mankohaftung (unter I 2 c der Gründe).
980 BAG (02.12.1999), AP Nr. 3 zu § 611 BGB Mankohaftung (unter I 2 b der Gründe).
981 BAG (02.12.1999), AP Nr. 3 zu § 611 BGB Mankohaftung (unter I 2 d der Gründe).

IV. Zusammenfassender Überblick über die Entwicklung in der Rechtsprechung von 1945 bis zum Urteil des BAG vom 02.12.1999

1. Die Rechtsprechung bis 1945

Von Anfang an erhebt die ältere Rechtsprechung keine Bedenken gegen die Zulässigkeit einer Mankoabrede.[982] Vor dem Hintergrund, dass der Grundsatz der privilegierten Arbeitnehmerhaftung noch in der älteren Rechtsprechung keimte und nicht durch die richterliche Rechtsfortbildung als ein Rechtsinstitut festgelegt wurde, unterzieht die ältere Rechtsprechung einheitlich Mankoabreden einer allgemeinen Inhaltskontrolle anhand der Generalklausel des § 138 BGB I, nämlich des wertausfüllungsbedürftigen Begriffs der guten Sitten.[983] Für eine wirksame Mankoabrede setzt die ältere Rechtsprechung ausnahmelos voraus, dass die Höhe des Gehalts mit der Größe des übernommenen Risikos im entsprechenden Verhältnis stehen muss.[984] Mit anderer Formulierung: Einem derart erhöhten Risiko gegenüber muss ein Ausgleich durch die Bewilligung eines entsprechend erhöhten Gehaltes geschaffen werden.[985]

2. Die Rechtsprechung des ArbG und des LAG seit 1950 bis jetzt

Das ArbG und das LAG erheben auch keine Bedenken gegen die Zulässigkeit der Mankoabrede.[986] Die Rechtsprechung des ArbG und LAG hat sich in der Frage nach den Grenzen der Zulässigkeit von Mankovereinbarungen auf der Linie der älteren Rechtsprechung und der Rechtsprechung des BAG bewegt. So haben das ArbG und das LAG einerseits die Mankovereinbarung einer allgemeinen Inhaltskontrolle anhand der guten Sitten unterzogen[987] und andererseits

982 LAG Duisburg (23.02.1928), ARS 3, S. 15; RAG (27.09.1930), ARS 10, S. 159.

983 LAG Duisburg (23.02.1928), ARS 3, S. 15; RAG (27.09.1930), ARS 10, S. 159; LAG München (09.04.1935), ARS 24, S. 155; RAG (15.05.1935), ARS 24, S. 264.

984 LAG Duisburg (23.02.1928), ARS 3, S. 15; RAG (27.09.1930), ARS 10, S. 159; LAG München (09.04.1935), ARS 24, S. 155.

985 RAG (15.05.1935), ARS 24, S. 264.

986 ArbG Neunkirchen (Saar) (01.04.1950), ARSt Bd. IV Nr. 509, S. 509; LAG Brandenburg (01.12.1950), ARSt Bd. VI, Nr. 340, S. 110; LAG Hannover (10.02.1953), AP 53 Nr. 232 = DB 1953 Nr. 26, S. 555; LAG Hamm (17.06.1953), BB 1953, S. 947; LAG Frankfurt a.M. (15.06.1955), BB 1956, S. 961; LAG Düsseldorf, 3. Kammer Köln (13.04.1960), BB 1960 S. 1097; LAG Düsseldorf/Köln (20.07.1966), BB 1966, 1145.

987 ArbG Neunkirchen (Saar) (01.04.1950), ARSt Bd. IV Nr. 509, S. 509; ArbG Duisburg (04.09.1952), ARSt Bd. IX Nr. 333, S. 105; LAG Hannover (10.02.1953), AP 53 Nr. 232 = DB 1953 Nr. 26, S. 555; LAG Frankfurt a.M. (15.06.1955), BB 1956, S. 961;

zur Gültigkeit der Mankovereinbarung verlangt, dass die Höhe der Vergütung des Arbeitnehmers zu seinem erhöhten Risiko in einem angemessenen Verhältnis stehen muss oder mit anderen Worten: Diesem vom Arbeitnehmer in der Mankoabrede übernommenen erhöhten Risiko muss ein angemessener wirtschaftlicher Ausgleich gegenüberstehen.[988] Zur Sicherung eines zusätzlichen finanziellen Ausgleichs haben manche Entscheidungen zutreffend eine Tarifunterschreitung für unzulässig gehalten.[989]

3. Die Rechtsprechung des BAG

Wegen der auch im Arbeitsrecht herrschenden Vertragsfreiheit (§§ 241, 305 BGB a.F.) hält das BAG eine Mankoabrede grundsätzlich für zulässig.

Das BAG hat lange Zeit überwiegend die guten Sitten als einzigen Maßstab für die Inhaltskontrolle der Mankoabreden herangezogen.[990] In manchen Entscheidungen werden zusätzlich Treu und Glauben bei der Inhaltskontrolle in die Erwägung mit einbezogen.[991] Erst nachdem der 8. Senat in der Entscheidung vom 17.09.1998[992] eindeutig die Anwendung der Grundsätze über die Einschränkung der Arbeitnehmerhaftung auf alle Mankohaftungsfälle ausgedehnt hat, stellt das BAG nunmehr bei der Inhaltskontrolle der Mankoabreden auf die-

LAG Düsseldorf, 2. Kammer Köln, (27.01.1956), BB 1956, S. 400; LAG Bayern (25.01.1957),WA 1958 Nr. 119, S. 76; LAG Bremen (27.08.1963), WA 1964, Nr. 180, S.82.

988 ArbG Neunkirchen (Saar) (01.04.1950), ARSt Bd. IV Nr. 509, S. 509; ArbG Duisburg (04.09.1952), ARSt Bd. IX Nr. 333, S. 105; LAG Frankfurt a.M. (15.06.1955), BB 1956, S. 961; LAG Düsseldorf, 2. Kammer Köln, (27.01.1956), BB 1956, S. 400; LAG Bayern (25.01.1957),WA 1958 Nr. 119, S. 76; LAG Bremen (27.08.1963), WA 1964, Nr. 180, S.82; LAG Düsseldorf/Köln (20.07.1966), BB 1966, 1145; Juris Datenbank, LAG München, 26.04.1973 – 3 Sa 891/72; LAG Düsseldorf (14.05.1974), DB 1974, S. 2116; LAG München (29.01.1975), ARSt 1977 Nr. 59, S. 61.

989 ArbG Neunkirchen (Saar) (01.04.1950), ARSt Bd. IV Nr. 509, S. 509; ArbG Duisburg (04.09.1952), ARSt Bd. IX Nr. 333, S. 105; LAG Frankfurt a.M. (15.06.1955), BB 1956, S. 961; LAG Bremen (27.08.1963), WA 1964, Nr. 180, S. 82.

990 BAG (17.04.1956), AP Nr. 8 zu § 626 BGB (unter III 3 der Gründe); BAG (12.08.1959), AP Nr. 1 zu § 305 BGB (unter IV der Gründe); BAG (22.11.1973), AP Nr. 67 zu § 626 BGB (unter III 2 d der Gründe); BAG (13.02.1974), AP Nr. 77 zu § 611 BGB Haftung des Arbeitnehmers.

991 BAG (17.04.1956), AP Nr. 8 zu § 626 BGB (unter III 3 der Gründe); BAG (22.11.1973), AP Nr. 67 zu § 626 BGB (unter III 2 der Gründe); BAG (13.02.1974), AP Nr. 77 zu § 611 BGB Haftung des Arbeitnehmers.

992 BAG (17.09.1998), AP Nr. 2 zu § 611 BGB Mankohaftung (unter B II 1 der Gründe).

se Grundsätze als den neuen Maßstab ab.[993] Diese Grundsätze hat der 8. Senat sogar als einseitig zwingendes Arbeitnehmerschutzgesetz eingestuft.[994]

Im Zeitraum von den 50er Jahren bis zum Ende der 80er Jahre des 20. Jahrhunderts haben sich zwei Voraussetzungen in der Rechtsprechung des BAG für eine wirksame Mankoabrede herausgebildet.[995] Zum einen hat der 2. Senat des BAG in drei nacheinander ergehenden Entscheidungen in den 1950er Jahren im Anschluss an die ältere Rechtsprechung zur Wirksamkeit einer Mankoabrede verlangt, dass dem erhöhten Risiko des Arbeitnehmers ein angemessener wirtschaftlicher Ausgleich gegenüberstehen muss.[996] Dieses Erfordernis eines angemessenen wirtschaftlichen Ausgleichs für das vom Arbeitnehmer übernommene erhöhte Risiko wird von der späteren Rechtsprechung des BAG angenommen und bestätigt.[997] Zum anderen hat der 2. Senat des BAG die durch Mankoabrede auf den Arbeitnehmer abgewälzten Betriebsrisiken auf solche betrieblichen Risiken beschränkt, die nicht völlig seiner Einflusssphäre entzogen sein dürfen.[998] Diese zweite Voraussetzung, nämlich eine tatsächliche Ausübung des Einflusses auf die übernommenen Risiken, wird auch von der späteren Rechtsprechung des BAG übernommen und fortgeführt.[999]

Die eben angedeutete konstante Rechtsprechung verschiedener Senate des BAG[1000] könnte somit unter Umständen den Eindruck vermitteln, dass sich zwei

993 BAG (17.09.1998), AP Nr. 2 zu § 611 BGB Mankohaftung (unter B IV 1 der Gründe); BAG (02.12.1999), AP Nr. 3 zu § 611 BGB Mankohaftung (unter III 1 der Gründe).

994 BAG (17.09.1998), AP Nr. 2 zu § 611 BGB Mankohaftung (unter B IV 1 der Gründe); BAG (02.12.1999), AP Nr. 3 zu § 611 BGB Mankohaftung (unter I 2 der Gründe).

995 Es ist darauf hinzuweisen, dass sich das BAG in den ganzen 1960er Jahren nicht einmal die Problematik zur besonderen Mankohaftung erörtert.

996 BAG (17.04.1956), AP Nr. 8 zu § 626 BGB (unter III 3 der Gründe); BAG (09.04.1957), AP Nr. 4 zu § 611 BGB Haftung des Arbeitnehmers (unter 1 c der Gründe); BAG (12.08.1959), AP Nr. 1 zu § 305 BGB (unter IV der Gründe).

997 BAG (27.02.1970), AP Nr. 54 zu § 611 BGB Haftung des Arbeitnehmers (unter I 1 a der Gründe); BAG (22.11.1973), AP Nr. 67 zu § 626 BGB (unter III 2 der Gründe); BAG (13.02.1974), AP Nr. 77 zu § 611 BGB Haftung des Arbeitnehmers; BAG (29.01.1985), AP Nr. 87 zu § 611 BGB Haftung des Arbeitnehmers (unter I der Gründe); BAG (17.09.1998), AP Nr. 2 zu § 611 BGB Mankohaftung (unter B IV 2 der Gründe).

998 BAG (12.08.1959), AP Nr. 1 zu § 305 BGB (unter IV der Gründe); BAG (22.11.1973), AP Nr. 67 zu § 626 BGB (unter III 2 c der Gründe).

999 BAG (13.02.1974), AP Nr. 77 zu § 611 BGB Haftung des Arbeitnehmers; BAG (29.01.1985), AP Nr. 87 zu § 611 BGB Haftung des Arbeitnehmers (unter I der Gründe); BAG (17.09.1998), AP Nr. 2 zu § 611 BGB Mankohaftung (unter B IV 2 der Gründe).

1000 BAG (17.04.1956), AP Nr. 8 zu § 626 BGB (unter III 3 der Gründe); BAG (09.04.1957), AP Nr. 4 zu § 611 BGB Haftung des Arbeitnehmers (unter 1 c der

vom 2. Senat aufgestellte Zulässigkeitsvoraussetzungen, nämlich ein angemessener wirtschaftlicher Ausgleich für das vom Arbeitnehmer übernommene erhöhte Risiko und die Einflussnahmemöglichkeit des Arbeitnehmers auf das Risiko, als ein einheitlicher Standpunkt in der Rechtsprechung des gesamten BAG durchsetzen. In diesem Fall würde mit zwei Entscheidungen des 8. Senats in den 1990er Jahren diese konsequente Entwicklung in der Rechtsprechung zur Zulässigkeitsvoraussetzung der Mankoabreden unter Umständen durchbrochen werden.

Bezüglich der Zulässigkeit für die Begründung einer Erfolgshaftung durch Mankoabrede hat der 8. Senat im Urteil vom 17.09.1998 noch unter Verweis auf die bisherige Rechtsprechung des BAG diese zwei Voraussetzungen genannt.[1001] Jedoch hat der 8. Senat durch Festlegung einer Haftungshöchstgrenze[1002] die erste Voraussetzung eines angemessenen wirtschaftlichen Ausgleichs für das übernommene Risiko in seiner Bedeutung abgeschwächt, weil eine Haftung aufgrund einer Mankoabrede ohnehin von vornherein auf die gesamte Summe der im Ausgleichszeitraum gezahlten Mankogelder begrenzt ist. Neben dieser Haftungshöchstsumme hat der 8. Senat bezüglich der Dauer des Ausgleichszeitraums die Vereinbarung mittel- oder langfristiger Ausgleichungszeiträume von z.B. einem Kalenderjahr für zulässig erklärt.[1003] Ob der 8. Senat damit eine zeitliche Höchstgrenze festgelegt hat, lässt sich beiden Entscheidungen nicht entnehmen.

Des Weiteren hat der 8. Senat sogar im Urteil vom 02.12.1999 die zweite Voraussetzung der Einflussnahmemöglichkeit auf das übernommene Risiko insoweit gelockert, als die Mankoabrede auch nicht voll beherrschbare Umstände und Risiken wie die Beaufsichtigung von Mitarbeitern und Hilfskräften einschließen kann, weil der Arbeitnehmer keiner gesetzlich nicht vorgesehenen Haftung ausgesetzt wird, sondern allenfalls die „Erfolgsprämie" der Mankovergütung verliert.[1004]

Gründe); BAG (12.08.1959), AP Nr. 1 zu § 305 BGB (unter IV der Gründe); BAG (27.02.1970), AP Nr. 54 zu § 611 BGB Haftung des Arbeitnehmers (unter I 1 a der Gründe); BAG (22.11.1973), AP Nr. 67 zu § 626 BGB (unter III 2 der Gründe); BAG (13.02.1974), AP Nr. 77 zu § 611 BGB Haftung des Arbeitnehmers; BAG (29.01.1985), AP Nr. 87 zu § 611 BGB Haftung des Arbeitnehmers (unter I der Gründe).

1001 BAG (17.09.1998), AP Nr. 2 zu § 611 BGB Mankohaftung (unter B IV 2 der Gründe).

1002 BAG (17.09.1998), AP Nr. 2 zu § 611 BGB Mankohaftung (unter B IV 2 der Gründe); BAG (02.12.1999), AP Nr. 3 zu § 611 BGB Mankohaftung (unter I 2 b der Gründe).

1003 BAG (17.09.1998), AP Nr. 2 zu § 611 BGB Mankohaftung (unter B IV 2 der Gründe); BAG (02.12.1999), AP Nr. 3 zu § 611 BGB Mankohaftung (unter I 2 b der Gründe).

1004 BAG (02.12.1999), AP Nr. 3 zu § 611 BGB Mankohaftung (unter I 2 b der Gründe).

Vergleicht man diese zwei Entscheidungen des 8. Senats[1005] genauer mit der bisherigen Rechtsprechung des BAG, vermittelt der 8. Senat den Eindruck, als würde er von diesen zwei Zulässigkeitsvoraussetzungen stillschweigend Abschied nehmen wollen. Jedoch besteht eine bemerkenswerte Abweichung von der früheren Rechtsprechung darin, dass der 8. Senat nunmehr die Mankogeldvereinbarung nur unter engeren Voraussetzungen zulassen will, indem er dies ausdrücklich mit der Aussage hervorhebt, dass in früheren Entscheidungen Mankogeldvereinbarungen auch unter erweiterten Voraussetzungen zugelassen worden seien, werde hieran nicht festgehalten.[1006] Ob der 8. Senat damit ein Signal sendet, nun die Haftungshöchstgrenze und die zeitliche Höchstgrenze als zwei enge Zulässigkeitsvoraussetzungen für Mankogeldvereinbarung einzuführen, ist in der weiteren Rechtsprechung abzuwarten.

B. Zulässigkeit besonderer Mankoabreden im Individualarbeitsvertrag

Wegen der auch im Arbeitsrecht herrschenden Vertragsfreiheit ist es in der Literatur allgemein anerkannt, dass die Arbeitsvertragsparteien grundsätzlich besondere Mankovereinbarungen abweichend von der allgemeinen Mankohaftung treffen können.[1007] Im Folgenden sind die Maßstäbe für die Inhaltskontrolle zulässiger Mankoabreden darzustellen.

I. Maßstäbe für die Inhaltskontrolle zulässiger Mankoabreden

1. Die Literatur bis zum Urteil des 8. Senats des BAG vom 17.09.1998

Die Anwendbarkeit der Grundsätze über die Beschränkung der Arbeitnehmerhaftung auf die Mankohaftung wird lange Zeit von der Rechtsprechung abge-

1005 BAG (17.09.1998), AP Nr. 2 zu § 611 BGB Mankohaftung; BAG (02.12.1999), AP Nr. 3 zu § 611 BGB Mankohaftung.

1006 BAG (17.09.1998), AP Nr. 2 zu § 611 BGB Mankohaftung (unter B IV 2 der Gründe).

1007 Bulla, DB 1952, S. 81; Langer, Die Mankohaftung, S. 42; Palme, BlStSozArbR 1964, S. 157; A. Hueck, Anm. zu BAG (17.04.1956), AP Nr. 8 zu § 626 BGB; Barton, S. 94; ErfK/Preis, 1. Aufl. (1998), § 611 BGB Rn. 10; Stoffels, AR-Blattei SD 870.2 Rn.97; MünchArbR/Blomeyer, 2. Aufl. (2000), § 59 Rn. 74; Schaub, 9. Aufl. (2000), § 52, Rn. 101; Deinert, RdA 2000, S. 32; MünchArbR/Reichold, 3. Aufl. (2009), § 51 Rn. 74; HWK/Krause, 5. Aufl. (2012), § 619 a BGB Rn. 51.

lehnt.[1008] Vor diesem Hintergrund unterzieht die überwiegende Literatur folglich die Mankoabreden einer allgemeinen Inhaltskontrolle anhand der Generalklauseln.

a) Gute Sitten gemäß § 138 BGB

Unter Einfluss der Rechtsprechung[1009] stellt das Schrifttum bei der Inhaltskontrolle der Mankoabrede vor allem auf die guten Sitten i.S.v. § 138 BGB ab.[1010] Die Mankoabrede verstößt dann gegen die Sittenwidrigkeit, wenn die Höhe der Vergütung des Arbeitnehmers zu seinem erhöhten Risiko nicht in einem angemessenen Verhältnis steht, mit anderen Worten, diesem vom Arbeitnehmer in der Mankoabrede übernommenen erhöhten Risiko kein angemessener wirtschaftlicher Ausgleich gegenübersteht,[1011] was zur ungerechtfertigten Abwäl-

---

1008 Vgl. ausführlich oben Zweiter Teil C. III. 1.

1009 Vgl. ausführlich oben Dritter Teil A. IV.

1010 Bulla, DB 1952, S. 81; G. Hueck, Anm. zu LAG Hannover (10.02.1953), AP 53 Nr. 232; Endemann, AuR 1953, S 301; Langer, Die Mankohaftung, S. 42; A. Hueck, Anm. zu BAG (17.04.1956), AP Nr.8 zu § 626 BGB; Tophoven, Anm. zu BAG (12.08.1959), AP Nr. 1 zu § 305 BGB; Barton, S.112 ff.; Nikisch, Arbeitsrecht, Bd. I, 3. Aufl. (1961), § 20 IV 4b, S. 191; Hueck-Nipperdey, Lehrbuch des Arbeitsrechts, 7. Aufl. (1963), Bd. I, § 32 S. 196, Fn. 53 u. § 35, S. 230 Fn. 33b; Palme, BlStSozArbR 1964, S. 157; Woltereck, DB 1964, Beilage Nr. 2/64, S. 2; Moser, BB 1966, S. 375; Bleistein, DB 1971, S. 2215; Küchenhoff, Anm. zu BAG (22.11.1973), AP Nr. 67 zu § 626 BGB (unter III); Peterek, Anm. zu BAG (13.02.1974), AP Nr. 77 zu § 611 BGB Haftung des Arbeitnehmers, SAE 1975, S. 234; Heckelmann, JuS 1982, S. 288 f.; Mache, AiB 1995, S 699; Pauly, BB 1996, S. 2038; MünchArbR/Blomeyer, 2. Aufl. (2000), § 59 Rn. 75; Boemke/Müller, Anm. zu BAG (17.09.1998), SAE 2000, S. 12.

1011 Bulla, DB 1952, S. 81; G. Hueck, Anm. zu LAG Hannover (10.02.1953), AP 53 Nr. 232; Endemann, AuR 1953, S. 301; A. Hueck, Anm. zu BAG (17.04.1956), AP Nr.8 zu § 626 BGB; Langer, Die Mankohaftung, S. 43; G. Hueck, Anm. zu BAG (09.04.1957), AP Nr. 4 zu § 611 BGB Haftung des Arbeitnehmers; Tophoven, Anm. zu BAG (12.08.1959), AP Nr. 1 zu § 305 BGB; Barton, S.115; Nikisch, Arbeitsrecht, Bd. I, 3. Aufl. (1961), § 20 IV 4b, S. 191; Hueck-Nipperdey, Lehrbuch des Arbeitsrechts, 7. Aufl. (1963), Bd. I, § 32 S. 196, Fn. 53 u. § 35, S. 230 Fn. 33b; Palme, BlStSozArbR 1964, S. 157; Woltereck, DB 1964, Beilage Nr. 2/64 1964, S. 2; Moser, BB 1966, S. 375; G. Hueck, Anm. zu BAG (27.02.1970), AP Nr. 54 zu § 611 BGB Haftung des Arbeitnehmers (unter 2a); Küchenhoff, Anm. zu BAG (22.11.1973), AP Nr. 67 zu § 626 BGB (unter II 1); Peterek, Anm. zu BAG (13.02.1974), AP Nr. 77 zu § 611 BGB Haftung des Arbeitnehmers, SAE 1975, S. 234; Bleistein, DB 1971, S. 2215; Heckelmann, JuS 1982, S. 288; Mache, AiB 1995, S 699; Pauly, BB 1996, S. 2038 f.; MünchArbR/Blomeyer, 2. Aufl. (2000), § 59 Rn. 74 f.; Boemke/Müller, Anm. zu BAG (17.09.1998), SAE 2000, S. 12 f.

zung des Unternehmerrisikos auf den Arbeitnehmer führt.[1012] Als angemessen sieht die Literatur in der Regel die Mankogelder an, wenn ihre Höhe mindestens dem Durchschnitt der erfahrungsgemäß zu erwartenden Fehlbeträge entspricht.[1013] Zutreffend halten viele Autoren eine Tarifunterschreitung für verboten, um einen zusätzlichen angemessenen wirtschaftlichen Ausgleich für das vom Arbeitnehmer aufgrund der Mankoabrede zusätzlich übernommene Risiko zu sichern.[1014]

b) Treu und Glauben nach § 242 BGB

Neben § 138 BGB greifen die meisten Autoren, die die guten Sitten i.S.v. § 138 BGB als Kontrollnorm heranziehen, gleichzeitig noch auf das Treu und Glauben nach § 242 BGB[1015] als einen anderen Prüfungsmaßstab zurück, soweit die Sittenwidrigkeitsgrenze nicht überschritten ist.

Im Gegensatz dazu will ein kleiner Teil des Schrifttums im Grundsatz allein auf § 242 BGB abstellen, weil die Kontrolle über eine angemessene Risikoverteilung aufgrund einer Mankoabrede eindeutig eine feinmaschigere Inhaltskon-

---

1012 Bulla, DB 1952, S. 81; Langer, Die Mankohaftung, S. 43; Tophoven, Anm. zu BAG (12.08.1959), AP Nr. 1 zu § 305 BGB; Palme, BlStSozArbR 1964, S. 157; Woltereck, DB 1964, Beilage Nr. 2/64 1964, S. 2; Moser, BB 1966, S. 374; G. Hueck, Anm. zu BAG (27.02.1970), AP Nr. 54 zu § 611 BGB Haftung des Arbeitnehmers (unter 2a); Heckelmann, JuS 1982, S. 288; MünchArbR/Blomeyer, 2. Aufl. (2000), § 59 Rn. 75; Boemke/Müller, Anm. zu BAG (17.09.1998), SAE 2000, S. 13.

1013 G. Hueck, Anm. zu BAG (09.04.1957), AP Nr. 4 zu § 611 BGB Haftung des Arbeitnehmers; Bleistein, DB 1971, S. 2215; Küchenhoff, Anm. zu BAG (22.11.1973), AP Nr. 67 zu § 626 BGB (unter II 1); Mache, AiB 1995, S. 699; MünchArbR/Blomeyer, 2. Aufl. (2000), § 59 Rn. 77; Otto/Schwarze, Rn. 300; Schaub, 9. Aufl. (2000), § 52, Rn. 102.

1014 Langer, Die Mankohaftung, S. 43 f.; Woltereck, DB 1964, Beilage Nr. 2/64, S. 3; Pauly, BB 1996, S. 2039; Stoffels, AR-Blattei SD 870.2 Rn. 103 f.; MünchArbR/Blomeyer, 2. Aufl. (2000), § 59 Rn. 77; Schaub, 9. Aufl. (2000), § 52, Rn. 101.

1015 Bulla, DB 1952, S. 81; G. Hueck, Anm. zu LAG Hannover (10.02.1953), AP 53 Nr. 232; Endemann, AuR 1953, S 301; Langer, Die Mankohaftung, S. 42; A. Hueck, Anm. zu BAG (17.04.1956), AP Nr.8 zu § 626 BGB; Tophoven, Anm. zu BAG (12.08.1959), AP Nr. 1 zu § 305 BGB; Barton, S. 119 ff.; Nikisch, Arbeitsrecht, Bd. I, 3. Aufl. (1961), § 20 IV 4b, S. 191; Hueck-Nipperdey, Lehrbuch des Arbeitsrechts, 7. Aufl. (1963), Bd. I, § 32 S. 196, Fn. 53 u. § 35, S. 230 Fn. 33b; Woltereck, DB 1964, Beilage Nr. 2/64, S. 3; Für eine auf das arbeitsrechtliche Prinzip der Treue- und Fürsorgepflicht gestützte Anwendung des § 242 BGB aber Moser, BB 1966, S. 375; Küchenhoff, Anm. zu BAG (22.11.1973), AP Nr. 67 zu § 626 BGB (unter III); Mache, AiB 1995, S 699; Pauly, BB 1996, S. 2039; MünchArbR/Blomeyer, 2. Aufl. (2000), § 59 Rn. 75; Schaub, 9. Aufl. (2000), § 52, Rn. 101.

trolle ist, die nichts mit einem Sittenverstoß zu tun hat.[1016] Eine eigenständige Prüfung gemäß § 138 BGB kommt nur dann in Betracht, wenn der Inhalt einer Mankoabrede offensichtlich auf eine Benachteiligung Dritter hinausläuft.[1017]

2. Die Literatur nach dem Urteil des 8. Senats des BAG vom 17.09.1998

Nachdem der 8. Senat in der Entscheidung vom 17.09.1998[1018] eindeutig die Anwendung der Grundsätze über die Einschränkung der Arbeitnehmerhaftung auf alle Mankohaftungsfälle ausgedehnt hat, stellt das BAG völlig kontrovers zur bisherigen Rechtsprechung nunmehr bei der Inhaltskontrolle der Mankoabreden auf diese Grundsätze als den neuen Kontrollmaßstab ab,[1019] die sogar von ihm als einseitig zwingendes Arbeitnehmerschutzgesetz eingeordnet werden, von dem weder einzel- noch kollektivvertraglich zu Lasten der Arbeitnehmer abgewichen werden kann.[1020] Der 8. Senat des BAG hat diese Haltung jüngst erneut ausdrücklich im Leitsatz hervorgehoben.[1021] Mit diesem rigiden Maßstab als einseitig zwingendes Arbeitnehmerschutzgesetz hat der 8. Senat eine Prämientherorie entwickelt. Diese Theorie lässt sich in einer Aussage zusammenfassen: Die Haftung aufgrund besonderer Mankoabrede darf die Summe der gezahlten Mankogelder nicht übersteigen, d.h. es wird eine Höchstgrenze vom 8. Senat für den auf die Mankoabrede gestützten Schadensersatz gesetzt. Dadurch wird das vom Arbeitgeber zu tragende Betriebsrisiko nicht wieder auf den Arbeitnehmer zurückgewälzt, indem ein Arbeitgeber aufgrund einer Mankoabrede einen über das von der bisherigen Literatur angenommene angemessene Mankogeld, das den erfahrungsgemäß im Durchschnitt zu erwartenden Fehlbeständen entspricht, liegenden Schaden geltend macht.

Seit diesem Rechtsprechungswandel werden zwei wesentliche Meinungen zum Kontrollmaßstab der Mankoabrede im Schrifttum vertreten.

1016 Preis, S. 462; Otto/Schwarze, Rn. 299; Stoffels, AR-Blattei SD 870.2 Rn. 100.

1017 Otto/Schwarze, Rn. 299; Stoffels, AR-Blattei SD 870.2 Rn. 100; Preis/Stoffels, 4. Aufl. (2011), II M 10 Rn. 9.

1018 BAG (17.09.1998), AP Nr. 2 zu § 611 BGB Mankohaftung (unter B II 1 der Gründe).

1019 BAG (02.12.1999), AP Nr. 3 zu § 611 BGB Mankohaftung (unter I 2 der Gründe).

1020 BAG (17.09.1998), AP Nr. 2 zu § 611 BGB Mankohaftung (unter B IV 1 der Gründe).

1021 BAG (05.02.2004), AP Nr. 126 zu § 611 BGB Haftung des Arbeitnehmers (unter II 2 c aa der Gründe) = NZA 2004, S. 650.

a) Einseitige zwingende Grundsätze zur Beschränkung der Arbeitnehmerhaftung als neuer Kontrollmaßstab

Ein großer Teil der Literatur hat sich der neuen Rechtsprechungsänderung des 8. Senats angeschlossen und die Grundsätze über die Einschränkung der Arbeitnehmerhaftung als den neuen Maßstab bei der Inhaltskontrolle der Mankoabreden angesehen. Konsequent stößt die zur Sicherung des einseitigen zwingenden Charakters der privilegierten Arbeitnehmerhaftung vom 8. Senat entwickelte Prämientherorie auch in der Literatur auf breite Akzeptanz, nämlich bezüglich der Beschränkung der vertraglichen Mankohaftung auf die Summe der in einem Zeitraum gezahlten Mankogelder.

Im Anschluss an die Ansicht des 8. Senats des BAG stuft *Krause* die von der Rechtsprechung entwickelten Haftungsgrundsätze als ein einseitig zwingendes generelles Schutzniveau ein. *Krause* will diese zwingende Charakterisierung nicht dahingehend auslegen, dass jedes Detail der Haftungsprivilegierung zwingenden Charakter hat, sondern die zwingende Wirkung lediglich dahin zu verstehen ist, dass das Schutzniveau des innerbetrieblichen Schadensausgleichs durch eine Haftungsvereinbarung nicht unterschritten werden darf. Daher können abweichende Haftungsvereinbarungen getroffen werden, wenn dieses zwingende generelle Schutzniveau dadurch nicht zu Lasten des Arbeitnehmers unterschritten wird.[1022] Zur Beurteilung der „Ob-Frage" nach der Unterschreitung des generellen Schutzniveaus übernimmt *Krause* die vom 8 Senat des BAG eingeführte strenge Prämientherorie und führt aus, dass sich der Beschäftigte bezogen auf das einzelne Schadensereignis wirtschaftlich im Ergebnis in keiner schlechteren Position als auf der Grundlage der richterrechtlichen Haftungsregeln befindet, er also schlimmstenfalls die gesamte Risikozulage einbüßt.[1023]

Viele andere Autoren vertreten die gleiche Ansicht wie *Krause*, so *Pallasch*, [1024] *Deinert*, [1025] *Waltermann*, [1026] *Henssler*, [1027] *Hesse*, [1028] *Waas/Palonka*, [1029]

1022 Krause, Anm. zu BAG (02.12.1999), AP Nr. 3 zu § 611 BGB Mankohaftung (unter I 1 b); Krause, NZA 2003, S. 585; HWK/Krause, 5. Aufl. (2012), § 619 a BGB Rn. 4[illegible].

1023 Krause, Anm. zu BAG (02.12.1999), AP Nr. 3 zu § 611 BGB Mankohaftung (unter I 2); Krause, NZA 2003, S. 585; HWK/Krause, 5. Aufl. (2012), § 619 a BGB Rn. 5[illegible].

1024 Pallasch, Anm. zu BAG (17.09.1998), EzA § 611 BGB Arbeitnehmerhaftung Nr. 64, S. 23 ff.; Pallasch, Anm. zu BAG (02.12.1999), EzA § 611 BGB Arbeitnehmerhaftung Nr. 67, S. 10 f.

1025 Deinert, Anm. zu BAG (02.12.1999), AuR 2001, S. 27; Deinert, RdA 2000, S. [illegible]2 f.; DBD/Deinert, 3. Aufl. (2010), § 307 BGB. Rn. 99.

1026 Waltermann, RdA 2005, S. 108 f.; Waltermann, 16. Aufl. (2012), Rn. 250.

1027 Henssler in Dauner-Lieb/Konzen/K. Schmidt S. 626; MüKoBGB/Henssler, 6 Aufl. (2012), § 619 a BGB Rn. 13, 42.

1028 RGKU/Hesse, § 619 a BGB Rn. 16.

Däubler,[1030] *Rolfs,*[1031] *Henssler/Moll,*[1032] *Richardi/Fischinger,*[1033] *Linck,*[1034] und *Brose.*[1035] Sie betrachten alle die Grundsätze über die Beschränkung der Arbeitnehmerhaftung als einseitig zwingend und nehmen mithin die neue restriktive Prämientherorie für die abweichenden Vereinbarungen an, nach der die auf besondere Mankoabrede gestützte Haftungshöhe nicht mehr das von der bisherigen Literatur angenommene angemessene Mankogeld, das den erfahrungsgemäß im Durchschnitt zu erwartenden Fehlbeständen entspricht, überschreiten darf, sondern streng auf die Summe der in einem Zeitraum gezahlten Mankogelder beschränkt ist.

Auch in der praxisorientierten Literatur stößt die mit der Prämientherorie verbundene Rechtsprechungsänderung des 8. Senats überwiegend auf ein zustimmendes Echo.[1036] In den meisten Lehrbüchern zum Arbeitsrecht wird die Prämientherorie des 8. Senats, nämlich Beschränkung der vertraglichen Mankohaftung auf die Summe der in einem Zeitraum gezahlten Mankogelder, auch übernommen.[1037]

Der eigenständige Anwendungsbereich der Generalklauseln der §§ 138, 242 BGB wird zugunsten einer strengeren Prüfung einer Abweichung von einseitig zwingenden Grundsätzen zur beschränkten Arbeitnehmerhaftung in Verbindung mit der starren Prämientheorie sehr eingeschränkt. Eine eigenständige Prüfung

---

1029 HK-ArbR/Waas/Palonka, 2. Aufl. (2010), § 619 a BGB Rn. 7.

1030 DBD/Däubler, 3. Aufl. (2010), Einl. Rn. 106.

1031 Rolfs, 3 Aufl. (2010), § 619 a BGB Rn. 14 ff.

1032 Henssler/Moll, S. 95 ff.

1033 Staudinger/Richardi, BGB, Neubearb. (2005), § 611 Rn. 562; Staudinger/Richardi/Fischinger, BGB, Neubearb. (2011), § 619 a Rn. 81, 98.

1034 Schaub/Linck, 10. Aufl. (2002), § 52, Rn. 80, 101 f.; Schaub/Linck, 14. Aufl. (2011), § 59, Rn. 67, 80 ff.

1035 Brose, RdA 2011, S. 215 f.

1036 Mache, Anm. zu BAG (17.09.1998), AuR 1999, S. 118; Spengler, AiB 1999, S. 631 f.; Böckmann-Beeker/Schlüchtern, AuA 2001, S. 409; DLW/Dörner, 8. Aufl. (2009), Kap. 3, Rn. 657; MünchAnwH-ArbR/Eisenbeis, 2. Aufl. (2009), § 15, Rn. 78, 80 ff.; Küttner/Griese, 18. Aufl. (2011), Fehlgeldentschädigung 187, Rn. 5; DFL/Kamanabrou, 4. Aufl. (2011), § 611 BGB Rn. 420, 441 ff.; Tschöpe/Steinau-Steinrück, 7. Aufl. (2011), 2 I, Rn. 35, 50 ff.; Grobys/Panzer/Schwab, SWK ArbR 2012, 18. Arbeitnehmerhaftung Rn. 15, 16.

1037 Lieb/Jacobs, 9. Aufl. (2006), Rn. 212; Löwisch, 8. Aufl. (2007), Rn. 1200; Löwisch/Caspers/Klumpp, 9. Aufl. (2012), Rn. 544; Waltermann, 16. Aufl. (2012), Rn. 252; Brox/Rüthers/Henssler, 18. Aufl. (2010), Rn. 258; Dütz/Thüsing, 17. Aufl. (2012), Rn. 205; Hromadka/Maschmann, Arbeitsrecht Band 1, 5. Aufl. (2012), § 9 Rn. 59; Junker, 11. Aufl. (2012), Rn. 19, 295, 307 b.

gemäß § 138 BGB kommt z.B. in Betracht, wenn der Inhalt einer Mankoabrede offensichtlich auf eine Benachteiligung Dritter hinausläuft.[1038]

Wie oben schon dargestellt, wissen wir, dass diese Prämientheorie im einseitigen zwingenden Charakter der privilegierten Arbeitnehmerhaftung wurzelt und der Sicherung ihres zwingenden Charakters dient. Fragt man somit nach den Sachgründen, die den einseitigen zwingenden Charakter der privilegierten Arbeitnehmerhaftung rechtfertigen könnten, so lassen sich die folgenden Argumentationslinien unterscheiden.

aa) Der Sozialschutzgedanke

Ein Teil des Schrifttums stützt den einseitigen zwingenden Charakter der privilegierten Arbeitnehmerhaftung auf das Leitprinzip des Sozialschutzgedankens[1039] im Arbeitsrecht.[1040]

Deinert hat schon früh mit Recht darauf hingewiesen, dass das der privilegierten Arbeitnehmerhaftung innewohnende soziale Schutzprinzip durch die Rechtsprechungsänderung des 8. Senats gesichert wird.[1041]

Ausgehend vom Sozialschutzgedanken hat *Krause* auch zutreffend ausgeführt, wenn das *BAG* das gesetzliche Haftungsmodell aber deshalb korrigiere, weil die Schadensverteilung unangemessen sei, müsse diese richterrechtliche Korrektur im Grundsatz zwingenden Charakter haben, damit sie nicht sogleich wieder auf Betreiben des Arbeitgebers ausgehebelt werden könne. [1042] *Henssler*[1043] und *Brose*[1044] sind auch der gleichen Meinung, dass die Grundsätze des innerbetrieblichen Schadensausgleichs als einseitig zwingendes Arbeitnehmerschutzrecht ihre sozialpolitische Funktion nur erfüllen können, wenn sie nicht von der Arbeitgeberseite durch vertragliche Vereinbarungen ausgehöhlt werden.

1038 Otto/Schwarze, Rn. 299; Stoffels, AR-Blattei SD 870.2 Rn. 100; Preis/Stoffels 4. Aufl. (2011), II M 10 Rn. 9; Deinert, RdA 2000, S. 34; HWK/Krause, 5. Aufl. (2012), § 619 a BGB Rn. 54.

1039 MünchArbR/Richardi, 3. Aufl. (2009), § 3 Rn. 30.

1040 Deinert, RdA 2000, S. 33; Krause, NZA 2003, S. 585; Waltermann, RdA 2005, S. 109; Lieb/Jacobs, 9. Aufl. (2006), Rn. 226; MüKoBGB/Henssler, 6 Aufl. (2012), § 619 a Rn. 13; Brose, RdA 2011, S. 216.

1041 Deinert, RdA 2000, S. 33.

1042 Krause, NZA 2003, S. 585.

1043 Henssler in Dauner-Lieb/Konzen/K. Schmidt S. 626; MüKoBGB/Henssler, 6 Aufl. (2012), § 619 a Rn. 13.

1044 Brose, RdA 2011, S. 216.

bb) Das dem Arbeitgeber wegen seiner Organisationshoheit zu tragende Betriebsrisiko

Des Weiteren wird das auf der Organisationshoheit des Arbeitgebers stützende Betriebsrisiko zur Begründung herangezogen. Ausgangspunkt dieser Argumentation ist die bereits oben mehrfach betonte Vorstellung, dass die Grundsätze zur Haftungsbeschränkung des Arbeitnehmers ihre Rechtfertigung in dem Kerngedanken finden, dass der Arbeitnehmer bei der Arbeitsleistung in die objektiv vom Arbeitgeber durch eigenverantwortliche Ausgestaltung der Arbeitsbedingungen geschaffene und gesteuerte Arbeitsumgebung eingegliedert wird, der der Arbeitnehmer weder tatsächlich noch rechtlich ausweichen kann, so dass die vom Arbeitgeber gesetzte Organisation des Betriebs das Haftungsrisiko für den Arbeitnehmer prägt.[1045]

Schon früh hat *Krause*[1046] zutreffend darauf hingewiesen, dass der Große Senat des BAG im Beschluss vom 27.09.1994 die Unabdingbarkeit der Grundsätze zur beschränkten Arbeitnehmerhaftung mit der Ausführung indiziert hat, die unabdingbare Berücksichtigung des Betriebsrisikos bei allen Schäden, die durch betrieblich veranlasste Arbeiten entstanden sind, ermögliche den Zugang zu einer sachgerechten Risikoverteilung und berücksichtige die im Arbeitsverhältnis bestehende Ungleichgewichtslage.[1047] Deswegen folgt nach *Krause* der 8. Senat des BAG einer insoweit bereits vom Großen Senat vorgezeichneten Linie, indem er wiederholt in der Rechtsprechung die Grundsätze zur beschränkten Arbeitnehmerhaftung als einseitig zwingendes Arbeitnehmerschutzrecht bezeichnet, von dem weder einzel- noch kollektivvertraglich zum Nachteil des Arbeitnehmers abgewichen werden kann.[1048]

Ausgehend vom Schutzzweck der Grundsätze der beschränkten Arbeitnehmerhaftung weist *Waltermann* zu Recht darauf hin, dass es nicht ersichtlich ist, dass der mit dem Begriff der so genannten „Betriebsgefahr" zusammengefasste Schadenszurechnungsgrund, wie ihn das Richterrecht erkannt hat, zur Disposition stehen könnte.[1049]

1045 BAG (GS) (27.09.1994), AP Nr. 103 zu § 611 BGB Haftung des Arbeitnehmers (unter C II 2 der Gründe); MünchArbR/Richardi, 3. Aufl. (2009), § 3 Rn. 8, 12, 32; Krause, RdA 2013, S. 138.

1046 Krause, NZA 2003, S. 585.

1047 BAG (GS) (27.09.1994), AP Nr. 103 zu § 611 BGB Haftung des Arbeitnehmers (unter C III 2 der Gründe).

1048 BAG (17.09.1998), AP Nr. 2 zu § 611 BGB Mankohaftung (unter B IV 1 der Gründe); BAG (27.01.2000), AP Nr. 31 zu § 611 BGB Musiker (unter B III 4 der Gründe)=NZA 2000, S. 730; BAG (05.02.2004), AP Nr. 126 zu § 611 BGB Mankohaftung (unter II 2 c aa der Gründe)=NZA 2004, S. 650.

1049 Waltermann, RdA 2005, S. 109.

Henssler geht auch davon aus, der Arbeitgeber trage die Verantwortung für die Betriebsorganisation und die Steuerung der Arbeitsprozesse. Diese Organisationshoheit müsse sich der Arbeitgeber ebenso wie das Betriebsrisiko stets dann anrechnen lassen, wenn es im Betriebsablauf zu Schadensereignissen kommt.[1050] Deswegen meint er, dass das auf Organisationshoheit des Arbeitgebers stützende Betriebsrisiko gegen die Dispositivität des Haftungsprivilegs spricht.[1051]

cc) Die Rechtseinheit und –sicherheit

Einen weiteren in Betracht kommenden Begründungsaspekt bildet die Rechtseinheit und –sicherheit. *Krause* sieht die Rechtfertigung der Einstufung der Grundsätze zur beschränkten Arbeitnehmerhaftung als einseitig zwingendes Arbeitnehmerschutzrecht auch darin, dass für die inhaltliche Kontrolle von echten einzelvertraglichen Vereinbarungen, einheitlichen Arbeitsbedingungen und Betriebsvereinbarungen im Wesentlichen derselbe Maßstab gilt. Dies trüge zu der im Arbeitsrecht dringend benötigten Rechtssicherheit bei. Eine Qualifikation des innerbetrieblichen Schadensausgleichs als dispositives Recht würde dagegen dazu führen, die Grenzen der Vereinbarungsbefugnis jeweils anders festzulegen.[1052]

dd) Der Wille des Gesetzgebers

Bei der obigen Darstellung über die Entstehungsgeschichte des § 619 a BGB[1053] haben wir schon gesehen, dass in der Schuldrechtsreform der Bundesrat die gesicherten Grundsätze des Arbeitsrechts durch die Neuregelung keinen Schaden nehmen lässt[1054] und die Bundesregierung gegebenenfalls auch Ergänzungen des Entwurfstextes vorschlagen will, um sicherzustellen, dass der arbeitsrechtliche Besitzstand ungeschmälert erhalten bleibt.[1055] Deswegen stützt *Däubler* den einseitig zwingenden Charakter der Grundsätze über die beschränkte Arbeitnehmerhaftung auf den Willen des Gesetzgebers der Schuldrechtsreform und führt konsequent aus, an diesem Rechtszustand wollte der Gesetzgeber nichts ändern,

1050 MüKoBGB/Henssler, 6 Aufl. (2012), § 619 a Rn. 9.
1051 MüKoBGB/Henssler, 6 Aufl. (2012), § 619 a Rn. 13.
1052 Krause, NZA 2003, S. 585; Krause, RdA 2013, S. 138; zust. Brose, RdA 2011, S. 216.
1053 Vgl. ausführlich oben Zweiter Teil B. III. 2.
1054 BT-Drs. 14/6857, S. 11.
1055 BT-Drs. 14/6857, S. 48.

zumal es ihm im Bereich des Arbeitsvertragsrechts ausschließlich darum gehe, den Status quo auch unter dem neuen Leistungsstörungsrecht abzusichern.[1056]

ee) Der Wille des Recht fortbildenden Richters

Nach *Waltermann* wird der einseitig zwingende Charakter vom Willen des Rechtsetzers (hier ist dies der Wille des Recht fortbildenden Richters) und vom Sinn und Zweck des richterrechtlichen Rechtssatzes bestimmt, was darin besteht, dass der mit dem Begriff der so genannten „Betriebsgefahr" zusammengefasste Schadenszurechnungsgrund, wie ihn das Richterrecht erkannt hat, nicht zur Disposition steht.[1057] *Brose* ist auch der ähnlichen Auffassung, dass das BAG selbst festlegen können sollte, ob diese von ihm geschaffenen Grundsätze zwingend sind, wie es der Gesetzgeber auch könnte, und er wolltediesbezüglich eine Regelung treffen. [1058]

ff) Die verfassungsrechtlichen Überlegungen

Unter Hinweis auf die Begründung des Großen Senats des BAG im Beschluss vom 27.09.1994[1059] will *Peifer* die Annahme einer zwingenden Wirkung der Grundsätze zur beschränkten Arbeitnehmerhaftung auf verfassungsrechtliche Überlegungen stützen, nämlich die Schutzgebotsfunktion der Grundrechte, wonach der Gesetzgeber bei der Ausgestaltung des Haftungsrechts gehalten ist, im Falle einer strukturellen Ungleichgewichtslage schützend einzugreifen, um die betroffenen Grundrechtspositionen beider Vertragspartner angemessen auszugleichen.[1060]

1056 DBD/Däubler, 3. Aufl. (2010), Einl. Rn. 106; zust. auch Staudinger/Richardi/Fischinger, BGB, Neubearb. (2011), § 619 a Rn. 81.

1057 Waltermann, RdA 2005, S. 108 f.

1058 Brose, RdA 2011, S. 216.

1059 BAG (GS) (27.09.1994), AP Nr. 103 zu § 611 BGB Haftung des Arbeitnehmers (unter C III der Gründe).

1060 Peifer, ZfA 1996, S. 74 f.; Peifer, AR-Blattei SD 870.1 Rn 36, 77. Kritisch: Otto/Schwarze, Rn. 55; Krause, JR 1994, S. 494; Krause, NZA 2003, S. 581. Die Schutzgebotsfunktion der Grundrechte greift erst dann ein, wenn sich die Haftung des Arbeitnehmers tatsächlich allein aus einer vertraglichen Vereinbarung ergibt und dem Staat deshalb die prinzipielle Pflicht obliegt, sich schützend vor den Grundrechtsträger zu stellen. Aber die Regeln über die Haftung des Arbeitnehmers beruhen auf objektivem Recht und nicht auf dem Parteiwillen. Daher ist insoweit nicht die Schutzgebotsfunktion, sondern die Abwehrfunktion der Grundrechte einschlägig.

gg) Die Gesetzessystematik

Den letzten in Betracht kommenden Begründungsaspekt bildet die Gesetzessystematik. *Däubler* begnügt sich mit dem Hinweis auf die systematische Einordnung des § 619 a BGB hinter den zwingenden Vorschriften der §§ 617- 619 BGB und zieht daraus den Schluss, dass die Haftungsprivilegierung des Arbeitnehmers einen zwingenden Charakter hat.[1061]

b) Generalklauseln und AGB-Recht neben den dispositiven Grundsätze zur Beschränkung der Arbeitnehmerhaftung als Kontrollmaßstab

Die deutlichste Gegenposition wird derzeit insbesondere von *Schwirtzek*[1062] und *Preis*[1063] vertreten. Sie halten die Grundsätze zur Beschränkung der Arbeitnehmerhaftung für dispositives Recht und sehen den Arbeitnehmerschutz bei vertraglichen Abweichungen von diesen Grundsätzen als über die Inhaltskontrolle nach Generalklauseln der §§ 138, 242 BGB oder dem AGB-Recht der §§ 305 ff. BGB in vorformulierten Mankoabreden erfolgt.[1064] Die gleiche Meinung wird von *Gotthardt*,[1065] *Thüsing/Leder*,[1066] *Thüsing*,[1067] *Walker*,[1068] *Reichold*,[1069] und

1061 Däubler, NZA 2001, S. 1332; DBD/Däubler, 3. Aufl. (2010), Einl. Rn. 106.

1062 Schwirtzek, AuA 2003, S. 20 f.; Schwirtzek, NZA 2005, S. 438.

1063 Preis, S. 464 f.; ErfK/Preis, 13. Aufl. (2013), § 619 a BGB Rn. 11, 36; ErfK/Preis, 13. Aufl. (2013), §§ 305 - 310 BGB Rn. 85, 88. Hier ist erwähnenswert, dass Preis in der 2. Auflage (ErfK/Preis, 2. Aufl. 2001, § 611 BGB Rn. 1066) mit Bedenken noch die Grundsätze zur Beschränkung der Arbeitnehmerhaftung als neuen Kontrollmaßstab ansieht, aber diese Ansicht seit der 3. Auflage aufgibt.

1064 Schwirtzek, AuA 2003, S. 20 f.; Schwirtzek, NZA 2005, S. 438; Preis, S. 464 f.; ErfK/Preis, 13. Aufl. (2013), § 619 a BGB Rn. 11, 36; ErfK/Preis, 13. Aufl. (2013), §§ 305 - 310 BGB Rn. 85.

1065 Gotthardt, 2. Aufl. (2003), Rn. 195, 200, 206, 318 ff.; HWK/Gotthardt, 5. Aufl. (2012), Anh. §§ 305-310 BGB Rn. 1.

1066 Thüsing/Leder, BB 2005, S. 1569.

1067 Thüsing, Rn. 100. Aber bei der Erörterung einzelner Klauseln (Thüsing, Rn. 316) weist er auf zwei gegenteilige Ansichten über die Dispositivität der privilegierten Arbeitnehmerhaftung hin und stellt nicht klar, ob der von ihm verlangte besondere Risikoausgleich für die Abbedingung unbedingt mit der Haftung aufgrund der Mankoabrede identisch sein muss. Wenn ja, teilt Thüsing die vom 8. Senat des BAG vertretene Ansicht, wonach es sich bei den Grundsätzen zur Haftungsbeschränkung im Arbeitsrecht um ein einseitig zwingendes Arbeitnehmerschutzgesetz handelt, das weder einzel- noch kollektivvertraglich zuungunsten des Arbeitnehmers abbedungen werden darf. Wenn nein, stimmt die Ansicht von Thüsing mit der von Schwirtzek und Preis vertretenen Auffassung überein, die die Dispositivität der privilegierten Arbeitnehmerhaftung annimmt, die teilweise Abwälzung des Betriebsrisikos auf den Arbeitnehmer für statthaft erklärt und verlangt, dass ein angemessener Mankogeldausgleich vorliegt,

Stoffels[1070] vertreten. *Boemke/Müller* lassen die Frage offen, ob die Grundsätze zur Beschränkung der Arbeitnehmerhaftung zwingend sind. Trotz der Erörterung der Prämientheorie des 8. Senats des BAG wollen sie weiter im Anschluss an die bisherige Rechtsprechung des BAG die Mankoabreden einer Inhaltskontrolle gemäß §§ 138, 242 BGB oder dem AGB-Recht der §§ 305 ff. BGB unterziehen.[1071] *Ingenfeld/Stollenwerk* erheben Zweifel an dem einseitig zwingenden Charakter der privilegierten Arbeitnehmerhaftung und tendieren auch dahin, die Mankoabreden weiter an §§ 242, 315 BGB a. F. zu messen.[1072]

Früher meinte *Krause*, dass im Ergebnis die zwei verschiedene Positionen allerdings weniger weit auseinander liegen, als es den Anschein hat, wenn eine Position die privilegierte Arbeitnehmerhaftung für zwingend hält und eine andere Position zwar die privilegierte Arbeitnehmerhaftung für dispositiv hält, eine einzelvertragliche Abänderung zulasten des Arbeitnehmers aber dann doch wieder an einen angemessenen Risikoausgleich binden will.[1073]

Jedoch sind m.E. beide Postionen wesentlich unterschiedlich, wenn man diese zwei Auffassungen nach der Frage betrachtet, ob der Arbeitgeber aufgrund einer Mankoabrede einen über die Summe der im Ausgleichszeitraum gezahlten Mankogelder liegenden Schaden geltend machen kann. Deswegen haben beide Postionen es lediglich gemeinsam, die Wirksamkeit einer Mankoabrede an einen angemessenen Risikoausgleich zu knüpfen. Der wesentliche Unterschied beider Ansichten liegt darin, ob das dem Arbeitgeber zuzurechnende Betriebsrisiko teilweise auf den Arbeitnehmer zurückgewälzt werden darf oder nicht.[1074] Die von *Krause* vertretene Ansicht, die vom zwingenden Charakter der privilegierten Arbeitnehmerhaftung ausgeht, lehnt die Abwälzung des Betriebsrisikos auf den Arbeitnehmer schlechthin ab und verlangt konsequent streng, dass ein „angemessener" Mankogeldausgleich unbedingt mit der Haftung aufgrund der Mankoabrede identisch sein muss. Im Gegensatz dazu hält die von *Schwirtzek* und *Preis* vertretene Auffassung, die die Dispositivität der privilegierten Arbeit-

---

auch wenn der wirtschaftliche Ausgleich die Haftungshöhe aus der Mankovereinbarung unterschreitet.

1068 Walker, FS Canaris (2007), Band I, S. 1516 f.

1069 MünchArbR/Reichold, 3. Aufl. (2009), § 51 Rn. 68, 74, 81.

1070 Stoffels, AR-Blattei SD 870.2 Rn. 97 ff.; Stoffels, ZfA 2009, S. 874; Stoffels, 2. Aufl. (2009), S. 992; Preis/Stoffels, 4. Aufl. (2011), II M 10 Rn. 9.

1071 Boemke/Müller, Anm. zu BAG (17.09.1998), SAE 2000, S. 12 f.

1072 Ingenfeld/Stollenwerk, Anm. zu BAG (02.12.1999), EWiR 2001, S. 720.

1073 Krause, NZA 2003, S. 585.

1074 Krause, RdA 2013, S. 139, in einem kürzlich veröffentlichten Aufsatz hebt Krause nun auch diesen wesentlichen Unterschied hervor, dass die von der Gegenansicht präferierte AGB-Kontrolle darauf hinausläuft, dass es im Einzelfall durchaus zu einer Zuschusspflicht des Arbeitnehmers kommen konnte.

nehmerhaftung annimmt, die teilweise Abwälzung des Betriebsrisikos auf den Arbeitnehmer für statthaft und verlangt, dass ein angemessener Mankogeldausgleich vorliegt, auch wenn der wirtschaftliche Ausgleich die Haftungshöhe aus der Mankoabrede unterschreitet. Dieser wesentliche Unterschied zeigt sich deutlich in den Aussagen von *Gotthardt*,[1075] *Schwirtzek*,[1076] und *Preis*.[1077]

Aufgrund der obigen Ausführung ist zu beachten, dass *Preis* m.E. aber unterschiedliche bzw. widersprüchliche Signale zur Abdingbarkeit der privilegierten Arbeitnehmerhaftung sendet: Einerseits weist *Preis* bei der Erörterung der privilegierten Arbeitnehmerhaftung eindeutig darauf hin, dass die Haftungsgrundsätze zur eingeschränkten Arbeitnehmerhaftung abdingbar sind.[1078] Andererseits scheint er diese Haftungsgrundsätze unter Verweis auf die Meinungen von *Krause*[1079] und *Deinert*[1080] für unabdingbar zu halten.[1081]Insbesondere bei der Erörterung der AGB-Kontrolle setzt *Preis* sich unter Hinweis auf die Formulierung von *Krause*,[1082] dass die Haftungsregelung das zwingende generelle Schutzniveau nicht unterschreiten darf und im wirtschaftlichen Ergebnis keine Verschärfung der beschränkten Arbeitnehmerhaftung eintritt, in Widerspruch zu seiner nachfolgenden Aussage in Rn. 89: „Es ist also nicht erforderlich, dass in jedem Falle die Summe der gezahlten Mankogelder durch den Umfang der vertraglich vereinbarten Haftung nicht überschritten wird."[1083]

1075 Gotthardt, 2. Aufl. (2003), Rn. 319, „Es ist also nicht erforderlich, dass in jedem Falle die Summe der gezahlten Mankogelder durch den Umfang der vertraglich vereinbarten Haftung nicht überschritten wird."; HWK/Gotthardt, 5. Aufl. (2012), Anh. §§ 305-310 BGB Rn. 2, „Es ist dann nicht erforderlich, so strikt wie das BAG zu verlangen, dass die Haftung auf Grund der vertraglichen Abrede die Summe der gezahlten Mankogelder nicht übersteigen darf."

1076 Schwirtzek, NZA 2005, S. 441, „Angemessenheit verlangt keine Identität zwischen Mankogeld und Haftungshöchstsumme."

1077 ErfK/Preis, 13. Aufl. (2013), §§ 305 - 310 BGB Rn. 89, „Es ist also nicht erforderlich, dass in jedem Falle die Summe der gezahlten Mankogelder durch den Umfang der vertraglich vereinbarten Haftung nicht überschritten wird".

1078 ErfK/Preis, 13. Aufl. (2013), § 619 a BGB Rn. 11, 36.

1079 Krause, Anm. zu BAG (02.12.1999), AP Nr. 3 zu § 611 BGB Mankohaftung (unter I 1 b); Krause, NZA 2003, S. 585.

1080 Deinert, RdA 2000, S. 32 f.

1081 ErfK/Preis, 13. Aufl. (2013), § 619 a BGB Rn. 11; ErfK/Preis, 13. Aufl. (2013), §§ 305 - 310 BGB Rn. 85.

1082 Krause, Anm. zu BAG (02.12.1999), AP Nr. 3 zu § 611 BGB Mankohaftung (unter I 2); Krause, NZA 2003, S. 585.

1083 ErfK/Preis, 13. Aufl. (2013), §§ 305 - 310 BGB Rn. 85, 89.

aa) Argumente gegen den einseitigen zwingenden Charakter der privilegierten Arbeitnehmerhaftung

Die Gegenargumente gehen zum ersten dahin, dass die Annahme des einseitigen zwingenden Charakters der privilegierten Arbeitnehmerhaftung nicht vom Gesetzgeber angeordnet worden ist. [1084] Zum zweiten handelt es sich bei den Grundsätzen zur Beschränkung der Arbeitnehmerhaftung um eine Fortbildung des dispositiven Rechts, weil sie entweder über die analoge Anwendung des dispositiven § 254 BGB oder die direkte Anwendung des dispositiven § 276 I BGB in das allgemeine System des BGB integriert worden ist.[1085] Zum dritten begründen manche Stimmen die Dispositivität der Grundsätze zur beschränkten Arbeitnehmerhaftung aus der Einbeziehung des Arbeitsrechts in die AGB-Kontrolle.[1086] Schließlich kann man nicht aus der systematischen Stellung des § 619 a BGB auf einen zwingenden Charakter der privilegierten Arbeitnehmerhaftung schließen, weil die Norm ausdrücklich nichts über die Frage des Haftungsmaßstabes selbst aussagt[1087] und ausschließlich eine Beweislastregel darstellt. [1088]

bb) Beurteilung der Angemessenheit des Mankogeldes im Rahmen der dispositiven privilegierten Arbeitnehmerhaftung

Wie schon dargestellt, ist man sich sowohl in der Rechtsprechung, als auch in der Literatur einig, dass die Mankoabrede erst dann wirksam ist, wenn die Höhe der Vergütung des Arbeitnehmers zu seinem erhöhten Risiko in einem angemessenen Verhältnis steht, mit anderen Worten, diesem vom Arbeitnehmer in der Mankoabrede übernommenen erhöhten Risiko ein angemessener wirtschaftlicher Ausgleich gegenübersteht.

Für die Autoren, die sich ausgehend vom zwingenden Charakter der privilegierten Arbeitnehmerhaftung der Prämientheorie des 8. Senats des BAG anschließen, spielt die Frage nach der Beurteilung der Angemessenheit des Mankogeldes keine Rolle mehr, weil eine Haftung aufgrund einer Mankoabrede ohnehin von vornherein auf die gesamte Summe der im Ausgleichszeitraum gezahlten Mankogelder begrenzt ist.

1084 Gotthardt, 2. Aufl. (2003), Rn. 195; ErfK/Preis, 13. Aufl. (2013), § 619 a BGB Rn. 11.

1085 Preis, S. 464 f.; Gotthardt, 2. Aufl. (2003), Rn. 195; Gotthardt, 2. Aufl. (2003), Rn. 195; Stoffels, ZfA 2009, S. 874; Preis, FS 50 Jahre BAG 2004, S. 151 f.; HWK/Gotthardt, 5. Aufl. (2012), Anh. §§ 305-310 BGB Rn. 1; ErfK/Preis, 13. Aufl. (2013), §§ 305 - 310 BGB Rn. 85; ErfK/Preis, 13. Aufl. (2013), § 619 a BGB Rn. 11.

1086 Thüsing/Leder, BB 2005, S. 1569; MünchArbR/Reichold, 3. Aufl. (2009), § 51 Rn. 68.

1087 Gotthardt, 2. Aufl. (2003), Rn. 195.

1088 Walker, FS Canaris (2007), Band I, S. 1513 f.

Aber für die Stimmen, die die Dispositivität der privilegierten Arbeitnehmerhaftung befürworten, ist die Frage nach der Beurteilung der Angemessenheit des Mankogeldes nach wie vor unausweichlich. Die Autoren halten ausnahmslos weiter an der in der bisherigen Literatur[1089] verbreiteten Formel fest, dass ein wirtschaftlicher Ausgleich dann als angemessen angesehen wird, wenn seine Höhe mindestens dem Durchschnitt der erfahrungsgemäß zu erwartenden Fehlbeträge entspricht.[1090] Aber aus dem Sozialschutzgedanken weisen mache Autoren zutreffend darauf hin, dass der „Durchschnitt der erfahrungsgemäß zu erwartenden Fehlbeträge" allein noch nicht die Gefahr der Existenzgefährdung des Arbeitnehmers bei außergewöhnlichen hohen Manki beseitigen kann.[1091] Unter Einfluss des Ansatzes des BAG möchten *Gotthardt*,[1092] *Schwirtzek*,[1093] *Reichold*,[1094] *Stoffels*[1095] und *Preis*[1096] deswegen neben der Orientierung an dem „Durchschnitt der erfahrungsgemäß zu erwartenden Fehlbeträge" noch eine Höchstsumme für die Haftung aus der Mankoabrede setzen. Wie oben schon mehrfach betont, ist hier aber zu beachten, dass sich die von *Gotthardt*, *Schwirtzek*, *Reichold*, *Stoffels* und *Preis* verlangte Haftungshöchstsumme im Grunde genommen von der vom 8. Senat des BAG erforderten Haftungshöchstgrenze darin unterscheidet, dass die Haftungshöchstsumme nicht mit dem Mankogeld identisch ist, sondern in der Regel das Mankogeld überschreitet.

c) Übersicht: Schaubild über die oben vorgestellten zwei Ansichten

Die oberen zwei Ansichten in der Literatur und ihre Unterschiede werden von dem folgenden Schaubild deutlich gezeigt:

y: Mankogeldausgleich;

1089 G. Hueck, Anm. zu BAG (09.04.1957), AP Nr. 4 zu § 611 BGB Haftung des Arbeitnehmers; Bleistein, DB 1971, S. 2215; Küchenhoff, Anm. zu BAG (22.11.1973), AP Nr. 67 zu § 626 BGB (unter II 1); Mache, AiB 1995, S. 699; Otto/Schwarze, Rn. 300; MünchArbR/Blomeyer, 2. Aufl. (2000), § 59 Rn. 77; Schaub, 9. Aufl. (2000), § 52, Rn. 102.

1090 Stoffels, AR-Blattei SD 870.2 Rn. 126; Gotthardt, 2. Aufl. (2003), Rn. 319; Schwirtzek, NZA 2005, S. 441 f.; MünchArbR/Reichold, 3. Aufl. (2009), § 51 Rn. 75; Preis/Stoffels, 4. Aufl. (2011), II M 10 Rn. 11; HWK/Gotthardt, 5.Aufl. (2012), Anh. §§ 305-310 BGB Rn. 2; ErfK/Preis, 13. Aufl. (2013), § 619 a BGB Rn. 40; ErfK/Preis, 13. Aufl. (2013), §§ 305 - 310 BGB Rn. 89.

1091 Schwirtzek, NZA 2005, S. 441; Preis/Stoffels, 4. Aufl. (2011), II M 10 Rn. 23.

1092 Gotthardt, 2. Aufl. (2003), Rn. 318 f.; HWK/Gotthardt, 5. Aufl. (2012), Anh. §§ 305-310 BGB Rn. 1 f.

1093 Schwirtzek, NZA 2005, S. 441 f.

1094 MünchArbR/Reichold, 3. Aufl. (2009), § 51 Rn. 75 f.

1095 Stoffels, ZfA 2009, S. 874; Preis/Stoffels, 4. Aufl. (2011), II M 10 Rn. 11, 21, 23.

1096 ErfK/Preis, 13. Aufl. (2013), §§ 305 - 310 BGB Rn. 85, 89.

x: Haftung aufgrund der Mankoabrede
Dünne Linie: Durchschnitt der zu erwartenden Fehlbeträge
Fette Linie: Höchstsumme für die Haftung aufgrund der Mankoabrede
Die Ansicht von *Krause*: y=x
Die Ansicht von *Schwirtzek* und *Preis*: Durchschnitt ≤ y ≤ x ≤ Höchstsumme, nämlich die schraffierte Fläche des Dreiecks, aber nur ausnahmsweise y=x, regelmäßig y<x, damit Abwälzung des dem Arbeitgeber zuzurechnenden Betriebsrisikos teilweise auf den Arbeitnehmer

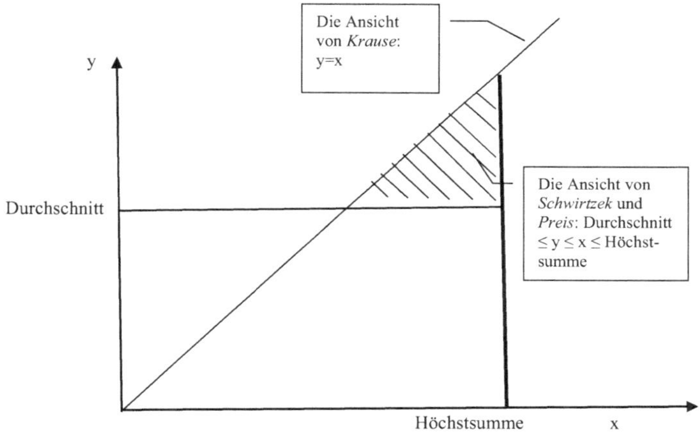

3. Eigene Stellungnahme zum Kontrollmaßstab zulässiger Mankoabreden -Dispositivität der privilegierten Arbeitnehmerhaftung

Die Darstellung über die Rechtsprechung und die Literatur zur Zulässigkeit besonderer Mankoabreden im Individualarbeitsvertrag wirft die Frage auf, ob die Grundsätze zur beschränkten Arbeitnehmerhaftung als neuer Kontrollmaßstab die bisherigen Prüfmaßstäbe verdrängen können. Die Beantwortung dieser Frage hängt von der Grundfrage ab, ob diese richterrechtlichen Grundsätze als einseitig zwingendes Arbeitnehmerschutzrecht einzuordnen sind. Die Lösung dieser Grundfrage hängt weiter mit der Klärung der Kardinalfrage zusammen, ob das dem Arbeitgeber wegen seiner Organisationshoheit zuzurechnende „Betriebsrisiko" teilweise wieder auf den Arbeitnehmer zurückgewälzt werden darf, was als der Kerngedanke hinter den Grundsätzen zur beschränkten Arbeitnehmerhaftung steht.[1097]

Die oben genannten Ansichten vertreten eigentlich zwei verschiedene Überlegungen *de lege ferenda*. Die von *Krause* vertretene Ansicht, die vom zwingenden Charakter der privilegierten Arbeitnehmerhaftung ausgeht, lehnt die Abwälzung des Betriebsrisikos auf den Arbeitnehmer schlechthin ab und verlangt konsequent streng, dass ein „angemessener" Mankogeldausgleich unbedingt mit der Haftung aufgrund der Mankoabrede identisch sein muss. Im Gegensatz dazu hält die von *Schwirtzek* und *Preis* vertretene Auffassung, die die Dispositivität der privilegierten Arbeitnehmerhaftung annimmt, die teilweise Abwälzung des Betriebsrisikos auf den Arbeitnehmer für statthaft und verlangt, dass ein angemessener Mankogeldausgleich vorliegt, auch wenn der wirtschaftliche Ausgleich die Haftungshöhe aus der Mankoabrede unterschreitet.

Meiner Meinung nach handelt es sich bei der Erörterung der Dispositivität der Grundsätze zur beschränkten Arbeitnehmerhaftung nicht lediglich um eine dogmatische Rechtsfrage, sondern vielmehr um eine rechtspolitische Frage, zu der der Gesetzgeber am besten abschließend Stellung nehmen soll.

a) Stellung zum Lösungsansatz von Schwirtzek und Preis

Der Lösungsansatz, nämlich ein angemessenes Mankogeld zusammen mit einer Höchstsumme für die Haftung aus der Mankoabrede, ist nicht überzeugend und problematisch.

aa) Unsicherheit bei der Beurteilung der Angemessenheit des Mankogeldes

Wie oben ausgeführt, folgen die Autoren, die die privilegierte Arbeitnehmerhaftung für dispositiv hält, weiter der in der bisherigen Literatur verbreiteten Formel, dass sich die Angemessenheit eines Mankogeldes an dem Durchschnitt der erfahrungsgemäß zu erwartenden Fehlbeträge orientiert.[1098] Diese Formel ist leider konturlos und hilft nicht viel bei der Beurteilung der Angemessenheit des Mankogeldes.

Auch *Schwirtzek* selber ist in seiner Dissertation mit dieser Leerformel nicht zufrieden, weil sie einerseits die Gefahr birgt, dass der Arbeitgeber einseitig eine

1097 BAG (GS) (27.09.1994), AP Nr. 103 zu § 611 BGB Haftung des Arbeitnehmers (unter C II 2 der Gründe).

1098 Gotthardt, 2. Aufl. (2003), Rn. 319; Schwirtzek, NZA 2005, S. 441 f.; MünchArbR/Reichold, 3. Aufl. (2009), § 51 Rn. 75; Preis/Stoffels, 4. Aufl. (201), II M 10 Rn. 11; HWK/Gotthardt, 5.Aufl. (2012), Anh. §§ 305-310 BGB Rn. 2; ErfK/Preis, 13. Aufl. (2013), § 619 a BGB Rn. 40; ErfK/Preis, 13. Aufl. (2013), §§ 305 - 310 BGB Rn. 89.

Prognoseentscheidung für betriebliche Erfahrungswerte der Manki zulasten des Arbeitnehmers trifft und diese dann in die Mankoabrede einfließen lässt; andererseits verkennt diese Leerformel, dass die Frage der Angemessenheit des Mankogeldes nicht allein anhand eines Vergleichs von Mankogeld und durchschnittlichem Manko zu beantworten ist, sondern letztlich durch einen Vergleich des gezahlten Mankogeldes mit dem vom Arbeitnehmer in der Mankoabrede übernommenem erhöhten Risiko.[1099] Im Interesse der Rechtssicherheit will *Schwirtzek* auch die Wirksamkeit einer Mankoabrede abstrakt und einheitlich beurteilen. Leider ist sein Versuch gescheitert, die Angemessenheit des Mankogeldes durch Aufstellung der Leitlinien in einer typisierenden Betrachtungsweise zu beurteilen, weil in der Mankohaftung völlig unterschiedliche Risikosituationen bestehen.[1100] Letztlich kann er sich nur damit begnügen, die Angemessenheit des Mankogeldes weiter in einer einzelfallbezogenen Betrachtungsweise zu beurteilen, d.h. er entscheidet nach den Umständen des Einzelfalls, ob dem vom Arbeitnehmer in der Mankoabrede übernommenem erhöhten Risiko ein angemessenes Mankogeld gegenübersteht.[1101] Zur Konkretisierung und Objektivierung dieser einzelfallbezogenen Betrachtungsweise führt *Schwirtzek* anhand der von ihm selber kritisierten Leerformel aus, dass es im Regelfall ausreicht, wenn das Mankogeld dem Durchschnitt der zu erwartenden Fehlbeträge entspricht.[1102]

Allerdings ist m.E. zuzugestehen, dass durch diese einzelfallbezogene Betrachtungsweise und die Orientierung an dem Durchschnitt der erfahrungsgemäß zu erwartenden Fehlbeträge erneut eine Rechtsunsicherheit entsteht.

bb) Unsicherheit bei der Festsetzung einer Höchstsumme für die Haftung aus der Mankoabrede

Zur Vermeidung der Existenzgefährdung des Arbeitnehmers möchte ein Teil der Literatur neben einem angemessenen Mankogeld noch eine Höchstsumme für die Haftung aus der Mankoabrede festsetzen.[1103] Insoweit ergeben sich gleich zwei Probleme:

1099 Schwirtzek, 143 f.

1100 Schwirtzek, 144 f., er führt zu Recht aus: So dürfte bei Geldtransporten ein Manko eher selten sein, während Kassenmanki fast an der Tagesordnung seien. Träte ein Manko auf, werde der Schaden bei einem Geldtransport andererseits regelmäßig deutlich höher liegen, als an einer Warenkasse. Neben der Höhe des möglichen Schadens sei daher immer auch die potentielle Häufigkeit eines Mankofalls, also die Mankoanfälligkeit der Tätigkeit, in die Betrachtung einzubeziehen.

1101 Schwirtzek, 183.

1102 Schwirtzek, 183; Schwirtzek, NZA 2005, S. 442 f.

1103 Schwirtzek, NZA 2005, S. 441 f.; Preis/Stoffels, 4. Aufl. (2011), II M 10 Rn. 11, 23.

Zunächst wird eine Rechtsunsicherheit wieder bei der Festsetzung einer Haftungshöchstsumme im Einzelfall ausgelöst. Wie *Schwirtzek* zu Recht sagt, bestehen in der Mankohaftung völlig unterschiedliche Risikosituationen.[1104] Auch *Stoffels* hat selbst bei einer summenmäßigen Begrenzung für verschuldensunabhängige Arbeitnehmerhaftung zutreffend darauf hingewiesen, dass auch hier oftmals erhebliche Unsicherheiten hinsichtlich der Angemessenheit des Maximalhaftungsbetrags verbleiben.[1105] Deswegen birgt die Festsetzung der Höchstsumme in einzelfallbezogener Betrachtungsweise erneut eine nicht unerhebliche Rechtsunsicherheit, wie bei der Beurteilung eines angemessenen Mankogeldes.

Im Interesse der Rechtssicherheit wollen *Schwirtzek* und *Stoffels* unabhängig von den Einzelfallumständen einheitlich die Haftung aus der Mankoabrede auf ein Monatsgehalt oder mehrere Monatsgehälter begrenzen.[1106] Eine summenmässige Haftungsbegrenzung kann nicht immer für den Arbeitnehmer vorteilhaft sein, sondern vielmehr auch zur Benachteiligung des Arbeitnehmers führen. Z.B. könnte der Arbeitnehmer bei mittlerer Fahrlässigkeit bezogen auf das einzelne Schadensereignis wirtschaftlich im Ergebnis mehr als nach der privilegierten Arbeitnehmerhaftung haften. Insoweit stellt sich die Frage, inwieweit das dem Arbeitgeber wegen seiner Organisationshoheit zuzurechnende Betriebsrisiko auf den Arbeitnehmer zurückgewälzt werden darf. Im Zusammenhang mit dieser Frage entsteht letztlich das schwierige Problem, wie bzw. wie hoch eine abstrakte einheitliche Haftungshöchstsumme festgelegt wird.

Schwirtzek versucht zu Recht durch Rückgriff auf die Regelung über eine summenmässige Haftungsbegrenzung in den rechtspolitischen Gesetzesentwürfen, dieses Problem zu lösen, weil eine abstrakte Festlegung einer angemessenen summenmässigen Haftungsbegrenzung in der Regel dem Gesetzgeber vorzubehalten ist. In den rechtspolitischen Gesetzesentwürfen ist schon mehrfach eine gesetzliche summenmässige Begrenzung für allgemeine Haftung des Arbeitnehmers vorgeschlagen worden. Der Haftungshöchstbetrag wird auf ein Monatsgehalt,[1107] zwei Monatsgehälter[1108] oder drei Monatsgehälter[1109] beschränkt. Leider ist der Versuch von *Schwirtzek* daran gescheitert, dass bis jetzt alle Initiativen nicht vom Gesetzgeber angenommen wurden.

1104 Schwirtzek, 144 f.

1105 Preis/Stoffels, 4. Aufl. (2011), II H 20 Rn. 21.

1106 Schwirtzek, NZA 2005, S. 441 f.; Preis/Stoffels, 4. Aufl. (2011), II M 10 Rn. 11, 23.

1107 § 29 I 3 DGB-Entwurf 1977.

1108 § 99 III 1 Arbeitskreis-Diskussionsentwurf 1992; § 99 III 1 Sachsen-Entwurf 1995.

1109 „Beschränkte Schadensersatzpflicht des Arbeitnehmers (3)“ im Entwurf zum 2. Arbeitsrechtsbereinigungsgesetz 1971; § 29 I 3 DGB-Entwurf 1977, SPD-Entwürfe 1989, 1993, 1995 § 619 II 1; § 99 II 1 Brandenburg-Entwurf 1996.

Im Gegensatz zu *Schwirtzek* greifen *Stoffels*, *Gotthardt* und *Preis* zur Problemlösung auf die Rechtsprechung zurück, nämlich auf eine sehr alte Entscheidung des LAG Düsseldorf, 3. Kammer Köln vom 24.11.1965, die eine vereinbarte Haftungshöchstbegrenzung auch im Falle gefahrgeneigter Arbeit für zulässig angesehen hat.[1110] In neuer Zeit neigen auch einige Instanzgerichte dazu, eine summenmässige Haftungsobergrenze bei mittlerer Fahrlässigkeit und bei grober Fahrlässigkeit festzulegen.[1111] Jedoch ist der Rückgriff auf die Rechtsprechung leider auch nicht fruchtbar und hilfreich, weil der 8. Senat des BAG in ständiger Rechtsprechung abgelehnt hat, die Arbeitnehmerhaftung auf eine Höchstsumme oder eine bestimmte Anzahl von Monatsverdiensten zu begrenzen. Schon im Urteil vom 12.10.1989 hat der 8. Senat eine summenmäßige Haftungsbeschränkung mit der Begründung abgelehnt, dass es insoweit bereits an einer allgemeinen Rechtsüberzeugung und an gesetzgeberischen Vorbildern fehlt und darüber hinaus zu Recht darauf hingewiesen, dass eine summenmäßige Haftungsbeschränkung allein dem Gesetzgeber möglich ist.[1112] In einer weiteren Entscheidung vom 23.01.1997 hat der 8. Senat seine Ansicht unter Verweis auf seine vorherige Entscheidung vom 12.10.1989 beibehalten.[1113] Der 8. Senat hat diese Haltung jüngst erneut ausdrücklich mit der Ausführung hervorgehoben, dass es eine feste, summenmäßig beschränkte Obergrenze der Haftung nicht gibt und diese festzulegen dem Gesetzgeber vorbehalten wäre.[1114] M.E. ist die Heranziehung der einzigen alten Entscheidung des LAG Düsseldorf, 3. Kammer Köln vom 24.11.1965 von *Stoffels*, *Gotthardt* und *Preis* nicht mehr überzeugend, weil einerseits der Große Senat des BAG aufgrund seiner neuen Gedanken zu dem dem Arbeitgeber wegen seiner Organisationshoheit zuzurechnenden Betriebsrisiko das untaugliche Kriterium „gefahrgeneigte Arbeit" durch „betrieblich ver-

---

1110 LAG Düsseldorf, 3. Kammer Köln, (24.11.1965), BB 1966, S. 80. Dort hat ein Arbeitgeber (Taxiunternehmer), der für seine Fahrzeuge eine Vollkaskoversicherung abgeschlossen hatte, mit einem Fahrer vereinbart, dass dieser bei allen selbstverschuldeten Unfällen den Schaden bis zu einer Höhe von 250 DM selbst tragen müsse. Das LAG Düsseldorf hat die Dispositivität der im Wege richterlichen Rechts gewonnenen Haftungsgrundsätze für gefahrgeneigte Arbeit damit begründet, dass diese Haftungsgrundsätze ebenso wie die Haftungsvorschrift des § 276 BGB gelten, bei der es sich nicht um zwingendes, sondern um abdingbares Recht handelt. Hier ist erwähnenswert, dass das LAG Köln nunmehr im Urteil vom 25.01.2011 eine vereinbarte Haftungshöchstbegrenzung abgelehnt hat (Juris Datenbank, LAG Köln 25.01.2011 – 5 Sa 1291/10, Rn. 40).

1111 Vgl. HK-ArbR/Waas/Palonka, 2. Aufl. (2010), § 619 a BGB Rn. 18, m.w.N.

1112 BAG (12.10.1989), NZA 1990, S. 99 (unter II 2 e der Gründe).

1113 BAG (23.01.1997), NZA 1998, S. 141 (unter I 3 c der Gründe).

1114 BAG (28.10.2010), AP Nr. 136 zu § 611 BGB Haftung des Arbeitnehmers (unter B III 3 a der Gründe).

anlasste Tätigkeit" ersetzt und andererseits das BAG im Ausgangspunkt vom Vorbehalt des Gesetzgebers kontinuierlich eine summenmäßige Begrenzung ablehnt.

b) Stellungnahme zum Lösungsansatz von Krause

Der Auffassung von *Krause*, die Grundsätze zur beschränkten Arbeitnehmerhaftung als einseitig zwingendes Arbeitnehmerschutzrecht einzustufen, ist zu folgen.

Die vertretenen Pro-Argumente zur Unabdingbarkeit sind schon oben dargestellt worden und brauchen somit hier nicht erneut referiert zu werden Aber nicht alle Argumente sind von hoher Überzeugungskraft. Zwei Pro-Argumente davon bilden m.E. die maßgebenden Begründungsaspekte, nämlich zum einen das dem Arbeitgeber wegen seiner Organisationshoheit zuzurechnende „Betriebsrisiko" und zum anderen der Sozialschutz als ein Leitprinzip im Arbeitsrecht, weil die vom BAG entwickelten Grundsätze zur beschränkten Arbeitnehmerhaftung, wie *Krause* zutreffend sagt, im Wesentlichen auf diesen zwei Grundgedanken basieren.[1115] Im Folgenden möchte der Verfasser kurz aus der Sicht juristischer Methodenlehre den einseitigen zwingenden Charakter der Grundsätze zur beschränkten Arbeitnehmerhaftung begründen.

c) Legitimation der Grundsätze zur Beschränkung der Arbeitnehmerhaftung aus der Sicht der Methodenlehre

Es ist nicht umstritten, dass die Rechtsprechung traditionell eine beträchtliche Rolle im deutschen Arbeitsrecht spielt. Die richterliche Rechtsfortbildung ist in Form der Ausfüllung der Gesetzeslücken so üblich in der arbeitsrechtlichen Rechtsprechung erfolgt, dass manchmal vom „BAG als Ersatzgesetzgeber" die Rede ist.[1116] In diesem Zusammenhang soll der Frage nachgegangen werden, ob die vom BAG entwickelten Grundsätze zur beschränkten Arbeitnehmerhaftung methodisch legitimiert werden können.

aa) Richterliche Rechtsfortbildung

Man denkt zunächst daran, die vom BAG entwickelten Grundsätze zur beschränkten Arbeitnehmerhaftung durch die richterliche Rechtsfortbildung zu rechtfertigen.

Nach dem Verlauf eines Jahrhunderts bleibt der Gesetzgeber trotz mehrerer rechtspolitischen Vorschläge im Bereich der Arbeitnehmerhaftung wegen des starken Interessengegensatzes zwischen der Arbeitgeber- und Arbeitnehmerseite

1115 HWK/Krause, 5. Aufl. (2012), § 619 a BGB Rn. 12.
1116 Gamillscheg, AcP 164 (1964), S. 388.

sowie einer fehlenden Einigung innerhalb der widerstrebenden politischen Kräfte bislang untätig. Trotz dieser aus der Untätigkeit des Gesetzgebers entstandenen Lücke verpflichtet sich das Gericht angesichts des rechtsstaatlich verankerten Rechtsverweigerungsverbots, die vorhandene Rechtsordnung über den Plan vorhandener gesetzlicher Regelungen hinaus fortzubilden.[1117] Deswegen ist dann kurz darauf einzugehen, ob die Grundsätze zur beschränkten Arbeitnehmerhaftung im Wege einer zulässigen Rechtsfortbildung vom BAG herausgebildet worden und welche Maximen in diesen Grundsätzen ausgesprochen worden sind.

Die Voraussetzungen zulässiger richterlicher Rechtsfortbildung aus methodischer und verfassungsrechtlicher Sicht sind Gegenstand eines kaum noch zu überschauenden Schrifttums und können hier nicht ansatzweise ausgebreitet werden. Hier kann sich nach drei von *Otto/Schwarze* zusammenfassenden Aspekten ausgerichtet werden: „Zum einen darf ein expliziter gesetzgeberischer Wille nicht konterkariert werden. Zum zweiten muss sich die Fortbildung des Rechts in das Gefüge des geltenden Rechts einpassen. Drittens ist erforderlich, dass das Richterrecht in den Fachkreisen auf verbreitete Akzeptanz stößt, wobei indes keine ohnehin nicht zu erzielende einhellige Zustimmung erforderlich ist."[1118]

(1) Keine Konterkarierung eines expliziten gesetzgeberischen Willens

Wenn man von der vom Reichstag am 11.12.1896 in der 144. Sitzung nach Verabschiedung des BGB mit seinen §§ 611 - 630 über den Dienstvertrag angenommenen Resolution ausgeht, nach der der Arbeitsvertrag „baldthunlichst durch eine Reichsgesetzgebung geregelt" werden soll,[1119] kann diese Lücke als eine anfängliche Lücke[1120] beim Erlass des BGB angesehen werden.[1121] Die Ausfüllung einer anfänglichen Lücke konterkariert keinesfalls einen expliziten gesetzgeberischen Willen.

Auch wenn man eine anfängliche Lücke des BGB ablehnt,[1122] ist eine nachträgliche Lücke des BGB im Laufe der Zeit dadurch entstanden, dass die Herausbildung des selbstständigen Arbeitsrechts, das vom Sozialschutz der schwa-

---

1117 Larenz/Canaris, Methodenlehre der Rechtswissenschaft, 3. Aufl. (1995), S. 188 f., 232 ff.; Rüthers/Fischer/Birk, 6. Aufl. (2011), Rn. 906.

1118 Otto/Schwarze, Rn. 66.

1119 Vgl. BR-Drs. 293/95. Gesetzesantrag des Freistaates Sachsen vom 23.05.1995, Anlage, S. 1.

1120 Zum Begriff „anfänglicher Lücke" vgl. Rüthers/Fischer/Birk, 6. Aufl. (2011), Rn. 860.

1121 Däubler, NJW1986, S. 868; Kohte, AuR 1983, S. 234 f.; Rüthers/Fischer/Birk, 6. Aufl. (2011), Rn. 860.

1122 Otto/Schwarze, Rn. 67.

chen unselbstständigen Arbeitnehmer geprägt ist, die regelungsbedürftige Arbeitnehmerhaftung entstehen lässt, der die strikte Anwendung der Haftungskonzeption des BGB nicht mehr gerecht ist.

Im Rahmen der Schuldrechtsreform stellt m.E. die Arbeitnehmerhaftung außer Zweifel eine anfängliche Lücke des Gesetzes zur Modernisierung des Schuldrechts dar, weil der Gesetzgeber offenbar die Regelung dieses Bereichs weiter vollständig der Rechtsprechung und Literatur überlassen will und sogar die vom BAG entwickelten Grundsätze zur beschränkten Arbeitnehmerhaftung bestätigt hat.[1123]

Nach dem Gesagten ergibt sich weder aus der anfänglichen Lücke noch aus der nachträglichen Lücke ein expliziter gesetzgeberischer Wille, richterlicher Rechtsfortbildung Steine in den Weg zu legen.

(2) Einpassung der Rechtsfortbildung in das Gefüge des geltenden Rechts

Weil der Gesetzgeber das Problemfeld der Arbeitnehmerhaftung nach wie vor nicht regelt, fehlt hier – anders als bei der Gesetzeslücke i.e.S. – ein erkennbarer Wertungsplan des Gesetzgebers, an dem sich das BAG bei der Ausfüllung der Lücke bezüglich der Arbeitnehmerhaftung orientieren kann. Trotz der Untätigkeit des Gesetzgebers muss die Rechtsfortbildung des BAG angesichts der Bindung der Rechtsprechung an „Gesetz und Recht" i.S.v. Art. 20 III GG mit den verfassungsmäßigen Wertungen, den allgemeinen Rechtsgrundsätzen und dem Rahmen der Gesamtrechtsordnung übereinstimmen.[1124] Es fragt sich hier, ob sich die richterrechtlichen Grundsätze zur beschränkten Arbeitnehmerhaftung in das Gefüge des geltenden Rechts einpassen lassen.

Krause hat zu Recht darauf hingewiesen, dass die vom BAG entwickelten Grundsätze zur beschränkten Arbeitnehmerhaftung im Wesentlichen auf zwei Grundgedanken zurückzuführen sind: „Zum einen geht es um den allgemeinen zivilrechtlichen Gedanken einer Berücksichtigung des betrieblichen Risikopotentials, zum anderen um den spezifisch arbeitsrechtlichen Aspekt des Sozialschutzes von Arbeitnehmern".[1125]

Nach der herkömmlichen Ansicht im deutschen Arbeitsrecht wird das Arbeitsverhältnis im Ausgangspunkt als Schuldverhältnis angesehen, für das grundsätzlich die allgemeinen schuldrechtlichen Vorschriften gelten, wenn nicht im Einzelfall arbeitsrechtliche Besonderheiten eine abweichende Anwendung

1123 BT-Drs. 14/6857, S. 11, 48.

1124 Larenz/Canaris, Methodenlehre der Rechtswissenschaft, 3. Aufl. (1995), S. 232, 246 f.; Rüthers/Fischer/Birk, 6. Aufl. (2011), Rn. 910 ff.

1125 HWK/Krause, 5. Aufl. (2012), § 619 a BGB Rn. 12.

gebieten.[1126] Richtig ist, dass das BAG von vornherein nicht voreilig den Ausweg im Arbeitsrecht sucht. Mit seiner Grundsatzentscheidung vom 27.09.1994 stützt das BAG nunmehr die privilegierte Arbeitnehmerhaftung auf sein seit langem schon anerkanntes „Betriebsrisiko", unter dem man den Umstand versteht, dass der Arbeitnehmer bei der Leistung der Arbeit in die objektiv vom Arbeitgeber durch eigenverantwortliche Ausgestaltung der Arbeitsbedingungen geschaffene und gesteuerte Arbeitsumgebung eingegliedert wird, der der Arbeitnehmer weder tatsächlich noch rechtlich ausweichen kann, so dass die vom Arbeitgeber gesetzte Organisation des Betriebs das Haftungsrisiko für den Arbeitnehmer prägt.[1127] Dieses dem Arbeitgeber wegen seiner Organisationshoheit zuzurechnende Betriebsrisiko scheint auf den ersten Blick keinen Zusammenhang mit dem zivilrechtlichen Haftungssystem zu haben. Jedoch ist die privilegierte Arbeitnehmerhaftung auf das haftungsentlastende Prinzip der „Risikohaftung bei Tätigkeit in fremdem Interesse" zurückzuführen,[1128] wonach derjenige, der in seinem Interesse einen anderen eine mit bestimmten Gefahren behaftete Tätigkeit ausüben lässt, auch für die tätigkeitsspezifischen Risiken und die hierdurch entstehenden Schäden einstehen muss.[1129] *Krause* hat zutreffend darauf hingewiesen, dass sich der von der Rechtsprechung in den Vordergrund gestellte Gesichtspunkt des vom Arbeitgeber zu tragenden Betriebsrisikos sich zumindest teilweise als Anpassung genereller zivilrechtlicher Prinzipien an die konkreten Rahmenbedingungen des Arbeitsverhältnisses begreifen lässt.[1130] *Blomeyer* ist auch der Auffassung, dass sich der Grundgedanke der privilegierten Arbeitnehmerhaftung aus einer Gesamtschau der dem BGB inhärenten Wertungen ergibt, die dazu anhält, demjenigen das besondere Schadensrisiko jeglicher „betrieblich veranlassten Tätigkeit" zuzuweisen, in dessen Interesse diese Tätigkeit ausgeübt wird, der die Arbeit organisiert und damit die Arbeitsbedingungen gestaltet.[1131] Deswegen stimmt die Rechtfertigung der privilegierten Arbeitnehmerhaftung durch das vom Arbeitgeber zu tragende Betriebsrisiko mit dem Haftungssystem

1126 Krause, AR-Blattei SD 220.2.1 Rn. 25; MünchArbR/Richardi, 3. Aufl. (2009), § 1 Rn. 15 ff.; Krause, 2. Aufl. (2011), § 1 Rn. 28.

1127 BAG (GS) (27.09.1994), AP Nr. 103 zu § 611 BGB Haftung des Arbeitnehmers (unter C II 2 der Gründe).

1128 Canaris, RdA 1966, S. 41 ff.; Larenz, JuS 1965, S. 375 f.; Staudinger/Richardi/Fischinger, BGB, Neubearb. (2011), § 619 a Rn. 57 ff.; Otto/Schwarze, Rn. 37 ff.; Boemke, 2. Aufl. (2004), § 10 Rn. 71; MünchArbR/Blomeyer, 1. Aufl. (1992), § 57 Rn. 31; MünchArbR/Blomeyer, 2. Aufl. (2000), § 59 Rn. 33; MünchArbR/Reichold, 3. Aufl. (2009), § 51 Rn. 27.

1129 Canaris, RdA 1966, S. 43; Larenz, JuS 1965, S. 375 f.; Boemke, 2. Aufl. (2004), § 10 Rn. 71.

1130 Krause, NZA 2003, S. 585.

1131 MünchArbR/Blomeyer, 2. Aufl. (2000), § 59 Rn. 33.

des Zivilrechts überein. Hier ist aber erwähnenswert, dass die methodische Rechtfertigung für die konkrete Schadensverteilung zwischen Arbeitgeber und Arbeitnehmer nach dem Grad des Arbeitnehmerverschuldens, trotz der eingetretenen Verfestigung nicht unproblematisch ist und zunehmend auf Widerspruch in der Literatur stößt.[1132] Weil das dreistufige Haftungsmodell systematisch dem deutschen BAG fremd ist,[1133] kann man nicht feststellen, dass eine feste richterliche Rechtsfortbildung in dieser Frage vorliegt.[1134]

Neben den allgemeinen zivilrechtlichen Gedanken einer Berücksichtigung des betrieblichen Risikopotentials zieht das BAG zu Recht den spezifisch arbeitsrechtlichen Aspekt des Sozialschutzes vom Arbeitnehmer als weiteren Rechtfertigungsgrund in Erwägung. Dazu gehören die häufig in der Literatur anzutreffenden Ansatzpunkte, nämlich das Missverhältnis zwischen Haftungsrisiko und Arbeitsentgelt[1135] sowie die Existenzgefährdung durch eine ruinöse Ersatzpflicht.[1136]

Abgesehen von dem dreistufigen Haftungsmodell passen sich die richterrechtlichen Grundsätze zur beschränkten Arbeitnehmerhaftung entweder aus dem allgemeinen zivilrechtlichen oder aus dem spezifisch arbeitsrechtlichen Aspekt in das Gefüge des geltenden Rechts ein.

(3) Verbreitete Akzeptanz in den Fachkreisen

Soweit es um die Akzeptanz im Schrifttum geht, werden die richterrechtlichen Grundsätze zur beschränkten Arbeitnehmerhaftung einstimmig übernommen. Die Grundgedanken des Sozialschutzes werden als traditionelles Argumentationsgut ohne jeden Zweifel von der Literatur akzeptiert. Die seit Anfang der 1970er Jahre vom BAG[1137] in den Vordergrund gestellten Grundgedanken des betrieblichen Risikopotentials haben – wie bereits oben eingehend dargelegt[1138] –

1132 Otto/Schwarze, Rn. 69; MünchArbR/Reichold, 3. Aufl. (2009), § 51 Rn. 42 f.

1133 Otto/Schwarze, Rn. 69; MünchArbR/Reichold, 3. Aufl. (2009), § 51 Rn. 42.

1134 Otto/Schwarze, Rn. 69; MünchArbR/Reichold, 3. Aufl. (2009), § 51 Rn. 43.

1135 Staudinger/Richardi/Fischinger, BGB, Neubearb. (2011), § 619 a Rn. 60; HWK/Krause, 5. Aufl. (2012), § 619 a BGB Rn. 14.

1136 HWK/Krause, 5. Aufl. (2012), § 619 a BGB Rn. 14.

1137 BAG (27.02.1970), AP Nr. 54 zu § 611 BGB Haftung des Arbeitnehmers; BAG (28.04.1970), AP Nr. 55 zu § 611 BGB Haftung des Arbeitnehmers; BAG (07.07.1970), AP Nr. 58 zu § 611 BGB Haftung des Arbeitnehmers; BAG (03.11.1971), AP Nr. 61 zu § 611 BGB Haftung des Arbeitnehmers; BAG (23.03.1983), AP Nr. 82 zu § 611 BGB Haftung des Arbeitnehmers; BAG (24.11.1987), AP Nr. 93 zu § 611 BGB Haftung des Arbeitnehmers; BAG (GS) (27.09.1994), AP Nr. 103 zu § 611 BGB Haftung des Arbeitnehmers.

1138 Vgl. ausführlich oben Zweiter Teil C. III. 1.

mit besseren und überwiegenden Argumenten seine früheren überholten Gedanken über „gefahrgeneigte Arbeit" ersetzt und sind mithin im Schrifttum einhellig auf Zustimmung gestoßen.[1139] Manche Stimmen wollen zwar die Einschränkung der Arbeitnehmerhaftung ausschließlich mit dem haftungsentlastenden Prinzip der „Risikohaftung bei Tätigkeit in fremdem Interesse" im BGB rechtfertigen, [1140] aber ihre Ausführungen enthalten auch die Gedanken der Verantwortung des Arbeitgebers für die Organisation des Betriebs und die Gestaltung der Arbeitsbedingungen.[1141] Deswegen stehen ihre Meinungen im Ergebnis nicht im Widerspruch mit den Grundgedanken des betrieblichen Risikopotentials.

Hier ist ergänzend zu erwähnen, dass die Schadensverteilung nach dem Grad des Arbeitnehmerverschuldens trotz ihrer dogmatischen Zweifel eine faktische Geltung in der Literatur erlangt wie ein Gesetz.[1142]

1139 Das Schrifttum nach der Grundsatzentscheidung vom BAG (GS) (27.09.1994): Otto/Schwarze, Rn. 27 ff., 81 ff.; Preis/Kellermann, Anm. zu BAG (22.05.1997), SAE 1998, S. 136 f.; Staudinger/Richardi, BGB, 13. Bearb. (1999), § 611, Rn. 478; Deinert, RdA 2000, S. 26 f.; Deinert, Anm. zu BAG (02.12.1999), AuR 2001, S. 26; Walker, JuS 2002, S. 737; Staudinger/Richardi/Fischinger, BGB, Neubearb. (2011), § 619 a Rn. 44; MüKoBGB/Henssler, 6 Aufl. (2012), § 619 a Rn. 8 f.; KassHdb/Künzl, Band 1, 2. Aufl. (2000), 2.1 Rn. 248; MünchArbR/Blomeyer, 2. Aufl. (2000), § 59 Rn. 34; MünchArbR/Reichold, 3. Aufl. (2009), § 51 Rn. 19, 27 f.; HK-ArbR/Waas/Palonka, 2. Aufl. (2010), § 619 a BGB Rn. 6; Rolfs, 3 Aufl. (2010), § 619 a BGB Rn. 10 ff.; HWK/Krause, 5. Aufl. (2012), § 619 a BGB Rn. 13; ErfK/Preis, 13. Aufl. (2013), § 619 a BGB Rn. 9 f.; Preis/Stoffels, 4. Aufl. (2011), II H 20 Rn. 8 ff.; Schaub/Linck, 14. Aufl. (2011), § 59, Rn. 37, 42 ff.; MünchAnwH-ArbR/Eisenbeis, 2. Aufl. (2009), § 15, Rn. 69; Küttner/Griese, 18. Aufl. (2011), Arbeitnehmerhaftung 33, Rn. 10; HBD/Brors, 2.Auf.(2010), § 611 BGB Rn. 913; Tschöpe/Steinau-Steinrück, 7. Aul.(2011), 2 I, Rn. 27; Löwisch, 8. Aufl. (2007), Rn. 1192; Löwisch/Caspers/Klumpp, 9. Aufl. (2012), Rn. 535; Waltermann, 16. Aufl. (2012), Rn. 243; Dütz/Thüsing, 17. Aufl. (2012), Rn. 201; Junker, 11. Aufl. (2012), Rn. 297; Das Schrifttum vor der Grundsatzentscheidung vom BAG (GS) (27.09.1994): vgl. Otto/Schwarze, Rn. 68, Fn. 79, m.w.N.

1140 Boemke, 2. Aufl. (2004), § 10 Rn. 71; Staudinger/Richardi/Fischinger, BGB, Neubearb. (2011), § 619 a Rn. 57 ff.

1141 Boemke, 2. Aufl. (2004), § 10 Rn. 72 ff.; Staudinger/Richardi/Fischinger, BGB, Neubearb. (2011), § 619 a Rn. 54, 58.

1142 MüKoBGB/Henssler, 6 Aufl. (2012), § 619 a Rn. 34 ff.; Staudinger/Richardi/Fischinger, BGB, Neubearb. (2011), § 619 a Rn. 69 ff.; MünchArbR/Reichold, 3. Aufl. (2009), § 51 Rn. 35 ff.; RGKU/Hesse, § 619 a BGB Rn. 9 ff.; HK-ArbR/Waas/Palonka, 2. Aufl. (2010), § 619 a BGB Rn. 10 ff.; Rolfs, 3 Aufl. (2010), § 619 a BGB Rn. 13; HWK/Krause, 5. Aufl. (2012), § 619 a BGB Rn. 27 ff.; ErfK/Preis, 13. Aufl. (2013), § 619 a BGB Rn. 13 ff.; DLW/Dörner, 8. Aufl. (2009), Kap. 3, Rn. 624 ff.; MünchAnwH-ArbR/Eisenbeis, 2. Aufl. (2009), § 15, Rn.

bb) Gewohnheitsrecht

Die Grundsätze zur beschränkten Arbeitnehmerhaftung sind schon seit langem, wie eben dargestellt, richterrechtlich verfestigt. Diese ständige Rechtsprechung wirft die Frage auf, ob sich diese Grundsätze zu einem Gewohnheitsrecht im festen Gerichtsgebrauch entwickelt haben. Das Gewohnheitsrecht entsteht keinesfalls allein durch eine ständige Rechtsprechung, sondern erfordert darüber hinaus eine allgemeine Rechtsüberzeugung, die sich in einer konstanten Übung manifestiert.[1143]

Leider kann angesichts der dogmatischen Zweifel an der konkreten Schadensverteilung nach dem Grad des Arbeitnehmerverschuldens[1144] und keiner vollends überzeugenden rechtskonstruktiven Umsetzung der Haftungsprivilegierung mittels § 254 BGB oder § 276 BGB[1145] bei weitem nicht davon die Rede sein, dass jede Einzelregel über die Enthaftung des Arbeitnehmers als gewohnheitsrechtlich verfestigt angesehen werden kann.[1146] Deswegen liegt es nahe, dass sich das BAG zurückhaltend dazu verhalten hat, die privilegierte Arbeitnehmerhaftung als Gewohnheitsrecht zu erklären.

Es ist nicht überzeugend, dass man jegliche Gewohnheitsrechtsbildung auf dem Gebiet der Arbeitnehmerhaftung verneint. *Gamillscheg* hat schon früh zu Recht ausgesagt, dass Grundgedanke und Kernbereich der Haftungseinschränkung in Gewohnheitsrecht erwachsen seien.[1147] Zwar ist es nicht leicht, genaue gewohnheitsrechtliche Rechtssätze aus diesem Richterrecht zu schöpfen, aber

72 ff.; Küttner/Griese, 18. Aufl. (2011), Arbeitnehmerhaftung, Rn. 11 ff.; HBD/Eros, 2.Auf.(2010), § 611 BGB Rn. 882 ff; DFL/Kamanabrou, 4. Aufl. (2011), § 611 BGB Rn.426 ff.; Tschöpe/Steinau-Steinrück, 7. Aufl. (2011), 2 I, Rn. 22 ff.; Preis/Stoffels, 4. Aufl. (2011), II H 20 Rn. 12 ff.; Schaub/Linck, 14. Aufl. (2011), § 59, Rn. 47 ff.; Lieb/Jacobs, 9. Aufl. (2006), Rn. 222; Hanau/Adomeit, 14. Aufl. (2007), Rn. 705, 709; Löwisch, 8. Aufl. (2007), Rn. 1194; Löwisch/Caspers/Klumpp, 9. Aufl. (2012), Rn. 537; Reichold, 4. Aufl. (2012), § 9 Rn. 36; Otto, 4. Aufl. (2008), Rn.587; Zöller/Loritz/Hergenröder, 6. Aufl. (2008), S. 236 f.; Waltermann, 16. Aufl. (2012), Rn. 246; Wollenschläger, 3. Aufl. (2010), Rn. 299; Brox/Rüthers/Henssler, 18. Aufl. (2010), Rn. 250 ff.; Junker, 11. Aufl. (2012), Rn. 299 ff.; Dütz/Thüsing, 17. Aufl. (2012), Rn. 203; Hromadka/Maschmann, Arbeitsrecht Band 1, 5. Aufl. (2012), § 9 Rn. 32.

1143 Larenz/Canaris, Methodenlehre der Rechtswissenschaft, 3. Aufl. (1995), S. 188 f., 258; Rüthers/Fischer/Birk, 6. Aufl. (2011), Rn. 232; Otto, 4. Aufl. (2008), Rn. 148; Krause, 2. Aufl. (2011), § 3 Rn. 10; Brox/Walker, Allgemeiner Teil des BGB, 36. Aufl. (2012), Rn. 8.

1144 Otto/Schwarze, Rn. 69; MünchArbR/Reichold, 3. Aufl. (2009), § 51 Rn. 42 f.

1145 Preis, FS 50 Jahre BAG 2004, S. 151.

1146 Otto/Schwarze, Rn. 63; Schumacher, S. 163.

1147 Gamillscheg, Referat zum 45. DJT, Bd. II, 1965, S. G 33.

die Aussage von *Gamillscheg* ist m.E. heutzutage noch aktuell. Nach *Otto/Schwarze* und *Krause* lies sich damals mit einiger Sicherheit als gleichsam „negatives Gewohnheitsrecht“ nur feststellen, dass der Arbeitnehmer nicht für jede Fahrlässigkeit bei allen Tätigkeiten in vollem Umfang haften muss.[1148] Demgegenüber können zwei positive Aussagen in der privilegierten Arbeitnehmerhaftung nicht zu einer gewohnheitsrechtlichen Verfestigung kommen. Zum einen geht es um die sachliche Reichweite der Haftungsreduktion, nämlich die Ausdehnung der Enthaftung auf sämtliche betrieblichen Tätigkeiten. Zum anderen handelt es von der Schadensteilung nach dem Verschuldensgrad des Arbeitnehmers.[1149]

Nach meiner Auffassung gilt keine Entstehung des Gewohnheitsrechts heutzutage nur noch für das Letztere, aber nicht mehr für das Erstere. Wenn man damals die Ausdehnung der Enthaftung auf sämtliche betrieblichen Tätigkeiten deshalb nicht als gewohnheitsrechtlich verfestigt ansieht, weil sich die Ersetzung der untauglichen Einstiegsvoraussetzung „gefahrgeneigter Arbeit“ durch „betrieblich veranlasste Tätigkeit“ in der höchstrichterlichen Rechtsprechung erst vor wenigen Jahren durchgesetzt hat, ist dieses Gegenargument schon nach ca. zweijahrzehntelanger Praktizierung durch die Rechtsprechung überholt worden. Doch darf hierfür eine erhebliche Länge der Zeit, nämlich der Zeitfaktor nicht einmal als maßgebende Voraussetzung für die Entstehung des Gewohnheitsrechts angesehen werden.[1150] Aber neben der zeitlich langen Praktizierung durch die Rechtsprechung hat sich ein Kerngedanke der privilegierten Arbeitnehmerhaftung schon aufgrund der allgemeinen Anerkennung im Schrifttum[1151] als Gewohnheitsrecht herausgebildet, der darin besteht, aus der Verantwortung des Arbeitgebers für die Organisation des Betriebs und die Gestaltung der Arbeitsbedingungen auf eine Einschränkung der Haftung des Arbeitnehmers zu schließen.[1152] Leider hält sich die Literatur überwiegend in dieser Frage zurück. Dazu wird vereinzelt Stellung genommen. *Reichold* hat eindeutig die Haftungserleichterungen für den Arbeitnehmer aufgrund seiner Organisationsabhängigkeit als gewohnheitsrechtlich anerkannt und hat konsequent zutreffend die vom Großen Senat des BAG entwickelten Betriebsrisikogedanken[1153] als eine „allgemeine Rechtsüberzeugung“ angesehen, wonach mit der Eingliederung in die Betriebsorganisation und den faktischen Gegebenheiten des Arbeitsprozesses die Be-

1148 Otto/Schwarze, Rn. 64; Krause, 2. Aufl. (2011), § 3 Rn. 10.

1149 Otto/Schwarze, Rn. 64.

1150 Larenz/Canaris, Methodenlehre der Rechtswissenschaft, 3. Aufl. (1995), S. 258.

1151 Vgl. ausführlich oben Dritter Teil B. I. 3 c). (3).

1152 Krause, NZA 2003, S. 579.

1153 BAG (GS) (27.09.1994), AP Nr. 103 zu § 611 BGB Haftung des Arbeitnehmers (unter C II 2 der Gründe).

rufsausübung des Arbeitnehmer gesteuert und mit einem besonderen Haftungsrisiko belastet werde.[1154] Demgegenüber will *Schumacher* nicht eine gewohnheitsrechtliche Verfestigung auf den sog. „Kernbereich" der Haftungsgrundsätze beziehen, sondern allein auf die vollständige Haftungsfreistellung des Arbeitnehmers bei leichtesten Fahrlässigkeit einschränken, weil die inhaltliche Ausgestaltung dieses Kernbereichs völlig im Dunkeln bleibt und sich ebenso wenig bestimmen lässt.[1155]

Meiner Meinung nach ist dieser Kernbereich nicht konturlos, sondern schon durch die Standpunkte in der Literatur bestimmt. Zwar betrachten manche Autoren das dem Arbeitgeber wegen seiner Organisationshoheit zuzurechnende Betriebsrisiko zwar nicht als gewohnheitsrechtlich verfestigt, jedoch halten sie zu Recht dieses Betriebsrisiko als Kerngedanken der privilegierten Arbeitnehmerhaftung für unabdingbar. Ausgehend von der vom Großen Senat des BAG angeordneten unabdingbaren Berücksichtigung des Betriebsrisikos bei allen Schäden, die durch betrieblich veranlasste Arbeiten entstanden sind, vertritt *Krause*[1156] die Auffassung, dass die Grundsätze zur beschränkten Arbeitnehmerhaftung im Kern verbindlich festlegen, an welcher Grenze die Verantwortlichkeit des Arbeitnehmers für schuldhaft verursachte Schäden endet.[1157] *Walker* will auch die aus der privilegierten Arbeitnehmerhaftung abgeleitete Unabdingbarkeit auf die grundsätzlich notwendige Berücksichtigung des Betriebsrisikos zu Lasten des Arbeitgebers beschränken, also auf den Kern der Haftungseinschränkung zu Gunsten des Arbeitnehmers, nicht dagegen auf alle denkbaren Details.[1158]

Deswegen hat m.E. die Stützung der Grundsätze zur Haftungsbeschränkung des Arbeitnehmers auf das dem Arbeitgeber wegen seiner Organisationshoheit zuzurechnende Betriebsrisiko schon jahrzehntelang in der Rechtsprechung und der Literatur eine entsprechende allgemeine Rechtsüberzeugung erlangt, so dass es insoweit nicht zu früh ist, um bereits jetzt von einer Gewohnheitsrechtsbildung zu sprechen. Mit anderen Worten ist der Gedanke, dass das vom Arbeitgeber wegen seiner Organisationshoheit zu tragende Betriebsrisiko nicht auf den Arbeitnehmer abgewälzt werden darf, schon gewohnheitsrechtlich geworden.

cc) Einschub: Bildung der privilegierten Arbeitnehmerhaftung in Präjudizen

Anders als Großbritannien und die USA gehört die Bundesrepublik Deutschland zum traditionellen kontinental-europäischen Rechtssystem des Gesetzesrechts.

1154 MünchArbR/Reichold, 3. Aufl. (2009), § 51 Rn. 19.
1155 Schumacher, S. 163 f.
1156 Krause, NZA 2003, S. 585.
1157 Krause, NZA 2003, S. 585.
1158 Walker, FS Canaris (2007), Band I, S. 1517.

Jedoch ist die Tatsache nicht zu leugnen, dass die richterliche Rechtsfortbildung im Arbeitsrecht eine große praktische Bedeutung hat.

Im gesetzlich nicht geregelten Bereich der Arbeitnehmerhaftung spielen die Präjudizien ständig eine bedeutende Rolle, in denen das BAG die Regeln getroffen hat, die über den entschiedenen Einzelfall hinaus eine faktische gesetzesähnliche Wirkung entfalten. Nach *Larenz/Canaris* soll die Herausbildung neuer Regeln in Präjudizen im Wege richterlicher Rechtsfortbildung nicht in der Weise geschehen, dass sogleich die fertige Regel oder gar eine detaillierte Regelung gegeben wurde, sondern schrittweise, gleichsam experimentierend, damit es vermieden wird, dass der Prozess der weiteren Klärung, Fortentwicklung und Präzisierung, der nur im Hinblick auf weitere Fälle geschehen kann, durch alsbaldige Festlegung auf ein Präjudiz zu früh abgebrochen oder in eine falsche Richtung gelenkt wird.[1159] Die geschichtliche Entwicklung der Rechtsprechung zur privilegierten Arbeitnehmerhaftung[1160] stellt offenbar eine solche schrittweise, experimentierende Aufstellung der Regeln dar. Zuerst wurde nur der Grundsatz ausgesprochen, dass der Arbeitnehmer nicht für jedes Verschulden uneingeschränkt nach dem Prinzip der Totalreparation im BGB zu haften hat. Dieser vom BGB abweichende Grundsatz entwickelte sich in weiteren Entscheidungen durch Fortentwicklung, Konkretisierung und Präzisierung zu richterrechtlichen Grundsätzen zur beschränkten Arbeitnehmerhaftung, wonach die Arbeitnehmerhaftung gemäß § 276 I 1 BGB i.V.m. § 254 BGB analog nach dem Grad des Arbeitnehmerverschuldens eingeschränkt wird. Diese Grundsätze des innerbetrieblichen Schadensausgleichs wurden zunächst auf eine begrenzte Fallgruppe, nämlich gefahrgeneigte Arbeitstätigkeiten beschränkt und später auf alle betrieblich veranlassten Arbeitstätigkeiten ausgedehnt. Deswegen sind die Grundsätze zur beschränkten Arbeitnehmerhaftung schon als „case law“ in Präjudizen verfestigt worden.

d) Zwischenergebnis

Die Grundsätze zur beschränkten Arbeitnehmerhaftung stellen als einseitig zwingendes Arbeitnehmerschutzrecht den neuen strengeren Kontrollmaßstab dar und verdrängen daher die bisherigen Prüfmaßstäbe. Solange der Gesetzgeber die Arbeitnehmerhaftung gesetzlich nicht regelt, ist hinzunehmen, dass die Grundsätze zur beschränkten Arbeitnehmerhaftung als einseitig zwingendes Arbeitnehmerschutzrecht einzustufen sind. Dafür gibt es folgende Hauptgründe: Dafür spricht zunächst der Sozialschutz des Arbeitnehmers. Darüber hinaus dient die Einstufung der Grundsätze zur beschränkten Arbeitnehmerhaftung als einseitig

---

1159 Larenz/Canaris, Methodenlehre der Rechtswissenschaft, 3. Aufl. (1995), S. 255.

1160 Vgl. ausführlich oben Zweiter Teil C. I.

zwingendes Arbeitnehmerschutzrecht der Rechtseinheit – und sicherheit weil die Rechtsunsicherheit, die sich aus der Beurteilung der Angemessenheit eines Risikoausgleichs und der Festsetzung einer Haftungshöchstsumme im Einzelfall ergibt, vermieden werden kann. Schließlich muss der hinter der privilegierten Arbeitnehmerhaftung stehende Kerngedanke, dass der Arbeitgeber das aus seiner Organisation des Betriebs und Gestaltung der Arbeitsbedingungen ergebende Betriebsrisiko, dem der Arbeitnehmer weder tatsächlich noch rechtlich ausweichen kann, zu tragen hat, gesichert werden. Nur durch die Prämientherorie kann gewährleistet werden, dass das dem Arbeitgeber wegen seiner Organisationshoheit zuzurechnende „Betriebsrisiko“ nicht durch abweichende Vertragsabrede wieder teilweise auf den Arbeitnehmer zurückgewälzt wird und gleichzeitig der einseitige zwingende Charakter der privilegierten Arbeitnehmerhaftung unberührt bleibt. An dieser rigiden Prämientherorie wird von der Literatur teilweise heftige Kritik geübt.[1161] Aber m.E. ist dem BAG diese strenge Prämientherorie weniger vorzuwerfen, als dem Gesetzgeber, weil er angesichts starker Interessengegensätzen mehr als ein Jahrhundert lang trotz mehrerer rechtspolitischen Vorschläge die Arbeitnehmerhaftung nicht geregelt und weiter diesen regelungsbedürftigen Bereich vollständig der Rechtsprechung überlassen hat. Angesichts des rechtsstaatlichen Prinzips der Gewaltenteilung hat der 8. Senat des BAG zu Recht in ständiger Rechtsprechung eine abstrakte Festlegung einer angemessenen summenmäßigen Haftungsbegrenzung abgelehnt, die in der Regel dem Gesetzgeber vorzubehalten ist. Die Untätigkeit des Gesetzgebers zwingt den 8. Senat des BAG um der Rechtseinheit – und sicherheit willen dazu die rigide Prämientherorie als eine vermittelnde Lösung zur Absicherung der privilegierten Arbeitnehmerhaftung als einseitig zwingendes Arbeitnehmerschutzrecht zu wählen. Vom Gesetzgeber wird das BAG in dieser Frage, ob die Grundsätze zur beschränkten Arbeitnehmerhaftung als einseitig zwingendes Arbeitnehmerschutzrecht eingestuft werden sollen, zum „Sündenbock“ gemacht.

II. Einzelne typische Mankoabreden

Die Mankoabrede ist in der Praxis vielfältig ausgestaltet. Drei Formen der Mankoabreden, die häufiger auftreten, sind z.B. die verschuldensunabhängige Mankohaftung, die Beweislastvereinbarung und die Haftung mehrerer Arbeitnehmer. Bevor der 8. Senat des BAG die einseitig zwingenden Grundsätze zur beschränkten Arbeitnehmerhaftung in Verbindung mit der starren Prämientheorie eingeleitet hat, sind zwei einheitliche Zulässigkeitsvoraussetzungen in der frühe-

1161 Schwirtzek, NZA 2005, S. 438, „Funktionsverlust von Mankoabreden durch die Prämientheorie des BAG“.

ren Rechtsprechung des BAG entwickelt worden, nämlich ein angemessener wirtschaftlicher Ausgleich für das vom Arbeitnehmer übernommene erhöhte Risiko und die Einflussnahmemöglichkeit des Arbeitnehmers auf das Risiko.[1162] Hier stellt sich die Frage, ob neben dem wirtschaftlichen Risikoausgleich diese bisherigen Zulässigkeitsvoraussetzungen für verschiedenartige Mankoabreden noch gelten.

1. Meinungsstand in der Literatur

Die eben gestellte Frage hängt eigentlich damit zusammen, ob man sich der Ansicht des 8. Senats des BAG, die Grundsätze über die beschränkte Arbeitnehmerhaftung als einseitig zwingendes Arbeitnehmerschutzrecht einzuordnen, anschließt. Dementsprechend werden im Wesentlichen zwei Auffassungen in der Literatur vertreten.

a) Einseitig zwingende Grundsätze zur beschränkten Arbeitnehmerhaftung als neuer strengerer Kontrollmaßstab

Außer der in der Praxis am häufigsten aufgetretenen Beweislastvereinbarung erörtern die Stimmen, die sich der Ansicht des 8. Senats des BAG anschließen, überwiegend nicht mehr die Zulässigkeit einzelner typischer Mankoabreden, sondern verlangen für die Zulässigkeit verschiedener Klauseltypen einheitlich, dass der Arbeitnehmer ein zusätzliches Mankogeld erhält und die Haftung aufgrund besonderer Mankoabrede streng auf die Summe der in einem bestimmten Zeitraum gezahlten Mankogelder begrenzt ist.[1163] Dies ist auch konsequent und naheliegend, weil die neue Grenze, nämlich die Beschränkung der vertraglichen Mankohaftung auf die Summe der in einem bestimmten Abrechnungszeitraum gezahlten Mankogelder, so starr und restriktiv ist, dass die bisherigen Zulässigkeitsvoraussetzungen zurücktreten und keine Rolle mehr für eine wirksame Mankoabrede spielen.

1162 Vgl. ausführlich oben Dritter Teil A. IV. 4.

1163 KassHdb/Künzl, Band 1, 2. Aufl. (2000), 2.1 Rn. 293 ff.; RGKU/Hesse, § 619 a BGB Rn. 21; MüKoBGB/Henssler, 6 Aufl. (2012), § 619 a Rn. 42; Rolfs, 3 Aufl. (2010), § 619 a BGB Rn. 14 ff.; Henssler/Moll, S. 95 ff.; Brose, RdA 2011, S. 216; Krause, RdA 2013, S. 138 f.; Schaub/Linck, 14. Aufl. (2011), § 59, Rn. 80 ff.; HWK/Krause, 5. Aufl. (2012), § 619 a BGB Rn. 51 f.; DLW/Dörner, 8. Aufl. (2009), Kap. 3, Rn. 657; MünchAnwH-ArbR/Eisenbeis, 2. Aufl. (2009), § 15, Rn. 78, 80 ff.; Küttner/Griese, 18. Aufl. (2011), Fehlgeldentschädigung 187, Rn. 5; DFL/Kamanabrou, 4. Aufl. (2011), § 611 BGB Rn. 420, 441 ff.; Tschöpe/Steinau-Steinrück, 7. Aufl. (2011), 2 I, Rn. 35, 50 ff.; Grobys/Panzer/Schwab, SWK ArbR 2012, 18. Arbeitnehmerhaftung Rn. 15, 16.

Die Ausführungen von *Waas/Palonka* und *Richardi/Fischinger* weisen aber einen janusköpfigen Charakter auf, weil sie die einseitig zwingenden Grundsätze zur beschränkten Arbeitnehmerhaftung in Verbindung mit der starren Prämientheorie als neuen Kontrollmaßstab annehmen, aber zugleich die bisherigen Zulässigkeitsvoraussetzungen für eine Inhaltskontrolle heranziehen, nämlich einen angemessenen wirtschaftlichen Ausgleich, der mindestens dem Durchschnitt der erfahrungsgemäß zu erwartenden Fehlbeträge entspricht und nicht zu einer Tarifunterschreitung führen darf, und den Alleinzugang des Arbeitnehmers zum Bestand.[1164] Eigentlich ist die Heranziehung der bisherigen Zulässigkeitsvoraussetzungen nicht mehr nötig, wenn *Waas/Palonka* und *Richardi/Fischinger* selbst die vertragliche Mankohaftung auf die Summe der in einem bestimmten Abrechnungszeitraum gezahlten Mankogelder beschränken wollen. Diese janusköpfige Haltung ist m.E. darauf zurückzuführen, dass der einseitig zwingende Charakter des Richterrechts noch nicht vom Gesetzgeber bestätigt wurde.

b) Weitergeltung der bisherigen Zulässigkeitsvoraussetzungen

Die bisherigen Zulässigkeitsvoraussetzungen werden von den Autoren, die ausgehend von der Dispositivität der privilegierten Arbeitnehmerhaftung die Prämientheorie des 8. Senats des BAG ablehnen, weiter zur Beurteilung herangezogen, ob dem vom Arbeitnehmer in der Mankoabrede übernommenen erhöhten Risiko ein angemessener wirtschaftlicher Ausgleich gegenübersteht.[1165] Dies ist konsequent, weil die Frage nach der Beurteilung der Angemessenheit des Mankogeldes in einer einzelfallbezogenen Betrachtungsweise unentbehrlich ist, wenn das Schadensersatzrisiko des Arbeitnehmers nicht von Anfang an durch die strenge Prämientheorie auf die gesamte Summe der im Ausgleichszeitraum gezahlten Mankogelder begrenzt ist.

Die Entwicklung der Rechtsprechung zur Zulässigkeit verschiedenartiger Mankoabreden wurde oben schon ausführlich dargestellt.[1166] Insbesondere die Übersicht zeigt anschaulich die Entwicklungslinie der Kontrollmaßstäbe und Zulässigkeitsvoraussetzungen für einzelne typische Mankoabreden in der Rechtsprechung.[1167] Die Literatur folgt auch getreu dieser früheren Rechtsprechungslinie. Hier wird somit nicht erneut ausführlich dargestellt, wie eine solche Beur-

---

1164 HK-ArbR/Waas/Palonka, 2. Aufl. (2010), § 619 a BGB Rn. 24; Staudinger/Richardi/Fischinger, BGB, Neubearb. (2011), § 619 a Rn. 97 f.

1165 Vgl. etwa ErfK/Preis, 13. Aufl. (2013), § 619 a BGB Rn. 39 ff.; Preis/Stoffels, 4. Aufl. (2011), II M 10 Rn. 10 ff.

1166 Vgl. ausführlich oben Dritter Teil A.

1167 Vgl. ausführlich oben Dritter Teil A. IV. 4.

teilung für verschiedenartige Mankoabreden in der Literatur erfolgt.[1168] Es lässt sich in folgenden wichtigen Aussagen zusammenfassen:

Dem vom Arbeitnehmer in der Mankoabrede übernommenem erhöhten Risiko steht ein angemessener wirtschaftlicher Ausgleich gegenüber, dessen Höhe mindestens dem Durchschnitt der erfahrungsgemäß zu erwartenden Fehlbeträge entspricht.[1169]

Der Arbeitnehmer hat die tatsächliche Einflussnahmemöglichkeit auf die übernommenen Risiken oder den Alleinzugang des Arbeitnehmers zum Bestand.[1170] Je geringer die Beherrschbarkeit des Risikos ist, desto höher ist das entsprechende Mankogeld.[1171]

Aus dem Sozialschutzgedanken ist die Haftung aufgrund der vertraglichen Mankoabrede auf eine Höchstsumme begrenzt, die aber die Summe der im Ausgleichszeitraum gezahlten Mankogelder übersteigen kann.[1172]

2. Eigene Stellungnahme

Die bisher von Rechtsprechung und Literatur herangezogenen Zulässigkeitsvoraussetzungen entfallen m.E. zugunsten der strengeren Prüfung einer Abweichung von zwingenden Grundsätzen der privilegierten Arbeitnehmerhaftung nach der starren Prämientheorie vollständig. Für verschiedenartige Mankoabreden gilt nunmehr die einheitliche Zulässigkeitsvoraussetzung, nämlich die Prämientheorie.

Eine Angemessenheit des wirtschaftlichen Ausgleichs für das übernommene Risiko ist nicht mehr wichtig und nötig, weil eine Haftung aufgrund einer Mankoabrede jedenfalls auf die gesamte Summe der im Ausgleichszeitraum gezahl-

---

1168 Vgl. ausführlich ErfK/Preis, 13. Aufl. (2013), § 619 a BGB Rn. 39 ff.; Preis/Stoffels, 4. Aufl. (2011), II M 10 Rn. 10 ff.

1169 Schwirtzek, NZA 2005, S. 442; Gotthardt, 2. Aufl. (2003), Rn. 319; MünchArbR/Reichold, 3. Aufl. (2009), § 51 Rn. 75; HWK/Gotthardt, 5. Aufl. (2012), Anh. §§ 305-310 BGB Rn. 1 f.; Preis/Stoffels, 4. Aufl. (2011), II M 10 Rn. 11; ErfK/Preis, 13. Aufl. (2013), §§ 305 - 310 BGB Rn. 89; ErfK/Preis, 13. Aufl. (2013), § 619 a BGB Rn. 40.

1170 Schwirtzek, NZA 2005, S. 442; MünchArbR/Reichold, 3. Aufl. (2009), § 51 Rn. 74 f.; Preis/Stoffels, 4. Aufl. (2011), II M 10 Rn. 18; ErfK/Preis, 13. Aufl. (2013), § 619 a BGB Rn. 42.

1171 Schwirtzek, NZA 2005, S. 442.

1172 Schwirtzek, NZA 2005, S. 442; Gotthardt, 2. Aufl. (2003), Rn. 319; MünchArbR/Reichold, 3. Aufl. (2009), § 51 Rn. 75; HWK/Gotthardt, 5. Aufl. (2012), Anh. §§ 305-310 BGB Rn. 1 f.; Preis/Stoffels, 4. Aufl. (2011), II M 10 Rn. 11 f., 23; ErfK/Preis, 13. Aufl. (2013), §§ 305 - 310 BGB Rn. 89.

ten Mankogelder beschränkt ist. Stellt man die Entscheidung vom 17.09.1998[1173] und die Entscheidung vom 02.12.1999[1174] einander gegenüber, so scheint der 8. Senat des BAG auch die Angemessenheit nicht mehr als Wirksamkeitsvoraussetzung aufzustellen. Der 8. Senat des BAG erwähnt die Angemessenheit des Mankogeldes in der Entscheidung vom 02.12.1999 nicht einmal als Zulässigkeitsvoraussetzung. *Pallasch* hat zutreffend darauf hingewiesen, dass es auf eine angemessene Höhe gar nicht ankommt, wenn das Schadensersatzrisiko des Arbeitnehmers ohnehin von vornherein durch die gesamte Summe der im Ausgleichszeitraum gezahlten Mankogelder begrenzt ist.[1175] Deswegen wird in der dem 8. Senat folgenden Literatur die Angemessenheit nicht mehr als Zulässigkeitsvoraussetzung einer wirksamen Mankoabrede verlangt und erwähnt.[1176]

Neben einem angemessenen wirtschaftlichen Ausgleich fordert die frühere Rechtsprechung des BAG für eine wirksame Mankoabrede, dass die durch Mankoabrede auf den Arbeitnehmer abgewälzten Betriebsrisiken auf solche betrieblichen Risiken beschränkt werden, die nicht völlig seiner Einflusssphäre entzogen sein dürfen.[1177] M.E. ist diese Voraussetzung angesichts der starren Prämientheorie auch überholt und entbehrlich, weil eine ungerechtfertigte Verlagerung des dem Arbeitgeber zuzurechnenden Risikos nach der strengen Prämientheorie überhaupt nicht vorliegt, wenn die dem Einflussbereich des Arbeitnehmers entzogenen Risiken nicht vom Arbeitnehmer, sondern der Sache nach letztendlich vom Arbeitgeber durch die Haftungsbeschränkung auf die Summe der in einem bestimmten Zeitraum gezahlten Mankogelder getragen werden. Manche Stimmen betrachten auch die tatsächliche Einflussnahmemöglichkeit auf die übernommenen Risiken nicht mehr als eine unentbehrliche Zulässigkeitsvoraussetzung für eine wirksame Mankoabrede, weil der Arbeitnehmer wegen der Begrenzung einer vertraglichen Mankohaftung auf die gesamte Summe

1173 BAG (17.09.1998), AP Nr. 2 zu § 611 BGB Mankohaftung (Unter B IV 2 der Gründe).

1174 BAG (02.12.1999), AP Nr. 3 zu § 611 BGB Mankohaftung (Unter I 2 b der Gründe).

1175 Pallasch, Anm. zu BAG (17.09.1998), EzA § 611 BGB Arbeitnehmerhaftung Nr. 64, S. 25; Pallasch, Anm. zu BAG (02.12.1999), EzA § 611 BGB Arbeitnehmerhaftung Nr. 67, S. 10.

1176 Z.B. Deinert, RdA 2000, S. 33; KassHdb/Künzl, Band 1, 2. Aufl. (2000), 2.1 Rn. 294; RGKU/Hesse, § 619 a BGB Rn. 21; Schaub/Linck, 14. Aufl. (2011), § 59, Rn. 61 f.; HWK/Krause, 5. Aufl. (2012), § 619 a BGB Rn. 52.

1177 BAG (12.08.1959), AP Nr. 1 zu § 305 BGB (Unter IV der Gründe); BAG (22.11.1973), AP Nr. 67 zu § 626 BGB (Unter III 2 c der Gründe); BAG (13.02.1974), AP Nr. 77 zu § 611 BGB Haftung des Arbeitnehmers; BAG (29.01.1985), AP Nr. 87 zu § 611 BGB Haftung des Arbeitnehmers (Unter I der Gründe).

der im Ausgleichszeitraum gezahlten Mankogelder keiner zusätzlichen Haftung ausgesetzt ist.[1178]

Aber ein Teil des Schrifttums verlangt trotz der Annahme der Beschränkung der vertraglichen Mankohaftung auf die Summe der in einem bestimmten Zeitraum gezahlten Mankogelder weiter die tatsächliche Einflussnahmemöglichkeit auf die übernommenen Risiken oder den Alleinzugang des Arbeitnehmers zum Bestand als Zulässigkeitsvoraussetzung einer wirksamen Mankoabrede.[1179] Dies ist darauf zurückzuführen, dass der 8. Senat widersprüchliche Signale zur Frage aussendet, ob die dem Einflussbereich des Arbeitnehmers völlig entzogenen Risiken unabhängig von der Zahlung einer zusätzlichen Prämie auf den Arbeitnehmer abgewälzt werden können: Einerseits weist der 8. Senat im Urteil vom 17.09.1998 noch eindeutig darauf hin, dass eine wirksame Mankoabrede nicht zu einer ungerechtfertigten Verlagerung des dem Arbeitgeber zuzurechnenden Risikos führen darf und eine solche ungerechtfertigte Verlagerung dann vorliegt, „wenn eine Mankovereinbarung für Bereiche getroffen werde, auf die neben dem Arbeitnehmer noch andere Personen Zugriff haben", gleichgültig, ob eine angemessene Ausgleichszahlung gewährleistet wird.[1180] Andererseits lockert der 8. Senat gleich in einer Folgeentscheidung vom 02.12.1999 die Einflussnahmemöglichkeit auf die übernommenen Risiken insoweit, als die Mankoabrede auch nicht voll beherrschbare Umstände und Risiken wie die Beaufsichtigung von Mitarbeitern und Hilfskräften einschließen kann, weil der Arbeitnehmer keiner gesetzlich nicht vorgesehenen Haftung ausgesetzt wird, sondern allenfalls die „Erfolgsprämie" der Mankovergütung verliert.[1181] Der 8. Senat bestätigt diese Lockerung mit der nachfolgenden Ausführung: „Andererseits mag bei entsprechender Mankovergütung eine Haftung auch bei Zugriff Dritter begründet werden."[1182]

Im Anschluss an die Ansicht des 8. Senats im Urteil vom 17.09.1998 hält *Deinert* eine Mankoabrede für Bereiche mit Drittzugriff selbst bei kompensatorischer Zahlung von Mankogeldern für unwirksam, weil der Arbeitgeber damit

---

1178 Böckmann-Beeker/Schlüchtern, AuA 2001, S. 409; Krause, RdA 2013, S. 139; RGKU/Hesse, § 619 a BGB Rn. 21; MünchAnwH-ArbR/Eisenbeis, 2. Aufl. (2009), § 15, Rn. 82; DFL/Kamanabrou, 4. Aufl. (2011), § 611 BGB Rn. 442; Tschöpe/Steinau-Steinrück, 7. Aul.(2011), 2 I, Rn. 52.

1179 Deinert, RdA 2000, S. 36; HK-ArbR/Waas/Palonka, 2. Aufl. (2010), § 619 a BGB Rn. 24; HWK/Krause, 5. Aufl. (2012), § 619 a BGB Rn. 53; MüKoBGB/Henssler, 6 Aufl. (2012), § 619 a Rn. 42; Staudinger/Richardi/Fischinger, BGB, Neubearb. (2011), § 619 a Rn. 97.

1180 BAG (17.09.1998), AP Nr. 2 zu § 611 BGB Mankohaftung (Unter B IV 2 der Gründe).

1181 BAG (02.12.1999), AP Nr. 3 zu § 611 BGB Mankohaftung (Unter I 2 b der Gründe).

1182 BAG (02.12.1999), AP Nr. 3 zu § 611 BGB Mankohaftung (Unter I 4 der Gründe).

einen Teil des Kernbereichs seines Betriebsrisikos auf den Arbeitnehmer abwälze.[1183] Dieser Meinung ist nicht zu folgen, wenn *Deinert* selbst der Prämientheorie mit vielen zutreffenden Hinweisen beitritt,[1184] weil eine ungerechtfertigte Verlagerung des dem Arbeitgeber zuzurechnenden Risikos nach der strengen Prämientheorie überhaupt nicht vorliegt, wenn der Arbeitgeber den Arbeitnehmer aufgrund einer Mankoabrede nur in Höhe der vom Arbeitgeber im Ausgleichszeitraum gezahlten Mankogelder in Anspruch nehmen kann.

Nach *Krause* stellt die Weitergeltung dieser tatsächlichen Einflussnahmemöglichkeit des Arbeitnehmers keine übermäßige Einschränkung der Vertragsfreiheit des Arbeitgebers dar, weil die mit der Zahlung einer zusätzlichen Risikoprämie bezweckte Motivation des Arbeitnehmers ohnehin weitgehend ins Leere läuft, wenn der Beschäftigte auch für unbeeinflussbare Zufallsschäden einstehen soll.[1185] Zwar will *Krause* zu Recht die aus der Entscheidung des BAG vom 17.09.1998 gezogene Motivationswirkung der Mankogeldzahlung[1186] sichern, aber theoretisch gesehen steht das Fehlen einer tatsächlichen Einflussnahmemöglichkeit des Arbeitnehmers der Wirksamkeit der Mankoabrede nicht mehr entgegen, weil die dem Einflussbereich des Arbeitnehmers entzogenen Risiken nicht vom Arbeitnehmer, sondern der Sache nach letztendlich vom Arbeitgeber durch die Haftungsbeschränkung auf die Summe der in einem bestimmten Zeitraum gezahlten Mankogelder getragen werden. Im Übrigen wird der Arbeitgeber als ein Wirtschaftsmensch (Homo oeconomicus), der eigeninteressiert und rational handelt, in der Praxis angesichts des Verlustes der Motivationswirkung so gut wie nie eine solche Mankoabrede vereinbaren, auch wenn

---

1183 Deinert, RdA 2000, S. 36; Deinert, Anm. zu BAG (02.12.1999), AuR 2001, S. 26.

1184 Deinert, RdA 2000, S. 33, 34. „Der Arbeitnehmer .... ist zugleich allein dem Risiko ausgesetzt, bis zur Höhe der Mankogelder zu haften, d.h. i.E. die Mankogelder für sich nicht behalten zu dürfen. Das Risiko für den Arbeitnehmer stellt sich folglich nicht anders dar als bei Fehlen jeder Abrede. Er (Arbeitnehmer) steht praktisch so da, als bekäme er vom Arbeitgeber ein Sparschwein in die Hand, deren Inhalt er bei ausbleibendem Fehlbestand behalten darf."

1185 Krause, Anm. zu BAG (02.12.1999), AP Nr. 3 zu § 611 BGB Mankohaftung (unter I 4); Krause, NZA 2003, S. 585.

1186 BAG (17.09.1998), AP Nr. 2 zu § 611 BGB Mankohaftung (Unter B IV 2 der Gründe). Hier hat der 8. Senat selber diese Motivationswirkung durch die Ausführung indiziert: „Auf der anderen Seite hat der Arbeitnehmer ein Interesse daran, aus seinen Anstrengungen, die über die haftungsrechtliche Verantwortlichkeit hinausgehen, Nutzen zu ziehen. Er muss deshalb die Chance erhalten, durch Aufmerksamkeit einen Überschuss zu erzielen." In der Folgeentscheidung vom 02.12.1999 hat der 8. Senat jedoch diese Motivationswirkung durch die Lockerung der tatsächlichen Einflussnahmemöglichkeit aufgegeben, BAG (02.12.1999), AP Nr. 3 zu § 611 BGB Mankohaftung (Unter I 2 b, 4 der Gründe).

die tatsächliche Einflussnahmemöglichkeit nicht ausdrücklich als Wirksamkeitsvoraussetzung hervorgehoben wird.

C. Die Auswirkungen der AGB-Kontrolle auf die vorformulierten Mankoabreden im Individualarbeitsvertrag

Sehr oft finden sich die arbeitsvertraglichen Mankoabreden in den bereits vom Arbeitgeber vorformulierten Arbeitsbedingungen. Die AGB-Kontrolle wird durch das Schuldrechtsmodernisierungsgesetz auf das Arbeitsrecht erstreckt. Hier stellt sich die Frage, ob sich die §§ 305 ff. BGB auf die Inhaltskontrolle der vorformulierten Mankoabreden auswirken. Die Beantwortung dieser Frage hängt wiederum davon ab, ob die richterrechtlichen Grundsätze zur beschränkten Arbeitnehmerhaftung als einseitig zwingendes Arbeitnehmerschutzrecht einzuordnen sind, weil nach h.M. die AGB-Kontrolle nur die dispositiven Normen erfasst.[1187] In diesem Zusammenhang ist speziell auf die Frage einzugehen, wie sich die AGB-Kontrolle auf eine vom § 619 a BGB abweichende vorformulierte Beweislastvereinbarung auswirkt, weil § 619 a BGB nach der Schuldrechtsmodernisierung eine eigenständige Regelung für die Beweislastverteilung im Bereich der Arbeitnehmerhaftung darstellt.

I. Meinungsstand unter den der unabdingbaren privilegierten Arbeitnehmerhaftung folgenden Vertretern

1. AGB-Kontrolle

a) Stillschweigende Ablehnung der AGB Kontrolle

Zwar nehmen viele Autoren hier, die die Grundsätze zur beschränkten Arbeitnehmerhaftung als einseitig zwingend halten, keine klare Stellung zur Frage, ob die vorformulierten Mankoabreden einer AGB-Kontrolle unterstehen, jedoch indiziert eine nicht stattfindende Erörterung der AGB-Kontrolle zumindestens die stillschweigende Ablehnung einer AGB-Kontrolle.[1188] Diese zurückhaltende

---

1187 Gotthardt, ZIP 2002, 286; Thüsing/Leder, BB 2005, S. 939; DBD/Bonin, 3. Aufl. (2010), § 307 BGB. Rn. 217 ff.; Preis/preis, 4. Aufl. (2011), I C 10 Rn. 14.

1188 RGKU/Hesse, § 619 a BGB Rn. 35; MüKoBGB/Henssler, 6 Aufl. (2012), § 619 a Rn. 42; DBD/Deinert, 3. Aufl. (2010), § 307 BGB. Rn. 99; Rolfs, 3 Aufl. (2010), § 619 a

Einstellung ist m.E. wieder darauf zurückzuführen, dass der einseitig zwingende Charakter des Richterrechts noch nicht vom Gesetzgeber bestätigt wurde.

b) Eindeutige Ablehnung der AGB Kontrolle

Es verdient Beifall, dass *Lieb/Jacobs* schon früh zutreffend darauf hingewiesen hat, dass eine Inhaltskontrolle von Mankoabreden nach den §§ 305 ff. BGB nicht stattfindet, wenn man -mit dem BAG- davon ausgeht, dass die Haftungsprivilegierung des Arbeitnehmers einseitig zwingend ist.[1189] *Däubler* stellt auch klar, dass sich kein Problem bezüglich der AGB-Kontrolle stellt, soweit man die Grundsätze zur beschränkten Arbeitnehmerhaftung als einseitig zwingend ansieht.[1190]

c) Anwendung der AGB Kontrolle

Waas/Palonka und *Richardi/Fischinger* wollen weiter die vorformulierten Mankoabreden an § 307 I BGB messen.[1191] Dadurch setzen sie sich in Widerspruch zu ihrer Annahme der Grundsätze zur beschränkten Arbeitnehmerhaftung als einseitig zwingendes Recht,[1192] weil einseitig zwingendes Richterecht einer AGB-Kontrolle entgegensteht.

2. § 619 a BGB und § 309 Nr. 12

Die AGB-Kontrolle kommt erst dann in Betracht, wenn zuvor die Grundfrage geklärt wird, ob § 619 a BGB dispositiv ist. Zurzeit werden zwei Auffassungen in der der unabdingbaren privilegierten Arbeitnehmerhaftung folgenden Literatur vertreten.

a) Anwendung des § 309 Nr. 12 BGB auf abdingbaren § 619 a BGB

Im Gegensatz zu den materiellen Grundsätzen der beschränkten Arbeitnehmerhaftung erklären einige Autoren hier § 619 a BGB einfach für dispositiv,[1193] ob-

BGB Rn. 14 ff.; HWK/Krause, 5. Aufl. (2012), § 619 a BGB Rn. 53; DFL/Kamanabrou, 4. Aufl. (2011), § 611 BGB Rn. 441 ff.

1189 Lieb/Jacobs, 9. Aufl. (2006), Rn. 212.

1190 DBD/Däubler, 3. Aufl. (2010), § 309 Nr. 12 BGB Rn. 5.

1191 HK-ArbR/Waas/Palonka, 2. Aufl. (2010), § 619 a BGB Rn. 24; Staudinger/Richardi/Fischinger, BGB, Neubearb. (2011), § 619 a Rn. 97.

1192 HK-ArbR/Waas/Palonka, 2. Aufl. (2010), § 619 a BGB Rn. 7; Staudinger/Richardi/Fischinger, BGB, Neubearb. (2011), § 619 a Rn. 81, 98.

1193 RGKU/Hesse, § 619 a BGB Rn. 35; HK-ArbR/Waas/Palonka, 2. Aufl. (2010), § 619 a BGB Rn. 3; MüKoBGB/Henssler, 6 Aufl. (2012), § 619 a Rn. 54; Staudin-

wohl § 619 a BGB, wie die Entstehungsgeschichte ganz eindeutig zeigt, das Ziel verfolgt, dass die privilegierte Arbeitnehmerhaftung nicht durch die Beweislastumkehr gemäß § 280 I 2 BGB im allgemeinen Schuldrecht ausgehöhlt wird.[1194] Dann findet konsequent § 309 Nr. 12 BGB auf eine zulasten des Arbeitnehmers vom § 619 a BGB abweichende vorformulierte Beweislastvereinbarung Anwendung. Die Abdingbarkeit des § 619 a BGB wird einfach zum Teil mit Verweis darauf begründet, dass der zwingende Charakter der Norm nicht ausdrücklich angeordnet wurde,[1195] zum Teil damit, dass diese Norm nicht in § 619 aufgenommen worden ist.[1196] Manche Stimmen geben gar keine Begründung und führen einfach aus, dass die Norm -im Gegensatz zu den Grundsätzen der Arbeitnehmerhaftung- abdingbar ist.[1197]

Jedoch ist unter diesen Vertretern streitig, ob eine solche Beweislastvereinbarung wegen Verstoßes des § 309 Nr. 12 BGB generell unwirksam ist oder ob eine Ausnahme wegen der nach § 310 IV 2 BGB zu berücksichtigenden Besonderheiten des Arbeitsrechts möglich ist. Demgemäß werden hier zwei Standpunkte vertreten.

aa) Generelle Unzulässigkeit von Beweislastabreden nach § 309 Nr. 12 BGB

Auf der einen Seite lehnen *Hesse*,[1198] *Richardi/Fischinger*[1199] und *Henssler*[1200] pauschal eine von § 619 a BGB zulasten des Arbeitnehmers abweichende Vereinbarung in AGB ab, weil die Anwendung des § 309 Nr. 12 BGB an keinen arbeitsrechtlichen Besonderheiten i.S. des § 310 IV 2 BGB scheitert, die die Sonderregelung des § 619 a BGB gerade darstellt. Zu beachten ist hier, dass *Henssler* trotz der pauschalen Ablehnung einen Ausnahmefall von § 309 Nr. 12 BGB annimmt, nämlich, dass die Beweislastverteilung durch AGB für Umstände geändert werden kann, die einem vom Arbeitnehmer beherrschbaren Bereich

---

ger/Richardi/Fischinger, BGB, Neubearb. (2011), § 619 a Rn. 5; Henssler/Moll, S. 94; HWK/Krause, 5. Aufl. (2012) § 619 a BGB Rn. 53.

1194 Vgl. ausführlich oben Zweiter Teil B. III. 2.

1195 HK-ArbR/Waas/Palonka, 2. Aufl. (2010), § 619 a BGB Rn. 3, nach hM ist § 619 a dispositiv, weil der zwingende Charakter der Norm nicht ausdrücklich angeordnet wurde, vgl. § 619; Staudinger/Richardi/Fischinger, BGB, Neubearb. (2011), § 619 a Rn. 5.

1196 HWK/Krause, 5. Aufl. (2012) § 619 a BGB Rn. 53, § 619 a steht abweichenden Dispositionen ohnehin nicht entgegen, weil diese nicht in § 619 aufgenommen worden ist.

1197 RGKU/Hesse, § 619 a BGB Rn. 35, § 619 a steht derartigen Vereinbarungen nicht entgegen, da die Norm -im Gegensatz zu den Grundsätzen der Arbeitnehmerhaftung- abdingbar ist; MüKoBGB/Henssler, 6 Aufl. (2012), § 619 a Rn. 54.

1198 RGKU/Hesse, § 619 a BGB Rn. 35.

1199 Staudinger/Richardi/Fischinger, BGB, Neubearb. (2011), § 619 a Rn. 6.

1200 MüKoBGB/Henssler, 6 Aufl. (2012), § 619 a Rn. 54.

entstammen, weil § 309 Nr. 12 BGB dem schon nach seinem Wortlaut nicht entgegensteht.[1201] *Richardi/Fischinger* kritisieren zwar zu Recht dieses Wortlautargument mit der Begründung, dass der Gesetzgeber, der mit § 309 Nr. 12 BGB bewusst über die bis 2002 geltende Rechtsprechung, nach der eine AGB-Beweislastregelung (nur) dann als unangemessen angesehen wurde, wenn sie dem Vertragspartner die Beweislast für Umstände im Verantwortungsbereich des Verwenders aufbürdet, hinausgehen wollte,[1202] jedoch findet m.E. der von *Henssler* angenommene Ausnahmefall seine Rechtfertigung weniger in dem Wortlaut des § 309 Nr. 12 BGB, als vielmehr in dem teleologischen reduzierten Anwendungsbereich des § 619 a BGB, weil er, wie bereits erwähnt, eine von § 619 a BGB abweichende Beweislastregel zulasten des Arbeitnehmers von dem vom BAG in der ständigen Rechtsprechung zum Mankofall entwickelten Kriterium des „Alleinbesitzes" abhängig macht.[1203] Aber diese dem Arbeitnehmer ungünstige Beweislastregelung soll, wie oben ausführlich dargelegt,[1204] nicht auf „Alleinbesitz", sondern auf „betrieblich veranlasste Tätigkeit" abgestellt werden, weil § 619 a BGB wegen seiner Gesetzgebungsgeschichte hinsichtlich des persönlichen und sachlichen Anwendungsbereichs mit der privilegierten Arbeitnehmerhaftung übereinstimmt. Nach meiner Meinung ist der von *Henssler* angenommene Ausnahmefall keine „echte" Ausnahme von § 619 a BGB gemessen an § 309 Nr. 12 BGB, weil sich der Anwendungsbereich des § 619 a BGB für den „Alleinbesitz"-Fall nicht eröffnet, mit der Folge, dass es sich hier um eine deklaratorische Beweislastregel handelt, die lediglich die nach dem Gesetz ohnehin geltende Beweislastverteilung wiederholt. Es verdient Beifall, dass *Henssler/Moll* selber später diesen Ausnahmefall nicht mehr auf den Wortlaut des § 309 Nr. 12 BGB, sondern auf den Anwendungsbereich des § 619 a BGB stützen.[1205]

bb) Grundsätzliche Unzulässigkeit von Beweislastabreden nach § 309 Nr. 12 BGB mit Vorbehalt gemäß § 310 IV 2 BGB

Auf der anderen Seite gehen *Krause* und *Waas/Palonka* davon aus, dass eine zulasten des Arbeitnehmers vom § 619 a BGB abweichende vorformulierte Beweislastvereinbarung im Grundsatz nach § 309 Nr. 12 BGB unwirksam ist, aber sie nicht gegen die nunmehr gemäß § 310 IV, 309 Nr. 12 BGB vorzunehmende

1201 MüKoBGB/Henssler, 6 Aufl. (2012), § 619 a Rn. 54.

1202 Staudinger/Richardi/Fischinger, BGB, Neubearb. (2011), § 619 a Rn. 6.

1203 Henssler, RdA 2002, S. 132; MüKoBGB/Henssler, 4 Aufl. (2005), § 619 a Rn. 42; MüKoBGB/Henssler, 6 Aufl. (2012), § 619 a Rn. 51. Vgl. ausführlich unten Zweiter Teil C. III. 2. a).

1204 Vgl. ausführlich unten Zweiter Teil B. IV. 3. a).

1205 Henssler/Moll, S. 96.

Inhaltskontrolle verstößt, wenn die vom Arbeitnehmer zu beweisenden Umstände aus einem vom Beschäftigten grundsätzlich beherrschbaren Bereich stammen und der vom Arbeitnehmer aufgrund dieser Beweislastvereinbarung zu tragende Schaden nicht die Summe der in einem Zeitraum gezahlten Mankogelder übersteigen darf.[1206]

Die Kontroverse verliert m. E. freilich dadurch an Bedeutung, dass beide Standpunkte im Ergebnis nicht zur unangemessenen Benachteiligung des Arbeitnehmers führen, gleichgültig ob man eine Ausnahme wegen der nach § 310 IV 2 BGB zu berücksichtigenden Besonderheiten des Arbeitsrechts annimmt oder nicht. Dies liegt darin begründet, dass Beweislastabreden zu Lasten des Arbeitnehmers in Abweichung von § 619 a BGB nur bei der Begrenzung des vom Arbeitnehmer aufgrund dieser Beweislastvereinbarung zu tragenden Schadens auf die Summe der in einem Zeitraum gezahlten Mankogelder zulässig sind, so dass bei ihnen - ebenso wie bei der generellen Unzulässigkeit von Beweislastabreden - eine unangemesenene Benachteiligung aus Arbeitnehmersicht ausgeschlossen ist. Deswegen unterscheidet sich im Ergebnis die pauschale Ablehnung der Wirksamkeit einer zulasten des Arbeitnehmers vom § 619 a BGB abweichenden vorformulierten Beweislastvereinbarung nach § 309 Nr. 12 BGB überhaupt nicht mit der Annahme ihrer Wirksamkeit in Verbindung mit der strengen Prämientherorie im Ausnahmefall gemäß § 310 IV 2, 309 Nr. 12 BGB.

b) Keine Anwendung des § 309 Nr. 12 BGB auf unabdingbaren § 619 a BGB

Aus einer einheitlichen Betrachtungsweise in Bezug auf die privilegierte Arbeitnehmerhaftung und die Beweislastverteilung halten *Jacobs* und *Däubler* § 619 a BGB für einseitig zwingend und lehnen konsequent eine Anwendung des § 309 Nr. 12 BGB ab.[1207]

II. Meinungsstand unter den der abdingbaren privilegierten Arbeitnehmerhaftung folgenden Vertretern

1. Anwendung der AGB-Kontrolle

Im Ausgangspunkt von den abdingbaren Grundsätzen der privilegierten Arbeitnehmerhaftung plädierten *Schwirtzek*,[1208] *Gotthardt*,[1209] *Reichold*,[1210] *Stoffels*[1211]

1206 HWK/Krause, 5. Aufl. (2012), § 619 a BGB Rn. 53; HK-ArbR/Waas/Palonka, 2. Aufl. (2010), § 619 a BGB Rn. 25.

1207 RGKU/Jacobs, § 309 BGB Rn. 37; DBD/Däubler, 3. Aufl. (2010), § 309 Nr. 12 BGB Rn. 5.

1208 Schwirtzek, AuA 2003, S. 21 f.; Schwirtzek, NZA 2005, S. 440 ff.

und *Preis*[1212] konsequent für eine AGB-Kontrolle für die vorformulierten Mankoabreden.

Angesichts des Zwecks und Sinnes einer besonderen Mankoabrede nehmen die Autoren hier die Inhaltskontrolle im Wesentlichen nach § 307 BGB vor. Nach § 307 I 1 BGB sind Mankoabreden in AGB unwirksam, wenn sie den Vertragspartner entgegen den Geboten von Treu und Glauben unangemessen benachteiligen. Darüber hinaus kann sich die Unwirksamkeit formularmäßiger Mankoabreden daraus ergeben, dass sie nicht klar und verständlich sind. § 307 II BGB konkretisieret § 307 I BGB durch Normierung zweier Tatbestände, bei deren Vorliegen „im Zweifel" eine unangemessene Benachteiligung anzunehmen ist, wenn die Mankoabrede nach § 307 II Nr. 1 BGB „mit wesentlichen Grundgedanken der gesetzlichen Regelung, von der abgewichen wird, nicht zu vereinbaren ist" oder die Mankovereinbarung gemäß § 307 II Nr. 2 BGB „wesentliche Rechte oder Pflichten, die sich aus der Natur des Vertrags ergeben, so einschränkt, dass die Erreichung des Vertragszwecks gefährdet ist". Anhand der Wertungsparameter in § 307 I, II BGB finden die Anforderungen an die Zulässigkeit der Individualvereinbarungen über Mankohaftung bei der Inhaltskontrolle formularmäßiger Mankoabreden auch entsprechende Geltung: Für das vom Arbeitnehmer in der Mankoabrede übernommene erhöhte Risiko ist ein angemessener wirtschaftlicher Ausgleich zu gewährleisten, der sich an dem Durchschnitt der erfahrungsgemäß zu erwartenden Fehlbeträge orientiert.[1213] Darüber hinaus erfordert eine angemessene Mankoabrede zur Beseitigung einer Existenzgefährdung des Arbeitnehmers noch eine Begrenzung der Haftung aufgrund der vertraglichen Mankoabrede auf eine Höchstsumme, die aber nicht unbedingt mit der Summe der im Ausgleichszeitraum gezahlten Mankogelder identisch sein muss.[1214] Der Arbeitnehmer hat die tatsächliche Einflussnahmemöglichkeit

---

1209 Gotthardt, 2. Aufl. (2003), Rn. 206, 318 ff.; HWK/Gotthardt, 5. Aufl. (2012), Anh. §§ 305-310 BGB Rn. 1 f.

1210 MünchArbR/Reichold, 3. Aufl. (2009), § 51 Rn. 68, 74, 81.

1211 Stoffels, AR-Blattei SD 870.2 Rn.101, 135 ff.; Stoffels, ZfA 2009, S. 874; Stoffels, 2. Aufl. (2009), S. 992; Preis/Stoffels, 4. Aufl. (2011), II M 10 Rn. 9.

1212 ErfK/Preis, 13. Aufl. (2013), §§ 305 - 310 BGB Rn. 88 ff.; ErfK/Preis, 13. Aufl. (2013), § 619 a BGB Rn. 37.

1213 Schwirtzek, NZA 2005, S. 442; Gotthardt, 2. Aufl. (2003), Rn. 319; MünchArbR/Reichold, 3. Aufl. (2009), § 51 Rn. 75; HWK/Gotthardt, 5. Aufl. (2012), Anh. §§ 305-310 BGB Rn. 1 f.; Preis/Stoffels, 4. Aufl. (2011), II M 10 Rn 11; ErfK/Preis, 13. Aufl. (2013), §§ 305 - 310 BGB Rn. 89; ErfK/Preis, 13. Aufl. (2013), § 619 a BGB Rn. 40.

1214 Schwirtzek, AuA 2003, S. 22; Schwirtzek, NZA 2005, S. 442; Gotthardt, 2. Aufl. (2003), Rn. 319; MünchArbR/Reichold, 3. Aufl. (2009), § 51 Rn. 75 f.; HWK/Gotthardt, 5. Aufl. (2012), Anh. §§ 305-310 BGB Rn. 1 f.; Preis/Stoffels, 4.

auf die übernommenen Risiken oder den Alleinzugang zu den ihm anvertrauten Geldbeträgen oder sonstigen Gegenständen.[1215] Je geringer die Beherrschbarkeit des Risikos ist, desto höher ist das entsprechende Mankogeld.[1216]

Bei der Erfüllung solcher Anforderungen ist das Transparenzgebot nach § 307 I 2 BGB zu beachten. D.h. es muss eine formularmäßige Mankoabrede in aller Klarheit und Eindeutigkeit getroffen werden. Z.B. muss sich die Mankoabrede verständlich und hinreichend deutlich zu dem Mankogeld, zur Haftungshöchstgrenze sowie zu dem höheren Haftungsrisiko äußern.[1217]

2. Anwendung des § 309 Nr. 12 BGB auf abdingbaren § 619 a BGB

Aus den abdingbaren Grundsätzen der privilegierten Arbeitnehmerhaftung ziehen *Schwirtzek,*[1218] *Gotthardt*[1219] und *Preis*[1220] die Folgerung, dass § 619 a BGB dispositives Recht und nicht zwingend ist, während *Reichold*[1221] und *Stoffels*[1222] zur Abdingbarkeit des § 619 a BGB trotz der Anwendung des § 309 Nr. 12 BGB keine klare Position erkennen lassen. Zwar halten *Schwirtzek,*[1223] *Gotthardt,*[1224] *Reichold,*[1225] *Stoffels*[1226] und *Preis*[1227] alle unter Verweis auf die bisherige Rechtsprechung des BAG[1228] eine Beweislastverteilung in individualvertraglicher

---

Aufl. (2011), II M 10 Rn. 11 f., 23; ErfK/Preis, 13. Aufl. (2013), §§ 305 - 310 BGB Rn. 85, 89.

1215 Schwirtzek, AuA 2003, S. 22; Schwirtzek, NZA 2005, S. 442; MünchArbR/Reichold, 3. Aufl. (2009), § 51 Rn. 74 f.; Preis/Stoffels, 4. Aufl. (2011), II M 10 Rn. 18; ErfK/Preis, 13. Aufl. (2013), § 619 a BGB Rn. 42.

1216 Schwirtzek, NZA 2005, S. 442.

1217 Schwirtzek, AuA 2003, S. 22; Schwirtzek, NZA 2005, S. 441; MünchArbR/Reichold, 3. Aufl. (2009), § 51 Rn. 76.

1218 Schwirtzek, AuA 2003, S. 22; Schwirtzek, NZA 2005, S. 442.

1219 Gotthardt, 2. Aufl. (2003), Rn. 200.

1220 ErfK/Preis, 13. Aufl. (2013), § 619 a BGB Rn. 11.

1221 MünchArbR/Reichold, 3. Aufl. (2009), § 51 Rn. 81.

1222 Preis/Stoffels, 4. Aufl. (2011), II M 10 Rn. 14 ff.

1223 Schwirtzek, NZA 2005, S. 442.

1224 Gotthardt, 2. Aufl. (2003), Rn. 206, 318 ff.; HWK/Gotthardt, 5. Aufl. (2012), Anh. §§ 305-310 BGB Rn. 1 f.

1225 MünchArbR/Reichold, 3. Aufl. (2009), § 51 Rn. 68, 74, 81.

1226 Stoffels, AR-Blattei SD 870.2 Rn. 134 ff.; Preis/Stoffels, 4. Aufl. (2011), II M 10 Rn. 9.

1227 ErfK/Preis, 13. Aufl. (2013), §§ 305 - 310 BGB Rn. 88 ff.; ErfK/Preis, 13. Aufl. (2013), § 619 a BGB Rn. 37.

1228 BAG (12.08.1959), AP Nr. 1 zu § 305 BGB (unter IV der Gründe); BAG (29.01.1985), AP Nr. 87 zu § 611 BGB Haftung des Arbeitnehmers (unter I der Gründe).

Mankoabrede zuungunsten des Arbeitnehmers für zulässig und wirksam, wenn sie eine sinnvolle, den Eigenschaften des Betriebs und der Beschäftigung angepasste Beweislastverteilung enthält und dem erhöhten Risiko des Arbeitnehmers ein angemessener wirtschaftlicher Ausgleich gegenübersteht, jedoch ist die Zulässigkeit einer Beweislastverteilung in vorformulierter Mankoabrede unter diesen Vertretern umstritten. Diesbezüglich werden zwei Auffassungen vertreten.

a) Generelle Unzulässigkeit von Beweislastabreden nach § 309 Nr. 12 BGB

Ohne Berücksichtigung eines angemessenen Risikoausgleichs durch Mankogeldzahlung halten *Gotthardt*[1229] und *Preis*[1230] jede Beweislastvereinbarung in vorformulierter Mankoabrede in Abweichung von § 619 a BGB ohne Weiteres für unzulässig, weil jede Beweislaständerung nach neuer Rechtslage gegen § 309 Nr. 12 BGB verstößt. *Stoffels* nimmt im Interesse der Transparenz auch diese generelle Unzulässigkeit von vorformulierten Beweislastabreden an, weil sich die Auswirkungen von Beweislastvereinbarungen für den Arbeitnehmer oftmals nur schwer beurteilen lassen.[1231] Hier entsteht eine Unstimmigkeit, insoweit Beweislastregeln generell unzulässig sind, während materiell-rechtliche Haftungsverschärfungen unter bestimmten Voraussetzungen anzunehmen sind. Jedoch rechtfertigen *Gotthardt*,[1232] *Stoffels*[1233] und *Preis*[1234] alle diese Unstimmigkeit mit der Rechtsklarheit bei den Beweislastabreden.

b) Grundsätzliche Unzulässigkeit von Beweislastabreden nach § 309 Nr. 12 BGB mit Vorbehalt gemäß § 310 IV 2 BGB

Mit einer einheitlichen Betrachtungsweise in Bezug auf materiellrechtliche Haftungsverschärfungen und Beweislastverteilungen lehnen *Schwirtzek*[1235] und *Reichold*[1236] eine generelle Unzulässigkeit von Beweislastabreden zuungunsten des Arbeitnehmers nach dem Wortlaut des § 309 Nr. 12 BGB ab, weil der Anwendung des § 309 Nr. 12 BGB „die im Arbeitsrecht geltenden Besonderheiten" i.S. des § 310 IV 2 BGB entgegenstehen. Eine solche formularmäßige Beweis-

1229 Gotthardt, 2. Aufl. (2003), Rn. 286, 320.

1230 ErfK/Preis, 13. Aufl. (2013), §§ 305 - 310 BGB Rn. 90; ErfK/Preis, 13. Aufl. (2013), § 619 a BGB Rn. 41.

1231 Stoffels, AR-Blattei SD 870.2 Rn. 138; Preis/Stoffels, 4. Aufl. (2011), II M 10 Rn. 15, 23.

1232 Gotthardt, 2. Aufl. (2003), Rn. 320.

1233 Stoffels, AR-Blattei SD 870.2 Rn. 137 f.; Preis/Stoffels, 4. Aufl. (2011), II M 10 Rn. 15.

1234 ErfK/Preis, 13. Aufl. (2013), §§ 305 - 310 BGB Rn. 90.

1235 Schwirtzek, NZA 2005, S. 442.

1236 MünchArbR/Reichold, 3. Aufl. (2009), § 51 Rn. 81.

vereinbarung ist dann zulässig, wenn kompensatorisch die Zahlung eines angemessenen Mankogeldes erfolgt.

Der generellen Unzulässigkeit von Beweislastabreden nach § 309 Nr. 12 BGB hat *Schwirtzek*[1237] folgende überzeugende Gründe entgegengehalten: „Wenn die Arbeitsvertragsparteien unter bestimmten Voraussetzungen rechtswirksam eine verschuldensunabhängige Mankohaftung des Arbeitnehmers vereinbaren können, muss das erst recht für Beweislastabreden gelten, die für den Arbeitnehmer sogar weniger belastend wirken. Die Rechtsklarheit kann kein generelles Verbot von Beweislastabreden rechtfertigen, weil das Maß an Durchschaubarkeit einer Beweislastvereinbarung an dem Transparenzgebot (§ 307 I 2 BGB) und der Unklarheitsregel in § 305c II BGB zu messen ist. Schließlich versperrt § 309 Nr. 12 BGB nicht den Weg zu einer entsprechenden Vereinbarung, weil die Zulässigkeit solcher Beweislastabreden in der bisherigen arbeitsrechtlichen Rechtsprechung als die im Arbeitsrecht geltenden Besonderheiten nach § 310 IV 2 BGB angemessen zu berücksichtigen sind."

Ergänzend ist hier darauf hingewiesen, dass die Kontroverse beider Auffassungen von nicht unentbehrlichem Gewicht ist. Der Grund dafür liegt darin, dass eine Haftungsverschärfung gegenüber der allgemeinen Mankohaftung im Wege vorformulierter Beweislastabrede nach *Gotthardt*, *Stoffels* und *Preis* selbst bei kompensatorischem Ausgleich generell unzulässig ist, während eine effektive Verschlechterung der Position des Arbeitnehmers, nämlich durch die Abwälzung des Betriebsrisikos des Arbeitgebers teilweise auf den Arbeitnehmer, mittels einer dem Arbeitnehmer ungünstigen Beweislaständerung in AGB, nach *Schwirtzek* und *Reichold,* bei Gewährung eines angemessenen Mankogeldes nach wie vor auch im Rahmen des AGB-Rechts nicht ausgeschlossen ist.

III. Eigene Stellungnahme

1. Ausschluss der AGB-Kontrolle

Mit verschiedenartigen Mankoabreden versucht der Arbeitgeber üblicherweise, die allgemeine Mankohaftung des Arbeitnehmers abweichend von den Grundsätzen der beschränkten Arbeitnehmerhaftung zu verschärfen. Diese richterrechtlichen Grundsätze stellen konsequent den Prüfmaßstab für die Inhaltskontrolle der Mankoabreden dar. Wie bereits oben eingehend dargelegt, ist hinzunehmen, dass das BAG um der Rechtssicherheit und -einheit willen die Grundsätze zur beschränkten Arbeitnehmerhaftung als einseitig zwingendes Arbeitnehmerschutzrecht einstuft. Zur Sicherung des einseitig zwingenden Charakters der pri-

1237 Schwirtzek, NZA 2005, S. 442.

vilegierten Arbeitnehmerhaftung entwickelt das BAG die rigide Prämientheorie, die die Wirksamkeit der Mankoabreden davon abhängig macht, dass die vereinbarte Mankohaftung von vornherein auf die Summe der im Ausgleichungszeitraum gewährten Mankozuschläge begrenzt ist. Die AGB-Kontrolle für die vorformulierten Mankoabreden entfällt also wegen der strengeren Prüfung einer Abweichung von zwingendem Recht nach der starren Prämientheorie vollständig, weil sich der Anwendungsbereich des AGB-Rechts nur für dispositives Recht eröffnet. Die Befürchtung, dass das Schutzniveau der Vertragsinhaltskontrolle im Arbeitsrecht mit der Herausnahme des Arbeitsrechts aus der AGB-Kontrolle hinter demjenigen des Zivilrechts zurückbleibt,[1238] ist nicht nötig, weil eine ungerechtfertigte Verlagerung des dem Arbeitgeber zuzurechnenden Risikos nach der strengen Prämientheorie überhaupt nicht vorliegt.

2. § 619 a BGB und § 309 Nr. 12

Unter den einer unabdingbaren privilegierten Arbeitnehmerhaftung folgenden Vertretern ist aber die Vorfrage umstritten, ob § 619 a BGB dispositiv ist. Aus einer einheitlichen Betrachtungsweise in Bezug auf die privilegierte Arbeitnehmerhaftung und die Beweislastverteilung halten manche Stimmen § 619 a BGB für einseitig zwingend.[1239] Im Gegensatz dazu leitet ein Teil der Literatur die Abdingbarkeit des § 619 a BGB allein daraus her, dass der zwingende Charakter der Norm nicht ausdrücklich angeordnet wurde[1240] oder diese Norm nicht in § 619 BGB aufgenommen worden ist.[1241]

Die Kontroverse verliert freilich dadurch an Bedeutung, dass beide Standpunkte im Ergebnis nicht zur effektiven Benachteiligung des Arbeitnehmers führen, gleichgültig ob man § 619 a BGB als abdingbar ansieht oder nicht. Dies liegt darin begründet, dass Beweislastabreden zu Lasten des Arbeitnehmers in Abweichung von § 619 a BGB nach denjenigen Stimmen, die § 619 a BGB für abdingbar halten, nur bei der Begrenzung des vom Arbeitnehmer aufgrund dieser Beweislastvereinbarung zu tragenden Schadens auf die Summe der in einem Zeitraum gezahlten Mankogelder zulässig sind, so dass bei diesen von § 619 a

1238 BT-Drs. 14/6857 S. 53; BT-Drs. 14/7052, S. 189.

1239 RGKU/Jacobs, § 309 BGB Rn. 37; DBD/Däubler, 3. Aufl. (2010), § 309 Nr. 5 BGB Rn. 6; Erman/Belling, 13. Aufl. (2011), § 619 a Rn. 11.

1240 HK-ArbR/Waas/Palonka, 2. Aufl. (2010), § 619 a BGB Rn. 3, nach hM ist § 619 a dispositiv, weil der zwingende Charakter der Norm nicht ausdrücklich angeordnet wurde, vgl. § 619; Staudinger/Richardi/Fischinger, BGB, Neubearb. (2011), § 619 a Rn. 5.

1241 HWK/Krause, 5. Aufl. (2012) § 619 a BGB Rn. 53, § 619 a steht abweichenden Dispositionen ohnehin nicht entgegen, weil diese nicht in § 619 aufgenommen worden ist.

BGB abweichenden Beweislastvereinbarungen - ebenso wie bei den generellen unwirksamen Beweislastabreden nach den Stimmen, die § 619 a BGB für unabdingbar ansehen - eine effektive Benachteiligung aus Arbeitnehmersicht ausgeschlossen ist.

M.E. ist nicht überzeugend, dass man zu sehr auf den Wortlaut des § 619 a BGB bei der Bestimmung seiner Abdingbarkeit abstellt und seinen Zusammenhang mit den Grundsätzen über die Beschränkung der Arbeitnehmerhaftung vollständig ausblendet. Richtigerweise soll man die Frage nach der Abdingbarkeit des § 619 a BGB im Zusammenhang mit der privilegierten Arbeitnehmerhaftung beantworten. Dafür sprechen folgende Gründe: Zum ersten hat der 8. Senat des BAG im Urteil vom 17.09.1998 bei der Begründung, warum keine entsprechende Anwendung des § 282 BGB a.F. stattfindet, im Rahmen der Arbeitnehmerhaftung eindeutig die Grundsätze über die beschränkte Arbeitnehmerhaftung an die Beweislastregel geknüpft und wie folgt ausgeführt: „Die Einschränkung der Arbeitnehmerhaftung beruht gerade auf der Überlegung, dass der Arbeitgeber wegen seiner Organisationsmöglichkeiten ein erhöhtes Risiko trägt. Dem widerspräche es, würde man über die Anwendung einer Beweislastregel einen Teil des Risikos wieder zurück auf den Arbeitnehmer verschieben.“ [1242] Zum zweiten hat der Gesetzgeber selber später in der Gesetzesbegründung mit Verweis auf diese Entscheidung diese Verknüpfung bestätigt und ausdrücklich darauf hingewiesen, dass der Regierungsentwurf daran, dass § 282 BGB a.F. nicht analog auf die Arbeitnehmerhaftung anzuwenden ist, wie überhaupt an den arbeitsrechtlichen Grundsätzen über die Haftung des Arbeitnehmers nichts ändern will und dass dann aber aus Sicht des Ausschusses § 619 a BGB als eine Sonderregelung im Arbeitsrecht erforderlich ist.[1243] Diese Koppelung des § 619 a BGB an die Grundsätze der beschränkten Arbeitnehmerhaftung lässt sich klar in der Ansicht des Gesetzgebers erkennen und zwar wird ausgeführt, dass der § 619a BGB-BE als Sonderregelung für die Beweislast bei Haftung des Arbeitnehmers zur Aufrechterhaltung der derzeigen Rechtsprechung des BAG geboten ist.[1244] Deswegen ist § 619 a BGB, wie seine Entstehungsgeschichte ganz eindeutig zeigt,[1245] vom Gesetzgeber zur Vermeidung einer Aushöhlung der privilegierten Arbeitnehmerhaftung durch die Beweislastumkehr gemäß § 280 I 2 BGB im allgemeinen Schuldrecht ins Leben gerufen worden.[1246] Zum dritten wird die Koppelung des § 619 a BGB an die Grundsätze der beschränkten Arbeitnehmer-

1242 BAG (17.09.1998), AP Nr. 2 zu § 611 BGB Mankohaftung (Unter B II 2 c aa der Gründe).

1243 BT-Drs. 14/7052, S. 204.

1244 BT-Drs. 14/7052, S. 204.

1245 Vgl. ausführlich oben Zweiter Teil B. III. 2.

1246 BT-Drs. 14/6857, S. 11, 48; BT-Drs. 14/7052, S. 204.

haftung auch von denjenigen Stimmen, die § 619 a BGB für abdingbar halten, in Erwägung gezogen, weil sie bei der Abweichung von § 619 a BGB an der strengen Prämientherorie festhalten, die gerade zur Sicherung des einseitig zwingenden Charakters der privilegierten Arbeitnehmerhaftung vom 8. Senat des BAG entworfen wurde.

Angesichts dieser von der Gesetzgebungsgeschichte bedingten Koppelung des § 619 a BGB an die zwingenden Grundsätze der beschränkten Arbeitnehmerhaftung wird man m.E. § 619 a BGB trotz seines zu weit gefassten Wortlautes als einseitig zwingend in seinem teleologisch reduzierten Anwendungsbereich ansehen müssen, wo die Pflichtverletzungen des Arbeitnehmers durch betriebliche Tätigkeit verursacht werden. Zwar ist dem Arbeitgeber hierdurch eine Beweislastvereinbarung zu Lasten des Arbeitnehmers nicht mehr zulässig, aber diese Einschränkung der Vertragsfreiheit des Arbeitgebers ist ohnehin nur von geringem Gewicht, weil abgesehen von der möglichen Motivationswirkung die „Abdingbarkeit" des § 619 a BGB lediglich formalen Sinn haben dürfte, wenn der Arbeitnehmer ohnehin nur bis zur Höhe des vom Arbeitgeber gezahlten Mankogeldes haftet und das vom Arbeitgeber zu tragende Betriebsrisiko nach der strengen Prämientheorie überhaupt nicht auf den Arbeitnehmer verlagert wird. Darüber hinaus ist zur Absicherung der privilegierten Arbeitnehmerhaftung als einseitig zwingendes Arbeitnehmerschutzrecht hinzunehmen, dass ein Stück Privatautonomie für die Beweislastvereinbarung geopfert wird. Schließlich trägt die Einstufung des § 619 a BGB als einseitig zwingendes Recht zu der Rechtsklarheit und –sicherheit im Arbeitsrecht bei. Dadurch wird die gestiftete Verwirrung, dass man einerseits die privilegierte Arbeitnehmerhaftung für einseitig zwingend hält und andererseits den § 619 a BGB als „dispositiv" ansieht, aber diese „Dispositivität" an die strenge Prämientheorie zur Absicherung der zwingenden privilegierten Arbeitnehmerhaftung knüpft, beseitigt.

Bei der Inhaltskontrolle einer von § 619 a BGB abweichenden Beweislastvereinbarung kann auf § 309 Nr. 12 BGB nicht zurückgegriffen werden, weil es sich bei der arbeitsrechtlichen Beweislastvorschrift des § 619 a BGB um zwingendes Recht handelt.

Auch wenn man § 619 a BGB als „dispositiv" betrachten würde, muss klargestellt werden, dass § 619 a BGB dispositiven Charakter nur insoweit beanspruchen kann, als der vom Arbeitnehmer aufgrund einer von § 619 a BGB abweichenden Beweislastabrede zu tragende Schaden auf die gesamte Summe der gezahlten Mankogelder begrenzt sein muss. Eine von § 619 a BGB abweichende Beweislastabrede hält konsequent auch dann einer Inhaltskontrolle nach § 309 Nr. 12 BGB i.V.m. § 310 IV 2 BGB stand, wenn die Vereinbarung eine Begrenzung der Arbeitnehmerhaftung auf die Summe der im Ausgleichszeitraum gezahlten Mankogelder vorsieht. Hier ist zur Vermeidung der Verwirrung ergänzend hervorzuheben, dass eine Vereinbarung über die Entlastungspflicht des Arbeitnehmers für außerbetriebliche Tätigkeit nicht als ein Beispiel für Dispositivität von § 619 a BGB verstanden werden darf, weil sich der Anwendungsbereich des § 619 a BGB hier nicht eröffnet und die Beweislastvereinbarung lediglich die nach § 280 I 2 ohnehin geltende Beweislastverteilung wiederholt.

D. Spielraum für eine dem Arbeitnehmer nachteilige kollektivvertragliche Mankoabrede

Die Mankoabrede findet sich nicht lediglich im Individualarbeitsvertrag. In der bisherigen Literatur[1247] und Rechtsprechung[1248] wird anerkannt, dass die Mankoabrede auch im Kollektivarbeitsvertrag getroffen werden kann. Aber der 8. Senat des BAG hat in jüngerer Rechtsprechung die richterrechtlichen Grundsätze über die beschränkte Arbeitnehmerhaftung als einseitig zwingendes Arbeitnehmerschutzgesetz eingeordnet und sogar auch die von ihnen abweichende einzel- und kollektivvertragliche Vereinbarung zu Lasten der Arbeitnehmer generell für unzulässig erklärt.[1249] Zur Sicherung des einseitigen zwingenden Charakters der privilegierten Arbeitnehmerhaftung hält der 8. Senat des BAG eine für den Arbeitnehmer ungünstige Mankoabrede nur dann für wirksam, wenn eine Haftung aufgrund besonderer vertraglicher Abrede die Summe der gezahlten Mankogelder nicht übersteigen darf.[1250] Wenn für die individualvertragliche Mankoabrede zum Nachteil des Arbeitnehmers unter der Geltung einseitig zwingender Grundsätze zur beschränkten Arbeitnehmerhaftung in Verbindung mit der starren Prämientheorie nur noch ein sehr eingeschränkter Spielraum besteht, stellt sich die weitere Frage, ob und inwieweit ein etwas weiterer Spielraum der Vertragsgestaltung für eine dem Arbeitnehmer nachteilige kollektivvertragliche Mankoabrede besteht, als für eine individualvertragliche. Vor allem kommt die wichtige Form der kollektivvertraglichen Vereinbarung im Arbeitsrecht, näm-

1247 Langer, Die Mankohaftung, S. 41; Barton, S. 95; G. Hueck, Anm. zu BAG (27.02.1970), AP Nr. 54 zu § 611 BGB Haftung des Arbeitnehmers (unter 2a).

1248 BAG (12.08.1959), AP Nr. 1 zu § 305 BGB; BAG (22.11.1973), AP Nr. 67 zu § 626 BGB.

1249 BAG (17.09.1998), AP Nr. 2 zu § 611 BGB Mankohaftung (Unter B IV 1 der Gründe); BAG (27.01.2000), AP Nr. 31 zu § 611 BGB Haftung des Arbeitnehmers (unter B III 4 der Gründe); BAG (05.02.2004), AP Nr. 126 zu § 611 BGB Haftung des Arbeitnehmers (unter II 2 c aa der Gründe).

1250 BAG (17.09.1998), AP Nr. 2 zu § 611 BGB Mankohaftung (Unter B IV 2 der Gründe); BAG (02.12.1999), AP Nr. 3 zu § 611 BGB Mankohaftung (Unter I 2 b der Gründe).

lich der Tarifvertrag, in Betracht. Sodann kommt die Betriebsvereinbarung in Frage.

I. Spielraum für Tarifverträge zu Lasten des Arbeitnehmers

1. Die Literatur bis zum Urteil des 8. Senats des BAG vom 17.09 1998

Bevor der 8. Senat des BAG noch nicht ausdrücklich die richterrechtlichen Grundsätze über die beschränkte Arbeitnehmerhaftung als einseitig zwingendes Arbeitnehmerschutzgesetz eingeordnet hat, ist in der Literatur überwiegend vertreten worden, dass diese Grundsätze tarifdispositiv sind.[1251] Unter diesen Vertretern ist allerdings die Frage streitig, ob die Haftung des Arbeitnehmers gegenüber diesen richterrechtlichen Grundsätzen durch Tarifvertrag verschärft werden darf.

a) Bejahende Stimmen für Haftungsverschärfung durch Tarifvertrag

Ein Teil der Literatur hält eine Haftungsverschärfung gegenüber der privilegierten Arbeitnehmerhaftung durch Tarifvertrag für statthaft.[1252] Diese Haftungsverschärfung wird zum Teil mit Verweis auf die tarifautonome Normsetzungskompetenz der Tarifvertragsparteien[1253] begründet, zum Teil mit der Richtigkeitsgewähr.[1254]

Manche Stimmen gehen zu Recht davon aus, dass die Tarifdispositivität nicht schrankenlos gilt. Leider sind keine klaren Grenzen für die tarifliche Haftungsverschärfung gezogen. Zum Teil will man eine Rückkehr zu allgemeinen

---

1251 Gamillscheg/Hanau, 2. Aufl. (1974), S. 36; Wiedemann/Stumpf, 5. Aufl. (1977), § 1 Rn. 181; Hagemeier/Kempen/Zachert/Zilius, 2. Aufl. (1990), Einleitung Rn. 190, § 1 Rn. 198; Löwisch/Rieble, 1. Aufl. (1992), § 1 Rn. 244, 452; MünchArbR/Blomeyer, 1. Aufl. (1992), § 57 Rn. 69; Däubler, 3. Aufl. (1993), Rn. 916; Busemann, Rn. 46; Ahrens, DB 1996, S. 938; wohl auch Preis, S. 464 f.

1252 Gamillscheg/Hanau, 2. Aufl. (1974), S. 36; wohl Wiedemann/Stumpf, 5. Aufl. (1977), § 1 Rn. 181, unter Verweis auf Gamillscheg/Hanau; Löwisch/Rieble, 1. Aufl. (1992), § 1 Rn. 244, 452; MünchArbR/Blomeyer, 1. Aufl. (1992), § 57 Rn. 69; Busemann, Rn. 46; Ahrens, DB 1996, S. 938, der trotz der Annahme der Tarifdispositivität der privilegierten Arbeitnehmerhaftung keine klare Position zur Haftungsverschärfung durch Tarifvertrag erkennen lässt und lediglich ausführt, dass die gesetzliche Risikoverteilung von den Tarifvertragsparteien „situationsgerecht gestaltet" werden kann; wohl auch Preis, S. 464 f.

1253 Busemann, Rn. 46.

1254 Gamillscheg/Hanau, 2. Aufl. (1974), S. 36; Busemann, Rn. 46.

Haftungsgrundsätzen des BGB durch die Tarifregelungen zulassen.[1255] Zum Teil sieht man die Grenze darin, dass die Tarifregelung den Arbeitnehmer nicht mit dem vollen Haftungsrisiko ohne Rücksicht auf das Betriebsrisiko des Arbeitgebers belasten darf.[1256]

b) Verneinende Stimmen für Haftungsverschärfung durch Tarifvertrag

Däubler lehnt im Grundsatz eine Haftungsverschärfung durch Tarifvertrag ab und hält lediglich Tarifregelungen über Einzelfragen wie die quotenmäßige Verteilung bei mittlerer Fahrlässigkeit ohne Rücksicht darauf, ob der Arbeitnehmer nach staatlichem Recht besser oder schlechter stehen würde, für zulässig.[1257]

Peifer lehnt pauschal eine Haftungsverschärfung durch Tarifvertrag ab und erlaubt eine tarifliche Abweichung nur zugunsten der Arbeitnehmer, weil er die Grundsätze über die Beschränkung der Arbeitnehmerhaftung als einseitig zwingendes Arbeitnehmerschutzgesetz mit der grundrechtlichen Begründung ansieht, dass der Große Senat des BAG die aus Art. 2 Abs. 1 GG und Art.12 Abs. 1 GG erwachsene grundrechtliche Schutzpflicht dadurch erfüllt, dass er bei entsprechender Anwendung des § 254 BGB und verfassungskonformer Auslegung dieser Vorschrift die unabdingbare Berücksichtigung des Betriebsrisikos bei allen Schäden, die durch betrieblich veranlasste Arbeiten entstanden sind, erfordert.[1258]

Obwohl *Stein* die privilegierte Arbeitnehmerhaftung aufgrund der stärkeren Legitimation der tariflichen Normsetzungsmacht gegenüber dem Richterrecht für tarifdispositiv hält, lehnt er generell eine tarifliche Haftungsverschärfung ab, weil die Regelungsbefugnis der Tarifvertragsparteien hier ihre Grenze an der Grundrechtsbindung findet, d.h. eine Haftungsverschärfung des Arbeitnehmers wird sehr schnell gegen verfassungsrechtliche Grenzen aus Art. 2 und 12 GG verstoßen.[1259]

2. Die Literatur nach dem Urteil des 8. Senats des BAG vom 17.09.1998

Nachdem der 8. Senat des BAG ausdrücklich kollektivvertragliche Abweichungen von der privilegierten Arbeitnehmerhaftung generell für unzulässig erklärt

1255 Gamillscheg/Hanau, 2. Aufl. (1974), S. 36; Löwisch/Rieble, 1. Aufl. (1992), § 1 Rn. 452.

1256 Busemann, Rn. 46.

1257 Däubler, 3. Aufl. (1993), Rn. 917.

1258 Peifer, ZfA 1996, S. 74 f.

1259 Stein, Rn. 496.

hat,[1260] vermehren sich die Stimmen, die eine tarifliche Haftungsverschärfung ablehnen. Jedoch vertritt ein nicht unerheblicher Teil der Literatur weiter die Auffassung, dass die Haftung des Arbeitnehmers unter bestimmten Grenzen durch Tarifvertrag verschärft werden kann.

a) Bejahende Stimmen für Haftungsverschärfung durch Tarifvertrag

Ein nicht unerheblicher Teil der Literatur hält eine tarifliche Haftungsverschärfung für zulässig.[1261] Diese Zulässigkeit wird auf folgende Begründungen gestützt:

Die sog. „materielle Richtigkeitsgewähr“[1262] drängt sich vor allem als das wichtigste Argument auf, wonach sich ein angemessener Interessenausgleich zwischen beiden Arbeitsvertragsparteien wegen der Gleichgewichtigkeit der Tarifvertragsparteien bei einer Gesamtbetrachtung der tariflichen Regelungen vermuten lässt.[1263] Außerdem beruht die tarifliche Haftungsverschärfung auf der Legitimation der tariflichen Regelungsmacht, geht also letztlich auf die Normsetzungsprärogative der Koalitionen gegenüber dem Gesetzgeber zurück, der seine Rechtssetzungskompetenz zugunsten der Koalitionen weit zurückgenommen hat und lediglich subsidiär für die Ordnung des Arbeitslebens zuständig ist. Aus diesem Subsidiaritätsverhältnis zwischen dem Gesetzgeber und der Tarifautonomie wird weiter auf das Subsidiaritätsprinzip zwischen der Tarifautonomie und dem Richterrecht als bloß gesetzgebervertretende Rechtsschöpfung geschlossen, was eine Schranke für richterrechtliche Rechtsfortbildung erfordert.[1264] Schließlich entnimmt man der Über-

---

1260 BAG (17.09.1998), AP Nr. 2 zu § 611 BGB Mankohaftung (Unter B IV 1 der Gründe); BAG (27.01.2000), AP Nr. 31 zu § 611 BGB Haftung des Arbeitnehmers (unter B III 4 der Gründe); BAG (05.02.2004), AP Nr. 126 zu § 611 BGB Haftung des Arbeitnehmers (unter II 2 c aa der Gründe).

1261 Otto/Schwarze, Rn. 441; Schwarze, Anm. zu BAG (27.01.2000), RdA 2001, S. 179 f.; Jacklofsky, NZA 2001, S. 647 f.; Walker, JuS 2002, S. 741; Krause, NZA 2003, S. 586; JKO/Krause, 2. Aufl. (2007), § 1, Rn. 109; Walker, FS Canaris (2007), Band I, S. 1518; MünchArbR/Löwisch/Rieble, 2. Aufl. (2000), § 259, § 111 f.; MünchArbR/Rieble/Klumpp, 3. Aufl. (2009), § 169, Rn. 144 f.; Löwisch/Rieble, 3. Aufl. (2012), § 1 Rn. 951 ff., 1624; wohl auch MünchArbR/Reichold, 3. Aufl. (2009), § 51 Rn. 68, 73.

1262 BAG (06.09.1995), NZA 1996, S. 439 (unter III 1 der Gründe).

1263 Schwarze, Anm. zu BAG (27.01.2000), RdA 2001, S. 179; Jacklofsky, NZA 2001, S. 646 f.; Krause, NZA 2003, S. 586; Walker, FS Canaris (2007), Band I, S. 1518; Löwisch/Rieble, 3. Aufl. (2012), § 1 Rn. 951.

1264 Jacklofsky, NZA 2001, S. 646 f.; auch Löwisch/Rieble, 2. Aufl. (2004), § 1 Rn. 344; Löwisch/Rieble, 3. Aufl. (2012), § 1 Rn. 952. Zu einer ähnlichen Auffassung kamen

leitung der Haftungsbeschränkung im dispositiven § 276 I BGB eine tarifliche Haftungsverschärfung, weil § 276 I BGB keine Tarifstrenge anordnet und auch keine Ermächtigung an die ArbG enthält, eine tarifzwingende Natur des arbeitsrechtlichen Schuldverhältnisses festzulegen.[1265]

Zwar geht man zu Recht davon aus, dass eine tarifliche Haftungsverschärfung nicht schrankenlos ist, jedoch werden dafür keine einheitlichen und klaren Grenzen gezogen, an die sich die Tarifparteien halten müssen. In Anlehnung an den Beschluss des BAG (GS) vom 27.09.1994[1266] sieht man eine allgemeine Grenze darin, dass die Tarifparteien nicht die richterlichen Grundsätze über die Beschränkung der Arbeitnehmerhaftung komplett ausschließen dürfen, indem sie den Arbeitnehmer kompensationslos mit dem vollen Haftungsrisiko ohne Rücksicht auf das Betriebsrisiko des Arbeitgebers belasten.[1267] Innerhalb dieser allgemeinen Grenze werden vier weitere unterschiedliche Grenzen gezogen, die nach der Schwere der Haftungsverschärfung wie folgt geordnet sind: Eine Ansicht hält eine Wiedereinführung der Haftungsgrundsätze des BGB durch die Tarifregelungen für zulässig.[1268] Nach einer anderen Ansicht werden solche tariflichen Regelungen für zulässig gehalten, die dem Beschäftigten keine ruinösen Ersatzpflichten auferlegen, sondern den Arbeitnehmer entschädigungslos mit kleineren Risiken belasten, die an sich in den Verantwortungsbereich der Arbeitgeberseite fallen.[1269] Eine ähnliche dritte Ansicht hält solche tariflichen Regelungen für statthaft, die die begrenzten, nicht wesentlichen Haftungsrisiken aus der Schadensverantwortung des Arbeitgebers herausnehmen (z. B. Schäden an Kleidungsstücken von normalem Wert).[1270] Eine vierte Ansicht lässt eine tarifliche Haftungsverschärfung nur dann zu, wenn der Arbeitnehmer für diese Risikoübernahme einen angemessenen Ausgleich erhält.[1271]

In diesem Zusammenhang ist hier erwähnenswert, dass *Jacklofsky* und *Löwisch/Rieble* trotz der Verneinung des zwingenden Charakters der richterrechtlichen Haftungsgrundsätze den hinter diesen Haftungsgrundsätzen stehenden bzw.

---

bereits früher Hagemeier/Kempen/Zachert/Zilius, 2. Aufl. (1990), Einleitung Rn. 188 ff.; Stein, Rn. 385.

1265 Löwisch/Rieble, 3. Aufl. (2012), § 1 Rn. 951, 1624.

1266 BAG (GS) (27.09.1994), AP Nr. 103 zu § 611 BGB Haftung des Arbeitnehmers (unter C III 1 der Gründe).

1267 Schwarze, Anm. zu BAG (27.01.2000), RdA 2001, S. 180; Jacklofsky, NZA 2001, S. 647; Krause, NZA 2003, S. 586; Löwisch/Rieble, 3. Aufl. (2012), § 1 Rn. 951, 954, 1626.

1268 Löwisch/Rieble, 3. Aufl. (2012), § 1 Rn. 951 ff., 1623 ff.

1269 Krause, NZA 2003, S. 586; ; JKO/Krause, 2. Aufl. (2007), § 1, Rn. 109.

1270 Schwarze, Anm. zu BAG (27.01.2000), RdA 2001, S. 180.

1271 Walker, JuS 2002, S. 741.

unantastbaren Kern als zwingend und tariffest ansehen. Leider ist das Verständnis für diesen tariffesten Kern uneinheitlich. Nach *Löwisch/Rieble* besteht der tariffeste Kern darin, dass ein Tarifvertrag weder die Haftung für grobe Fahrlässigkeit ganz ausschließen darf, weil das Schadensrecht sonst seine Präventionsfunktion verlöre, noch eine generelle Haftung des Arbeitnehmers vorsehen darf.[1272] *Jacklofsky* beschreibt den tariffesten Kern mit der konturlosen Formel, dass dieser in Gestalt der Grundrechte des Arbeitnehmers, des Prinzips der Vertragsfreiheit und der §§ 138, 242 BGB besteht.[1273]

b) Verneinende Stimmen für Haftungsverschärfung durch Tarifvertrag

Im Anschluss an die jüngere Rechtsprechung des 8. Senats des BAG hält ein Teil der Literatur eine tarifliche Haftungsverschärfung für unzulässig.[1274]

aa) Keine tarifliche Haftungsverschärfung wegen einseitig zwingender Grundsätze der beschränkten Arbeitnehmerhaftung

Ein Teil der Literatur stützt die unzulässige Haftungsverschärfung durch Tarifvertrag auf den einseitigen zwingenden Charakter der richterrechtlichen Grundsätze der beschränkten Arbeitnehmerhaftung.[1275] Den einseitig zwingenden Charakter hat man aus verschiedenen Sichten begründet.

(1) Die verfassungsrechtlichen Überlegungen

Peifer stützt die generelle Unzulässigkeit einer tariflichen Haftungsverschärfung auf die Grundsätze der beschränkten Arbeitnehmerhaftung als einseitig zwingendes gesetzersetzendes Richterrecht bzw. Arbeitnehmerschutzgesetz. Die Einstufung der Grundsätze als einseitig zwingendes Arbeitnehmerschutzgesetz vom

1272 MünchArbR/Löwisch/Rieble, 2. Aufl. (2000), § 259, § 112; Löwisch/Rieble, 3. Aufl. (2012), § 1 Rn. 954.

1273 Jacklofsky, NZA 2001, S. 647.

1274 Deinert, RdA 2000, S. 37; Deinert, Anm. zu BAG (02.12.1999), AuR 2001, S. 27 f.; Peifer, AR-Blattei SD 870.1 Rn. 36, 77, 82 ff.; Waltermann, RdA 2005, S. 109; Kempen/Zachert/Zachert, 4. Aufl. (2006), Grundlagen Rn. 301, § 1 Rn. 608 ff.; Brose, RdA 2011, S. 216; Däubler/Hensche, 2. Aufl. (2006), § 1 Rn. 769; Thüsing/Braun /Wißmann, 4 Kap. Rn. 58; Thüsing/Braun /Mengel/Burg, 5 Kap. Rn. 1 ff.; Däubler/Hensche, 3. Aufl. (2012), § 1 Rn. 881; Däubler/Schiek, 3. Aufl. (2012), Einleitung Rn. 336; wohl auch Wiedemann/Wiedemann, 6. Aufl. (1999), Einleitung Rn. 358, 411; Wiedemann/Wiedemann, 7. Aufl. (2007), Einleitung Rn. 350, 402.

1275 Deinert, RdA 2000, S. 37; Peifer, AR-Blattei SD 870.1 Rn. 36, 77, 82 ff.; Waltermann, RdA 2005, S. 109; Waltermann, JuS 2009, S. 197 f.; Brose, RdA 2011, S. 216; Thüsing/Braun /Wißmann, 4 Kap. Rn. 58; Thüsing/Braun /Mengel/Burg, 5 Kap. Rn. ff.; Däubler/Hensche, 3. Aufl. (2012), § 1 Rn. 769.

8. Senat des BAG ist auf die Sicherstellung eines angemessenen Ausgleichs der Grundrechtspositionen beider Arbeitsvertragsparteien wegen der verfassungsrechtlichen Schutzpflicht zurückzuführen, die der Große Senat des BAG dadurch erfüllt, dass er die unabdingbare Berücksichtigung des Betriebsrisikos bei allen Schäden, die durch betrieblich veranlasste Arbeiten entstanden sind, erfordert.[1276]

(2) Der Wille des rechtsfortbildenden Richters

Nach *Waltermann* beruht die Ablehnung einer tariflichen Haftungsverschärfung auch auf der Bindung der Tarifverträge an die einseitig zwingenden Grundsätze der beschränkten Arbeitnehmerhaftung. Dieser einseitig zwingende Charakter wird vom Willen des Rechtsetzers (hier ist dies der Wille des rechtsfortbildenden Richters) und Sinn und Zweck des richterrechtlichen Rechtssatzes bestimmt, der darin besteht, dass der mit dem Begriff der sogenannten „Betriebsgefahr" zusammengefasste Schadenszurechnungsgrund, wie ihn das Richterrecht genannt hat, nicht zur Disposition steht.[1277] Hier kann man sehen, dass *Waltermann* die Unzulässigkeit einer tariflichen Haftungsverschärfung letztlich wieder auf die vom Großen Senat des BAG erforderte unabdingbare Berücksichtigung des Betriebsrisikos bei allen durch betrieblich veranlasste Arbeiten entstandenen Schäden stützt.[1278] *Brose* ist auch der ähnlichen Auffassung, dass das BAG selbst festlegen können sollte, ob diese von ihm geschaffenen Grundsätze zwingend sind, wie es der Gesetzgeber auch könnte, wollte er eine Regelung treffen.[1279]

1276 Peifer, AR-Blattei SD 870.1 Rn. 77, 82. Nachdem Peifer (ZfA 1996, S. 74 f.) kollektivvertragliche Abweichungen pauschal für unzulässig erklärt hatte, verhielt er sich hier etwas zurückhaltender. Peifer macht hier die Zulässigkeit einer tariflichen Haftungsverschärfung davon abhängig, welche Auffassung man zur Grundrechtsbindung der Tarifvertragsparteien vertritt. Sieht man die Normsetzungskompetenz der Koalitionen nicht als auf „staatlicher Delegation" beruhend, sondern als „kollektive Privatautonomie" an, könnte eine zu Lasten der von den zwingenden Grundsätzen der beschränkten Arbeitnehmerhaftung abweichenden Tarifnorm wirksam sein. Leider hat Peifer dazu keine abschließende Stellungnahme genommen, sondern sich damit begnügt, dass für die Arbeitnehmerhaftung dies einstweilen bedeutet, dass gemäß der bisherigen Rechtsprechung des BAG eine tarifliche Unterschreitung der richterrechtlichen Haftungsgrundsätze nicht zulässig ist.

1277 Waltermann, RdA 2005, S. 108 f.

1278 BAG (GS) (27.09.1994), AP Nr. 103 zu § 611 BGB Haftung des Arbeitnehmers (unter C III 2 der Gründe).

1279 Brose, RdA 2011, S. 216.

Deinert hat schon früh mit Recht darauf hingewiesen, dass das der privilegierten Arbeitnehmerhaftung innewohnende soziale Schutzprinzip durch die Rechtsprechungsänderung des 8. Senats gesichert wird.[1280]

bb) Keine tarifliche Haftungsverschärfung angesichts des vom Arbeitgeber wegen seiner Organisationshoheit zu tragenden Betriebsrisikos als tariffester Kern

Ein anderer Teil der Literatur begründet die Unzulässigkeit einer tariflichen Haftungsverschärfung mit dem hinter den richterrechtlichen Grundsätzen stehenden zwingenden tariffesten Kern.[1281]

Deinert plädierte schon früh mit dem Gedanken eines tariffesten Kerns auf eine einheitliche Beurteilung von der arbeitsvertraglichen Mankoabrede und tarifvertraglichen Mankoreglung und lehnt zutreffend eine tarifliche Haftungsverschärfung mit der Begründung ab, dass das den richterrechtlichen Grundsätzen zugrunde liegende Rechtsprinzip der Betriebsrisikozuordnung zum Arbeitgeber nicht tarifdispositiv ist.[1282]

Im Gegensatz zu den alten Vorauflagen[1283] nimmt *Zachert* in der neuen 4. Auflage eine etwas zurückhaltendere Einstellung zu einem absoluten Vorrangprinzip des Tarifvertrages gegenüber gesetzesvertretendem Richterrecht ein und hält mithin das Richterrecht nicht mehr für stets tarifdispositiv, sondern für grundsätzlich tarifdispositiv.[1284] Dementsprechend lehnt *Zachert* im Vergleich zu den Vorauflagen[1285] eindeutig pauschal eine tarifliche Abweichung von den richterrechtlichen Grundsätzen der privilegierten Arbeitnehmerhaftung zum Nach-

---

1280 Deinert, RdA 2000, S. 33, 37.

1281 Kempen/Zachert/Zachert, 4. Aufl. (2006), Grundlagen Rn. 296, 301, § 1 Rn. 508 ff.; Däubler/Schiek, 3. Aufl. (2012), Einleitung Rn. 336; wohl auch Wiedemann/Wiedemann, 6. Aufl. (1999), Einleitung Rn. 358, 411; Wiedemann/Wiedemann, 7. Aufl. (2007), Einleitung Rn. 350, 402.

1282 Deinert, Anm. zu BAG (02.12.1999), AuR 2001, S. 27 f.

1283 Die alten Vorauflagen des Tarifvertragsgesetzes: Die Kommentare für die Praxis gehen aufgrund der stärkeren Legitimation der Normsetzungsmacht der Tarifparteien gemäß Art. 9 III GG von einem absoluten Vorrangprinzip des Tarifvertrages gegenüber gesetzesvertretendem Richterrecht aus und halten es damit für immer tarifdispositiv. Vgl. Hagemeier/Kempen/Zachert/Zilius, 2. Aufl. (1990), Einleitung Rn. 88 ff.; Kempen/Zachert, 3. Aufl. (1997), Grundlagen Rn. 235 ff.

1284 Kempen/Zachert/Zachert, 4. Aufl. (2006), Grundlagen Rn. 296.

1285 Die alten Vorauflagen nehmen keine klare Stellung zur Zulässigkeit der tariflichen Haftungsverschärfung und erwähnen nur eine dem Arbeitnehmer günstige Tarifregelung, die eine Arbeitnehmerhaftung für Schäden nur bei Vorsatz und grober Fahrlässigkeit vorsieht. Vgl. Hagemeier/Kempen/Zachert/Zilius, 2. Aufl. (1990), § 1 Rn. 198; Kempen/Zachert, 3. Aufl. (1997), § 1 Rn. 318.

teil des Arbeitnehmers ab.[1286] *Zachert* rechtfertigt diese generelle Unzulässigkeit mit dem Gedanken eines tariffesten Kerns und sieht den tariffesten Kern der privilegierten Arbeitnehmerhaftung darin, dass die vom Arbeitgeber beherrschten Risiken bei fehlenden Einflussnahmemöglichkeiten des Arbeitnehmers nicht zu Lasten der Arbeitnehmer verändert werden soll.[1287] Der von *Zachert* anerkannte tarifresistente Kern geht m.E. letztlich wieder auf den vom Großen Senat des BAG herausgearbeiteten Kerngedanken der Grundsätze zur Haftungsbeschränkung zurück, dass das vom Arbeitgeber mittels seiner Organisationshoheit geprägte Betriebsrisiko, dem der Arbeitnehmer weder tatsächlich noch rechtlich ausweichen kann, nicht auf den Arbeitnehmer abgewälzt werden darf.[1288]

Mit der Aufgabe des absoluten Vorrangprinzips des Tarifvertrages gegenüber gesetzesvertretendem Richterrecht scheint m.E. *Wiedemann* auch eine pauschale Ablehnung einer tariflichen Haftungsverschärfung abzulehnen, ohne die tarifliche Norm über die Arbeitnehmerhaftung bei der Erörterung der tarifvertraglichen Inhaltsnormen über die Pflichten des Arbeitnehmers seit der 6. Auflage des Tarifvertragsgesetzes auch nur zu erwähnen.[1289] Sein Gedankengang läuft wie folgt: In der 5. Auflage des Tarifvertragsgesetzes vertreten *Wiedemann/Stumpf* noch die Auffassung, dass der Richter jedenfalls im Kernbereich der Tarifautonomie verpflichtet ist, eine tarifvertragliche Regelung zu respektieren, auch wenn sie nicht unerheblich von den richterrechtlichen Grundsätzen abweicht, weil *Wiedemann/Stumpf* hier auch aufgrund der stärkeren Legitimation tariflicher Regelungsmacht von dem Richter als Ersatzgesetzgeber, der keine weitergehenden Befugnisse gegenüber den Tarifvertragsparteien als der parlamentarische Gesetzgeber haben kann, eine Zurückhaltung gegenüber der Tarifautonomie verlangen.[1290] Dementsprechend liegt es nahe, dass *Wiedemann/Stumpf* unter Verweis auf *Gamillscheg/Hanau*[1291] eine tarifliche Haftungsverschärfung scheinbar für zulässig halten.[1292] Seit der 6. Auflage des Tarifvertragsgesetzes gibt *Wiedemann* offensichtlich das generelle Vorrangprinzip des Tarifvertrages gegenüber gesetzesvertretendem Richterrecht hinsichtlich der Aufgabe der Kernbereichstheorie auf und vertritt nunmehr die neuere Ansicht, dass der Richter als Ersatzgesetzgeber dieselben Befugnisse gegenüber den Ta-

---

1286 Kempen/Zachert/Zachert, 4. Aufl. (2006), Grundlagen Rn. 301, § 1 Rn. 608 ff.

1287 Kempen/Zachert/Zachert, 4. Aufl. (2006), Grundlagen Rn. 296, 301.

1288 BAG (GS) (27.09.1994), AP Nr. 103 zu § 611 BGB Haftung des Arbeitnehmers (unter C II 2 der Gründe).

1289 Wiedemann/Wiedemann, 6. Aufl. (1999), § 1 Rn. 454 ff.; Wiedemann/Wiedemann, 7. Aufl. (2007), § 1 Rn. 575 ff.

1290 Wiedemann/Stumpf, 5. Aufl. (1977), Einleitung Rn. 137.

1291 Gamillscheg/Hanau, 2. Aufl. (1974), S. 36.

1292 Wiedemann/Stumpf, 5. Aufl. (1977), § 1 Rn. 181.

rifvertragsparteien wie der parlamentarische Gesetzgeber hat.[1293] Nach dieser neuen Ansicht von *Wiedemann* kann der Richter als Ersatzgesetzgeber also selbst entscheiden, ob sie ihre Schutzbestimmungen oder Schutzprinzipien tariffest ausgestaltet und kann zwingenden Schutz- und Ordnungsvorstellungen den Vorrang geben, wenn er die Ermächtigung der Tarifvertragsparteien zu ungünstigeren Regelungen nicht für angemessen hält.[1294] In diesem Zusammenhang nimmt *Wiedemann* leider keine Stellung dazu, ob der Richter die Grundsätze der beschränkten Arbeitnehmerhaftung tariffest ausgestaltet und zwingenden Schutz- und Ordnungsvorstellungen den Vorrang gegeben hat. Jedoch würde m.E. das Gleiche bei den Grundsätzen der beschränkten Arbeitnehmerhaftung gelten.

Schiek erklärt zwar die richterrechtlichen Grundsätze der beschränkten Arbeitnehmerhaftung für tarifdispositiv, aber sie will diese Tarifdispositivität an die hinter den richterrechtlichen Grundsätzen stehende tariffeste Grundlage binden, die eine Verantwortung des Arbeitnehmers für Schäden, die er nicht durch eigene organisatorische Maßnahmen vermeiden kann, ausschließt. Dementsprechend hält m.E. *Schiek* trotz der Annahme der „Tarifdispositivität" eine tarifliche Haftungsverschärfung für unzulässig und führt konsequent selber aus, dass entgegen § 138 BGB bzw. Art. 12 II GG nicht den Arbeitnehmern die haftungsrechtliche Verantwortung für Organisationsverschulden des Arbeitgebers aufgebürdet darf werden.[1295]

Peifer,[1296] *Waltermann*[1297] und *Brose*[1298] stützten zwar die unzulässige Haftungsverschärfung durch Tarifvertrag nicht direkt auf die Theorie des zwingenden tariffesten Kerns, aber in ihren Begründungen sehen sie alle keine Abwälzung des vom Arbeitgeber wegen seiner Organisationshoheit zu tragenden Betriebsrisikos auf den Arbeitnehmer als unantastbaren Kern der Grundsätze der beschränkten Arbeitnehmerhaftung an. In diesem Sinne liegen m.E. die verneinenden Stimmen für die Haftungsverschärfung durch Tarifvertrag im Ergebnis gar nicht so weit auseinander, wie es den Anschein hat, weil sie alle die tarifliche Unabdingbarkeit von Richterrecht an den inhaltsgleichen zwingenden Kern binden wollen.

1293 Wiedemann/Wiedemann, 6. Aufl. (1999), Einleitung Rn. 411; Wiedemann/Wiedemann, 7. Aufl. (2007), Einleitung Rn. 402.

1294 Wiedemann/Wiedemann, 6. Aufl. (1999), Einleitung Rn. 358, 411; Wiedemann/Wiedemann, 7. Aufl. (2007), Einleitung Rn. 350, 402.

1295 Däubler/Schiek, 3. Aufl. (2012), Einleitung Rn. 336.

1296 Peifer, AR-Blattei SD 870.1 Rn. 77, 82.

1297 Waltermann, RdA 2005, S. 108 f.

1298 Brose, RdA 2011, S. 216.

Doch ist hier ergänzend mit Betonung darauf zu verweisen, dass sich der von den verneinenden Stimmen anerkannte tariffeste Kern wesentlich von dem oben erwähnten von *Jacklofsky* und *Löwisch/Rieble* anerkannten tariffesten Kern darin unterscheidet, dass die teilweise Abwälzung des dem Arbeitgeber zuzurechnenden Betriebsrisikos auf den Arbeitnehmer in bestimmten Grenzen nicht zum von *Jacklofsky* und *Löwisch/Rieble* anerkannten tariffesten Kern der Grundsätze der beschränkten Arbeitnehmerhaftung gehört.[1299]

3. Eigene Stellungnahme

Wegen der strukturellen Unterlegenheit des Arbeitnehmers gegenüber dem Arbeitgeber dürfen die Arbeitsvertragsparteien nicht eine dem Arbeitnehmer ungünstige Haftungsregelung in Abweichung von den richterrechtlichen Grundsätzen zur beschränkten Arbeitnehmerhaftung treffen. M.E. gilt dasselbe auch für die Tarifvertragsparteien.

a) Bindung der Tarifparteien an den tariffesten Kern der privilegierten Arbeitnehmerhaftung

Wie bereits eingehend erörtert,[1300] sind um der Rechtssicherheit und -einheit willen die Grundsätze zur beschränkten Arbeitnehmerhaftung als einseitig zwingendes Arbeitnehmerschutzrecht einzustufen, solange der Gesetzgeber im Bereich der Arbeitnehmerhaftung untätig bleibt. Diese einseitige zwingende Geltung verbietet schon den Tarifvertragsparteien, zu Lasten der Arbeitnehmer von den richterrechtlichen Grundsätzen abzuweichen. Nach der Ansicht des 7. Senats des BAG findet auch die Regelungsbefugnis der Tarifvertragsparteien ihre Grenzen an entgegenstehendem zwingendem gesetzesvertretendem Richterrecht. Zwingender Charakter kommt dem gesetzesvertretendem Richterrecht dann zu, wenn das Richterrecht zur Verhinderung der Umgehung von zwingendem Gesetzesrecht oder in Befolgung einer den Gerichten obliegenden verfassungsrechtlichen Schutzpflicht entwickelt worden ist.[1301] M.E. hat der Große Senat des BAG gerade als staatlicher Grundrechtsadressat[1302] den Grundsätzen zur beschränkten Arbeitnehmerhaftung in Befolgung einer verfassungsrechtlichen Schutzpflicht einseitige zwingende Wirkung beigelegt, die er dadurch erfüllt,

1299 Jacklofsky, NZA 2001, S. 647 f.; Löwisch/Rieble, 3. Aufl. (2012), § 1 Rn. 951 ff., 1624.

1300 Vgl. ausführlich oben Dritter Teil B. I. 3. c) u. d).

1301 BAG (31.07.2002), NZA 2002, S. 1157 (unter B I 3 der Gründe). Die Ansicht des 7. Senats wird von der Literatur geteilt, vgl. Fuchs/Reichold, 2. Aufl. (2006), Rn. 152; Wiedemann/Wiedemann, 7. Aufl. (2007), Einleitung Rn. 401 f.

1302 HWK/Henssler, 5. Aufl. (2012), Einleitung TVG Rn. 16.

dass er die unabdingbare Berücksichtigung des Betriebsrisikos bei allen durch betrieblich veranlasste Arbeiten entstandenen Schäden erfordert[1303]

Selbst wenn man der Gegenauffassung zur Frage der Dispositivität des Richterrechts folgt, käme man im Fall der Arbeitnehmerhaftung zu demselben Ergebnis. Wie oben ausgeführt,[1304] erkennen sowohl bejahende Stimmen als auch verneinende Stimmen einen hinter den richterrechtlichen Grundsätzen stehenden zwingenden tariffesten Kern an. Zwar ist dieser tariffeste Kern schwerlich allgemein zu definieren, aber diesen unantastbaren Kern bildet m.E. der vom Großen Senat des BAG herausgearbeitete die privilegierte Arbeitnehmerhaftung rechtfertigende Kerngedanke, dass das vom Arbeitgeber mittels seiner Organisationshoheit geprägte Betriebsrisiko, dem der Arbeitnehmer weder tatsächlich noch rechtlich ausweichen kann, nicht auf den Arbeitnehmer abgewälzt werden darf.[1305] Einfach formuliert darf es zu keiner Abwälzung des vom Arbeitgeber wegen seiner Organisationshoheit zu tragenden Betriebsrisikos auf den Arbeitnehmer kommen.

Erstens hat sich dieser Kerngedanke neben der zeitlich langen Praktizierung durch die Rechtsprechung schon aufgrund der allgemeinen Anerkennung im Schrifttum durchgesetzt.[1306]

Zweitens liegt ein tariffester Kern nach der wohl h.M. vor, wenn er sich auf ein Rechtsprinzip gründet, das in der gesetzlichen Gesamtkonzeption auch für die Tarifvertragsparteien nicht zur Disposition steht.[1307] Nach meiner Meinung gründet sich dieser vom Großen Senat des BAG entwickelte Betriebsrisikogedanke auf das unverzichtbare haftungsentlastende Prinzip im Zivilrecht, nämlich die „Risikohaftung bei Tätigkeit in fremdem Interesse“.[1308]

Schließlich findet die Unabdingbarkeit dieses Kerngedankens der privilegierten Arbeitnehmerhaftung ihre Anerkennung sowohl in den verneinenden Stimmen, als auch in manchen bejahenden Stimmen für eine tarifliche Haftungsverschärfung. Wie eben dargestellt, sind sich die verneinenden Stimmen

---

1303 BAG (GS) (27.09.1994), AP Nr. 103 zu § 611 BGB Haftung des Arbeitnehmers (unter C III der Gründe).

1304 Vgl. ausführlich oben Dritter Teil D. I. 2. a). u. b). bb).

1305 BAG (GS) (27.09.1994), AP Nr. 103 zu § 611 BGB Haftung des Arbeitnehmers (unter C II 2 der Gründe).

1306 Vgl. ausführlich oben Dritter Teil B. I. 3. c). aa). (3). u. bb).

1307 Stein, Rn. 385; MünchArbR/Löwisch/Rieble, 2. Aufl. (2000), § 259, § 112; MünchArbR/Rieble/Klumpp, 3. Aufl. (2009), § 169, Rn. 145; Hromadka/Maschmann, Arbeitsrecht Band 2, 5. Aufl. (2010), § 13 Rn. 202.

1308 Canaris, RdA 1966, S. 41 ff.; Larenz, JuS 1965, S. 375 f.; Staudinger/Richardi/Fischinger, BGB, Neubearb. (2011), § 619 a Rn. 57 ff.; Otto/Schwarze, Rn. 37 ff. Vgl. ausführlich oben Dritter Teil B. I. 3. c). aa). (2).

für eine tarifliche Haftungsverschärfung darin einig, dass keine Abwälzung des vom Arbeitgeber wegen seiner Organisationshoheit zu tragenden Betriebsrisikos auf den Arbeitnehmer als unantastbarer Kern der Grundsätze der beschränkten Arbeitnehmerhaftung anzusehen ist.[1309] *Deinert*, *Schiek* und *Zachert* erklären ausdrücklich diesen Kerngedanken für tariffeste Grundlage bzw. tariffesten Kern.[1310] Nicht nur verneinende Stimmen, sondern auch manche bejahende Stimmen für eine tarifliche Haftungsverschärfung[1311] halten zu Recht diesen Kerngedanken der privilegierten Arbeitnehmerhaftung für unabdingbar. *Krause* vertritt die Auffassung, dass die Grundsätze zur beschränkten Arbeitnehmerhaftung im Kern verbindlich festlegen, an welcher Grenze die Verantwortlichkeit des Arbeitnehmers für schuldhaft verursachte Schäden endet.[1312] M.E. endet die Verantwortlichkeit des Arbeitnehmers nach *Krause* an der Grenze des vom Arbeitgeber wegen seiner Organisationshoheit zu tragenden Betriebsrisikos, weil er selber der vom Großen Senat des BAG angeordneten unabdingbaren Berücksichtigung des Betriebsrisikos eine vorgezeichnete Linie für einseitig zwingendes Arbeitnehmerschutzrecht entnehmen will.[1313] *Walker* will auch die aus der privilegierten Arbeitnehmerhaftung abgeleitete Unabdingbarkeit auf die grundsätzlich notwendige Berücksichtigung des Betriebsrisikos zu Lasten des Arbeitgebers beschränken, also auf den Kern der Haftungseinschränkung zu Gunsten des Arbeitnehmers, nicht dagegen auf alle denkbaren Details.[1314] *Reichold* hat sogar die Haftungserleichterungen für den Arbeitnehmer aufgrund seiner Organisationsabhängigkeit als gewohnheitsrechtlich anerkannt und hat zutreffend die vom Großen Senat des BAG entwickelten Betriebsrisikogedanken als eine „allgemeine Rechtsüberzeugung" angesehen.[1315]

Mit dem BAG wird man m.E. als tariffesten Kern der Grundsätze zur beschränkten Arbeitnehmerhaftung keine Abwälzung des vom Arbeitgeber wegen seiner Organisationshoheit zu tragenden Betriebsrisikos auf den Arbeitnehmer ansehen müssen. Dieser tariffeste Kern lässt eine tarifliche Haftungsverschär-

---

1309 Deinert, Anm. zu BAG (02.12.1999), AuR 2001, S. 27 f.; Peifer, AR-Blattei SD 870.1 Rn. 77, 82; Waltermann, RdA 2005, S. 108 f.; Kempen/Zachert/Zachert, 4. Aufl. (2006), Grundlagen Rn. 296, 301; Brose, RdA 2011, S. 216; Däubler/Schiek, 3. Aufl. (2012), Einleitung Rn. 336.

1310 Deinert, Anm. zu BAG (02.12.1999), AuR 2001, S. 27 f.; Däubler/Schiek, 3. Aufl. (2012), Einleitung Rn. 336; Kempen/Zachert/Zachert, 4. Aufl. (2006), Grundlagen Rn. 296, 301.

1311 Walker, JuS 2002, S. 741; Krause, NZA 2003, S. 586; Walker, FS Canaris (2007), Band I, S. 1518; wohl auch MünchArbR/Reichold, 3. Aufl. (2009), § 51 Rn. 68, 73.

1312 Krause, NZA 2003, S. 585.

1313 Krause, NZA 2003, S. 585.

1314 Walker, FS Canaris (2007), Band I, S. 1517.

1315 MünchArbR/Reichold, 3. Aufl. (2009), § 51 Rn. 19.

fung nicht zu. Wird von dem Kern zuungunsten des Arbeitnehmers abgewichen, werden gleich die richterrechtlichen Grundsätze zur beschränkten Arbeitnehmerhaftung untergraben.

b) Vermeidung der Rechtsunsicherheiten

Die bejahenden Stimmen für eine tarifliche Haftungsverschärfung befürworten zwar eine Grenzziehung zwischen der Kompetenz des Richters und der Tarifautonomie. Mit einer derartigen Grenzziehung sind jedoch in der Praxis große Rechtsunsicherheiten verbunden, da die Vorstellung von einer Grenzziehung, wie oben ausgeführt,[1316] bislang noch keine klaren Konturen hat.[1317] Die Tarifparteien sehen sich mit einer unerfreulichen Lage konfrontiert, wenn sie in der Praxi nicht wissen, an welche bestimmten Grenzen sie sich halten müssen. Diese mit der Grenzziehung verbundene Rechtsunsicherheit zeigt sich deutlich daran, wann von einer hinnehmbaren Abwälzung des vom Arbeitgeber zu tragenden Betriebsrisikos auf den Arbeitnehmer durch Tarifvertrag auszugehen ist. Diese Rechtsunsicherheit könnte dazu führen, dass das auf das Betriebsrisiko gestützte Gebäude des innerbetrieblichen Schadensausgleichs unterlaufen wird. Die in der Literatur anzutreffende Formel, der Arbeitnehmer könne mit kleineren Risiken belastet oder begrenzten, nicht wesentlichen Haftungsrisiken aus der Schadensverantwortung des Arbeitgebers belastet werden,[1318] ist in ihrer praktischen Anwendung wegen ihrer unscharfen Kontur wenig hilfreich. Im Interesse der Rechtsklarheit und –sicherheit ist m.E. vorzuziehen, dass die richterrechtlichen Grundsätze zur beschränkten Arbeitnehmerhaftung als einseitig zwingendes Arbeitnehmerschutzrecht nicht tarifdispositiv sind.

Ergänzend ist darauf hinzuweisen, dass mehrere Gesetzesentwürfe darauf gerichtet sind, die richterrechtlichen Grundsätze zur beschränkten Arbeitnehmerhaftung als einseitig zwingendes Arbeitnehmerschutzrecht auszugestalten, von dem weder tarifvertraglich noch einzelvertraglich zuungunsten des Arbeitnehmers abgewichen werden darf, z.B. § 619 e 1 SPD-Gesetzentwürfe zur Regelung der Arbeitnehmerhaftung vom 21.08.1989,[1319] 11. 08. 1993[1320] und vom 22.08.1995.[1321] Auch der jüngste Diskussionsentwurf eines Arbeitsvertragsgeset-

1316 Vgl. ausführlich oben Dritter Teil D. I. 1. a). u. 2. a).

1317 Vgl. Walker, JuS 2002, S. 741; Krause, NZA 2003, S. 586; Walker, FS Canaris (2007), Band I, S. 1518. Wie bei der Darstellung dieser Autoren ist zu zeigen, dass der Literatur keine einheitlichen und exakten Grenzen zu entnehmen sind.

1318 Krause, NZA 2003, S. 586; Schwarze, Anm. zu BAG (27.01.2000), RdA 2001, S. 180.

1319 BT-Drs. 11/5086, S. 2.

1320 BT-Drs. 12/5551, S. 3.

1321 BT-Drs. 13/2195, S. 3.

zes (ArbVG)[1322] von Prof. Dr. Martin Henssler und Prof. Dr. Ulrich Preis (Stand: November[1323] 2007) sieht die richterrechtlichen Grundsätze als einseitig zwingendes Arbeitnehmerschutzrecht an und sieht im § 148 I[1324] vor, dass von Bestimmungen dieses Gesetzes zuungunsten des Arbeitnehmers durch Tarifvertrag, Betriebsvereinbarungen oder Arbeitsvertrag nur abgewichen werden kann, soweit dies ausdrücklich zugelassen ist. In der Sonderregelung des § 89 I 1[1325] über „Arbeitnehmerhaftung bei Schlechtleistung und Verletzung von Nebenpflichten" ist eine solche Zulässigkeit nicht enthalten.[1326]

Schließlich sollte nicht außer Acht gelassen werden, dass eine tarifliche Haftungsverschärfung sehr geringe praktische Bedeutung hat. Es ist äußerst zweifelhaft, ob die Tarifparteien in der Praxis diese Möglichkeit ergreifen, die Arbeitnehmerhaftung durch Kompensation anderer Vorteile zu verschärfen. Eine tarifliche Regelung zur Verschärfung der Arbeitnehmerhaftung ist in der Praxis ganz selten.[1327] Dies wird im Umkehrschluss von dem Hinweis von *Hromadka/Maschmann* auf die Abweichung von dem tarifdispositiven Gesetz bestätigt, dass Abweichungen zu Lasten der Arbeitnehmer in der Praxis so gut wie nie vereinbart werden.[1328] Es lässt sich vermuten, dass praktisch eine tarifliche Haftungsverschärfung so gut wie keine Bedeutung hat. [1329] Der Streit über die Zulässigkeit einer tariflichen Haftungsverschärfung ist m.E. weniger von praktischer Bedeutung als vielmehr von dogmatischer Bedeutung.

II. Spielraum für Betriebsvereinbarungen

Wenn der Tarifvorbehalt i.S. des § 77 III 1 BetrVG nicht in Betracht kommt, d.h. die Arbeitnehmerhaftung für die bei betrieblich veranlassten Arbeiten entstandenen Schäden weder durch Tarifvertrag geregelt ist, noch üblicherweise geregelt wird, stellt sich weiter die Frage, ob und inwieweit ein Spielraum für eine dem Arbeitnehmer nachteilige Betriebsvereinbarung besteht.

1322 Abrufbar unter: http://www.bertelsmann-stiftung.de/cps/rde/xchg/SID-85033C9C-B8A1A650/bst/hs.xsl/52988_53012.htm (abgerufen am 17.09.2012).

1323 Hinweis: Das Deckblatt des abgerufenen Diskussionsentwurfs gibt aber „Stand Oktober 2007" an.

1324 Henssler/Preis-Diskussionsentwurf 2007, S. 61.

1325 Henssler/Preis-Diskussionsentwurf 2007, S. 38 f.

1326 Vgl. ausführlich unten Vierter Teil D. II. u. III.

1327 Däubler, 3. Aufl. (1993), Rn. 917; Kempen/Zachert/Zachert, 4. Aufl. (2006), § 1 Rn. 610.

1328 Hromadka/Maschmann, Arbeitsrecht Band 2, 5. Aufl. (2010), § 13 Rn. 187.

1329 Däubler, 3. Aufl. (1993), Rn. 917; Kempen/Zachert/Zachert, 4. Aufl. (2006), § 1 Rn. 301, 610.

1. Meinungsstand in der Literatur

In der Literatur ist das Problem bezüglich der Zulässigkeit einer Haftungsverschärfung durch Betriebsvereinbarung bislang nur sporadisch erörtert worden. Im alten Schrifttum verweisen *Gamillscheg/Hanau* zwar auf die grundlegende Entscheidung des BAG vom 16.11.1967, die die Abweichung von den tarifdispositiven richterrechtlichen Grundsätzen zur Gratifikationsrückzahlung durch Betriebsvereinbarung ablehnt,[1330] sie halten jedoch die Verschärfung der Arbeitnehmerhaftung durch Betriebsvereinbarung gegenüber den richterrechtlichen Grundsätzen zur beschränkten Arbeitnehmerhaftung für möglich, weil eine gerichtliche Überprüfung auf das billige Ermessen der Betriebsvereinbarung hin generell stattfindet und die Stellung des Betriebsrats durch das neue BetrVG 1972 rechtlich und faktisch erheblich gestärkt wird.[1331] Unter Verweis auf die Ansicht von *Gamillscheg/Hanau* erklärt *Blomeyer* die Vereinbarung einer Haftungsverschärfung in Betriebsvereinbarungen auch für zulässig, wobei jedoch regelmäßig eine gerichtliche Verhältnismäßigkeitskontrolle stattfindet.[1332]

Nach dem Urteil des 8. Senats des BAG vom 17.09.1998 wird die Zulässigkeit einer Haftungsverschärfung durch Betriebsvereinbarung nach wie vor überwiegend nicht in der Literatur behandelt, weil die Grundsätze zur beschränkten Arbeitnehmerhaftung vom BAG als einseitig zwingendes Arbeitnehmerschutzgesetz eingestuft werden. *Blomeyer* hält noch an seiner Ansicht in der 1. Auflage des MünchArbR fest und knüpft die Zulässigkeit weiter an die gerichtliche Verhältnismäßigkeitskontrolle. [1333] In der 3. Auflage des MünchArbR erhebt *Reichold* jedoch große Zweifel an der Ansicht von *Blomeyer* und führt aus, dass gegen die Mankoabreden in Betriebsvereinbarungen im Hinblick auf die Grenzen der Betriebsautonomie deutliche Bedenken bestehen. Leider lässt sich dieser lapidaren Ausführung keine abschließende Stellung von *Reichold* zur Zulässigkeit einer Haftungsverschärfung durch Betriebsvereinbarung entnehmen.[1334]

Deinert hat zwar die Zulässigkeit einer Haftungsverschärfung durch Betriebsvereinbarung nicht erörtert, jedoch hat er in der Zusammenfassung eindeu-

---

1330 BAG (16.11.1967), AP Nr. 63 zu § 611 BGB Gratifikation. Gamillscheg schließt sich noch in seiner Anmerkung zu dieser Entscheidung der Ansicht des BAG an, dass die Betriebsvereinbarung nicht vom tarifdispositiven Richterrecht abweichen kann, weil hier das Gleichgewicht der Macht bei Betriebsvereinbarung fehlt, vgl. Gamillscheg, Anm. zu BAG (16.11.1967), AP Nr. 63 zu § 611 BGB Gratifikation (unter IV).

1331 Gamillscheg/Hanau, 2. Aufl. (1974), S. 36.

1332 MünchArbR/Blomeyer, 1. Aufl. (1992), § 57 Rn. 69.

1333 MünchArbR/Blomeyer, 2. Aufl. (2000), § 59 Rn. 71.

1334 MünchArbR/Reichold, 3. Aufl. (2009), § 51 Rn. 73.

tig Folgendes ausgeführt: Privat- bzw. kollektivautonome Mankovereinbarungen dürften nur schutzniveauerhaltende oder -verbessernde Modifizierungen der Haftung beinhalten. Individual- und kollektivvertragliche Regelungen, die diesen Maßstäben nicht genügen, könnten als Abweichungen von einseitig zwingendem Arbeitnehmerschutzrecht nicht wirksam vereinbart werden.[1335] Außerdem hat *Deinert* -wie eben erwähnt- eine tarifliche Haftungsverschärfung mit dem Gedanken eines tariffesten Kerns abgelehnt.[1336] Daraus ist zu schließen, dass *Deinert* eine Haftungsverschärfung durch Betriebsvereinbarung für unzulässig hält.

Krause betrachtet einseitig zwingende Grundsätze zur beschränkten Arbeitnehmerhaftung als einheitlichen Maßstab für die inhaltliche Kontrolle von echten einzelvertraglichen Vereinbarungen, einheitlichen Arbeitsbedingungen und Betriebsvereinbarungen.[1337] Aus dieser Gleichstellung der Betriebsvereinbarungen mit echten einzelvertraglichen Vereinbarungen und einheitlichen Arbeitsbedingungen ist zu entnehmen, dass *Krause* eine Haftungsverschärfung durch Betriebsvereinbarung ablehnt. Diese Vermutung lässt sich dadurch bestätigen, dass *Krause* die Bedenken an der zwingenden Wirkung dieser Grundsätze nur für die Tarifverträge mit der Ausführung erhebt, dass die Rechtslage bei Tarifverträgen zweifelhaft ist.[1338]

2. Eigene Stellungnahme

Wegen der strukturellen Unterlegenheit des Arbeitnehmers gegenüber dem Arbeitgeber dürfen die Arbeitsvertragsparteien keine dem Arbeitnehmer nachteilige Haftungsregelung in Abweichung von den richterrechtlichen Grundsätzen zur beschränkten Arbeitnehmerhaftung treffen. M.E. gilt nichts anderes für die Betriebsparteien.

Die Grundsätze zur beschränkten Arbeitnehmerhaftung sind - wie bereits erwähnt - als einseitig zwingendes gesetzesvertretendes Richterrecht einzustufen, das dem zwingenden Gesetzesrecht gleichsteht. Deswegen dürfen die Betriebsvereinbarungen nicht von diesen richterrechtlichen Grundsätzen zulasten des Arbeitnehmers abweichen, weil einseitig zwingendes Gesetzesrecht der Betriebsautonomie eine inhaltliche Schranke setzt.[1339]

1335 Deinert, RdA 2000, S. 37.

1336 Deinert, Anm. zu BAG (02.12.1999), AuR 2001, S. 27 f.

1337 Krause, NZA 2003, S. 585.

1338 Krause, NZA 2003, S. 586.

1339 GK-BetrVG/Kreutz, 9. Aufl. (2010), § 77 Rn. 291; HSWGNR/Worzalla, 8. Aufl. (2011), § 77 Rn. 50; Fitting, 26. Aufl. (2012), § 77 Rn. 53; DKKW/Berg, 13. Aufl. (2012), § 77 Rn. 19; Richardi/Richardi, 13. Aufl. (2012), § 77 Rn. 91.

Selbst wenn man die richterrechtlichen Grundsätze zur beschränkten Arbeitnehmerhaftung nach wohl h.M. als tarifdispositiv ansieht, darf daraus kein Schluss auf eine „Betriebsvereinbarungsdispositivität" gezogen werden. Der 5. Senat hat schon in seiner grundlegenden Entscheidung vom 16.11.1967 zur Normsetzungskompetenz der Betriebsparteien anerkannt, dass die vom BAG aufgestellten Grundsätze zur Gratifikationsrückzahlung für eine auf einer Betriebsvereinbarung beruhende Rückzahlungsklausel maßgeblich sind, aber für eine auf einem Tarifvertrag beruhende Rückzahlungsklausel abdingbar sind.[1340] Diese Ansicht wird von der späteren Rechtsprechung bestätigt und fortgeführt.[1341] Die Privilegierung des Tarifvertrages gegenüber der Betriebsvereinbarung hat das BAG mit folgenden Hauptgründen gerechtfertigt: Auf der einen Seite verfügt der Betriebsrat nicht über die den Gewerkschaften zustehenden Möglichkeiten, die den Betriebsrat in die Lage setzen können, seinen Willen effektiv durchzusetzen und die Arbeitnehmerinteresen in Unabhängigkeit vom Arbeitgeber kraftvoll wahrzunehmen. Z.B. sind die Mitglieder des Betriebsrats als Arbeitnehmer des Unternehmens vom Arbeitgeber abhängig und genießen einen nur beschränkten Kündigungsschutz. Im Übrigen steht dem Betriebsrat das schärfste Machtmittel der Gewerkschaften, der Streik, nicht zu. Schließlich sind sie zudem gehalten, stets auch die Belange des Betriebes im Auge zu halten.[1342] Auf der anderen Seite wird die Betriebsautonomie von dem Gesetzgeber nicht so weitgehend ausgestaltet, wie die Tarifautonomie, weil die Tarifautonomie auf dem Grundgesetz beruht, während die Betriebsautonomie auf einfachem BetrVG beruht.[1343]

Die Rechtsprechung des 5. Senats vom BAG findet eine breite Zustimmung in der Literatur. Aus dieser Rechtsprechung hat die h.M. den allgemeinen Grundsatz herausgearbeitet, dass von dem tarifdispositiven Richterrecht die Betriebsvereinbarungen nicht abweichen können.[1344] In Anlehnung an die Recht-

---

1340 BAG (16.11.1967), AP Nr. 63 zu § 611 BGB Gratifikation, vgl. Leitsatz: „Beruht eine Gratifikationszahlung auf einer Betriebsvereinbarung, so sind die vom erkennenden Senat für eine freiwillige, auf einer einzelvertraglichen Vereinbarung beruhende Rückzahlungsklausel aufgestellten Grundsätze maßgeblich. Die Rechtslage ist in einem solchen Fall eine andere, als wenn die Regelung auf einem Tarifvertrag beruht."

1341 BAG (22.02.1968), SAE 1968, S. 197 (unter 3 der Gründe)=AP Nr. 64 zu § 611 BGB Gratifikation; BAG (17.10.1968), AP Nr. 66 zu § 611 BGB Gratifikation (unter 2 der Gründe); BAG (09.10.1969), AP Nr. 68 zu § 611 BGB Gratifikation.

1342 BAG (16.11.1967), SAE 1968, S. 122; BAG (17.10.1968), AP Nr. 66 zu § 611 BGB Gratifikation (unter 2 der Gründe); BAG (09.10.1969), AP Nr. 68 zu § 611 BGB Gratifikation.

1343 BAG (16.11.1967), SAE 1968, S. 122.

1344 Hueck-Nipperdey, Lehrbuch des Arbeitsrechts, 7. Aufl. (1963), Bd. II/2, § 65 C. III. 2 b), S. 1264; Gamillscheg, Anm. zu BAG (16.11.1967), AP Nr. 63 zu § 611 BGB Grati-

sprechung des 5. Senats stützt die h.M. die Privilegierung des Tarifvertrages gegenüber der Betriebsvereinbarung auf die gleichen Argumente: Die Betriebsparteien haben nicht die gleiche Gestaltungsfreiheit wie die Tarifvertragsparteien, weil die Betriebsratsmitglieder als Arbeitnehmer vom Arbeitgeber abhängig sind,[1345] sie gemäß § 74 II BetrVG nicht über das schärfste Machtmittel, nämlich das Streikrecht verfügen, wie die Gewerkschaft[1346]und weil sie sich nach § 2 I BetrVG zur vertrauensvollen Zusammenarbeit zum Wohl der Arbeitnehmer und des Betriebs verpflichten.[1347]

Für die Unabdingbarkeit des tarifdispositiven Richterrechts liegt m.E. der Kerngrund darin, dass ein angemessener Interessenausgleich zwischen beiden Betriebsparteien wegen des fehlenden Gleichgewichts beider Seiten nicht unterstellt werden kann, d.h. der Betriebsrat wegen der Unabhängigkeit, der fehlenden Machtmittel und des Gebots der vertrauensvollen Zusammenarbeit eine schwächere Rechts- und Machstellung hat als die Gewerkschaft und konsequent eine „materielle Richtigkeitsgewähr“ nicht erzielen kann.

Selbst wenn man der Gegenauffassung von *Gamillscheg/Hanau* und *Blomeyer* folgt, käme man zu demselben Ergebnis. Trotz der Annahme der Zulässigkeit einer Haftungsverschärfung durch Betriebsvereinbarung wird das Misstrauen von *Gamillscheg/Hanau* und *Blomeyer* gegenüber dem Gleichgewicht der Betriebsvereinbarungsparteien eindeutig in ihrer geforderten generellen Billigkeitskontrolle durch das Gericht deutlich.[1348] Eine solche Betriebsvereinbarung hält m.E. einer gerichtlichen Billigkeitskontrolle nicht stand, weil sie zu einer ungerechtfertigten Abwälzung des vom Arbeitgeber wegen seiner Organisationshoheit zu tragenden Betriebsrisikos auf den Arbeitnehmer führt.

Ergänzend ist darauf hinzuweisen, dass die wiederholten Ansätze für eine gesetzliche Regelung der Arbeitnehmerhaftung einer Haftungsverschärfung durch Betriebsvereinbarung stets ohne Weiteres die Zulässigkeit versagen wollten, z.B. § 123 III Arbeitsgesetzbuchkommission-Entwurf 1977, § 160 I Ar-

---

fikation (unter IV); Säcker, AR-Blattei, Betriebsvereinbarung III, A 2; Galperin/Löwisch, 6. Aufl. (1982), § 77 Rn. 56; Brune, AR-Blattei SD 520, Rn. 323; Hromadka/Maschmann, Arbeitsrecht Band 2, 5. Aufl. (2010), § 16 Rn. 363; Edenfeld, 3. Aufl. (2010), Rn. 216; GK-BetrVG/Kreutz, 9. Aufl. (2010), § 77 Rn. 297; HSWGNR/Worzalla, 8. Aufl. (2011), § 77 Rn. 51; Fitting, 26. Aufl. (2012), § 77 Rn. 53; Däubler/Berg, 13. Aufl. (2012), § 77 Rn. 21; Richardi/Richardi, 13. Aufl. (2012), § 77 Rn. 92.

1345 Hueck-Nipperdey, Lehrbuch des Arbeitsrechts, 7. Aufl. (1963), Bd. II/2, § 65 C. III. 2. b), S. 1264; Säcker, AR-Blattei, Betriebsvereinbarung III, A 1, 3.

1346 Küchenhoff, Anm. zu BAG (16.11.1967), SAE 1968, S. 124.

1347 Säcker, AR-Blattei, Betriebsvereinbarung III, A 1.

1348 Gamillscheg/Hanau, 2. Aufl. (1974), S. 36; MünchArbR/Blomeyer, 1. Aufl. (1992), § 57 Rn. 69.

beitskreis-Diskussionsentwurf 1992, § 151 I Sachsen-Entwurf 1995, § 149 I Brandenburg-Entwurf 1996, § 619 e 1 SPD-Entwürfe 1989, 1993, 1995 und § 148 I Henssler/Preis-Diskussionsentwurf 2007.[1349]

E. Ergebnis

In der bisherigen Rechtsprechung sind Mankoabreden aufgrund der auch im Arbeitsrecht herrschenden Vertragsfreiheit in der Regel zulässig. Die Rechtsprechung hat lange Zeit einerseits die Mankovereinbarung einer allgemeinen Inhaltskontrolle anhand der Generalklauseln des § 138 BGB oder des § 242 BGB unterzogen und andererseits die Wirksamkeit einer Mankoabrede an zwei Zulässigkeitsvoraussetzungen geknüpft, nämlich einen angemessenen wirtschaftlichen Ausgleich für das vom Arbeitnehmer übernommene erhöhte Risiko und die Einflussnahmemöglichkeit des Arbeitnehmers auf das Risiko.

Der 8. Senat des BAG hat diese langjährige konstante Rechtsprechung mit dem Urteil vom 17.09.1998 dadurch geändert, dass der 8. Senat nunmehr völlig kontrovers zur bisherigen Rechtsprechung bei der Inhaltskontrolle der Mankoabreden auf die Grundsätze über die beschränkte Arbeitnehmerhaftung als den neuen Kontrollmaßstab abgestellt und diese richterrechtlichen Grundsätze sogar als einseitig zwingendes Arbeitnehmerschutzgesetz eingeordnet hat, von dem weder einzel- noch kollektivvertraglich zu Lasten der Arbeitnehmer abgewichen werden kann. Zur Sicherung des einseitig zwingenden Charakters seines Richterrechts macht der 8. Senat die Wirksamkeit der Mankoabreden von seiner entwickelten rigiden Prämientherorie abhängig, wonach die Haftung aufgrund besonderer vertraglicher Abrede die Summe der gezahlten Mankogelder nicht übersteigen darf.[1350]

Solange der Gesetzgeber im Bereich der Arbeitnehmerhaftung untätig bleibt, ist um der Rechtseinheit und -sicherheit willen hinzunehmen, dass die Grundsätze zur beschränkten Arbeitnehmerhaftung als einseitig zwingendes Arbeitnehmerschutzrecht einzustufen sind. Angesichts der zeitlich langen Praktizierung durch die Rechtsprechung und einer entsprechenden allgemeinen Rechtsüberzeugung in der Literatur ist der hinter der privilegierten Arbeitnehmerhaftung stehende Kerngedanke schon gewohnheitsrechtlich anerkannt worden, dass das vom Arbeitgeber wegen seiner Organisationshoheit zu tragende Betriebsrisiko nicht auf den Arbeitnehmer abgewälzt werden darf. In diesem Zusammenhang muss man auch die zur Sicherung des einseitig zwingenden

1349 Vgl. ausführlich unten Vierter Teil D. II. u. III.

1350 BAG (17.09.1998), AP Nr. 2 zu § 611 BGB Mankohaftung (unter B IV der Gründe).

Charakters dieses Richterrechts entwickelte Prämientherorie in Kauf nehmen, weil einerseits die bei der Beurteilung der Angemessenheit eines Risikoausgleichs und der Festsetzung einer Haftungshöchstsumme entstehenden Rechtsunsicherheiten vermieden werden können und andererseits der hinter der privilegierten Arbeitnehmerhaftung stehende Kerngedanke durch abweichende Mankoabrede unberührt bleibt, wenn die Haftung aufgrund der Mankoabrede von vornherein auf die Summe der im Ausgleichungszeitraum gewährten Mankozuschläge beschränkt ist.

Die Grundsätze zur beschränkten Arbeitnehmerhaftung stellen als einseitig zwingendes Richterrecht den neuen strengen Maßstab der Inhaltskontrolle für die Mankoabreden dar und verdrängen daher die bisherigen Prüfmaßstäbe nach den Generalklauseln der §§ 138, 242 BGB. Die bisherigen Zulässigkeitsvoraussetzungen, nämlich ein angemessener wirtschaftlicher Ausgleich und die Einflussnahmemöglichkeit des Arbeitnehmers, entfallen zugunsten der starren Prämientheorie vollständig. Für die Wirksamkeit verschiedenartiger Mankoabreden gilt nunmehr die Prämientheorie als einheitliche Zulässigkeitsvoraussetzung.

Mit dem Schuldrechtsmodernisierungsgesetz unterliegen die vorformulierten Mankoabreden wegen der strengeren Prüfung einer Abweichung vom einseitig zwingenden Richterrecht nicht der AGB-Kontrolle, weil sich der Anwendungsbereich des AGB-Rechts nur für dispositives Recht eröffnet.

Angesichts der von der Gesetzgebungsgeschichte bedingten Koppelung des § 619 a BGB an die einseitig zwingenden Grundsätze der beschränkten Arbeitnehmerhaftung wird man § 619 a BGB trotz seines zu weit gefassten Wortlautes als einseitig zwingend ansehen müssen. Auf § 309 Nr. 12 BGB kann bei der Inhaltskontrolle einer von § 619 a BGB abweichenden Beweislastvereinbarung nicht zurückgegriffen werden, weil es sich bei der arbeitsrechtlichen Beweislastvorschrift des § 619 a BGB um einseitig zwingendes Recht handelt.

Die Tarifvertragsparteien dürfen keine dem Arbeitnehmer ungünstige Haftungsregelung in Abweichung von den richterrechtlichen Grundsätzen zur beschränkten Arbeitnehmerhaftung treffen, weil es sich bei ihnen um einseitig zwingendes Gesetzesrecht handelt. Selbst wenn man diese richterrechtlichen Grundsätze für tarifdispositiv hält, käme man zu demselben Ergebnis, denn der hinter den Grundsätzen stehende Grundgedanke, nämlich keine Abwälzung des vom Arbeitgeber wegen seiner Organisationshoheit zu tragenden Betriebsrisikos auf den Arbeitnehmer, bildet den tariffesten Kern und verbietet mithin den Tarifvertragsparteien Abweichungen zu Lasten der Arbeitnehmer zu treffen.

Die Betriebsparteien dürfen auch nicht von diesen richterrechtlichen Grundsätzen zulasten des Arbeitnehmers abweichen, weil einseitig zwingendes Gesetzesrecht der Betriebsautonomie eine inhaltliche Schranke setzt. Selbst wenn man die Grundsätze als tarifdispositives Gesetzesrecht ansieht, darf daraus kein Schluss auf eine „Betriebsvereinbarungsdispositivität" gezogen werden, denn der Betriebsrat hat wegen der Unabhängigkeit, der fehlenden Machtmittel und des Gebots der vertrauensvollen Zusammenarbeit eine schwächere Rechts- und Machstellung als die Gewerkschaft und kann konsequent keinen angemessenen Interessenausgleich zwischen beiden Betriebsparteien wegen des fehlenden Gleichgewichts beider Seiten erzielen.

Vierter Teil: Rechtsvorschläge in den bisherigen Gesetzentwürfen

Obwohl in der Vergangenheit mehrfach Rechtsvorschläge zur Regelung der Arbeitnehmerhaftung in den Gesetzentwürfen gemacht worden, ist der Bundesgesetzgeber bislang nicht zu einer entsprechenden Kodifikation der Arbeitnehmerhaftung wegen des starken Interessengegensatzes zwischen der Arbeitgeber- und Arbeitnehmerseite sowie einer fehlenden Einigung innerhalb der widerstrebenden politischen Kräfte gekommen. Trotz der Untätigkeit des Gesetzgebers ist es hier von Bedeutung, einen Rückblick auf die entsprechenden Vorschriften in den bisherigen Entwürfen zu werfen, soweit sich ihnen für die in dieser Arbeit behandelten Probleme der Mankohaftung Aussagen entnehmen lassen.

Hier werden folgende Gesetzentwürfe[1351] behandelt: Entwurf zum 2. Arbeitsrechtsbereinigungsgesetz des Bundesarbeitsministeriums aus dem Jahr 1971 (im Folgenden Entwurf zum 2. Arbeitsrechtsbereinigungsgesetz 1971)[1352], Entwurf eines Arbeitsgesetzbuchs – Allgemeines Arbeitsvertragsrecht – von der Arbeitsgesetzbuchkommission aus dem Jahr 1977 (im Folgenden Arbeitsgesetzbuchkommission-Entwurf 1977)[1353], DGB-Entwurf zum Arbeitsverhältnisrecht aus dem Jahr 1977 (im Folgenden DGB-Entwurf 1977)[1354], SPD-Gesetzentwürfe zur Regelung der Arbeitnehmerhaftung vom 21.08.1989[1355], 11. 08. 1993[1356] und vom 22.08.1995[1357] (im Folgenden SPD-Entwürfe 1989, 1993, 1995), Arbeitsvertragsgesetz - Ein Diskussionsentwurf - vom Arbeitskreis Deutsche Rechtseinheit im Arbeitsrecht aus dem Jahre 1992 (im Folgenden Arbeitskreis-Diskussionsentwurf 1992)[1358], Gesetzesantrag des Freistaates Sachsen– Entwurf eines Arbeitsvertragsgesetzes – vom 23.05.1995 (im Folgenden Sachsen-Entwurf 1995)[1359], Gesetzesantrag des Landes Brandenburg – Entwurf eines Gesetzes zur Bereinigung des Arbeitsrechts – vom 12.09.1996 (im Folgenden Brandenburg-Entwurf 1996)[1360] und Diskussionsentwurf eines Arbeitsvertrags-

1351 Vgl. ausführlich die zitierten Vorschriften in dem Anhang: Gesetzentwürfe.

1352 RdA 1971, S. 355 ff.

1353 Arbeitsgesetzbuchkommission: Entwurf eines Arbeitsgesetzbuches - Allgemeines Arbeitsvertragsrecht -, Bonn 1977.

1354 RdA 1977, S. 166 ff.

1355 BT-Drs. 11/5086.

1356 BT-Drs. 12/5551.

1357 BT-Drs. 13/2195.

1358 Vgl. Gutachten D zum 59. DJT 1992=NZA 1992, Beilage 17.

1359 BR-Drs. 293/95.

1360 BR-Drs. 671/96.

gesetzes (Stand: November[1361] 2007) von Prof. Dr. Martin Henssler und Prof. Dr. Ulrich Preis (im Folgenden Henssler/Preis-Diskussionsentwurf 2007).[1362]

A. Anspruchsgrundlage

Die Gesetzentwürfe enthalten zwar keine Spezialvorschriften zur Anspruchsgrundlage im Mankofall, aber manchen Vorschriften lässt sich die Anspruchsgrundlage entnehmen.

§ 26 b II Arbeitsgesetzbuchkommission-Entwurf 1977[1363], § 99 IV 2 Arbeitskreis-Diskussionsentwurf 1992[1364], § 99 IV 2 Sachsen-Entwurf 1995[1365] und § 99 III 2 Brandenburg-Entwurf 1996[1366] halten das Unmöglichkeitsrecht als Anspruchsgrundlage für die Mankohaftung dann für möglich, wenn das Geld oder die beweglichen Sachen dem Arbeitnehmer „besonders anvertraut" wurden.

Mit der Überschrift „Arbeitnehmerhaftung bei Schlechtleistung und Verletzung von Nebenpflichten" sieht § 89 Henssler/Preis-Diskussionsentwurf 2007[1367] zu Recht einen durch betrieblich veranlasste Arbeit entstandenen Schaden nicht als die Folge einer unmöglichen Leistung, sondern als die Folge einer Schlechtleistung oder einer Nebenpflichtverletzung an. Bei Mankohaftung würde das Gleiche gelten (Verfasser).

1361 Hinweis: Das Deckblatt des abgerufenen Diskussionsentwurfs gibt aber „Stand Oktober 2007" an.

1362 Abrufbar unter: http://www.bertelsmann-stiftung.de/cps/rde/xchg/SID-85033C9C-B8A1A650/bst/hs.xsl/52988_53012.htm (abgerufen am 17.09.2012).

1363 Arbeitsgesetzbuchkommission: Entwurf eines Arbeitsgesetzbuches - Allgemeines Arbeitsvertragsrecht -, Bonn 1977, S. 44.

1364 Vgl. Gutachten D zum 59. DJT 1992, S. D 50.

1365 BR-Drs. 293/95, S. 50.

1366 BR-Drs. 671/96, S. 73.

1367 Henssler/Preis-Diskussionsentwurf 2007, S. 38.

B. Beweislastverteilung

I. Die Beweislastverteilung in der allgemeinen Arbeitnehmerhaftung - Beweislastpflicht des Arbeitgebers

Im Bereich der allgemeinen Arbeitnehmerhaftung trägt der Arbeitgeber nach allen Gesetzentwürfen[1368] ohne Ausnahme die Beweislast, dass ein Schaden des Arbeitgebers vom Arbeitnehmer durch eine schuldhafte Verletzung der arbeitsvertraglichen Pflicht verursacht wurde.

II. Die Beweislastverteilung in der Mankohaftung

Im Gegensatz dazu lassen sich zwei verschiedene Gesetzesmodelle für die Beweislastverteilung in den Mankofällen unterscheiden.

1. Entlastungspflicht des Arbeitnehmers - Differenzierte Beweislastverteilung

Arbeitsgesetzbuchkommission-Entwurf 1977, Arbeitskreis-Diskussionsentwurf 1992, Sachsen-Entwurf 1995 und Brandenburg-Entwurf 1996 nehmen eine abweichende Behandlung der Beweislastverteilung von Mankofällen gegenüber der der allgemeinen Arbeitnehmerhaftung vor. § 26 b II Arbeitsgesetzbuchkommission-Entwurf 1977[1369] erlegt schon früh dem Arbeitnehmer die Beweislast dafür auf, dass das Manko ohne sein Verschulden aufgetreten ist und knüpft diese Entlastungspflicht des Arbeitnehmers daran, dass das Geld oder die beweglichen Sachen dem Arbeitnehmer „besonders anvertraut" wurden, weil § 26 b II Arbeitsgesetzbuchkommission-Entwurf 1977 in diesem Ausnahmefall die Nicht-Rückgabe der anvertrauten Gelder oder der anderen Waren als unmöglich betrachtet. Diese Beweislastumkehr zu Lasten des Arbeitnehmers unter der Voraussetzung „besonders anvertraut" wird später vom § 99 IV 2 Arbeitskreis-Diskussionsentwurf 1992[1370], § 99 IV 2 Sachsen-Entwurf 1995[1371] und § 99 III 2

1368 Vgl. § 26 a I Arbeitsgesetzbuchkommission-Entwurf 1977; § 29 VI 2 DGB-Entwurf 1977; § 619 a I SPD-Entwürfe 1989, 1993, 1995; § 99 I Arbeitskreis-Diskussionsentwurf 1992; § 99 I Sachsen-Entwurf 1995; § 99 I Brandenburg-Entwurf 1996; § 89 I 1 Henssler/Preis-Diskussionsentwurf 2007.

1369 Arbeitsgesetzbuchkommission: Entwurf eines Arbeitsgesetzbuches - Allgemeines Arbeitsvertragsrecht -, Bonn 1977, S. 44.

1370 Vgl. Gutachten D zum 59. DJT 1992, S. D 50.

1371 BR-Drs. 293/95, S. 50.

Brandenburg-Entwurf 1996[1372] übernommen. Hier ist aber unklar, wie man unter dieser Voraussetzung „besonders anvertraut" verstehen soll. Leider lässt sich eine Antwort auf diese Frage der Begründung für die Gesetzentwürfe[1373] nicht entnehmen. Es lässt sich vermuten, dass die Gesetzentwürfe mit „besonders anvertraut" den alleinigen Zugang des Arbeitnehmers zur anvertrauten Sache meinen, weil die Rechtsprechung überwiegend diese Beweislastumkehr von einer ausschließlichen Beherrschung des Gefahren- und Verantwortungsbereichs durch den Arbeitnehmer abhängig macht.[1374]

2. Beweislastpflicht des Arbeitgebers - Einheitliche Beweislastverteilung

DGB-Entwurf 1977, SPD-Entwürfe 1989, 1993, 1995 und Henssler/Preis-Diskussionsentwurf 2007 sehen eine einheitliche Beweislastverteilung für die allgemeine Arbeitnehmerhaftung und die Mankohaftung vor. § 29 VII 3 DGB-Entwurf 1977[1375] enthält eine spezielle Beweislastregelung für die Mankohaftung, wonach der Arbeitgeber den Fehlbestand und das Verschulden des Arbeitnehmers zu beweisen hat, während § 619 a I SPD-Entwürfe 1989, 1993, 1995[1376] und § 89 I 1 Henssler/Preis-Diskussionsentwurf 2007[1377] zwar keine Sonderregel für die Beweislastverteilung im Mankofall enthalten, aber sie von ihrem Wortlaut aus die Beweislastverteilung für die allgemeine Arbeitnehmerhaftung und die Mankohaftung einheitlich behandeln. Hier ist insbesondere § 89 I Henssler/Preis-Diskussionsentwurf 2007 erwähnenswert, der wie folgt lautet:

> „Verletzt der Arbeitnehmer bei betrieblicher oder dienstlicher Tätigkeit seine Pflichten aus dem Arbeitsverhältnis, ohne dass eine Nichtleistung vorliegt, so hat er dem Arbeitgeber Schadensersatz nur zu leisten, wenn er die Pflichtverletzung zu vertreten hat. Im Übrigen gelten die allgemeinen Vorschriften."

§ 89 I Henssler/Preis-Diskussionsentwurf 2007 sieht hier zu Recht, wie der Verfasser bei der Erörterung der Beweislastverteilung im Mankofall erfordert,[1378] nicht mehr den unglücklichen „Alleinbesitz", sondern die „betrieblich veranlasste Tätigkeit" als einheitliches Abgrenzungskriterium für eine differenzierte Beweislastverteilung vor. Dadurch kann die Mankohaftung auch in Hinblick auf

1372 BR-Drs. 671/96, S. 73.

1373 Vgl. Gutachten D zum 59. DJT 1992, S. D 117 ff.; BR-Drs. 293/95, S. 130 f.; BR-Drs. 671/96, S. 211.

1374 Vgl. ausführlich oben Zweiter Teil C. II. 2. c).

1375 RdA 1977, S. 169.

1376 BT-Drs. 11/5086, S. 2; BT-Drs. 12/5551, S. 3; BT-Drs. 13/2195, S. 3.

1377 Henssler/Preis-Diskussionsentwurf 2007, S. 38.

1378 Vgl. ausführlich oben Zweiter Teil B. IV. 3.

die Beweislastverteilung in das bestehende System der privilegierten Arbeitnehmerhaftung eingepasst werden.

III. Übersicht: Die Beweislastverteilung im Bereich der Arbeitnehmerhaftung

Über die Beweislastverteilung im Bereich der Arbeitnehmerhaftung in den Gesetzentwürfen unterrichtet zusammenfassend die folgende Tabelle:

Hinweis: „-" bedeutet „nicht geregelt"

Beweislastverteilung im Bereich der Arbeitnehmerhaftung in den Gesetzentwürfen

Gesetzentwurf	Allgemeine Arbeitnehmerhaftung		Mankofall	
	Arbeitgeber	Arbeitnehmer	Arbeitgeber	Arbeitnehmer
Entwurf zum 2. Arbeitsrechtsbereinigungsgesetz 1971	-	-	-	-
Arbeitsgesetzbuchkommission-Entwurf 1977	§ 26 a I			§ 26 b II
Arbeitskreis-Diskussionsentwurf 1992	§ 99 I			§ 99 IV 2
Sachsen-Entwurf 1995	§ 99 I			§ 99 IV 2
Brandenburg-Entwurf 1996	§ 99 I			§ 99 III 2
DGB-Entwurf 1977	§ 29 VI 2		§ 29 VII 3	
SPD-Entwürfe 1989, 1993, 1995	§ 619 a I		§ 619 a I	
Henssler/Preis-Diskussionsentwurf 2007	§ 89 I 1		§ 89 I 1	

C. Anwendbarkeit der privilegierten Arbeitnehmerhaftung

Die Haftungsvorschriften der Gesetzentwürfen enthalten zwar keine Sonderregelungen zur Anwendbarkeit der privilegierten Arbeitnehmerhaftung im Mankofall, aber aus der Tatsache, dass sie durchgängig durch die Ersetzung der untauglichen Einstiegsvoraussetzung „gefahrgeneigter Arbeit“ durch „betrieblich veranlasste Tätigkeit“ die Anwendung der Grundsätze über die Beschränkung der Arbeitnehmerhaftung auf alle betrieblichen Tätigkeiten ausdehnen,[1379] ist darauf zu schließen, dass die privilegierte Arbeitnehmerhaftung auf alle betrieblich veranlassten Mankohaftungsfälle Anwendung findet.

D. Haftungsverschärfende Vereinbarung

I. Individualvertragliche haftungsverschärfende Vereinbarung

1. Individualvertragliche haftungsverschärfende Vereinbarung in der allgemeinen Arbeitnehmerhaftung - Unzulässigkeit

Mit Ausnahme von „Beschränkte Schadensersatzpflicht des Arbeitnehmers (6)“ im Entwurf zum 2. Arbeitsrechtsbereinigungsgesetz 1971[1380] lehnen die anderen Gesetzentwürfe[1381] durchgängig eine individualvertragliche Haftungsverschärfung im Bereich der allgemeinen Arbeitnehmerhaftung ab.

1379 „Beschränkte Schadensersatzpflicht des Arbeitnehmers (1)“ im Entwurf zum 2. Arbeitsrechtsbereinigungsgesetz 1971; § 26 I Arbeitsgesetzbuchkommission-Entwurf 1977; § 29 I, VI 2 DGB-Entwurf 1977; SPD-Entwurf 1989, 1993, 1995 § 619 I, II; § 99 I Arbeitskreis-Diskussionsentwurf 1992; § 99 I Sachsen-Entwurf 1995; § 99 I 2 Brandenburg-Entwurf 1996; § 89 I Henssler/Preis-Diskussionsentwurf 2007.

1380 1971, S. 356.

1381 Vgl. § 123 III Arbeitsgesetzbuchkommission-Entwurf 1977; § 29 VI 1 DGB-Entwurf 1977; § 619 e 1 SPD-Entwürfe 1989, 1993, 1995; § 160 I Arbeitskreis-Diskussionsentwurf 1992; § 151 I Sachsen-Entwurf 1995; § 149 I Brandenburg-Entwurf 1996; § 148 I Henssler/Preis-Diskussionsentwurf 2007.

2. Individualvertragliche haftungsverschärfende Vereinbarung in der Mankohaftung

Im Gegensatz zu der allgemeinen Arbeitnehmerhaftung lassen sich zwei verschiedene Gesetzesmodelle für die Zulässigkeit einer individualvertraglichen haftungsverschärfenden Mankoabrede unterscheiden.

a) Zulässigkeit einer individualvertraglichen haftungsverschärfenden Mankoabrede im Ausnahmefall

DGB-Entwurf 1977, Arbeitsgesetzbuchkommission-Entwurf 1977, Arbeitskreis-Diskussionsentwurf 1992, Sachsen-Entwurf 1995 und Brandenburg-Entwurf 1996 beurteilen eine individualvertragliche haftungsverschärfende Mankoabrede abweichend von der im Bereich der allgemeinen Arbeitnehmerhaftung. § 29 VII 1 DGB-Entwurf 1977[1382] und § 26 b III 1[1383] iVm. § 123 III[1384] Arbeitsgesetzbuchkommission-Entwurf 1977 behandeln schon früh den Mankofall rechtlich gesondert und machen die Rechtswirksamkeit einer individualvertraglichen haftungsverschärfenden Mankoabrede davon abhängig, ob die Gelder oder beweglichen Sachen dem Arbeitnehmer „allein anvertraut" sind und der Arbeitnehmer einen für das Risiko „angemessenen Ausgleich" erhält, der bei der Abrechnung des Arbeitsentgelts gesondert auszuweisen ist. Diese individualvertragliche haftungsverschärfende Mankoabrede wird später von § 99 IV 1[1385] i.V.m. § 160 I Arbeitskreis-Diskussionsentwurf,[1386] § 99 IV 1 [1387] iVm. § 151 I Sachsen-Entwurf 1995[1388] und § 99 III 1[1389] i.V.m. § 149 I Brandenburg-Entwurf 1996[1390] übernommen und auch an diese zwei Wirksamkeitsvoraussetzungen geknüpft, nämlich „allein anvertraut" und „angemessener Risikoausgleich". Der Wortlaut „allein anvertraut" ist hier unscharf und bedeutet nicht unbedingt die damals von der Rechtsprechung erforderte Wirksamkeitsvoraussetzung, nämlich eine tatsächliche Einflussnahmemöglichkeit auf die übernommenen Risiken.[1391] Nur §

1382 RdA 1977, S. 169.

1383 Arbeitsgesetzbuchkommission: Entwurf eines Arbeitsgesetzbuches - Allgemeines Arbeitsvertragsrecht -, Bonn 1977, S. 44.

1384 Arbeitsgesetzbuchkommission: Entwurf eines Arbeitsgesetzbuches - Allgemeines Arbeitsvertragsrecht -, Bonn 1977, S. 141.

1385 Vgl. Gutachten D zum 59. DJT 1992, S. D 50.

1386 Vgl. Gutachten D zum 59. DJT 1992, S. D 81.

1387 BR-Drs. 293/95, S. 50.

1388 BR-Drs. 293/95, S. 72.

1389 BR-Drs. 671/96, S. 73.

1390 BR-Drs. 671/96, S. 106.

1391 Vgl. ausführlich oben Dritter Teil A. IV. 4.

99 III 1 Brandenburg-Entwurf 1996[1392] verlangt eindeutig neben „allein anvertraut“ noch ergänzend den alleinigen Zugang des Arbeitnehmers zur anvertrauten Sache.

In manchen Gesetzentwürfen wird die Höchstsumme der Arbeitnehmerhaftung bei allen betrieblich veranlassten Tätigkeiten je nach den Umständen auf ein Monatsgehalt[1393], zwei[1394] oder drei Monatsgehälter[1395] beschränkt. Im Wege der systematischen Auslegung finden solche Vorschriften zur Haftungshöchstsumme auch Anwendung auf die allgemeine Mankohaftung. Jedoch gilt diese Haftungshöchstsumme in vielen Gesetzentwürfen für die besondere Mankohaftung nicht. § 26 b III 1 Arbeitsgesetzbuchkommission-Entwurf 1977, § 99 IV 1 Arbeitskreis-Diskussionsentwurf, § 99 IV 1 Sachsen-Entwurf 1995 und § 99 III 1 Brandenburg-Entwurf 1996[1396] erlauben mit dem Wortlaut „eine erweiterte Haftung des Arbeitnehmers“ eindeutig dem Arbeitgeber, eine über die Höchstsumme hinausgehende Mankohaftung zu vereinbaren. Unklar bleibt aber bei § 29 VII 1 DGB-Entwurf 1977, ob der Arbeitgeber mit einer wirksamen Mankoabrede die Haftungshöchstsumme nach § 29 I 3 DGB-Entwurf 1977 überschreiten darf.

b) Unzulässigkeit einer individualvertraglichen haftungsverschärfenden Mankoabrede

SPD-Entwürfe 1989, 1993, 1995 und Henssler/Preis-Diskussionsentwurf 2007 enthalten zwar keine Sonderregel für die Mankoabrede, aber sie behandeln eine individualvertragliche Haftungsverschärfung einheitlich für die allgemeine Arbeitnehmerhaftung und die Mankohaftung, indem § 619 e 1 SPD-Gesetzentwürfe 1989,[1397] 1993,[1398] 1995[1399] und § 148 I Henssler/Preis-Diskussionsentwurf 2007[1400] mit der Annahme der Grundsätze zur beschränkten Arbeitnehmerhaftung als einseitig zwingendes Arbeitnehmerschutzrecht eine individualvertragliche haftungsverschärfende Mankoabrede auch nicht zulassen.

1392 BR-Drs. 671/96, S. 73.

1393 § 29 I 3 DGB-Entwurf 1977.

1394 § 99 III 1 Arbeitskreis-Diskussionsentwurf 1992; § 99 III 1 Sachsen-Entwurf 1995.

1395 „Beschränkte Schadensersatzpflicht des Arbeitnehmers (3)“ im Entwurf zum 2. Arbeitsrechtsbereinigungsgesetz 1971; § 29 I 3 DGB-Entwurf 1977, SPD-Entwürfe 1989, 1993, 1995 § 619 II 1; § 99 II 1 Brandenburg-Entwurf 1996.

1396 BR-Drs. 671/96, S. 106.

1397 BT-Drs. 11/5086, S. 2.

1398 BT-Drs. 12/5551, S. 3.

1399 BT-Drs. 13/2195, S. 3.

1400 Henssler/Preis-Diskussionsentwurf 2007, S. 61.

II. Kollektivvertragliche haftungsverschärfende Vereinbarung

1. Kollektivvertragliche haftungsverschärfende Vernarbung in der allgemeinen Arbeitnehmerhaftung - Unzulässigkeit

Entwurf zum 2. Arbeitsrechtsbereinigungsgesetz 1971 und DGB-Entwurf 1977 treffen keine Regelung zur Zulässigkeit einer kollektivvertraglichen haftungsverschärfenden Mankoabrede.

§ 123 II HS. 1 Arbeitsgesetzbuchkommission-Entwurf 1977[1401] lässt eine tarifliche Haftungsverschärfung zu, während eine Haftungsverschärfung durch Betriebsvereinbarung nach § 123 III Arbeitsgesetzbuchkommission-Entwurf 1977[1402] wegen Fehlens einer ausdrücklichen gesetzlichen Zulässigkeit unerlaubt ist.

Die anderen Gesetzentwürfe[1403] lehnen durchgängig eine kollektivvertragliche Haftungsverschärfung im Bereich der allgemeinen Arbeitnehmerhaftung ab.

2. Kollektivvertragliche haftungsverschärfende Vernarbung in der Mankohaftung

Im Vergleich mit der Zulässigkeit einer individualvertraglichen haftungsverschärfenden Mankoabrede stellen die Gesetzentwürfe ein ganz anderes Bild für die Zulässigkeit einer kollektivvertraglichen haftungsverschärfenden Mankoabrede dar.

Entwurf zum 2. Arbeitsrechtsbereinigungsgesetz 1971 und DGB-Entwurf 1977 treffen keine Regelung zur Zulässigkeit einer kollektivvertraglichen haftungsverschärfenden Mankoabrede.

Arbeitsgesetzbuchkommission-Entwurf 1977 behandelt eine Haftungsverschärfung durch den Tarifvertrag rechtlich abweichend von der durch die Betriebsvereinbarung. Die Vorschriften zur Beschränkung der Arbeitnehmerhaftung (§§ 26 – 26 I) ausschließlich des § 26 IV[1404] fallen weder unter die von §

1401 Arbeitsgesetzbuchkommission: Entwurf eines Arbeitsgesetzbuches - Allgemeines Arbeitsvertragsrecht -, Bonn 1977, S. 141.

1402 Arbeitsgesetzbuchkommission: Entwurf eines Arbeitsgesetzbuches - Allgemeines Arbeitsvertragsrecht -, Bonn 1977, S. 141.

1403 Vgl. § 619 e 1 SPD-Entwürfe 1989, 1993, 1995; § 160 I Arbeitskreis-Diskussionsentwurf 1992; § 151 I Sachsen-Entwurf 1995; § 149 I Brandenburg-Entwurf 1996; § 148 I Henssler/Preis-Diskussionsentwurf 2007.

1404 § 26 IV lautet: Die Haftung des Arbeitnehmers wegen Vorsatzes kann nicht ausgeschlossen werden.

123 I Arbeitsgesetzbuchkommission-Entwurf 1977[1405] abschließend aufgezählten beidseitig zwingenden Gesetzesvorschiften, noch unter die in § 123 II Arbeitsgesetzbuchkommission-Entwurf 1977[1406] abschließend aufgezählten einseitig zwingenden Gesetzesvorschiften. § 123 II HS. 1 Arbeitsgesetzbuchkommission-Entwurf 1977[1407] stuft konsequent die Vorschriften zur Beschränkung der Arbeitnehmerhaftung (§§ 26 – 26 I) außer § 26 IV als tarifdispositives Recht ein und lässt eindeutig eine tarifliche Haftungsverschärfung zu. Im Gegensatz dazu sind nach § 123 III Arbeitsgesetzbuchkommission-Entwurf 1977[1408] Abweichungen von diesem tarifdispositiven Recht in der Betriebsvereinbarung oder im Arbeitsvertrag zulässig, soweit sie in diesem Gesetz ausdrücklich vorgesehen sind. Weil eine solche ausdrückliche Vorschrift fehlt, ist eine Haftungsverschärfung durch die Betriebsvereinbarung unzulässig. Wenn man sich streng an den Wortlaut des § 123 III Arbeitsgesetzbuchkommission-Entwurf 1977 hält, erscheint § 26 b III 1 jedoch wegen des § 123 III fragwürdig: Wenn eine Haftungsverschärfung durch die individualvertragliche Mankoabrede, wie eben erwähnt, nach § 26 b III 1 i.V.m. § 123 III unter bestimmten Voraussetzungen zulässig ist, bleibt unklar, warum eine Haftungsverschärfung durch Betriebsvereinbarung nach § 123 III wegen Fehlens einer ausdrücklichen gesetzlichen Zulässigkeit unerlaubt ist.

Arbeitskreis-Diskussionsentwurf 1992, Sachsen-Entwurf 1995 und Brandenburg-Entwurf 1996 beurteilen rechtlich einheitlich eine Haftungsverschärfung durch Tarifvertrag und die durch Betriebsvereinbarung. § 160 I Arbeitskreis-Diskussionsentwurf,[1409] § 151 I Sachsen-Entwurf 1995[1410] und § 149 I Brandenburg-Entwurf 1996[1411] lehnen eine Haftungsverschärfung durch Tarifvertrag oder Betriebsvereinbarung pauschal ab, weil die Zulässigkeit einer solchen Abweichung von der Bestimmung zur Haftung des Arbeitnehmers zuungunsten des Arbeitnehmers durch Tarifvertrag oder Betriebsvereinbarung nicht bestimmt bzw. ausdrücklich zugelassen ist. Ebenso wie in dem Arbeitsgesetzbuchkommission-Entwurf 1977 führt es hier zwangsläufig zu der viel unver-

---

1405 Arbeitsgesetzbuchkommission: Entwurf eines Arbeitsgesetzbuches - Allgemeines Arbeitsvertragsrecht -, Bonn 1977, S. 141.

1406 Arbeitsgesetzbuchkommission: Entwurf eines Arbeitsgesetzbuches - Allgemeines Arbeitsvertragsrecht -, Bonn 1977, S. 141.

1407 Arbeitsgesetzbuchkommission: Entwurf eines Arbeitsgesetzbuches - Allgemeines Arbeitsvertragsrecht -, Bonn 1977, S. 141.

1408 Arbeitsgesetzbuchkommission: Entwurf eines Arbeitsgesetzbuches - Allgemeines Arbeitsvertragsrecht -, Bonn 1977, S. 141.

1409 Vgl. Gutachten D zum 59. DJT 1992, S. D 81.

1410 BR-Drs. 293/95, S. 72.

1411 BR-Drs. 671/96, S. 106.

ständlicheren Folge, dass eine Haftungsverschärfung durch die individualvertragliche Mankoabrede, wie oben erwähnt, nach § 99 IV 1 i.V.m. § 160 I Arbeitskreis-Diskussionsentwurf, § 99 IV 1 i.V.m. § 151 I Sachsen-Entwurf 1995 und § 99 III 1 i.V.m. § 149 I Brandenburg-Entwurf 1996 unter bestimmten Voraussetzungen erlaubt ist, während eine Haftungsverschärfung durch Tarifvertrag oder Betriebsvereinbarung gemäß § 160 I Arbeitskreis-Diskussionsentwurf, § 151 I Sachsen-Entwurf 1995 und § 149 I Brandenburg-Entwurf 1996 wegen Fehlens einer ausdrücklichen gesetzlichen Zulässigkeit pauschal unzulässig ist.

Ganz anders als Arbeitsgesetzbuchkommission-Entwurf 1977, Arbeitskreis-Diskussionsentwurf 1992, Sachsen-Entwurf 1995 und Brandenburg-Entwurf 1996 gestalten SPD-Entwürfe 1989, 1993, 1995 und Henssler/Preis-Diskussionsentwurf 2007 die Grundsätze zur beschränkten Arbeitnehmerhaftung als einseitig zwingendes Arbeitnehmerschutzrecht aus. § 619 e 1 SPD-Gesetzentwürfe 1989, [1412] 1993, [1413] 1995 [1414] und § 148 I Henssler/Preis-Diskussionsentwurf 2007[1415] lassen eine Haftungsverschärfung durch Tarifvertrag oder Betriebsvereinbarung generell nicht zu. § 619 e 1 SPD-Entwürfe 1989, 1993, 1995 unterscheidet sich vom § 148 I Henssler/Preis-Diskussionsentwurf 2007 darin, dass § 619 e 1 SPD-Entwürfe 1989, 1993, 1995 zwar ausdrücklich eine tarifvertragliche Abweichung von den §§ 619 a und 619 b zuungunsten des Arbeitnehmers für unwirksam erklärt, die Unwirksamkeit einer Abweichung durch Betriebsvereinbarung aber nicht ausdrücklich vorsieht. Wenn die Tarifparteien nicht von den §§ 619 a und 619 b zuungunsten des Arbeitnehmers abweichen dürfen, dürfen die Betriebsparteien dies auch nicht, weil §§ 619 a und 619 b als einseitig zwingendes Gesetzesrecht der Betriebsautonomie eine inhaltliche Schranke setzen.

III. Übersicht: Zulässigkeit einer haftungsverschärfenden Mankoabrede

Über die Zulässigkeit einer haftungsverschärfenden Mankoabrede in den Gesetzentwürfen unterrichtet zusammenfassend die folgende Tabelle:

Hinweis: „-“ bedeutet „nicht geregelt“; „J“ bedeutet „zulässig“; „N“ bedeutet „unzulässig“

1412 BT-Drs. 11/5086, S. 2.
1413 BT-Drs. 12/5551, S. 3.
1414 BT-Drs. 13/2195, S. 3.
1415 Henssler/Preis-Diskussionsentwurf 2007, S. 61.

Zulässigkeit einer haftungsverschärfenden Mankoabrede in den Gesetzentwürfen

Gesetzentwurf	Allgemeine Arbeitnehmerhaftung			Mankofall		
	ArV	TV	BetrV	ArV	TV	BetrV
Entwurf zum 2. Arbeitsrechtsbereinigungsgesetz 1971	J, Beschränkte Schadensersatzpflicht des Arbeitnehmers (6)	-	-	-	-	-
Arbeitsgesetzbuchkommission-Entwurf 1977	N, § 123 III	J, § 123 II	N, § 123 III	J, § 26 b III iVm. § 123 III	J, § 123 II	N, § 123 III
DGB-Entwurf 1977	N, § 29 VI 1	-	-	J, § 29 VII 1	-	-
Arbeitskreis-Diskussionsentwurf 1992	N,§ 160 I	N,§ 160 I	N,§ 160 I	J, § 99 IV 1 iVm. § 160 I	N,§ 160 I	N,§ 160 I
Sachsen-Entwurf 1995	N,§ 151 I	N,§ 151 I	N,§ 151 I	J, § 99 IV 1 iVm. § 151 I	N,§ 151 I	N,§ 151 I
Brandenburg-Entwurf 1996	N,§ 149 I	N,§ 149 I	N,§ 149 I	J, § 99 III 1 iVm. § 149 I	N,§ 149 I	N,§ 149 I
SPD-Entwürfe 1989, 1993, 1995	N, § 619 e 1	N, §	N	N, §	N, §	N

		619 e 1		619 e 1	619 e 1	
Henssler/Preis-Diskussionsentwurf 2007	N, § 148 I	N, § 148 I	N, § 148 I	N, § 148 I	N, § 148 I	N, § 148 I

E. Zusammenfassung

Bevor der 8. Senat des BAG mit drei nacheinander ergangenen Urteilen[1416] zur Mankohaftung die abweichende Beurteilung der Mankohaftung gegenüber der allgemeinen Arbeitnehmerhaftung aufgegeben und so das gesamte Feld der Arbeitnehmerhaftung auf eine einheitliche Grundlage gestellt hat, behandelten die alten Entwürfe mit Ausnahme von SPD-Entwürfen 1989, 1993, 1995 in Anlehnung an die zum jeweiligen Zeitpunkt einschlägige Rechtsprechung die allgemeine Arbeitnehmerhaftung und die Mankohaftung unterschiedlich.

Im Anschluss an die neue Rechtsprechung des 8. Senats des BAG will der jüngste Entwurf eines Arbeitsvertragsgesetzes von *Henssler* und *Preis* (2007) mit § 89 unter der Überschrift „Arbeitnehmerhaftung bei Schlechtleistung und Verletzung von Nebenpflichten“ die allgemeine Arbeitnehmerhaftung und die Mankohaftung einheitlich beurteilen, ohne eine Sonderregelung zur Mankohaftung zu enthalten.

Trotz der Sonderbehandlung der Mankohaftung werden die richterrechtlichen Grundsätze zur beschränkten Arbeitnehmerhaftung überwiegend in den Gesetzentwürfen als einseitig zwingendes Arbeitnehmerschutzrecht angesehen.

1416 BAG (22.05.1997), AP Nr. 1 zu § 611 BGB Mankohaftung; BAG (17.09.1998), AP Nr. 2 zu § 611 BGB Mankohaftung; BAG (02.12.1999), AP Nr. 3 zu § 611 BGB Mankohaftung.

Fünfter Teil: Zusammenfassung der Ergebnisse

Die historische Entwicklung der Rechtsprechung und der Meinungsstand im Schrifttum zur Mankohaftung zeigen deutlich, dass die Mankohaftung lange Zeit gegenüber den anderen Fällen der Arbeitnehmerhaftung rechtlich unterschiedlich behandelt wurde. Ein Überbleibsel dieser abweichenden Beurteilung bleibt noch heute bestehen. Allein das Vorurteil, dass sich die Arbeitnehmer in den Mankofällen auf Kosten des Arbeitgebers „selbst bedienen“ können,[1417] könnte eine solche unterschiedliche Behandlung der Mankohaftung nicht rechtfertigen. Seit der 8. Senat des BAG im Anschluss an den Beschluss des Großen Senats des BAG vom 27.09.1994[1418] endgültig im Urteil vom 17.09.1998 die Grundsätze zur beschränkten Arbeitnehmerhaftung auf betrieblich veranlasste Mankohaftung ausgedehnt hat,[1419] müssen die Mankohaftung und die allgemeine Arbeitnehmerhaftung nunmehr einheitlich nach diesen richterrechtlichen Grundsätzen behandelt werden.

A. Zusammenfassung der wesentlichen Arbeitsergebnisse über allgemeine Mankohaftung

I. Anspruchsgrundlage

Zwar schränkt das BAG nunmehr mit dem Kriterium des „unmittelbaren Alleinbesitzes“ den Anwendungsbereich des § 280 I BGB a.F. erheblich ein, jedoch ist das zweiteilige Haftungskonzept für die Mankohaftung im Rahmen des Arbeitsverhältnisses abzulehnen, weil einerseits die in dem „Alleinbesitz“-Ausnahmefall angenommene Unmöglichkeit einer nach Auftrags- und Verwahrungsrecht begründeten Herausgabepflicht im Widerspruch zum herkömmlichen Arbeitnehmerbegriff steht und andererseits das sich hinter dem zweiteiligen Haftungskonzept versteckende Beweislastproblem nicht durch die Wahl der Anspruchsgrundlage gelöst werden soll. Mit Ablehnung des zweiteiligen Haftungskonzepts wird die erste Sonderstellung der Mankohaftung bezüglich der Anspruchsgrundlage abgeschafft.

1417 Reinecke, ZfA 1976, S. 222; MünchArbR/Reichold, 3. Aufl. (2009), § 51 Rn. 75.

1418 BAG (GS) (27.09.1994), AP Nr. 103 zu § 611 BGB Haftung des Arbeitnehmers (unter C II 2 der Gründe).

1419 BAG (17.09.1998), AP Nr. 2 zu § 611 BGB Mankohaftung (unter B II 1 der Gründe).

Will man sich nicht in einen Widerspruch zum Arbeitnehmerbegriff im deutschen Arbeitsrecht setzen, wird man nach der Schuldrechtsreform die Mankohaftung im Rahmen des Arbeitsverhältnisses als „einfachen" Schadensersatz „neben" der Leistung einheitlich auf die Anspruchsgrundlage aus § 280 I BGB stellen müssen, gleichgültig ob der Mankoeintritt auf Schlechtleistung oder auf Verletzung der Nebenpflichten i.S. des § 241 II beruht. Wenn eine Kassiererin beispielsweise bei der Arbeit eine Fehlmenge in der Kasse verursacht, stellt dieser Fehlbestand lediglich eine Schlechtleistung der Arbeit, aber keine Unmöglichkeit gemäß § 275 I BGB dar, weil sie keinen Arbeitserfolg schuldet, also etwa eine mankofreie Kassenführung, sondern nur die dem Arbeitgeber für eine Zeit zur Disposition gestellten Dienste. Dann ist sie nach § 280 I BGB schadensersatzpflichtig. Gleiches gilt im „Warenbestand-Fall", „Transport-Fall" und „dienstlichen Gegenstand-Fall".

Selbst wenn man dem zweiteiligen Haftungskonzept des BAG folgen würde, ist das entscheidende Kriterium dafür in der „betrieblich veranlassten Tätigkeit" zu suchen. Mit dem Kriterium der „betrieblich veranlassten Tätigkeit" kann der wegen des „Alleinbesitzes" entstandene Wertungswiderspruch zum Arbeitnehmerbegriff vermieden werden. Das Abstellen auf die „betrieblich veranlasste Tätigkeit" hat zudem den entscheidenden Vorteil, dass für die Wertungsfragen über die Anspruchsgrundlage, die Beweislastverteilung und die Anwendung der Grundsätze über die Einschränkung der Arbeitnehmerhaftung im Wesentlichen derselbe Maßstab gilt.

II. Beweislastverteilung

Bei der vertraglichen Mankohaftung nimmt der 8. Senat des BAG bislang mit dem Kriterium des „Alleinbesitzes" eine differenzierte Anwendung der Beweislastregelung des § 282 BGB a.F. getreu seines zweiteiligen Haftungskonzepts vor.

Trotz der Ablehnung des zweiteiligen Haftungskonzepts nimmt auch ein großer Teil der Literatur nach der Schuldrechtsreform eine differenzierte Anwendung der speziellen Beweislastregelung des § 619 a BGB für die Arbeitnehmerhaftung nach dem vom BAG für sein zweiteiliges Haftungskonzept eingeführten unglücklichen Abgrenzungskriterium des „Alleinbesitzes" vor.

Diese differenzierte Beweislastverteilung im Mankofall nach dem „Alleinbesitz" ist nach der Integrierung der Mankohaftung in das bestehende System der privilegierten Arbeitnehmerhaftung nicht mehr aufrechtzuerhalten. Der unglückliche „Alleinbesitz" darf freilich nicht den Blick darauf verstellen, dass erst die „betrieblich veranlasste Tätigkeit“ für die Beweislastumkehr zu Lasten des Arbeitnehmers ausschlaggebend ist.

§ 619 a BGB will zwar hinsichtlich seiner Entstehungsgeschichte an der vom BAG vorgenommenen Anwendung der Beweislastregelung des § 282 BGB a.F. im Mankofall nichts ändern, jedoch soll für die differenzierte Anwendung der Beweislastregelung des § 619 a BGB nicht auf „Alleinbesitz“, sondern auf „betrieblich veranlasste Tätigkeit“ abgestellt werden, weil die Mankohaftung in das bestehende System der privilegierten Arbeitnehmerhaftung eingepasst worden ist und § 619 a BGB hinsichtlich des persönlichen und sachlichen Anwendungsbereichs mit der privilegierten Arbeitnehmerhaftung übereinstimmt. Das Abstellen auf „betrieblich veranlasste Tätigkeit“ kann das dem Arbeitnehmerbegriff widrige Abgrenzungskriterium des „Alleinbesitzes“ in das Fach der Rechtsgeschichte verbannen. Mit Ablehnung einer differenzierten Beweislastverteilung nach dem „Alleinbesitz“ wird die zweite Sonderstellung der Mankohaftung bezüglich der Beweislastverteilung abgeschafft.

Zwar stellt „Alleinbesitz“ nicht mehr das Abgrenzungskriterium für eine differenzierte Beweislastverteilung im Mankofall dar, jedoch sinkt er nunmehr auf die Ebene der vom Arbeitgeber vorgetragenen Indizien, von denen nach dem Institut des Anscheinsbeweises auf die objektive Pflichtverletzung, die Kausalität und das Verschulden geschlossen werden kann.

Bei keiner betrieblich veranlassten Mankohaftung greift eine von § 619 a BGB abweichende Beweislastumkehr zu Lasten des „Arbeitnehmers“ nach § 280 I 2 BGB ein. Der „Arbeitnehmer“ muss sich bezüglich der subjektiven Pflichtverletzung, nämlich des Verschuldens entlasten. Der Arbeitgeber hat die Beweislast für einen Schaden, die objektive Pflichtverletzung (eine objektiv pflichtwidrige Handlung) und die Kausalität zwischen Handlung und Schaden zu tragen. Den Arbeitgeber trifft allerdings die Beweislast dafür, dass keine „betrieblich veranlasste Tätigkeit“ als Voraussetzung der Abweichung von § 619 a BGB vorliegt. Mit der Beweislastpflicht des Arbeitnehmers bei außerbetrieblicher Tätigkeit ist eine unbillige Benachteiligung der Interessen des Arbeitnehmers nicht verbunden, weil der Arbeitnehmer hier kein betriebliches Risiko, sondern das Lebensrisiko trägt. Streng genommen kann die Rolle des Arbeitnehmers bei „keiner betrieblich veranlassten Tätigkeit“ nicht mehr als eine echte Rolle als „Arbeitnehmer“ im Arbeitsverhältnis angesehen werden. Für eine Beweislastumkehr können mithin die Gefahrenbereichsgedanken sprechen, weil anders als im Rahmen des echten Arbeitsverhältnisses der „Arbeitnehmer“ hier nicht in einer ausschließlich vom Arbeitgeber durch seine Organisationshoheit geschaffenen Arbeitsumgebung arbeitet, sondern er bewegt sich in einem allein von ihm beherrschten Bereich des Lebensrisikos.

Bei einer betrieblich veranlassten Mankohaftung verbleibt die objektive Beweislast für alle rechtsbegründenden Tatbestandsmerkmale der allgemeinen Mankohaftung stetig beim Arbeitgeber. Die Beweislast hinsichtlich der „betrieblich veranlassten Tätigkeit" als Voraussetzung der Anwendung des § 619 a BGB trifft allerdings den Arbeitnehmer, wie im Fall der Anwendung der privilegierten Arbeitnehmerhaftung. Bezüglich des Mankoschadens bilden sich zwei feste Beweislastregeln in der Rechtsprechung heraus. Zum einen ist der Arbeitgeber für die Einnahmen, der Arbeitnehmer für die Ausgaben beweispflichtig. Zum anderen muss ein mit Buchführung betrauter Arbeitnehmer die von ihm selbst vorgenommenen Buchungen bis zu dem (von ihm zu führenden) Beweis der Unrichtigkeit dieser Buchungen gegen sich gelten lassen. Die Beweisführungslast des Arbeitgebers bei einer betrieblich veranlassten Mankohaftung kann durch ein Zusammenspiel von der konkreten Behauptungslast, der Beweisführungslast und dem Anscheinsbeweis erleichtert werden. Wenn man effektiv verhindern will, dass das vom Arbeitgeber getragene Unternehmensrisiko wegen seiner Organisationshoheit nicht durch eine ungünstige Beweislastregel wieder unzulässigerweise auf den Arbeitnehmer abgewälzt wird, muss man in Kauf nehmen, dass die Beweiserleichterung des Arbeitgebers bei betrieblich veranlasster Mankohaftung auch durch dieses Zusammenspiel nicht ausreichend erscheint.

Gemessen an diesen Maßstäben ist § 280 I 2 BGB daher anzuwenden, wenn der als ein Außendienstmitarbeiter eingestellte Arbeitnehmer einen Dienstwagen zum privaten Zweck nutzte, etwa für einen Wochenendeinkauf, und der Dienstwagen während seines Einkaufs im Supermarkt gestohlen wurde, denn der Arbeitnehmer übte eine außerbetriebliche Tätigkeit beim Verlust des Wagens aus und der Betriebsrisikogedanke fällt hier weg. Hingegen ist § 619 a BGB anzuwenden, wenn einem als Verkaufsfahrer beschäftigten Arbeitnehmer der von den Kunden vereinnahmte Geldbetrag auf dem Rückweg zur Betriebsstätte gestohlen wurde, denn der Arbeitnehmer übte hier beim Verlust des Geldes eine betriebliche Tätigkeit aus und der Betriebsrisikogedanke greift ein.

III. Anwendung der privilegierten Arbeitnehmerhaftung

Die Rechtsprechung und ein Teil des Schrifttums haben lange Zeit eine grundsätzliche Anwendung der privilegierten Arbeitnehmerhaftung auf den Mankofall mit dem Grund der fehlenden Gefahrgeneigtheit abgelehnt und die Mankohaftung des Arbeitnehmers durch eine strenge Bewertung des arbeitgeberseitigen Mitverschuldens in direkter Anwendung des § 254 BGB eingeschränkt.

Nachdem der Große Senat des BAG im Beschluss vom 27.09.1994 die untaugliche Einstiegsvoraussetzung „gefahrgeneigter Arbeit" für die Grundsätze zur beschränken Arbeitnehmerhaftung durch „betrieblich veranlasste Tätigkeit" ersetzt hat, werden diese richterrechtlichen Grundsätze seit dem Urteil des BAG vom 17.09.1998 auf betrieblich veranlasste Mankohaftung ausgedehnt.[1420]

Zwar hat der Schuldrechtsreformgesetzgeber in der Gesetzesbegründung die Ansicht geäußert, die privilegierte Arbeitnehmerhaftung auf eine neue Rechtsgrundlage, nämlich die Neufassung des § 276 I BGB zu stellen, jedoch wird diese Ansicht wegen mangelhafter Dogmatik weder in der Rechtsprechung noch in der Literatur akzeptiert. Deswegen verbleibt die dogmatische Umsetzung der privilegierten Arbeitnehmerhaftung weiterhin bei der analogen Anwendung des § 254 BGB, der als Medium die erforderliche Schadensteilung aufgrund der Interessenabwägung ermöglicht.

Der Große Senat des BAG hat nunmehr die zwei Zurechnungsgründe, nämlich die Gefährlichkeit der Arbeitstätigkeit und die Verantwortung des Arbeitgebers für die Organisation des Betriebs und die Gestaltung der Arbeitsbedingungen, in einem objektiv konzipierten Betriebsrisiko vereinheitlicht, das maßgeblich auf die objektiven vom Arbeitgeber gestalteten Arbeitsbedingungen abstellt.

Angesichts der Gefahr einer Doppelverwertung des Betriebsrisikos bei mittlerer Fahrlässigkeit des Arbeitnehmers ist eine strenge Bewertung des arbeitgeberseitigen Mitverschuldens gemäß § 254 BGB in der bisherigen Rechtsprechung nicht mehr aufrechtzuerhalten.

Soweit die bei der Schadensentstehung mitwirkenden Arbeitsbedingungen schon bei der Schadensverteilung hinsichtlich des Betriebsrisikos im Rahmen der privilegierten Arbeitnehmerhaftung in analoger Anwendung des § 254 BGB berücksichtigt worden sind, darf das darin liegende Betriebsrisiko deshalb dem Arbeitgeber nicht noch einmal als echtes Mitverschulden wegen Verstoßes gegen konkrete Obliegenheiten in direkter Anwendung des § 254 BGB in Rechnung gestellt werden. Dementsprechend sollte man nunmehr die früher in der Rechtsprechung als „Mitverschulden" des Arbeitgebers angenommenen Umstände im Mankofall nur einmal im Rahmen der privilegierten Arbeitnehmerhaftung berücksichtigen und mit der Annahme des „echten" Mitverschuldens des Arbeitgebers im Mankofall zurückhaltend sein, um einerseits die allgemeine Arbeitnehmerhaftung und die Mankohaftung einheitlich zu behandeln und andererseits die Arbeitnehmer im Mankofall nicht durch eine unbillige zweifache Haftungserleichterung besser zu stellen. Zu denken ist hier etwa an einen solchen Fall, dass ein Fehlbestand wegen fehlender Sicherheitsvorkehrungen gegen Diebstahl oder fehlender regelmäßiger Kontrolle auftritt. Zur Vermeidung einer ungerechtfertigten zweifachen Haftungsabmilderung des Arbeitnehmers ist hier überzeugend, dass fehlende Sicherheitsvorkehrungen gegen Diebstahl oder die

1420 BAG (17.09.1998), AP Nr. 2 zu § 611 BGB Mankohaftung (unter B II 1 der Gründe).

Nichtvornahme regelmäßiger Kontrollen, die ein vom Arbeitgeber durch seine Organisationshoheit geschaffenes erhöhtes Risiko darstellen und sich bei einem schuldhaften Fehlverhalten des Arbeitnehmers im Fehlbestand niederschlagen, nur einmal als ein den Arbeitgeber belastendes Organisationsrisiko im Rahmen der privilegierten Arbeitnehmerhaftung analog § 254 BGB, nicht aber erst nach der privilegierten Arbeitnehmerhaftung als konkretes Mitverschulden in direkter Anwendung von § 254 BGB berücksichtigt werden.

Mit Ablehnung einer strengen Bewertung des arbeitgeberseitigen Mitverschuldens gemäß § 254 BGB wird die dritte Sonderstellung der Mankohaftung bezüglich der Anwendung der privilegierten Arbeitnehmerhaftung abgeschafft.

B. Zusammenfassung der wesentlichen Arbeitsergebnisse über besondere Mankohaftung

I. Die einzelvertragliche Mankovereinbarung

In der bisherigen Rechtsprechung sind Mankoabreden aufgrund der auch im Arbeitsrecht herrschenden Vertragsfreiheit in der Regel zulässig. Die Rechtsprechung hat lange Zeit einerseits die Mankovereinbarung einer allgemeinen Inhaltskontrolle anhand der Generalklauseln des § 138 BGB oder des § 242 BGB unterzogen und andererseits die Wirksamkeit einer Mankoabrede an zwei Zulässigkeitsvoraussetzungen geknüpft, nämlich einen angemessenen wirtschaftlichen Ausgleich für das vom Arbeitnehmer übernommene erhöhte Risiko und die Einflussnahmemöglichkeit des Arbeitnehmers auf das Risiko.

Der 8. Senat des BAG hat diese langjährige konstante Rechtsprechung mit dem Urteil vom 17.09.1998 dadurch geändert, dass der 8. Senat nunmehr völlig kontrovers zur bisherigen Rechtsprechung bei der Inhaltskontrolle der Mankoabreden auf die Grundsätze über die beschränkte Arbeitnehmerhaftung als den neuen Kontrollmaßstab abstellt und diese richterrechtlichen Grundsätze sogar als einseitig zwingendes Arbeitnehmerschutzgesetz eingeordnet hat, von dem weder einzel- noch kollektivvertraglich zu Lasten der Arbeitnehmer abgewichen werden kann. Zur Sicherung des einseitig zwingenden Charakters seines Richterrechts macht der 8. Senat die Wirksamkeit der Mankoabreden von seiner entwickelten rigiden Prämientherorie abhängig, wonach eine Haftung aufgrund besonderer vertraglicher Abrede die Summe der in einem bestimmten Zeitraum gezahlten Mankogelder nicht übersteigen darf.[1421] Der betreffende Zeitraum wird

1421 BAG (17.09.1998), AP Nr. 2 zu § 611 BGB Mankohaftung (unter B IV der Gründe)

vom 8. Senat auf ein Kalenderjahr begrenzt.[1422] Der Arbeitgeber trifft beispielsweise mit einem Kassierer eine Mankoabrede, nach der er neben dem Arbeitslohn ein Mankogeld von 25 Euro monatlich erhält und aber für jeden im Rahmen seiner Tätigkeit entstandenen Kassenfehlbestand haftet. Nachdem ein tatsächlicher Kassenfehlbestand innerhalb eines Jahres insgesamt 500 Euro beträgt, haftet der Arbeitnehmer aufgrund der Mankoabrede nur bis zu der Gesamtsumme der in einem Jahr gezahlten Mankogelder, nämlich 300 Euro. Der die Summe der Mankogelder übersteigende Schaden in Höhe von 200 Euro wird vom Arbeitgeber getragen und nur dann vom Arbeitnehmer nach den Haftungsregeln ohne Mankovereinbarung ersetzt, wenn der Arbeitgeber die schuldhafte Verletzung des Arbeitnehmers nachweist.

Solange der Gesetzgeber im Bereich der Arbeitnehmerhaftung untätig bleibt, ist um der Rechtseinheit – und sicherheit willen hinzunehmen, dass die Grundsätze zur beschränkten Arbeitnehmerhaftung als einseitig zwingendes Arbeitnehmerschutzrecht einzustufen sind. Angesichts der zeitlich langen Praktizierung durch die Rechtsprechung und einer entsprechenden allgemeinen Rechtsüberzeugung in der Literatur ist der hinter der privilegierten Arbeitnehmerhaftung stehende Kerngedanke schon gewohnheitsrechtlich geworden, dass das vom Arbeitgeber wegen seiner Organisationshoheit zu tragende Betriebsrisiko nicht auf den Arbeitnehmer abgewälzt werden darf. In diesem Zusammenhang muss man auch die zur Sicherung des einseitig zwingenden Charakters dieses Richterrechts entwickelte Prämientherorie in Kauf nehmen, weil einerseits die bei der Beurteilung der Angemessenheit eines Risikoausgleichs und der Festsetzung einer Haftungshöchstsumme entstehenden Rechtsunsicherheiten vermieden werden können und andererseits der hinter der privilegierten Arbeitnehmerhaftung stehende Kerngedanke durch abweichende Mankoabrede unberührt bleibt, wenn die Haftung aufgrund der Mankoabrede von vornherein auf die Summe der im Ausgleichungszeitraum gewährten Mankozuschläge beschränkt ist.

Die Grundsätze zur beschränkten Arbeitnehmerhaftung stellen als einseitig zwingendes Richterrecht den neuen strengen Maßstab der Inhaltskontrolle für die Mankoabreden dar und verdrängen daher die bisherigen Prüfmaßstäbe nach den Generalklauseln der §§ 138, 242 BGB. Die von der bisherigen Rechtsprechung entwickelten Zulässigkeitsvoraussetzungen, nämlich ein angemessener wirtschaftlicher Ausgleich und die Einflussnahmemöglichkeit des Arbeitnehmers, entfallen zugunsten der starren Prämientheorie vollständig, weil eine ungerechtfertigte Verlagerung des dem Arbeitgeber zuzurechnenden Risikos über-

1422 BAG (17.09.1998), AP Nr. 2 zu § 611 BGB Mankohaftung (unter B IV 2 der Gründe); BAG (02.12.1999), AP Nr. 3 zu § 611 BGB Mankohaftung (unter I 2 b der Gründe).

haupt nicht vorliegt, wenn der Arbeitnehmer wegen der Begrenzung einer vertraglichen Mankohaftung auf die gesamte Summe der im Ausgleichszeitraum gezahlten Mankogelder keiner zusätzlichen Haftung ausgesetzt ist. Für die Wirksamkeit verschiedenartiger Mankoabreden gilt nunmehr die Prämientheorie als einheitliche Zulässigkeitsvoraussetzung.

Mit dem Schuldrechtsmodernisierungsgesetz unterliegen die vorformulierten Mankoabreden wegen der strengeren Prüfung einer Abweichung vom einseitig zwingenden Richterrecht nicht der AGB-Kontrolle, weil sich der Anwendungsbereich des AGB-Rechts nur für dispositives Recht eröffnet.

Angesichts der von der Gesetzgebungsgeschichte bedingten Koppelung des § 619 a BGB an die einseitig zwingenden Grundsätze der beschränkten Arbeitnehmerhaftung wird man § 619 a BGB trotz seines zu weit gefassten Wortlautes als einseitig zwingend ansehen müssen. Auf § 309 Nr. 12 BGB kann bei der Inhaltskontrolle einer von § 619 a BGB abweichenden Beweislastvereinbarung nicht zurückgegriffen werden, weil es sich bei der arbeitsrechtlichen Beweislastvorschrift des § 619 a BGB um einseitig zwingendes Recht handelt.

II. Die kollektivvertragliche Mankovereinbarung

Die Tarifvertragsparteien dürfen keine dem Arbeitnehmer ungünstige Haftungsregelung in Abweichung von den richterrechtlichen Grundsätzen zur beschränkten Arbeitnehmerhaftung treffen, weil es sich bei ihnen um einseitig zwingendes Gesetzesrecht handelt. Selbst wenn man diese richterrechtlichen Grundsätze für tarifdispositiv hält, käme man zu demselben Ergebnis, denn der hinter den Grundsätzen stehende Grundgedanke, nämlich keine Abwälzung des vom Arbeitgeber wegen seiner Organisationshoheit zu tragenden Betriebsrisikos auf den Arbeitnehmer, bildet den tariffesten Kern und erlaubt mithin den Tarifvertragsparteien Abweichungen zulasten des Arbeitnehmers nicht.

Die Betriebsparteien dürfen auch nicht von diesen richterrechtlichen Grundsätzen zulasten des Arbeitnehmers abweichen, weil einseitig zwingendes Gesetzesrecht der Betriebsautonomie eine inhaltliche Schranke setzt. Selbst wenn man die Grundsätze als tarifdispositives Gesetzesrecht ansieht, darf daraus kein Schluss auf eine „Betriebsvereinbarungsdispositivität“ gezogen werden. Der Betriebsrat hat nämlich wegen der Unabhängigkeit, der fehlenden Machtmittel und wegen des Gebots der vertrauensvollen Zusammenarbeit eine schwächere Rechts- und Machtstellung als die Gewerkschaft und kann nicht konsequent einen angemessenen Interessenausgleich zwischen beiden Betriebsparteien wegen des fehlenden Gleichgewichts beider Seiten erzielen.

C. Zusammenfassung der bisherigen Gesetzentwürfe

Bevor der 8. Senat des BAG mit drei Grundentscheidungen[1423] zur Mankohaftung die abweichende Beurteilung der Mankohaftung gegenüber der allgemeinen Arbeitnehmerhaftung aufgegeben und so das gesamte Feld der Arbeitnehmerhaftung auf eine einheitliche Grundlage gestellt hat, behandelten die alten Entwürfe mit Ausnahme von den SPD-Entwürfen 1989, 1993, 1995 in Anlehnung an die zum jeweiligen Zeitpunkt einschlägige Rechtsprechung die allgemeine Arbeitnehmerhaftung und die Mankohaftung unterschiedlich.

Im Anschluss an die neue Rechtsprechung des 8. Senats des BAG will der jüngste Entwurf eines Arbeitsvertragsgesetzes von *Henssler* und *Preis* (2007) mit § 89 unter der Überschrift „Arbeitnehmerhaftung bei Schlechtleistung und Verletzung von Nebenpflichten“ die allgemeine Arbeitnehmerhaftung und die Mankohaftung einheitlich beurteilen, ohne eine Sonderregelung zur Mankohaftung zu enthalten.

Trotz der Sonderbehandlung der Mankohaftung werden die richterrechtlichen Grundsätze zur beschränkten Arbeitnehmerhaftung überwiegend in den Gesetzentwürfen als einseitig zwingendes Arbeitnehmerschutzrecht angesehen.

1423 BAG (22.05.1997), AP Nr. 1 zu § 611 BGB Mankohaftung; BAG (17.09.1998), AP Nr. 2 zu § 611 BGB Mankohaftung; BAG (02.12.1999), AP Nr. 3 zu § 611 BGB Mankohaftung.

Literaturverzeichnis

Adolphsen, Jens: Zivilprozeßrecht, 3. Auflage, Nomos 2012
Ahrens, Martin: Arbeitnehmerhaftung bei betrieblich veranlasster Tätigkeit, DB 1996, S. 934-938
Ahrens, Martin: Anm. zu BAG (12.11.1998), AP Nr. 117 zu § 611 BGB Haftung des Arbeitnehmer
Barton, Erich: Die Mankohaftung von Filialleitern, Berlin 1961
Baumbach, Adolf/Lauterbach, Wolfgang/Albers, Jan/Hartmann, Peter: Zivilprozessordnung, 70. Auflage, München 2012 (zitiert: Baumbach/Lauterbach/Albers/Hartmann)
Baumgärtel, Gottfried: Anm. zu BAG (29.01.1985), AP Nr. 87 zu § 611 BGB Haftung des Arbeitnehmers
Baumgärtel, Gottfried: Die Beweislastverteilung bei der Arbeitnehmerhaftung, in: Festschrift für Klemens Pleyer zum 65. Geburtstag, S. 257-270, Köln. Berlin. Bonn. München 1986
Baumgärtel, Gottfried: Beweislastpraxis im Privatrecht: Die Schwierigkeiten der Beweislastverteilung und die Möglichkeiten ihrer Überwindung, Köln, 1996 (zitiert: Baumgärtel, Beweislastpraxis)
Baumgärtel, Gottfried: Handbuch der Beweislast im Privatrecht, Band 1, Allgemeiner Teil und Schuldrecht BGB mit VOB, HOAI, KSchG und ProdhaftG, 2. Auflage, Köln, 1991 (zitiert: Baumgärtel/Bearbeiter)
Baumgärtel, Gottfried/Laumen, Hans-Willi/Prütting, Hanns: Handbuch der Beweislast, Grundlagen, 2. Auflage, Carl Heymanns Verlag 2009 (zitiert: Baumgärtel/Laumen/Prütting /Bearbeiter)
Baur, Jürgen F./Stürner, Rolf: Sachenrecht, 18. Auflage, München 2009
Bengelsdorf: Anm. zu BAG (15.11.2001), EzA Nr. 68 zu § 611 BGB Arbeitnehmerhaftung
Beuthien,Volker: Anm. zu BAG (03.08.1971), AP Nr. 67 zu § 611 BGB Haftung des Arbeitnehmers
Bleistein, Franzjosef: Die Mankohaftung des Arbeitnehmers, DB 1971, S. 2213-2216
Böckmann-Beeker, Ruth/Schlüchtern, Achim: Schadensersatzansprüche gegen Arbeitnehmer, AuA 2001, S. 404-409
Boemke, Burkhard/Müller, Stefan: Anm. zu BAG (17.09.1998), SAE 2000
Boemke, Burkhard: Studienbuch Arbeitsrecht, 2. Auflage, München 2004
Brose, Wiebke: Haftung und Risiken nach den arbeitsrechtlichen Grundsätzen und dem SGB VII, RdA 2011, S. 205-221

Brox, Hans/Walker, Wolf-Dietrich: Die Einschränkung der Arbeitnehmerhaftung gegenüber dem Arbeitgeber, DB 1985, S. 1469-1478

Brox, Hans/Walker, Wolf-Dietrich: Allgemeines Schuldrecht, 36. Auflage, München 2012

Brox, Hans/Rüthers, Bernd/Henssler, Martin: Arbeitsrecht, 18. Auflage, Verlag W. Kohlhammer 2010

Brox, Hans/Walker, Wolf-Dietrich: Allgemeiner Teil des BGB, 36. Auflage, Vahlen 2012

Brune, Ulrike: AR-Blattei SD 520, Betriebsvereinbarung, 2006

Bulla: Mankohaftung des Arbeitnehmers, Teil I, DB 1952, S. 58-59

Bulla: Mankohaftung des Arbeitnehmers, Teil II, DB 1952, S. 81-83

Busemann, Andreas: Die Haftung des Arbeitnehmers gegenüber dem Arbeitgeber und Dritten, Haftung im Vorvertragsstadium, während des Arbeitsverhältnisses und im Nachvertragsstadium, Erich Schmidt 1999

Canaris, Claus-Wilhelm: Risikohaftung bei schadensgeneigter Tätigkeit in fremdem Interesse, RdA 1966, S. 41-51

Canaris, Claus-Wilhelm: Anm. zu BAG (11.11.1969), AP Nr. 49 zu § 611 BGB Haftung des Arbeitnehmers

Clemenz, Susanne/Kreft, Burghard /Krause, Rüdiger: AGB-Arbeitsrecht Kommentar zu den §§ 305-310 BGB, 1. Auflage, Verlag Dr. Otto Schmidt Köln 2013 (zitiert: CKK/Bearbeiter)

Däubler, Wolfgang: Die Haftung des Arbeitnehmers – Grundlagen und Grenzen, NJW 1986, S. 867-874

Däubler, Wolfgang: Tarifvertragsrecht, 3. Auflage, Nomos Verlagsgesellschaft Baden-Baden 1993

Däubler, Wolfgang: Die Auswirkungen der Schudrechtsmodernisierung auf das Arbeitsrecht, NZA 2001, S. 1329-1337

Däubler, Wolfgang: Tarifvertragsgesetz mit Arbeitnehmer-Entsendegesetz, 3. Auflage, Nomos 2012 (zitiert: Däubler/Bearbeiter)

Däubler, Wolfgang/Kittner, Michael/Klebe, Thomas/Wedde, Peter: BetrVG: Betriebsverfassungsgesetz mit Wahlordnung und EBR-Gesetz, 13. Auflage, Bund Verlag 2012 (zitiert: DKKW/Bearbeiter)

Däubler, Wolfgang/Hjort, Jens Peter/Schubert, Michael/Wolmerath, Martin: Arbeitsrecht, Individualarbeitsrecht mit kollektivrechtlichen Bezügen, Handkommentar, 2. Auflage, Nomos 2010 (zitiert: HK-ArbR/Bearbeiter)

Däubler, Wolfgang/Bonin, Birger/Deinert, Olaf: AGB-Kontrolle im Arbeitsrecht, Kommentierung zu den §§ 305 bis 310 BGB, 3. Auflage, Verlag Franz Vahlen München 2010 (zitiert: DBD/Bearbeiter)

Dauner-Lieb, Barbara/Konzen Horst/Schmidt Karsten: Das neue Schuldrecht in der Praxis : Akzente, Brennpunkte, Ausblick, Heymanns 2003

Deinert, Olaf: Mankohaftung, RdA 2000, S. 22-37
Deinert, Olaf: Anm. zu BAG (02.12.1999), AuR 2001
Dersch, Herbert: Anm. zu LAG Stuttgart (06.07.1950), AP 51 Nr. 147
Dieterich, Thomas/Hanau, Peter/Schaub, Günter: Erfurter Kommentar zum Arbeitsrecht, 1. Auflage, München 1998 (zitiert: ErfK/Bearbeiter)
Dieterich, Thomas/Hanau, Peter/Schaub, Günter: Erfurter Kommentar zum Arbeitsrecht, 2. Auflage, München 2001 (zitiert: ErfK/Bearbeiter)
Dieterich, Thomas/Hanau, Peter/Schaub, Günter: Erfurter Kommentar zum Arbeitsrecht, 3. Auflage, München 2003 (zitiert: ErfK/Bearbeiter)
Dieterich, Thomas/Hanau, Peter/Schaub, Günter: Erfurter Kommentar zum Arbeitsrecht, 13. Auflage, München 2013 (zitiert: ErfK/Bearbeiter)
Dornbusch, Gregor/Fischermeier, Ernst/Löwisch, Manfred: Fachanwaltskommentar Arbeitsrecht, 4. Auflage, Luchterhand 2011 (zitiert: DFL/Bearbeiter)
Dörner, Klemens/Luczak, Stefan/Wildschütz, Martin: Handbuch des Fachanwalts Arbeitsrecht, 8. Auflage, Luchterhand 2009 (zitiert: DLW/Bearbeiter)
Dütz, Wilhelm/Thüsing, Gregor: Arbeitsrecht, 17. Auflage, München 2012
Edenfeld, Stefan: Betriebsverfassungsrecht: Mitbestimmung in Betrieb, Unternehmen und Behörde, 3. Auflage, Müller 2010
Endemann, Helmut: Die Mankohaftung des Arbeitnehmers, AuR 1953, S. 297-301
Erman. Walter: Bürgerliches Gesetzbuch, Kommentar, Band I, 13. Auflage, Köln 2011(zitiert: Erman/Bearbeiter)
Frey, Erich: Die unzureichende Arbeitsleistung (Schlechterfüllung) als Gegenstand der Schadensersatzpflicht des Arbeitnehmers, BB 1960, S. 411-415
Fuchs, Maximilian/Reichold, Hermann: Tarifvertragsrecht, 2. Auflage, Nomos 2006
Galperin, Hans: AR – Blattei, Haftung des Arbeitnehmers, III Positive Vertragsverletzung (1956)
Galperin, Hans/Löwisch, Mankfred: Kommentar zum Betriebsverfassungsgesetz, Band II: Regelung der Mitbestimmung (§§ 74-132), 6. Auflage, Heidelberg 1982 (zitiert: Galperin/Löwisch)
Gamillscheg, Franz: Die Grundrechte im Arbeitsrecht, AcP 164 (1964), S. 385-445
Gamillscheg, Franz: Empfiehlt es sich, die Haftung des Arbeitnehmers gegenüber dem Arbeitgeber abweichend vom Schuldrecht des BGB zu regeln ?, Referat zum 45. Deutschen Juristentag, Karlsruhe 1965, Band 2, G 3, München, Berlin 1965

Gamillscheg, Franz: Anm. zu BAG (16.11.1967), AP Nr 63 zu § 611 BGB Gratifikation
Gamillscheg, Franz/Hanau, Peter: Die Haftung des Arbeitnehmers, 2. Auflage, Karlsruhe 1974
Gerhardt, Walter: Anm. zu BAG (26.01.1971), AP Nr. 64 zu § 611 BGB Haftung des Arbeitnehmers
Germelmann, Claas-Hinrich/Matthes, Hans-Christoph/Prütting, Hanns/Müller-Glöge, Rudi: Arteitsgerichtsgesetz, Kommentar, 7. Auflage, München 2009, (zitiert: ArbGG/Bearbeiter)
Gotthardt, Michael: Der Arbeitsvertrag auf dem AGB-rechtlichen Prüfstand, ZIP 2002, S. 277-289
Gotthardt, Michael: Arbeitsrecht nach der Schuldrechtsreform, 2. Auflage, München 2003
Gottwald, Peter: Grundproblem der Beweislastverteilung, Jura 1980, S. 225-236
Grobys, Marcel/Panzer, Andrea: StichwortKommentar Arbeitsrecht, Nomos 2012 (zitiert: Grobys/Panzer/Bearbeiter)
Groeger, Axel: Neues zur Arbeitnehmerhaftung, FA 1999, S. 38-40
Großmann, Ruprecht/Schneider, Friedrich: Arbeitsrecht, 7. Auflage, Stollfuß 1986
Großmann, Ruprecht/Schneider, Friedrich: Arbeitsrecht, 8. Auflage, Stollfuß 1990
Großmann, Ruprecht/Schneider, Friedrich: Arbeitsrecht, 9. Auflage, Stollfuß 1995
Hagemeier, Christian/Kempen, Otto Ernst/Zachert, Ulrich/Zilius, Jan: Tarifvertragsgesetz Kommentar für die Praxis, 2. Auflage, Bund-Verlag 1990
Hanau, Peter/Adomeit, Klaus: Arbeitsrecht, 14. Auflage, Luchterland 2007
Hansen, Hans Joachim: Die Beweislast im Mankoprozeß, AuR 1968, S. 295-302
Hansen, Udo: Die Substantiierungslast, JuS 1991, S. 588-590
Heckelmann, Dieter: Arbeitsrecht: Risiken bei Kassenfehlbeträgen, JuS 1982, S. 286-289
Hefermehl, Wolfgang: Anm. zu BAG (30.06.1960), AP Nr. 20 zu § 611 BGB Haftung des Arbeitnehmers
Henssler, Martin: Arbeitsrecht und Schuldrechtsreform, RdA 2002, S. 129-140
Henssler, Martin/Willemsen, Heinz Josef/Kalb, Heinz-Jürgen: Arbeitsrecht Kommentar, 5. Auflage, Verlag Dr. Otto Schmidt Köln 2012 (zitiert: HWK/Bearbeiter)
Henssler, Martin/Moll, Wilhelm: AGB-Kontrolle vorformulierter Arbeitsbedingungen, München 2011

Hess, Harald/Schlochauer, Ursula/Worzalla, Michael/Glock, Dirk/Nicolai, Andrea/Rose, Franz-Josef: BetrVG Kommentar, 8. Auflage, Luchterhand 2011 (zitiert: HSWGNR/Bearbeiter)
Hjort, Jens Peter: Mankohaftung, AiB 1994, S. 279-280
Hromadka, Wolfgang/Maschmann, Frank: Arbeitsrecht Band 1, Individualarbeitsrecht, 5. Auflage, Springer 2012
Hromadka, Wolfgang/Maschmann, Frank: Arbeitsrecht Band 2, Kollektivarbeitsrecht, 5. Auflage, Springer 2012
Hueck, Alfred: Anm. zu BAG (17.04.1956), AP Nr.8 zu § 626 BGB
Hueck, Alfred/Nipperdey, Hans Carl: Lehrbuch des Arbeitsrechts, 7. Auflage, Band. I, Berlin u. Frankfurt a.M. 1963
Hueck, Alfred/Nipperdey, Hans Carl/Säcker, Franz Jürgen: Lehrbuch des Arbeitsrechts, 7. Auflage, Band. II/2, Berlin u. Frankfurt a.M. 1970
Hueck, Götz: Anm. zu LAG Hannover (10.02.1953), AP 53 Nr. 232
Hueck, Götz: Anm. zu BAG (09.04.1957), AP Nr. 4 zu § 611 BGB Haftung des Arbeitnehmers
Hueck, Götz: Anm. zu BAG (27.02.1970), AP Nr. 54 zu § 611 BGB Haftung des Arbeitnehmers;
Hümmerich, Klaus/Boecken, Winfried/Düwell, Franz Josef: AnwaltKommentar Arbeitsrecht, Band 1, 2. Auflage, Deutscher AnwaltVerlag 2010 (zitiert: HBD/Bearbeiter)
Ingenfeld, Gisbert/Stollenwerk, Thomas: Anm. zu BAG (02.12.1999), EWiR 2001
Jacobs, Matthias/Krause, Rüdiger/Oetker, Hartmut: Tarifvertragsrecht, 2. Auflage, München 2007 (zitiert: JKO/Bearbeiter)
Julius von Staudingers: Kommentar zum Bürgerlichen Gesetzbuch mit Einführungsgesetz und Nebengesetzen, II. Band, Recht der Schuldverhältnisse, 3. Teil §§ 611 - 704, 11. neubearbeitete Auflage Berlin, 1958 (zitiert: Staudinger/Bearbeiter)
Julius von Staudingers: Kommentar zum Bürgerlichen Gesetzbuch mit Einführungsgesetz und Nebengesetzen, Zweites Buch, Recht der Schuldverhältnisse, §§ 611 - 615, Dreizehnte Bearbeitung 1999, Berlin, 1999 (zitiert: Staudinger/Bearbeiter)
Julius von Staudingers: Kommentar zum Bürgerlichen Gesetzbuch mit Einführungsgesetz und Nebengesetzen, Zweites Buch, Recht der Schuldverhältnisse, §§ 616 - 630, Neubearbeitung 2002, Berlin, 2002 (zitiert: Staudinger/Bearbeiter)
Julius von Staudingers: Kommentar zum Bürgerlichen Gesetzbuch mit Einführungsgesetz und Nebengesetzen, Zweites Buch, Recht der Schuldverhält-

nisse, §§ 611 - 615, Neubearbeitung 2005, Berlin, 2005 (zitiert: Staudinger/Bearbeiter)
Julius von Staudingers: Kommentar zum Bürgerlichen Gesetzbuch mit Einführungsgesetz und Nebengesetzen, Zweites Buch, Recht der Schuldverhältnisse, §§ 255 - 304, Neubearbeitung 2009, Berlin, 2009 (zitiert: Staudinger/Bearbeiter)
Julius von Staudingers: Kommentar zum Bürgerlichen Gesetzbuch mit Einführungsgesetz und Nebengesetzen, Zweites Buch, Recht der Schuldverhältnisse, §§ 613 a – 619 a, Neubearbeitung 2011, Berlin, 2011 (zitiert: Staudinger/Bearbeiter)
Jung, Herbert: Mankohaftung aus dem Arbeitsvertrag, Luchterhand, 1985
Jung, Herbert: Arbeitsrechtliche Haftungseinschränkung im Mankohaftungsfall – ein Problem der Beweislastverteilung, BlStSozArbR 1985, S. 289-295
Junker, Abbo: Grundkurs des Arbeitsrechts, 11. Auflage, München 2012
Kempen, Otto Ernst/Zachert, Ulrich: Tarifvertragsgesetz: Kommentar für die Praxis, 3. Auflage, Bund-Verlag 1997
Kempen, Otto Ernst/Zachert, Ulrich: Tarifvertragsgesetz: Kommentar für die Praxis, 4. Auflage, Bund-Verlag 2006 (zitiert: Kempen/Zachert/Bearbeiter)
Kittner, Michael/Zwanziger, Bertram/Deinert, Olaf: Arbeitsrecht, Handbuch für die Praxis, 6. Auflage, Bund Verlag 2011 (zitiert: KZD/Bearbeiter)
Kniffka, Rolf: Die Beweislastverteilung nach Getanrenbereichen, insbesondere im Arbeitsvertrag, BB 1976, S. 274-277
Krause, Rüdiger: Haftungsbegrenzung kraft Verfassungsrechts? JR 1994, S. 494-499
Krause, Rüdiger: Anm. zu BAG (22.05.1997), AP Nr.1 zu § 611 BGB Mankohaftung
Krause, Rüdiger: Anm. zu BAG (02.12.1999), AP Nr.3 zu § 611 BGB Mankohaftung
Krause, Rüdiger: AR-Blattei SD 220.2.1, Arbeitsvertrag - Arbeitsverhältnis II A, Inhalt des Arbeitsverhältnisses 1997
Krause, Rüdiger: Geklärte und ungeklärte Probleme der Arbeitnehmerhaftung, NZA 2003, S. 577-586
Krause, Rüdiger: Die Haftung des Arbeitnehmers für Mankoschäden – Bilanz und Perspektiven, RdA 2013, S. 129-139
Krause, Rüdiger: Arbeitsrecht, 2. Auflage, Nomos 2011
Kohte, Wolfhard: Die Bedeutung der Unfallversicherung für das Recht der Arbeitnehmerhaftung, AuR 1983, S. 229-238
Küchenhoff, Günther: Anm. zu BAG (16.11.1967), SAE 1968, S. 123-124
Küchenhoff, Günther: Anm. zu BAG (22.11.1973), AP Nr. 67 zu § 626 BGB

Küttner, Wolfdieter: Personalbuch 2011, 18. Auflage, München 2011 (zitiert: Küttner/Bearbeiter)
Lakies, Thomas: Vertragsgestaltung und AGB im Arbeitsrecht, 2. Auflage, C.F. Müller 2011
Langer, Karl A.: Die Mankohaftung, Hamburg 1957
Lansnicker, Frank/Schwirtzek, Thomas: Neuordnung der Mankohaftung. BB 1999, S. 259-262
Larenz, Karl: Anm. zu LAG Bremen (05.01.1955), AP Nr. 3 zu § 611 BGB Haftung des Arbeitnehmers
Larenz, Karl: Anm. zu BAG (30.06.1960), SAE 1961, Nr. 74
Larenz, Karl: Die Prinzipien der Schadenszurechnung, Ihr Zusammenspiel im modernen Schuldrecht, JuS 1965, S. 373-379
Larenz, Karl: Lehrbuch des Schuldrechts, Band I, Allgemeiner Teil, 14. Auflage, München 1987
Larenz, Karl/Canaris, Claus-Wilhelm: Methodenlehre der Rechtswissenschaft, 3. Auflage, Springer 1995
Leinemann, Wolfgang: Kasseler Handbuch zum Arbeitsrecht, Band 1 Arbeitsverhältnis und Inhalt des Arbeitsverhältnises, 2. Auflage, Luchterhand 2000 (zitiert: KassHdb/Bearbeiter)
Lieb, Manfred/Jacobs, Matthias: Arbeisrecht, 9. Auflage, Heidelberg 2006
Lindemann, Viola:Neuerungen im Arbeitsrecht durch die Schuldrechtsreform, AuR 2002, S. 81-87
Löwisch, Manfred: Zweifelhafte Folgen des geplanten Leistungsstörungsrechts für das Arbeitsvertragsrecht, NZA 2001, S. 465-467
Löwisch, Manfred/Rieble, Volker: Tarifvertragsgesetz, 1. Auflage, München 1992
Löwisch, Manfred/Rieble, Volker: Tarifvertragsgesetz, 2. Auflage, München 2004
Löwisch, Manfred/Rieble, Volker: Tarifvertragsgesetz, 3. Auflage, München 2012
Löwisch, Manfred: Arbeitsrecht, 8. Auflage, Werner Verlag 2007
Löwisch, Manfred/Caspers, Georg/Klumpp, Steffen: Arbeitsrecht, 9. Auflage, Vahlen 2012
Lüke, Gerhard: Arbeitsrecht: Die verschwundenen Waren, JuS 1981, S. 279-282
Lüke, Wolfgang: Zivilprozeßrecht, 10. Auflage, München 2011
Mache, Wolf: Haftungsbeschränkung auch bei der „Mankohaftung“? AiB 1995, S. 698-701
Mache, Wolf: Anm. zu BAG (17.09.1998), AuR 1999, S. 118
Marhold, Franz: Anm. zu BAG (GS) (12.06.1992), JZ 1993, S. 910-912

Mayer-Maly,Theo: Plädoyer für einen Abschied von der Gefahrgeneigtheit, in: Festschrift für Marie Luise Hilger und Hermann Stumpf, S. 467-475, München 1983

Medicus, Dieter: Anm. zu BAG (07.07.1970), AP Nr. 59 zu § 611 BGB Haftung des Arbeitnehmers

Medicus, Dieter/Lorenz, Stephan: Schuldrecht I Allgemeiner Teil, 20 Auflage, München 2012

Moll, Wilhelm: Münchener AnwaltsHandbuch Arbeitsrecht, 2. Auflage, München 2009 (zitiert: MünchAnwH-ArbR/Bearbeiter)

Moser, Heinz: Die Haftung des Filialleiters (Mankohaftung), BB 1966, S. 372-375

Musielak, Hans-Joachim: Grundkurs ZPO, 10. Auflage, München 2010

Musielak, Hans-Joachim: Kommentar zur Zivilprozessordnung mit Gerichtsverfassungsgesetz, 8. Auflage, München, 2011 (zitiert: Musielak/Bearbeiter)

Nikisch, Arthur: Arbeitsrecht, Band. 1, 3. Aufl., Tübingen 1961

Oetker, Hartmut: Neues zur Arbeitnehmertiaftung durch § 619 a BGB ? BB 2002, S. 43-45

Otto, Hansjörg: Ist es erforderlich, die Verteilung des Schadensrisikos bei unselbständiger Arbeit neu zu ordnen?, Gutachten E (Teilgutachten 1), Verhandlungen des 56. Deutschen Juristentages Berlin 1986, Bd. I, Gutachten, München 1986

Otto, Hansjörg/Schwarze, Roland: Die Haftung des Arbeitnehmers, 3. Auflage, Karlsruhe 1998

Otto, Hansjörg: Die Grundstrukturen des neuen Leistungsstörungsrechts, Jura 2002, S. 1-11

Otto, Hansjörg: Arbeitsrecht, 4. Auflage, Berlin 2008

Palandt, Otto (Begr.): Bürgerliches Gesetzbuch, 71. Auflage, München, 2012 (zitiert: Palandt/Bearbeiter)

Pallasch, Ulrich: Anm. zu BAG (17.09.1998), EzA § 611 BGB Arbeitnehmerhaftung Nr. 64

Pallasch, Ulrich: Anm. zu BAG (02.12.1999), EzA § 611 BGB Arbeitnehmerhaftung Nr. 67

Palme, Antonie: Zur Mankohaftung des Arbeitnehmers, BlStSozArbR 1964, S. 154-157

Pauly, Holger: Haftung für Mankoschäden und innerbetrieblicher Schadensausgleich JR 1995, S. 228-232

Pauly, Holger: Grundfragen der Mankohaftung, BB 1996, S. 2038-2042

Pfeifer, Karl Heinz: Neueste Entwickung zu Fragen der Arbeitnehmerhaftung im Betrieb, ZfA 1996, S. 69-83

Peterek, Reiner: Anm. zu BAG (13.02.1974), AP Nr. 77 zu § 611 BGB Haftung des Arbeitnehmers, SAE 1975

Pfeifer, Karl Heinz: Haftung des Arbeitnehmers, AR-Blattei SD 870.1, 2003

Preis, Ulrich: Die Arbeitnehmerhaftung nach dem 56. Deutschen Juristentag. AuR 1986, S. 360-370

Preis, Ulrich: Grundfragen der Vertragsgestaltung im Arbeitsrecht, Luchterhand 1993

Preis, Ulrich: Das erneuerte BGB und das Bundesarbeitsgericht, in: 50 Jahre Bundesarbeitsgericht, München 2004, S. 123-152

Preis, Ulrich: Der Arbeitsvertrag, Handbuch der Vertragsgestaltung, 4. Auflage, Verlag Dr. Otto Schmidt Köln 2011

Preis, Ulrich/Kellermann, Britta: Anm. zu BAG (22.05.1997), SAE 1998

Prütting, Hanns: Gegenwartsprobleme der Beweislast: eine Untersuchung moderner Beweislasttheorien und ihrer Anwendung insbesondere im Arbeitsrecht, München, 1983

Prütting, Hanns/Gehrlein, Markus: ZPO Kommentar, 3. Auflage, Luchterhand 2011 (zitiert: Prütting/Gehrlein/Bearbeiter)

Rauscher, Thomas/Wax, Peter/Wenzel, Joachim: Münchener Kommentar zur Zivilprozessordnung, Band 1, §§ 1-510 c, 3. Auflage, München 2008 (zitiert: MüKoZPO/Bearbeiter)

Bachmann, Gregor/Krüger, Wolfgang/Säcker, Franz Jürgen/Rixecker, Roland/Oetker, Hartmut: Münchener Kommentar zum Bürgerlichen Gesetzbuch, Band 2, Schuldrecht Allgemeiner Teil, §§ 241-432, 6. Auflage, München 2012 (zitiert: MüKoBGB/Bearbeiter)

Rebmann, Kurt/Säcker, Franz Jürgen/Rixecker, Roland: Münchener Kommentar zum Bürgerlichen Gesetzbuch, Band 4, Schuldrech Besonderer Teil II, §§ 611-704, 4. Auflage, München 2005 (zitiert: MüKoBGB/Bearbeiter)

Rebmann, Kurt/Säcker, Franz Jürgen/Rixecker, Roland: Münchener Kommentar zum Bürgerlichen Gesetzbuch, Band 4, Schuldrecht Besonderer Teil II, §§ 611-704, 6. Auflage, München 2012 (zitiert: MüKoBGB/Bearbeiter)

Reichold, Hermann: Arbeitsrecht, 4. Auflage, München 2012

Reinecke, Gerhard: Die Mankohaftung des Arbeitnehmers, ZfA 1976, S. 231-241

Reuß, Karl-Friedrich: Anm. Zu BverwG (12.02.1971), AP Nr. 4 zu § 78 BBG

Richardi, Reinhard/Wlotzke, Otfried (Hrsg.): Münchener Handbuch zum Arbeitsrecht, Band. 1, Individualarbeitsrecht I, München 1992 (zitiert: MünchArbR/Bearbeiter)

Richardi, Reinhard/Wlotzke, Otfried (Hrsg.): Münchener Handbuch zum Arbeitsrecht, Band. 1, Individualarbeitsrecht I, 2 Aufl., München 2000 (zitiert: MünchArbR/Bearbeiter)

Richardi, Reinhard/Wlotzke, Otfried (Hrsg.): Münchener Handbuch zum Arbeitsrecht, Band. 1, Individualarbeitsrecht I, 3 Aufl., München 2009 (zitiert: MünchArbR/Bearbeiter)

Richardi, Reinhard/Thüsing, Gregor /Annuß, Georg: Betriebsverfassungsgesetz mit Wahlordnung Kommentar, 13. Auflage, München 2012 (zitiert: Richardi/Bearbeiter)

Rolfs, Christian/Giesen, Richard/Kreikebohm, Ralf/Udsching, Peter: Schwerpunktkommentar Arbeitsrecht, München 2008 (zitiert: RGKU/Bearbeiter)

Rolfs, Christian: Arbeitsrecht, Studienkommentar, 3 Auflage, München 2010

Rosenberg, Leo/Schwab, Karl Heinz/Gottwald, Peter: Zivilprozessrecht, 17. Auflage, München 2010

Rüthers, Bernd/Fischer, Christian/Birk, Axel: Rechtstheorie mit Juristischer Methodenlehre, 6. Auflage, München 2011

Ruppert, Werner: Die Haftung des Arbeitnehmers bei schadensgeneigter Arbeit unter besonderer Berücksichtigung der Betriebspraxis, Zweite, erweiterte Aufl., Kassel 1961

Säcker, Franz Jürgen: AR – Blattei, Betriebsvereinbarung, III Grenzen der Betriebsvereinbarungsautonomie (1979)

Säcker, Franz Jürgen/Rixecker, Roland: Münchener Kommentar zum Bürgerlichen Gesetzbuch, Band 4, Schuldrech Besonderer Teil II, §§ 611-704, 5. Auflage, München 2009 (zitiert: MüKoBGB/Bearbeiter)

Sandmann, Bernd: Die Haftung von Arbeitnehmern, Geschäftsführern und leitenden Angestellten : zugleich ein Beitrag zu den Grundprinzipien der Haftung und Haftungsprivilegierung, Mohr Siebeck 2001

Schaub, Günter: Arbeitsrechts-Handbuch, Systematische Darstellung und Nachschlagewerk für die Praxis, 9. Auflage, München 2000

Schaub, Günter/Koch, Ulrich/Linck, Rüdiger: Arbeitsrechts-Handbuch, Systematische Darstellung und Nachschlagewerk für die Praxis, 10. Auflage, München 2002 (zitiert: Schaub/Bearbeiter)

Schaub, Günter/Koch, Ulrich/Linck, Rüdiger: Arbeitsrechts-Handbuch, Systematische Darstellung und Nachschlagewerk für die Praxis, 14. Auflage, München 2011 (zitiert: Schaub/Bearbeiter)

Schilken, Eberhard: Zivilprozessrecht, 6. Auflage, München 2010

Schwab, Brent: Die Schadenshaftung des Arbeitnehmers, AiB 2000, S. 559-568

Schwab, Brent: Die Haftung des Arbeitnehmers, AiB 2007, S. 85-92

Schwab, Brent: Die Schadenshaftung im Arbeitsverhältnis - Eine Übersicht - 1. Teil: Die Haftung des Arbeitnehmers, NZA-RR 2006, S. 449-455

Schumacher, Carsten: Die privilegierte Haftung des Arbeitnehmers, Dissertation zur Erlangung des akademischen Grades eines Doktors der Rechte durch die Rechts- und Wirtschaftswissenschaftlichen Fakultät der Universität Bayerth, Duncker & Humblot Berlin 2012

Schwirtzek, Thomas: Die Mankohaftung im Arbeitsverhältnis, Inauguraldissertation zur Erlangung des akademischen Grades eines Doktors der Rechte durch die Juristische Fakultät der Universität Potsdam, Berlin 2003

Schwirtzek, Thomas: Neue Perspektiven für Mankoabreden? Arbeitnehmerhaftung für Fehlbeträge und Fehlbestände, AuA 2003, S. 20-23

Schwirtzek, Thomas: Mankoabreden nach der Schuldrechtsreform - Zurück in die Zukunft!, NZA 2005, S. 437-443

Sieg, Karl: Anm. zu BAG (25.02.1967), AP Nr. 1 zu § 276 BGB Vertragsverletzung

Waltermann, Raimund: Arbeitsrecht, 16. Auflage, Vahlen 2012

Spengler, Bernd: Beschränkung der Arbeitnehmerhaftung - zwinendes Arbeitnehmerschutzrecht, AiB 1999, S. 629-632

Stehl, Heinrich: Die Beweislast bei positiver Vertragsverletzung im Arbeitsverhältnis, AuR 1970, S. 257-267

Stein, Friedrich/Jonas, Martin: Kommentar zur Zivilprozessordnung, Band 3, §§ 128 – 252, 22. Auflage, Mohr Siebeck 2005 (zitiert: Stein/Jonas/Bearbeiter)

Stein, Axel: Tarifvertragsrecht, Verlag W. Kohlhammner 1997

Stoffels, Markus: AR-Blattei SD 870.2, Haftung des Arbeitnehmers II Mankohaftung, 1999

Stoffels, Markus: Grundfragen der Inhaltskontrolle von Arbeitsverträgen, ZfA 2009, S. 861-895

Stoffels, Markus: AGB-Recht, 2. Auflage, München 2009

Stürner, Rolf: Die Aufklärungspflicht der Parteien des Zivilprozesses, Tübingen 1976

Thomas, Heinz/Putzo, Hans: Zivilprozessordnung, 33. Auflage, München 2012 (zitiert: Thomas/Putzo/Bearbeiter)

Tophoven, Ernst: Anm. zu BAG (12.08.1959), AP Nr. 1 zu § 305 BGB

Trinkner, Reinhold: Anm. zu LAG Baden-Württemberg/Stuttgart (29.02.1968), BB 1968

Tschöpe, Ulrich: Anwalts-Handbuch Arbeitsrecht, 7. Auflage, Köln 2011 (zitiert: Tschöpe/Bearbeiter)

Thüsing, Gregor/Leder, Tobias: Gestaltungsspielräume bei der Verwendung vorformulierten Arbeitsvertragsbedingungen – Allgemeine Grundsätze, BB 2005, S. 938-945

Thüsing, Gregor/Leder, Tobias: Gestaltungsspielräume bei der Verwendung vorformulierten Arbeitsvertragsbedingungen – Besondere Klauseln, BB 2005, S. 1563-1570

Thüsing, Gregor: AGB-Kontrolle im Arbeitsrecht, München 2007
Thüsing, Gregor/Braun, Axel: Tarifrecht, München 2011 (zitiert: Thüsing/Braun /Bearbeiter)
Walker, Wolf-Dietrich: Die eingeschränkte Haftung des Arbeitnehmers unter Berücksichtigung der Schuldrechtsmodernisierung, JuS 2002, S. 736-743
Walker, Wolf-Dietrich: Haftungsvereinbarungen im Arbeitsrecht unter besonderer Berücksichtigung der Schuldrechtsreform, in: Festschrift für Claus-Wilhelm Canaris zum 70. Geburtstag, München 2007, Band I, S. 1503-1518
Waltermann, Raimund: Risikozuweisung nach den Grundsätzen der beschränkten Arbeitnehmerhaftung, RdA 2005, S. 98-109
Waltermann, Raimund: Besonderheiten der Haftung im Arbeitsverhältnis, JuS 2009, S. 193-200
Wank, Rolf: Das Recht der Leistungsstörungen im Arbeitsrecht nach der Schuldrechtsreform: Festschrift für Peter Schwerdtner zum 65. Geburtstag, S. 247-267, Luchterland 2003
Wedde, Peter: Schuldrechtsmodernisierungsgesetz – Auswirkungen auf das Arbeitsrecht- AiB 2002, S. 267-273
Wiedemann, Herbert/Stumpf, Hermann: Tarifvertragsgesetz, 5. Auflage, München 1977 (zitiert: Wiedemann/Stumpf)
Wiedemann, Herbert: Tarifvertragsgesetz, 6. Auflage, München 1999 (zitiert: Wiedemann/Bearbeiter)
Wiedemann, Herbert: Tarifvertragsgesetz, 7. Auflage, München 2007 (zitiert: Wiedemann/Bearbeiter)
Wolf, Manfred/Wellenhofer, Marina: Sachenrecht, 27. Auflage, München 2012
Wollenschläger, Michael: Arbeitsrecht, 3 Auflage, Carl Heymanns Verlag 2010
Woltereck,Frank: Ersatzanspüche des Arbeitgebers gegen den Arbeitnehmer bei Mankoschäden, Diss. Hamburg 1963
Woltereck, Frank: Die Haftungsgrundlage der Mankohaftung, AuR 1963, S. 271-275
Woltereck, Frank: Die Anwendbarkeit der Lehre vom innerbetrieblichen Schadensausgleich auf die Mankohaftung, RdA 1963, S. 314-316
Woltereck,Frank: Die Beweislastverteilung bei Mankoschäden, AuR 1964, S. 329-334
Woltereck,Frank: Besondere Mankovereinbarungen, ihre Voraussetzungen und Grenzen, DB 1964, Beil. Nr. 2/64, S. 1-10
Woltereck, Frank: Mankohaftung im Arbeitsverhältnis, Köln 1966
Woltereck, Frank/Thiel, Rolf: AR-Blattei, D Haftung des Arbeitnehmers II Mankohaftung (1974)

Zöllner, Wolfgang/Loritz, Karl-Georg/Hergenröder, Curt Wolfgang: Arbeitsrecht, 6. Auflage, München 2008

Zöller, Richard: Zivilprozessordnung, 28. Auflage, Verlag Dr. Otto Schmidt Köln 2010 (zitiert: Zöller/Bearbeiter)

Anhang Gesetzentwürfe

Der Entwurf zum 2. Arbeitsrechtsbereinigungsgesetz vom Bundesarbeitsministerium
Quelle: RdA 1971, S. 356
Beschränkte Schadensersatzpflicht des Arbeitnehmers
(1) Die Pflicht des Arbeitnehmers, den Schaden zu ersetzen, den er bei Erbringung der Dienstleistung dem Arbeitgeber verursacht, ist nach Maßgabe der Absätze 2 bis 4 beschränkt.
(2) In Fällen grober Fahrlässigkeit mindert sich die Schadenersatzpflicht des Arbeitnehmers nur, wenn und soweit es die Billigkeit nach den Umständen erfordert.
(3) In Fällen sonstiger Fahrlässigkeit entfällt eine Schadenersatzpflicht des Arbeitnehmers, wenn oder soweit seine Inanspruchnahme nach den Umständen unbillig wäre. Der von ihm zu tragende Betrag darf 3 Monatsverdienste nicht übersteigen.
(4) Bei einem entschuldbaren Versehen des Arbeitnehmers besteht keine Schadensersatzpflicht des Arbeitnehmers.
(5) Ist ein Arbeitnehmer einem Dritten zum Ersatz eines Schadens verpflichtet, den dieser in Ausführung seiner Dienstleistung verursacht hat, so ist der Arbeitgeber verpflichtet, den Arbeitnehmer in entsprechender Anwendung der Absätze 2 bis 4 von der Schadenersatzpflicht und den notwendigen Kosten der Rechtsverfolgung freizustellen. Hat der Arbeitnehmer den Schadenersatzanspruch dem Dritten gegenüber bereits erfüllt, so kann der Arbeitnehmer von dem Arbeitgeber insoweit Ersatz verlangen, wie dieser nach Satz 1 zur Freistellung verpflichtet ist. Der Arbeitnehmer hat dem Arbeitgeber eine Inanspruchnahme durch einen Dritten sowie die Erfüllung von dessen Anspruch unverzüglich mitzuteilen.
(6) Abweichende vertragliche Regelungen sind nur zulässig, wenn sie [bei Beginn des Arbeitsverhältnisses oder aus Anlaß einer wesentlichen Änderung der Stellung des Arbeitnehmers imBetrieb] schriftlich vereinbart werden, sich auf genau bezeichnete Risiken beschränken und dem Arbeitnehmer ein angemessener, bei der Auszahlung des Arbeitsentgelts gesondert auszuweisender Ausgleichsbetrag gewährt wird.

Entwurf eines Arbeitsgesetzbuchs der Arbeitsgesetzbuchkommission aus dem Jahr 1977
Quelle: Arbeitsgesetzbuchkommission: Entwurf eines Arbeitsgesetzbuches - Allgemeines Arbeitsvertragsrecht -, Bonn 1977
§ 26 Beschränkung der Arbeitnehmerhaftung
(1) Der Arbeitnehmer haftet dem Arbeitgeber für einen durch eine betriebliche Tätigkeit entstandenen Schaden, wenn er vorsätzlich oder grob fahrlässig gehandelt hat.
(2) Bei grober Fahrlässigkeit kann der Richter ausnahmsweise die Ersatzpflicht ermäßigen. wenn wegen besonderer in der Art der Arbeit oder der Person des Arbeitnehmers liegender Umstände die volle Haftung eine unzumutbare Härte bedeuten würde.
(3) Eine Haftung, für die Pflichtversicherungsschutz besteht, bleibt unberührt.
(4) Die Haftung des Arbeitnehmers wegen Vorsatzes kann nicht ausgeschlossen werden.
§ 26 a
(1) Ist streitig, ob ein Schaden des Arbeitgebers vom Arbeitnehmer durch eine betriebliche Tätigkeit vorsätzlich oder grob fahrlässig verursacht wurde, so trifft die Beweislast den Arbeitgeber.
(2) Ein Anscheinsbeweis der groben Fahrlässigkeit ist nicht ausgeschlossen.
§ 26 b
(1) § 26 gilt auch, wenn der Arbeitnehmer Geld oder andere bewegliche Sachen nicht herausgeben kann.

(2) Wurden das Geld oder die beweglichen Sachen dem Arbeitnehmer besonders anvertraut und ist streitig, ob er die Unmöglichkeit der Herausgabe zu vertreten hat, so trifft ihn die Beweislast.

(3) Eine Vereinbarung über eine erweiterte Haftung des Arbeitnehmers für Fehlbestände bei Geld oder beweglichen Sachen ist nur rechtswirksam, wenn diese dem Arbeitnehmer allein anvertraut sind und wenn der Arbeitnehmer einen angemessenen Ausgleich für das Risiko erhält, der bei der Abrechnung des Arbeitsentgelts gesondert auszuweisen ist. § 254 des Bürgerlichen Gesetzbuchs kann nicht ausgeschlossen werden.

§ hinter 26 b

(1) Die Vereinbarung einer Kaution ist nur zulässig, wenn und soweit etwaige Ansprüche des Arbeitgebers gemäß § 26 b Abs. 1 gesichert werden sollen, ein berechtigtes Interesse des Arbeitgebers mit Rücksicht auf die Eigenart der Tätigkeit besteht und die Belange des Arbeitnehmers angemessen gewahrt sind.

(2) Die Kaution ist durch den Arbeitgeber mündelsicher und verzinslich anzulegen; die Kosten der Anlage trägt der Arbeitgeber, die Zinsen stehen dem Arbeitnehmer zu.

(3) Die Vereinbarung bedarf der Schriftform.

§ 26 c

(1) Die Mitglieder einer Betriebsgruppe haften für einen von ihnen grob fahrlässig verursachten Schaden jeweils in der Höhe, die dem Anteil des Arbeitnehmers an der für die betreffende Arbeit insgesamt ausgeworfenen Bruttolohnsumme entspricht.

(2) Das gleiche gilt, wenn ungewiß ist. wer von den Arbeitnehmern den Schaden vorsätzlich oder grob fahrlässig herbeigeführt hat, oder wenn einem Arbeitnehmer grobe Fahrlässigkeit nachgewiesen wird, aber ungewiß ist. welche der anderen Mitglieder der Betriebsgruppe den Schaden in zurechenbarer Weise verursacht haben.

(3) Die Mithaftung eines Arbeitnehmers ist ausgeschlossen, wenn er nachweist, daß ihm weder Vorsatz noch grobe Fahrlässigkeit zur Last fallen.

(4) Wird einem Arbeitnehmer Vorsatz nachgewiesen, so haftet er in vollem Umfang.

§ 26 d

(1) Die Mitglieder einer Eigengruppe haften dem Arbeitgeber für einen von ihnen rechtswidrig verursachten Schaden als Gesamtschuldner.

(2) Der Arbeitnehmer haftet nicht, wenn er nachweist, daß ihm weder Vorsatz noch grobe Fahrlässigkeit zur Last fallen.

§ 26 e

(1) Führt ein Mitglied einer Betriebs- oder Eigengruppe den Nachweis gemäß § 26 c Abs. 3 oder §26 d Abs. 2. nachdem er vom Arbeitgeber in Anspruch genommen wurde, kann er Ersatz der dem Arbeitgeber erbrachten Leistungen von den Arbeitnehmern verlangen, die den Schaden nachweislich vorsätzlich oder grob fahrlässig herbeigeführt haben. Ansprüche aus ungerechtfertigter Bereicherung bleiben unberührt.

(2) Bei einer Eigengruppe bleibt § 426 des Bürgerlichen Gesetzbuchs unberührt.

§ 26 g

(1) Haftet der Arbeitnehmer einem Dritten für einen durch eine betriebliche Tätigkeit verursachten Schaden, so ist der Arbeitgeber verpflichtet, den Arbeitnehmer in entsprechender Anwendung von § 26 von der Ersatzpflicht und den notwendigen Kosten der Rechtsverfolgung freizustellen. (Dem BMA wurde empfohlen. Absatz 1 redaktionell zu überarbeiten, da die Umkehrung des Prinzips von § 26 durch eine bloße Verweisung auf diese Vorschrift nicht hinreichend verdeutlicht wird.)

(2) Absatz 1 gilt nicht, soweit der Arbeitnehmer von einer Versicherung Deckung erlangen kann.

(3) Vorsagt der Versicherungsschutz aus besonderen Gründen, so hängt der Freistellungsanspruch gegenüber dem Arbeitgeber von den Umstanden, insbesondere davon ab, ob der Verlust des Versicherungsschutzes auf grober Fahrlässigkeit des Arbeitnehmers beruht.

§ 26 I

(1) Hat der Arbeitgeber in einem Vertrag mit einem Dritten seine Verpflichtung zum Ersatz

eines durch eine betriebliche Tätigkeit verursachten Schadens ausgeschlossen oder beschränkt. so gelten der Ausschluß oder die Beschränkung in gleichem Umfang auch zugunsten eines Arbeitnehmers des Arbeitgebers. der den Dritten durch eine betriebliche Tätigkeit geschädigt hat.

(2) Das gleiche gilt, wenn der Ausschluß oder die Beschränkung auf Gesetz beruhen.

(3) § 831 des Bürgerlichen Gesetzbuchs und die Haftung des Arbeitnehmers wegen Vorsatzes bleiben unberührt.

Abweichende Vereinbarungen

§ 123

(1) Von den Bestimmungen der §§ 3, 3a, 5 Abs. 3, vor 16, 16, 17 b, 18, 26 Abs. 4, 27 Abs. 6,62 Abs. 1.69,71, 77,80 f Abs. 1 Satz 1, 85 Abs. 1,91,92,94 Abs. 3,97,97 a, 98 Satz 2, 100 Abs. 1 und 2 sowie Abs.3 Satz2, 102 Abs. 1, 2 und 3,104 Abs. 1,107 Abs. 1 und 2, 110 Abs. 1, 116 Abs. 3 und 5 und 122 Abs. 3 kann durch Tarifvertrag, Betriebs-, Bord- oder Dienstvereinbarungen oder durch Arbeitsvertrag nicht abgewichen werden.**

(2) Im übrigen sind abweichende Tarifverträge zulässig; von den Bestimmungen der §§ 4 Abs. 1 Satz 2,5 Abs. 2 und 4,5 a, 6,7,8,9,10 a, 12 Abs. 4,17, 21 Abs. 2, 24, 25, 31. 49 a, 53 Abs. 1, 55, 56, 58, 60 Abs. 1 und 4, 62 Abs. 3,64 Abs. 1 und 4,66 Abs. 1,80 a Abs. 1, 85 Abs. 2,89,90,94 Abs. 2,96 Abs. 1,2 und 3, 114, 116 Abs. 1 und 118 kann jedoch nicht zuungunsten des Arbeitnehmers abgewichen werden.

(3) Vorbehaltlich der Regelung des Absatzes 1 sind Abweichungen in Betriebs-, Bord- oder Dienstvereinbarungen oder im Arbeitsvertrag zulässig, soweit sie in diesem Gesetz ausdrücklich vorgesehen sind oder eine Änderung der Bestimmungen zugunsten des Arbeitnehmers enthalten.

§ 124

Sind in diesem Gesetz ausdrücklich Vereinbarungen zugelassen, so können sie durch Tarifvertrag, Betriebs-, Bord-oder Dienstvereinbarung oder durch Arbeitsvertrag getroffen werden, soweit nicht ausdrücklich etwas anderes bestimmt ist.

Der DGB-Entwurf zum Arbeitsverhältnisrecht (1977)

Quelle: RdA 1977, S. 169

§ 29. Beschränkung der Arbeitnehmerhaftung

(1) Eine Verpflichtung des Arbeitnehmers, einen im Zusammenhang mit dem Arbeitsverhältnis dem Arbeitgeber rechtswidrig zugefügten Schaden zu ersetzen, besteht nur bei Vorsatz und grober Fahrlässigkeit. In Fällen grober Fahrlässigkeit tritt eine Ersatzpflicht jedoch nur ein, wenn und soweit die Billigkeit nach den Umständen eine Schadloshaltung des Arbeitgebers erfordert. Die Ersatzpflicht des Arbeitnehmers darf die Höhe eines Monatsverdienstes, in Sonderfällen die Höhe von 3 Monatsverdiensten, nicht übersteigen.

(2) Eine Schadenersatzpflicht des Arbeitnehmers in Fällen des Abs. 1 Satz 2 besteht nicht, wenn und soweit der Arbeitgeber den Ersatz des ihm entstandenen Schadens von einem Dritten beanspruchen kann.

(3) Hat der Arbeitnehmer im Zusammenhang mit seinem Arbeitsverhältnis einem Dritten einen Schaden zugefügt, so haftet außer im Falle des Vorsatzes nur der Arbeitgeber. Für das

Innenverhältnis zwischen Arbeitgeber und Arbeitnehmer gilt Abs. 1 entsprechend. Der Dritte kann den Arbeitnehmer nur in Anspruch nehmen, wenn und soweit die Billigkeit eine Schadloshaltung des Dritten erfordert und eine Befriedigung der Ansprüche gegenüber dein Arbeitgeber scheitert.

(4) Hat der Arbeitgeber in einem Vertrag mit einem Dritten seine Verpflichtung zum Ersatz eines in Erfüllung dieses Vertrages verursachten Schadens rechts wirksam ausgeschlossen oder beschränkt, so gilt der Ausschluß oder die Beschränkung der Schadenersatzpflicht im gleichen Umfang auch zugunsten eines Arbeitnehmers des Arbeitgebers, der den Dritten in Ausführung seiner Arbeitsleistung geschädigt hat. Das gleiche gilt, wenn der Ausschluß oder die Beschränkung der Schadenersatzpflicht des Arbeitgebers auf Gesetz beruht.

(5) Haben mehrere Arbeitnehmer im Zusammenhang mit dem Arbeitsverhältnis gemeinsam einen Schaden verursacht, so haftet jeder Arbeitnehmer nur anteilig entsprechend dem von ihm verursachten Teil des Schadens. Abs. 1 bis 4 bleiben unberührt.

(6) Eine Vereinbarung ist rechtsunwirksam, soweit sie zu ungunsten des Arbeitnehmers von den Abs. 1 bis 5 abweicht. Ist streitig, ob ein Schaden des Arbeitgebers vom Arbeitnehmer durch eine betriebliche Tätigkeit vorsätzlich oder grob fahrlässig verursacht wurde, so trifft die Beweislast den Arbeitgeber.

(7) Eine Vereinbarung über die Haftung des Arbeitnehmers für Fehlbestände bei Geld oder beweglichen Sachen (Mankohaftung) ist nur rechtswirksam, wenn diese dem Arbeitnehmer allein anvertraut sind und der Arbeitnehmer einen für das Risiko angemessenen Ausgleich erhält, der bei der Abrechnung des Arbeitsentgelts gesondert auszuweisen ist. § 254 des Bürgerlichen Gesetzbuches kann nicht ausgeschlossen werden. Der Arbeitgeber hat den Fehlbestand und das Verschulden des Arbeitnehmers zu beweisen. Eine Vereinbarung, die die Beweislast anderweitig regelt, ist unwirksam.

Die SPD-Gesetzentwürfe

Die SPD-Gesetzentwürfe zur Regelung der Arbeitnehmerhaftung vom **21.08.1989**, **11. 08. 1993** und vom **22.08.1995**

Quelle: BT-Drs. 11/5086; BT-Drs. 12/5551; BT-Drs. 13/2195

Drei Gesetzentwürfe sind inhaltsgleich.

SPD-Gesetzentwurf 21.08.1989

§ 619 a Beschränkung der Arbeitnehmerhaftung

(1) Der Arbeitnehmer haftet dem Arbeitgeber für einen durch eine betriebliche oder dienstliche Tätigkeit verursachten Schaden, wenn er ihn vorsätzlich verursacht hat.

(2) Hat der Arbeitnehmer grob fahrlässig durch eine betriebliche oder dienstliche Tätigkeit einen Schaden verursacht, so haftet er dem Arbeitgeber bis zur Höhe von drei Nettomonatsvergütungen. Maßgeblich für die Ermittlung dieser Haftungsobergrenze ist die dem Arbeitnehmer in den letzten zwölf Monaten vor dem Schadensereignis durchschnittlich zustehende Nettomonatsvergütung aus dem Arbeitsverhältnis. Für ihre Berechnung werden abzüglich der Lohnsteuer, der Beiträge zur Sozialversicherung und einer berufsuntypischen Mehrarbeitsvergütung alle geldwerten Einkünfte aus der unselbständigen Arbeit während des Einkommensbeurteilungszeitraumes addiert und durch zwölf geteilt. Hat bei der Entstehung des vom Arbeitnehmer grob fahrlässig verursachten Schadens ein Verschulden des Arbeitgebers mitgewirkt, so ist dies nach Maßgabe des § 254 im Rahmen der Haftungsobergrenze von drei Nettomonatsvergütungen zugunsten des Arbeitnehmers zu berücksichtigen.

(3) Im übrigen ist eine Haftung des Arbeitnehmers für einen Schaden infolge betrieblicher oder dienstlicher Tätigkeit ausgeschlossen.

(4) Arbeitnehmer im Sinne der Vorschriften dieses Abschnittes sind Arbeiter und Angestellte sowie die zu ihrer Berufsausbildung Beschäftigten. Als Arbeitnehmer gelten auch Per-

sonen, die wegen ihrer wirtschaftlichen Unselbständigkeit als arbeitnehmerähnliche Personen anzusehen sind.

§ 619 e Abweichende Haftungsregelungen

Eine tarifvertragliche oder einzelvertragliche Haftungsregelung ist unwirksam, soweit sie von den §§ 619a und 619b zuungunsten des Arbeitnehmers abweicht. Dies gilt auch für die Vereinbarung einer Vertragsstrafe.

Diskussionsentwurf eines Arbeitsvertragsgesetzes vom Arbeitskreis Deusche Rechtseinheit im Arbeitsrecht aus dem Jahre 1992

Quelle: Gutachten D zum 59. DJT 1992; NZA 1992, Beilage 17.

§ 99 Haftung des Arbeitnehmers

(1) Der Arbeitnehmer haftet dem Arbeitgeber für einen durch eine betriebliche Tätigkeit entstandenen Schaden, dessen Eintritt er verschuldet hat.

(2) Bei grober Fahrlässigkeit ermäßigt sich die Ersatzpflicht, soweit sie wegen besonderer, in der Art der Arbeit oder der Person des Arbeitnehmers oder der Höhe des Schadens liegender Umstände eine unzumutbare Härte bedeuten würde.

(3) Für sonstige fahrlässig verursachte Schäden haftet der Arbeitnehmer nach Maßgabe seines Verschuldens bis zur Höhe von zwei monatlichen Durchschnittsentgelten. Die Berechnung richtet sich nach § 47 Absatz 2 bis 4.

(4) Für Fehlbestände kann eine erweiterte Haftung des Arbeitnehmers für den Fall vereinbart werden, daß Sachen dem Arbeitnehmer allein anvertraut sind und der Arbeitnehmer einen angemessenen Risikoausgleich erhält. Ist streitig, ob der Arbeitnehmer die Unmöglichkeit der Herausgabe zu vertreten hat. trifft ihn die Beweislast, wenn ihm die Sachen besonders anvertraut waren.

(5) Haben mehrere Arbeitnehmer gemeinsam einen Schaden verursacht, so ist jeder nach Art und Umfang seiner Beteiligung und Art und Grad seines Verschuldens haftbar. Soweit der Anteil des einzelnen nicht feststellbar ist, haften sie im gleichen Verhältnis. Dies gilt auch, wenn Arbeitnehmer zur gemeinsamen Erfüllung einer Arbeitsaufgabe verpflichtet sind.

(6) Haftet der Arbeitnehmer einem Dritten für einen durch eine betriebliche Tätigkeit verursachten Schaden, so ist der Arbeitgeber verpflichtet, den Arbeitnehmer in entsprechender Anwendung der Absätze 2 und 3 von der Ersatzpflicht und den notwendigen Kosten der Rechtsverfolgung freizustellen. Dies gilt nicht, soweit der Arbeitnehmer von einer Versicherung Deckung verlangen kann. Bei Zahlungsunfähigkeit des Arbeitgebers steht der Anspruch einem Anspruch auf rückständiges Entgelt nach § 141b Abs. 1 des Arbeitsförderungsgesetzes gleich.

(7) Die Haftung ist ausgeschlossen, wenn sie nicht innerhalb von drei Monaten nach Bekanntwerden des Schadens und des Verursachers gegenüber dem Arbeitnehmer schriftlich geltend gemacht wird. Die Vorschriften über die Verjährung und über Ausschlußfristen (§§ 147 bis 149) bleiben unberührt.

§ 160 Abweichungen vom Gesetz

(1) Von Bestimmungen dieses Gesetzes kann zuungunsten des Arbeitnehmers durch Tarifvertrag, Betriebsvereinbarung, Sprechervereinbarung oder Arbeitsvertrag nur abgewichen werden, soweit dies bestimmt ist.

(2) Im Geltungsbereich eines Tarifvertrages gelten die abweichenden tarifvertraglichen Bestimmungen zwischen nicht tarifgebundenen Arbeitgebern und Arbeitnehmern, wenn die Anwendung zwischen ihnen vereinbart ist.

Gesetzeszantrag des Freistaates Sachsen vom 23.05.1995

Quelle: BR-Drs. 293/95

§ 99 Haftung des Arbeitnehmers

(1) Der Arbeitnehmer haftet dem Arbeitgeber für einen durch eine betriebliche Tätigkeit entstandenen Schaden, dessen Eintritt er verschuldet hat

(2) Bei grober Fahrlässigkeit ermäßigt sich die Ersatzpflicbt, soweit sie wegen besonderer in der Art der Arbeit oder der Person des Arbeitnehmers oder der Höhe des Schadens liegender Umstände eine unzumutbare Härte bedeuten würde.

(3) Für sonstige fahrlässig verursachte Schäden haftet der Arbeitnehmer nach Maßgabe seines Verschuldens bis zur Höhe von zwei monatlichen Durchschnittsentgelten. Die Berechnung richtet sich nach § 47 Absatz 2 bis 4.

(4) Für Fehlbestände kann eine erweiterte Haftung des Arbeitnehmers für den Fall vereinbart werden, daß Sachen dem Arbeitnehmer allein anvertraut sind und der Arbeitnehmer einen angemessenen Risikoausgleich erhält. Ist streitig, ob der Arbeitnehmer die Unmöglichkeit der Herausgabe zu vertreten hat. trifft ihn die Beweislast, wenn ihm die Sachen besonders anvertraut waren.

(5) Haben mehrere Arbeitnehmer gemeinsam einen Schaden verursacht, so ist jeder nach An und Umfang seiner Beteiligung und Art und Grad seines Verschuldens haftbar. Soweit der Anteil des einzelnen nicht feststellbar ist, haften sie im gleichen Verhältnis. Dies gilt auch, wenn Arbeitnehmer zur gemeinsamen Erfüllung einer Arbeitsaufgabe verpflichtet sind.

(6) Haftet der Arbeitnehmer einem Dritten für einen durch eine betriebliche Tätigkeit verursachten Schaden, so ist der Arbeitgeber verpflichtet, den Arbeitnehmer in entsprechender Anwendung der Absätze 2 und 3 von der Ersatzpflicht und den notwendigen Kosten der Rechtsverfolgung freizustellen. Dies gilt nicht, soweit der Arbeitnehmer von einer Versicherung Deckung verlangen kann. Bei Zahlungsunfähigkeit des Arbeitgebers steht der Anspruch einem Anspruch auf rückständiges Entgelt nach § 141b Absatz 1 des Arbeitsförderungsgesetzes (AFG) gleich.

(7) Die Haftung ist ausgeschlossen, wenn sie nicht innerhalb von drei Monaten nach Bekanntwerden des Schadens und des Verursachers gegenüber dem Arbeitnehmer schriftlich geltend gemacht wird. Die Vorschriften über die Verjährung und über Ausschlußfristen (§§ 148 bis 150) bleiben unberührt.

§ 151 Abweichungen vom Gesetz

(1) Von Bestimmungen dieses Gesetzes kann zuungunsten des Arbeitnehmers durch Tarifvertrag, Betriebsvereinbarung, Sprechervereinbarung oder Arbeitsvertrag nur abgewichen werden, soweit dies bestimmt ist

(2) Im Geltungsbereich eines Tarifvertrages gelten die abweichenden tarifvertraglichen Bestimmungen zwischen nicht tarifgebundenen Arbeitgebern und Arbeitnehmern, wenn die Anwendung zwischen ihnen vereinbart ist Im Zweifel gilt der Tarifvertrag in der jeweils geltenden Fassung als vereinbart.

Gesetzesantrag des Landes Brandenburg vom 12.09.1996

Quelle: BR-Drs. 671/96

§ 99 Haftung des Arbeitnehmers

(1) Der Arbeitnehmer haftet dem Arbeitgeber für Schäden, deren Eintritt er zu vertreten hat. Bei einem durch betriebliche oder dienstliche Tätigkeit eingetretenen Schaden hat der Arbeitnehmer nur durch vorsätzliche und grob fahrlässige Pflichtverletzungen verursachte Schäden zu vertreten.

(2) Soweit der Schadenseintritt nicht vorsätzlich herbeigeführt wurde, ist die Haftung auf höchstens drei durchschnittliche Bruttomonatsverdienste begrenzt. Die Berechnung richtet sich nach § 47. § 254 des Bürgerlichen Gesetzbuches findet innerhalb der Haftungsobergren-

ze entsprechende Anwendung, wenn für die Entstehung eines nach Satz 1 verursachten Schadens der Arbeitgeber mitverantwortlich ist.

(3) Für Fehlbestände kann eine erweiterte Haftung des Arbeitnehmers nur für den Fall vereinbart werden, daß Sachen dem Arbeitnehmer besonders anvertraut sind, er den alleinigen Zugang hierzu hat und er einen angemessenen Risikoausgleich erhält. Ist streitig, ob der Arbeitnehmer die Unmöglichkeit der Herausgabe zu vertreten hat, trifft ihn die Beweislast, wenn ihm die Sachen besonders anvertraut waren.

(4) Haben mehrere Arbeitnehmer gemeinsam einen Schaden zu vertreten, so ist jeder nach Art und Umfang seiner Beteiligung und Art und Grad seines Verschuldens haftbar. Soweit der Anteil des Einzelnen nicht feststellbar ist, haften sie im gleichen Verhältnis. Dies gilt auch, wenn Arbeitnehmer zur gemeinsamen Erfüllung einer Arbeitsaufgabe verpflichtet waren.

(5) Haftet der Arbeitnehmer einem Dritten für einen durch eine betriebliche oder dienstliche Tätigkeit verursachten Schaden, so ist der Arbeitgeber verpflichtet, den Arbeitnehmer in entsprechender Anwendung der Absätze 1 und 2 von der Ersatzpflicht und den notwendigen Kosten der Rechtsverfolgung freizustellen. Dies gilt nicht, soweit der Arbeitnehmer von einer Versicherung Deckung verlangen kann. Bei Zahlungsunfähigkeit des Arbeitgebers steht der Anspruch des Arbeitnehmers einem Anspruch auf rückständiges Entgelt nach § 141 b Abs. 1 des Arbeitsförderungsgesetzes gleich.

(6) Die Haftung des Arbeitnehmers ist insoweit ausgeschlossen, als der Schaden durch eine Kraftfahrzeugvollkaskoversicherung des Arbeitgebers hätte gedeckt werden können. Das gleiche gilt für eine Betriebs- oder Berufshaftpflichtversicherung, eine Betriebsfeuerversicherung sowie andere in dem jeweiligen Berufszweig übliche Versicherungen. Der Haftungsausschluß erstreckt sich nicht auf einen üblichen Selbstbehalt.

(7) Die Haftung ist ausgeschlossen, wenn sie nicht innerhalb von drei Monaten nach Bekanntwerden des Schadens und des Verursachers gegenüber dem Arbeitnehmer schriftlich geltend gemacht wird.

§ 149 Abweichungen vom Gesetz

(1) Von Bestimmungen dieses Gesetzes kann zuungunsten des Arbeitnehmers durch Tarifvertrag, Betriebsvereinbarung, Sprechervereinbarung oder Arbeitsvertrag nur abgewichen werden, soweit dies ausdrücklich zugelassen ist.

(2) Im Geltungsbereich eines Tarifvertrages gelten die abweichenden tarifvertraglichen Bestimmungen zwischen nicht tarifgebundenen Arbeitgebern und Arbeitnehmern, wenn die Anwendung des Tarifvertrages zwischen ihnen vereinbart ist. Im Zweifel gilt der Tarifvertrag in der jeweils geltenden Fassung als vereinbart.

(3) Soweit durch Tarifvertrag, Betriebsvereinbarung oder Sprechervereinbarung zwingende Regelungen über Abschluß, Inhalt oder Beendigung des Arbeitsverhältnisses getroffen werden, kann von ihnen zugunsten des Arbeitnehmers durch einzelvertragliche Vereinbarung abgewichen werden.

Diskussionsentwurf eines Arbeitsvertragsgesetzes von Henssler/Preis (Stand November 2007)

Quelle: Abrufbar unter: http://www.bertelsmann-stiftung.de/cps/rde/xchg/SID-85033C9C-B8A1A650/bst/hs.xsl/52988_53012.htm (abgerufen am 17.09.2012)

§ 89 Arbeitnehmerhaftung bei Schlechtleistung und Verletzung von Nebenpflichten

(1) Verletzt der Arbeitnehmer bei betrieblicher oder dienstlicher Tätigkeit seine Pflichten aus dem Arbeitsverhältnis, ohne dass eine Nichtleistung vorliegt, so hat er dem Arbeitgeber Schadensersatz nur zu leisten, wenn er die Pflichtverletzung zu vertreten hat. Im Übrigen gelten die allgemeinen Vorschriften.

(2) Der Arbeitnehmer haftet im Fall des Absatzes 1 Satz 1 für den gesamten Schaden, wenn ihm Vorsatz vorzuwerfen ist. Bei fahrlässiger Pflichtverletzung haftet er nur, soweit es ihm

unter Berücksichtigung der Art der Arbeit, seiner Person, der Schadenshöhe, der Höhe des Arbeitsentgelts und der beiderseitigen Verursachungsbeiträge sowie Verantwortungsbereiche zumutbar ist; bei leichtester Fahrlässigkeit ist der Arbeitnehmer nicht zum Schadensersatz verpflichtet.

(3) Die Haftung des Arbeitnehmers für Personenschäden, die der gesetzlichen Unfallversicherung unterliegen, ist nach Maßgabe der §§ 105 bis 107 des Siebten Buches Sozialgesetzbuch eingeschränkt.

(4) Schädigt der Arbeitnehmer bei einer betrieblich oder dienstlich veranlassten Tätigkeit einen Dritten, so hat der Arbeitgeber ihn nach den Grundsätzen der Absätze 1 und 2 von darauf beruhenden Schadensersatzansprüchen des Dritten sowie den notwendigen Kosten der Rechtsverfolgung freizustellen. Dies gilt nicht, soweit der Arbeitnehmer von einer vom Arbeitgeber (mit)finanzierten Versicherung Deckung verlangen kann.

§ 148 Abweichungen vom Gesetz

(1) Von Bestimmungen dieses Gesetzes kann zuungunsten des Arbeitnehmers durch Tarifvertrag, Betriebsvereinbarungen oder Arbeitsvertrag nur abgewichen werden, soweit dies ausdrücklich zugelassen ist.

(2) Arbeitnehmer, deren Entgelt das Fünffache der Bezugsgröße nach §18 des Vierten Buches Sozialgesetzbuch übersteigt, können mit ihrem Arbeitgeber von den §§ 31, 41, 42 Absatz 1 Satz 2, 49, 51, 59, 64, 130 abweichende Vereinbarungen treffen. Sie können mit ihrem Arbeitgeber außerdem vereinbaren, dass der Antrag nach §119 Absatz 1 keiner Begründung bedarf.

(3) Im Geltungsbereich eines Tarifvertrages gelten die abweichenden tarifvertraglichen Bestimmungen zwischen nicht tarifgebundenen Arbeitgebern und Arbeitnehmern, wenn ihre Anwendung zwischen ihnen vereinbart ist. [2]Im Zweifel gilt der Tarifvertrag in der jeweils geltenden Fassung als vereinbart.

(4) Soweit durch Tarifvertrag, Betriebsvereinbarung oder Sprechervereinbarung zwingende Regelungen über Abschluss, Inhalt oder Beendigung des Arbeitsverhältnisses getroffen werden, kann von ihnen zugunsten des Arbeitnehmers durch einzelvertragliche Vereinbarung abgewichen werden.

Schriften zum Recht der Arbeit

Herausgegeben von Olaf Deinert / Rüdiger Krause

Das Arbeitsrecht regelt die Bedingungen, unter denen durch Kooperation von Arbeitgebern und Arbeitnehmern wirtschaftliche Werte geschaffen und die daraus entstehenden Erträge verteilt werden. Dabei muss sich das Arbeitsrecht in einem immer stärkeren Maße den Herausforderungen einer globalisierten Ökonomie einerseits und sich ständig verändernden gesellschaftlichen Anschauungen andererseits stellen. Das Arbeitsrecht nimmt daher eine zentrale Rolle in der Struktur moderner Industrie- und Dienstleistungsgesellschaften ein. Kein anderes Rechtsgebiet steht deshalb so stark im Spannungsfeld der politischen und sozialen Kräfte sowie zugleich im Blickpunkt der Öffentlichkeit. Die Reihe „Schriften zum Recht der Arbeit" soll die wissenschaftliche Auseinandersetzung mit dem Arbeitsrecht und dem betrieblichen Sozialrecht fördern, indem sie einen Rahmen für einschlägige Publikationen schafft. Sie vereint vorwiegend Dissertationen zu diesen Themen, die mit mindestens „cum laude" bewertet worden sind.

Manuskriptvorschläge sind in Papierform an die Herausgeber zu richten: Professor Dr. Olaf Deinert / Professor Dr. Rüdiger Krause, Institut für Arbeitsrecht, Georg-August-Universität Göttingen, Platz der Göttinger Sieben 5, 37073 Göttingen.

Band 1 Elisa Maria Wolf: Druckkündigungen mit diskriminierendem Hintergrund. 2012.

Band 2 Daniel Hader: Die Differenzierung nach der Gewerkschaftsmitgliedschaft durch Vereinbarung. 2012.

Band 3 Nils Seibert: Die Begründung und Beendigung von Arbeitsverhältnissen und Arbeitsverträgen. 2012.

Band 4 Maximilian Federhofer: Europäisches Tarifrecht? Zum Verhältnis von Grundfreiheiten und Grundrechten im Hinblick auf nationale Sachverhalte mit Tarifbezug. 2013.

Band 5 Sara Günther: Arbeitsrechtlicher Antidiskriminierungsschutz und Diversity Management. AGG - Pflicht und Chance zugleich. 2013.

Band 6 Jun Zhu: Die Mankohaftung im Arbeitsverhältnis nach der Schuldrechtsmodernisierung. 2013.

www.peterlang.de